올리버 R. 에비슨 자료집 V
1902~1904
새로 지은 제중원, 세브란스 병원

박형우 편역

선인

올리버 R. 에비슨 자료집 V
1902~1904
새로 지은 제중원, 세브란스 병원

초판 1쇄 발행 2022년 6월 20일

편역자 ㅣ 박형우
발행인 ㅣ 윤관백
발행처 ㅣ 선인

등록 ㅣ 제5-77호(1998.11.4)
주소 ㅣ 서울시 양천구 남부순환로 48길 1(신월동 163-1) 1층
전화 ㅣ 02)718-6252 / 6257   팩스 ㅣ 02)718-6253
E-mail ㅣ sunin72@chol.com

정가 85,000원

ISBN 979-11-6068-711-8 94900
      979-11-6068-239-7 (세트)

A Source Book of Dr. Oliver R. Avison V.
1902~1904

Edited & Translated by Hyoung W. Park, M. D., Ph. D.

SUNIN PUBLISHING

『올리버 R. 에비슨 자료집 V』

유대현
연세대학교 의과대학 학장

우리 연세대학교 의과대학과 세브란스 병원의 설립과 발전에는 호러스 N. 알렌, 존 W. 헤론 박사 등 수많은 선교사들의 땀과 노력, 그리고 루이스 H. 세브란스 씨와 같은 독지가의 후원이 있었습니다. 우리가 그 과정을 면밀히 검토해보면 가장 중추적인 역할을 했던 사람은 바로 올리버 R. 에비슨 박사이었음을 알 수 있습니다. 한국으로 파송되기 전, 이미 토론토의 약학대학과 의과대학 교수로서 명성을 떨쳤던 그는 1893년 내한한 이후 한국인 의사의 배출을 목표로 제중원을 한국 최초의 현대식 병원인 세브란스 병원으로 발전시켰고, 한글로 된 거의 전 과목의 의학 교과서를 출판 등 많은 노력을 기울였습니다. 더 나아가 1910년대 한국에서 활동하던 기독교의 여러 교파가 기독교연합재단을 조직하여 전문학교 설립을 위해 나섰을 때, 그는 토론토에서의 교수 경험 등을 바탕으로 중추적인 역할을 하였습니다.

한국 최초의 서양식 의학 교육 기관인 제중원의학교에서 시작하여 그동안 한국의 의학 교육에서 선도적인 역할을 수행하여 왔던 연세대학교 의과대학의 학장으로서, 저는 그 역사를 자세하게 기록하고 보관하며, 이를 발전적으로 계승하는 일이 한국의 의학 발전에서 가장 중요한 일 중의 하나라고 생각하고 있습니다.

그동안 우리 연세대학교 의학대학과 세브란스병원의 역사와 관련된 자료의 수집과 고증 등을 통하여 한국 의학의 역사뿐 아니라 연세대학교의 역사를 정립하기 위해 노고를 아끼시지 않았던 박형우 교수께서 이미 간행된 4권의 '올리버 R. 에비슨 자료집'에 더하여 이번에 제5권을 발간하게 된 것을 학장으로서 대단히 기쁘게 생각하며, 축하와 감사의 말씀을 드립니다. 제4권과 제5권에 실린 1,500쪽 이상의 내용은 새로 짓는 제중원인 세브란스 병원이 건축되는 과정을 상세하게 보여주고 있습니다. 많은 자료들은 그동안 거의 알려져 있지 않은 것들입니다.

이 자료집은 세브란스와 관계가 있는 분들뿐 아니라, 한국 서양 의학의 뿌리와 발전에 관심이 많은 분들에게 정말로 큰 도움이 될 것으로 생각되며, 담겨 있는 자료들을 통하여 그 시대를 살펴보고 이를 바탕으로 더욱 힘찬 미래를 설계할 수 있게 되기를 바랍니다.

이 자료집에 이어 조속히 1908년 한국 최초의 면허 의사 배출, 1913년 여러 교파의 연합을 통한 연합 의학교, 그리고 1917년 연합 의학전문학교로의 발전 과정 등 이후의 역사가 담긴 자료집이 발간될 수 있도록 하나님의 은총과 건강이 박형우 교수와 항상 함께하기를 간절히 기원합니다.

2022년 6월

  잘 알려진 바와 같이 1893년 미국 북장로교회의 의료 선교사로 내한하였
던 올리버 R. 에비슨이 한국의 발전에 크게 기여한 것은 서양 의학과 고등 교
육의 개척 및 정착이라 할 수 있습니다. 에비슨은 조선 정부로부터 넘겨받은
제중원에서 의학 교육을 재개하였고, 후에 한국 최초의 현대식 병원인 세브란
스 병원 및 의학교로 발전시킴으로써 일제가 주도한 의학과 대별되는 한국 서
양 의학의 토대를 놓았습니다. 특히 1908년 한국 최초의 면허의사 7명을 배출
한 후, 1913년에 세브란스를 여러 교파가 힘을 합쳐 연합으로 운영하고, 1917
년 전문학교로 승격되도록 혼신의 노력을 기울였습니다.

  한편 여러 교파의 선교사들이 서울에 종합 대학을 설립하기로 의견을 모
았을 때, 이미 토론토 대학교 의학부와 약학대학의 교수로서 풍부한 경험을
갖고 있었던 에비슨이 큰 역할을 맡았던 것은 당연한 것이었습니다. 에비슨은
이 연합 기독교 대학이 1917년 연희전문학교(Chosun Christian College)로 조선
총독부의 승인을 받자 제1대 (정규) 교장에 취임하여 세브란스 연합의학전문
학교와 함께 양교 교장을 18년 동안 겸임하면서 일제가 주도한 고등 교육과
대별되는 한국의 고등 교육을 정착시킨 주역으로 활동하였습니다.

  편역자는 2010년부터 2012년까지 에비슨 박사의 출판되지 않은 타자본 자
서전 원고를 3권의 에비슨 전집으로 출간한 바 있습니다.

  올리버 R. 에비슨 지음, 박형우 편역, 올리버 R. 에비슨이 지켜본 근대
한국 42년 1893~1935. 상 (서울: 청년의사, 2010)
  올리버 R. 에비슨 지음, 박형우 편역, 올리버 R. 에비슨이 지켜본 근대
한국 42년 1893~1935. 하 (서울: 청년의사, 2010)
  Oliver R. Avison, Edited by Hyoung W. Park, *Memoirs of Life in Korea*
(Seoul: The Korean Doctors' Weekly, 2012)

편역자는 이 에비슨 전집을 바탕으로 2015년부터『올리버 R. 에비슨 자료집』을 발간해 왔습니다. 2015년의『자료집 I (1860~1892)』은 에비슨 부부의 집안 배경, 교육 배경 및 토론토에서의 사회 활동을 다루었습니다. 2019년의『자료집 II (1893~1894)』는 에비슨의 선교사 임명, 그리고 내한하여 제중원의 책임을 맡고 1894년 그 운영을 넘겨받는 과정을 다루었습니다.

2020년의『자료집 III (1895~1898)』은 제중원을 넘겨받은 에비슨이 1895년, 한국 역사상 처음으로 조직된 방역국의 책임을 맡아 체계적으로 벌였던 콜레라 방역 활동, 1895년 10월 재개한 제중원에서의 의학 교육을 다루었으며, 특히 1897년의 의학교 보고서에는 그동안 전혀 알려지지 않았던 초기 의학생들에 대한 내용이 포함되어 있습니다.

이와 함께 제중원을 중앙병원, 더 나아가 연합병원으로 발전시키려는 에비슨의 '선교 청사진'을 다루었습니다. 이 '청사진'의 실현에는 병든 한국인 치료와 의학 교육이 이루어지는, 제대로 갖추어진 병원의 구비가 가장 시급한 일이었습니다. 이 '청사진'은 단시간 내에 실현이 가능한 간단한 일이 아닐 뿐아니라 미국 북장로교회 단독으로 감당하기에 벅찬 큰 사업이었습니다.

2021년의『자료집 IV (1899~1901)』는 1899년 3월 말 첫 안식년을 갖게 된에비슨이 선교본부의 요청으로 1900년 4월 말 뉴욕에서 개최된 세계 선교회의에서 '의료 사역에서의 우의'란 제목으로 발표를 하였고, 이 강연에 감명을 받은 루이스 H. 세브란스 씨가 서울 병원의 건축을 위하여 1만 달러를 기부하였던 과정을 다루었습니다.

하지만 1900년 10월 2일 서울에 도착한 에비슨은 여러 어려움에 직면하였습니다. 먼저 에비슨은 12월 30일 발진티푸스에 걸려 고열로 쓰러져 사경을 헤매었습니다. 다음으로 세브란스 씨가 기부한 1만 달러는, 특히 J. 헌터 웰즈 박사를 중심으로 한 평양의 선교사들의 주장에 따라, 반(半)만을 병원 건립에 사용하도록 결정되었다가, 1901년 4월 15일 기부자 세브란스 씨에 의해 전액을 병원 건축에 사용하도록 번복되었습니다. 다음으로 병원 건립 부지의 확보 문제이었습니다. 세브란스 씨의 기부 소식을 들은 고종은 병원 부지를 제공하겠다는 의사를 밝혔지만, 관리들의 비협조로 이루어지지 않았습니다.

이번에 간행되는『자료집 V (1902~1904)』는 1902년 11월의 정초식에 이어, 1904년 9월 병원이 완공되고, 11월 정식 개원식을 갖는 과정을 다루었습니다. 병원 부지는 1902년 4월 세브란스 씨가 추가로 기부한 5천 달러로 6월 초 남대문 밖에 확보되었습니다. 하지만 8월 초순에 시작된 건축 공사는 조선 정부와 갈등을 빚으며 진행되었는데, 땅을 판 사람과 일꾼이 체포 수감되었고, 경부선 경성 정차장 부지를 확정하면서 문제가 발생하였으며, 구입한 부지에 대한 부동산 증서가 발행되지 않았습니다.

주한 미국 공사인 호러스 N. 알렌의 노력으로 1903년 4월 증서가 발행된 이후 건축은 비교적 순조로웠지만 러시아와 일본 사이의 갈등으로 전운이 감돌며 치솟는 물가로 공사는 지연되었고, 결국 건축업자가 공사를 포기하기에 이르렀습니다. 하지만 세브란스 씨의 추가 지원과 에비슨, 고든 및 의학생 김필순이 직접 마무리 공사를 하여 9월 23일 '새로 지은 제중원'인 '세브란스 병원'의 봉헌식이 열렸고, 11월 16일 정식 개원식이 거행되었습니다.

이상과 같이 여러 어려움 끝에 1만 달러의 기부금을 받고 건축에 나선 지 4년 만에 에비슨의 '청사진'을 실현하는 데 있어 첫 걸음이었던 제대로 갖추어진 병원을 건립하게 되었던 것입니다.

이 책은 평소 한국 의학의 역사에 남다른 관심과 열정을 갖고 있었던 연세대학교 의과대학 유대현 학장님의 지원으로 진행되었습니다. 『올리버 R. 에비슨 자료집 Ⅵ』의 출판도 지원해 주기로 하였습니다. 진심으로 감사드립니다.

마지막으로 어려운 여건에서도 이 책을 기꺼이 출판해 주신 도서출판 선인의 윤관백 대표와 직원들께도 감사드립니다.

2022년 6월
안산(鞍山) 자락에서 상우(尙友) 박형우(朴瀅雨) 씀

축　　사
머 리 말
일러두기

제6부 새로 지은 제중원, 세브란스 병원

제1장 1902년

제3장 1904

Contents

Congratulation
Preface
Explanatory notes

Part 6. Severance Hospital, the Newly Built Jejoongwon

Chapter 1. 1902

Chapter 3. 1904

제6부 새로 지은 제중원, 세브란스 병원

Severance Hospital, the Newly Built Jejoongwon

제1장
1902년

1900년 5월 루이스 H. 세브란스 씨가 기부하였던 1만 달러로 추진되었던 새 병원 건립은 크게 두 측면에서 큰 난관에 부딪혔다. 먼저 다른 선교사들, 특히 평양 선교사들의 반대가 심하였는데, 선교본부가 기부자의 뜻을 존중하기로 재차 결정함으로써 건립 문제는 일단 수면 아래로 가라앉았다. 둘째로, 고종이 병원 건립 부지를 제공하겠다는 약속하였지만 관리들의 비협조로 진전이 없었다. 부지 문제는 1902년 4월 4일 세브란스 씨가 5천 달러를 추가 기부함으로써 해결되었다. 하지만 5천 달러의 기부와 함께 추가 의사 한 명을 5년 동안 지원하겠다는 세브란스 씨의 제의에 대하여 한국의 다른 선교사들은 한국 선교부의 결정을 무시하는 처사라며 반대하고 나섰다.

그러는 사이 6월 초 남대문 밖에 병원 부지가 확보되었고, 8월 초순 병원 건축이 시작되었으며, 11월 27일 정초식이 거행되었다. 하지만 병원 건축이 순조로웠던 것은 아니었다. 대지를 처음으로 매각한 사람과 정지 작업을 하던 한국인 노무자가 경찰에 체포되어 수감되었고, 조선 정부가 경부철도 경성 정차장 부지를 확정하면서 세브란스 병원 부지가 편입되어 문제가 발생하였다. 더욱, 조선 정부는 에비슨이 구입한 부지에 대한 부동산 증서를 발행해 주지 않았다.

The construction of the new Jejoongwon, which was promoted with $10,000 donated by Mr. Louis H. Severance in May 1900, encountered major difficulties in two aspects. First of all, opposition from other missionaries, especially Pyengyang missionaries, was strong, but as the Board decided to respect the donor's will again, the problem of construction subsided. Second, although King Gojong promised to provide a site for a hospital, there was no progress due to the non-cooperation of officials. The land matter was resolved on April 4, 1902, by Mr. Severance's donation of an additional $5,000. However, other missionaries in Korea opposed Severance's offer to support one additional doctor for five years with a donation of $5,000, saying it was a disregard for the decision of the Korea Mission.

Meanwhile, a hospital site was secured outside the South Gate in early June, construction of the hospital started in early August, and ceremony for laying coner stone was held on November 27. However, the construction of the hospital did not go smoothly. The person who sold the land for the first time and a Korean laborer who was doing the grading work were arrested and imprisoned by the police, and when the Korean Government confirmed the site for the Seoul-Buan Railway Station, small piece of the site of Severance Hospital was incorporated. Furthermore, the Korean Government did not issue an official deed for the site that Dr. Avison had purchased.

19020102

올리버 R. 에비슨, 우두론.
그리스도 신문(서울) (1902년 1월 2일), 3~4쪽

우두론

에비슨 의사

자고이래로 온 세상 사람들이 역질(疫疾)을 매우 두려워하는 것은 이 병을 앓는 사람마다 심히 아프고 그 모양이 무서우며 죽기가 쉽고, 비록 죽지 아니하나 화려하고 곱던 얼굴이 변하며 얽고 또한 전염을 잘 하기 때문이다. 그런즉 어찌하리오. 근래에 우두라 하는 약을 새로 발명하여 역질을 앓지 아니한 사람의 가죽[피부] 밑에 넣은 후에 역질처럼 좀 앓지만 그 경(輕)함을 역질에 비하면 앓지 아니하는 것과 같다. 세계 사람들이 이 약을 발명한 후에 매우 즐거워하였으니, 대한에도 이전에는 어린 아이들이 거의 다 역질로 신고(身故)하고 흔히 죽었으나 근래에는 이 우두 넣는 법을 알아서 역질을 모르고 자란 사람들이 많이 있다.

아이 낳은 지 석달 안에 다 우두를 넣으면 역질을 앓지 않고 죽는 것을 많이 면 할 것이다.

우두를 넣은 사람 중에 역질을 앓는 이가 많지 않지만 앓아도 과히 앓지 않고 죽는 일이 거의 없을 것이다.

어떤 사람은 우두를 한 번만 넣고 종신토록 역질을 앓지 않게 하는 힘이 있으나 어떤 이에게는 이 힘이 몇 해 동안만 있다가 없어지기에 6~7년 만에 다시 넣는 것이 마땅하다.

우두 놓는 곳은 흔히 팔이지만 그 자리는 아무데라도 상관이 없으니, 어디든지 편리한대로 하라. 그렇지만 오직 한 가지 조심할 것은 넣을 곳을 깨끗하게 씻고 넣은 후에 더러운 것이 들어가지 못하게 하면 부스럼이가 적은데 그렇지 않으면 무슨 독(毒)이 들어가 부스럼이가 커지며 다른 데로 옮기고 고름이 나며 큰일 당하기가 쉬우니 매우 삼가 깨끗하게 할 것이다. 또한 그럼으로 인종(人種)을 받아쓰는 것이 매우 위험하니 일절 하지 않는 것이 옳다. 이 약의 근본은 송아지의 몸이니 송아지에게서 새로 낸 약이 제일 좋고 마땅히 써야한다.

이런 약을 얻고자 하면 서양 의서나 일본 사람의 약국에서 구할 것이니 이런 것만 쓰고 다른 사람의 몸에서 받아쓰지 말아야 한다.

우두 넣을 때에 살을 깊이 베고 피를 흘릴 필요가 없고, 정한 칼이나 바늘로 얇은 겉가죽만 조금 긁고 우두 약을 조금 넣은 후에 문지르고, 마르거든 깨끗한 헝겊으로 싸매라.

잘 될 것 같으면 그 이튿날 조금 붉어져서 마치 팥알 모양으로 높아지고 한 5~6일 후면 조금 부르트고 그 가운데가 오목하여졌다가 그 후에 차차 그 부르튼 데서 맑은 물이 흐르며 말라 딱지가 된다.

한 20일만이면 딱지가 떨어져 흰 흠자국이 되어 역질 꽃자리와 같이 될 것이니, 만일 이처럼 되지 않으면 의심이 없다고 할 수 없으니 즉시 다시 넣는 것이 마땅하다.

어린 아이에게 우두를 이렇게 잘 넣으면 역질의 괴로움과 화려한 얼굴에 보기 싫은 흠을 면할 것이니 이 술법을 어찌 아름답지 않다고 하겠는가.

Oliver R. Avison, Vaccination.
The Christian News (Seoul) (Jan. 2nd, 1902), pp. 3~4

우두론 (에비션 의소)

∘ 줏고 이릭로 온셰샹 사름들이 역질을 미우 두려워ᄒᆞᄂᆞᆫ 거슨 이 병을 알ᄂᆞᆫ 사람마다 심히 압흐고 그 모양이 무셔우며 죽기가 쉽고, 비록 죽지 아니ᄒᆞ나 화려ᄒᆞ고 곱던 얼골이 변ᄒᆞ며 얽고 ᄯᅩᄒᆞᆫ 전염을 잘흠이라. 그런즉 엇지ᄒᆞ리오. 근릭에 우두ᄅ ᄒᆞᄂᆞᆫ 약을 신발명 ᄒᆞ야 역질을 알치 ᄋᆞ니ᄒᆞᆫ 사람의 가족 밋헤 너흔 후에 역질처럼 좀 알흐나 그 경흠을 역질에 비흐면 알치 아니ᄒᆞᄂᆞᆫ 것과 ᄀᆞᆺᄒᆞᆫ지라. 세계 사름들이 이 약을 발명ᄒᆞᆫ 후에 미우 즐거워 ᄒᆞ엿ᄂᆞ니 대한에도 이젼에는 어린 ᄋᆞ희들이 거의 다 역질노 신고ᄒᆞ고 흔이 죽엇시나 근릭에ᄂᆞᆫ 이 우두 넛는 법을 알아셔 역질을 모르고 자른 사름들이 만히 잇ᄂᆞ니라.

ᄋᆞ희 난지 석 둘 안헤 다 우두를 너흐면 역질을 알치 아니ᄒᆞ고 죽는거슬 만히 면흘지라.

우두를 너흔 사름중에 역질을 알는 이가 만치 아니ᄒᆞ나 알어도 과히 알치 아니ᄒᆞ고 죽는 일이 가히 업슬지라.

엇던 사름은 우두를 흔 번만 넛코 죵신토록 역질을 알치 안케 ᄒᆞ는 하는 힘이 잇시나 엇던이의게는 이 힘이 몃히 동안만 잇다가 업서지ᄂᆞ니 륙칠년 만에 다시 넛는 거시 맛당ᄒᆞᆯ지라.

우두 넛는 ᄃᆡ는 흔히 팔에 너ᄒᆞ나 그 자리는 아모ᄃᆡ라도 샹관이 업ᄂᆞ니 어ᄃᆡ던지 편리ᄒᆞᆫ대로 ᄒᆞᆯ지라도 오직 흔 가지 죠심ᄒᆞᆯ 거슨 너흘 곳슬 씩긋ᄒᆞ게 씻고 나흔 후에 더러온 거시 드러가지 못 ᄒᆞ게 ᄒᆞ면 부스럼이가 적은딕 그러치 아니ᄒᆞ면 무슴 독이 드러가 부스럼이가 커지며 다른 ᄃᆡ로 옴기고 고름이 나며 큰 일 당ᄒᆞ기가 쉬우니 미우 삼가 씩긋ᄒᆞ게 흘거시오 ᄯᅩ흔 그럼으로 인종을 밧아 쓰는 거시 미우 위틱ᄒᆞ니 일절 아니 홈이 가ᄒᆞ니라. 이 약 근본은 숑아지의 몸이니 숑아지의게서 새로 낸 약이 뎨일 됴코 맛당히 쓸거시니라.

이런 약을 엇고져ᄒᆞ면 셔양 의원이나 일본 사람의 약국에 구ᄒᆞᆯ거시니 이런 것만 쓰고 다른 사람의 몸에서 밧아 쓰지 말지니라.

우두 너흘 째에 살을 깁히 버히고 피를 흘닐거시 업고 졍흔 칼이나 바늘 끗츠로 얇은 것가죽만 좀 긁고 우두 약을 조곰앗치 너흔 후에 문지르고 마르거던 졍흔 헌겁으로 싸밀 거시니라.

잘 될 것 ᄀᆞᆺᄒᆞ면 그 잇흔 날 조곰 붉거져셔 맛치 팟알 모양으로 놉하지고 흔 오륙일 후면 조곰 부룻ᄒᆞ고 그 가온ᄃᆡ가 옴옥ᄒᆞ여 졋다가 그 후에 ᄎᆞᄎᆞ 그 부룻흔ᄃᆡ서 묽은 물이 흐르며 말나 싹지가 되ᄂᆞ니라.

흔 이십일만이면 싹지가 써러져 흰 흠자국이 되어 역질 곳자리와 ᄀᆞᆺ치 될 터히니 만일 이처럼 되지 아니ᄒᆞ면 의심이 업다 못ᄒᆞᆯ지니 즉시 다시 넛는 거시 맛당ᄒᆞᆯ지라.

어린 ᄋᆞ히의게 우두를 이러케 잘 너ᄒᆞ면 역질의 고로옴과 화려흔 얼골에 보기 실흔 흠을 면흘지니 이 슐법이 엇지 아름답지 안타ᄒᆞ리오.

새디 N. 웰본(서울)이 J. 포머로이 너스
(캘리포니아 주 산타 애나)에게 보낸 편지 (1902년 1월 8일)

사랑하는 로이1)에게,

　우리는 이 우편으로 내가 지난 편지에서 말하였던 아서2)의 어머니 사진과 교회 사진을 보낸다.
　(......)
　너는 (사진 속의) 사람들에서 나를 알아볼 것이다. 아서의 앞에는 한국인들이 있다. 무어 씨는 사진의 중앙에 있고, 김 씨가 양복을 입고 있다. 그는 병원에서 에비슨 박사의 조수로 있다.3) (......)

Sadie Welbon (Seoul),
Letter to J. Pomeroy Nourse (Santa Ana, Ca.) (Jan. 8th, 1902)

Dear Roy,

　We send by this mail the picture of Arthur's mother of which I spoke in my last letter and the church pictures.
　(......)
　You will recognize me in the group. Arthur has a Korean in front of him. Mr. Moore is in the center of the picture and Mr. Kim is in the foreign dress. He is Dr. Avison's assistant in the Hospital. (......)

---

1) 로이(Roy)는 새디의 남동생 4명 중 바로 아래인 J. 포머로이 너스(J. Pomeroy Nourse, 1873~1954)의 약칭이다.
2) 아서는 새디의 남편인 아서 G. 웰본(Arthur G. Welbon, 1866~1928)이다.
3) 김필순으로 추정된다.

한국 서울의 부동산. 미국 북장로교회 해외선교본부 실행이사회 회의록
(1902년 1월 20일)

한국 서울의 부동산. 서울 지부에 의하여 1901년 11월 30일자로 에비슨 박사가 엘린우드 박사에게 쓴 편지는 한국의 왕에게 정동 부지의 매각, 병원 부지에 대한 선교본부의 관심에 대한 최근의 사실을 제시하고 있다. 사실은 다음과 같다.

첫째. 왕은 정동 부동산에 있는 이 두 필지의 부지를 궁극적으로 확보해야 하는데, 정동 부지는 그것이 제안된 새 궁궐의 할당된 영역 내에 있고, 병원 부지는 정부 부서들 사이에서 경찰 본부로 따로 설정되었기 때문이다.

둘째. 협상 완료가 지연된 것은 왕의 무관심 때문이 아니라, 왕의 뜻을 수행하기 위하여 최대한 많은 '몫'을 확보하기로 결정하였기 때문이다. 또한 이 관리들 중 적어도 한 명이 외국인을 반대하며, 선교부가 새로운 선교 부지를 위한 다른 부지를 받는 것에 반대한다고 믿을 만한 어떤 이유가 있다.

선교부는 지연이 정동과 병원에 가장 집중된 것과 관련하여 업무에 해를 끼쳤다고 보고하며, 이러한 압력 하에 지부는 정동 부동산을 새 부지를 제외하고 8만 엔에 매각하겠다고 제안한 것으로 보이며, 이 제안이 수락되지 않는 경우 원(原) 계약 상 몰수 금액인 1만 엔의 감액은 허용한다. 이 위원회는 새로운 부지가 완전히 확보되지 않은 상태에서 자산의 매각에 동의하는 것은 너무도 큰 위험을 줄 수 있어 이 계획의 실패가 가장 행운이었다고 믿고 있다. 이에 위원회는 서울 지부에 '빈틈, 서울, 서기 부지 확보 없이 (매도하지 말 것), 쓸 것'이라고 전보를 보냈다.

또한 왕은 알렌 공사를 통하여 병원 건물이 비워지기 원하며, 선교본부가 에비슨 박사의 사택, 제이콥슨 기념 사택 및 그 부지, 병원 건물의 개선 등에 대하여 지출한 비용을 선교부에 상환하는데 있어 자신이 이행할 준비가 되어 있음을 선교부에 알린 것으로 보인다. 이러한 사실을 고려하여 재무 위원회는 정동 자산의 매각을 용이하게 하기 위하여 최소한 다음 금액을 포함하는 가격으로 모든 선의의 구매자에게 해당 자산을 매도할 수 있는 권한을 선교부에게 부여할 것을 권고한다.

1. 매각을 위하여 정한 원래 가격, 즉 48,220엔
2. H. B. 고든 씨의 1년 급여 및 지연 기간 동안의 경비

3. 협상이 시작된 이후 정동 부동산에 대한 전체 지출

4. 새로운 건물을 건립하기 전에 점유를 포기하는 경우에 대비한 주택 등의 임대료

5. 새 부지 비용

선교부는 금화 5,000달러를 초과하지 않는 금액으로 정동 부동산 대신 필요한 부지를 구매할 수 있는 권한을 부여받지만, 그렇게 하기 전에 정동 부동산의 매각을 위하여 적절한 담보 및 몰수 조항과 함께 정식으로 서명된 계약을 체결해야 한다. 병원 부지와 관련하여 알렌 박사가 조기에 서울로 귀환하면, 정부가 현 병원 부지의 인수를 위한 협상을 갱신하고 완료하기를 희망한다. 하지만 추가 지연이 발생할 수 있고, 병원의 업무에 해가 될 수 있다는 점을 고려하여 현 병원 부지의 확장과 개선을 위하여 왕으로부터 상환 받을 수 있는 돈의 전체 혹은 일부에서 새 부지를 구입하는 데 필요한 금액, 예를 들면 금화 5,000달러를 확보하기 위한 조치를 취하되, 그 금액이 확보되는 경우, 선교부는 세브란스 기념 병원의 새 부지를 구입하고 고든 씨가 있는 동안 공사를 진행할 수 있도록 승인한다.

현 병원 구내에 있는 사택은 왕이 구매할 때까지 지금까지와 같이 사용되어야 한다. 하지만 현 병원이 비워져서는 안 되는데, 그렇게 되면 이 토지에 세워진 새 주택을 구입하거나 왕립병원에 대하여 지출한 금액을 선교본부가 상환하기로 한 협약에서 왕이 벗어날 수 있다는 것을 이해해야 한다.

Property at Seoul, Korea.
Minutes [of Executive Committee, PCUSA], 1837~1919
(Jan. 20th, 1901)

Property at Seoul, Korea. A letter dated November 30th, 1901, written by Dr. Avison to Dr. Ellinwood, at the instance of the Seoul Station, sets forth the latest facts with reference to the sale to His Majesty, the King of Korea, of the Chong Dong property, and of the Board's interests in the Hospital property. The facts are as follows: -

First. The King intends and must ultimately secure these two pieces of property in the Chong Dong property, because it is within the limits of the territory alloted to the proposed new palace, in the Hospital property, because in the arrangements of the Departments of the Government this land has been set apart as a headquarters for the Army of Police.

Second. The delay in carrying the negotiations to completion is caused, as far as can be ascertained, not through any indifference of the King, but because the officials delegated to carry out his wishes are determined to secure for themselves as large a "rake off" as they can. There is also some reason to believe that at least one of these officials is opposed to the Mission receiving any other site for a new Mission Compound he being opposed to foreigners.

The Mission reports that the delay is injurious to the work, both in connection with the most centered at Chong Dong and at the Hospital, and it appears that under this pressure the Station offered to sell the Chong Dong property for 80,000 Yen, exclusive of a new site, and allowing a reduction of 10,000 Yen, the amount of the forfeit on the original contract this proposition was not accepted, and this Committee is of the belief that the failure of this plan was most fortunate as there would be too great risk to the work to consent to the sale of the property without a new site fully secures. The Committee therefore cabled Seoul Station as follows "Vinton, Seoul, Secretary (do not sell) without site secured, writing."

It further appears that the King has informed the Mission, through Minister Allen, that he wishes the Hospital property vacated, and that he is prepared to fulfill his part of the agreement in reimbursing the Mission for the expenditures made by the Board on the property: these improvements consist of the residence of Dr. Avison, the Jacobson Memorial residence, with its site, the improvements to the Hospital buildings etc. In view of these facts the Finance Committee would recommend, that to facilitate the Sale of the Chong Dong property, the Mission be authorized to sell the same to any *bona fide* purchaser at a price that shall at least cover the following amounts.

1. The original price set for the sale, namely 48,220 Yen.

2. Salary for one year of Mr. H. B. Gordon, and expenses during period of delay.

3. Full amount of outlay on the Chong Dong property since negotiations were begun.

4. Rentals for houses, etc. in case possession be given up before new premises can be erected.

5. Cost of new site.

That the Mission be authorized to purchase the site needed in place of the Chong Dong property, at a sum not to exceed $5,000 gold, provided, however, that before so doing an agreement shall be entered into an contract duly signed, with adequate security and forfeiture clause, for the sale of the Chong Dong property. That as regard the Hospital site it is hoped that on the early return of Dr. Allen to Seoul, the Government will renew and complete its negotiations for the acquisition of the present Hospital site. In view however, of possible further delay, detrimental to the work of the Hospital, it is recommended that steps be taken to secure a sum necessary for the purchase of a new site, say $5,000 gold, to be repaid in whole or part from the money that may be received from the King, for the extension and improvement made to the present Hospital property, and incase such sum is secures, that the Mission be authorized to purchase a new site for the Severance Memorial Hospital, and proceed, while Mr. Gordon is available, in its construction.

The residences on the present Hospital premises to be used as heretofore until such time as the King shall purchase the same. It must be understood, however, that the present Hospital must not be vacated, if by so doing the King would be released from his agreement to purchase the new houses erected on the land, or repay the Board for the amount, expended on the Royal Hospital.

에바 H. 필드(서울)가 프랭크 F. 엘린우드(미국 북장로교회 해외선교본부 총무)에게 보낸 편지 (1902년 1월 22일)

한국 서울,
1902년 1월 22일

F. F. 엘린우드 박사,
　뉴욕 주 뉴욕

친애하는 엘린우드 박사님,

저는 11월 27일자 선교부 편지[4]에 담긴 박사님의 몇몇 질문에 대해 개인적인 답변을 드리고 싶습니다.

(중략)

2. 서울 병원에서 누가 여자 의료 업무의 책임을 맡을까요? 제가 다른 곳에 배정되었던 이유는 선교부가 우리가 서울에서 여자 의료 사역을 계속하는 것이 현명하지 않다고 생각하였기 때문입니다. 우리는 도움을 필요로 하는 여자들을 영국이나 감리교회 병원에 의뢰할 수 있습니다. 하지만 우리 사역에서 때때로 여자 환자를 받지 못하도록 하는 것은 현명한 것 같지 않아서 세브란스 병원에는 부녀과를 따로 갖고 있지 않고 몇 개의 병동만 있다고 합니다. 제가 믿고 있는 계획은 광범위한 것이 아니라 단지 두세 병동을 갖는 것이 될 것이며, 에비슨 박사가 전체를 통제해야 합니다. 즉, 만일 원하면 약간의 여자 환자를 받는 남자 병원이 될 것입니다. 당연히 이것은 많은 여자들이 다른 병원으로 보내지게 될 것이라는 것을 의미하지만, 남자가 진찰하는 것에 반대하지 않는 약간의 여자 환자는 에비슨 박사가 진찰한다는 것을 의미합니다.

3. 우리는 선교부로서 의료 사업에 대한 우리들의 견해가 분명 만장일치는 아닙니다. 저에게 다른 일이 주어진 후 저의 견해는 확실히 바뀌고 있습니다. 병원에 있는 동안 저는 반드시 매일 오후 진료소에 있었고, 때때로 20명의 여자가 오기도 하였지만, 더 자주 다섯 명이나 여섯 명에 불과하였음에도 오후

---

4) Frank F. Ellinwood (Sec., BFM, PCUSA), Letter to the Korea Mission (Nov. 27th, 1901)

를 다 사용하였습니다. 유감스럽게도 저의 시간은 항상 유익하게 사용되지 않았습니다. 어떤 나라에서는 박사님이 그들을 위하여 무엇인가를 해주지 않으면 그들은 기꺼이 복음을 듣지 않으려고 하지만 한국은 그렇지 않습니다. 두 번째 지방 여행에서 저는 의약품으로 가득 찬 꽤 큰 상자를 가져갔으며, 만일 제가 작은 오르간을 갖고 있었다면 그 일에서 더 많은 것을 성취하였을 것이라고 박사님께 장담할 수 있습니다. 만일 서울에서 의료 업무를 하는 다른 여자가 없다면, 저는 여의사 외에는 줄 수 없는 도움을 진정으로 원하고 필요로하는 소수의 여자들을 위하여 그 업무를 계속해야 한다고 생각합니다. 그러나 그곳에는 다른 세 명이 있고, 네 번째 여의사는 안식년으로 아직 고국에 있습니다. 남자 사역은 이렇지 않은데, 에비슨 박사 외에 한 명 뿐이고 두 사람 모두 일이 많습니다.

(중략)

Eva H. Field (Seoul),
Letter to Frank F. Ellinwood (Sec., BFM, PCUSA) (Jan. 22nd, 1902)

Received
FEB 28 1902
Dr. Ellinwood

Seoul, Korea,
Jan. 22nd, 1902

Dr. F. F. Ellinwood,
New York, N. Y.

Dear Dr. Ellinwood: -

I wish to give you my personal answer to some of your questions in the mission letter dated Nov. 27.

(Omitted)

2. Who will take charge of woman's medical Work in Seoul hospital? The reason why I was assigned elsewhere was because the mission deemed it unwise

for us to continue woman's medical work in Seoul. We can refer women seeking aid to either the English or Methodist hospitals. It did not seem wise however to so arrange our work that we could not take in women patients occasionally, if we wished to, hence the statement that the Severance Hospital have no separate department for women but a few wards. The plan I believe will be to have only two or three wards, not anything extensive, and that Dr. Avison should have entire control. In other words that it shall be a men's hospital with provision for taking in a few women patients if desired. This of course means that the bulk of our women will be sent to the other hospitals but there are a few who would not object to having a man see them and these patient Dr. Avison will see.

3. We as a mission are certainly not unanimous in our opinions concerning medical work. My own views are certainly changing since I have been given other work. During the time I was in the hospital I was necessarily present every afternoon at the dispensary and sometimes as many as twenty women would come but more often it was only five or six yet it took the afternoon. I am afraid the time was not always profitably spent. In some lands they are not willing to listen to the gospel unless you have done something for them but that is not the case in Korea. My second country trip I took a good sized box filled with medicines and I can assure you if I had had a baby organ instead I would have accomplished more in the work. If there was no other woman in Seoul doing medical work I still think I should want to continue for the sake of the few women who really do want and need the help that no one but a woman physician can give them but there are three others and still a fourth at home on furlough. This is not the case with the men's work as there is only one besides Dr. Avison and they both have their hands full.

(Omitted)

19020124

제임스 S. 게일(서울)이 프랭크 F. 엘린우드(미국 북장로교회 해외선교본부 총무)에게 보낸 편지 (1902년 1월 24일)

(중략)

전체 병원 계획은 여전히 미해결 상태에 있습니다. 정부는 현 부지에 분명한 문서를 발급해 주지 않을 것이며, 현 부지에 세브란스 병원을 건립하는 것에 물음표를 던질 것입니다. 다른 부지는 제공되지 않은 상태이고, 아직 구입하지 않았습니다. 우리는 부동산 문제에서 매우 괴로운 상황에 이르렀습니다. 정부는 더 이상 외국인을 위한 토지를 등록하지 않기로 결정하였으며, 모든 구매는 _____하거나 개인 문서를 받아야 하는데, 이것은 쉽게 복제될 수 있고 실제로는 가치가 없습니다. 수도에서 토지를 소유하는 문제는 10개 조항의 법이 될 것입니다. 우리는 병원과 관련하여 발생할 수 있는 모든 관심 사항을 보고할 것입니다.

정동 부지의 매각은 에비슨 및 빈튼 박사의 수중에 있으며, 정체 상태에 있습니다.

(중략)

홍문서골 교회에 대한 문제는 에비슨 박사와 웰본 씨에 의해 차츰 정리되고 있습니다. 그들은 사태의 본질을 파악하기 위하여 수고를 아끼지 않았습니다. 저는 우리가 상황을 충분히 이해하고 책임을 맡고 있는 현지인 교회들과의 이해가 공정하다고 생각합니다. 우리는 부지의 문서를 우리에게 넘겨달라고 요구하지 않습니다. 우리는 단지 행위가 명확하게, 무엇보다도 의심스럽지 않게 등록되기를 바라고 있습니다. 우리는 또한 그들이 교회의 영적 이익과 관련된 모든 문제에 대한 거부권을 당회에 부여할 것을 요청하고 있습니다. 이러한 문제는 아직 정리되지 않았지만, 에비슨 박사가 상황을 정리하는데 많은 도움을 주었기에 그렇게 될 것이며, 그와 웰본 씨가 현재 책임을 맡고 있습니다.

(중략)

James S. Gale (Seoul),
Letter to Frank F. Ellinwood (Sec., PCUSA), (Jan. 24th, 1902)

(Omitted)

The whole Hospital plan still hangs in the air. The government will not give a clear deed to the present ground and that will form put a question mark to the building of the Severance Hospital on the present site. No other land is given and none to yet purchased. We have reached a condition of affairs in the matter of real estate that is very distressing. The government has decided to register no more land for foreigners and any purchase made ____ stand or fall on the private title deed which could be easily duplicated and which really is of no value. Possession is becoming the ten points in the law in the matter of holding land in the capital. We shall report any matters of interest regarding the Hospital that may come up.

The sale of Chung Dong property has been in the hands of Dr. Avison and Vinton and remains *in statu quo*.

(Omitted)

The matters regarding Hong Mun So Kol church are being gradually cleared up by Dr. Avison and Mr. Welbon. They have spared no pains to get to the bottom of things and I think we are in a fair way to come to a full knowledge of the situation and an understanding with the native churches in charge. We are not asking for the deeds of the property to be turned over to us. We ask only that the deeds be registered clear and above all suspicion we ask also that they give to the serious the right of veto in all matters that pertain to the spiritual interests of the church and these while not yet arranged I think will be as Dr. Avison is doing and has done so much to help clear up the situation he and Mr. Welbon being the missionaries at present in charge.

(Omitted)

프랭크 F. 엘린우드(미국 북장로교회 해외선교본부 총무)가
새뮤얼 F. 무어(캘리포니아 주 패서디나)에게 보낸 편지
(1902년 1월 29일)

1902년 1월 29일

S. F. 무어 목사,
    캘리포니아 주 패서디나

친애하는 무어 씨,

나는 샌프란시스코와 패서디나에서 보낸 귀하의 멋진 편지를 막 읽었으며,
부인의 건강과 관련하여 에비슨 박사가 보낸 의료 증명서를 받았음을 알려 드
립니다. (......)

Frank F. Ellinwood (Sec., BFM, PCUSA),
Letter to Samuel F. Moore (Pasadena, Ca.) (Jan. 29th, 1902)

Jan. 29th, 1902

Rev. S. F. Moore,
    Pasadena, Calif.

My Dear Mr. Moore:

I have just been reading over your good letters from San Francisco and
Pasadena, and I acknowledge hereby the receipt of the medical certificate sent by
Dr. Avison in regard to Mrs. Moore's health. (......)

수전 A. 도티(서울)가 프랭크 F. 엘린우드(미국 북장로교회 해외선교본부 총무)에게 보낸 편지 (1902년 1월 31일)

(중략)

풀턴 기포드 부인은 병원에서 감독(Matron)의 일에 모든 열정을 쏟아 부었습니다. 그녀는 그곳에서 약 ¾ 마일 떨어진 곳에 살고 있지만, 자신의 집을 돌보는 것 외에도 아침 9시 경에 병원에 도착하며, 저녁 3시에서 5시가 될 때까지 어느 곳도 가지 않으며, 걸어 다닙니다.

그녀는 밤에 어학 선생과 함께 한국어를 공부하고 있습니다. 병원에서 그녀는 의사에게 큰 도움과 만족이 됨을 증명하고 있으며, 그녀의 업무 분야의 표준을 높이는데 돕고 있습니다. 그녀는 청년 성경 강습반을 갖고 있고, 집 근처에서 열리는 안식일 저녁 모임에 참석하며, 에비슨 박사의 병원 조수들에게 영어를 강의하고 있습니다.

그녀는 좋아 보이며, 항상 행복하고 명랑하며, 적극적인 활동의 특권에 대하여 너무 감사해합니다. 바쁜 삶 속에서 그녀를 많이 볼 수는 없지만 그녀는 우리에게 기쁨이자 축복이라는 말을 덧붙일 필요는 없습니다.

이곳 서울에서 "병원을 위한 훈련된 간호원"이 올해 선교부의 새 사역자 요청 목록의 맨 앞에 있기 때문에 선교지부가 선교본부로 보내는 1월 편지에 그 필요성을 특별히 언급하는 것은 벗어난 일이 아닐 것입니다.

만일 병원의 여자과가 폐지되고 몇몇 병동만 유지된다면, 간호원은 주로 한국인 남자들을 위한 병원에서 '수간호원'의 직책만 맡기 위해 올 것입니다.

이것은 그녀가 남자 병동에서 에비슨 박사와 함께 의학 공부를 하지만, 간호를 할 것으로 예상되는 한국 남자들에게 교사로서 남자 병동에서 일을 해야 할 것이라는 것을 의미합니다. 간호원은 직책을 수학하기 전에 이러한 모든 사실을 완전하게 숙지하여야 합니다.

(중략)

웰본 씨 부부는 고요하고 간절한 기독의 마음으로 홍문서골 교회 사역에 임하여 성공의 관을 씌우고, 죄에 눈멀지 않으며, 장사하는 사람들에게 오래오래 미혹되지도 않을 것입니다. 바로 지금 에비슨 박사, 밀러 씨, 그리고 교회의 순수함과 행복을 책임지고 있는 다른 사람들은 그들이 '교회 청소'라고 부르는 일을 하고 있으며, 이것이 성취될 때까지 그곳에는 영적인 힘이 있을 수 없습니다.

(중략)

Susan A. Doty (Seoul),
Letter to Frank F. Ellinwood (Sec., BFM, PCUSA) (Jan. 31st, 1902)

(Omitted)

Mrs. Fulton Gifford has thrown all her energies into Matron's work at the Hospital. She lives about three quarters of a mile from there but in addition to looking after her own home she gets over to the hospital about 9:00 in the morning and does not leave until anywhere from 3 to 5:00 in the evening - walking both ways.

She studies Korean with her teacher at night. In the hospital she is proving herself a great help and satisfaction to the Doctor and is helping to a higher standard in her line of work. She has a Bible Class of young men; attends the Sabbath Evening meeting held there near her home; then she is teaching Dr. Avison's Hospital Assistants in a class in English.

She is looking well; is ever so happy and cheerful; and so thankful for the privilege of active service. I need not add that she is a joy and blessing to us - even though we do not see much of her in the midst of our busy lives.

As "A Trained Nurse for the Hospital" here in Seoul headed the list of the Mission's request for new workers this year it will not be out of place to make particular mention of this need in writing the Station's January letter to the Board.

If the Woman's Department in the Hospital is to be done away and certain wards only - retrained, then the Nurse comes primarily to take the position of "Head Nurse" in the Hospital for Korean men.

This will mean that she will have to take place in the men's wards as teacher to the Korean boys who are expected to do nursing while they pursue their medical studies with Dr. Avison. A Nurse before accepting the position - should be thoroughly acquainted with all of these facts.

(Omitted)

Mr. & Mrs. Welbon are taking up the work in the Hong Mun Sye Kol Church in a quiet, earnest prayerfulness which will be crowned with success; they will not be blind to sin nor will they be long deceived by those who are working havock in the Church. Just now Dr. Avison, Mr. Miller and others who are responsible for the purity and wellbeing of the Church are doing what they term "Cleaning out of the Church" and there can be no spiritual strength there until this is accomplished.

(Omitted)

19020200

병원 전도사. O. R. 에비슨 박사의 11월 보고서에서.
The Korea Field (서울) 2 (1902년 2월호), 24쪽

병원 전도사

전도사에게 부과된 임무들은 다음과 같다.

1. 매일 아침 큰 병실에서 9시 이전까지 환자들, 조사들, 하인들과 함께 기도를 드린다.
2. 여러 병실들에서 환자들과 개인적인 대화를 나눈다.
3. 병실에 좋은 책들, 소책자들, 그리고 그리스도 신문을 계속 비치한다.
4. 무식한 환자들이 가능한 한 읽을 수 있도록 가르쳐서 그들의 마음을 사로잡으며, 그들이 진리에 대한 지식을 얻을 수 있는 더 나은 기회를 갖도록 한다.
5. 진료를 받으러 오는 환자 및 그와 함께 오는 친구들과 매일 오후 진료소에서 열리는 모임의 책임을 진다. 이 모임은 진료가 시작되기 전에 갖는다.
6. 학생 조수들과 함께 하는 성경 공부반을 준비한다.
7. 진료소에서 정기적인 수요일 저녁 기도회를 준비한다.
8. 학생 조수들이 쉬러가기 전에 매일 저녁 그들과 예배를 드린다.
9. 전도 예배를 준비하는데 있어 학생 조수들이 차례로 그 예배를 도울 수 있게 함으로써 그들은 의료 업무뿐 아니라 복음의 실제적인 전도에서도 훈련받을 수 있도록 한다.
10. 환자 대기실에 인쇄물이 항상 비치되어 있는지 확인하고, 대개 환자들과 가능한 한 많은 대화를 나눈다.
11. 걸을 수 있는 환자들을 많이 초청하여 주일 아침마다 교회 예배에 데려간다.
12. 이 도시의 여러 회중과 함께 좋은 병원 심방 위원회를 만든 다음 그 일이 수행되고 있는지를 확인한다.

전도사가 위의 계획들을 수행하고 환자들이 지방의 집으로 돌아간 후에 이따금씩 그들을 심방하게 함으로써 우리는 병원이 선교부의 전도 업무에서 비효율적이 아니라는 것이 입증되기를 바라고 있다.

O. R. 에비슨 박사의 11월 보고서에서

The Hospital Evangelist. From November Report of Dr. O. R. Avison. *The Korea Field* (Seoul) 2 (Feb., 1902), p. 24

The Hospital Evangelist.

The duties laid upon the Evangelist are as follows: -

1. To hold prayers every morning in the large ward with the patients, helpers, and servants, to be through before 9 o'clock.
2. To hold conversation with patients personally in the several wards.
3. To keep the wards supplied with good books, tracts, and *The Christian News*.
4. To teach ignorant patients to read whenever it is possible, so that their minds may be occupied and they may have a better opportunity to gain a knowledge of the truth.
5. To be responsible for the meeting in the dispensary every afternoon with the patients and their friends who have come to the clinic. This is held before the medical work begins.
6. To arrange a class for the study of the Scriptures with the Student Assistants.
7. To provide for the regular Wednesday evening prayer-meeting in the dispensary.
8. To hold devotions every evening with the Student Assistants before they retire to rest.

9. To arrange the preaching services so that each Student Assistant can help in them in turn, so that they may be trained not only in medical work, but also in practical preaching of the Gospel.

10. To see that there is always a supply of literature in the patients' waiting room, and to talk with the waiting patients as much as possible.

11. To invite as many of the patients as are able to walk to accompany him to church service every Sunday morning.

12. To arrange with the several city congregations for good hospital visiting committees, and then see that the arrangements are carried out.

By carrying out the above programme and also letting the Evangelist visit the patients occasionally after their return to their country homes we hope that the hospital will prove a not inefficient help to the evangelistic work of the mission.

From November Report of Dr. O. R. Avison.

프랭크 F. 엘린우드(미국 북장로교회 해외선교본부 총무)가
올리버 R. 에비슨(서울)에게 보낸 편지 (1902년 2월 3일)

1902년 2월 3일

O. R. 에비슨 박사,
　　한국 서울

친애하는 에비슨 박사님,

　　나는 기관지염으로 병석에 누워있으며, 나는 말할 것도 없이 아내의 건강 문제 때문에 며칠 내에 뉴욕을 떠나 버뮤다로 갈 것이기에 침대에 누워 내 편지를 받아쓰게 하고 있습니다. 나는 1달 혹은 5주 정도 떠나 있을 것입니다. 부득이 나는 귀하가 보냈고 내가 완전하게 읽은 수도(首都)의 격월 편지에 짧게 답장을 해야 합니다.[5] 그 편지는 전반적이건 특정 사안이건 내가 이전에 알고 있었던 것보다 더 분명하게 서울 지부의 일들에 대해 알려 주고 있습니다.

　　나는 또한 귀하가 보낸 귀하의 월간 보고서의 사본에도 감사를 드립니다.[6] 나는 총회에 제출할 보고서 준비를 위해 지난 주에 한국 보고서를 검토하였으며, 한국에서 전반적인 사역이 전년도 정도로 활발해졌고 사역의 모든 분야에서 나타나는 두드러진 열의가 계속 강하다는 것을 알고 기뻤습니다.

　　서울에서 온 다른 편지들에서와 같이 귀하의 편지에 담긴 한 가지 유감스러운 것은 부지와 관련된 것입니다. 왕과의 계약에서 우리는 통탄할 만한 혼란스러움에 처해 있습니다. 귀하의 편지 말미에 좀 더 긍정적인 일이 일어날 수 있다는 짧은 암시를 주었지만 나는 아직 상당한 혜안(慧眼)을 갖고 있지 않다고 고백합니다.

　　이 부지와 관계되어 귀하의 편지에 포함된 재정적 문제와 관련하여, 핸드 씨가 최근 서울 지부로 사본을 보냈으며 나의 부재 중 선교본부에 의해 승인된 것으로 알고 있는 우리 재무 위원회의 보고서는 그 부지 업무에 대해 면밀하게 검토한 끝에 내려진 결론을 귀하께 알려 줄 것입니다.

---

5) Oliver R. Avison (Seoul), Letter to Frank F. Ellinwood (Sec., BFM, PCUSA) (Nov. 30th, 1901)
6) Oliver R. Avison (Seoul), Monthly Report of O. R. Avison (Nov. 18th, 1901)

귀하가 이야기하는 것처럼 왕이 그 문제에 대해 호의적이라면 왕은 계속해서 부패한 관리들의 방해를 받고 있는 것이 너무도 애석한 것 같습니다. 알렌 공사가 귀임하게 되면 그들을 피해 왕으로부터 보다 직접적인 결과를 얻으려고 노력하는데 어떤 방도를 찾을 수 있을 것으로 생각됩니다. 지금 우리가 특별한 사업을 위하여 고든 씨가 그곳에 파송되어 있는 것이 유감스러우며, 우리는 모든 움직임을 좌절시키고 무력화시켜야 합니다.

나는 귀하가 길고 위태로운 병에서 벗어나 다시 건강과 원기를 회복하였다고 판단하게 되어 기쁩니다. 하나님께서 귀하 부부와 아이들에게 은총을 내리시고, 지금 귀하의 앞길에 놓여 있는 난국에서 귀하가 구제되고, 귀하의 사업이 여태껏보다 더 풍부하고 좋아지기를 기원합니다.

훌륭한 편지에 많은 감사를 드리며 안녕히 계세요.
F. F. 엘린우드

Frank F. Ellinwood (Sec., BFM, PCUSA),
Letter to Oliver R. Avison (Seoul) (Feb. 3rd, 1902)

Feb. 3rd, 1902

Dr. O. R. Avison,
　　Seoul, Korea

My Dear Dr. Avison:

I am in confinement with a bronchial attack, and am dictating my letters in bed, as I am in a few days to leave New York for Bermuda, for my wife's health, not to speak of my own. I expect to be gone a month or five weeks. Necessarily, I must write briefly therefore in responding to the capital Bi-monthly letter which you have sent and which I have fully read. It gives me a clear view of matters at Seoul Station - clearer than I have had before- not only in general, but in particular.

I thank you also for the copy of your monthly report which you sent. I have been at work on the Korea Report during the last week in preparing our report for the Assembly, and am delighted to know that the work in general in Korea is up to the grade of former years, and that the peculiar enthusiasm which has characterized all branches of your work is still as strong as ever.

The one sad note in your letter as in all others that have come from Seoul, is that which relates to property. That a lamentable muddle we are in in our transactions with the King. I confess I do not see much light as yet, though in the close of your letter you give a brief hint that something more positive may come.

In regard to the financial questions contained in your letter in connection with this property, the report of our Finance Committee, a copy of which was sent to Seoul Station recently by Mr. Hand, and which report I understand was approved by the Board in my absence - will give you the conclusions which have been reached after a full survey of all the ins and outs of that property business. It does seem too bad that the King - if as you say he is well disposed in the matter - should be constantly thwarted by corrupt officials. It seems to me that some way can be found when Minister Allen goes back, of circumventing them and striving to get results more directly from the King himself. It is a pity now that we have Mr. Gordon out there for a specific work, that we should baffled and hamstrung at every move.

I am rejoiced that you are again in good health and strength as I judge after your long and dangerous illness. May God bless you and your dear wife and children, and give you relief from the perplexities that now lie in your way, and make your work richer and better than ever.

Yours, with many thanks for your good letter,
F. F. Ellinwood

19020203a

프랭크 F. 엘린우드(미국 북장로교회 해외선교본부 총무)가
올리버 R. 에비슨(서울)에게 보낸 편지 (1902년 2월 3일a)

1902년 2월 3일

친애하는 에비슨 박사님,

　　나는 병원의 간호원과 관련된 귀하의 12월 1일자 편지에 대한 두 번째 답장을 씁니다. 귀하는 나에게 말을 구입하려는 목사, 그리고 그 점을 고려하여 버지니아의 우락부락한 늙은 말 장수에 대한 이야기를 생각하게 하였습니다. 그는 말의 질과 조건에 포함시키기를 원하는 필수 조건을 알리기 위해 생생하게 설명하였습니다. 조건들은 많았고, 대단히 완전한 짐승이었습니다. 늙은 말 장수는 그의 볼에서 씹는 담배를 굴리며 "그런 말은 갖고 있지 않습니다."하고 대답하였습니다. 만일 품위가 없었다면 용서하세요. 그러나 실제로 귀하가 요청하는 정규 간호원을 갖고 있는, 그런 이상적인 간호원을 얻는 것은 거의 불가능한 것 같습니다. 현재 쉴즈 양은 일을 계속할 수 없는 상태이며, 우리는 그런 사람을 찾는데 최선을 다해야 합니다. 우리가 긴요하다고 생각하는 신임 선교사들의 명단을 작성할 때 나는 서울의 간호원을 주장할 것입니다. 그러나 지원하는 사람들의 대다수는 전도 혹은 학교 사역을 선호하기 때문에 기회는 대단히 밝지 못하다고 말하게 되어 유감스럽습니다. 나는 대단히 많은 우리 젊은 미국인 여자들이 외과 수술을 조력하는데 필요한 용기와 체력을 갖고 있는지 모르겠습니다. 우리가 이곳 뉴욕에서 구한 최상의 간호원 중 일부는 뉴욕과 시카고에서 훈련을 받았지만 캐나다 출신입니다. 아마 토론토와 연락을 취하면 적임자를 찾을 수 있을 것입니다. 나는 필요성을 인식하고 있고 나의 최선을 다할 것입니다.

　　안녕히 계세요.
　　F. F. 엘린우드

　　추신. 나는 병원 부지와 관련된 박사님의 12월 14일자 짧은 편지를 받았음을 알립니다.[7]

Frank F. Ellinwood (Sec., BFM, PCUSA),
Letter to Oliver R. Avison (Seoul) (Feb. 3rd, 1902a)

Feb. 3rd, 1902

My Dear Dr. Avison:

I write you a second letter in reply to yours of Dec. 1st, with relation to a nurse for the hospital. You remind me of a story told of a minister who wanted to purchase a horse, and with this in view, called upon a gruff old horse dealer in Virginia. He preceded in graphic terms to point out the requisites which he desired to include in the qualities and qualifications of the horse. They were many and really made a very perfect beast. In reply, the old dealer, turning his quid in his check?, said - "Wal, there aint no such horse". Excuse the incident, if it seems undignified, but really, the ideal nurse for whom you call, seems almost an impossibility, as have a trained nurse, and now that Miss Shields is unable to continue the work, we must do our best to find one. In making up the list of new missionaries whom we consider indispensable, I shall plead for a nurse for Seoul; but I am sorry to say that the chances are not very bright, as most of those who apply, prefer evangelistic or school work; and I do not know that a very large proportion of our young American women have the nerve and stamina required for even assistance in surgical work. Some of the best nurses that we get here in New York are from Canada, though they are trained in New York and Chicago. Possibly you can find some one by correspondence with Toronto. I recognize the need and shall do my best.

Most heartily yours,
F. F. Ellinwood

P. S. I hereby acknowledge your note of Dec. 14th in the hospital site.

---

7) Oliver R. Avison (Seoul), Letter to Frank F. Ellinwood (Sec., BFM, PCUSA) (Dec. 14th, 1901)

19020204

프랭크 F. 엘린우드(미국 북장로교회 해외선교본부 총무)가
메리 B. 바렛(서울)에게 보낸 편지 (1902년 2월 4일)

1902년 2월 4일

메리 B. 바렛 양,
  한국 서울

친애하는 바렛 양,

　기관지염을 앓고 있던 나는 병실에서 귀하의 멋진 12월 28일자 편지를 읽었습니다.[8] 나는 귀하가 지부의 사역을 제시한 개략의 방식에 대해 감사드립니다. 지침서는 단지 격월간 편지를 필요로 하고 있지만, 나는 귀하와 에비슨 박사가 전체 선교 사역에 대해 분명하게 편견 없이 드러내 준 것이 기쁩니다.

(중략)

---

8) Mary M. Barrett (Seoul), Letter to Frank F. Ellinwood (Sec., BFM, PCUSA) (Dec. 28th, 1901)

Frank F. Ellinwood (Sec., BFM, PCUSA),
Letter to Mary B. Barrett (Seoul) (Feb. 4th, 1902)

Feb. 4th, 1902

Miss Mary B. Barrett,
   Seoul, Korea

My Dear Miss Barrett:

In my sick room where I am suffering from a bronchial attack, I have had your good letter of Dec. 28th. read to me. I thank you for the sketchy way in which you present the work of the Station. The Manual only requires a Bi-monthly letter, but I am glad that you and Dr. Avison have given even more liberally that kind of light which brings out the whole mission work cleary.

(Omitted)

19020204

프랭크 F. 엘린우드(미국 북장로교회 해외선교본부 총무)가
한국 선교부로 보낸 편지 (1902년 2월 4일)

(중략)

우리는 에비슨 박사와 바렛 양9)이 보내 준 훌륭한 월간 보고서에 대해 상당히 감사해 하고 있으며, 서울 및 교회의 지부의 상황을 명쾌하게 보여주고 있습니다. 나는 베스트 양이 준비한 한국 선교부의 서술 보고서를 동봉한 게일 씨의 12월 18일자 짧은 편지도 받았습니다. 나는 보고서에 대하여 충심으로 감사를 드립니다.

(중략)

Frank F. Ellinwood (Sec., BFM, PCUSA),
Letter to the Korea Mission (Feb. 4th, 1902)

(Omitted)

The admirable monthly reports sent by Dr. Avison and Miss Barrett are highly appreciated and give clear views of the situation at Seoul, and its outlying stations. I am also in receipt of Mr. Gale's note of Dec. 18th, enclosing the Narrative Report of the Korea Mission prepared by Miss Best. I send my hearty thanks for the report.

(Omitted)

---

9) Mary M. Barrett (Seoul), Letter to Frank F. Ellinwood (Sec., BFM, PCUSA) (Dec. 28th, 1901)

아서 G. 웰본 목사의 일기 (1902년 2월 10일)

나의 언어 선생과 함께 천로역정(天路歷程)을 읽기 시작함. 에비슨 박사 댁에서의 어학 수업. 왕은 오늘 오후 행차를 하였는데, 오늘 밤 거리에는 많은 사람들로 붐볐다. 에비슨의 어학 선생 아내, 어머니 및 세 아이들이 왔다. 추운 북풍에 눈이 내림.

Diary of Rev. Arthur G. Welbon (Feb. 10th, 1902)

Began reading Pilgrim's Progress with my teacher. Language class at Dr. Avison's. King went out this afternoon - crowds of men on the streets tonight. A.'s teacher's wife, mother and three children came. Snowed with cold north wind.

회의록, 한국 선교부 서울 지부 (미국 북장로교회) 1891~1921
(1902년 2월 17일)

(중략)

병원 부지 위원회의 보고서를 받았으며(제5호), 에비슨 박사는 보고서에 담긴 제안의 사본을 지부의 각 회원에게 배포하도록 요청받았다.

(중략)

청구가 다음과 같이 통과되었다.

에비슨   720.05   ......

(중략)

Minutes, Seoul Station, Korea, 1891~1921 (PCUSA) (Feb. 17th, 1902)

(Omitted)

The report of the hospital property committee was received (No. 5) and Dr. Avison was requested to present each member of the station with a copy of the suggestions contained therein.

(Omitted)

Orders were passed as follows: -

Avison   720.05   ......

(Omitted)

19020218

[서울 지부 회의의 회의록] (1902년 2월 18일)

접 수
1902년 6월 4일
엘린우드 박사

한국 서울,
1902년 2월 18일

2월 17일에 열린 서울 지부 회의에서 투표권이 있는 모든 회원이 참가하였으며, 다음과 같은 조치를 취하였다.

"이 지부는 선교본부에 A. A. 피터스 씨를 이 선교지로 임명하도록 요청하도록 선교부에 요청한다."고 통과되었다.

찬 성	반 대
C. C. 빈튼	제임스 S. 게일 (선교부와 함께 모여
O. R. 에비슨	재고할 기회를 갖자)
C. E. 샤프	
캐서린 웸볼드	모든 반대는 철회되었다.
수전 A. 도티	1902년 4월 16일 제임스 S. 게일
에바 H. 필드	
에스터 L. 쉴즈	한국 선교부에 의해 승인됨
F. S. 밀러	번하이슬 씨와 웰즈 박사의 투표(뒷면
M. 루이스 체이스	을 볼 것)는 아직 받지 못하였음
N. C. 휘트모어	나는 존슨 박사와 애덤스 씨의 투표(뒷
윌리엄 B. 헌트	면을 볼 것)는 찬성일 것으로 판단함
S. A. 마펫	.
마가렛 베스트	리처드 H. 사이드보텀
벨마 L. 스눅	부서기, 부산, 1902년 5월 7일
W. M. 베어드	
W. L. 스왈렌	
엘리저 M. 하웰	
헨리 M. 브루언	
시릴 로스	
R. H. 사이드보텀	

(중략)

[Minutes of Meeting of Seoul Station] (Feb. 18th, 1902)

Received
JUN 4 1902
Dr. Ellinwood

Seoul, Korea,

Feb. 18th, 1902

At a meeting of Seoul held on Feb. 17th, at which all voting members were present, the following action was taken:

"It was proved that this station ask the missions to ask the Board to appoint Mr. A. A. Pieters to this field." Carried.

Yeas.	Nays.
C. C. Vinton	Jas. S. Gale (with Mission has a chance
O. R. Avison	to assemble and reconsider)
C. E. Sharp	
Katharine Wambold	All objection was withdrawn
Susan A. Doty	Ap. 16th, 1902 Jas. S. Gale
Eva H. Field	
Esther L. Shields	Approved by Korea Mission.
F. S. Miller	Votes of Mr. Bernheisel and Dr.
M. Louise Chase	Wells (see back) not yet received.
N. C. Whittemore	I interpret votes of Dr. Johnson and
Wm. B. Hunt	Mr. Adams (see back) to be in favor
S. A. Moffett	.
Margaret Best	Richard H. Sidebotham
Velma L. Snook	Asst. Secretary Fusan, May 7, 1902
W. M. Baird	
W. L. Swallen	
Eliza M. Howell	
Henry M. Bruen	
Cyril Ross	
R. H. Sidebotham	

(Omitted)

아서 G. 웰본(서울)이 프랭크 F. 엘린우드(미국 북장로교회 해외선교본부 총무)에게 보낸 편지 (1902년 2월 28일)

(중략)

새로운 관리인을 선출하려고 할 때 우리는 여러 번 회의를 하였는데, 이들이 항상 매우 무질서하게 행동하여 당회가 그들을 정직시켜야 했습니다. 그런 다음 새로운 관리인이 선출되었을 때 늙은 사람은 가기를 거부하였습니다. 교회는 이 문제를 법정으로 거의 가져가려고 하였을 때 이 씨가 일요일 야간 예배 후 모임을 소집하였는데, 무어 씨가 이전에 문서를 소유하려 시도하였다고 에비슨 박사가 자신들에게 거짓말을 하였고, 이제 우리가 그들에게 거의 같은 방식으로 행동하고 있는 것처럼 보이므로 그들은 우리가 더 이상 오기를 원하지 않는다고 언급하는 편지가 그때 쓰여졌습니다.

(중략)

Arthur G. Welbon (Seoul),
Letter to Frank F. Ellinwood (Sec., BFM, PCUSA) (Feb. 28th, 1902)

(Omitted)

In trying to elect a new caretaker we had several meetings in which this element always acted very disorderly so much so that the session had to suspend them. Then when a new caretaker was elected, the old one refusal to go. The church was just about nearly to take the matter into the courts when Mr. Yi called a meeting after a Sunday in night service at which time a letter was written stating that since Dr. Avison had lied to them that Mr. Moore had on a former occasion tried to get possession of the deeds and now it seemed to them we were acting in much the same way, therefore they did not want us to come any more. (......)

에바 H. 필드(서울)가 프랭크 F. 엘린우드(미국 북장로교회 해외선교본부 총무)에게 보낸 편지 (1902년 2월 28일)

(중략)

에비슨 박사는 평소와 같은 수의 환자가 있는 병원에서 열심히 일하고 있습니다. 그것은 쉴즈 양 없이는 매우 힘든 일인데, 그녀가 목포에서 우리에게 돌아왔지만 여전히 병원 일을 할 수 없습니다. 기포드 부인은 대부분의 시간을 병원에서 보내며 병원에서 가장 귀중한 도움을 제공하고 있습니다.

(중략)

Eva H. Field (Seoul),
Letter to Frank F. Ellinwood (Sec., BFM, PCUSA) (Feb. 28th, 1902)

(Omitted)

Dr. Avison is working hard in the hospital which is having about the usual number of patients. It is very difficult trying to do without Miss Shields but although she has returned to us from Mokpo she is still unable to take up hospital work. Mrs. Gifford gives most valuable assistance in the hospital, spending most of her days there.

(Omitted)

프레더릭 S. 밀러(서울)가 새뮤얼 A. 마펫 (평양)에게 보낸 편지
(1902년 3월 4일)

(중략)

나는 연례 회의의 흥분에 휩싸인 것처럼 보였던 것만큼 민감하거나 의심쩍은 것의 절반도 되지 않습니다. 나는 좋은 말을 많이 하였고, 나는 여러분들이 서울의 상황을 제대로 이해하지 못하고 있고, 에비슨 박사와 그의 계획을 잘못 이해하고 있으며, 극단으로 치닫지 않도록 서로에게 도움이 되기에는 너무 한 마음이 되어 있고, 우리 모두는 연례회의 전에 선교부 문제를 서로 논의하는 습관에 빠져 결정을 내리기 전에 자유로운 토론의 이점을 포기하기 때문에 하지 말았어야 할 말을 하였습니다. 나는 또한 여러분 중에 의사 외에는 힘들고 낙담하는 의사들의 입장을 공감할 만큼 의료에 대하여 충분히 알고 있는 사람이 없다는 것을 느꼈습니다. 나는 또한 귀하가 어떤 한계까지는 참이고, 그 한계를 넘어서는 완전히 거짓이라고 말하는 경향이 너무 크다는 것을 느꼈습니다.

(중략)

밀러 부인은 4일 수술을 받았지만, 아직 성공 여부는 모르고 있습니다. [그녀는] 장 하부에 세 개의 작은 돌출을 갖고 있었는데, 에비슨 박사는 이것이 문제의 전체 원인일 수 있다고 생각하고 있습니다. 그녀는 잠시 침대에 누워 있을 것입니다. 그녀는 (항상 그랬던 것처럼) 요오드포름으로 인한 습진을 제외하고는 편안합니다. 우리는 수술 당시 그것의 영향을 깜빡하였습니다. 이제 그녀가 건강하고 강해지기를 바라며 기도드립니다. 그녀는 2개월 동안 누워있을 것이며, 그 전에 더 많은 원기가 필요합니다. 지금까지처럼 그녀를 위한 평양 형제자매들의 기도가 있기를 바랍니다.

(중략)

Frederick S. Miller (Seoul),
Letter to Samuel A. Moffett (Pyeng Yang) (Mar. 4th, 1902)

(Omitted)

I am not half as sensitive or suspicious as I may have appeared to be under the excitement of the An. Meetg. I said a good many things, I ought not to have said, because I felt that you folks were not able to appreciate the situation in Seoul, that you misunderstood Dr. Avison & his plans, that you were too much of one mind to be helpful to each other in keeping each other from going to extremes, that we all fall into the habit of looking mission matters among ourselves before Annual Meeting & thus do away with all advantage of free discussion before decision. I felt also that there was not a man among you except your physicians who knew enough about medical work to sympathize with the physicians in their difficult & discouraging position. I felt too that you are too inclined to say - what is true up to a certain limit & utterly false beyond that limit, that "the greatest need of reinforcements is where the greatest harvest is already white". And so deplete stations that have a large territory to cover with no magnificent native help in covering it.

(Omitted)

Mrs. M. had an operation performed on the 4th and as yet we do not know how successful it is. [She] had three little protuberances out from lower part of bowel which Dr. A. thinks may be whole cause of trouble. She will be in bed for a while. Is comfortable except for eczema caused by iodoform (as it always affects her). We forgot about the affect of it at time of operation. I hope & pray she may get well & strong now. She will be confined in two months and needs more strength before that time. May we have as heretofore the prayers of our P. Y. brothers and sisters for her.

(Omitted)

19020311

아서 G. 웰본 목사의 일기 (1902년 3월 11일)

[......] 밀러 씨의 아기가 태어나 사망하였다는 에비슨 박사의 전언.

Diary of Rev. Arthur G. Welbon (Mar. 11th, 1902)

[......] Word from Dr. Avison telling of birth and death of Miller's baby.

회의록, 한국 선교부 서울 지부 (미국 북장로교회) 1891~1921
(1902년 3월 17일)

(중략)

에비슨 박사는 분쉬 박사가 제중원의 책임을 맡게 하고 군산의 짧은 왕진 방문 허가를 요청하였다. 요청은 승인되었다.

(중략)

지부는 동현교회가 병원의 일부를 사용하는 요청을 허가하자는 동의가 있었고 통과되었다.

(중략)

청구가 다음과 같이 통과되었다.

(......)   에비슨   290 (......)

(중략)

Minutes, Seoul Station, Korea, 1891~1921 (PCUSA) (Mar. 17th, 1902)

(Omitted)

Dr. Avison requested permission to make a short professional visit to Kunsan leaving the hospital in charge of Dr. Wunsch. Request was granted.

(Omitted)

Moved and carried that the Station sanction the request for permission to use a part of the Hospital for the Tong Hiung Church.

(Omitted)

Orders were passed as follows

(......)   Avison   290 (......)

(Omitted)

19020320

셔울 동현회당. 그리스도 신문(서울) (1902년 3월 20일), 89쪽

서울 동현회당

지나간 주일은 음력 그믐날이라 오후 2시에 연동 교우와 새문안 교우와 곤당골 교우가 부인과 사나회 어린아이들까지 다 구리개 회당에 모였는데, 합이 300명가량이다. 민 목사와 에비슨 의사와 게일 목사가 참석한 중에 게일 목사가 예배 인도를 하고 다 기쁜 마음으로 간절히 큰 은혜 받기를 구하였으니, 이것은 서울 교우가 각각 자기 처소에서 전도하다가 처음으로 한 곳에 합한 것이다. 지금부터는 주일마다 오후 2시에 이 회당으로 모일 예정이다.

오 목사 양주가 며칠 전에 황해도 백천 등지로 전도하러 가서 아직 돌아오지 아니하였다.

제중원 필 부인은 십여 일 전에 죽산 둠벙이 근처로 향하였는데 아직 돌아오지 아니하였다고 한다.

[Tong Hyun Church, Seoul.]
The Christian News (Seoul) (Mar. 20th, 1902), p. 89

서울 동현회당

ㅇ 지나간 쥬일은 음력 그믐날이라 오후 두 시에 련동 교우와 새문안 교우와 곤당골 교우가 부인과 사나회 어린 ᄋᆡ히들ᄭᆞ지 다 구리개 회당에 모혓ᄂᆞ되 합이 삼빅 명가량이라. 민 목ᄉᆞ와 에비신 의ᄉᆞ와 긔일 목ᄉᆞ가 참예ᄒᆞᆫ 즁에 긔일 목ᄉᆞ가 례비 인도를 ᄒᆞ고 다깃븐 ᄆᆞ음으로 ᄀᆞᆫ졀히 큰 은혜 밧기를 구ᄒᆞ엿시니 이거슨 셔울 교우가 각각 즈긔 쳐소에셔 젼도ᄒᆞ다가 처음으로 ᄒᆞᆫ 곳에 합ᄒᆞᆫ거시라. 시방브터ᄂᆞᆫ 쥬일마다 오후 두 시에 이 회당으로 모힐 터히더라.

오 목ᄉᆞ 량쥬가 몃칠 젼에 황히도 빅쳔 등디로 젼도ᄒᆞ러 가셔 아직 도라오지 아니 ᄒᆞ엿더라.

제즁원 필 부인은 십여일 젼에 쥭산 둠벙이 근쳐로 향 ᄒᆞ엿ᄂᆞ되 아직 도라오지 아니 ᄒᆞ엿다더라.

요약, 한국 (1902년 4월 1일)

(중략)

서울.

1902년 5월 1일~1903년 5월 1일

제I급. 선교지의 선교사.

봉 급   금 화
 O. R. 에비슨 박사   1,250.00달러
......
아동 수당:
 에비슨 박사, 6명   600.00
......

(중략)

제IV.급 전도

......
순회 전도:
 에비슨 박사   100엔
......

(중략)

제VI 급 병원 및 진료소

조수: 엔
 세브란스 병원의 조수   400
                                          400
의약품:
 세브란스 병원의 의약품   1,200
        선교지에서 조성   450   750
 언더우드 부인의 의약품   100
 필드 박사의 의약품   150
                                        1,000

다른 경비:

세브란스 병원의 경비	1,200	
선교지에서 조성	550	650
언더우드 부인의 경비		50
		700
		2,100

제VII급 사용 중인 자산

......

수리비:

......

제중원	150

(중략)

제IX급 선교부 및 지부 경비

......

문헌 조수:

에비슨 박사	120

(중략)

Summary, Korea (Apr. 1st, 1902)

Seoul.

May 1st. 1902~May 1st. 1903

Class I. Missionaries on the field.

Salaries: Gold

  Dr. O. R. Avison $ 1250.00

......

Children's Allowance:

  Dr. Avison – 6   600.00

......

Class IV. Evangelistic

......

Itinerating:

   Dr. Avison   100 Yen

......

Class VI. Hospitals and dispensaries

Assistants:

  Assistants in Severance Hospital   400

                                              400

Medicines:

  Medicines for Severance Hospital   1200

  Raised of field   450   750

  Medicines for Mrs. Underwood   100

  Medicines for D. Field   150

                                           1000

Other Expenses:

Expenses of Severance Hospital	1200			
Raised on field	550	650		
Expenses, Mrs. Underwood		50		
			700	
				2100

Class VII. Property in use

......

Repairs:

......

Govt. Hospital	150
(Omitted)	

Class IX. Mission & Station expenses

......

Literary assistants:

For Dr. Avison	120
(Omitted)	

19020407

한국. 서울 병원. 세브란스 씨의 기부. 미국 북장로교회 해외선교본부
실행이사회 회의록 (1902년 4월 7일)

한국. 서울 병원. 세브란스 씨의 기부. 협의회는 1902년 4월 4일에 L. H. 세브란스 씨와 한국 서울에 제안된 병원과 관련하여 열린 회의에서, 세브란스 씨는 선교본부가 승인한다면 제안된 건물을 위한 부지 구입을 위하여 5천 달러를 기부하겠다고 제안하였음을 보고하였다. 그는 또한 만일 임명해야 한다면 추가로 한 명의 의사를 5년 동안 지원하겠다고 약속하였다. 그는 다른 지부의 일시적인 공백을 메울 수 있지만 그의 주요 업무는 서울이 될 것이라고 이해되었다.

병원 건물의 건축을 위하여 세브란스 씨가 이미 상당한 금액을 기부한 것에 이러한 관대한 기부를 더한 것에 대하여,

이 기부를 감사하게 받고, 에비슨 및 빈튼 박사, 게일 씨로 구성된 서울의 현지 건축 위원회는 그러한 구매를 위하여 즉각적인 조치를 취하도록 지시하며, 또한 협의회에 필요한 의사를 물색할 권한을 주도록 '결의'하였다.

또한 부지의 구매를 완료하기 위하여 5천 달러에 약간의 추가 비용이 필요한 경우, 미리 준비된 암호로 재무인 핸드 씨에게 전보를 보내야 하며, 최종적인 가격 조정은 권한이 위임된 재무 위원회에 회부된다.

Korea. Seoul Hospital Seoul. Mr. Severance's Gift. *Minutes [of Executive Committee, PCUSA], 1837~1919* (Apr. 7th, 1902)

Korea. Seoul Hospital. Severance's Gift. The Council reported a Conference held April 4th, 1902 with Mr. L. H. Severance, in regard to the proposed Hospital at Seoul, Korea, at which Mr. Severance offered $5,000, for the purchase of a site for the proposed building & provided the Board should approve of such purchase. He also promise to support an additional pysician for five years if an appointment should be made. It is understood that his main work shall be at Seoul, though he shall be available to fill temporary vacancies at other stations.

In view of these generous offers made in addition to the large sum already subscribed by Mr. Severance, for the erection of the hospital building, it was "Resolved" That these offers be accepted with thanks, and that a local Building Committee, at Seoul, consisting of Drs. Avison and Vinton and Mr. Gale, be directed to take prompt measures to make such purchase, also that the Council be authorized to find the needed physician.

Also "Resolved" That in case it should be found that a small addition to the $5,000 would be necessary to consummate a purchase, notice be cabled to the Treasurer, Mr. Hand, by some pre-arranged cipher, and that the final adjustment a price be referred to the Finance Committee with power.

19020408

프랭크 F. 엘린우드(미국 북장로교회 해외선교본부 총무)가
한국 선교부로 보낸 편지 (1902년 4월 8일)

1902년 4월 8일

한국 선교부 귀중

친애하는 형제들,

나는 특별히 서울의 새로운 병원 기지 건설과 관련하여 최근에 선교본부가 내린 결정에 대하여 편지를 씁니다.[10] 지난 4일 언더우드 박사가 참석한 가운데 협의회와 L. H. 세브란스 씨 사이에 새 건물의 건립을 위한 계획의 수행 지연과 어려움에 대한 회의가 열렸습니다. 모든 방해와 장애가 철저하게 논의되었으며, 다음에 어떤 조치를 취해야 하는지 충분하게 고려하였으며, 세브란스 씨는 관대하게 사택과 함께 병원 건물을 수용하고, 또한 정동에서 매각된 건물들을 대신할 새로운 건물들을 수용하기에 충분한 큰 부지의 구입을 위해 5,000달러를 기부함으로써 부지의 문제를 종결시켰습니다. 언더우드 박사는 이 금액이 구입에 충분할 것이라고 생각하였습니다.

세브란스 씨는 병원 사역과 연관된 현지인에 대한 의학 교육의 실시 필요성의 측면에서 만약 선교본부가 한 명을 임명하는 것을 이해한다면, 한 명의 의료 선교사를 5년 동안 지원하겠다고 제안하였습니다. 이 논의에서 추가되는 이 의사는 어느 지부이건 응급 혹은 의사가 없는 경우 일시적으로 그 자리를 채울 수 있는 것으로 이해되었지만 주요 업무는 서울의 병원이어야 한다는 것이 세브란스 씨의 바람인 것으로 이해되었습니다.

병원 건물을 위한 많은 기부 외에 세브란스 씨의 이러한 관대한 기부로 어제 개최된 회의에서 선교본부는 다음과 같은 공식 결정을 내렸습니다.[11]

(중략)

같은 회의에서 어제 임명된 지원자 목록에서 한 의사가 이 특별한 사역을

---

10) 4월 7일에 개최된 회의를 말한다. Korea. Seoul Hospital Seoul. Mr. Severance's Gift. *Minutes [of Executive Committee, PCUSA], 1837~1919* (Apr. 7th, 1902)

11) 이 책의 49쪽을 볼 것.

위하여 임명되었습니다.

선교본부의 이 결정에 의해 에비슨 및 빈튼 박사, 게일 씨로 구성된 현지 부지 위원회는 부지의 확보를 위해 즉각적인 조치를 취하여, 비슷하게 세브란스 씨, 선교본부 및 선교부의 속을 태우던 난처한 지연이 종결될 입장에 있게 되었습니다. 여러분들은 이 결정에 의해 만일 (현지) 위원회가 필요하다면 우리의 재무 핸드 씨에게 암호로 즉시 전보를 보내면, 가격의 변동에 대해 권한을 갖고 있는 재무 위원회가 신속하게 결정함으로써 가격의 변동에 의한 구입의 실패를 막도록 되어 있다는 것을 알 수 있을 것입니다.

주님께서 세브란스 씨의 마음을 열어 여러 달 동안 슬픈 문제이었던 교착 상태가 해소되도록 관대한 기부를 하였다는 것은 섭리인 것 같습니다. 또한 정동의 어려움에 대해 어떤 해결책을 조만간 찾으며, 한국에서 우리의 사역에 지장을 주는 이 큰 부동산 문제가 종결되도록 기대를 가져 봅시다.

나는 한국 선교지에 임명된 신임 선교사에 대해 지체 없이 다시 편지를 쓸 것입니다. 나는 선교본부 전체가 이 문제에 대해 관대하지는 않지만 공정하게 결정하였다고 생각합니다.

모두에게 애정 어린 인사를 전합니다.

안녕히 계세요.
F. F. 엘린우드

Frank F. Ellinwood (Sec., BFM, PCUSA), Letter to the Korea Mission (Apr. 8th, 1902)

April 8th, 1902

To the Korea Mission

Dear Brethren:

I write specially with reference to a recent action of the Board taken regarding the proposed new hospital plant at Seoul. On the fourth inst. a conference was held between the Council and Mr. L. H. Severance, Dr. Underwood also being present, in regard to the delays and difficulties in carrying out plans for the erection of the new building. The whole matter of hindrances and obstacles was thoroughly discussed, and questions were considered as to what step should next be taken, and Mr. Severance generously offered to settle the question of site by giving five thousand dollars for the purchase of a piece of ground large enough for the accommodation of hospital buildings with residence, and also the new buildings which are to take the place of those sold at Chong Dong. It was thought by Dr. Underwood, that this amount would be sufficient for the purchase.

Mr. Severance in view of the necessity of carrying on medical education of natives, in connection with the hospital work, offered also to support a medical missionary for five years, provided the Board should see its way clear to appoint one. In conversation here it was understood to be the desire of Mr. Severance that his main work should be at the Hospital in Seoul, though it was also felt that this plus physician should be available in case of an emergency or vacancy at any other station to fill the place for a time.

These generous offers of Mr. Severance in addition to his large gift for the hospital building, led the Board to take at its meeting held yesterday, formal action which was as follows: -

"The Council reported a conference held on April 4th, with Mr. L. H. Severance, in regard to the proposed hospital site at Seoul, at which Mr. Severance offered $5,000 for the purchase of a site for the proposed building, provided the Board should approve of such purchase. He also promised to support an additional physician for five years if an appointment should be made. It is understood that his main work shall be at Seoul, though he shall be available to fill temporary vacancies at other stations.

In view of these generous offers made in addition to the large sum already subscribed by Mr. Severance, for the erection of the hospital building, it was

Resolved: That these offers be accepted with thanks, and that the Local Building Committee at Seoul, consisting of Drs. Avison, and Vinton, and Mr. Gale, be directed to take prompt measures to make such purchase. Also that the Council be authorized to find the needed physician.

Resolved: That in case it should be found that a small addition to the $5000 would be necessary to consummate a purchase, notice be cabled to the Treasurer, Mr. Hand, by some pre-arranged cipher, and that the final adjustment of price be referred to the Finance Committee with power."

At the same meeting, from a list of candidates who were appointed yesterday, one, a physician, was chosen for this particular work.

By this action of the Board, the local property Committee, consisting of Drs. Avison, Vinton, and Mr. Gale are placed in a position to act promptly in securing a site, and thus terminate the embarrassing delay which has been annoying alike to Mr. Severance, the Board and the Mission. You will see by the action taken that in order to prevent a failure in the purchase on account of some variation in the price, the Committee, if necessary is asked to cable at once to the Board in such cipher as our Treasurer, Mr. Hand, shall suggest, the amount of variation, upon which a prompt decision will be made by the Finance Committee which has power in the case.

It has seemed to us providential that the Lord has opened the heart of Mr. Severance to make this generous offers in order what the deadlock which has been a matter of sorrow for many months, may be broken. Let us hope, also, that some solution may speedily be found for the Chong Dong difficulty, and that this large property muddle which has so interfered with our work in Korea, may be at an end.

I shall write again speedily in regard to the new missionaries who have been appointed for the Korea field. I think on the whole the Board has done fairly, if not generously, in the matter.

With hearty greetings to all,

Sincerely yours,
F. F. Ellinwood

프랭크 F. 엘린우드(미국 북장로교회 해외선교본부 총무)가
올리버 R. 에비슨, 캐드월러더 C. 빈튼 및 제임스 S. 게일
(서울 지부 위원회)에게 보낸 편지 (1902년 4월 9일)

1902년 4월 9일

에비슨 및 빈튼 박사, 그리고 게일 씨,
    한국 서울의 새 병원 건물을 위한 현지 위원회

친애하는 형제들,

    어제 편지12)를 쓴 이후, 나는 최근 에비슨 박사가 핸드 씨에게 보낸 편지를 보았으며, 마침 세브란스 씨가 사무실에 있었기에 나는 그와 그것에 관하여 장시간 대화를 가졌습니다.
    세브란스 씨는 더 많은 방을 마련할 수 있고 공기가 따뜻하며, 현재 병원 부지와 관련하여 몇 사람이 그에게 설명하였던 위생 환경을 피할 수 있는 성곽 외부의 어떤 부지를 강하게 선호하였습니다. 그는 지금이 훌륭한 곳을 찾아 이 계획을 추진하는데 대단히 중요하다고 느끼고 있습니다. 그는 나의 다른 편지에서 설명한 계획을 즉시 따를 수 있을 것으로 진정 바라고 있습니다.
    충분한 공간을 찾는 것이 불가능하다면(언더우드 박사는 그것이 실행 가능하다고 느끼고 있습니다), 병원 부지와 다른 가능한 구입에 관심을 돌리기에 충분한 시간이 있을 것입니다. 그것은 병원 부지와 관련하여 부패한 관리들이 보여준 논쟁과 과장된 말의 오랜 역사, 그리고 문서를 얻는 것과 관련된 불확실성을 생각하면서 정부와 부패한 관리가 아무런 관계가 없는 외부의 부지를 단순하게 구입하는 것이 안전할 것이라고 생각합니다. 하지만 위원회가 가장 잘 판단할 수 있습니다.

    안녕히 계세요.
    F. F. 엘린우드

---

12) Frank F. Ellinwood (Sec., BFM, PCUSA), Letter to the Korea Mission (Apr. 8th, 1902)

Frank F. Ellinwood (Sec., BFM, PCUSA), Letter to Oliver R. Avison, Cadwallader C. Vinton, James S. Gale (Com., Seoul Station) (Apr. 9th, 1902)

April 9th, 1902

Drs. Avison & Vinton and Mr. Gale,
　　Local Committee on the New Hospital building, Seoul, Korea

Dear Brethren:

Since I wrote the letter of yesterday, I have seen the communication recently sent by Dr. Avison to Mr. Hand, and as Mr. Severance happened to be in the office I have a long talk with him in regard to it.

Mr. Severance has a very strong for some site for the Hospital outside the city wall where more room can be found and hotter air, and where some of the sanitary conditions which have been explained to him by one and another in connection with the present hospital site, can be avoided. He feels that it is now highly important in projecting this scheme, to find a good location. He is earnestly hoping that the plan outlined in my other letter can be followed out, and that promptly.

Should it be impossible to find an ample space (Dr. Underwood thinks it is practicable), it will be time enough then to turn attention to the hospital grounds and other possible purchases adjacent. It occurred to me in recalling the long history of bickerings and turgid versations shown be corrupt officials in connection with the hospital site, and the uncertainty which has hung over the matter of gaining titles, there, that it would be safer to make some simple purchase outside with which the Government and corrupt Government officials could have nothing to do. However the Committee can judge best.

Very sincerely,
F. F. Ellinwood

19020414

프랭크 F. 엘린우드(미국 북장로교회 해외선교본부 총무)가
폴 토드(캔자스 주 토피카)에게 보낸 편지 (1902년 4월 14일)

1902년 4월 14일

폴 토드 박사,
    캔자스 주 토피가, 가필드 가(街) 1325

친애하는 토드 박사님,

    귀하는 선교본부의 선교사로 임명되었고 한국으로 배정되었다는 것을 공식적으로 통보 받았습니다. 귀하는 두 명의 의사가 고용될 한국의 유일한 병원이지만 수도인 서울의 병원에서, 그리고 의학 교육에서 에비슨 박사와 함께 일을 하되, 선교본부는 일시적인 의료인의 공백이나 다른 응급 상황이 발생하면 귀하가 잠시 다른 지부로 이적될 수 있다고 이해하고 있습니다. 현재 우리 병원 중 한 곳이자 가장 번창하고 있고 유용한 병원의 책임자가 안식년으로 완전히 문을 닫은 상태이기 때문에 그 조치는 대단히 중요한 것 같습니다. 그러한 변화는 어떤 사람이 선교 사역에 다소의 다양성을 주는 것이기에 바람직할 수 있으며, 그럴 경우 제공된 주택은 귀하의 여흥에 사용하는 것을 상상할 수 있을 것입니다.

(중략)

Frank F. Ellinwood (Sec., BFM, PCUSA),
Letter to Paul Todd (Topeka, Kan.) (Apr. 14th, 1902)

April 14th, 1902

Dr. Paul Todd,
    1325 Garfield Ave. Topeka, Kansas

My Dear Dr. Todd:

You have been officially notified of your appointment as a missionary of the Board and your assignment to Korea. It is understood that you go out to be associated with Dr. Avison in the hospital and medical educational work at Seoul, the Capital, though as that is the only Hospital in Korea in which two men will be employed, it is the understanding of the Board that in the case of a temporary vacancy or other emergency, you will be transferable to another station for a time. An arrangement of this kind seems very important, as one of our hospitals, and one of the most flourishing and useful, is now shut up entirely during the furlough of its Superintendent in this country. Such a change occasionally might be even desirable in giving a little variety to one's missionary work, and it is supposable that when it occurs, a furnished house will stand ready for your entertainment.

(Omitted)

폴 J. 토드(Paul J. Todd, 1873~1939)

폴 J. 토드는 오하이 주에서 태어났으며, 1902년 캔자스 의과대학을 졸업하고 미국 북장로교회 선교사로 처음에는 한국에 임명되었지만, 임지가 중국 광저우로 변경되었다. 그는 남중국 의과대학의 설립을 도왔지만 이 학교가 폐쇄되자 복차이[博濟] 병원에서 근무하였다. 1909년 그는 선교사직을 사임하고 여러 명의 의사들과 함께 궁이[公醫] 의과대학을 설립하여 초대 학장에 임명되었다.

그림 1. 폴 J. 토드.

프랭크 F. 엘린우드(미국 북장로교회 해외선교본부 총무)가
새뮤얼 F. 무어(캘리포니아 주 패서디나)에게 보낸 편지
(1902년 4월 17일)

(중략)

세브란스 씨는 새 병원을 지을 부지를 사기 위하여 5천 달러를 주었으며, 만일 ____ 파송된다면 병원 업무와 의학 교육을 도울 의료 선교사를 5년 동안 지원하겠다고 제안하였습니다. 선교본부는 이러한 제안을 수락하였으며, 주요 업무는 병원과 연관될 것이지만, 응급 상황을 돕거나 공석을 대체할 준비가 되어 있어야 한다는 점을 이해하는 한 사람을 이미 선택하였습니다.

(중략)

Frank F. Ellinwood (Sec., BFM, PCUSA),
Letter to Samuel F. Moore (Pasadena) (Apr. 17th, 1902)

(Omitted)

Mr. Severance has given five thousand dollars to buy land for the new hospital, and has offered to support a medical missionary for five years if ____ be sent, to assist in the Hospital, and in the education of doctors. The Board has accepted these offers, and has already selected a man with the understanding that his chief work shall be in connection with the Hospital, but that he shall be ____ ready for emergency service or for filling vacancy.

(Omitted)

회의록, 한국 선교부 서울 지부 (미국 북장로교회) 1891~1921
(1902년 4월 21일)

(중략)

에비슨 박사는 비달 부지를 9,000엔 미만으로 구입할 수 없다고 보고하고, 비달 부지를 구입하거나 현 부지에 병원을 건축할지 지시해주도록 지부에 요청하였다.

지부는 현 부지가 현 상황에서 얻을 수 있는 가장 좋은 것으로 승인하고, 선교본부에 그렇게 하는 것에 대하여 승인을 요청하기로 동의하고 통과되었다.

(중략)

에비슨 박사와 필드 박사는 파슨스 양의 접대 준비를 위한 위원회에 임명되었다.[13]

청구가 다음과 같이 통과되었다.

에비슨   899.82   ......

에비슨 박사는 김필순 부인을 여자 조사로 고용하는 허가를 받았다.
회의는 기도로 폐회하였다.

에바 H. 필드,
서기

---

13) 엘렌 C. 파슨스(Ellen C. Parsons, 1844~1927)는 당시 미국 북장로교회의 여자해외선교부에서 간행하던 월간 잡지인 *Woman's Work for Woman*의 편집장이었다.

(Omitted)

Dr. Avison reported that the Vidal property could not be purchase for less than 9,000 yen and asked the Station to direct either the purchase of the Vidal property or to build the hospital on the present hospital site.

Moved that the Station approves the present site as the best obtainable under the circumstances and that we make the request of the Board for permission to do so. Carried.

(Omitted)

Dr. Avison & Dr. Field were appointed a committee to arrange for the entertainment of Miss Parsons.

Orders were passed as follows,

Avison   899.82   ......

Dr. Avison was given permission to employ Mrs. Kim Pil Soon as woman helper.

Meeting closed with prayer.

Eva H. Field,
Secy.

프랭크 F. 엘린우드(미국 북장로교회 해외선교본부 총무)가
한국 선교부로 보낸 편지 (1902년 4월 21일)

(중략)

한국 선교지를 위해 선발된 신임 선교사들은 폴 토드 박사, 칼 E. 컨즈 목
사와 데이지 C. 로러(약혼함), C. A. 클라크 목사와 메이블 N. 크로프트 양(약
혼함), 이디스 M. 버크 양입니다.

이 지원자들은 모두 적극적인 추천을 받았습니다. 나는 그들의 추천서에서
일부를 인용하여 첨부합니다. 우리는 곧 개최될 6월의 총회 중에 그들에 대하
여 더 친숙해 지기를 희망하고 있습니다.

토드 박사는 서울 병원과 관련하여 의료 및 교육 사업에 조수로 선택된
의사이며, 그에 관해서는 지난 편지에서 짧게 언급하였습니다. 협의회와 선교
본부는 그가 자신 앞에 놓인 업무에 잘 적응할 것으로 생각하였습니다.

(중략)

Frank F. Ellinwood (Sec., BFM, PCUSA),
Letter to the Korea Mission (Apr. 21st, 1902)

(Omitted)

The new missionaries chosen for the Korean field are - Dr. Paul Todd, Rev. Carl E. Kearns and Miss Daisy C. Rhorer (affianced) - Rev. C. A. Clark and Miss Mabel N. Croft (affianced) - Miss Edith M. Buck.

These candidates are all highly recommended. I append a few quotations from their testimonials. We hope to be better acquainted with them during the June Conference which will soon go upon us.

Dr. Todd is the physician chosen as an assistance in the medical and educational work connected with the Seoul Hospital, and to whom I made brief reference in my last letter. He is thought by the Council and the Board to be well adapted to the work before him.

(Omitted)

새뮤얼 A. 마펫(제물포)이 앨리스 F. 마펫
(캘리포니아 주 샌 라파엘)에게 보낸 편지 (1902년 4월 22일)

한국 제물포(스튜어드 호텔),

1902년 (4월) 22일

사랑하는 나의 앨리스,

이곳에서 나는 당신에게 가는 중이오. 나는 표를 구입하고 다음 일요일 제 때에 아메리카 마루를 타기 위하여 떠날 준비를 하고 있다오. 이 편지는 아마도 캐나디안 퍼시픽을 통하여 나보다 먼저 갈 것이기에, 그 편지가 당신에게 도착할 때 며칠 내에 내가 샌프란시스코에 있다는 것을 말해 줄 것이오.

(중략)

업무를 본 후에 우리는 서울행 12시 기차를 따고 떠났는데, 스누크 양과 나는 직접 필드 박사에게 가서 점심을 부탁하였는데 빠르게 준비해 주었소. 지부는 필드 박사 사택에서 회의를 하기로 되어 있었기 때문에 우리는 그곳에 서 지부 회원들 모두를 만났소. 지부 회의가 진행되는 동안 나는 저녁 식사를 위하여 밀러 씨 사택으로 갔는데, 그곳에 게일 씨, 도티 양 그리고 스누크 양이 합류하였소. 밀러 부인은 상당히 회복되었고, 지부 회의에 참석하러 나갔소. 서울 지부는 개선의 조짐이 보이지만 대부분의 계획과 하지 않은 일에 '무능'이 적나라하게 적혀 있었소. 불쌍한 사람들, 정말 불쌍한 사람들을 탓하기보다는 그들을 불쌍히 여기기 시작하였소. 나는 옳은 것을 최선을 다해 하기를 정말로 원할 때마다 그토록 쉽게 일을 잘못할 수 있는 사람들에 대하여 들어본 적이 없소. 다른 선교부 부지에 대한 전망이 없으며 정동 부지 확보에 대한 확신도 없소. 어제 밤에 빈튼 박사와 업무 여행을 마치고 밤 식사와 아침 식사를 먹기 위하여 밀러 씨 댁으로 갔소. 오늘 아침에는 은행, 에비슨 박사 및 웰본 씨 부부를 방문하는 것으로 꽉 찼고, 그런 다음 우리는 겐카이 마루가 들어올 때 파슨스 양을 마중하기 위하여 스누크 양, 필드 박사 및 쉴즈 양과 합류하였소. 예정 시간은 4시이었는데, 현재 시각이 6시인데도 아직 이곳에 있지 않으며 그래서 우리는 내일까지 이곳에 머무를 것이오.

(중략)

Samuel A. Moffett (Chemulpo),
Letter to Alice F. Moffett (San Rafael, Cal.) (Apr. 22nd, 1902)

Chemulpo, Korea (Stewards'),

[April] 22, 1902

My Alice - Dearest!

Here I am on my way to you - with my ticket bought and ready to leave next Sunday in time to catch the America Maru. This will probably get ahead of me via Canadian Pacific and if so will tell you that I am within a few days of San Francisco when it reaches you.

(Omitted)

After attending to business we left on 12 o'clock train for Seoul, Miss Snook and I going direct to Dr. Fields' & asking for a tiffin which we speedily secured. The station was to have a meeting at F's so we met all of them there. While station meeting was in session I went over to then to Miller's (?) for supper - where Mr. Gale, Miss Doty & Miss Snook joined us. Mrs. Miller is much better and was out to station meeting. There are signs of improvement in Seoul but "incompetency" is plainly written over most things they plan to do and do not do. Poor people - I am beginning to pity them rather than blame them for really they are to be pitied. I never heard of people who could so easily do the wrong thing every time when they would really like to do what is right & best. No outlook exists for another Mission site and no certainty of securing Ching Dong Property. After a business trip with Dr. Vinton last night I went over to Millers for the night and breakfast. This morning a visit to the bank, to Dr. Avison & to Mr. & Mrs. Welbon filled the time & then we joined Miss Snook, Dr. Field & Miss Shields to meet Miss Parsons here when the Genkai Maru comes in. It was expected at 4 o'clock but at present time 6 p. m. it is not here and so we will stay here until tomorrow. Now I have 4 days here & in Seoul.

(Omitted)

호러스 N. 알렌(주한 미국 공사)이 유기환(외부대신 임시서리)에게 보낸 공문 제343호 (1902년 4월 22일)

외부 제343호

미합중국 공사관

한국 서울, 1902년 4월 22일

각하,

저는 한국 정부에 의해 시작된 공립 병원과 관련하여 1894년에 이 공사관과 귀 부서 사무실 사이에 체결된 서신의 사본을 첨부하여 전달해 드립니다.

이 공사관은 1894년 9월 7일자 공문 제29호(사본을 통보하였음)로 1885년이 공사관이 한국 정부와 협력하여 설립된 병원에 대한 에비슨 박사의 어떤 제안을 각하의 전임자에게 전달하였습니다.

이 제안에서 에비슨 박사는 그의 조수들과 함께 한국 정부에 부담을 주지 않고 병원 업무에 필요한 모든 자금을 마련하기로 동의하였습니다. 그는 같은 일을 전적으로 맡게 되었습니다. 또한 그는 병원에 인접한 정부 소유 부지에 다른 건물을 건축하고 병원 건물을 다소 광범위하게 수리해야 한다고 제안하였습니다. 이 상당한 지출을 고려하여 정부는 그에게 무기한 동안 부지와 건물에 대한 확실한 소유권을 주었습니다. 하지만 한국 정부가 언제든지 이 건물을 점유하고자 하는 경우 이 공사관을 통하여 점유자에게 1년 전에 통지하고 건물, 수리 및 개선비용 전액을 지불함으로써 그렇게 할 수 있다고 제안되었습니다.

이 제안은 1894년 9월 26일자의 공문 제24호로 한국 외부(外部)에 의해 정식으로 수락되었습니다.

그 이후 8년 동안 이 협정에 따라 병원이 운영되었습니다. 에비슨 박사는 자신의 명예와 이 기관을 처음 설립한 정부의 명예로 고통 받는 수많은 한국인들을 돌보는데 있어 그의 기술과 성실함을 보여주었습니다.

위의 합의에 따라 에비슨 박사는 자신을 위하여 큰 벽돌집을 지었고, 나중에 여의사와 간호원이 확보되자 그들을 위하여 외국식 집을 건축하였습니다. 오래된 병원 건물은 크게 개선되고 추가되었습니다. 약 25,000엔 정도의 금액으로 이런 식의 개선이 이루어졌습니다.

약 2년 전 미국의 한 부유한 신사인 세브란스 씨는 이 병원 사업에 대하여 듣고 큰 관심을 갖게 되었고, 건물의 목적에 적합하지 않다는 것을 알고 개선 또는 오히려 새 건물의 건축을 위하여 2만 엔을 기부하겠다고 제안하였습니다.

저는 이 즐거운 정보를 한국의 황제를 알현할 때 알려드렸고, 그는 한국을 한 번도 본 적이 없는 미국인이 자기 백성들에 대하여 그렇게 큰 관심을 가지고 있다는 사실을 알고 크게 기뻐하는 것 같았습니다. 이에 왕은 감사를 표하기 위하여 이 선물에 무엇인가를 더하겠다고 제안하였습니다. 비공식적인 논의에서 그는 병원 건물이 세워질 부지를 기부하기로 결정하였고, 며칠 안에 에비슨 박사와 함께 부지를 살펴보도록 관리를 보냈습니다. 각각의 경우에 소유자 측의 이의가 제기되었는데, 그 문제는 다른 계획과 혼동을 일으키게 되어 아무런 조치를 취하지 않았고 더 이상 방치될 경우 한국에 대한 이 기부금이 없어질 가능성이 있습니다.

개인적으로 현재의 위치에서 병원을 옮기는 것은 실수라고 생각합니다. 1886년에 원래 자리에서 그곳으로 옮겨온 이후 사람들은 그곳에 가는 것에 익숙해졌습니다.

이 장소를 다른 목적으로 사용하는 것은 유감일 것입니다. 왜냐하면 그것은 처음 설립할 때 백성들을 향한 왕의 호의적인 행동을 표시하며, 그것을 계속하기 위하여 위의 제안을 수락하였기 때문입니다.

병원을 이전하는 것 또한 25,000엔 정도의 비용과 한동안 병원 업무를 중단해야 하기 때문에 상당히 비용이 많이 드는 작업이 될 것입니다.

따라서 저는 왕이 이 문제에 대하여 대단히 큰 관심을 갖고 있음을 분명히 하고 세브란스 씨의 이 기여에 자신의 기여를 추가하고자 하는 소망을 표명하였기 때문에, 그는 이 병원 업무가 지속되도록 정규 증서를 통하여 이 현재의 병원 부지와 원래 건물을 미국인에게 주도록 제안하는 바입니다. 만일 이 일이 이루어지면, 저는 이 부지를 현재와 같이 병원과 관련된 업무 및 관련자의 거주용으로만 사용해야 하고 제안된 새 병원 건물은 그 위에 세워져야 하며, 그러한 지시는 허가에서 고려된 것과 다른 목적을 위한 부지의 처분을 방지할 것입니다. 이 공사관은 그러한 지시가 내려지면 수행될 것으로 예상할 것입니다.

저는 저의 이 제안이 왕의 승인을 받을 수 있다고 믿으며, 이 서신을 왕에게 보내도록 요청합니다. 병원은 수년 동안 우리 미국 사람들이 큰 관심을 갖고 있는 기관이었으며, 정부에 어떤 비용도 요청하지 않고 한국인들을 위하여 탁월하고 훌륭한 일을 해왔습니다. 매우 많은 군인들이 전투에서 부상을 당하여 치료를 받기 위해, 그리고 질병의 치료를 위해 그곳에 갔습니다. 그러한 일은 일반적으로 정부에 많은 비용이 들게 하며, 이 경우 한국 정부가 진료비를 지불하는 것이 대단히 적절할 것입니다. 진료는 실제로 제공되었으며, 진료비는 부과되거나 요청되지 않았습니다.

어떤 이유로든 제 제안에 따라 이 부동산에 대한 증서를 발행할 수 없으면, 에비슨 박사에게 1894년 외아문과 맺은 협정에 따라 업무를 계속하도록 지시할 것입니다. 이 협정은 그가 이 부지에 새 병원을 건립할 수 있게 하지만, 1년 전에 통지하면 각하의 정부가 비용을 지불하고 병원을 되살 수 있는 권리가 주어질 것입니다. 선물의 기부자는 이런 일에 관심이 없을 수도 있습니다.

제 제안이 왕의 승인을 받을 수 있고 그가 미국인에게 재산을 양도하도록 명령할 수 있음을 믿습니다.

이 기회를 빌어 각하께 최고의 배려를 새롭게 하고자 합니다.

호러스 N. 알렌

유기환 각하,
외부 서리대신

Horace N. Allen (U. S. Minister to Korea), Despatch to You Key Whan (Acting Minister for Foreign Affairs) (Apr. 22nd, 1902)

No. 343. F. O.

Legation of the United States of America

Seoul, Korea,   April 22, 1902

Your Excellency: -

I have the honor to hand Your Excellency enclosed, copies of a correspondence held in 1894 between this Legation and your office in regard to matter pertaining to the Public Hospital started by the Korean Government.

In despatch No. 29 of September 7, 1894, from this legation, (copy enclosed), certain propositions made by Dr. Avison, were forwarded to Your Excellency's predecessor in regard to the hospital organized in 1885 through the efforts of this legation cooperating with the Korean Government.

In these propositions Dr. Avison agreed to attend to the hospital work, with his assistants, free of charge to the Korean Government, and to provide all moneys for the conduct of the work. He being left in entire charge of the same. It was also proposed that he should erect certain buildings on the Government site adjacent to the hospital, and that he should make more or less extensive repairs to the hospital buildings. In consideration of this considerable expenditure of money the Government was to give him undisputed possession of the site and buildings for on indefinite period. It, however, was proposed that if the Korean Government should at any time desire to come into possession of these buildings, it could do so by giving one year's notice to the occupants through this Legation, and on paying over to them the full amount of the cost of buildings, repairs and betterments.

This proposition was duly accepted by the Korean Foreign Office in despatch No. 24, dated September 26, 1894.

Since that time, for eight years, the hospital has been conducted in accordance with this agreement. Dr. Avison has demonstrated his skill and faithfulness in caring for vast numbers of destitute Koreans whom he has relieved from their sufferings, to his own credit and to the credit of the Government by whom the institution was originally founded.

In pursuance of the above agreement, Dr. Avison built for himself a large brick house, and later on, when a lady physician and nurses were secured, a foreign house was built for them. The old hospital buildings were greatly improved and additions were made. Improvements to the amount of about Yen 25,000 were in this way made.

About two years ago a wealthy gentleman in the United States, Mr. Severance, hearing of this hospital work, became much interested in it, and learning that the buildings were inadequate for the purpose in hand, he proposed to donate Yen 20,000 for their betterment, or rather for the erection of a new building.

I had the honor of communicating this pleasant information to His Imperial Majesty, the Emperor of Korea, in audience, and he seemed greatly pleased to learn that an American who had not even seen Korea, should take so great an interest in his people as to make such a handsome donation for their welfare. His Majesty thereupon proposed to add something to this gift in order to show his appreciation of the same. In an informal discussion, it was decided that he would donate the site upon which the new hospital building should be erected, and officers were sent with Dr. Avison in a few days to look at sites. Some objection on the part of owners was urged in each case, and the matter became confused with other projects, so that nothing has been done, and it is possible that this donation may be lost to Korea if it is longer neglected.

Personally I think it would be a mistake to move the hospital from its present site. The people have become accustomed to going there since it was moved to that place from the original site, in 1886.

It would be a pity to devote this site to other purposes, since it marks an act of kindness on the part of His Majesty toward the people in first establishing it, and in accepting the above named proposition for its continuance.

It would be a very expensive undertaking to move the hospital, also, since it would require the payment of some Yen 25,000 and the stoppage of hospital work for a time.

I therefore suggest that as His Majesty has evinced so great an interest in the matter, and as be has expressed a desire to add his own contribution to this of

Mr. Severance. that he grant by regular deed, this present hospital site and its native buildings, to the Americans for the continuance of this hospital work. If this is done, I am willing to receive instructions from Your Excellency to the effect that this site shall only be used for work in connection with the hospital, and residence for the attendants, as at present, and that the proposed new hospital building shall be erected thereupon, which instructions will prevent the disposal of the grounds for purposes otherwise than those contemplated in the grant. It will be expected that this legation will see that such instructions if issued, are carried out.

I trust this suggestion of mine may meet with the approval of His Majesty, to whom I request that this correspondence may be sent. The hospital has for years been an institution in which my countrymen have been greatly interested, and it has done a great and good work for the Korean people, without costing the Government any money. Very many soldiers have gone there for treatment after injury in battle, as well as for the cure of disease. Such work usually costs Governments much money, and it would be a very proper thing for the Korean Government to pay for the service in this case. Yet the service has been actually rendered and no charge was made or asked.

If for any reason my suggestion cannot be followed by the issuance of a deed for this property, I will instruct Dr. Avison to go on with his work in pursuance of the arrangement made with the Foreign Office in 1894. This arrangement will allow of his erecting a new hospital on this site, but it will give to Your Excellency's Government the right to buy it back at its cost, upon a year's notice. It may be that the donor of the gift may not care to do this.

Trusting that my suggestion may meet with His Majesty's approval, and that he may give orders to have the property turned over, on deed, to the Americans.

I take this opportunity to renew to Your Excellency the assurance of highest consideration.

Horace N. Allen

To
His Excellency
Yo, Key Whan
Acting Minister for Foreign Affairs

照會 第三百四十三號 譯本

　　大美特派漢城全權大臣 安連, 爲照會事, 照得, 以濟衆院一事, 年前 貴部 與本公館 往復 文牒, 玆將抄呈, 而一千八百九十四年九月七日, 以本館 照會 第二十九號, 將美國宜士芮斐信所陳各節呈交在案, 該宜士所陳內, 朝鮮政府無須支給各費 而本人同幫手幾員, 專管該院事務, 在其空地建屋住接, 亦行修理等情, 查該宜士將費巨款於該院, 則貴政府無所定期, 而賜基屋于與基址於該宜士也, 該宜士所陳內又云, 倘朝鮮政府勿論何時要還該院, 須於一年前期先爲知照, 另將 建屋修理等費償還本人等語, 此各節以一千八百九十四年九月二十六日之第二十四號照會, 貴府認准在案, 查自此以後至今八年之間, 該宜士照該約極盡才力視事, 救療多數韓人, 建一大磚於該玩內以自居, 又有女醫一員及調養女于幾人之邀來者, 又建一屋處之, 又將該院修理或改造, 該費幾爲二萬五千元日貨也, 再查數年前, 美國一富人時佛安施, 聞此濟院普施t之事, 肯許二萬元日貨, 以爲增廣該院, 故本大臣於陛見之時, 奏聞此由, 則大皇帝陛下大加稱歎其富人之不見朝鮮, 而若是義捐, 旦勅曰於此朕不可不亦示朕之嘉悅該院事務增益之意等語, 以私議牢定給一基址, 以建廣大屋宇, 而派員擇基矣, 有所反對者尙未有成, 而倘復遲延, 則該富人義損 亦從以歸虛也, 本大臣竊想自現基移設濟衆院於他處, 係是錯誤盖自一千八百八十六年以後, 士民慣習往來治病於該處故也, 且該院之設特出於大皇帝陛下愛恤民庶之聖心, 亦是美國富人肯損義金之表蹟在於此處也, 將此他用甚是愛惜者也, 倘要他必須報慣二萬五千元之巨款, 而治領病人之事亦從稍停也, 大皇帝陛下 旣有嘉悅該院之增有其效, 又對美國富人所許義捐之金, 欲要賜給一基, 則本大臣勸請 大皇帝陛下, 將現今濟院 幷其基址賜給美國人而給契也, 此若爲之, 則貴大臣 將該 基址只許用以施藥濟衆之處, 及其宜士各員幷病人居接一如目今, 又許建築現今所營看病屋子等節, 另具一文則將該基他用之事 必至禁阻, 而本公館 必擔當其文之施行也, 美國人多般勤苦於濟院事務, 且近來在戰場受傷軍人多有治療於該院, 則此等治療必要 貴政府費損巨大之額, 而初無有所費於該院, 且無有所請償者也, 倘本大臣之此勸請, 因有事故, 不能發給契劵而施行, 則本大臣將飭該宜士芮斐信, 照一千八百九十四年之貴部准文, 前行建築屋宇也, 此准文旣許該宜士建屋且貴政府以一年前期之示明有報償該建屋修理各費, 而買還該基之權也, 該富人則似不捐其所許金額, 以爲此也, 相應備文照會 請煩貴署理大臣 查照, 將此 事由亟行奏稟 大皇帝陛下可也, 須至照會者.
　　右照會.

大韓 外部署理大臣 俞箕煥 閣下

一千 九百 二年 四月 二十二日

메리 L. 기포드(서울)가 프랭크 F. 엘린우드(미국 북장로교회 해외선교본부 총무)에게 보낸 편지 (1902년 4월 23일)

(중략)

병원 부지는 다시 논의 중에 있습니다. 어쩌면 제가 다 틀릴 수도 있지만, 정부에서 땅을 얻을 수 있다면 처음부터 세브란스 병원이 이것이 위치해 있는 고지대 이외의 다른 부지에 위치해 있다고 생각하는 것을 싫어하였습니다. 그리고 이곳에서 겨울을 보낸 이래 제 마음을 바꿀 만큼 중요한 것을 볼 수 없습니다. 변화를 찬성하는 몇 몇 좋은 주장이 있는 것은 사실입니다. 그러나 제가 볼 때 현재 위치를 찬성하는 사람들과 한국인들 스스로에게 지나치게 균형을 잃어버린 것 같습니다.

에비슨 박사는 병원 문제에 관하여 박사님께 자세하게 편지를 쓰고 있습니다. 그는 이번 달 진료소에 781명의 환자가 있었는데, 신환이 12명이라고 보고합니다. 2명이 사망하였는데, 한 명은 브라이트 병, 한 명의 발진티푸스이었습니다. 수술은 수없이 많았는데, 하나는 "슬관절 근처 하퇴의 화상으로 인한 흉터에 생긴 암. 이 수술로 하퇴에 길이 18인치, 그리고 너비 6인치의 열린 상처가 남게 되었다. 나중에 피부 이식 수술이 성공적으로 시행되었고, 그 남자의 다른 하퇴에서 큰 피판이 이식되었다. 우리는 이 수술로 최소한 3개월이 치료 기간이 절약된 것으로 계산하고 있다."

(중략)

친애하는 엘린우드 박사님, 저는 지금 한국에서 참석한 모든 연례 회의에서 저를 슬프게 하였던 일, 즉 모든 방면에서 병원 업무를 위한 경비를 절감하려는 목회자들의 분명한 계획에 대하여 말할 기회를 갖고 있습니다. 저의 사랑하는 아들도 목회자이었으며, 제가 가장 친하게 지내고 있는 선교지에 있는 사람들을 거의 아들처럼 사랑합니다. 그러나 저는 실제 경험과 관찰을 통하여 사업의 모든 방향에서 그 끔찍함을 알기 때문에 그들이 큰 실수를 범하고 있다고 생각합니다. 저는 우리가 미국인에게 제공해야 하는 것과 동일한 숙박 시설에서 각자가 환자로서 24시간을 보낼 수 있게 되기를 바랄 뿐입니다. 그리고 각 사람은 충분한 예산이 부족하여 지난 6개월 동안 고생한 것과 동일한 불리한 상황에서 일주일 동안 자신의 어머니가 감독(matron)으로 봉사하는 것을 의무적으로 보아야 합니다. 저는 그들이 과거에 가지고 있던 것과는 다르게 느낄 것이라고 확신합니다. 저는 고국에서 재무로 일한 경험에서 다른 한 면을 볼 수 있는데, 아마도 수입은 줄어들고 지출은 늘어나는 것에 대한 불안입니다. 그러나 만일 장로교회에 병원이 있는 경우, 담당 의사는 자신이 맡고 있는 업무에서 최상의 결과를 위하여 필요한 것을 받는 것을 허용합니다. 그리고 고귀하고 관대한 고국의 사람들이 기꺼이 이곳에 병원을 짓고 장비를 갖추려 한다면, 그들의 기부가 방해받지 않도록 하십시오. 조금 더 자세히 설명하면 피곤할 수 있지만 사업에서 그간의 모든 상황을 설명할 것입니다. 그리고 에비슨 박사와 그의 사랑하는 작은 아내가 저의 편안함과 안전을 위하여 매우 친절하고 사려 깊게 대하여 주었기 때문에 두 사람 모두에 대하여 조금도 불평하지 않는다는 것을 이해하지만, 박사는 신변에 늘 따라다니는 위험을 항상 머리 위에 걸고 있습니다. 그래서 세탁소에는 한 명의 여자만 고용될 수 있었습니다. 일은 한 여자가 잘할 수 있는 것보다 많으며, 저는 지난 겨울 동안 세탁실에서 제 손으로 일하면서 많은 시간을 보냈습니다. 마침내 어느 날 우리의 불쌍한 이교도 세탁부는 질병과 과로와 숯불 연기로 인하여 일 때문에 거의 의식을 잃을 뻔했습니다. 저는 즉시 박사를 불렀고 그 결과 다른 여자가 업무에 추가되었습니다. 건물 건축의 특성 때문에 박사는 항상 환자를 병동이나 작은 방에 배치하기 때문에 저는 그런 돌봄을 하지 않지만 이러한 병동이 깨끗하게 유지되는지 확인하는 것이 저의 의무입니다. 병동을 청소하고, 모든 목적을 위하여 물을 길어오고, 나무를 자르고 불을 붙이는데 한 사람만 저에게 주어졌습니다. 그는 그 일에 강한 사람이 아닙니다.

물론 그는 이 모든 일을 할 수는 없었습니다. 나는 남자 병동의 어수선함에 너무 낙심하여 그들을 방문하는 것을 중단하였습니다. 그러다가 내 비용으로 하인을 독립적으로 고용할 수 있겠다는 생각이 들었습니다.

내가 그 계획을 박사에게 제안하였을 때 그는 허락해 주었습니다. 한 소년은 비효율적인 것으로 판명되었고, 다른 소년을 위하여 협상할 때 내가 너무 많은 비용을 지불하여 그곳에 있는 다른 모든 하인들의 마음의 평화를 방해할 가능성이 있다는 것으로 밝혀졌습니다. 그것은 마침내 해결되었고, 머리를 뒤로 묶은 약 18세의 소년이 업무로 돌아와서 기관의 전체 남자 부서와 제가 생각하는 한 청결의 책임을 지고 있는 저 자신에게 확실히 위안이 될 것입니다. 계속해서 깔끔한 한국 여자는 여자 병동을 더 나은 상태로 유지하였습니다. 이제 더 많은 편의, 더 많은 예산 등을 위하여 간청하는 중입니다. 저는 앞으로 1년 동안 병원에 있을 것으로 기대하지 않기 때문에 저 자신을 위하여 말하는 것이 아닙니다. 그리고 제가 이 모든 주장을 하였다면 감독(matron)의 주장만큼 다른 모든 부서에 적용됩니다.

(중략)

Mary L. Gifford (Seoul), Letter to Frank F. Ellinwood (Sec., BFM, PCUSA) (Apr. 23rd, 1902)

(Omitted)

The Hospital site was again under discussion. Perhaps I may be all wrong but from the first have disliked to think of the Severance Hospital being placed on any other ground than the upper terrace where this is located, if the ground can be obtained from the Government, & since having spent the Winter here can see nothing important enough to make me change my mind. True there are some good arguments in favor of a change - but they seem to me to be over balanced by those in favor of the present location as I look upon it & upon the Koreans themselves.

Dr. Avison is writing you fully Hospital matters. He reports attendance at Dispensary this month - 781, new patients 12. There were two deaths, one of Brights disease & one of Typhus Fever. Operations have been numerous: one "Cancer in scar from a burn on the leg near Knee joint; this operation left the leg an open wound 18 in. long & 6 in. wide; at a later date the operation of skin-grafting was successfully performed the skin being transplanted in large flaps from the man's other leg; we calculate that at least three months of time in healing was saved by this operation".

(Omitted)

Dear Dr. Ellinwood I have now the opportunity to speak of the thing that has grieved me at every Annual Meeting which I have attended in Korea & that is -

the evident plan on the part of the ordained men to cut down the expenses of the Hospital work in every direction. Remember please that my dear son was an ordained man & too - that of those on the field that I am the best acquainted with I love almost as sons - but I do think they make a great mistake & the more since I know by actual experience and observation the cruelty of it in all directions of the work. I only wish each one had to spend 24 hours here as a patients, with the same accomodations we are obliged to give our natives; & then that each one be obliged to see his own Mother serve as Matron one week under the same dis-advantages that I have labored for the last six months, for the lack of a sufficient appropriation. I am sure they would feel differently from what they have in the past. I can see - too, one phase of the other side from my experience as Treasurer at home - of the anxiety of am increased expenses with perhaps a decreased income; but if the Presbyterian Church has Hospitals at all do permit the physicians in charge to receive what is needed for the best results of the work they have in charge. And if noble, generous, men at home are willing to build & equip Hospitals out here, do not let their gifts be hindered. A little more detail may weary you but it will explain the situation all the way through the work. And understand that I am not complaining of Dr. Avison in the least for both he & his dear little wife have been very kind & thoughtful for my comfort & safety, but Doctor has this Sword of Damocles a deficit always hanging over his head. So it came about that only one woman might be employed in the laundry. The work is more than one woman can do well - or at all - & I have spent many hours during the past Winter in the laundry, working with my own hands. At last one day our poor little heathen laundress through a combination of illnesses- over work & fumes from charcoal iron - became almost unconscious over her work; I called the Doctor at once & the result was another woman was added for the work. On account of peculiarity in the construction of the buildings the Doctor always places the patients in the wards or small rooms, so I do not have that care, but it is my duty to see that these wards of rooms are kept clean. Only one man was given me for cleaning the wards, bringing water for all purposes, cutting wood & tending fires - & he not a strong man at that.

Of course he could not do all this - & I became so discouraged over the untidiness of the male wards that I stopped visiting them at all; then it occurred to me that I might employ a servant independently at my own expense.

When I proposed the plan to the Doctor he gave permission. One boy proved inefficient & in negotiating for another it came out that I was likely to pay too much & thus disturb the peace of mind of all other servants on the place. That was finally settled & the boy with his hair braided down his back- some 18 years of age- came back to work & gives promise of being a comfort to the whole male division of the institution & certainly to myself so long as I am supposed to be responsible for the cleanliness of things. A tidy Korean woman constantly improving has kept the woman's wards in better shape. Now in pleading for more conveniences, larger appropriations etc. I am not speaking for myself for I do not expect to be at the Hospital for another year & if I did all these arguments apply to all the other departments as much as they do that of the Matron.

(Omitted)

19020425

프랭크 F. 엘린우드(미국 북장로교회 해외선교본부 총무)가
제임스 E. 애덤스(부산)에게 보낸 편지 (1902년 4월 25일)

(중략)

서울 문제와 관련하여 최근 선교부로 보낸 편지는 귀하에게 선교본부의 결정 이유를 보여주었을 것입니다. 나는 선교부의 입장에 내내 공감하였습니다. 나는 우리의 사역이 불균형적이고 한쪽으로 치우쳐서는 안 된다고 생각하였지만, 세브란스 씨는 자신의 마음을 병원에 두었으며, 에비슨 박사의 주장을 강하게 이해하고 있습니다. 세브란스 씨는 막대한 재산과 넓은 도량을 가진 사람이며, 우리는 모든 면에서 광범위하게 기부하는 사람을 장려하고 존경하는 것이 가치가 있다고 느낍니다. 선교본부나 선교부는 이 기금이 기부된 조건대로 단순히 수행하는 것 이외의 추가적인 책임을 갖고 있지 않습니다.

(중략)

Frank F. Ellinwood (Sec., BFM, PCUSA),
Letter to James E. Adams (Fusan) (Apr. 25th, 1902)

With regard to the Seoul matter, a recent mission letter will have shown you the reasons for the Board's action. I had sympathized all along with the position taken by the Mission. I did not think our work should be made so disproportionate and lop-sided in its parts, but Mr. Severance has set his heart upon the Hospital and sees strongly the arguments of Dr. Avison. Mr. Severance is a man of immense wealth and large heart and we feel that it is worth while to cultivate and respect one who gives so largely in every direction. Neither the Board nor the Mission has any further responsibility than simply to carry out the conditions of which this money is given.

(Omitted)

아서 G. 웰본(서울)이 프랭크 F. 엘린우드(미국 북장로교회 해외선교본부 총무)에게 보낸 편지 (1902년 4월 29일)

(중략)

저는 인근에서 재해를 보지 못하였기 때문에 우리의 기근 구호 기금을 나누어 주지 않았지만, 제가 돌아와서 밀러 씨 및 에비슨 박사와 이야기를 나누었을 때, 병원 전도사에게 약간의 기금을 보내는 것이 가장 좋은 것으로 생각되었습니다. 그는 지난 주에 금화 50달러만을 나누어 주고 돌아왔습니다.

(중략)

Arthur G. Welbon (Seoul),
Letter to Frank F. Ellinwood (Sec., BFM, PCUSA) (Apr. 29th, 1902)

(Omitted)

I did not give out any of our famine relief funds as I saw no immediate suffering, but on my return and talk with Mr. Miller and Dr. Avison, it was thought best to send the hospital evangelist up with some funds. He returned last week having given out only about fifty dollars gold.

(Omitted)

한국의 선교. 1902년 5월 총회에 제출된 미국 북장로교회
해외선교본부 제65차 연례 보고서, 185, 187, 188~189, 190~191쪽

185쪽

한국의 선교.

서울: 서해안 근처의 수도(首都)로서 버지니아 주 리치몬드와 같은 위도에서 한강 옆에 위치해 있으며, 상업 항구인 제물포에서 내륙으로 25마일 떨어져 있고 거의 완공된 철도로 연결될 예정임. 인구는 약 30만. 1884년 선교부가 시작됨. 선교사 - 신학박사 H. G. 언더우드 목사 부부, J. S. 게일 목사 부부, C. C. 빈튼 박사 부부, S. F. 무어 목사 부부, F. S. 밀러 목사 부부, O. R. 에비슨 박사 부부, C. E. 샤프 목사, A. G. 웰본 목사 부부, S. A. 도티 양, E. H. 밀러 목사, C. C. 웸볼드 양, E. H. 필드 박사, E. L. 쉴즈 양, M. B. 바렛 양

(중략)

187쪽

(......) O. R. 에비슨 박사는 매우 심각한 발진티푸스 열병을 앓았지만, 서서히 회복되어 완전한 업무를 재개하였다.

(중략)

서울 지부

188~189쪽

두 가지 다른 원인, 즉 에비슨 박사의 오래 지속된 심각한 질병, 그리고 지부 선교사들의 많은 시간과 걱정과 수고를 빼앗아버린 실제적인 문제들이 지부의 업무를 방해하였다.

(......) 1년 내내 매각을 완료하고 원하는 부지를 확보하기 위하여 노력하였지만 결국 실질적인 결과는 얻지 못하였다. 동시에 오하이오 주 클리블랜드의 L. H. 세브란스 씨의 관대한 기부를 통하여 왕이 필요한 부지를 제공하려는 새로운 병원 건물의 신축이 계획되었다.* 도시의 다른 지역에 하나 또는 두 개의 선교부 건물을 건축하는 것과 함께 이러한 대규모 건물 작업을 고려하여

토론토의 건축가인 H. B. 고든 씨가 그 작업을 감독하는 특별 목적을 위하여 파견되었다. 하지만 병원과 다른 모든 건물들은 비슷한 이유로 지연되고 있다. 다행히 고든 씨의 시간과 노력은 의화단 사건 중에 파괴되거나 심각하게 손상을 입은 중국의 선교 지부를 재건하는데 활용하였다.

> * 이후 세브란스 씨는 병원 부지 구입을 위하여 5,000달러를 제공하였으며, 이는 의심할 여지없이 병원 새 건물의 완공을 용이하게 할 것이다.
>
> (중략)

190~191쪽

의료 - 에비슨 박사는 안식년을 마치고 돌아와서 일을 거의 시작할 수 없었는데, 심한 병에 걸렸고 동시에 발진티푸스에 걸린 두 명의 환자를 병원에서 진료하였다. 그는 오랫동안 병에 걸려 본격적인 일을 할 수 없었다. 그 해의 통계는 153일 동안 진료 업무를 하였고 3,185명을 진료하였는데, 신환은 1,807명, 평균 일일 진료는 20명, 수입은 은화 153달러이었다. 새로운 5명의 의학생들이 병원과 관련하여 교육을 받고 있으며, 그들은 학업과 보조에 8년을 보내야 한다는 것을 이해하고 있다.

(중략)

에비슨 부인은 평소의 가사(家事) 이외에도 남편의 오랜 병과 집에서 사망한 다른 선교회의 선교사인 매켄지 양의 병으로 인하여 과중한 부담을 안고 있다.

Mission in Korea.

Sixty-fifth Annual Report of the BFM of the PCUSA. Presented to the General Assembly, May, 1902, pp. 185, 187, 188~189, 190~191

Mission in Korea.

Seoul: The capital, near the western coast, in the latitude of Richmond, Va., on the Han river and 25 miles overland from the commercial port, Chemulpo, with which a nearly finished railroad will connect it; population about 300,000; Mission begun in 18S4. Missionaries - Rev. H. G. Underwood. D. D., and Mrs. Underwood, Rev. J. S. Gale and Mrs. Gale, C. C. Vinton, M D., and Mrs. Vinton, Rev. S. F. Moore and Mrs. Moore, Rev. F. S. Miller and Mrs. Miller, O. R. Avison, M. D., and Mrs. Avison, Rev. C. E. Sharp, Rev. A. G. Welbon and Mrs. Welbon, Miss S. A. Doty, Rev. E. H. Miller, Miss C. C. Wambold, Miss E. H. Field, M. D., Miss E. L. Shields, Miss M. B. Barrett.

(Omitted)

p. 187

(......) Dr. O. R. Avison has passed through a period of very critical typhus fever, but has slowly recovered and resumed his full work.

(Omitted)

Seoul Station

pp. 188~189

Two other causes have interfered with the work of the Station, namely; the long-continued and severe illness of Dr. Avison, and the practical questions which have absorbed much time and anxiety and labor of the missionaries of the Station.

(......) Through the entire year efforts have been made to complete the sale and secure the desired site, but by last accounts without substantial result. At the same time, through the generous gift of Mr. L. H. Severance of Cleveland, Ohio, a new hospital building, for which also the King was to furnish the needed site, was projected.* In view of these large building operations, together with the erection of one or two Mission houses in other parts of the city, Mr. H. B. Gordon, an architect of Toronto, was sent out for the special purpose of superintending the work. However, the hospital and all the other structures have been delayed, and from similar causes. Fortunately the time and effort of Mr. Gordon have been utilized in rebuilding the Mission Stations in China that had been destroyed or seriously injured during the Boxer outbreak.

> * Mr. Severance has since given five thousand dollars for the purchase of a site for the Hospital, a fact which will undoubtedly facilitate the consummation of the new hospital building.

(Omitted)

pp. 190~191

Medical. - Dr. Avison had scarcely begun the work after returning from his furlough before he was overtaken with severe illness, at the same time that two cases of typhus were under his care in the hospital. He was for a long time ill, and unable to do full work. The statistics for the year are 153 days' dispensary work, with an attendance of 3,185; new cases, 1,807; average daily attendance, 20. Receipts, 153 dollars silver. There are five new medical students under instruction in connection with the hospital, with the understanding that they are to spend eight years in study and in rendering assistance.

(Omitted)

Mrs. Avison, in addition to her usual family cares, has been heavily taxed by the long illness of her husband, also by the sickness of Miss Mackenzie, missionary of another society, who died at her house.

19020500

해외 자산. 재무 보고서.
한국의 선교. 1902년 5월 총회에 제출된 미국 북장로교회 해외선교본부 제65차 연례 보고서, 327쪽

327쪽

한국 - 적절한 부지 확보 문제로 한국에서 건축이 지연되었다. 위급 상황에서 L. H. 세브란스 씨는 다시 한 번 대단히 관대하게 적절한 부지 구입을 위한 자금을 제공하여 선교본부를 도왔다. 이 기금으로 바람직한 부지가 확보되면 서울에 세브란스 기념 병원이 조속히 설립될 것으로 기대된다.

Foreign Property. Report of the Treasurer.
Sixty-fifth Ann. Rep. of the BFM of the PCUSA. Presented to the General Assembly, May, 1902, p. 327

p. 327

Korea. - There has been delay in building operations in Korea, due to complications in connection with the securing of suitable land. In the emergency Mr. L. H. Severance has again come most generously to the assistance of the Board in providing funds for the purchase of a suitable compound. With this secured in a desirable location it is expected that the Severance Memorial Hospital at Seoul will be speedily erected.

19020500

새디 N. 웰본(서울), 소래의 김 부인.
The Korea Field (서울) 3 (1902년 5월호), 34쪽

소래의 김 부인
새디 너스 웰본

　김 부인은 황해도의 여자 조사이다. 그녀는 병원에서 에비슨 박사의 조수로 활동하고 있는 그녀의 아들14)을 방문하기 위하여 서울에 있었다.

(중략)

Sadie N. Welbon (Seoul), Mrs. Kim of Sorai.
The Korea Field (Seoul) 3 (May, 1902), p. 34

Mrs. Kim of Sorai.
By Mrs. Sadie Nourse Welbon.

　Mrs. Kim is the woman helper of Whang Hai Do. She was in Seoul, visiting her son, who is Dr. Avison's assistant in the hospital.

---

14) 아들은 김필순을 말한다.

19020500

에바 H. 필드, 서울 여자 강습반.
The Korea Field (서울) 3 (1902년 5월호), 37~38쪽

서울 여자 강습반.

에바 H. 필드 박사

여자 강습반이 3월 19일부터 29일까지 중앙교회에서 다음과 같은 일정으로 진행되었다.

10시 30분부터 11시까지 도티 양이 예배를 인도하였다. 11시부터 12시까지 F. S. 밀러 목사가 고린도전서를 가르쳤다. 12시부터 12시 30분까지 에비슨 부인이 노래 부르기를 인도하였다. (......)

Eva H. Field, Seoul Woman's Class.
The Korea Field 3 (May, 1902), pp. 37~38

Seoul Woman's Class.

By Dr. Eva H. Field.

The Woman's Class was held in the Central Church from March 18th. to 29th. with the following program: -

From 10:30 to 11 Miss Doty led the devotions; from 11 to 12 Rev. F. S. Miller taught First Corinthians: from 12 to 12:30 Mrs. Avison led them in singing. (......)

올리버 R. 에비슨(서울)이 프랭크 F. 엘린우드(미국 북장로교회 해외선교본부 총무)에게 보낸 편지 (1902년 5월 1일)

세브란스 기념 병원
O. R. 에비슨, 의학박사,
　　병원장

미국 북장로교회 선교부

한국 서울,
1902년 5월 1일

신학박사 F. F. 엘린우드 목사,
　미국 북장로교회 해외선교본부 총무,
　뉴욕 시 5 애버뉴 156

친애하는 엘린우드 박사님,

　　버뮤다로 떠나시기 전날 저녁 작성하신 박사님의 친절한 2월 3일자 편지를 받았습니다.[15] 저는 박사님 부부 모두 이번 여행을 통하여 많은 혜택을 받으셨으리라 믿습니다. 저는 병원 부지 확보에 대한 박사님의 명시적인 관심과 간호원 문제에 대한 관심에 대하여 박사님과 선교본부에 감사드립니다.

　　간호원 문제와 관련하여 저는 지부의 동의하에 두 명의 훈련된 일본인 간호원을 확보하기 위하여 일본 선교부의 맥네어 목사와 편지를 주고받았다고 말씀드릴 수 있습니다.[16] 물론 우리는 그들이 기독교적이고 효율적이어야 한다고 요구해야 합니다. 이것은 실험으로 간주될 수 있지만 일본 병원에는 일본 적십자사에서 훈련받은 간호원이 공급되고 병원에서는 일본에서 오는 비용을 지불하고 매달 급여로 15엔을 지불하기 때문에 비용이 많이 드는 것은 아닙니다. 쉴즈 양은 6월에 다시 병원 업무를 맡겠다고 말하였지만 자극적인 액체에 손을 넣은 후에 급성으로 손의 습진을 겪고 있기 때문에 그녀가 무엇을 할 수 있을지는 두고 봐야 합니다. 만일 박사님께서 우리에게 보낼 적합한 간호원을 찾으면 이곳에서 우리가 이 문제에 어떤 진전을 이루고 있는지 알 수 있을 때까지 임명을 연기해 주십시오. 제가 이 편지를 쓰는 동시에 자유스럽

---

15) Frank F. Ellinwood (Sec., BFM, PCUSA), Letter to Oliver R. Avison (Seoul) (Feb. 3rd, 1902)

16) 시어도어 M. 맥네어(Theodore M. M.acNair, 1858, 2, 24~1915. 11. 21)를 말한다. 그는 1884년 미국 북장로교회의 선교사로 일본에 파송되어 1911년까지 활동하였다.

게 말씀드릴 수 있는 것은 박사님께서 그녀를 즉시 파견하더라도 큰 실수는 아니라는 것인데 이곳에서는 전도 사역자들을 너무도 필요로 하기 때문에 그녀는 즉시 한 분야 혹은 다른 분야에서 업무를 받을 수 있을 것입니다.

저는 이제 새 병원의 건립, 특히 부지와 관련된 세부 사항을 박사님 앞에 제시하여 설명하고자 합니다.

새로운 정동 부지와 함께 도성 밖의 부지를 확보하려는 모든 시도는 실패하였고, 도시의 전도 사업의 발전은 일반 사업을 위하여 병원이 가능한 한 우리의 관심의 중심에 가깝게 유지되어야 한다는 것을 서울에 있는 우리 모두에게 실질적으로 명백하게 함으로써, 현재 위치의 가능성에 대한 조사에 이전보다 더 많은 우리의 관심을 끌고 있습니다. 그리고 저는 박사님이 우리의 결정을 현명하게 판단하실 수 있도록 우리의 현재 입장과 도시의 일반적인 수준과의 관계에 대한 설명을 통하여 가능한 모든 것을 제공해 드리려 노력할 것입니다. 그러나 먼저 중앙 업무의 유지와 이와 관련된 병원의 존속에 대하여 어느 때보다 강력하게 호소하는 현 상태의 개요를 알려 드리겠습니다.

서울 지부의 사역은 초기의 모든 선교사들이 모인 정동에서 시작되었지만, 시간이 경과함에 따라 새로운 선교사들이 전도를 할 수 있게 되자 예배당이 도시의 다른 두세 곳에 세워졌습니다. 그러다가 1894년 선교부는 외부의 전도처를 가진 하나의 교회보다 여러 개의 분리된 교회를 통하여 더 나은 일을 할 수 있다는 생각을 갖게 되었고, 이 생각에 따라 교인들을 셋으로 나누고 언더우드 박사가 관할하는 정동, 무어 씨가 관할하는 곤당골, 그리고 기포드 씨가 관할하는 연못골에 교회가 설립되었으며, 추가로 여러 다른 전도처가 유지되었는데, 그중 한 곳은 곤당골에서 도보로 5분 거리에 있는 병원에 있었습니다. 얼마 지나지 않아 홍문서골 교회는 제가 이전 편지에서 설명하였던 방식대로 부분적으로 조직되었고, 후에 우리 선교부가 인수하였습니다. 이것은 우리에게 서로 도보로 5분 거리에 위치한 세 곳의 전도처, 즉 곤당골, 홍문서골, 그리고 병원이 도심 근처의 작은 삼각형 지점에 위치하도록 하였습니다. 우리는 이 모든 모임을 적절하게 돌보는 것이 어렵다는 것을 알게 되었고, 이를 경감하기 위한 첫 조치로 병원에서 주일 설교를 중단하고 저를 당회 보조로 홍문서골의 일을 돌보게 하였습니다. 또한 무어 씨가 가까이 있어서 가능한 한 자주 왔습니다. 나중에 우리 모두는 그렇게 불충분한 인력으로 그렇게 가깝게 위치한 두 교회를 운영하려 하는 것은 현명하지 못하다는 것을 알게 되었고, 그래서 곤당골과 홍문서골 교회는 무어 씨 관할 하에 연합되었으며, 예배는 홍문서골에서 열렸고 곤당골에서는 중단하였습니다. 이로 인해 우리에게는 서울에 세 개의 분리된 회중이 남게 되었는데, 하나는 동쪽 끝에, 하나는 중앙에, 하나는 서쪽에 위치해 있었고 그 이후로 이 회중은 유지되었습니다.

이 계획은 사람들이 예배를 드리기 위하여 이동 거리가 더 짧고 각 목사가 자신의 생각에 따라 자유롭게 일할 수 있다는 장점이 있지만, 단점이 여전히 더 크지 않았는지 의심스럽습니다. 함께 모일 장소가 없이 별개의 회중으로 나뉜 것은 우리가 유감스럽게도 기독교인들 사이에 분리된 느낌을 낳았고 서울에서의 사역은 우리가 원할 수 있었던 조화로운 단위가 아니었으며 오래된 고린도의 이야기인 '나는 바울에게 속한다, 등'이 반복됩니다. 선교사들은 이 점을 끊임없이 후회하고 모든 교회가 적어도 일주일에 한 번은 연합하여 예배를 드릴 수 있는 중앙의 집회 장소를 원하였지만 홍문서골 교회는 그런 모임이 열릴 수 있는 유일한 장소이었으며, 그 믿음에 대한 확신이 부족하였기 때문에 이 목적으로 그것을 사용하는 것은 현명하지 않은 것으로 생각되었습니다. 박사님이 곧 아시게 될 것인데, 마침내 홍문서골의 어려움은 위기에 처하였고, 그 교회는 그 혼란스러운 요소로 인하여 완전히 물에 빠져들었고 대부분의 회중이 병원으로 이적되었습니다. 저는 가장 큰 건물을 집회 장소로 바꿀 수 있도록 건물의 용도를 재배치 할 수 있었고, 그 목적에 맞게 즉시 수리되었습니다. 이 지역에 교회의 신실한 부분이 설립되자마자 즉시 연합 예배를 실시하자는 제안이 채택되었고, 건물 전체가 이러한 용도로 준비되었으며 이러한 예배는 이제 매주 안식일 오후에 열리며 매우 고무적입니다. 약 400명 정도를 수용할 수 있습니다. 여자 성경 강습반이 이곳에서 개최되었는데, 언제나 60~80명 정도가 참석하며 때로 125명이 참석합니다. 우리는 이제 서울의 전진 운동을 위한 기도를 위하여 매일 저녁 열리는 연합 특별 예배가 둘째 주에 있으며, 집회는 밤마다 세력과 관심이 커지고 있습니다.

현재 계획은 안식일에 별도의 아침과 저녁 예배, 별도의 수요일 저녁 기도 모임을 갖는 세 개의 개별 교회 조직을 계속 유지하되, 안식일 오후마다, 그리고 바람직할 수 있는 다른 때에 연합 예배를 드리는 것입니다. 그런 다음 이 계획은 서울에 가장 적합해 보이는 조직 형태로 발전할 수 있습니다. 우리는 크게 고무되어 있는데, 이 단합된 행동이 서울의 사업 성장을 위하여 필요하다는 것이 일반적인 느낌이며, 따라서 가능하다면 선교부를 위하여 현재의 이 위치를 유지하고자 하는 바람에서 우리는 하나의 단위이며, 병원은 병원 목적 이외에는 유지될 수 있는 것 같지 않아 이 목적을 수행하는 데 꼭 필요한 요소인 것 같습니다. 도심에는 이곳과 견줄 만한 곳이 없고, 돈을 많이 들이지 않고는 더 좋지 않은 곳도 확보할 수 없습니다. 전반적인 선교부의 이익을 위하여 그렇게 많은 말을 할 수 있겠지만, 병원 자체의 이익은 어떻습니까? 위생적인 관점에서 우리가 이곳에 병원을 안전하게 지을 수 있을 것 같지 않다면, 그 일의 최선의 이익은 장기적으로 열악한 병원 진료로 인하여 진전될 수 없기 때문에 그렇게 해서는 안 됩니다. 도시 외부의 부지에서 얻을 수 있는 이점은 주변 높이보다 높게 위치한 부지를 확보하고 인구 밀집 지역에서 충분히 격리하여 도시 내의 위치보다 더 건강하게 만드는 경우에만 얻을 수 있습니다. 그러한 부지는 모두 조사되었는데, 여러 가지 이유로 얻기 어려웠으며 선교기관으로서 병원의 유용성을 무효화할 정도로 멀리 가서야 적절한 외부 부지를 확보할 수 있습니다. 그렇다면 현재 위치의 위생 가능성에 대하여 찬성하거나 반대할 수 있는 것은 무엇일까요? 저는 박사님께 도표와 설명을 통하여 토지의 위치에 대한 개념을 제공하려고 노력할 것입니다.

이 도시는 사방이 언덕으로 둘러싸여 있고 가장 높은 산등성이의 꼭대기를 가로지르는 성으로 둘러싸인 접시 모양의 울타리 안에 건설되었습니다. 도시의 중심은 모든 것이 동쪽으로 더 기울어져 있다는 점을 제외하고는 가장 고도가 낮은데, 가장 낮은 지점은 도시의 모든 배수가 3마일 가량 떨어진 강으로 흘러가는 동대문 근처입니다. 약 40피트 너비의 큰 배수로가 동쪽에서 서쪽으로 도시 중앙을 통과하여 사방에서 하수를 운반합니다. 따라서 도시의 모든 바깥쪽 테두리는 성벽을 향하여 점점 경사가 커지며, 여러 곳에서 산등성이가 이 언덕에서 도심을 향해 돌출되어 있어 도시는 결코 평탄하지 않습니다. 남쪽에 있는 언덕은 매우 높아서 남산이라고 불리며, 그것으로부터 많은 돌출부가 뻗어 있습니다. 이 언덕의 경사면은 대부분 일본인 공동체에 의해 점유되고 있는 반면, 우리는 이 돌출부 중 가장 긴 것 중의 하나가 도시의 거의 중앙까지 이어지는 지점에 위치해 있으며, 가톨릭 부지가 우리와 산기슭에 있는 일본인 정착촌 사이에 위치해 있습니다.

돌출부의 형태와 도시 고도와의 관계는 남산 정상의 성벽에서 반지름을 따라 도시 중심까지 수직 단면을 표시하기 위하여 첨부된 도면에서 판단할 수 있습니다.

우리는 동쪽에서 서쪽으로 바라보고 있어야 합니다. 왼쪽은 정상에 성벽이 있는 남산이고, 언덕은 일본인 마을이 위치한 다소 편평한 곳까지 가파르게 내려갑니다. 그런 다음 가톨릭 대성당이 부속 건물과 함께 위치하고 있습니다.

그런 다음 가로질러 우리 부지가 시작되는 훌륭한 거리로 가파르게 떨어지며, 그 건물은 필드 박사, 쉴즈 양 및 바렛 양이 거주하는 제이콥슨 기념 숙소인 것 같습니다. 그런 다음 약간 낮아졌다가 몇 피트 상승하는 곳에 저의 집이 있으며, 그 후 현재의 병원 부지까지 상당히 급격한 하락이 있으며 넓은 도로까지 경사가 나있고 가장 낮은 고도를 나타내는 넓은 배수로까지 완만하게 하락합니다.

이제 제이콥슨 기념 사택과 저의 집 사이의 공간으로 그림을 거꾸로 가면 바로 그것들 사이가 아니라 약간 서쪽으로 떨어져 있지만, 이 두 장소에 인접하여 있는 비달 부지로 알려진 곳이 기념 사택보다 약간 더 낮은 곳에 있으며 경사는 서쪽을 향해 있고 가톨릭 부지와 제이콥슨 기념 사택 사이를 지나는 길에 좁은 전면이 있습니다. 이 부지는 매물로 나와 있으며, 병원 부지로 구입하려고 많이 생각하였지만 충분히 크지 않고 동시에 서쪽으로 낮은 고도에 있는 작은 집 몇 채를 구입해야 할 필요가 있습니다.

최근 우리에게 두 가지 제안이 있습니다.

(1) 비달 부지에 건축한다.

(2) 우리의 현재 부지에 건축한다.

그리고 저는 두 곳의 장단점을 박사님게 제시하기 위하여 노력할 것입니다.

병원 부지를 위하여 금화 5,000달러를 선지급할 계획이며 명확한 권리증서 없이 현재 부지에 건물을 건축하는 것을 금지한다는 박사님의 편지로 인하여 우리는 두 가지 제안 중 첫 번째 제안에 확실히 관심을 돌렸고 우리는 이곳의 비달 대령 대리인에게 부지를 위하여 7,500엔을 임시로 제안하였고, 10,000엔을 인접 주택의 구입에 사용할 것으로 예상하였습니다. 부지는 10,000엔에 1년 동안 붙잡아 두었습니다.

대리인은 파리의 비달 대령에게 전보를 보냈지만 그는 9,000엔으로 답하였고 우리는 그것이 너무 높고 부지를 마무리하기에 충분한 여유를 남기지 않을 것이라고 생각하고 있습니다.

최근의 지부 회의에서 우리는 현 병원 부지의 사용에 대하여 단 한 명의 반대표(빈튼 박사)로 결의안을 통과시켰습니다.

현재의 부지에 비해 비달 부지의 장점은 (1) 다소 높은 지대라는 점, (2) 그것이 남서향이라는 점, (3) 두 집이 있는 곳과 거의 같은 높이의 대지에 있고 연결되어 있어 지금보다 더 편리하게 일을 할 수 있다는 것입니다.

최종적으로 현 부지에 찬성하여 거의 만장일치로 결정을 내리게 한 단점은 (1) 건축 부지에만 상당한 비용을 지출해야 한다는 점, (2) 그 동안 정부가 현재의 장소를 넘겨받지 않는 한 현재 건물을 적어도 부분적으로 병원 목적으로 사용할 필요가 있으며, 우리는 건물이 분산되어 있는 현재의 기지에서 일을 해야 할 뿐 아니라 고도(高度)에 의해 분리되어 있는 다른 건물에서도 일을 해야 하기 때문에 현재에도 부적당한 것으로 밝혀진 노력과 원기의 사용을 상당히 증가시킬 것이기에 사역자들의 입장에서 현재의 어려움이 감소되는 대신 증가할 것이라는 점, 그리고 (3) 정부가 정부 토지에 서 있는 저의 집을 포함하여 현재의 병원을 넘겨받는 경우 우리는 우리 자신의 부지에 병원과 간호원 사택을 소유해야 하지만, 그때 우리가 저의 집과 그것이 서 있는 부지를 유지할 수 있도록 정부와 합의하는 것이 가능하지 않다면 의사의 집을 재건축할 장소가 없는 상태가 될 것인데, 그 가능성은 지금 판단할 수 없다는 것이었습니다.

현 부지에 건물을 건축하는 것에 반대하는 주요 의견은 두 가지이었습니다.

(1) 위생 가능성에 대한 의심스러움

(2) 우리가 부지에 대한 증서를 갖고 있지 않고 정부가 언제든지 그것을 자신들에게 넘겨주도록 우리를 강요할 수 있고, 따라서 우리가 다른 때에 재건축할 수 있다.

첫 번째 반대는 두세 가지 고려 사항을 기반으로 합니다.

a. 그것은 너무 저지대이다.

b. 부지가 오랫동안 주거용으로 사용되었고, 그 다음에는 지난 14년 동안 병원으로 사용되었기 때문에 오물로 가득 차 있다.

c. 북쪽을 향한 언덕의 경사면에 위치해 있다.

d. 주변이 좋지 않으며, 우리가 통제할 수 없는 한국인 주택과 거리로 구성되어 있기 때문에 그렇게 만들 수 없다.

저는 이 부지를 이상적인 것으로 간주하여 이러한 모든 진술에 완전한 가중치를 부여할 준비가 되어 있지만, 제가 이미 말씀드린 바와 같이 우리가 다른 관점에서 유리하다고 생각하는 것보다 더 멀리 가지 않는 한 도시 안팎에서 더 나은 부지를 얻을 수 없습니다. 따라서 결정해야 할 주요 문제는 이러한 반대가 우리가 병원을 다른 선교부 기지와 연결시키는 생각을 포기하고 위생적인 이상이라는 관점에서만 부지를 선택하게 할 만큼 충분히 강력한가 하는 것입니다. 저는 개인적으로 위생적 요구 사항을 제외하고 다른 고려 사항에 찬성하는 마지막 사람이 될 것이며, 개인적으로 저는 저와 가족이 살 수 있는 장소로 외부 장소를 선호하지만 당연히 우리는 병원의 이익을 병자를 치료하고 전도 사역을 돕는 기관으로 결합하기 위하여 가능한 한 최선을 다할 의무가 있습니다. 우리는 이곳에 병원을 두는 것이 전도 사업의 최상의 이익이 될 것이라고 생각하며, 또한 이 장소는 다른 가능한 장소와 비교하여 이러한 전도의 이점을 포기할 필요가 있을 정도로 위생적인 관점에서 그다지 못마땅하지 않다고 생각합니다. 반대를 각각 검토해 보겠습니다.

'a. 그것은 너무 저지대이다.' 그림에서 우리 집 바로 앞의 언덕에 가파른 내리막이 있고, 그곳에서 거리까지, 그리고 거리에서 도심까지 완만한 경사가 있음을 아실 수 있을 것입니다. 만일 그림에 표시된 지점에 병원이 건축되었다면 1층은 거리보다 약 15피트 위, 도심에서는 최소 30피트 위가 될 것이며, 1층은 주위 주택의 지붕보다 높게 위치할 것이며, 2층은 여전히 12피트가 더 높을 것입니다. 따라서 외부 공기만큼 순수하지는 않지만 여전히 도시의 다른 어느 지역만큼 좋은 집 꼭대기보다 훨씬 높은 곳에서 자유로운 산들바람이 우리에게 불어올 것입니다. 남쪽에 언덕이 있는 것은 사실이지만 햇빛이 들어오는 것을 방해할 정도로 높지도 가깝지도 않습니다. 이 설명과 그림에서 판단하실 수 있듯이 부지는 배수를 위한 훌륭한 기회를 제공하기에 충분히 높습니다.

'b. 토양이 오물로 가득 차 있다.' 불행하게도 이것은 사실이지만 이 도시와 성벽 외부의 상당한 거리에 있는 모든 토양에 대하여 말할 수 있는 것뿐입니다. 또한 다른 나라의 배수되지 않은 모든 도시에도 해당되지만 다행이도 자유롭게 배수될 기회가 있는 곳이면 어디에서나 항상 제거할 수 있는 조건이며, 이것이 바로 우리가 이곳에서 갖고 있는 것입니다. 저는 이 반대에 무게를 두고 있지 않습니다.

'c. 북쪽을 향한 언덕의 경사면에 위치해 있다.' 이것은 도시 내의 모든 언덕에 있는 부지에 해당되지만 이 때문에 실질적으로 고통을 받기에는 높은 언덕에서 충분히 멀리 떨어져 있습니다.

'd. 주변 환경이 비위생적이며 변경할 수 없다.' 이 반대도 사실이지만 말할 수 있는 유일한 것은 그것들은 도시 안의 어느 곳에서나 확보할 수 있는 것만큼 좋고, 대부분의 다른 구역에 있는 것보다 낫습니다. 반면 도시 밖에서는 상당한 거리를 나가야만 얻을 수 있습니다.

지부와 선교부의 회원들이 선교부 외부에서 전문가 견해의 이점을 가질 수 있도록 저는 성공회 선교부 병원의 발독 박사와 최근 궁내부 의사로서 고용되어 독일에서 온 분쉬 박사를 초청하였고, 그들은 개인적으로 부지를 검토하고 적합성에 대한 의견을 제시하였습니다. 그들은 그것을 때로 조사하였고, 둘은 배수가 잘 되고 바람이 잘 통할 만큼 지반이 높아 병원 부지로 선택하는 데에 지장이 없는 토양이라는 의견을 피력하였습니다. 분쉬 박사가 말하였듯이 이것이 사실이 아니라면 뮌헨 시를 독일에서 가장 건강에 좋지 않은 도시 중의 하나에서 가장 건강한 도시 중 하나로 전환시키는 것은 어떻게 가능하였을까요? 그들 모두는 질문의 모든 면을 고려할 때 더 나은 선택이 어려울 것이라고 생각하였습니다.

최근 서울 지부 회의에서 저는 전체 안건을 회원들에게 제출하고 결정을 요구하였습니다. 1명의 회원을 제외하고 모두가 10,000 또는 11,000엔의 비용으로 비달 및 인접 부동산을 구입하고 위에서 언급한 단점을 지닌 채 그곳에 건물을 짓는 것에 반대하여 현재 부지에 즉시 건물을 건축하는데 찬성하였습니다. 빈튼 박사의 주요 반대 의견은 토양이 더러우며, 자신은 세브란스 씨가 도시 밖에 건축하는 것을 선호할 것이라고 이해하고 있다는 것이었습니다. 저는 이 점에 관하여 세브란스 씨와 이야기를 나누었고 그가 치유 기관으로서 정말로 효과적인 곳에 그것이 건축되기를 원한다는 것을 알고 있습니다. 우리 모두는 그것에 대하여 같은 생각을 하고 있지만, 상황은 현재 제안된 진행에 우리를 상당히 잘 묶여 있게 하는 것 같으며, 저는 우리가 이상적인 상황이라고 생각하는 것을 얻는 것이 불가능하며, 최선을 다해야 할 필요성을 세브란스 씨가 인식할 것이라고 확신합니다.

지부에서 결정이 내려지자마자 저는 최선의 조치에 대하여 상의하기 위하여 알렌 박사를 방문하였는데, 그는 우리가 가능한 최선의 결론에 도달하였다는 데 동의하였습니다. 그는 즉시 한국 정부에 병원 부지에 대한 권리증서를 제공할 것을 제안하고, 또한 그들이 이렇게 하는 방도를 찾지 못하는 경우 그는 우리에게 현재 건물을 허물고 그 자리에 새 병원을 세우도록 지시할 것인데, 그런 경우 후에 언제든지 자산을 넘겨받기 원할 때 조선 정부는 이러한 새로운 개량 공사에 대하여 지불해야 할 책임이 있다는 것을 알리는 편지를 보내겠다고 하였습니다. 알렌 박사는 같은 날 정부에 그러한 서신을 보냈는데, 친절하게도 하나는 저를 위하여, 하나는 선교본부를 위하여 사본 2부를 주었으며, 그래서 박사님은 정부와 어떤 관계에 있는지 알 수 있을 것입니다. 박사님은 '비공개 선교본부 용'이라는 표시가 되어 있음을 주목하실 것입니다.

정부가 알렌 박사의 요청을 받아들인다면, 부지의 편리함에 대하여 세브란스 씨를 안심시키는 것 외에는 건축을 즉시 진행하는 데 아무런 지장이 없을 것입니다. 우리는 그가 이 땅의 아픈 한국인, 선교 사업 및 의학의 발전에 그의 선물을 최대한 활용하기 위하여 우리가 할 수 있는 최선을 다하고 있다는 것을 느끼기를 원합니다.

하지만 만일 정부가 알렌 박사의 요청에 응하지 않으면 어떻게 됩니까?

이것은 지금 우리의 선교본부에 대한 질문이며, 서울 지부는 정부로부터 권리 증서를 얻지 않으면 이 부지에 병원을 짓는 것에 대한 반대를 철회할 것을 선교본부에 간절하게 요청 드립니다. 지금 우리는 그렇게 함으로써 우리가 재정적 손실을 겪지 않을 것이라는 미국 공사의 보증과 함께, 우리가 현재 부지를 소유하고 있는 계약에 따라 즉시 건축을 진행하는 것이 더 나을 것이라고 생각합니다. 우리는 무엇을 기대해야 할 지 모르는 상태에서 지금까지 해오던 대로 계속하는 것보다 차후에 재건축하는 문제를 겪는 것이 나을 것입니다. 우리는 이 장기간의 어중간함이 매우 힘들고 가능한 한 종식시키는 것을 선호합니다. 재산을 잃을 위험은 또한 정부가 그것을 인수하는데 드는 비용 증가로 인하여 줄어들 것입니다.

미국으로 가는 길에 서울에 체류하고 있는 마펫 박사는 우리가 지금 가지고 있는 보장에도 불구하고 현재 부지를 사용하는 것을 강력하게 찬성합니다. 그는 그것이 현재 우리에게 열려 있는 유일한 실행 가능한 방침이라는 것을 우리와 함께 인식하고 있습니다.

정부는 우리에게 부지에 대한 문서를 부여하는 방법이 명확하지 않을 뿐만 아니라 요청의 결과로 우리가 이 건축을 진행하기 전에 자산을 인수하기 위한 조치를 취할 수 있습니다. 그런 경우 우리는 선교부를 위하여 이 자산을 계속 소유하기 위하여 다른 대안을 제안할 것입니다.

이러한 대안은

(1) 건축 권리가 있는 장기 임대
(2) 선교부에서 직접 구매
(3) 정동 부지의 일부와 교환
(4) 자산의 분할, 우리는 우리 집이 있는 부분을 유지하며, 이 경우 우리는 비달 부지를 구입하고 그곳에 병원을 지을 수 있다.

하지만 비달 부지가 도시의 작은 부분만 마주하고 있는 반면 현 병원 부지는 도시의 많은 부분을 마주하고 있기 때문에 현 병원 부지를 유지할 수 있도록 하는 어떤 계획이 고안될 수 있기를 저는 바라고 있습니다.

병원에 좋은 부지를 제공하는, 언급해야 할 다른 계획은 제 집을 비달 부지나 다른 곳으로 옮기고 이 높은 부지에 병원을 건축하는 것입니다. 이것은 물론 권리증서의 어려움을 극복하지 못할 것이지만, 도시 전체를 내려다보고 도시의 거의 모든 부분에서 볼 수 있는 높은 부지를 보장할 것입니다. 여러 면에서 저는 이 유리한 곳에 병원이 세워지는 것을 보고 싶지만, 당연히 그것은 제 집을 허물고 재건축하는 추가 비용을 수반할 것입니다. 선교지에 있는 많은 선교사들이 이렇게 하는 것에 찬성하였지만, 더 이상의 예산이 없이는 할 수 없었기 때문에 지부는 실행 가능한 범위 내에 있는지 많이 생각하지 않았습니다.

우리가 박사님께 이 문제를 모든 측면과 함께 가능한 한 빨리 선교본부에 제출해 주시고, 그 결과를 우리에게 전보로 보내주실 것을 부탁드려도 될까요? 편지를 기다리며 지체함으로써 박사님의 판단을 받기 전에 우리가 한여름에 있게 되기 때문입니다. 저는 질문에 대한 답으로 다음의 암호를 제안합니다.

(1) 이곳에서 답변을 받을 때까지 다른 조치가 실행 가능하지 않은 것으로 보이는 경우 선교본부는 정부와의 기존 계약에도 불구하고 현 부지에 건축할 수 있는 권한을 우리에게 부여합니까?

전보 '1 예' 혹은 '1 아니오.'

(2) 만일 제안 (1)이 거부되면, 선교본부는 이 서신에 언급된 장단점을 고려하여 비달 부지와 인접 주택을 구입하고 그곳에 병원을 짓는 것을 승인합니까?

전보 '2 예' 만일 제안 (2)가 (1)보다 선호되는 경우 전보 '선호 2'

(3) 선교본부는 우리가 병원과 다른 선교부 부지의 연결에 대한 특별한 언급 없이, 최상의 위생 조건을 확보하는 것에 중점을 두고 도시 내 또는 바깥에서 이것보다 더 높고 격리된 다른 부지를 확보는 것을 선호합니까?

전보 '3 예.'

(4) 정부가 우리에게 부지를 주지 않거나 지속적으로 우리에게 건축 혹은 비싼 개량을 허락하지 않겠다고 통지하는 경우, 이 편지의 13쪽에 언급된 문구에 따라 이 병원 부지를 유지하기 위하여 약간의 거래를 하도록 자유로이 내버려 둘 것입니까?

전보 '4 예.'

(5) 병원 부지 구입을 위한 자금이 현재 사용 가능합니까?

전보 '5 예' 혹은 '5 아니오.'

(6) 그렇다면 특정 부지 구입의 승인을 위하여 선교본부에 다시 의뢰하지 않고 의도한 목적으로 자유롭게 사용할 수 있습니까?

전보 '5 6 예' 혹은 '5 예 6 아니오.'

물론 박사님의 답변에는 이러한 답변 중 두 개 이상의 조합이 필요할 수도 있고, Abc 암호마다 다른 답변이 필요할 수도 있습니다.

우리는 박사님의 답변을 우리가 받을 때 우리에게 최상인 것처럼 보이는 제안 1, 2 및 4에 따라 진행을 승인할 수 있는 권한을 선교본부가 부여할 것을 정중하게 제안합니다. 그런 경우 단순히 '1 2 4'라고 전보를 보내시면 우리는 이해할 것입니다.

구매를 진행하려면 5와 6에 대한 답변도 필요합니다.

웰본 씨의 사택을 위한 부지와 같이 그다지 시급하지 않은 서울의 자산 문제와 관련된 다른 문제들은 다른 편지의 주제가 될 것입니다.

파슨스 양은 어제(5월 5일) 제물포에 도착하여 평양으로 가는 배를 탔습니다. 그녀는 건강합니다.

박사님, 위원회 및 선교본부에 안부를 전합니다.

안녕히 계십시오.
O. R. 에비슨

추신. 이 편지의 사본을 세브란스 씨와 언더우드 박사에게 보낼 것입니다. 브라운 박사는 의심할 여지없이 스피어 씨와 그랜트 씨처럼 그림을 이해할 것입니다.
O. R. A.

Oliver R. Avison (Seoul),
Letter to Frank F. Ellinwood (Sec., BFM, PCUSA) (May 1st, 1902)

Severance Memorial Hospital
  O. R. Avison, M. D.
    Medical Supt.

Mission of Presbyterian Church in U. S. A.

Seoul, Korea,

May 1st, 1902

Rev. Dr. F. F. Ellinwood,

  Sec. Board of F. M. Pres. Church in U. S. A.

    156 Fifth Ave. New York.

Dear Dr. Ellinwood: -

I received your kind letter of Feb. 3rd written on the eve of your departure for the Bermudas. I trust that both Mrs. Ellinwood and yourself have been much benefitted by the trip. I thank you and the Board for the manifest interest you are taking in the securing of a hospital site and also for the interest you are taking in the matter of a nurse.

In reference to the nurse question I may say that with the consent of the Station I am in correspondence with the Rev. Mr. Mc Nair of our Mission in Japan with a view of securing a couple of trained Japanese nurses. Of course we should require that they be christian and efficient. This can only be regarded as an experiment but it will not be a costly one as the Japanese hospital here is supplied with trained nurses by the Red Cross Society of Japan and the hospital paid the expense of travel from Japan and pays them 15 yen a month as salary. Miss Shields speaks of taking up hospital work again in June but as she still suffers from acute attacks of Eczema of the hands after placing them in irritating fluids it remains to be seen what she will be able to do. If you find a suitable nurse to send to us please hold the appointment back until you can find out what progress we are making in the matter here. At the same time that I write this I am free to say that no great mistake would be committed even should you send her out immediately for our need here of evangelistic workers is so great that (that) she can be immediately given work in the one sphere or the other.

I now address myself to the task of laying before you in detail matters connected with the erection of the new hospital and especially in reference to the site.

All attempts to obtain a site outside of the city wall in conjunction with the new Chong Dong plant having failed and the development of evangelistic work in the city having made it manifest to practically all of us in Seoul that for the sake of the general work the hospital should be kept as near the center of our interests as possible our attention has been more than before given to an investigation of the possibilities of the present location and I shall endeavor to give you as nearly as can be done by description an idea of our present position and its relation to the general level of the city so that you may be able to judge intelligently of our proposed action. But first I will give you an outline of the conditions as they now are which appeal more strongly than ever before for the maintenance of the central work and the continuance of the hospital in connection with it.

The work of Seoul Station was begun in Chong Dong where all the earlier missionaries congregated but in course of time chapels for preaching were established at two or three other points in the city as the newer missionaries became able to preach. Then in 1894 the Mission became possessed of the idea that better work could be done by means of several separate congregations than through one church with outer preaching places and in pursuance of this idea the church membership was divided into three and churches were established in Chong Dong under Dr. Underwood, at Kon Dong Kol under Mr. Moore and at Yun Mot Kol under Mr. Gifford, in addition to which several other preaching places were maintained, one of them at the hospital which is only 5 minutes walk from Kon Dong kol. Not long afterward the Hong Moon Suk Kol church was partially organized in the manner described in my former letter and, later on, taken over by our Mission. This gave us three preaching places within five minutes walk of each other, viz., Kong Dong Kol, Hong Moon Suk Kol and the Hospital, situated at the points of a small triangle near the center of the city. We found it difficult to keep all these sets of meetings properly cared for and the first step towards relief was taken by dropping the Sunday preaching service at the hospital and sending me to look after the Hong Moon Suk Kol work as an assistant to the Session. Also Mr. Moore, being near, came as often as he could. Later on it appeared to us all that it was unwise to try to carry on two churches so near together with such an inadequate force and so the Kon Dong Kol and Hong Moon Suk Kol churches were united under Mr. Moore, the services being held at Hong Moon Suk Kol and given up at Kon Dong Kol. This left us with three separate congregations in Seoul, one at the East end, one in the center and one at the West and these have since been maintained.

This plan has had its advantages in that the people have had shorter distances to travel to service and each pastor has had a free hand to work in accordance with his own ideas more or less but it is doubtful whether the disadvantages have not been still greater. The division into separate congregations without a general meeting place has produced a feeling of separation amongst the christians which we cannot but regret and the work in Seoul has not been that harmonious unit which we could have desired, the old Corinthian story "I am of Paul- etc." being repeated here. The missionaries have constantly regretted this and have long desired to have a central meeting place for all the congregations where at least once a week all could unite in worship but the Hong Moon Suk Kol church was the only place where such a meeting could have been held and on account of the want of confidence felt in its fidelity it was not thought wise to use it for this purpose. Finally, as you are ere this aware, the difficulties at Hong Moon Suk Kol came to a crisis and that church was entirely thrown overboard with its disturbing element and the bulk of the congregation brought over to the hospital. I was able to rearrange my use of the buildings so that I could turn over the largest one for a meeting place and it was at once fitted up for the purpose. As soon as the faithful portion of the church had been established in these quarters the idea of immediately establishing a union service was taken up and the whole building prepared for this use and these services are now being held every Sabbath afternoon and are very encouraging. We can accommodate about 400. The Women's Bible Class was hold here with a regular attendance of 60 to 80 and an occasional attendance of 125. We are now in the second week of special union services held every evening for prayer for a forward movement in Seoul and the meetings are growing nightly in strength and interest.

The plan at present is to continue the three separate church organisations with separate morning and evening services on Sabbath and separate Wednesday evening prayer meetings but to unite in worship every Sabbath afternoon and at other times as may seem desirable. This plan will then be allowed to develop into whatever form of organisation may seem best for Seoul. We are greatly encouraged and it is the general feeling that this united action is necessary for the growth of the work in Seoul and we are therefore a unit in our desire to keep this present location for the Mission if it can be done and it seems as if the hospital is a necessary factor in the carrying out of this purpose as it is unlikely that it can be retained except for hospital purposes. There is no other location towards the center of the city that will compare with this nor could even a poorer one bo secured without the expenditure of a large sum of money. So much may be said on behalf of the general Mission interests but what about the interests of the hospital itself? Unless it appears that from a sanitary standpoint we may safely place the hospital here we ought not of course to do it because the best interests of the work cannot in the long run be advanced by a poor hospital service. The advantages that would accrue from a site outside the city would be attained only by securing one high above the surrounding level and sufficiently isolated from a thickly inhabited district to make it healthier than a location within the city. All such sites have been canvassed and are unattainable for various reasons and only by going so far away as to nullify the usefulness of the hospital as a mission institution can we secure a suitable outside site. What then can be said for and against the sanitary possibilities of the present location? I will try to give you an idea of the lay of the land by means of a diagram and description.

The city is built in a saucer-shaped enclosure surrounded by hills on all sides and enclosed by a wall which passes over the tops of the highest ridges. The center of the city is at the lowest level except that it all slopes still more to the East so that the lowest point is at the East gate near by which all the drainage of the city passes out to the river some three miles distant. A great drain some 40 feet wide passes from East to West through the middle of the city to carry off the drainage from all sides. All the outer edges of the city, therefore, towards the walls, gradually slope higher and higher and at several points ridges jut out from these hills towards the center so that the city by no means presents a dead level.

The hill at the South side is very high and is called South Mountain and from it numerous spurs jut out. The slopes of this hill are mostly occupied by the Japanese community while we are located on the point of one of the longest of these spurs which runs towards and almost to the center of the city, the Roman Catholic Compound lying between us and the Japanese settlement at the base of the mountain.

The conformation of the spur and its relation to the city level can be judged from the accompanying diagram which is intended to show a vertical section from the wall on the top of South Mountain to the center of the city along one radius.

We are supposed to be viewing it from the East, looking Westward. At the left is S. Mountain with the wall at the top and the hill runs rapidly down to a more or less flat plateau on which Japanese town is located. There is then a considerable rise to a large knoll upon which the R. C. Cathedral is situated with its accessory building.

Then there is an immediate drop to a street of good with across which our Compound begins, the building seem there being the Jacobson Memorial Home occupied by Dr. Field, Miss Shields and Miss Barrett. Then there is a slight dip and another rise of a few feet to the level on which my house is built and then a considerable fall to the present hospital site with a slope to a wide street and a gentle decline to the wide drain which represents the lowest level.

Now going backwards on the diagram to the space between the Jacobson Memorial Home and my house there lies, not directly between them but a little to the West and yet adjoining both these sites what is known as the Vidal property which lies on ground a trifle lower than that of the Jacobson Memorial, the slope facing the West and having a narrow frontage on the street which runs between the R.C. property and the Jacobsen Memorial. This property is for sale and we have thought much of buying it for a hospital site but it is not large enough and it would be necessary at the same time to buy some small houses lying still more to the West and on a lower level.

Two propositions have been before us of late,

(1) To build on the Vidal property

(2) To build on our present site

and I will endeavor to lay before you the pros and cons for the two places.

Your letter saying that it was intended to advance $5000.00 gold for a hospital site and forbidding the erection of the buildings on the present site without a clear title-deed caused us to turn our attention definitely to the first of these two propositions and we made Col Vidal's agent here a tentative offer of 7500.00 yen for the place, expecting to use the balance of the 10,000.00 yen in buying the adjoining houses. The place has been held for a year at 10,000.00 yen.

The agent cabled Col. Vidal at Paris but he replied 9000.00 yen and we feel that it is too high and will not leave a sufficient balance to round out the site.

At the recent Station Meeting we passed a resolution with only one dissenting vote (Dr. Vinton) in favor of using the present hospital site.

The advantages of the Vidal site over the present one are (1) that it stands on rather higher ground, (2) that it faces S. and W. and (3) that lying on ground more nearly on a level with both houses and contiguous to both it would be more conveniently worked at this point than where it now is.

The disadvantages which finally led to the almost unanimous decision in favor of the present site are (1) that it would necessitate the expenditure of a considerable sum of money for building site alone, (2) that in the meantime so long as the government did not take over the present place it would be necessary to make at least partial use of the present buildings for hospital purposes and the present difficulties from the standpoint of the workers would be increased instead of diminished as we should not only have to work the present scattered plant but also another one separated from it by an elevation which would entail a considerably increased use of effort and energy which are even now found insufficient, and (3) that in case the government took over the present hospital including my house which stands upon government land we should then have the hospital and nurses' home on our own property but be left without a place on which to rebuild the doctor's house unless it should be possible at that time to make an arrangement with the government by which we could retain my house and the site on which it stands, a possibility which we cannot now judge upon.

The chief objections that have been urged against building on the present site have been two in number,

(1) Doubts as to its sanitary possibilities.

(2) The fact that we have no deed of the property and the government may at

any time compel us to turn it over to them and thus cause us to rebuild at another time.

The first objection is based upon two or three considerations,

a. It is too low.

b. The soil is saturated with filth both because it was long used for residential purposes and then for the last 14 years as a hospital.

c. It is on the slope of a hill facing North.

d. Its surroundings are not good and cannot be made so because they consist of Korean dwellings and Korean streets over which we cannot exercise control.

I am prepared to allow full weight to all these statements as bearing against this site as an ideal one but as I have already said nothing better can be obtained within the city, or outside of it either unless we go farther away than we feel would be advantageous from other standpoints. Therefore the main question to be decided is as to whether these objections are strong enough to cause us to give up the idea of having the hospital connected with our other Mission plants and select a site entirely from the stand point of sanitary ideality. I personally would be the last one to yield in favor of other considerations to the exclusion of sanitary requirements and personally I would prefer an outside site as a place for myself and family to live but of course we are bound to do the most we can to combine the interests of the hospital both as an institution for the healing of the sick and the helping of our evangelistic work. We are of opinion that the best interests of the evangelistic work will be served by keeping the hospital here and also that this site is not so objectionable from the sanitary standpoint as compared with other possible locations as to necessitate the giving up of these evangelistic advantages. Let me review the objections separately.

"a. The site is too low." You will see from the diagram that immediately in front of my house there is a steep fall in the hill and then a gentle slope to the street and from there to the center of the city. If the hospital were built at the point indicated on the diagram the first floor would be about 15 feet above the street level and at least 30 feet above the center of the city and it (the first floor) would be higher than the roofs of any of the surrounding houses while the second floor would be 12 feet higher still. There would therefore always be a free breeze coming to us well above the house tops which while not as pure as outside air would still be as good as in any other part of the city. It is true there will be a hill on the S. side but it is neither so high nor so near as to interfere with the entrance of sunshine. As you can judge from these statements and from the diagram the site is quite high enough to give excellent opportunity for drainage.

"b. The soil is saturated with filth." Unfortunately this is true but it is only what can be said of all the soil in this city and for a considerable distance outside of the walls. It is also true of every undrained city in any other country but fortunately is a condition which can always be gotten rid of wherever there is a chance for free drainage and this is just what we have here. I do not attach weight to this objection.

"c. It is on the side of a hill sloping North." This is true of almost every hill site within the city but it is far enough from any high hill to suffer materially on this account.

"d. Its surroundings are unsanitary and cannot be changed." This objection is also true but the only thing to be said is that they are as good as can be secured anywhere else within the city and better than exist in most other sections, while better could be obtained only by going to a considerable distance outside the city.

In order that the members of the Station and Mission might have the advantage of expert opinion outside of the Mission I invited Dr. Baldock of the Episcopalian Mission Hospital and Dr. Wunsch, a recently arrived surgeon from Germany engaged as physician to the palace, to personally examine the site and give their opinion of its adaptability. They examined it separately and both expressed the opinion that the ground is high enough to give good drainage and plenty of breeze and that the present condition of the soil is no bar whatever to the choice of it as a hospital site. As Dr. Wunsch said, if this were not true how has it been possible to convert the city of Munich from one of the most unhealthy to one of the most healthy cities in Germany. They both thought that, considering all phases of the question, it would be difficult to make a better choice.

At a recent meeting of Seoul Station I submitted the whole matter to the members and asked for a decision. With the exception of one member all voted in favor of building at once on the present site as against purchasing the Vidal and adjacent properties at a cost of 10000.00 or 11000.00 yen and building there with the disadvantages mentioned above. Dr. Vinton's chief objections were that the soil is filthy and that he understood that Mr. Severance would prefer to have it built outside the city. I talked with Mr. Severance on this point and am aware that he wants to have it built where it will be really effective as a healing institution. We all feel the same way about it but the circumstances seem to bind us pretty well down to this present suggested course and I feel sure Mr. Severance will recognise the need of doing the best we can, it being impossible to obtain what we would consider an ideal situation.

As soon as the decision had been reached by the Station I called upon Dr. Allen to consult with him as to the best steps to take and he agreed that we had come to the best conclusion possible and said he would at once write to the Korean Government, suggesting that they give us a title-deed to the hospital property and also informing them that in case they could not see their way to doing this he would instruct us to tear down the present buildings and erect the new hospital upon the site in which case the government would be liable to pay for those new improvements should they at any time in the future desire to take over the property. Dr. Allen sent such a communication to the government the same day and was kind enough to give me two copies of the note, one for myself and one for the Board so that you may know just in what relation you stand to the government. You will please note that it is marked "private for Board use only".

If the government accedes to Dr. Allen's request there will be nothing in the way of going on with the building at once except to reassure Mr. Severance as to the serviceability of the site. We would want him to feel that we are doing the best we can to make his gift of the greatest use to the sick Koreans, to the Mission work and to the advancement of medical science in this land.

If, however, the government does not accede to Dr. Allen's request what shall be done? This is the question which we are now referring to the Board and Seoul Station earnestly requests the Board to withdraw its objection to building the hospital on this site unless a title-deed be obtained from the government for it. We now feel that it will be better for us, with the assurance of the American

Minister that we can suffer no financial loss by so doing, to proceed with the building at once under the agreement upon which we now hold the property. We would rather have the trouble of rebuilding at a later date than keep on as we have been doing, not knowing what to expect. This prolonged suspense is very trying and we prefer to end it if possible. The risk of losing the property will also be lessened by the increased cost it will be to the government to take it over.

Dr. Moffett who is in Seoul en route to America is strongly in favor of using the present site even upon the security which we now have. He realises with us that it is the only practicable course at present open to us.

It may be that the government may not only not see its way clear to grant us a deed to the site but as a result of the request may take steps to take over the property before we can go on with this building, in which case we shall propose certain other alternatives in order to try to keep possession of this property for the Mission.

These alternatives might be

(1) A long lease with right to build.

(2) Purchase outright by the Mission.

(3) Exchange in part for the site of the Chong Dong property.

(4) Division of the property, we retaining the part my house stands on, in which case we might purchase the Vidal property and build the hospital there.

I hope, however that some plan may be devised which will enable us to retain the present hospital site for it faces the greater part of the city whereas the Vidal property faces only a small portion of the city.

One other plan remains to be mentioned as offering a fine site for the hospital and that is to move my house to the Vidal property or elsewhere and build the hospital on this higher ground. This of course would not get over the difficulty of the title-deed but would ensure a high site that overlooks the whole city and can be seen from almost every part of the city. In many respects I would like to see the hospital built on this point of vantage but of course it would entail the additional expense of tearing down my house and rebuilding it. A number of the missionaries on the field have spoken in favor of doing this but it could not be done without further appropriations, and so has not been given much thought by the Station as coming within the range of practicability.

May we ask you to submit this question in all its aspects to the Board at the earliest possible moment and cable us the result as the delay incident to waiting for a letter would carry us into midsummer before we could get your judgment? I would suggest the following code, in answer to the accompanying questions.

(1) Does the Board grant us permission to build on the present site even under the existing agreement with the government if by the time the answer is received here no other arrangement seems practicable.

Cable "One yes" or "One No".

(2) If proposition (1) is negatived does the Board approve of purchasing the Vidal property and adjacent houses and building the hospital there, taking into consideration the advantages and disadvantages noted in this letter?

Cable "Two yes". If proposition (2) is preferred to (1) cable "Prefer two".

(3) Does the Board prefer us to secure some other site higher and more isolated than this, either inside or outside the city, without special reference to the connection of the hospital with one of the other Mission plants, placing the main stress in the choice upon securing the best sanitary conditions?

Cable "Three yes."

(4) Will the Board leave us free to carry out some deal for the keeping of this hospital site, say along the lines mentioned on page 13 of this letter, in case the government notifies us that it will neither give us the property nor constant to us building or making expensive improvements?

Cable "Four yes."

(5) Are the funds for the purchase of a hospital site now available?

Cable "Five yes" or "Five no".

(6) If so ere we free to use them for the intended purpose without referring again to the Board for approval of particular site?

Cable "Five six yes" or "Five yes six no".

Of course your answer may require the combination of two or more of these answers, or even a different reply per Abc code.

We would respectfully suggest that the Board grant permission to grant proceed along the lines of propositions 1, 2, and 4 as may seem best to us by the time that your answer is received by us, in which case we will understand if you simply cable "One two four".

In case we are to go on and purchase we shall also need an answer to 5 and 6.

Some other matters connected with property affairs in Seoul which are not quite so pressing will be made the subject of another letter such as a site for Mr. Welbon's house.

Miss Parsons reached Chemulpo yesterday (May 5th) and caught a boat for Pyeng Yang. She is in good health.

With kindest regards to yourself, the Council and the Board.

Yours very sincerely

O. R. Avison

P. S. I am sending copies of this letter to Mr. Severance and Dr. Underwood. Dr. Brown will understand the diagram doubtless as will Mr. Speer and Mr. Grant.

O. R. A.

19020517

제임스 E. 애덤스(대구)가 프랭크 F. 엘린우드(미국 북장로교회 해외선교본부 총무)에게 보낸 편지 (1902년 5월 17일)

<table>
<tr><td>접 수
1902년 6월 18일
엘린우드 박사</td></tr>
</table>

한국 대구,
1902년 5월 17일

친애하는 엘린우드 박사님,

1. 저는 방금 시골 여행에서 돌아왔고, 박사님이 선교부로 보내신 지난 달 8일자 편지를 읽었습니다.[17] 저는 서울의 새 부지를 위하여 5,000달러를 제공할 것을 제안한 세브란스 씨의 추가적인 기부가 기쁩니다. 그런 사람들이 일어나 교회의 손길을 강화하는 것을 보는 것은 좋은 일입니다.

2. 저는 또한 서울에 있는 병원에 다른 의사를 공급하자는 그의 다른 제안과 관련한 선교본부의 조치에 대하여 크게 놀랐고 이해할 수 없습니다. 선교부는 병원과 관련하여 현지인에 대한 의학 교육을 수행하는 것이 추가된 의사의 시간을 필요로 한다고 선교본부에 언급한 적이 있습니까? 선교본부 자체가 그것이 필요하다고 믿었던 적이 있습니까? 우리 선교부에는 두 사람이 있되, 한 사람은 진료를 하고, 다른 한 사람은 현지인에 대한 의학 교육을 담당할 그런 특성의 필요성을 갖고 있는 사람이 한두 명 있는데, 특히 에비슨 박사가 그러합니다. 하지만 선교부는 그렇지 않습니다.

저는 지난 연례 회의에서 선교부가 이 특정 사안에 대한 정책을 분명히 선언하였고, 이 선언이 선교본부에 전달되었음에 틀림없는데 선교본부가 이런 조치를 취하여 더욱 놀랐습니다. 에비슨 박사는 몇 년 동안 남자 의사 2명 이상이 진료를 할 수 있는 대형 병원을 원하였습니다. 그는 또한 의학교와 관련하여 한 사람의 시간이 많이 소요되고 한국인을 위하여 자격을 갖춘 현지인 의사를 배출하는 것을 목적으로 의학교를 발전시키기를 원하였습니다. 기회가 있을 때마다 선교부는 그 계획에 대하여 반대를 표명하였습니다. 지난 연례 회의에서 에비슨 박사는 그의 보고서에서 그것을 제시하였고 선교부는 이 문제에 대하여 명확하고 분명하며 단호한 입장을 취하였습니다. 그들은 그의 계획을 승인하는 것을 거부하였을 뿐만 아니라 그것에 반대하는 분명한 결의를

---

17) Frank F. Ellinwood (Sec., BFM, PCUSA), Letter to the Korea Mission (Apr. 8th, 1902)

하였는데, 두 명의 의사가 필요하지 않을 뿐만 아니라 바람직하지도 않으며, 주어진 돈으로 최대한 완전하고 완벽하게 세브란스 병원을 만들어 최고의 업무를 할 수 있도록 하는 것이 선교부의 방침이기도 하지만, 남자 의사를 1명으로 제한하고 이에 따라 건축해야 하는 것도 선교부의 방침이기도 하다고 언급하였습니다. 이 조치는 선교부의 공식적인 조치이었기 때문에 의심할 여지없이 선교본부에 알려졌으며, 회의록과 함께 선교본부에 제출되었을 것입니다.

제가 틀렸을 수도 있지만, 저는 이러한 성격의 문제, 지역 정책의 문제, 선교의 다양한 부서의 조화와 균형이 통일된 전체로 일하는 것은 그 결정이 선교부의 영역에 속한다는 인상을 받았습니다. 실제로 저는 그것이 달리 어떻게 될 수 있고 작업이 성공적으로 수행될 수 있는지 알지 못합니다. 이 특별한 경우 선교부는 명확하게 정의된 정책을 갖고 있습니다. 선교본부의 결정은 그 정책을 완전히 뒤집는 것입니다. 제 생각에 선교부는 이 주제에 대하여 실질적으로 만장일치입니다. 이 사건과 관련된 모든 것에 대한 매우 신중한 고려와 평가 없이 문제를 더 이상 진행하지 말 것을 선교본부에 요청 드립니다. 개인적으로 저는 이러한 조치에 필연적으로 관련된 정책에 강력하게 반대하며, 그 문제에 대한 저의 입장보다 훨씬 더 중요한 것이 선교부가 그것에 빠지는 것을 극도로 싫어할 것이라고 확신합니다. 결국 그것은 처음에 세브란스 씨에게 명확한 입장을 밝히는 것보다 더 큰 문제를 일으키게 될 것입니다.

안녕히 계십시오.
제임스 E. 애덤스

James E. Adams (Taiku),
Letter to Frank F. Ellinwood (Sec., BFM, PCUSA) (May 17th, 1902)

Received
JUN 18 1902
Dr. Ellinwood

Taiku, Korea,
5/17/1902

My Dear Dr. Ellinwood: -

1. I am just in from a trip in the country and have read your letter of the 8th ult. to the Mission. I rejoice in the additional beneficience of Mr. Severance - proposing to give $5,000.00 for the new site in Seoul. It is good to see such men rising up to strengthen the hands of the church.

2. I also am greatly surprised and am unable to understand the action of the Board with regard to his other proposition of supplying another physician for the hospital in Seoul. Has the Mission ever at stated to the Board that the carrying on of medical education of native in connection with the hospital was of such a necessity as to require the time of an additional physician? Has the Board itself ever believed it to be a necessity; a necessity of such a character that there must be two men, one to do medical work and one to do medical education of natives I am aware that there are one or two men in our Mission, notably Dr. Avison, who hold this view. But the Mission does not.

I am the more surprised at the action of the Board in that at its last annual meeting the Mission declared its policy plainly on this particular point, and this declaration must have gone to the Board. For some years Dr. Avison has desired a large hospital, one that would command the services of at least two male physicians. He has also desired to develop in connection with it a medical college, the instruction in which would largely consume the time of one men and the object of which was to furnish qualified native physician for the Koreans. Whenever the occasion has permitted the Mission has expressed its disapproval of the plan. At the last annual meeting Dr. Avison presented it in his report and the Mission took a definite, clear and emphatic stand upon the matter. They do not only declined to endorse his plan, but took explicit resolution against it, stating that two men were not only not necessary, but undesirable; that it was the policy of the Mission to make the Severance Hospital as complete and perfect as it could be made with the money given, so that the very best quality of work should be turned out from it, but that it was also it policy to limit the force of its male physicians to one and build in accordance with this. This action is doubtless known to the Board as it was a formal action of the Mission, and would have gone to the Board with the records of the meeting.

I may be mistaken, but I have been under the impression that questions of this character, matters of local policy, the harmonizing and proportioning of the various departments of a mission work into a unified whole, fall within the province of the Mission for determination. Indeed I do not see how it can be otherwise and the work be carried on successfully. In this particular case the Mission has a clearly defined policy. The action of the Board is an utter overturning and reversal of that policy. The Mission, I think, is practically unanimous upon the subject. Let me beg of the Board that they proceed no further in the matter without a very careful consideration and weighing of all that the case involves. Personally I am strongly opposed to the policy necessarily involved in this step, and I am convinced of what is of vastly more consequence than my own position in the matter, that the Mission will be exceedingly loath to fall in with it. In the end it will make more trouble than a definite statement in the beginning to Mr. Severance of the Mission position would have done.

Believe me,

Yours in the Masters Work.
Jas. E. Adams

J. 헌터 웰즈(평양)가 프랭크 F. 엘린우드(미국 북장로교회 해외선교본부 총무)에게 보낸 편지 (1902년 5월 22일)

접 수
1902년 6월 24일
엘린우드 박사

한국 평양,
1902년 5월 22일

F. F. 엘린우드 박사, 비국 북장로교회 해외선교본부 총무

친애하는 엘린우드 박사님,

서울 병원에 다른 의사를 임명한 선교본부의 조치는, 선교본부에 그러한 요청이 없었을 뿐만 아니라 선교부가 그곳에 새 의사를 요청하거나 배정하지 않는다는 단정적인 조치가 취해졌기 때문에, 놀라움이 뒤섞인 감정으로 선교부에 접수되었습니다. 어빈 박사는 부산이 호주 선교부로 넘어갈 경우를 대비하여 임시로 서울로 갔어야 했었는데, 새로운 의사를 서울 병원에 임명하는 것에 반대하는 회의록과 브라운 박사의 견해는 모두 선교본부에 제출되어 있습니다.

하지만 새 사역자는 사용할 수 있고, 저는 그의 임명에 대하여 기쁘게 생각하지만, 만일 필요하다면 서울에서 의학 교육 업무에는 빈튼 박사(그는 쉽게 재무 업무에서 벗어 날 수 있음)와 필드 박사가 그런 업무에 대한 소양이 있고 준비가 되어 있어 그는 필요하지 않습니다.

선교본부는 서울에서 크고 압도적인 의료 사업의 정책을 추진하기로 결의하여 너무도 급히 필요한 다른 분야의 전도나 교육 사업에 앞서 시작하게 된 것 같습니다. 그리고 그것은 선교부의 만장일치의 정서와 기록된 결정에 반한 것입니다. 물론 선교본부는 우리가 요청하지 않은 많은 다위에이트 혹은 다른 뜻밖의 것을 보낼 수 있으며, 선교부는 의심할 여지없이 그들을 업무에 투입해야 할 것입니다.

그 결정은 제가 상상의 잡지에서 보았다고 상상하는 다음과 같은 가상의 풍자적인 이야기를 불러일으킵니다.

미국 장로교회 선교본부가 선교 사업에서 새로운 실험을 시도하기로 결

론을 내렸다는 소식이 우리에게 막 도착하였다. (그것의 정책과 계획은 선교부의 압도적 다수가 반대한다. 사실 선교지에는 단지 세 명의 개인만이 있는데, 두 명은 관련된 의사들이며 그 계획을 선호한다.) 첫 번째 특징은 비 목회자 지부를 갖는 것이다. 그것은 평신도 남녀가 항상 과반수를 차지하도록 마련될 것이다. 두 번째 특징은 이미 병원과 진료소가 꽤 잘 갖추어져 있는 곳에서 의료 업무를 해야 한다는 점이다.

제출된, 그러나 결정되지 않은 두 가지 계획으로 판단하면 크고 위풍당당한 병원, 그러나 병원 건축의 최신 개념과 다른 병원이 건축될 것이다. 그것은 황제의 '궁'보다 더 훌륭할 것이고, 주변의 집 및 건물과 비교할 때 한국인에게 돈과 풍요의 표시가 될 것이며, 그것이 나타내는 기독교는 불태우고 새들에게 던져 줄 돈이 있다는 개념을 줄 것이다.

이 흥미로운 실험을 큰 관심으로 지켜볼 것이다. 틀림없이 에비슨 박사는 빈튼과 필드 박사, 그리고 임명 중인 새 의사와 언더우드 부인의 도움을 받기를 바랄 것이다. 또한 쉴즈 양과 곧 예상되는 새 간호원의 도움도 바랄 것이다. 게다가 한국인 외에도 일본인 간호원 몇 명을 고용했다고 한다. 기포드 부인은 이미 감독(matron)으로 봉사하고 있으며, 그 직책을 계속할 것이다. 특히 간호에 재능이 있는 웸볼드 양은 아마도 병원에 배정될 것이다. 뿐만 아니라 언더우드 박사가 황해도 지구, 도시 사역, 번역 등등을 포기하고 병원 전도사로 평생을 바칠 수 있기를 바라고 있다. 그리고 아직 언어 시험을 통과하지 못한 샤프 씨와 웰본 씨는 복음 전도 사역을 돌보도록 요청을 받게 될 것이며, 그것이 발전함에 따라 병원에 부수되어 일하게 될 것이다. 게일 씨와 F. S. 밀러 씨는 소책자와 기타 병원에서 사용할 문헌을 준비하는데 최선을 다할 것으로 기대된다.

여학교는 보육원으로 바뀌고 도티 양과 바렛 양은 계속 책임을 맡게 될 것이다.

그런 식으로 '모나드'라고 부르는 짙은 노란색 잡지의 황달에 걸린 기자는 병원에 관한 사실을 왜곡하였습니다. 이러한 심한 과장은 가장 혹독한 비난을 받을 만합니다. 진정한 생각은 훌륭하고 봉사할 수 있는 인력으로 좋고 적절한 병원을 단지 갖는 것입니다. 그리고 시작부터 개념은 단순히 전도 사역의 보조 역할을 하는 것입니다. 마치 스미스 씨가 평양에서 곡예를 위하여 10,000 달러를 주면 우리는 당연히 이곳에서 곡예를 해야 하는 것처럼 의사가 파견되고 그곳에서 일을 해야 했습니다!

건승을 기원하며 선천과 평양과 같이 급히 필요한 곳에 목회자를 임명한다는 소식을 듣게 되기를 바랍니다.

안녕히 계십시오.

J. H. 웰스

J. Hunter Wells (Pyeng Yang),
Letter to Frank F. Ellinwood (Sec., BFM, PCUSA) (May 22nd, 1902)

Received
JUN 24 1902
Dr. Ellinwood

Pyengyang, Korea,

May 22, '02

Dr. F. F. Ellinwood, Secy. B. F. M. P. C. in U. S. A.

Dear Dr. Ellinwood: -

The action of the Board in appointing another physician to the Seoul hospital has been received by the Mission with mingled feelings of surprise, for not only was there no such a request before the Board, but positive action was taken saying that the Mission would not request or assign a new doctor there. Dr. Irvin was to have gone to Seoul temporarily in case Fusan was given over to the Australians, but the minutes and Dr. Browns' opinion, all against such a thing as the appointment of a new physician to the Seoul hospital, are before the Board.

The new man can be used however and I for one am glad of his appointment, but he is not needed for the work of medical education in Seoul with Dr. Vinton (who could easily be relieved of the treasury work.) and Dr. Field both equipped and ready for this sort of work- if it was needed.

The Board seems determined to pursue the policy of a large and overwhelming medical work in Seoul and to push it before evangelistic or educational work on other lines, - so urgently needed - has a start. And to do it against the all but unanimous sentiment and recorded action of the Mission. The Board can, of course, send out a lot of Dowieites or other odd things we have not asked for and the Mission would doubtless have to put them to, work.

The action prompts the following imaginary squib which I imagine to have appeared in an imaginary journal.

News has just reached us that the Board of the American Presbyterian Mission has concluded to try a new experiment in Mission work. (The policy and plan of it is against the overwhelming majority of the Mission - in fact there are only three individuals on the field- two being doctors concerned - who, favor the plan at all.) The first feature is to have a non-clerical station. It will be arranged to have lay men and women always in the majority. The second feature is that it is to be medical work in a place already fairly well supplied with hospitals and dispensaries.

A large and imposing hospital, but contrary to the latest ideas in hospital construction, - judging by the two plans submitted -, but not decided on -, will be erected. It will be finer than the Emperors "palace", and in comparison with the houses and buildings around will be a mark of money and plenty to the Koreans and will give them the idea that the Christianity it represents has money to burn and to throw at the birds - as in fact it has.

This interesting experiment will be watched with great interest. It is doubtless hoped that Dr. Avison will be assisted be Dr. Vinton and Dr. Field, and the new doctor under appointment and by Mrs. Underwood M.D. Also by Miss Shields and the new nurse expected soon. Besides the Koreans to assist several Japanese nurses, so it is said, have been engaged. Mrs. Gifford is already serving as Matron and will be continued in that place. Miss Wambold, especially gifted in nursing, will probably be assigned to the hospital. And not only this but it is to be hoped that Dr. Underwood can be prevailed upon to give up his unimportant circuit in Whanghai-do, his city work, translation etc. etc. and give his entire time as hospital evangelist. Mr. Sharp and Mr. Welbon, not yet qualified on the language, will be asked to look after the evangelistic work, which as it develops will be worked as an adjunct to the hospital. Mr. Gale and Mr. Miller, F. S. will be expected to give their best efforts in preparing tracts and other hospital literature.

The girls school will changed into a nurses home and Misses Doty and Barrett continued in charge.

In such a way has the jaundiced reporter of the deep- dyed yellow journal called the "Monad" distorted the facts concerning the hospital. This gross exaggeration deserves only the severest condemnation. The true idea is simply to get a good and proper hospital with a good and serviceable force of workers. And the idea from the start is simply to act as adjunct to the evangelistic work. The doctor was sent out and has to be put to work there just as if Mr. Smith were to give $10,000 for a circus in Pyengyang we would, of course, have to have a circus here!

With best wishes, and hoping to hear of the appointment of some clerical men to place, like Syenchun and Pyengyang, where there are urgently needed.

Yours sincerely,
J. H. Wells

19020522

윌리엄 B. 헌트, 윌리엄 L. 스왈렌, 윌리엄 M. 베어드, 엘리저베스 M. 하웰, 마가렛 베스트(평양 지부)가 프랭크 F. 엘린우드(미국 북장로교회 해외선교본부 총무)에게 보낸 편지 (1902년 5월 22일)

<table>
<tr><td>접 수
1902년 7월 10일
엘린우드 박사</td><td>한국 평양,
1902년 5월 22일</td></tr>
</table>

친애하는 엘린우드 박사님,

우리는 서울 병원에 의사를 추가로 임명하는 선교본부의 조치에 항의하지 않을 수 없습니다.

그 문제는 이전에 길게 언급되었지만, 지난 연례 회의에서 한국 선교부가 두 가지 문제, 즉 병원에 추가로 의사를 배치하는 것과 지금 의학 교육 활동을 시작하는 것이 바람직한가에 대하여 투표를 하여 거의 만장일치로 둘 모두에 반대한다고 선언하였다는 사실을 박사님께 상기시켜 드리고 싶습니다.

서울에서 크게 필요한 것은 건강한 기초 위에 전도 사업을 세우는 것입니다. 복음의 기초가 없는 대규모 기반 사업은 우리 생각에 그곳의 상황을 더욱 혼란스럽게 만들며, 바르게 일을 시작하려는 서울 형제들의 열렬한 노력을 거의 가망이 없게 만들 것입니다. 사업의 이 단계에서 대규모 기관은 가능한 모든 기독교인들을 매수하게 될 것이며, 수도뿐만 아니라 한국 전체의 업무에도 영향을 미칠 것입니다.

우리는 선교본부가 병원 부지를 위한 토지 구입 실패가 자금 부족 때문이라는 인상을 어디에서 받았는지 이해할 수 없습니다. 지연은 전적으로 우리가 통제할 수 없는 다른 원인에 의한 것입니다.

우리가 강한 반대를 표명하지 않고 이것을 지나칠 수 없는 이유는 우리가 자립 정책을 열망하기 때문입니다. 수년 동안 우리는 큰 역경에도 불구하고 우리의 사업을 올바른 방향으로 확립하기 위하여 노력해 왔습니다. 우리는 이 작은 나라에서 우리의 사업이 보조금을 받는 일이 될 것인지 결정하는 선택권이 우리에게 맡겨져야 한다고 생각합니다. 만일 우리가 미국의 부유함으로부터 보호받지 못한다면 이 선교지는 곧 다른 선교 국가들을 뒤따를 것입니다.

따라서 우리는 지난 연례 회의의 거의 만장일치에 가까운 결정을 다시 한 번 강조하고, 우리가 우리 정책의 완전무결함에 중요한 문제에서 이 작은 호의에 빠지는 것이 아닌지 묻고 싶습니다.

안녕히 계십시오.
윌리엄 B. 헌트
W. L. 스왈렌
W. M. 버어드
엘리저 M. 하웰
마가렛 베스트

William B. Hunt, William L. Swallen, William M. Baird, Elizabeth M. Howell, Margaret Best (Pyeng Yang Station), Letter to Frank F. Ellinwood (Sec., BFM, PCUSA) (May 22nd, 1902)

<table>
<tr><td>Received
JUL 10 1902
Dr. Ellinwood</td><td>Pyeng Yang, Korea,
May 22, 1902</td></tr>
</table>

Dear Dr. Ellinwood: -

We cannot refrain from sending our protest against the action of the Board in appointing an additional physician to the Seoul hospital.

The matter has been mentioned at length before, but we wish to recall to your mind the fact that the Korea mission at its last annual meeting voted upon both of the two questions, namely as to putting an additional physician into the hospital, and as to the advisability of beginning medical educational work now, and pronounced against both with an almost unanimous voice.

The great need in Seoul is to get the evangelistic work established upon something like a healthy basis. Large institutional work without the evangelistic foundation will, to our minds, make still more chaotic the conditions there and render almost hopeless the earnest efforts of the brethren in Seoul to begin work there aright. At this stage of the work large institutions will subsidize all available Christians, and will affect not only the work of the capital, but of all Korea as well.

We cannot understand where the Board could have gotten the impression that the failure to purchase land for a hospital site was due to insufficient funds. The delay has been entirely due to other causes over which we would have had no control, however much money we might have had at our disposal.

The reason why we cannot let this pass without expressing a strong dissent is that we are jealous for the policy of self-support. For years we have been trying to establish our work along certain right lines, against great odds. We think that the option of deciding in this little country as to whether or not our work shall be a subsidized work should be left to us. If we have no protection against American wealth this mission field will soon be following in the wake of some other mission countries.

We therefore write to press upon your attention again the almost unanimous action of the last annual meeting, and to ask if we may not be indulged in this small favor in a matter vital to the integrity of our policy.

Yours very sincerely,
Wm. B. Hunt
W. L. Swallen
W. M. Baird
Eliza M. Howell
Margaret Best

노먼 C. 휘트모어(선천)가 프랭크 F. 엘린우드(미국 북장로교회 해외선교본부 총무)에게 보낸 편지 (1902년 5월 23일)[18]

한국 선천,
1902년 5월 23일

신학박사 F. F. 엘린우드 목사,
    뉴욕 시 5 애버뉴 156

친애하는 엘린우드 박사님,

   선교부로 보내신 박사님의 지난 달 8일자 편지는 지난 주에 받았습니다.[19] 세브란스 씨의 제안과 서울 병원에 두 번째 의사를 임명한 것은 큰 놀라움과 안타까움으로 읽었습니다. 선교부 의료 위원회의 위원으로서 저는 이 첫 번째 기회를 통하여 선교본부의 이 조치에 대한 저의 가장 강력한 항의의 글을 쓰고, 선교본부가 선교부에 의도하지 않게 잘못된 행위를 한 것을 보고, 제가 보기에 선교부에서 끝없는 문제의 원인이 될 것으로 보이는 부분을 바로잡기를 바라는 마음을 표현하고자 합니다. 저는 강하게 느끼기 때문에 이렇게 강하게 편지를 쓰며, 박사님이 저의 솔직함을 부적당한 것으로 취급하지 않으실 것이라고 믿습니다. 저의 이유는 다음과 같습니다.

   첫째. 우리가 가졌던 가장 충분한 토론을 마친 후 선교부는 거의 만장일치로 (단 3명만이 찬성) 병원에 두 명의 남자 의사를 갖는 것에 반대하고, 의학교육 활동을 지나치게 강조하는 것에 반대하기로 결정하였습니다. 우리는 재정적으로 여유가 없었고, 다른 업무에 대한 비율을 고려할 때 바람직하다고 생각하지 않았습니다.

   둘째. 이 선교부와 다른 선교부에서 선교본부의 지난 경험. 1901년 11월 25일자 편지[20]에서 박사님은 그 문제에 대한 선교부의 결정을 언급하면서 "나는 그 결정이 선교본부가 다양한 선교지에서 경험한 것과 일치한다고 말할 뿐

---

18) 원문에서 마지막에 서명이 확실하지 않지만, 내용으로 보아 노먼 C. 휘트모어가 쓴 편지로 판단하였다.
19) Frank F. Ellinwood (Sec., BFM, PCUSA), Letter to the Korea Mission (Apr. 8th, 1902)
20) Frank F. Ellinwood (Sec., BFM, PCUSA), Letter to the Korea Mission (Nov. 25th, 1901)

입니다. 한 명 이상의 의사가 있는 선교지 병원에서, 혹은 책임자가 되기 위하여 주장하는 선교지의 병원에서 화합을 이루는 것보다 더 어려운 문제는 없습니다. 책임자 직분은 절대 필요한 것 같으며, 기꺼이 복종할 수 있는 유능한 사람을 찾는 것은 심각한 문제입니다. 이는 한국에서 알렌 박사와 헤론 박사 사이에서처럼 일찍이 발생하였고, 선교본부는 그것과 관련한 다소 난감하고 다소 방대한 양의 서신을 가지고 있었습니다. 광둥 병원에서 한두 번 같은 문제가 발생하였고, 그 결과 교정할 수 없는 마찰이 나타났습니다. 베이징 병원에서는 콜트먼 박사가 취임하면서 유사한 어려움을 겪었지만 어터버리 박사가 철수함으로써 끝이 났습니다. 불행한 후유증은 잘 알려져 있습니다. 저는 우리 선교지에 두 명의 협력하는 의사가 고용된 병원이 없다고 알고 있습니다."라고 말씀하십니다. 위의 내용을 다시 읽은 후 우리는 박사님이 선교본부 결정이 취해졌을 때 회의에 참석하지 않았거나 오랜 경험에서 나온 박사님의 말씀이 필요하지 않았을 것이라고 느꼈습니다.

셋째. 이 문제에 대한 브라운 박사의 태도는 그의 보고서(28쪽 두 번째 단락)에 표현되어 있고, 이곳에서의 회의에서 더 자세히 설명하였으며, 서울, 부산, 평양을 방문한 후의 태도입니다.

넷째. 선교본부의 결정은 이 의사가 다른 진료소의 의사가 안식년 중일 때 대체 의사로 근무할 수 있다는 생각에서 분명 나온 것 같습니다. 그러나 어떤 의사가 1, 2년에 한 번 선교부의 한쪽 끝에서 다른 쪽 끝으로 기꺼이 이사를 하겠습니까. 더욱이 그러한 일꾼을 항상 같은 지부에서 빌리려는 노력은 끊임없는 문제의 근원이 될 것인데, 이 지부의 우리는 올 봄에 웰스 박사가 아내를 돌보기 위하여 떠난 후 샤록스 박사가 회복하는 동안 그의 대체 인력을 구하기 위하여 노력하면서 두 번 슬픔을 겪었습니다.

다섯째. 선교부는 그런 사역자를 요청하지 않았지만 다른 8명을 요청하였으며, 선교본부가 평소보다 우리에게 훨씬 더 잘 할 수 없다면 선교부가 요청한 모든 사람들이 우선권을 가져야 하는 것처럼 보일 것입니다.

여섯째. 위의 요청 외에도 렉 씨의 사망으로 인한 공석과 모우 씨의 퇴임 가능성이 이 대체 의사보다 더 시급한 것으로 보입니다.

선교본부가 세브란스 씨의 제안을 있는 그대로 받아들인 것에 대한 설명으로 이런 거창한 선물을 거절하는 것은 매우 민감한 문제이었다고 할 수 있겠습니다. 그러나 세브란스 씨는 실용적인 사람이고, 그가 매우 관대하게 짓기로 동의한 이 큰 병원을 운영하는데 선교본부에서 이전 병원에 들인 비용보다 더 많은 비용이 든다는 사실을 인식하지 못하고 있습니다. 그리고 그는 이 새로운 사역자가 5년 후에 돌아오기를 원합니까? 아니면 그 이후로 선교본부에서 비용을 대지 않겠습니까? 선교본부가 올해의 예산에서 승인할 수 없는 이 분야의 다른 모든 요청과 함께, 그는 선교부가 더 중요하다고 생각하는 것을 기꺼이 승인하지 않았을 것입니다.

저는 에비슨 박사가 2인 병원에 대한 그의 계획에 대하여 거의 만장일치로 반대한다는 말을 듣고 의도적으로 자신의 목적을 달성하기 위하여 격렬하고 특이한 방식으로 시작하였을 것이라고 믿을 수 없습니다.

선교부의 신중한 결정을 방해하기 위하여 정기적인 요청 외에 이 의사의 지원을 얻는 것이 그 또는 다른 선교사의 계획이라면, 제 생각에는 지금부터 영원히 병원을 저주하기에 충분할 것입니다.

저는 제가 말씀드린 모든 것에 동의하는 샤록스 박사에게 위의 내용을 읽어주었지만, 제가 그 문제에 대하여 너무 신랄하다고 말합니다. 비록 제가 감정을 다소 솔직하게 표현하였을지 모르지만 저는 박사님께서 그렇게 생각하지 않을 것이라고 믿습니다. 그러나 저는 선교본부가 의도치 않게, 아마도 선교지에서의 감정에 대한 지식 부족으로. 의도하지 않았던 상처를 선교부에게 가했다고 느끼고 있습니다.

저는 쓸 다른 문제들이 더 있지만 이 편지를 길게 쓰지 말아야 합니다.

저는 박사님이 최근 버뮤다 여행을 통하여 많은 도움이 되셨기를 바라며, 다시 한 번 평소와 같이 건강하시기를 바랍니다.

안녕히 계십시오.
[노먼 C. 휘트모어]

Norman C. Whittemore (Syen Chun),
Letter to Frank F. Ellinwood (Sec., BFM, PCUSA) (May 23rd, 1902)

Syen Chyun, Korea,

May, 23, 1902

Rev. F. F. Ellinwood, D. D.,

    156 Fifth Ave. New York.

My dear Dr. Ellinwood,

Your Mission letter of the 8th. ult. was received last week and the part concerning Mr. Severance's offer and the appointment of a second doctor to the Seoul Hospital was read with a great deal of surprise and regret. As a member of the Mission Medical Committee I take this first opportunity to write my very strongest protest against this action by the Board, and to express the hope that the Board will see the wrong unintentionally done the Mission, and rectify, what seems to me will be an unending source of trouble in the Mission. I write thus strongly because I feel strongly, and trust that you will not take my frankness amiss. My reasons are as follows;

1st. The Mission after one of the fullest debates we have ever had, decided by an almost unanimous vote (only three in favor) that it was opposed to having two men in the hospital, ____ practical from personal reasons, and as putting undue emphasis on medical educational work, we could neither afford financially, nor deem advisable when proportions towards other work are considered.

2nd. The Board's past experience in this and in other Missions. In your letter of Nov. 25/01. you say referring to the action of the Mission in the matter, "I would only say as an individual that the action is in accord with the experience the Board has had in various fields. No problem is more difficult than to secure harmony in a hospital on the mission field, where more than one physicians, or claims to be the head. Headship would seem to be indispensable, but to find an able man who is willing to be subordinate, is a serious problem. This arose at an early date in Korea, as between Dr. Allen and Dr. Heron, and the Board had no little perplexity and a somewhat voluminous correspondence in regard to it. Once or twice the same problem has arisen in the Canton Hospital where incurable friction seemed to be the result. In the Peking Hospital similar difficulties across upon the accession of Dr. Coltman, and they ended only by the withdrawal of Dr. Atturbury. The unfortunate sequel is well known. I know of no hospitals in our mission field where two coordinate physicians are employed." After rereading the above we feel that either you must have been absence from the Board Meeting when the action was taken, or else that your words given from long experience could not have been needed.

3rd. Dr. Brown's attitude on the matter as expressed in his report (p. 28 second paragraph) and as given more fully here in conference, and that after having visited Seoul, Fusan and Pyeng Yang.

4th. The action of the Board was taken apparently with the idea that this doctor would be available as substitute physician in the other stations, when their doctors were on furlough. But would any doctor be willing to move every year or two from one end of the Mission to the other. And further more the effort to borrow such a worker, always from the same station, would be an unceasing source of trouble, as we of this station have learned to our sorrow in two cases this spring, in trying to get a substitute for Dr. Sharrocks, during his convalescence, after Dr. Wells had left to take care of his wife.

5th. No such worker was asked for by the Mission, while eight others were, and unless the Board is able to do very much better by us than usual, it would seem as tho' all of those asked for by the Mission ought to have the precidence.

6th. In addition to the above requests needs, the vacancies caused by the death of Mr. Leck, and the probable withdrawal of Mr. Moore, would appear to be more pressing than this supplementary doctor.

It may be said in explanation of the Board's accepting Mr. Severance's offer just as it was made, that it was a very delicate matter to refuse a large gift of this sort. But Mr. S is a practical man, and does he not appreciate that this large hospital, which he has very generously agreed to build will take more to run it than the old one has been costing the Board. And does he want this new worker to return at the end of five years? Or will he not be an expense to the Board from then on? With all the other requests from this field, which the Board is not able to grant in this year's appropriations, would he not have been willing to grant that which the Mission deemed more important.

I can hardly believe that Dr. Avison, having heard the almost unanimous disapproval of his plan for the two man hospital, would have deliberately set about securing his object, in this to put it wildly, unusual way.

Were it his or any other missionary's plan, in order to thwart the deliberate decision of the Mission, to get the support of this physician out side of the regular requests, it would be to my mind, enough to curse the hospital from now to eternity.

I have read the above to Dr. Sharrocks who agrees with all I have said, but says I am too pugnacious about the matter. I trust you will not think so, altho' I may have expressed my feelings rather plainly, but I feel the Board have unintentionally, probably from a lack of knowledge of the feeling on the field, done the mission an injury, which they did not intend.

I have other matters to write of, but must not make this long letter longer.

I hope that your recent trip to Bermuda did you a great deal of good, and that you are again enjoying your usual good health.

Yours in His Service,
[Norman C. Whittemore]

19020525

호머 B. 헐버트(서울)가 캘빈 B.와 메리 E. W. 헐버트(미국)에게
보낸 편지 (1902년 5월 25일)

(중략)

헬렌과 에비슨 집안의 아이들은 라틴어 공부를 잘 해나가고 있습니다. 저는 이번 ____에 강가에 가 있을 때 그들과 대수를 시작할 것입니다. 저는 미들버리에서 공부하였던 것과 같은 오래된 쿠퍼의 베르질리우스를 경매에서 50센트에 샀습니다. 앉아서 훑어보는 것이 매우 재미있었습니다.

(중략)

Homer B. Hulbert (Seoul), Letter to Calvin B. & Mary E. W. Hulbert
(U. S. A.) (May 25th, 1902)

(Omitted)

Helen and the Avisons children are getting along well with their Latin. I am going to start them & Algebra when we are down at the river this ____. I have just bought at auction for 50¢ an old Cooper Virgil like the on I used to study in Middlebury was great fun to sit down and look it through..

(Omitted)

회의록, 한국 선교부 서울 지부 (미국 북장로교회) 1891~1921
(1902년 5월 28일)

(중략)

병원 부지 문제가 충분하게 토의되었다.

(중략)

Minutes, Seoul Station, Korea, 1891~1921 (PCUSA) (May 28th, 1902)

(Omitted)

The question of a hospital site was discussed at length.

(Omitted)

19020530

제임스 E. 애덤스(대구)가 로버트 E. 스피어(미국 북장로교회 해외선교본부 총무)에게 보낸 편지 (1902년 5월 30일)

접 수
1902년 7월 1일
엘린우드 박사

한국 대구,
1902년 5월 30일

친애하는 밥21),

제가 부득이한 경우가 아니면 귀하께 편지를 쓰지 않는 것이 도움이 될 것입니다. 그것은 제가 귀하를 덜 사랑해서가 아니라 일을 더 사랑하기 때문입니다. 귀하는 저의 마음에 따뜻한 곳에 자리 잡고 있으며, 아마도 자주 환기되지 않아 더 따뜻할 수도 있습니다. 지금 저는 그렇게 해야 한다고 느끼기에 글을 쓰고 있습니다. 이번 건은 고려중인 서울의 세브란스 병원과 관련이 있습니다.

귀하가 그 문제에 대하여 얼마나 잘 알고 계실지는 모르겠지만, 대충 알고 계시리라 생각합니다. 문제의 내력은 다음과 같습니다. 처음부터 책임 의사인 에비슨 박사가 많은 부서를 가진 대규모 기관의 발달을 원하였던 것 같습니다. 선교부는 단체로서 그의 계획이 선교부의 전반적인 사업 및 수입과 비교할 때 불균형적으로 의료 활동의 우세를 포함하고 있기에 이에 반대하였습니다. 이것은 세브란스 씨의 기부금이 확보되기 전의 일이었습니다. 세브란스 씨가 기부를 한 이래로 에비슨 박사는 자신의 생각을 꾸준히 진전시켰고, 선교부의 생각 역시 그들이 이 문제를 고려하도록 요청할수록 더 명확하게 정의되었으며, 선교부는 실질적으로 만장일치로 정책을 결정하였고 그 정책은 우리 마음속에 대단히 분명하게 정의되어 있습니다. 선교부의 최근 연례 회의에서 에비슨 박사가 이 문제를 지적하였습니다. 그것은 현재 논의 중인 특별한 고려 사항, 즉 병원의 다른 의사 중 한 명이 궁극적으로 주로 의학 교육에 시간을 할애하는 것이었습니다. 그 문제는 길게 논의되었고, 모든 요점이 철저하게 드러났습니다. 제 기억이 맞는다면 에비슨 박사가 자신의 견해를 철저하게 설명할 기회를 갖기 위하여 회의의 거의 전체를 그것에 할애하였습니다. 우리가 끝냈을 때 선교부는 그의 입장을 사실상 만장일치로 반대하였고, 병원에 남자

---

21) 'Bob'은 'Robert'의 애칭이다.

의사는 한 명 뿐이며 그에 따라 병원을 건축해야 한다는 솔직한 결의를 통과시켰습니다. 한국의 모든 일반적인 상황, 그리고 특히 우리의 사역 조건을 고려할 때 우리는 병원에 두 명의 남자가 있는 것은 전혀 바람직하지 않다고 생각하였으며, 특히 우리는 절차상 의학교의 발전에 나설 준비가 되어 있지 않았습니다. 바로 이 주장에 따라 투표가 실시되었습니다. 사실은 반대로 말할 수 있는 것은 무엇이든, 병원의 두 사람은 두 사람이 병원에 있는 모든 부속물을 의미한다는 것입니다.

우리는 이 문제에 대하여 선교본부가 우리와 완벽하게 일치하는 것으로 이해하였습니다. 1900년 12월 17일 선교본부는 이곳의 병원에 대한 예산을 한국 선교부가 채택한 일반 예산과 같은 범위로 제한해야 한다는 결의안을 통과시켰으며,[22] 선교 사업의 다른 부문들 사이의 공정한 비율에 대한 적절한 고려를 말하는 것처럼 보일 것입니다. 이와 함께 첨부된 편지에서 엘린우드 박사는 한 부문이 많은 지출을 하는 선교부, 그리고 한 부문에 대한 한 개인의 큰 기부로 인하여 한 부분이 다른 부문보다 과도하게 우위를 차지하여 전체 사역에 미치는 재앙적인 영향이 나타난 선교부에 대한 불변의 경험에 대하여 상당히 긴 글을 적고 있습니다. 현재 상황에 비추어 볼 때 그의 편지를 읽는 것은 귀하게 대가를 가져다줄 것입니다. 그 문제와 관련하여 재무 위원회에서 선교부로 보낸 편지(1901년 7월 11일)[23]에서도 '세브란스 씨가 참석한 고든 씨와의 회의에서 선교본부는 건물을 계획할 때 서울 지부의 의료진이 증원되지 않는다는 근거 하에 그렇게 하기를 원하였다고 고든 씨에게 분명히 밝혔다.'고 되어 있었습니다. 1901년 12월 3일의 이 결정도 우리에게 전달되었습니다. '한국 선교부는 서울 병원을 담당하는 의사를 한 명 이상 고용하는 것이 부적절하다고 판단하고, 이러한 제한을 고려하여 새 건물을 지을 것을 권고하고 선교부의 결정을 승인하기로 결정하였다.' 이 마지막 것은 제가 언급한 최근 연례 회의의 결정입니다. 선교부가 반대하는 것은 널리 퍼져 있고, 연간 지출 확대의 취소입니다. 그것이 원하는 것은 1인 병원과 장비에 있어 무한한 철저함입니다. 우리는 지금까지 우리 정책의 대부분에서 그랬던 것처럼 선교본부가 우리 뒤에 있다고 생각하였습니다. 브라운 박사의 보고서는 동일한 결론에서 우리를 확증하는 역할을 하였습니다.

하지만 에비슨 박사는 그의 형제 다수의 뜻이나 선교본부의 조치에 복종

---

22) Severance Memorial Hospital Plant Plans. *Minutes [of Executive Committee, PCUSA], 1837~1919* (Dec. 17th, 1900)

23) Treasurer (BFM, PCUSA), Letter to the Korea Mission (July 11th, 1901)

하는 것이 적절하지 않다고 생각하였고, 이 문제에 대하여 세브란스 씨에게 직접 영향을 미쳐 그 계획에 대한 그의 권한을 확보하였습니다. 따라서 선교 본부는 세브란스 씨의 압력 하에 이에 동의하고, 거의 보기 흉하다고 할 수 있는 조급함으로, 선교부와 상의하거나 심지어 자신의 이전 결정을 취소할 때 까지 기다리지 않고 즉시 이 문제를 종결하고 그 자리에 사람을 임명하였습니 다. 엘린우드 박사는 저에게 보낸 편지에서 '나는 선교부가 취한 입장에 대하 여 내내 공감하였습니다. 나는 우리의 사역이 부분적으로 너무 불균형적이고 편향되어서는 안 된다고 생각하지만, 세브란스 씨는 그의 마음을 병원에 두었 고 에비슨 박사의 주장을 강하게 여기고 있습니다. 세브란스 씨는 엄청난 재 산과 커다란 마음을 가진 사람이며, 우리는 다방면으로 그렇게 많이 베푸는 사람을 장려하고 존경하는 것은 가치가 있다고 생각합니다. 선교본부나 선교 부는 단순히 돈이 주어진 조건을 이행하는 것보다 더 큰 책임이 없습니다.'라 고 말합니다. 나는 이 말을 이해할 수 없습니다. 확실히 선교본부와 선교부는 사업의 방법과 정책을 결정하는 것과 관련하여 주님께 어느 정도 책임이 있습 니다. 그리고 세브란스 씨가 엄청나게 부유하고 마음이 넓으며, 이러한 자질에 합당한 모든 존경을 받아야 한다는 것을 인정하지만, 그가 수백만 달러 모두 를 기부하더라고 선교지에서 우리 각자가 베푸는 것보다 더 많겠습니까?

하지만 문제의 핵심은 이것입니다. 우리가 사역을 하는 사업 계획에서 지 역 정책 및 방법의 문제에 대한 권위 있는 결정은 누구에게 위임되었습니까? 누가 그것에 대한 칙임을 지게 되었으며, 따라서 누가 그 결정을 행사해야 합 니까? 우리는 그것이 선교부에 넘겨졌다는 인상을 받았습니다. 업무의 성공적 인 추진을 위하여 그것이 있어야 한다는 것은 우리에게 절대적으로 필수적인 것 같습니다. 단순한 사업 제안으로 그것을 뉴욕[선교본부]에 맡길 수는 없으 며, 선교지에 있는 사람들과 관련된 모든 조건을 개인적으로, 그리고 친밀하게 알고 있는 사람들에게 맡겨야 합니다. 지침서는 그렇게 위임하고 있습니다. 제 40조 선교부의 권한에 따르면 '선교부는 모든 범위 내에서 모든 업무에 대한 일반적인 관심과 감독권을 갖고 있다. 정책, 방법 및 지출에 관한 모든 문제는 그 판단에 달려있다.'고 되어 있습니다. 이제 제가 틀렸을 수도 있지만 지침서 는 선교부 및 선교사와 선교본부의 관계만큼 선교본부와 선교부의 관계를 규 정하고 있지 않습니까? 우리는 확실히 한 번도 의문을 제기한 적이 없지만, 선교본부 자체처럼 잘 정의되고 뚜렷한 책임을 가진 그런 체계의 온전한 부분 으로써 사역을 하였으며, 지침서는 선교본부 자체로서 뚜렷한 책임을 지고 있 었고, 지침서 역시 이러한 관계를 정의한 도구이었습니다. 물론 우리는 선교본부를 선교부와 선교사에 대한 궁극적인 권위의 원천으로 인식하지만, 이 권위의 성격과 범위는 지침서에 의해 결정됩니다. 이 기초 위에서 우리는 우리 자신과 우리가 받은 하나님의 부르심을 선교본부의 지시와 통제에 맡겼습니다. 이처럼 광범위하게 분리되고 다양한 업무에서, 그곳에서 종사하는 단순한 '고용인'이 없지만 모든 직책이 위대한 주님 앞에서 가장 중대한 책임을 수행하는 곳에서, 책임이 명확하게 정의되고 면밀하게 관찰하여 배정되지 않고 그것이 수행될 수 있습니까? 그리고 일단 이러한 책임이 주어졌을 때 하급 단체에서 그것을 준수하게 된다면, 전체에 걸쳐 이러한 규정을 확고히 할 의무가 주어진 단체 자체가 얼마나 더 많겠습니까.

현재의 경우에, 명백히 선교부의 영역에 속하는 경우, 선교본부는 선교부와의 협의 또는 동의 없이, 그리고 그들의 관계를 정의하고 통제하는 지침서의 조항에 관계없이 선교부의 잘 고려되고 이해된 정책을 뒤집고 다른 정책을 추구하도록 임의적으로 지시하는 것으로 가정하였습니다. 이것은 선교본부 자체가 선교부의 정책을 더 잘 고려한다고 말한 것인데, 몇 년 동안 칭찬해 왔으며 오래된 선교부를 본보기로 삼아온 정책입니다. 한국 선교부의 정책이 선함을 보여주고 그 성공으로 기독교계의 주목과 거액의 기부자들의 관심을 얻으면서 선교부가 낳고 발전시킨 정책이 손에서 빼앗겨 변질된 것입니까? 그리고 그것이 선교본부에 의하며, 그렇다면 진정으로 우리는 우리 친구들의 집에서 타격을 받았습니다.

협의회 형제들에게 문제가 있습니까, 스피어 씨? 세브란스 씨는 사업가이자 기독교인입니다. 저는 귀하가 사업의 원칙을 이해하고 감사하며 인정할 수 있도록 사업의 원칙을 설명할 수 없을 정도로 무릎을 꿇을 정도로 약하다고 생각하지 않습니다. 전 세계적으로 사업은 사업입니다. 사업은 사업적 기반으로 이루어져야 하며, 사업가는 그 사실을 모르지 않습니다. 그들을 사람으로 만드는 것은 그것에 대한 그들의 인식입니다. 세브란스 씨에게 이러한 문제는 해결을 위하여 선교부에 맡겨져 있다고 말할 수 있지 않겠습니까?

더욱이 이번 사례는 단발적인 것이 아니라 정책 노선의 수립으로 생각이 됩니다. 엘린우드 박사는 저에게 보낸 편지에서 "몽클레어 여자들은 어빈 박사의 설명에 너무 넋을 잃어 선교본부에 편성을 요청할 예산보다 더 많은 액수를 모금하고 있습니다. 만일 강력한 요청으로 포기한다면 우리가 서울에 적용하는 것과 같은 원칙으로 적용할 수밖에 없다."고 말하였습니다. 부산의 입원환자 병동 문제도 선교부에서 많이 거론된 문제이었으며, 선교부의 요청이 그 정책을 나타냅니다. 개별 선교사는 그들이 선교부의 요청과 정책에 반대한다고 선언하더라도 자신의 계획을 위하여 교회에서 자유롭게 되고, 그가 돌아올 때 선교부는 내부 질서에 어떤 재앙이 있더라도 싫은 것을 삼키도록 강요받아야 합니까? 선교부는 그 정체에 대한 통제권이 없으며 선교본부가 이를 뒷받침하지 않습니까?

저는 서울 병원에 두 번째 남자 의사를 배정하는 문제가 협의회에서 더 많이 고려되기를 진심으로 믿습니다.

만일 세브란스 씨가 세브란스 병원과 연계하여 의학교를 설립하고자 하며, 그 비용이 선교부의 현재 수입으로 충당되지 않도록 그것을 독립적이고 분리하여 둔다면, 저는 선교부가 기꺼이 또는 심지어 그것에 대한 감독 관계를 갖게 될 것이라는 것을 의심하지 않습니다. 우리는 그것을 부유한 기독교인에게 가장 합당한 사업으로 인식할 것입니다. 그의 목적이 한국 선교부가 채택한 전반적인 일반 경제가 절약이라는 한계보다 더 큰 병원을 건설하는 것이라면 병원에 이름도 붙일 수 있습니다.

안녕히 계세요.
제임스 E. 애덤스

James E. Adams (Fusan),
Robert E. Speer (Sec., BFM, PCUSA) (May 30th, 1902)

Taiku, Korea,
5/30/1902

My Dear Bob: -

You will serve that I don't write to you unless I am compelled to. It is not because I love you less but the work more. Tis a warm place that you have in my heart; perhaps the warmer that it isn't aired often. In the present instance I am writing only because I feel compelled to. The occasion relates to the proposed Severance hospital in Seoul.

I do not know how well you are acquainted with the matter, but I suppose you know more or less about it. The history of the matter is as follows. From the beginning Dr. Avison, the physician in charge, has seemed to desire the development of a large institution, with numerous departments. The Mission as a body has been opposed to this, considering that his plan involved a disproportionate preponderance for medical work in the general work and income of the Mission. This was even before the Severance donation was secured. Since Mr. Severance made his gift Dr. Avison has steadily progressed along the line of his idea, and the ideas of the Mission also have become more clearly defined the more they have been called upon to consider the matter, until the Mission is practically unanimous with regard to the policy which it is decided upon, and that policy is very clearly defined in our minds. At the last Annual Meeting of the Mission, it was brought up pointedly by Dr. Avison. It was on the particular consideration now under discussion, namely, that of another physician in the hospital with a view to one of them ultimately giving his time principally to medical education. The matter was discussed at length, and all its points thoroughly brought out. If I remember correctly almost an entire session was given to it, in order that Dr. Avison might have the opportunity to thoroughly set forth his views. When we were through, the Mission was practically unanimous in its opposition to his position, and passed the unqualified resolution that there should be but one male physician in the hospital and that the hospital should be built accordingly. Taking into account all the general conditions in Korea, and especially the conditions of our work, we did not think that it was at all desirable to have two men in the hospital, and we were especially not prepared to enter upon the development of a technical medical school. It was exactly upon this proposition that the vote was taken. The fact is that whatever may be said to the contrary, two men in the hospital mean a two man hospital, with all the appurtenances thereof.

We have understood that the Board was in perfect accord with us in this matter. On Dec. 17/ 1900 the Board passed a resolution to the effect that appropriations for hospitals here should be restricted to such limitations as the general economy adopted by the Korean Mission and a due regard to fair proportions between different departments of mission work shall seem to dictate.

Dr. Ellinwood in a letter accompanying the same goes into quite a lengthy dissertation on the invariable experience of the Board where one department was raised to a high grade of expenditure, and the disastrous effect upon the whole work where by large individual gifts one department is given a disproportionate preponderance over others. In the light of the present situation it would pay you to read his letter. In a letter from the Finance Com. also, to the Mission on the subject (7/11/1901) it was said, "In a conference with Mr. Gordon, Mr. Severance being present, it was distinctly stated to Mr. Gordon that in planning the building the Board wished him to do so upon the basis of no increase in the medical force at Seoul station." This action of 12/3/1901 was also communicated to us; "The Korean Mission having decided that it is inexpedient to employ more than one physician in charge of the Seoul hospital, and recommending that the new structure be built with this limitation in view, it was Resolved, that the action of the Mission be approved." This last is the action of the last Annual Meeting to which I have referred. What the Mission is opposed to is spread and an undo enlargement of annual expenditure; what it wants is a one man hospital, and an unlimited thoroughness of equipment. We had supposed that the Board was behind us in this as it has been in most of the points of our policy hitherto. Dr. Browns report which I have lately received has served to confirm us in the same conclusion.

It would seem however that Dr. Avison has not seen fit to submit himself to the will of the majority of his brethren, or the action of the Board, but had brought influence directly to bear upon Mr. Severance in the matter, and secured his indorsement of the plan. The Board accordingly, under the pressure of Mr. Severance, agree to it, and with a haste which might be called almost unseemly, do not even wait to consult the Mission or even to reverse its own former action, but proceed at once to close the matter up and appoint the man for the position. Dr. Ellinwood in a letter to me says, "I had sympathized all along with the position taken by the Mission. I do not think that our work should be made so disproportionate and lop-sided in its parts, but Mr. Severance has set his heart upon the hospital and sees strongly the arguments of Dr. Avison. Mr. Severance is a man of immense wealth and large heart and we feel that it is worth while to cultivate and respect one who gives so largely in every direction. Neither the

Board nor the Mission has any farther responsibility than simply to carry out the conditions on which the money was given." I cannot understand this statement. Surely the Board and the Mission have some responsibility to the Lord with regard to determining the methods, and policy of the work. And grant that Mr. Severance is immensely wealthy and large hearted, and should be given all the respect which these qualities deserve, though he were to give all his millions, would he give so much more than each of us who are upon the field have given?

However the real point in the matter is this; to whom has the authoritative determination of such questions of local policy and method been committed in the plan of work under which we labor? Who has been made responsible for it, and who therefore must exercise the determination of it? We have been under the impression that it lay with the Mission. It seems to us absolutely essential that it should be there for the successful pushing of the work. As a mere business proposition it could not be left in New York, but must be entrusted to those who are upon the field and are personally and intimately acquainted with all the conditions involved. The Manual so delegates it. Art. 40. on The Powers of the Mission says, "The Mission has the general care and supervision of all work with in its limits. All questions of policy, method and expenditure are subject, to its judgment." Now I am may be mistaken, but does not the Manual regulate the relations of the Board to the Mission quite as much as the relation of the Mission and missionaries to the Board? We certainly have never questioned but that we were working in a system of which we were just as integral parts, with just as well defined and distinct responsibilities, as the Board itself, and that the Manual was distinct responsibilities as the Board itself, and that the Manual, also, was the instrument which defined these relations. Of course we recognize the Board as the ultimate source of authority over the Mission and the missionary, but the character and scope of this authority is determined by the Manual. It is upon this basis that we have submitted ourselves and the call of God which we have received, to the direction and control of the Board. Is it possible that in a work of this kind, widely separated and diversified, and where there are no mere "hired men" engaged in it, but where every position carries with it the gravest responsibilities before the great Head, that it can be carried on without clearly defined and carefully observed assignment of responsibilities? And when these responsibilities are once assigned, if it is becoming in the inferior bodies to observe them, how much more that body itself to which is assigned the duty of securing the observance of these provisions throughout the whole.

In the present instance, in a case which clearly falls within the province of the Mission, the Board, without consultation with, or the consent of the Mission, and regardless of the provisions of the Manual which define and govern their relations, has assumed to overturn the well considered and understood policy of the Mission, and arbitrarily direct it to pursue another. This while the Board itself says that it considers the Mission's policy the better - a policy which it has been praising for years and holding up to the older missions as an example. As the policy of the Korean mission demonstrates itself to be good and through its success wins the notice of the Christian world and the interest of large givers, is the policy which the Mission has begotten and developed to be taken out of its hands and perverted? And that by its own Board: Then truly we have been wounded in the house of our friends!

What's the trouble with you brethren in the Council, Speer? Mr. Severance is a business man and a Christian man. I don't believe that you are so weak kneed that you cannot explain business principles to a business man so that he will understand, appreciate and admit them. Business is business man the world over. Business must be done on a business basis and business man are not ignorant of the fact. It is their recognition of it that have made them the men they are. Could it not be said to Mr. Severance that these

Moreover the present instance does not seem to be an isolated case but the establishment of a line of policy. Dr. Ellinwood says in his letter to me "The Montclair ladies are so carried away with Dr. Irvin's representations that they are raising a larger amount which they will ask the Board to appropriate. If it is given out and out with a strong request there is no way but to apply it on the same principle that we apply the money in Seoul". The question of the wards for inpatients at Fusan has also been a much mooted one in the Mission, and the requests of the Mission mark its policy. Is the individual missionary to be turned loose in the churches to work them for his own pet plans no matter tho they be in declared opposition to the requests and policy of his Mission, and when he comes back is the Mission to be compelled to swallow the pill no matter how disastrous it may be to its internal arrangements? Is the Mission to have no control of its policy and will the Board back it up in none?

I sincerely trust that this matter of appointment of a second man to the Seoul hospital will be given further consideration by the Council.

If Mr. Severance wishes to establish a medical school in connection with the severance hospital and will endow it so that none of its expenses will be met from the current income of the Mission, putting it upon an independent and separate basis, I have no doubt, that the Mission will be glad to assume an affiliated or even supervisory relation to it. We would recognize it as a work preeminently worthy of a wealthy Christian man. The name may be said also of the hospital if his purpose is to build one larger than the limitations which the general economy adopted by the Korean Mission would determine.

Yours in the Work,
Jas. E. Adams

1902년 5월의 서울 지부 소식 (1902년 6월)

(중략)

에비슨 박사는 "(병원의) 전도 활동은 평소처럼 진행되었지만, 특별 예배로 인한 사역자들의 영성이 증진되어 한 동안 더 좋은 정신으로 진행되었습니다. 환자 여러 명이 그리스도에 대한 믿음을 고백하였습니다. 나는 지난 5주일 동안 매일 저녁 중앙교회에서 개최된 거의 모든 예배에 참석할 수 있어 기뻤고, 사람들의 열광적인 열기가 증진된 것을 보는 것도 큰 기쁨이었습니다."라고 말한다.

(중략)

Seoul News Letter of May, 1902 (June, 1902)

(Omitted)

Dr. Avison, "(Hospital) evangelistic work has gone on as usual but with a better spirit than for some time past owing to the improved spiritual tone of the workers that has come from the special services. Several of the patients have professed faith in Christ. "I have had the pleasure of being present at nearly all the services which have been held in the central church every evening for the past 5 weeks and it has been a delight to see the increased enthusiasm of the people."

(Omitted)

리처드 H. 사이드보텀(부산)이 프랭크 F. 엘린우드(미국 북장로교회 해외선교본부 총무)에게 보낸 편지 (1902년 6월 2일)

(중략)

저는 다른 주제, 즉 한국에 새로운 의사를 임명하는 것에 관하여 언급하지 않고서는 편지를 끝낼 수 없습니다. 최근 부산에 전달된 약간의 서신으로 봐서는 그것이 선교부에 오히려 놀라움을 준 것 같으며, 저는 그 정서가 보편적으로 인정되지 않는 것 같아 두렵습니다. 선교부는 올해 의사를 요청하지 않았으며, 선교부가 채택한 의료 위원회의 보고서는 두 명의 의사가 서울 병원에 고용되어서는 안 된다고 명시적으로 표현하였습니다. 선교부는 이 점에서 거의 만장일치이었습니다.

그것은 이렇게 된 것이었습니다.

의료 위원회는 부산 지부를 포기할 경우 어빈 박사를 에비슨 박사와 연계하여 서울 병원에 배정할 것을 권고하였습니다. 제 생각에 이 권고는 논의가 연기되었고 아직도 그런 상태에 있습니다. 위원회의 또 다른 권고는 "만일 부산을 포기하지 않는다면 서울 병원에 한 명의 의사만을 고용할 것이다"라는 취지이었습니다. 이것은 단서 조항을 남겨두고 선교부에서 논의되고 수정되어 실질적으로 "서울 병원에는 한 명의 의사만을 고용할 것이다"라고 이해됩니다.

이러한 문제가 논의되는 동안 우리가 하루아침 내내 의료 위원회의 보고서와 다른 보고서의 일부를 보냈을 때 선교부에 나타난 토론과 감정의 강렬함은 회의록에서, 심지어 암시적으로도 읽을 수 없습니다. 그러나 저는 선교부가 서울 병원에 두 명의 의사, 특히 두 명의 남자 의사를 두는 것을 가장 심각하게 반대할 것이라는 점은 대단히 분명하다고 느꼈습니다. 나는 불 박사가 받아야 할 따뜻한 환영을 받지 못할까 두렵습니다.

선교본부가 그의 임명을 재고하거나 연례 회의에서 그가 필요한지의 여부를 결정할 기회가 있을 때까지 최소한 보류해야 한다는 희망이 표명되었습니다.

(중략)

Richard H. Sidebotham (Fusan),
Letter to Frank F. Ellinwood (Sec., BFM, PCUSA) (June 2nd, 1902)

(Omitted)

I cannot close without a word with reference to another subject, the appointment of a new physician to Korea. From a little correspondence which has reached Fusan of late, it seems to have struck the Mission rather as a surprise, and I fear the sentiment is not universally approving. The Mission had not asked for a physician this year; and had expressly stated, in the report of the Medical Committee adopted by the Mission, that two physicians should not be employed in the Seoul hospital. The Mission was almost unanimous on this point.

It came about this way: -

The medical Committee recommended that in case Fusan Station were abandoned that Dr. Irvin be assigned to the Seoul Hospital in connection with Dr. Avison. This recommendation I believe was laid on the table, and is still there. Another recommendation of that Committee was to this effect, "If Fusan is not abandoned, only one physician be employed in the Seoul Hospital." This was discussed and amended by the Mission, leaving out the conditional clause, so that it read in substance, "Only one physician shall be employed in the Seoul Hospital."

The discussion and the intensity of feeling shown in the Mission while these matters were being discussed - and we spent one whole morning on the Medical Committee's Report and part of another - cannot be read in the minutes of the meeting, even between the lines, but I felt it was very clear that the Mission would most seriously object to having two physicians in the Seoul Hospital, especially two male physicians. I very much fear that Dr. Bull will not get the warm reception to which he is entitled.

The hope has even been expressed that the Board would reconsider his appointment, or at least hold it in abeyance until the Annual Meeting shall have a chance of decide whether he can be used or not.

(Omitted)

시릴 로스(부산)가 프랭크 F. 엘린우드(미국 북장로교회 해외선교본부 총무)에게 보낸 편지 (1902년 6월 2일)

(중략)

제가 선교본부의 최근 결정에 대하여 유감을 표명하면 용서해 주시겠습니까? 저는 서울에서 일할 두 번째 의사의 임명에 대하여 언급하고 있습니다. 선교본부는 아마도 지난 연례회의에서 선교부가 그 병원에 두 명의 의사를 둔다는 생각, 그리고 소수파가 다수파에 대하여 적극적으로 논쟁을 벌이는 것에 대하여 매우 강력한 입장을 취하였다는 것을 ___ 하지 않을 것입니다. 선교본부가 토론을 들을 수 있었거나 대다수의 태도를 인지하게 된다면 추가 의료인을 임명할 수 없었을 것입니다.

(중략)

Cyril Ross (Fusan),
Letter to Frank F. Ellinwood (Sec., BFM, PCUSA) (June 2nd, 1902)

(Omitted)

Will you pardon me now if I express a regret regarding a recent action of the Board. I have reference to the appointment of a second physician to the work in the capital. The Board is presumably not ____ that the Mission took a very strong stand at the last Annual Meeting against the idea of having two physicians in that hospital and a minority debated the greater with good vigor. Had the Board been able to hear the discussion or been made cognizant of the attitude of the large majority do not think on extra medical man could have been appointed.

(Omitted)

프랭크 F. 엘린우드(미국 북장로교회 해외선교본부 총무)가
찰스 E. 샤프(서울)에게 보낸 편지 (1902년 6월 10일)

(중략)

우리는 기포드 부인이 부동산 문제와 관련하여 지부 편지에 쓴 사실에 의해 난처해 있습니다. 이 편지가 도착하기 전에 귀하는 병원 부지 구입을 위한 기부가 이루어졌다는 것을 알게 될 것입니다. 세브란스 씨는 그 목적을 위하여 5,000달러를 약속하였지만 그 사이 에비슨 박사는 새 병원을 위해 현재의 부지에 건설하는 것을 선호한다는 편지를 보냈습니다. 이것은 지난주에 왔기에 아직 선교본부에 제출되지 않았습니다. 하지만 즉각적인 주목을 받을 것입니다.

(중략)

Frank F. Ellinwood (Sec., BFM, PCUSA),
Letter to Charles E. Sharp (Seoul) (June 10th, 1902)

(Omitted)

We are troubled by the facts given in a station letter by Mrs. Gifford about the property questions. Before this reaches you, you will have learned that an offer has been made of money with which to purchase a lot for the Hospital. Mr. Severance promises five thousand dollars ($5,000.) for the purpose, but meanwhile a letter has come from Dr. Avison favoring the occupation of the present site for the new hospital, and the commencement of the work of construction. This has not yet been before the Board as it _____ came last week. It will, however, have immediate attention.

(Omitted)

19020611

올리버 R. 에비슨(서울)이 프랭크 F. 엘린우드(미국 북장로교회 해외선교본부 총무)에게 보낸 편지 (1902년 6월 11일)

세브란스 기념 병원
O. R. 에비슨, 의학박사,
병원장

미국 북장로교회 선교부

접 수
1902년 7월 21일
엘린우드 박사

한국 서울,
1902년 6월 11일

F. F. 엘린우드 목사, 신학박사.
뉴욕 시 5 애버뉴 156

친애하는 엘린우드 박사님,

세브란스 씨의 선물과 선교본부가 병원 부지 구입을 위하여 금화 5,000달러의 예산 책정을 알리는 박사님의 편지는 제때에 우리에게 도착하였고,[24] 병원이 성벽 밖에 세워져야 한다는 세브란스 씨가 강력하게 표명한 바람을 충족시킬 부지를 다시 찾도록 하였으며, 저는 이제 우리가 어떻게 그 일을 계속하고 있는지 알려드리기 위하여 편지를 씁니다.

그러나 먼저 이 사업을 진행하는 데 도움을 주신 모든 분들의 관심에 감사드립니다.

이 부지를 유지하고 그것을 중앙의 사업 기지로 사용하고자 하는 우리의 바람과 관련하여 박사님은 저의 이전 편지를 받기 전에 이 편지를 받게 될 것입니다. 이와 관련하여

저는 우리가 이 부지를 소유하는 것이 바람직하다고 결정하였지만, 우리를 위하여 그것을 확보하려고 알렌 박사가 시도한 결과는 왕이 이 부지를 병영을 위하여 사용할 의사가 있으며, 우리에게 돈을 지불할 것이고 또한 병원 부지를 제공할 것이며, 즉시 이를 수행하도록 명령을 내리겠다고 이야기한 것이었습니다. 그러나 당연히 이것이 수행되거나 수행될 것이라는 보장은 없으며 전

---

24) Frank F. Ellinwood (Sec., BFM, PCUSA), Letter to the Korea Mission (Apr. 8th, 1902); Frank F. Ellinwood (Sec., BFM, PCUSA), Letter to Oliver R. Avison, Cadwallader C. Vinton, James S. Gale (Seoul) (Apr. 9th, 1902)

혀 신속하게 수행되지 않을 것입니다. 하지만 박사님이 우리에게 그렇게 하도록 허락한다 해도 그 결과는 결국 이 부지에 우리가 새 병원을 건축하는 것을 막는 것입니다. 따라서 세브란스 씨가 표현한 바람을 따르고자 하는 마음과 이 부지를 사용할 수 없다는 점에서 성곽 외부에서 찾기 위하여 다시 노력을 기울이게 되었고 이번에는 성공하였음을 알려드리게 되어 기쁩니다.

전차는 도시의 세 대문인 동대문, 서대문과 남대문을 통과하지만, 이 중 서대문과 남대문이 우리에게 선택의 여지가 있는 것으로 생각합니다. 서대문 밖의 부지는 실제적으로 거의 다 차지하였지만 마침내 남대문 밖으로 강 쪽으로 약 5분 거리의 언덕에 대한 거래를 성사시켰습니다. 전차 선로가 그곳을 지나며 경인선 철도역에서 약 5분 거리에 있습니다. 2년 전 선교부가 원래 선택한 두 곳 중 하나인데, 1년 전에 고든 씨와 함께 방문하였고 그는 그곳에 대하여 호의적으로 보고하였습니다. 그는 언덕의 여러 경사면에 병원과 정동 사람들도 수용할 수 있는 충분한 공간이 있을 것이라고 생각하였지만, 당시 조선 정부는 언덕 반대편에 제국 사당(祠堂)이 있기 때문에 그것을 우리에게 주는 것을 거부하였으며, 그들은 우리가 그것에 너무 가까이 있는 것을 원하지 않았습니다. 그러나 이곳은 사당이 보이는 곳이 아니므로 우리는 가지 말아야 할 이유가 없는 것 같고, 우리에게 주지 않는 진짜 이유는 우리에게 아무것도 주지 않으려는 마음이었던 것 같습니다. 이곳에서 넓은 부지를 구입하는 데 있어 가장 큰 어려움은 그 땅이 너무 많은 조각으로 쪼개져 있어 너무 많은 사람들이 소유하고 있기 때문에 한 번에 조금씩, 그리고 종종 여러 곳에서 구입해야 하고, 충분하게 구입하기 전에 구입한 여러 조각들 중에 구입할 수 있는 두 개 이상의 작은 조각이 있는 것을 발견하게 되며, 지체 없이 그리고 아마도 작은 조각에 대하여 큰 대가를 치르지 않고서는 부지를 완성할 수 없다는 것입니다. 이 경우 15~20명의 개별 소유자가 있지만 우리는 지금까지 우리가 원하는 부지의 중앙부와 주요 부분을 확보하는데 성공하였으며, 지금은 주변에 있는 여러 개의 작은 집과 들판을 구입하는데 노력하고 있습니다.

언덕은 거리에서 가옥의 너비만큼 뒤쪽에 위치하므로 입구를 마련하기 위해서 저는 전면을 구입해야 합니다. 이것은 우리가 입구를 만들고자 하는 바로 몇 집에 대한 제안을 부분적으로 확보하였기 때문에 이번 주에 성취될 것으로 예상됩니다. 그러면 우리는 병원의 주요 부분을 지을 수 있는 충분한 땅을 갖게 될 것이고 아마도 주거지 하나를 지을 수 있을 것인데 이것에 대해서 아직 확실하지 않습니다. 그곳 가까이에는 우리가 구입하고 싶지만 기다려야 할 수도 있는 다른 들판이 있으며, 우리가 정동 사택들을 수용할 수 있을 만큼 충분하게 구입할지 확실하지 않지만 최선을 다할 것입니다. 우리가 그것을 끝내기 전에 기다려 이 부분의 구매로 인한 약간의 자극이 가라앉도록 해야 할 수도 있습니다. 그러나 지금 우리는 병원 건축을 계속할 수 있을 만큼 충분한 부지를 갖고 있기 때문에 고든 씨에게 전보를 보냈고 그가 이 달 말쯤 도착할 것으로 예상하고 있습니다.

우리가 구입한 부지의 비용은 거의 금화 1,100.00달러이었고, 앞으로 며칠 안에 구입할 것으로 예상되는 비용은 그보다 약간 더 많을 것이며, 저는 그런 다음 우리의 노(櫓)를 잠시 쉬게 해야 한다고 생각합니다. 하지만 우리는 이렇게 좋은 시작을 할 수 있게 해주셔서 너무 감사하고, 다음으로 지금 이 자리에 있게 된 것에 너무 감사한데, 부지 자체가 남쪽과 서쪽이 트여 있고 쉽게 배수되고 도시에서 가장 중요한 대문 근처에 있는 좋은 높이의 아주 좋은 곳이기 때문에 이보다 더 좋은 위치를 확보할 수 있었다고 생각하지 않습니다.

저는 우리의 구매 방법 때문에 제가 충분히 명확한 소식을 전보로 보낼 위치에 있지 않았기 때문에 전보를 보내지 않았습니다만, 박사님은 이 편지를 받기 전에 아마도 구입을 알리는 전보를 받게 될 것입니다.

간호원

이전 편지에서 저는 우리가 일본의 맥네어 목사와 간호원에 관하여 의사소통을 하였다는 사실을 언급하였습니다. 맥네어 씨가 훌륭한 추천서와 함께 두 명의 간호원을 확보하였다고 말할 수 있어 기쁩니다. 한 명에 대하여 그는 "그녀는 우리 여학교를 졸업하였으며, 몇 년 전 병에 걸린 왕세자를 위하여 간호원이 필요할 때 그녀가 선발되었고 매우 만족스러웠습니다. 그녀는 지금 도쿄에 있는 적십자 병원에서 보조 수간호원(Matron)으로 일하고 있습니다. 그녀는 영어를 잘하며 기독교인입니다."라고 말하였습니다. 그는 다른 한 명에 대하여는 자신이 개인적으로 알지 못하기 때문에 그렇게 긍정적으로 말할 수 없었지만 그녀는 높게 추천되었고 기독교인입니다. 우리는 그들의 여행 경비와 매달 25엔의 급여를 지불해야 합니다. 우리는 그들이 이번 달에 우리에게 도착할 것으로 예상하며, 연례회의 전에 시험해 볼 기회를 가질 것입니다.

모든 것이 이렇게 이루어졌습니다. 박사님이 우리에게 좋은 간호원을 구하고 저에게 캐나다로 편지를 쓰라고 추천하는 박사님의 편지를 받은 후, 저는 이 문제에 대하여 고민하다가 일본에 훈련된 간호원이 많이 있고 그곳에서 기독인 간호원을 구할 수 있다는 생각이 들었을 때 이 도시에 있는 일본 병원을 방문하여 그들은 어떻게 하였는지 그들에게 물어보았습니다. 저는 그런 다음 지역 의료 위원회에 이에 대하여 이야기하였고, 이 위원회는 지부 회의를 소집하였으며 적절한 사람을 찾을 수 있다면 실험을 하기로 논의하고 만장일치로 투표하였습니다. 저는 그 후 박사님께 보낸 편지에서 우리가 맥네어 씨와 연락을 주고받았다고 언급하였습니다. 우리는 2명 미만은 좋지 않다고 생각하였습니다. 2명의 비용은 미국 간호원 1명의 절반에 불과하며 얼마나 효율적일지는 두고 보아야 합니다. 만일 만족스럽지 않으면 우리는 그들을 해고할 수 있을 것이고, 반면에 우리가 그들이 효율적이라고 생각한다면 우리는 적당한 비용으로 우리가 만족스럽고, 환자들이 편안하며, 병원 업무의 유용성을 증진시킬 수 있을 것입니다.

쉴즈 양은 6월에 우리에게 다시 합류할 것으로 예상하였지만, 일본의 파슨스 양에게 가서 다가오는 연례회의까지 그녀가 완전히 회복할 수 있는지 보기로 결정하였습니다. 만일 이 일본인 간호원들이 우리가 바라는 만큼 유용하고 쉴즈 양이 그녀의 일을 재개할 수 있다면, 그녀는 자신에게 가장 고되었던 일의 부분 중 어느 것도 할 필요가 없이 병원 업무를 통하여 열려 있으며 너무도 무시되어 있는 전도 기회에 자신의 많은 시간을 할애할 수 있게 될 것입니다.

우리는 지난 1년 동안 우리에게 효율적인 봉사를 하였기 때문에 곧 미국으로 돌아갈 것으로 기대하는 기포드 여사의 손실을 유감스럽게 생각할 것입니다.

이 간호원들의 고용으로 인하여 발생하는 추가 비용의 지불과 관련하여 저는 환자가 적절한 간호를 받아야 한다고 믿는 어떤 좋은 친구가 선교본부의 정기적인 지출을 받을 수 있게 될 때까지 그렇게 해주기를 희망한다고만 말씀드릴 수 있으며, 저는 모든 실제 필요가 충족되고 우리 병원 업무에서 간호가 개선되어야 한다는 것보다 더 실직적인 필요가 있다는 것을 알지 못하기 때문에 이것이 그렇게 될 것이라고 의심하지 않습니다. 만일 우리가 다른 외국인 간호원 대신에 능력 있는 4명의 기독교인 일본인 간호원이 실제로 필요한 간호를 수행하고 모든 것을 깨끗하게 유지하면서 동일한 일을 하도록 많은 한국인을 훈련시킬 수 있다면, 저는 우리는 그렇게 할 것이라고 생각하는데, 선교본부에 대한 추가 비용 없이 훨씬 더 나은 결과에 대한 전망으로 좋은 선례를 수립하고 매우 어려운 문제를 해결할 것입니다. 전도 사역자들의 힘에 한 명을 더 추가하는 것과 같을 것이라고 생각합니다.

파슨스 양의 방문은 우리에게 큰 기쁨이었고, 그녀의 강연을 즐기고 유익함을 얻은 한국인 기독교인들에게 축복의 수단이었습니다.

최근에 우리는 병원 교회에서 일련의 특별 매일 야간 예배를 마쳤습니다. 이 예배는 매우 유익하였으며 사람들이 이제 훨씬 더 활기차게 일할 수 있도록 많은 열정을 불러일으켰습니다. 매일 밤 도시 안팎의 여러 지점에서 특별 예배를 드리기 위하여 위원회가 구성되어 있지만 나중에 더 자세히 쓸 수 있을 것 같습니다.

저는 아무도 후회할 이유가 없고 오히려 세브란스 씨가 이 추가적인 관대한 제안을 하고 선교본부가 이를 수학한 것에 대하여 모두가 기뻐할 이유가 있을 것이라는 많은 관심과 믿음으로 토드 박사가 오기를 고대하고 있습니다.

저는 조선 정부가 즉시 자금을 풀어줄 가능성이 높지 않기 때문에 박사님께서 새 병원과 연계하여 의사의 거주지를 짓는 문제에서 우리에게 무엇을 조언할지에 관해 조금 후에 특별히 편지를 쓸 것입니다. 새 사택을 다른 선교부 사택에 사용될 자금으로 건축하고, 우리가 이 집으로 이사할 때 다른 상황에서 새 사택을 사용하였을 사람들이 이 사택을 사용할 수 있는 것이 가능하지 않습니까? 외국인이 살지 않고 단독으로 새 병원을 건립하는 것은 좋은 정책이 아닐 것이며, 저는 병원과 동시에 최소한 한 채의 사택을 지을 수 있도록 마련하여 병원을 사용할 준비가 되는 즉시 사용할 수 있을 조치를 취해야 할 것 같습니다. 아마도 박사님은 이미 이 문제를 고려하였을 것입니다.

저는 지금은 더 이상 글을 쓰지 않겠지만 빠른 시일 내에 신규 부지 구매에 관한 추가 정보를 보낼 수 있기를 바랍니다.

그동안 우리는 선교본부의 모든 구성원들에게 깊은 존경을 표하며, 오랫동안 지연되어 온 이 사업을 만족스러운 형태로 만들기 위하여 애쓰신 박사님의 진지한 노력에 다시 한 번 감사드립니다.

안녕히 계십시오.
O. R. 에비슨

Oliver R. Avison (Seoul),
Letter to Frank F. Ellinwood (Sec., BFM, PCUSA) (June 11th, 1902)

Severance Memorial Hospital

  O. R. Avison, M. D.

    Medical Supt.

Mission of Presbyterian Church in U. S. A.

Received
JUL 21 1902
Dr. Ellinwood

Seoul, Korea,

June 11th, 1902.

Rev. F. F. Ellinwood, D. D.,

  156 Fifth Ave. New York.

Dear Dr. Ellinwood.

Your letters announcing the gift by Mr. Severance and appropriation by the Board of $5000.00 gold for the purchase of a hospital site reached us in due time and set us again in search of a site that would meet the strongly expressed wish of Mr. Severance that the hospital be built outside the city wall, and I now write to let you know how we are succeeding.

But first let me thank you for the interest you are all taking in helping us get this enterprise under way.

You will ere this have received my former letter with reference to our desire to retain this place and use it as a central working plant. In reference to that I may say that we are just as decided as ever as to the desirability of getting hold of this property but the outcome of Dr. Allen's attempt to secure it for us was that His Majesty again said that he intended to use it as a site for barracks and that he would pay us the money and also give us a site for the hospital and he at once gave orders to have this done but of course this is no guarantee that it will be done or that it? be done, it will be done at all speedily. The effect, however, is to finally block us in erecting the new hospital upon this site even though you should now give us permission to do so. It comes to pass therefore, both from our desire to follow out Mr. Severance's expressed wish and from inability to use this site, that we have taken up the endeavor outside again and this time I am glad to report that we are succeeding.

The street car runs out through three of the city gates, E. W. and S. but of these only the W. and S. were regarded as offering us any choice. The sites outside the West Gate are practically taken up but we have finally made a deal for a hill about 5 min. walk outside the S. gate on the main road to the river. The streetcar track runs past it and it is about 5 min. walk from the railway station of the Seoul and Chemulpo railway. It is one of the two sites originally chosen by the mission two years ago and one year ago we went over it with Mr. Gordon who reported on it favorably. He thought there would be space enough on the various slopes of the hill to accommodate the hospital and the Chong Dong people also but at that time the government refused to give it us because there is an Imperial temple on the other side of the hill and they did not want us so near it. But as this site is not within view of the temple there seems to be no reason from this standpoint why we should not go there and the true reason for their not giving it to us seems to have been a disinclination to give us anything. The great difficulty in buying a large plot of land here is that it is cut up into so many small pieces and owned by so many different persons that you are compelled to purchase a little at a time and often in spots and then you are apt to get caught before you have got enough or find yourself with two or more small pieces unpurchasable standing in the midst of your various pieces and you are unable to complete your site, at least without much delay and perhaps the giving of a big price for a small piece of ground. In this case there are some 15 or 20 separate owners but we have succeeded so far in getting hold of the central and main part of what we want first and are now engaged purchasing a number of smaller houses and fields that are round about.

The hill lies back from the street the width of a row of houses and so it is necessary for me to buy a frontage so as to provide an entrance. This we expect to effect this week as we have partly secured an offer on several houses just where we want to make the entrance. We shall then have enough land on which to build the main part of the hospital and possibly for one residence but of this I am not yet sure. There are other fields close by which we hope to get but may have to wait for and we are not positive that we can buy enough of them to accommodate the Chong Dong houses but we shall do our best. We may have to wait and let the little excitement caused by the purchase of this part settle before we can finish it up but as we now have enough to enable us to go on with the hospital we have telegraphed for Mr. Gordon and expect he will get here about the end of this month.

The cost of what we have purchased has been nearly $1100.00 gold and what we expect to buy within the next few days will cost about as much more or perhaps a little less and then I think we must rest upon our oars a little. We are very thankful, however, to have made so good a beginning, and next to being where we now are, I do not suppose a better location could have been secured, while the site itself is a very good one being of good height, with a S. and W. exposure, easily drained and near the most important gate in the city.

I have not cabled because on account of our method of purchasing I have not been in a position to cable a message that would be sufficiently definite but before you get this letter you will probably receive a cable message announcing a purchase.

Nurses

In a former letter I referred to the fact that we were in communication with Rev. Mr. McNair of Japan about nurses. I am glad to be able to say that Mr. McNair secured two nurses with excellent recommendations. Of one he said "she is a graduate of our Girls' School and some years ago when a nurse was required to attend the Crown Prince through an illness she was selected for the purpose and proved very satisfactory. She is now engaged as Assistant Matron in the Red Cross Hospital in Tokio. She speaks English well and is a christian." He could not speak so positively of the other one as she was not personally known to him but she was highly recommended and is a christian. We are to pay their travelling expenses and a salary of 25 yen each per month. We expect them to reach us this month and we shall have an opportunity of trying them before the Annual Meeting.

It all came about in this way. After I received your letter saying you would do your best to get us a good nurse and recommend me to write to Canada I was conning over the matter when it occurred to me that there were many trained nurses in Japan and that it might be possible for us to obtain christian nurses there so I visited the Japanese hospital in this city and enquired of them how they did. I then spoke to our local medical committee about it and this committee called the station together and it was discussed and unanimously voted that I make the experiment if suitable persons could be found. I afterwards mentioned in a letter to you that we were then in communication with Mr. McNair. We thought it not well to have less than two. The cost of two will be just about one half that of one American nurse and it remains to see how efficient they will be. If not satisfactory we shall be able to get rid of them, while, on the other hand, if we find them efficient we shall be able at moderate cost to have our patients properly cared for much to the satisfaction of ourselves, to the comfort of the sick ones and to the increased usefulness of the hospital work.

Miss Shields had expected to rejoin us in June but decided to go over to Japan with Miss Parsons and see if she could entirely recuperate by the coming Annual Meeting. If these Japanese nurses are as useful as we hope they may be and Miss Shields is able to resume her work she will not require to do any of that part of it which has been most trying to her but will be able to give much time to the evangelistic opportunities which open through the hospital work and which are all too much neglected.

We shall regret the loss of Mrs. Gifford who expects to return to America very shortly for she has during the past year done us efficient service.

With reference to the payment of the additional expense caused by the employment of these nurses I can only say that we hope that some good friend who believes that the patients ought to be properly nursed will, until they can come under a regular appropriation of the Board, supply us with the required funds, and I do not doubt that this will be so for I believe all real needs are met and I do not know that a more real need has existed in our hospital work than that the nursing should be improved. If we are able to have, in place of another Foreign nurse, four capable, christian Japanese nurses who will actually do the required nursing and while keeping everything clean and in order will train in a number of Koreans to do the same I think we shall, without additional expense to the Board and with the prospect of much better results, establish a good precedent and solve a very difficult question. I think it will also be equal to adding one more to the force of evangelistic workers or nearly so.

Miss Parsons' visit was a great pleasure to us and a means of blessing to the Korean christians who enjoyed and profited by her addresses.

We have recently concluded a series of special every night services in the Hospital church which were very profitable and served to stir up a good deal of enthusiasm so that the people are now working much more energetically. Committees have been formed to hold special services every night at several different points within and outside of the city, but I shall perhaps be able to write more in detail at a later time.

I am looking forward to the coming of Dr. Todd with much interest and trust that no one will have cause to regret but rather every one may have reason to rejoice that Mr. Severance was led to make this additional generous offer and the Board to accept it.

I shall write specially a little later on with reference to what you may advise us to do in the matter of building a doctor's residence in connection with the new hospital as it does not look probable that the government will immediately set free the funds that are in this house and that would otherwise be available. Will it not be possible for the new house to be erected with funds that would be used for some other Mission house and when we move this house can then be occupied by those who would under other circumstances have occupied the new house? It will not be good policy to erect the new hospital off by itself without a foreigner living at hand and some arrangement should, it seems to me, be made by which at least one house be built at the same time as the hospital so that it can be occupied as soon as the hospital is ready for use. Perhaps you have already considered this matter.

I will not write longer at this time but hope to be able to send further information concerning the new purchases of property at an early date.

In the meantime we join in kindest regards to all the members of the Council and again thank you for the earnest efforts which you have been making to bring this long-delayed enterprise into a satisfactory shape.

Yours very sincerely,
O. R. Avison

19020612

J. 헌터 웰즈(평양)가 프랭크 F. 엘린우드(미국 북장로교회 해외선교본부 총무)에게 보낸 편지 (1902년 6월 12일)

(중략)

이 느낌과 모양은 어떻습니까? 일리노이 주 스위트워터에 사는 메리 허스트 부인은 평양 병원의 특수 목적(침대)을 위하여 80달러를 기부하였습니다. 우리는 최대 2,000엔을 사용할 수 있도록 선교부와 선교본부의 허가를 받았으며, 700엔을 이미 사용하였습니다. 허스트 부인의 이 돈은 우리에게 승인되지 않고 평양 병원의 일반 기금으로 입금되어 특별한 목적을 위하여 아주 작은 부분만을 사용할 수밖에 없었습니다.

오하이오 주의 세브란스 씨는 선교부가 요청하지 않고 반대 투표를 하였던 특별한 목적(의학 교육 문제)을 위하여 5,000달러를 주었고, 그것은 주는 사람이 지정한 특별한 목적을 위하여 사용하기 위해 즉시 보냈습니다. 여기에서 몇 가지 사실을 알 수 있습니다. 한 경우에는 80달러, 다른 경우에는 5,000달러입니다. 에비슨 박사는 미국인이 아니므로 미국의 관습이나 방식을 선호하지 않으며, 장로교회 신자도 아니고 동료 선교사들의 다수결 투표와 정서에 따를 의향도 보이지 않았습니다.

위의 내용은 이 주물, 즉 돈이 우리 선교부에서 악마를 위하여 어떻게 일을 하고 있는지 보여줍니다. 서울 지부와 에비슨 박사를 선호하는 이러한 차별은 옳지 않습니다. 우리 선교부에서 수술을 시행한 환자와 의학 강습에서 가장 큰 업무를 보인 것에 비해 저는 선교본부와 선교부에 의하여 눌려 있으며, 선교부의 방침에 반해 선교본부는 서울 병원 기지에 많은 액수를 아낌없이 쏟아 붓고 있습니다. 삭감된 후 이곳 병원에 남은 총액은 358.95달러입니다. 이것은 모든 목적, 즉 선교사들을 위한 침대와 의약품, 그리고 이러한 비용 등등을 지불하기에 너무 가난한 수천 명의 한국인들을 위한 것입니다. 혼자 있는 큰 규모의 선교지부에서 358달러로 1년 동안 업무가 얼마나 유지될지 아무 의사에게나 물어보십시오! 저는 현재의 일에 대하여 반대하고 있는 것이 아니라 더 고르고 공정하게 배분되는 원칙을 간청하는 것인데, 제가 관심을 두는 것은 돈이 아니며 사업을 그렇게 많이 하는 것은 돈이 아니기 때문입니다.

회계연도를 마감하며 제가 여러 진료 요청으로 5개월 동안 자리를 비운 것을 보여주고 있습니다. 그럼에도 불구하고 내원 환자는 9,000명이 넘었습니다. 올 5월에만 2,592명, 입원 환자는 79명이었습니다.

저는 (조선) 정부가 이곳에 저의 의학교를 만들 것이라는 정보를 가지고 있습니다. (그리고 저는 그것이 한국에서 가장 진전된 일이라는 것을 에비슨 박사로부터 들어 알고 있습니다) 그러나 어떤 일을 하기 전에 그 문제에 대한 선교부의 결정을 기다릴 것입니다. 저는 또한 한국에서 아직 원고 상태인 유일한 의학 교과서를 가지고 있는 것 같습니다.

(중략)

J. Hunter Wells (Pyeng Yang),
Letter to Frank F. Ellinwood (Sec., BFM, PCUSA) (June 12th, 1902)

(Omitted)

How does this sound and look? Mrs. Mary Hurst, of Sweetwater, Ill. gave $80 for a special purpose (beds) at the Pyengyang hospital. We had Mission and Board permission to use up to, yen 2000 and 700 yen has already been used. This money of Mrs. Hursts' was not granted to us but was credited to the general fund of the Pyengyang hospital and so cannot be used but in very small part for the special purpose for which it was given.

Mr. Severance, of Ohio, gave $5000. for a special purpose, which was not requested by the Mission, - on the contrary voted against, - (The matter of medical education) and it is at once sent out to be used for the special purpose designated by the giver! Several facts bob up here. In one case it is only $80, in the other $5000. Dr. Avison is neither an American and consequently not in favor of American institutions or ways, and he is not a Presbyterian and has shown no disposition to abide by the majority vote and sentiment of his fellow missionaries.

The above shows how this fetich - money - is working its way for evil in our Mission. This discrimination in favor of Seoul and Dr. Avison is not right.

With what appears to be the largest medical work in patients seen surgery done, and in medical class in our Mission I am jammed down both by the Board and the station to the "skin of my teeth" while lavish sums are sent out by the Board - against the policy of the Mission - and poured into the Seoul plant. The sum left to the hospital here, after the "cut" is $358.95. This for all purposes, - beds, medicines for missionaries and for thousands of Koreans too poor to pay for appliances etc. etc. Please ask some doctor how far $358. will go for a large station of missionaries alone for a year! I am not objecting to things as they are so much as I am pleading for a more even and fair distribution of principles for it is not the money I care about, it is not money that does the business so much.

The close of the fiscal year shows that I was absent five months on the various calls made for my services. Notwithstanding this the attendance at the hospital was over 9000. In May, alone, of this year there was an attendance of 2592 with 79 in-patients.

I have information that the Govn't will make my medical school here (And I learn from Dr. Avison that it is the furthest advanced in Korea) a Government school, but I will await the Mission action on this question before doing anything. I have, it also appears, the only medical text-books, as yet in manuscript, in Korea.

(Omitted)

19020616

회의록, 한국 선교부 서울 지부 (미국 북장로교회) 1891~1921
(1902년 6월 16일)

(중략)

병원 부지 위원회는 남대문 밖에 있는 약 2에이커의 부지를 구입한 것으로 보고하였는데, 지출된 금액은 2,700엔이었다.

(중략)

청구가 다음과 같이 통과되었다.

에비슨   290

(중략)

Minutes, Seoul Station, Korea, 1891~1921 (PCUSA) (June 16th, 1902)

(Omitted)

The Committee on Hospital site reported having purchased about two acres of land outside the South gate the amount expended being twenty seven hundred yen.

(Omitted)

Orders were passed as follows:

Avison   290

(Omitted)

한국. 서울, 세브란스 병원, 부지 구입을 보고하다. 미국 북장로교회 해외선교본부 실행이사회 회의록 (1902년 6월 16일)

한국. 서울, 세브란스 병원, 부지 구입을 보고하다. 서울에 세브란스 기념 병원을 위한 부지 구입을 위하여 L. H. 세브란스 씨의 5,000달러의 관대한 기부를 받아들이며, (한국) 선교부에 구입할 것을 지시한다는 1902년 4월 7일자 결정과 관련하여, 시(市) 교외에 부지를 구입하기 위한 협상이 진행되었다는 것을 알리는 전보를 막 받았다고 보고되었다.

Korea. Severance Hospital, Seoul, Reported Purchase of Site. *Minutes [of Executive Committee, PCUSA], 1837~1919* (June 16th, 1902)

Korea. Severance Hospital, Seoul, Reported Purchase of Site. Referring to the action of the Board of April 7th, 1902, accepting the generous offer of the Mr. L. H. Severance, of five thousand dollars, with which to purchase a site for the Severance Memorial Hospital at Seoul, and directing the Mission to make the purchase, it was reported that a cablegram had just been received announcing that negotiations were being made for a site outside the city.

19020618

프레더릭 S. 밀러(서울)가 프랭크 F. 엘린우드(미국 북장로교회 해외선교본부 총무)에게 보낸 편지 (1902년 6월 18일)

(중략)

에비슨 박사는 평소와 같이 의료 업무를 수행하고 있으며, 병원 부지 매입을 마무리하고 있습니다. 나는 그와 게일 씨로부터 보고서를 얻을 수 없었기 때문에 세부 사항을 말할 수 없습니다.

(중략)

에비슨 부인은 중앙교회의 거의 모든 야간 예배에 참석하였습니다. 그녀는 최근 인력거에서 떨어져 슬개골(膝蓋骨)을 상당히 심하게 다쳤습니다.

기포드 부인은 안식년을 위하여 미국으로 돌아갈 준비를 하고 있으며, 우리는 1년 정도 후에 그녀의 귀환을 환영하기를 바라고 있습니다. 우리는 미국에 있는 친구들이 그녀의 귀국을 충심으로 환영하기를 요청합니다. 선교본부가 그녀의 수고 및 업무의 손실에 대하여 그녀에게 치하해 줄 수 있다면 우리모두가 감사해 할 것입니다. 그녀는 슬픈 마음으로 이곳에 아이들의 무덤을 남겨 둡니다. 박사님께서 아시다시피 그녀는 재무 장부를 1년 이상 관리하고지난 9개월 내지 10개월 동안 병원에서 감독으로 일하는 새로운 업무의 책임을 맡아 귀중한 도움을 주었습니다.

우리에 관해서, 아내는 몇 달 전에 에비슨 박사로부터 수술을 받은 이후로장(腸) 문제가 그다지 좋아진 적이 없었습니다.

(중략)

Frederick S. Miller (Seoul),
Letter to Frank F. Ellinwood (Sec., BFM, PCUSA) (June 18th, 1902)

(Omitted)

Dr. Avison has been carrying on his medical work as usual and has been consummating the purchase of land for the hospital. I was not able to get a report from him & Mr. Gale & so cannot give details.

(Omitted)

Mrs. Avison was organisd at nearly all these night services at the Central Church. She was thrown from a Jinricksha recently & hurt her kneecap rather severely.

Mrs. Gifford is preparing to return to America for a vacation and we hope to welcome her back in Korea in a year or so. We bespeak a cordial welcome home for her from our friends in America. Any recognition the Board could give her of her services & losses in the work have will be appreciated by us all. She leaves the graves of her children here with a sad heart. She has, as you know rendered valuable assistance at her own charges to new work in keeping the treasures books for a year or more and in acting as matron in the hospital for the past nine or ten months.

As for ourselves, Mrs. Miller, tho. never quite well of her intestinal trouble has been much better since an operation performed by Dr. Avison several months ago.

(Omitted)

19020618

프랭크 F. 엘린우드(미국 북장로교회 해외선교본부 총무)가
한국 선교부로 보낸 편지 (1902년 6월 18일)

1902년 6월 18일

한국 선교부 귀중

친애하는 형제들,

6월 15일 개최된 선교본부 회의에서 다음과 같은 결정이 내려졌습니다.

"서울에 세브란스 기념 병원을 위한 부지 구입을 위하여 L. H. 세브란스 씨의 5,000달러의 관대한 기부를 받아들이며, (한국) 선교부에 구입할 것을 지시한다는 1902년 4월 7일자 결정과 관련하여, 시(市) 교외에 부지를 구입하기 위한 협상이 진행되었다는 것을 알리는 전보를 막 받았다고 보고되었다."

우리는 이것을 부지 구입을 위한 세브란스 씨의 5,000달러 기부를 수용하며, 성벽 교외의 부지 구입을 승인한다는 선교본부의 이전 결정을 단지 실행한 것으로 여기고 있습니다. 에비슨 박사는 5월 1일자 편지[25]에서 성벽 교외에서 적합한 부지를 얻는 것이 대단히 어려운 것을 감안하여 자신은 현재 병원이 있는 곳에 병원을 짓는 것이 최상이라고 생각하고 있다고 하였습니다. 협의회에서는 이 문제와 관련하여 약간의 의구심과 견해 차이가 있습니다. 그러나 병원을 건축하기 위한 기금을 제의하였던 세브란스 씨와의 논의에서 그가 성벽 교외의 부지를 선호한다는 것이 대단히 명확하게 되었습니다. 우리의 재무는 그 취지를 전보로 보냈고, 이틀 후에 성벽 교외의 부지를 위한 협상이 실제로 진행되고 있다는 전보를 받았습니다. 따라서 이것으로 병원과 관련된 문제를 종결짓는 것 같았습니다. 이 부지가 정동 부지 대신 선교부 건물을 수용할 정도로 충분한 것인지는 모르겠습니다.

(중략)

---

25) Oliver R. Avison (Seoul), Letter to Frank F. Ellinwood (Sec., BFM, PCUSA) (May 1st, 1902)

애덤스 씨로부터 막 받은 편지26)에 대해서는 다음 우편으로 답장을 할 것인데, 왜 세브란스 씨의 바람에 응하여 의사를 임명하였는지 이유에 대한 나의 설명을 되풀이 할 것입니다. 세브란스 씨는 선교의 고상한 후원자임을 보여주었으며, 그것에 대한 관심이 증대되고 있습니다. 그는 이 병원 부지와 건물 건축을 위해 15,000달러를 기부하였습니다. 나의 모든 경험으로 선교본부의 규칙은 어떤 사업의 모든 경비를 제공할 때 기부자의 바람이 존중될 것이라는 것입니다. 또한 세브란스 씨는 신임 의사의 의무가 어떤 지부이건 의사의 안식년 중에 공백을 즉시 메우는 것이 될 것으로 이해하고 있습니다. 만일 어떤 사람이 어빈 박사의 안식년 중에 그의 업무를 대신한다면 그 이점은 대단히 클 것입니다. 병자와 불구자에 기대와 열망을 불러 일으켰던 병원 문을 닫는 것은 슬픈 것 같으며, 아마도 의사가 돌아오기 전에 그들은 죽도록 내버려져 있게 될 것입니다. 선교본부는 이러한 예외적인 경우 선교부가 그것을 수정하거나 심지어 변경하는 것을 생각하고 있지 않습니다. 이곳 고국의 교회는 이와 같은 합리적인 요구에 응하지 않고 거부하는 것을 결코 정당화할 수 없으며, 그런 경우 총회에 상정하여 반대하는 것은 가능할 것입니다.

(중략)

---

26) James E. Adams (Taiku), Letter to Frank F. Ellinwood (Sec., BFM, PCUSA) (May 17th, 1902)

Frank F. Ellinwood (Sec., BFM, PCUSA), Letter to the Korea Mission (June 18th, 1902)

June 18th, 1902

To the Korea Mission

Dear Brethren:

At the meeting of the Board held June 15th, the following action was taken:

"Referring to the action of the Board of April 7th, 1902, accepting the generous offer of Mr. L. H. Severance of five thousand dollars ($5,000.) with which to purchase a site for the Severance Memorial Hospital at Seoul, and directing the Mission to make the purchase, it was reported that a cablegram had just been received announcing that negotiations are being made for the purchase of a site outside of the city."

We look in this as a mere following out of the previous action of the Board to accept five thousand dollars from Mr. Severance for the purchase of a site, and to authorize a purchase outside the city wall. A letter was received of May 1st, from Dr. Avison wrote that in view of the almost insuperable difficulties of getting a proper site outside the wall, it would seem to him best that we should build on the site now occupied. There was some doubt and difference of opinion in the Council in regard to this question, but in conference with Mr, Severance who had offered the money, and who was to build the Hospital, it became very clear that his preference was for a site outside the wall. A cablegram was sent by our Treasurer, to that effect, and two days since a despatch came in reply stating that negotiations for a site outside were actually being made. This therefore seemed to dispose of the question of far as the hospital is concerned. It is not known whether this purchase alluded to covers sufficient land for the building of mission houses in exchange for those at Chong Dong.

(Omitted)

Letter which I have just received from Mr. Adams, and which will answer by next mail, leads me to renew my explanation of the reasons why a physician was appointed in response to the desire of Mr. Severance. Mr. Severance has shown himself a noble benefactor of the Mission and is becoming increasingly interested in it. He gives fifteen thousand dollars for the site and building of this hospital. It has been to all my experience a rule of the Board that the wish of donors when completely covering an enterprise shall be respected. It is understood also, and this Mr. Severance, acceded to, that the incumbent of this new position shall hold himself ready to supply a vacancy during the furlough of a doctor from any station. It would have been of immense advantage if some one had been ready to take Dr. Irvin's place during his absence in this country. It seems sad to shut the doors for a hospital, which has awakened expectations and longings on the part of the sick and the maimed - in their faces, so to speak, and leave them perhaps to die ere the physician shall return. The Board does not feel that it is modifying or even changing the position of the Mission in acceding to the requests of donors in such extraordinary cases. The Church here at home would never justify the Board in refusing to acceded to any reasonable request of this kind, and it would be quite possible for a protest to go up to the General Assembly in cases which might arise.

(Omitted)

19020623

회의록, 한국 선교부 서울 지부 (미국 북장로교회) 1891~1921
(1902년 6월 23일)

(중략)

예산 위원회 보고서가 다음과 같이 제출되었고, 수정을 거쳐 채택되었다.

제I급

A. 급여

O. R. 에비슨, 의학박사   1250   ......

B. 자녀

O. R. 에비슨, 의학박사   600   ......

(중략)

제IV급

C. 전도 부인

......   에비슨 박사   60 ......

D. 다른 조사

에비슨 박사   120   ......

F. 순회 전도

에비슨 박사   100   ......

(중략)

제VI급 병원 및 진료소

A. 세브란스 기념 병원 조수, 남자   400

           "   " , 여자   600

B. 의약품   세브란스 기념 병원   1200

         [450은 선교지에서 마련할 것임]

         언더우드 부인   100

C. 경비   세브란스 기념 병원   1000

         [1000은 선교지에서 마련할 것임]

         언더우드 부인   50

제VII급 사용 중인 자산
D. 사택 수리

일반
　　병원　　　　　　　　　　150
　　 " 　사택　　　　　　　　100
　　　　　　　　　　　　(중략)

제IX급

......
G. 문서 조수
　　O. R. 에비슨, 의학 박사　　120
　　......
　　　　　　　　　　　　(중략)

Minutes, Seoul Station, Korea, 1891~1921 (PCUSA) (June 23rd, 1902)

(Omitted)

The Report of the Estimates Committee was presented as follows and adopted subject to modifications.

Class I
A. Salaries
O. R. Avison, M. D.　　　1250　　......
B. Children
O. R. Avison, M. D.　　　600　　......
(Omitted)

Class IV
C. Bible Women
　　　　　　　　　　Dr. Avison
......

60 ......

D. Other Helpers

Dr. Avison   120   ......

F. Itineration

Dr. Avison   100   ......

(Omitted)

Class VI. Hospitals & Dispensaries

A. Assistance,	Severance Mems,	Male	400
	" "	Female	600
B. Medicines	Severance Memorial		1200
	[450 to be raised on field]		
	Mrs. Underwood		100
C. Expenses	Severance Memorial		1000
	[1000 to be raised on field]		
	Mrs. Underwood		50

Class VII. Property in Use
D. House Repairs

General		
Hospital		150
" Residence		100

(Omitted)

Class IX

......

G. Literary Assistants

     O. R. Avison, M. D.   120

     ......

(Omitted)

메이 B. H. 헐버트(서울)가 헬렌 헐버트(미국)에게 보낸 편지
(1902년 6월 26일)

(중략)

어제는 집에서 매우 바쁜 하루였다. 윌버는 위장에 탈이 나서 아팠지만 그는 좋아졌다. ____인 프레스턴 부인이 대단히 아파 에비슨 박사는 목포로 왕진 요청을 받았다.

(중략)

May B. H. Hulbert (Seoul),
Letter to Helen Hulbert (U. S. A.) (June 26th, 1902)

(Omitted)

Yesterday was a busy day at home. Wilber hs been sick, stomach trouble but he is better. Dr. Avison had been called to Mokpo, Mrs. Preston the ___ miss. lady is very ill.

(Omitted)

아서 J. 브라운(미국 북장로교회 해외선교본부 총무)이 그레이엄 리(미네소타 주 미니애폴리스)에게 보낸 편지 (1902년 6월 27일)

1902년 6월 27일

그레이엄 리 목사,

　미네소타 주 미니아폴리스, 헤네팽 가(街) 1672

리 씨 부부께,

　나는 귀하의 지난 24일자 편지에 대해 정성껏 답장하였습니다. 나는 아시아 여행에서 돌아와 보니 다른 의사가 서울 지부로 가기 위하여 한국에 배정되었다는 사실을 알고 놀랐는데, 부분적으로는 다른 의사를 한국으로 파송하기 전에 선교부와 상의해야 한다고 느꼈기 때문입니다. 또한 원하는 특정 종류의 업무에 대한 그의 가능한 적응에 미치는 다른 사항들을 고려하여 나는 그를 다른 선교부로 이적할 것을 촉구하였습니다. 이 문제는 귀하의 편지를 받기 전에 처리되었고, 올 봄에 어느 의사도 한국으로 가지 않기로 동의되었습니다.

　하지만 다른 남자를 찾는 문제는 아마도 나중에 제기될 것입니다. 귀하가 아시다시피 세브란스 씨는 아낌없이 기부하였으며, 한국의 선교사들과 그 친구들로부터 다른 의사를 파송하도록 선교본부에 강한 압력이 있어 왔습니다. 엘린우드 박사의 생각은 그러한 사람이 단순히 서울(지부)의 두 번째 의사가 되어야 하는 것이 아니라 안식년으로 귀국해야 하는 모든 지부의 의료 선교사를 대신할 수 있어 그 병원이 문을 닫을 필요가 없어야 한다는 것입니다. 안식년 기간 중에 병원을 폐쇄하는 것은 좋지 않은 정책이며, 의사들이 모두 선교지에 있는 경우에도 마찬가지라는 의견이 강하게 대두되고 있습니다. 에비슨 박사가 병원에서 진료를 하는 동안 추가된 의사는 효율적으로 지방 사역을 할 수 있습니다.

　이러한 고려의 중요성에 대한 귀하의 의견을 담은 또 다른 편지를 내게 쓴다면, 나는 그것을 이미 쓴 편지와 함께 적절한 시기에 제시할 수 있을 것입니다.

안녕히 계세요.
아서 J. 브라운

Arthur J. Brown (Sec., BFM, PCUSA), Letter to Graham Lee (Minneapolis, Minn.) (June 27th, 1902)

June 27th, 1902

The Rev. Graham Lee,

1672 Hennepin Ave, Minneapolis, Minn.

My dear Mr. Lee:

I have replied with care your letter of the 24th inst. I was surprised on my return from my tour to Asia to find that another physician had been assigned to Korea with a visit to going Seoul Station, and partly because I felt that the Mission should be consulted before sending another physician to Korea and nearly also from some other considerations affecting his possible adaption to the particular kind of work desired, I urged his transfer to another mission. This was agreed to, so that before your letter was received the matter had been disposed of and no physician goes to Korea this Spring.

The matter of finding another man will, however, probably come up later. As you know, Mr. Severance has generously pledged the funds, and there has been and is strong pressure on the Board from Korea missionaries and their friends, be send another physician. Dr. Ellinwood's idea is that such a man should not simply be a second physician for Seoul, but should be available to take the place of a medical missionary of any station, who is obliged to go home on furlough, so that his hospital would not have to be closed. The opinion is strongly expressed that it is bad policy to shut up a hospital during a furlough and that even when the physicians are all on the field; an extra physician could be effectively upon in country work, while Dr. Avison is attending to the hospital.

Suppose you write me another letter giving me your opinion as to the weight of these consideration, so that I can present it at the proper time, together with the one you have already written.

Cordially yours,
Arthur J. Brown

19020630

코트니 H. 펜(미국 북장로교회 해외선교본부 임시 총무)이
한국 선교부로 보낸 편지 (1902년 6월 30일)

(중략)

지금 귀국해 있는 한국 선교부의 한 회원은 A. J. 브라운 박사가 최근에 한국을 방문하였고, 따라서 본부의 다른 누구보다 상황을 더 충분하게 이해할 수 있기 때문에 그에게 단순히 이 나라의 한 부자가 서울의 병원에 특별한 관심을 가졌고 필요한 경비를 약속하였다는 이유만으로 서울 지부에 두 번째 의사를 임명하는 것에 대한 선교부의 반대를 명백하게 무시하는 선교본부의 정책에 대하여 매우 진지하게 항의하는 편지를 썼습니다.

더 이상 존재하지 않는 상황을 설명할 필요는 없지만, 논의가 되고 있는 의사가 광둥 선교부로 이적된 상황에서 다양한 개인적인 상황을 고려할 때, 선교본부는 이 의사를 한국 선교부로 임명할 때 선교본부 직원들의 마음속에 대단히 분명하게 가지고 있었던 생각을 표명하는 것이 좋을 듯합니다. 엘린우드 박사는 이미 이달 18일자로 선교부로 보낸 편지에서 이 주제에 대하여 어느 정도 이야기하였지만, 실행 위원회는 위에서 언급한 브라운 박사에게 보낸 편지를 고려하여 추가적인 언급을 하는 것이 좋겠다고 생각하였습니다. 이 언급은 선교본부와 세브란스 씨가 완전히 만족할 의사를 찾는 경우를 대비하여 선교부의 회원들이 염두에 둘 수 있습니다. 우리가 매우 심각한 오류를 범하지 않는 한, 선교부의 반대는 해당 기관과의 영구적 관계를 갖는 두 명의 의사를 서울 병원에 배정하는 것이었습니다. 한편 한국 선교부와 이 주제에 대하여 의견을 표명한 다른 선교부들은 언제라도 안식년을 가져야만 하는 선교부 의사를 대신할 의사를 선교부에 추가로 두었으면 하는 거대한 열망을 거듭 느꼈습니다. 이 나라에서 의사의 부재로 자리를 잘 잡은 병원을 1년 혹은 그 이상 문 닫는 것은 거의 예외 없이 대단히 불행한 일입니다. 귀 선교부는 이런 종류의 경험을 거쳤습니다.

다른 몇 몇 선교부는 그러한 긴급 상황에 대처할 대체 의사를 선교본부에 분명하게 요청하였습니다. 세브란스 씨의 지원을 받을 새 의사를 한국 선교부로 파견할 때 선교본부는 그가 서울 병원의 두 번째 의사가 되게 하려는 의도가 아니라 그는 가능한 한 바람직하게는 선교부의 지시에 따라 순회 업무에 참여하며, 그 자신 혹은 선교부의 다른 의사에 의해 선교부의 모든 의료 사업에서 이러한 불행한 중단이 없도록 하는 것이었습니다.

엘린우드 박사는 이 의사는 주요 업무를 서울에 있는 병원에서 하게 될 것이라고 편지를 쓰면서 그 의사는 대부분의 시간 동안 가장 자연스러운 관계가 그 병원의 업무와 관련이 있을 것이라는 사실을 당연하게 여겼습니다. 세브란스 씨는 대단히 합리적인 사람이며, 한국 선교부의 대다수가 불쾌해 할 그런 조건을 자신의 제안에 달지 않을 것입니다. 현재 우리에게 이 자리에 임명할 사람을 갖고 있지 않다는 사실은 한국 선교부가 연례 회의에서 선교본부가 확보하였을 때 대체 의사를 어떻게 가장 잘 사용할 지에 대하여 논의한 후 명확하게 의견을 표현할 기회를 줄 것입니다. 엘린우드 박사의 또 다른 언급이 선교부에 의해 잘못 해석될 수 있다고 생각되어 왔습니다. 그는 "내 경험상 기부자의 의사는, (그 기부가) 사업을 완전하게 감당할 때, 존중되어야 한다는 것이 선교본부의 관례이었습니다."라고 말하고 있습니다. 나는 그가 이것이 절대적이고 무제한적인 방식으로 이해되기를 원하지 않을 것이라고 확신합니다. 선교본부는 선교 사업에 상당한 액수를 기부하기를 원하는 기부자를 만족시키기 위하여 선교본부의 정책이나 선교본부가 승인한 선교부의 정책에 직접적으로 반대하지 않을 것입니다. 사업에 대한 관심이 가장 중요하며, 아무리 부유한 기여자라도 선교본부의 조치에 대하여 그러한 통제를 할 수 없습니다.

(중략)

Courtenay H. Fenn (Acting Sec., BFM, PCUSA), Letter to the Korea Mission (June 30th, 1902)

(Omitted)

One of the members of the Korea Mission at present in this country, on account of the fact that Dr. A. J. Brown had recently visited Korea, and would therefore understand the situation perhaps more fully than any one else in the office, wrote to him a letter of very earnest protest against the policy of the Board in apparently ignoring the objections of the Korea Mission to the appointment of a second physician for the Seoul Station, simply because a wealthy man in this country had taken a special interest in the Hospital at Seoul and had promised the amount requisite for the supply of a second physician.

While it is really not necessary to explain a situation which no longer exists - the physician in question having been transferred to the Canton Mission, in view of various personal considerations, it is perhaps well that the Board should give expression to the understanding which was very clear in the minds of the officers of the Board when this physician was appointed to the Korea Mission. Dr. Ellinwood has already said something on the subject in his letter of the 18th inst addressed to the Mission, but the Executive Council thought it well that a further statement should be made in view of the letter to Dr. Brown above referred to. This statement may be borne in mind by the members of the Mission in case a physician may be found who shall be thoroughly satisfactory to the Board and to Mr. Severance. Unless we are very seriously in error, the objection of the Mission was to the definite assignment of two physicians to the Seoul Hospital for permanent connection with that institution, while the Korea Mission, as well as may other missions which have expressed themselves on this subject, has repeatedly felt the great desire of having an additional physician in the Mission to take the place of any one of the Mission physicians who might be compelled at any time to take his furlough. It is almost invariably very unfortunate to have a well established hospital closed for the year or more of a physician's absence in this country. Your own Mission has passed through experience of this kind.

Several of the other Missions have definitely besought the Board for an extra physician to meet such emergencies, and in sending the new physician to the Korea Mission, to be supported by Mr. Severance, the Board does not intend that the shall be a second physician for the Seoul Hospital, but that he shall engage in itinerating work under the direction of the Mission so far as practicable on desirable, and make it possible either by his own assignment or that of another physician of the Mission, for all the medical work of the Mission to be carried on without these unfortunate interruptions.

Dr. Ellinwood in writing that this physician's main work would be at the Hospital in Seoul, was taking it for granted that his most natural association for the greater part of the time would be with the work of that Hospital. Mr. Severance is a man very amenable to reason and would not insist upon any condition being attached to his offer which would be altogether distasteful to the large majority of the Korea Mission. The fact that we are now without a man to appoint to this position, will afford an opportunity for the Mission to express itself clearly after considering the matter at the Annual Meeting, as to the best use to be made of the additional physician when the Board has succeeded in securing him. It has been thought that another statement of Dr. Ellinwood's might be misconstrued by the Mission. He says - "It has been in all my experience a rule of the Board that the wish of donors, when completely covering an enterprise, shall be respected." I am sure that he would not wish this to be understood in any absolute and unlimited way. The Board would not go directly contrary to its own policy, or a policy of a Mission approved by the Board, even for the sake of satisfying a donor who wished to invest a considerable amount in a Mission enterprise. The interests of the work are paramount, and no contributor however wealthy has any such control as that over Board action.

(Omitted)

19020700

각종 소식.
The Korea Review (서울) 2(7) (1902년 7월호), 320쪽

우리는 장로교회 선교부가 남대문 밖에 새로운 병원 부지를 확보하였다는 소식을 접하게 되어 기쁘다. 건축가 고든 씨가 중국에서 돌아왔고, 우리는 빠르게 진행이 되기를 바란다.

News Calendar.
The Korea Review (Seoul) 2(7) (July, 1902), p. 320

We are glad to learn that the Presbyterian Mission has secured a site for their new hospital outside the South Gate. Mr. Gordon, the architect, has returned from China and we hope that rapid progress will be made.

코트니 H. 펜(미국 북장로교회 해외선교본부 임시 총무)이
J. 헌터 웰즈(평양)에게 보낸 편지 (1901년 7월 1일)

(중략)

다른 의사를 서울 병원에 임명하는 문제와 관련한 귀하의 의견은 엘린우드 박사가 선교부로 보낸 편지, 그리고 내가 방금 쓴 편지에서 충분한 답을 찾을 수 있을 것입니다. 선교부는 문제에 대하여 의견을 표명할 풍부한 개연성이 있는 것 같지만, 나는 선발되어 파송되었을 때 그 의사는 (어느 지부이건) 응급 상황에서 선교부의 부름을 받아야 하며 서울 병원에 얽매이지 않을 것이라는 것이 분명하게 이해되기를 바랍니다.

(중략)

Courtenay H. Fenn (Acting Sec., BFM, PCUSA),
Letter to J. Hunter Wells (Pyeng Yang) (Jul. 1st, 1901)

(Omitted)

In Dr. Ellinwood's letters to the Mission and in the one just written by myself, you will have found a sufficient answer to your remarks on the subject of the appointment of another physician for the Seoul Hospital. There is likely to be plenty of opportunity for the Mission to express itself on the subject, but I hope that it will be clearly understood that the physician, when he shall be secured and sent, is to be subject to the call of the Mission for emergency service in any direction and is not to be tied down to the Seoul Hospital.

(Omitted)

코트니 H. 펜(미국 북장로교회 해외선교본부 임시 총무)이
메리 L. 기포드(서울)에게 보낸 편지 (1901년 7월 1일)

(중략)

나는 병원 사업의 경비를 삭감하기 위한 선교부의 목회자들의 명백한 계획과 관련하여 귀하가 말하는 것을 주목하였습니다. 한국 선교부에서는 의료와 전도 사업에 어느 정도 상대적 비중을 두어야 하는지, 그리고 과거에 이 두 사역에 대한 선교부의 실제 의견에 대해서는 약간의 차이가 있는 것 같습니다. 우리는 귀하 자신이 제기하는 것만큼 상대방에게 강한 불만을 가지고 있으며, 존재하는 실제 조건에 대하여 결정하는 것은 결코 쉬운 문제가 아닙니다. 어떤 사람은 서울 지부의 거의 모든 것이 의료 사업을 보조하기 위해 만들어지며, 병원이 전체 지부 활동의 중심이라는 말을 하는 반면, 귀하는 의료 사업에는 불리하게 전도 사업을 확대하는 경향이 있다고 생각하고 있습니다. 어찌 보면 미국의 국내 선교부와 해외선교부 사이의 갈등과도 같은 일인데, 어떤 식으로든 그 어려움을 해결해야 합니다. 어느 쪽 사업도 다른 사업 없이는 완료되지 않습니다. 의료 사업은 강력한 전도 매체이어야 합니다. 직접 전도 사역을 하는 사람들도 틀림없이 의료 사역을 도울 기회가 많을 텐데, 굳이 두 분야가 다투는 것은 불필요한 일인 것 같습니다. 분명 건립을 위하여 기부된 거액으로 새 병원에 마련될 시설에 대하여 불평할 근거는 없습니다. 나는 선교본부가 만장일치로 이루어진 선교부의 결정에 반대하는 경우는 흔하지 않고, 게다가 선교부 결정이 자신이나 그의 사업에 부당하다고 느끼는 선교부의 구성원은 모든 문제를 선교본부에 제기할 완전한 권리가 있으며, 이 문제는 브라운 박사가 한국에 있을 때 고려하였다는 것을 이해하고 있습니다. 그는 자신의 보고서에서 의료 활동을 매우 높이 평가하였으며, 우리는 에비슨 박사가 이 훌륭한 사업을 수행하기 위한 더 크고 더 완벽한 시설을 제공받을 수 있게 되어 매우 기쁩니다. 나는 선교부가 한 마음이 되고, 모든 사람이 똑같이 전념하고 있는 한 사업의 모든 분야를 수행하는 데 하나가 될 수 있다고 믿고 있습니다.

안녕히 계세요.
코트니 H. 펜

Courtenay H. Fenn (Acting Sec., BFM, PCUSA), Letter to Mary L. Gifford (Seoul) (July 1st, 1902)

(Omitted)

I have noted what you say with reference to the apparent plan on the part of the ordained men of the Mission to cut down the expense of the hospital work. There seems to be quite a little difference of opinion in the Korea Mission as to the relative importance which should be assigned to the medical and the evangelistic work, and also as to the actual attitude of the Mission toward these two departments of the work in the past. We have had quite as strong complaint on the other side as that which you yourself make, and it is by no means an easy matter to determine as to the actual conditions which exist. Some say that practically everything in Seoul Station is made to subserve the medical work, and that the Hospital is the centre of the whole Station activity, while you feel that the tendency is to magnify the evangelistic to the disadvantage of the medical work. It is somewhat like the dispute between Home and Foreign Missions in this country, and the difficulty should be solved in some way. Neither work is complete without the other. The medical work should be a strongly evangelistic agency. Those engaged in the directly evangelistic work have also undoubtedly many occasions to assist the medical work, and it would certainly seem as if it were quite unnecessary to have any strife between the two departments. Surely there ought not to be any ground of complaint of the accomodations which will be provided in the new hospital by the large sum which has been donated for its erection. It is not very often that the Board is willing to go contrary to a Mission action which is unanimous, and yet any member of a Mission who feels that a mission action is unjust to him or to his work has a perfect right to set the whole matter before the Board, and I understand that this question was considered with Dr. Brown when he was in Korea. He has commended the medical work very highly in his report, and we are very glad that Dr. Avison is likely to be provided with larger and more perfect facilities for the carrying on of this good work. I trust that the Mission may be of one mind, and one heart in carrying on the various departments of the one work to which all are alike consecrated.

Yours very sincerely,
Courtenay H. Fenn

19020706

찰스 F. 번하이슬(서울)이
시카고 노회의 기독면려회로 보낸 편지 (1902년 7월 6일)

(중략)

정동으로 알려진 우리 부동산의 일부는 돌담으로만 왕궁과 분리되어 있습니다. 세 주택에 거주하는 사람들 중에 가장 가까운 이웃은 대단히 우호적이지는 않지만 왕입니다. 그는 이 부지를 구입하여 궁궐 부지에 편입시키기를 원하였습니다. 2년 전 그는 첫 지불액인 5천 달러를 지불하고, 나머지 금액을 명시된 지불금으로 지불하겠다고 약속하는 거래를 진행하였습니다. 첫 지불의 시간이 되었지만 왕은 그렇게 하지 못하였습니다. 나머지 지불도 마찬가지입니다. 따라서 전체 사건은 해결 가능성이 대단히 낮은 상태로 2년 동안 지연되었습니다. 이 거래에는 병원도 포함되어 있습니다. 현재 병원은 오래된 한옥 건물이지만 형편없이 현재의 목적을 수행하고 있습니다. 새롭고 현대적인 병원을 마련하기 위한 기금이 제공되었지만 왕이 현재 부지를 구입하고 새 병원을 위한 부지를 제공해야 하는 의무를 다하지 못하여 병원 건축이 여러 달 동안 지연되었습니다. 하지만 최근에 그 병원 건축 기금을 제공하였던 동일 기부자의 너그러움에 의해 남대문 바깥의 부지를 구입하였으며, 곧 건축 작업이 시작될 것인데 그것은 선교부에 명예가 되고 도시에 축복이 될 것입니다. 만일 충분한 토지를 구입할 수 있다면 정동의 사람들도 건축할 것이며, 그렇게 되면 두 개의 오래된 선교 중심을 버리고 하나의 새로운 중심을 형성하게 될 것입니다. 따라서 우리의 사업은 대단히 불안정하였고, 제안된 변경이 결과적으로 어떻게 될지 모르는 미래에 대한 계획을 세우기 어렵습니다. 우리는 이러한 불확실성이 더 이상 오래 끌지 않을 것이라고 믿고 있습니다.

(중략)

Charles E. Bernheisel (Seoul),
Letter to Christian Endeavors, Chicago Presbytery (July 6th, 1902)

(Omitted)

One portion of our property, known as Chong Dong, is separated from the royal palace only by a stone wall. The nearest neighbor of those who occupy the three dwelling houses there is His Majesty, although he is not very neighborly. He has been wanting to buy out this property and annex it to the royal grounds. Two years ago he proceeded so far in the deal as to make the first payment of $5000.00 with the promise of the remainder in stated payments. The time for the first payment came, but the King failed to meet it. Likewise with the remaining payments. The whole affair has thus been hanging fire for two years, with very poor prospects for settlement. The hospital is also included in this deal. The present hospital is an old Korean building that but illy serves its present purpose. Money has been given to provide a new, modern hospital, but its erection has been delayed these many months by the failure of the King to meet his obligation in purchasing the present plant, and furnishing a site for the new one. Recently, however, by the munificence of the same donor who furnished the money for the hospital, a site outside the South Gate has been purchased, and work will soon commence on the building, which will be a credit to the mission and a blessing to the city. If sufficient ground can be purchased, the Chong Dong people also will build, thus deserting two of the old centres and forming one new one. Thus our work has been very unsettled, it being difficult to make plans for the future, not knowing how the proposed changes were going to eventuate. We trust that this uncertainty will not prevail much longer.

(Omitted)

19020709

그레이엄 리(미네소타 주 미네아폴리스)가 아서 J. 브라운(미국 북장로교회 해외선교본부 총무)에게 보낸 편지 (1902년 7월 9일)

미네소타 주 미네아폴리스,
헤네팽 애버뉴 1672
1902년 7월 9일

접 수
1902년 7월 12일
브라운 박사

친애하는 브라운 박사님,

새 의사가 올해 한국으로 가지 않게 되어 진심으로 기쁩니다. 저는 박사님이 상황을 판단하였다고 확신하였습니다.

박사님이 언급한 고려 사항과 관련하여 몇 말씀 드릴 것이 있습니다. 1년 동안 병원 [이야기로] 휘덮는 것은 나쁜 정책이라는 지적이 있습니다. 왜 나쁜 정책이어야 합니까? 이유들이 있습니다. 이교도 나라의 병원이 후원을 얻는 데 성공하는 것은 이 나라의 사업과 같은 원칙에 의존하지 않습니다.

병원이 개원하면 항상 충분한 환자가 있습니다. 어빈 박사가 돌아오면 그의 병원이 1년 동안 문을 닫았음에도 불구하고 그가 돌볼 수 있는 모든 사례를 찾을 수 있을 것입니다. 의료 사업의 미래 성공은 지속적인 실행에 달려있지 않으며, 9년 중 1년 동안 병원의 문을 닫았다고 해서 위태롭게 되는 것도 아닙니다. 우리 선교지에서 전도 사업은 더 이상 의료 사업에 의존하지 않습니다. 우리의 의료 사업은 내일 모두 멈출 수 있고, 전도 사업은 똑같이 계속될 것입니다.

감리교회 신자들이 의료 사업을 줄였으나 그들의 전도 사업은 뚜렷하게 감소되지 않고 어떻게 계속되고 있는지 보십시오. 한 의사가 많은 의학생을 갖고 있다면 그들을 1년 동안 낙제시키는 것이 좋은 정책이 아니라는 것을 알 수 있지만, 저는 현재의 우리 업무 상황에서는 증원의 필요성이 별로 없다고 생각합니다. 저는 교회가 지금 한국에서 무르익은 것처럼 보이는 풍성한 추수를 거두는 일에 우선적으로 관심을 기울여야 한다고 생각합니다. 그리고 그것으로부터 주위를 돌리는 것은 무엇이든 방해가 됩니다. 의료 사업에서 이 확대를 위하여 그토록 열심히 압력을 가하는 사람들은 그 확대가 추수를 거두는 일에서 우리를 더 효율적으로 만들 것이라고 주장합니까? 그들은 어떻게 그런 논쟁을 할 수 있습니까? 어떤 사람들이 의료 사업을 증진시키기 위하여 들이고자 하는 생각, 돈과 노고를 전도에 직접 투입하면 추수 때 큰 수확을 거두지 않겠습니까? 선교본부와 교회는 우리의 놀라운 전도 사업의 요구가 충족될 때까지 의료 사업의 증진을 고려할 권리가 있습니까?

이제 공석을 채우고 지방 순회 전도를 위하여 이 새 사람을 파송하는 것과 관련하여 그것은 작동하지 않을 것입니다. 우리는 올바른 부류(그리고 우리는 다른 부류를 원하지 않습니다)의 사람이라면 단순히 '대체'하려는 사람을 얻지 못할 것입니다. 그는 자신이 책임져야 할 분명한 일을 가지고 있는 한 결코 만족하지 않을 것입니다. 우리는 이러한 질문들로 인하여 우리가 서울의 의료 활동의 증가라는 주요 문제에 대하여 눈을 멀게 해서는 안 됩니다.

이 의사를 밀어붙이는 사람들은 그를 대체 의사나 지방 순회 전도를 위한 의사로 원하지 않으며, 그들은 서울 병원을 위하여 그를 원하고 있습니다. 이것을 잊지 말고, 선교부가 언급한 것도 잊지 맙시다. 우리는 그가 의료 업무에 추가되는 것을 원하고 있지 않습니다.

문제에 대하여 다음과 같이 결의되었습니다. 선교본부는 다수의 요청에 귀를 기울일 것인가, 아니면 소수의 의사에 따라 결정될 것인가. 만일 후자가 발생하면 결과, 불화 및 분쟁을 예측할 수 있습니다. 저는 선교본부가 가장 유망한 분야라고 주장하는 분야의 업무를 고의적으로 망치는 위험을 감수하는 것이 이상하게 보입니다.

만일 선교본부가 선교부가 요청할 때까지 한국에 더 이상 의사를 임명하지 않을 것이라는 근거를 받아들인다면 그들은 안전할 것입니다.

만일 다른 의사를 보내는 것이 옳고 최선의 이익을 위해서라면 대다수가 그렇게 생각할 것이라고 믿고 있습니다. 2, 3년을 기다리면 무슨 해가 있겠습니까?

한국에서 훌륭한 의료 활동에 반대하는 것은 아니지만, 의료 사업을 과도하게 확대하는 것에는 대단히 반대합니다.

안녕히 계십시오.
그레이엄 리

Graham Lee (Minneapolis, Minn.),
Letter to Arthur J. Brown (Sec., BFM, PCUSA) (July 9th, 1902)

Minneapolis, Minn.,

1672 Hennepin Ave.,

July 9, 1902

Dear Dr. Brown: -

I am sincerely glad that the new doctor is not going to Korea this year. I felt sure that you appreciated the situation.

In regard to the considerations you mention I have a few words to say. It is contended that it is bad policy to sheet up a hospital for a year. Why should it be bad policy? What reasons are given. A hospital in a heathen land in its success in gaining patronage is not dependent upon the same principles as a business enterprise in this country.

Whenever a hospital is opened there are always enough patients. When Dr. Irvin gets back he will find all the cases he can take care of notwithstanding the fact that his hospital has been closed for a year. The future success of the medical work is not dependent upon continuous running nor is it jeopardized by closing one year in nine. No more is the evangelistic work, in our field, dependent upon the medical. Our medical work might all stop to-morrow and the evangelistic would go on just the same.

See how the Methodist have cut down their medical work and yet their evangelistic goes on with no apparent diminution. I can see how if a doctor had a large class of medical students under him, it would not be good policy to drop them for a year, but in the present status of our work I don't consider that there is much call for enlargement in that line. I think the church should give her attention primarily to the gathering of the rich harvest which now appears ripe in Korea, and anything that diverts attention from that is a hindrance. Do those who are pressing so hard for this enlargement in the medical work claim that said enlargement will make us more efficient in the gathering of the harvest? How can they make such a contention? Would not the thought, money and labor that some wish to put into an increase in medical work, if put directly into th evangelistic bring large returns in the gathering of the harvest? Has the Board and the Church any right to consider an increase in the medical work until the demands of our wonderful evangelistic work are satisfied?

Now in regard to sending this new man out for filling vacancies and itinerating in the country it wouldn't work. We wouldn't get a man if he is the right sort (and we want no other kind) to be simply a "filler in." He would never be satisfied while he had his own definite work for which he was responsible. We must not let these questions blind us to the main issue, which is an increase in the medical work in Seoul.

Those who are pushing for this doctor do not want him as a substitute, or for itinerating in the country, they want him for the hospital in Seoul. Let us not forget this, and let us not forget too that the Mission said. We do not want his addition to the medical work.

The question resolved itself into this: will the Board heed the request of the large majority, or be governed by the desire of the small minority. If the latter happens then you can foresee the result, discord and trouble. It is passing strange to me that the Board would deliberately take the risk of spoiling the work in a field which they claim is their most promising one.

If the Board will take the ground that they will appoint no more doctor for Korea until the Mission ask for them they will be on the safe side.

If it is right and for the best interest of the work to send out another doctor I believe that the majority will see it that way. What harm could there be in waiting two or three years?

I am not opposed to our having good medical work in Korea but I am very much opposed to magnifying the medical work until it is out of proportion.

Sincerely yours,
Graham Lee

19020723

유덕목이 올리버 R. 에비슨(서울)에게 보낸 편지
(1902년 7월 23일)27)

서울, 1902년 7월 23일

친애하는 에비슨 박사님,

　민종묵 대신께서는 저에게 지금의 저택에 10년 동안 살고 계시며, 최근에 어떤 배수구와, 최근에 박사님이 멈추게 한 것 같은 화장실 구멍이 항상 그곳에 있었는데 비가 많이 올 때 대신 소유의 부지를 배수하는 목적을 수행한다는 것을 박사님께 설명해 달라고 부탁하셨습니다. 작년에는 비가 내리지 않아 박사님이 무거운 벽으로 막음으로써 항상 이 구멍이 그곳에 있었던 목적을 잊은 것 같으며, 그 결과 최근 폭우로 인하여 대신의 집 전체가 물에 잠겼습니다.

　박사님의 하인들에게 배수구를 다시 열어 달라는 두 건의 요청이 무시되었기 때문에, 그렇지 않으면 자신의 집이 손상될 것이기 때문에 대신은 그의 호위병을 보내 그것을 다시 열 필요가 있었습니다. 대신은 박사님이 항상 그곳에 있었고 위에서 설명한 목적을 위하여 존재하는 이 구멍을 더 이상 방해하지 않을 것이라고 믿고 있습니다. 그렇지 않으면 그는 다른 조치를 취해야 할 것입니다.

　안녕히 계십시오.
　서명 유덕목

---

27) 이것은 다음 공문에 첨부된 문서이다. Horace N. Allen (U. S. Minister to Korea), Despatch to You Key Whan (Acting Minister for Foreign Affairs) (Aug. 1st, 1902)

Yu Duk Mog, Letter to Oliver R. Avison (Seoul) (July 23rd, 1902)

Seoul, 23'rd July, 1902

Dear Dr. Avison,

Minister Min Chong Muk has asked me to explain to you that he has been occupying his present residence for ten years, and that a certain drain and W. C. (Water-closet) hole, which you seem lately to have stopped, has always been there, and serves the purpose of draining the minister's compound during heavy rains. There having been no rains last year the purpose for which this hole always was there seems to have been forgotten by you as you had it closed with a heavy wall the result being that during the heavy rains lately the whole of ministers compound was flooded.

As two applications to your servants to reopen the drain hole were disregarded, it was necessary for the minister to send his guard to reopen it as the water otherwise would damage his house. The minister trusts that you will refrain from further interfering with this hole which has always been there and is there for the purpose described above, otherwise he shall be obliged to take other steps.

Yours faithfully,
sn. Yu Duk Mog

19020725

코트니 H. 펜(미국 북장로교회 해외선교본부 임시 총무)이
시릴 로스(부산)에게 보낸 편지 (1902년 7월 25일)

(중략)

선교본부가 서울 병원에 두 번째 의사를 임명한 것에 대한 귀하의 의견 표명에 길게 답변할 필요는 없습니다. 이 주제에 관하여 선교부로 보낸 편지를 이미 보았을 것입니다. 나는 선교본부가 특히 한국 선교부와 같이 훌륭한 기록을 세운 선교부의 경우 정착된 선교 정책을 가볍게 평가하는 습관이 없다는 점을 다시 한 번 확언할 수 있을 뿐입니다. 만일 그 문제에서 선교본부의 입장에 대한 우리의 설명을 고려할 때, 선교부가 여전히 불평하거나 반대할 이유가 있다고 생각한다면, 귀하가 의견을 표명할 충분한 기회를 갖게 될 연례 회의의 시간이 빠르게 다가오고 있습니다.

위대한 일을 이루기 위해 귀하는 제한된 수의 사람들만을 가질 수 있다는 것이 사실이고, 한국에서 가장 필요한 부류의 사람들이 있는 것이 바람직하지만, 의사의 지원을 위한 기금이 우리에게 제공되고 동시에 보낼 목회자를 찾는 것이 불가능할 때, 의사 파송을 거부하는 것은 대단히 어리석은 일인 것 같습니다. 세브란스 씨도 조만간 선교부의 전도 사역을 위하여 상당한 일을 할 의향이 있을 것이지만, 의료 인력의 추가와 관련한 자신의 바람을 들어주기를 거부하면서 그렇게 하도록 권하는 것은 대단히 나쁜 방법일 것입니다. 우리는 그가 새로운 사람을 서울에 영구적으로 고정시키도록 주장할 가능성이 있다고 생각하지 않고 있습니다. 사실 그가 새 사람을 보내자고 처음 제안한 것은 어빈 박사가 안식년으로 부재중일 때 부산의 병원이 문을 닫아야 한다는 사실을 알게 되었을 때이었습니다.

(중략)

Courtenay H. Fenn (Acting Sec., BFM, PCUSA), Letter to Cyril Ross (Fusan) (July 25th, 1902)

(Omitted)

It is not necessary that I reply at length to the expression of your opinion on the Board's appointment of a second physician to the Seoul Hospital, as you will have already seen my letter to the Mission on this subject. I can only repeat the assurance that the Board is not in the habit of lightly estimating a settled Mission policy, especially in the case of a Mission which has made such an excellent record for itself as the Korea Mission. If in view of our explanation of the Board's position in the matter, the Mission still feels that it has reason to complain, or object, the time for your Annual Meeting is rapidly approaching, when you will have full opportunity for expression of opinion.

While it is true that yon can only have a limited number of men for the great work to be done, and it is desirable to have those of the sort most needed in Korea, at the same time it would seem to us to be very foolish to refuse to send a physician when the funds for his support are offered to us and when it is at the same time impossible to find an ordained man to send. It is very probable that Mr. Severance will also be willing to do considerable, sooner or later, for the evangelistic work of the Mission, but it would be a very poor way to encourage him to do so by refusing to meet his wish with reference to the addition to your medical force. We do not think that he is likely to insist upon the new man being permanently fixed at Seoul. Indeed, the first suggestion of sending the new man was made by him when he learned that the Hospital at Pusan had to be closed during the absence of Dr. Irvin on furlough.

(Omitted)

19020725

코트니 H. 펜(미국 북장로교회 해외선교본부 임시 총무)이
노먼 C. 휘트모어(선천)에게 보낸 편지 (1902년 7월 25일)

1902년 7월 25일

노먼 C. 휘트모어 목사,
　한국 선천

친애하는 휘트모어 씨,

　귀하가 5월 23일자로 엘린우드 박사에게 보낸 편지를 받았습니다.[28] 최근 선교부로부터 많은 다른 편지들처럼 그것은 주로 서울 병원을 위하여 두 번째 의사를 임명한 것에 대하여 선교부가 다소 오해하고 있는, 선교본부의 최근 조치와 관련된 것입니다. 나는 엘린우드 박사가 이미 쓴 것에 추가하여 선교 본부의 결정에 대한 설명을 선교부로 보냈기에 귀하의 서신에 자세히 답장할 필요는 거의 없습니다. 선교본부는 한국 선교부가 의학 교육 사업이나 의료 사업의 다른 부분을 지나치게 강조하도록 강요할 의사는 없습니다.

　나는 귀하와, 엘린우드 박사의 1901년 11월 5일자 편지에서 인용한 귀하의 의견, 즉 의료 분야에서 한 병원의 두 의사의 연합은 의심스러운 실험이라는 의견에 전적으로 동의합니다. 나 자신도 베이징 선교부의 일원이었기 때문에 베이징 시에서 겪었던 어려움을 잘 알고 있습니다. 하지만 귀하가 엘린우드 박사가 새 사람들이 임명될 때 선교본부 회의에 참석하지 않았다거나 오랜 경험에서 나온 그의 말이 필요하지 않다고 생각하는 것은 옳지 않습니다. 나는 선교부의 구성원들이 선교본부의 결정에 대한 엘린우드 박사의 설명을 어느 정도 오해하고 있지 않을까 염려하고 있는데, 그는 자신의 제안에 따라 취해 진 조치가 자신의 서신에서 인용한 것과 전혀 불일치해야 한다고 의도하지 않 았기 때문입니다.

　새 의사가 그러한 위치를 기꺼이 맡지 않을 것이라는 가정 하에 대체 의 사로 사용되는 것에 대한 귀하의 반대에 관하여, 나는 선교본부가 선교부로

---

28) Norman C. Whittemore (Syen Chun), Letter to Frank F. Ellinwood (Sec., BFM, PCUSA) (May 23rd, 1902)

파송한 사람이라면 적어도 현재로서는 그러한 대체 업무를 위한 이동이 예상된다는 것을 매우 명확하게 이해하고 있을 것이라고 말할 수 있을 뿐입니다.

더욱이 선교사 생활과 사업이 위급한 상황에서 그가 그러한 대체를 여러 해 동안 유지해야 할 가능성은 거의 없는데, 모든 분야에서 인력의 이동으로 몇 년 안에 자신만의 정착된 병원을 가질 가능성이 있기 때문입니다.

여섯 번째 의견으로 귀하는 렉 씨의 죽음과 무어 씨의 사퇴 가능성으로 인한 공석이 이 대체 의사보다 더 시급한 것처럼 보일 것이라고 말하였습니다. 이 주장은 만일 그것이 의사와 목회자 사이의 문제라면 힘이 있을 것입니다. 선교본부는 찾을 수 있을 때 목회자를 즉시 파송할 준비가 되어 있으며, 대체 의사의 파견은 목회자의 파송을 한 달도 지연시키지 않을 것입니다.

이 문제에 대한 에비슨 박사의 연관과 관련하여 본부의 어느 누구보다 그 문제에 대한 경과를 더 많이 알고 있는 홀시 박사는, 그것이 에비슨 박사의 전보에 의한 결과가 아니라 언더우드 박사 및 어빈 박사가 한국을 위한 요청을 하였던 회합에서 한국에 필요한 것에 대한 인상을 받은 결과이었다는 것을 대단히 단호하게 밝히고 있습니다.

(중략)

Courtenay H. Fenn (Acting Sec., BFM, PCUSA), Letter to Norman C. Whittemore (Syen Chyun) (July 25th, 1902)

July 25th, 1902

Rev. Norman C. Whittemore,
    Syen Chyun, Korea

My Dear Dr. Whittemore:

I have received your letter to Dr. Ellinwood of May 23rd. Like numerous others recently received from the Mission, it largely relates to the recent action of the Board, somewhat misunderstood by the Mission as to the appointment of a second physician for Seoul Hospital. I have already written to the Mission something of an explanation of the Board's action in addition to what Dr. Ellinwood had already written, so that it is hardly necessary to reply in detail to your letter. The Board has no desire to compel the Korea Mission to put undue emphasis on medical educational work, or any other branch of the medical work.

I quite agree with you and with the opinion which you quote from Dr. Ellinwood's letter of Nov. 5th, 1901, that the association of two physicians in a hospital on the medical field, is a questionable experiment. Having been myself a member of Peking Mission, I am very familiar with the difficulties experienced in the hospital in Peking City. You are not right, however, in thinking that Dr. Ellinwood was absent from the Board Meeting when the new men was appointed, or that his words given from long experience were not needed. I fear that members of the Mission have misunderstood in a measure Dr. Ellinwood's explanation of the Board's action, as he did not intend that that action which was taken at his suggestion, should be at all at variance with quotation from his letter.

As to your objections to the new physician being used as a substitute physician on the supposition that he would not be willing to take such a position, I can only say that the Board would have a very clear understanding with any man who went out to the Mission that for the present at least, such moving about for substitute work would be expected of him.

It is not probable, moreover, in the exigencies of missionary life and work that he would have to keep up such substitution many years, for there are such shifting of forces in all fields as render it probable that in a few years he would have a settled hospital of his own.

As your sixth opinion, you state that the vacancies caused by the death of Mr. Leck and the probable withdrawal of Mr. Moore would appear to be more pressing than this supplementary doctor. This argument would be of force if it were a question between a doctor and an ordained men. The Board is ready to send ordained man to the field when they can be found, and the sending of the supplementary doctor will not delay for one month the sending of ordained man.

With reference to Dr. Avison's connection with this matter, Dr. Halsey who knows more about the course which the matter has taken, than any one else in the office, declares very positively that Mr. Severance's offer was not the outcome of wire pulling by Dr. Avison, but was the result of the impression made upon him by the presentation of Korea's needs in conferences at which Dr. Underwood and Dr. Irvin made the appeal for Korea.

(Omitted)

올리버 R. 에비슨(서울)이 호러스 N. 알렌
(주한 미국 공사)에게 보낸 편지 (1902년 7월 26일)

서울,
1902년 7월 26일

H. N. 알렌 님,
　　주한 미국 공사

안녕하십니까,

　　저는 귀하께 자신의 부지가 저의 부지에 인접해 있는 민종묵이 저의 부지에 무단 침입한 사실을 보고해야만 해서 유감스럽습니다.
　　상황은 다음과 같습니다.
　　7월 21일 월요일 오후, 병원 부지 내 사택에 거주하고 있는 저의 한국인 고용인은 민종목이 그렇게 하라고 하였다고 말하며 두 명의 경찰이 부지로 들어 왔고, 두 부지를 분리하는 담장의 부분을 강제로 개방하고 민 씨 부지에 있는 화장실의 내용물을 저에게 알린 사람의 청과물 위에 흩뿌린 후 즉시 돌아갔다고 저에게 알렸습니다. 저는 한국인 조수에게 왜 그가 이렇게 하였는지, 그리고 왜 불만 사항이 있으면 나에게 알리지 않았는지 묻는 편지를 제 대신 민 씨에게 보내도록 지시하였습니다. 23일 저는 유덕목이 민 씨를 대신하여 작성하였다고 주장하는 '1번'이라고 표시한, 동봉한 서신을 받았습니다.[29]
　　저는 답장을 보냈고, 이제 '2번'이라고 표시된 저의 편지 사본을 동봉합니다. 이달 25일에 저는 편지를 받았는데, 분명 손 글씨 놀이에서 다른 손으로 썼지만 서명 없이 단순히 구멍이 닫혀 있으면 다른 방법으로 구멍을 만들 수 있다는 내용이었습니다. 저는 3번이라고 표시한 쪽지를 전령에게 주어 돌려보냈습니다. 거기에 언급된 편지는 반환되지 않았으며, 저는 지금까지 제 쪽지에 대한 답변을 받지 못하였습니다.
　　제가 아는 한 담장 개방에 관한 사실은 다음과 같습니다.
　　몇 년 전에 제가 병원 건물을 소유하게 된 지 얼마 되지 않아 저는 이웃

---

29) 유덕목이 올리버 R. 에비슨(서울)에게 보낸 편지 (1902년 7월 23일)

부지에 있는 화장실의 내용물이 벽의 구멍을 통해 저의 집으로 배출되는 것을 발견하였습니다. 저는 구멍을 막으라고 지시하였고, 이것은 다른 부지의 주인으로부터 항의를 불러 일으켰는데, 제 기억에 따르면 빗물을 배출할 목적으로 구멍은 남겨두되 화장실은 내용물이 제 부지로 흐르지 않는 곳에 위치해야 한다는 합의에 이르렀습니다. 위에 언급한 경찰이 출동할 때까지 이 문제에 대하여 더 이상 들은 바가 없었습니다. 저는 불만의 이유가 있다는 암시를 누구에게도 받지 않았으며 그러한 이유가 있는지도 몰랐습니다.

귀하가 고려해 주시도록 위의 전술을 정중하게 제출합니다.

안녕히 계십시오.
O. R. 에비슨

추신. 저는 위에 언급된 두 글자가 잘못 놓여 있는 것을 발견하였습니다. 후에 전령(傳令)을 통해 보내드릴 것입니다. ORA

Oliver R. Avison (Seoul), Letter to Horace N. Allen (U. S. Minister to Korea) (July 26th, 1902)

Seoul,
July 26th, 1902

Hon. H. N. Allen,

U. S. Minister to Korea, &c.

Dear Sir,

I regret to have to report to you a trespass committed on my compound by the Hon. Min Chong Mok whose premises adjoin mine.

The circumstances are as follows,

On the afternoon of Monday, July 21th a Korean in my employ who lives in a house on the hospital compound informed me that two policemen, who said that they had been sent by Min Chong Mok for the purpose, entered premises and had forcibly opened a portion of the wall separating the two compounds and scattered the contents of a water closet on Mr. Minis compound over the garden stuff of my informant and had then at once retired. I directed my Korean Assistant to address a letter of enquiry to Mr. Min on behalf asking why he had done this and why if he had cause of complaint he had not informed me. On the 23rd I received the enclosed communication, marked "No. I" claiming to be written by one Yu Duk Mog on behalf of Mr. Min.

I replied and now enclose a copy of my letter, marked "No. 2." On the 25th inst I received a letter, evidently in the game hand-writing as the other but without signature simply stating that if the opening were closed other means would be taken to open it. I sent the letter back with the messenger with a note of which the enclosed, marked "No. 3" is a copy. The letter referred to therein was not returned nor have I up to this time received an answer to my note.

The facts concerning the opening in the wall so far as I know them are as follows.

Soon after I entered into possession of the hospital property, some years ago, I found that the W. C. on a neighbor's property was so placed that its contents were discharged through an opening in the wall on to my compound. I directed the opening to be closed and this brought a protest from the occupant of the other compound which led to negotiations resulting so far as my remembrance goes in an agreement that the opening should be left there for the purpose of discharging rain water but that the W. C. should be placed where its contents would not drain on to my property. Nothing more was heard of the matter until the occasion of the entrance of the police referred to above. I received no intimation from any one that there was any cause for complaint and was unaware that any such existed.

Respectfully submitting the above statement for your consideration I am

Very sincerely yours,
O. R. Avison

P. S. I find two of the letters referred to in the above have been mislaid. I will send them to you by a later messenger. ORA

19020731

코트니 H. 펜(미국 북장로교회 해외선교본부 임시 총무)이
프레더릭 S. 밀러(서울)에게 보낸 편지 (1902년 7월 31일)

(중략)

우리는 에비슨 박사가 병원 부지의 확보에 성공하였다는 소식을 들었습니다. 그 성공이 완전한 것은 아니지만, 진전이 이루어지고 있는 것에 대해 우리는 기뻐하고 있습니다.

(중략)

Courtenay H. Fenn (Acting Sec., BFM, PCUSA),
Letter to Frederick S. Miller (Seoul) (July 31st, 1902)

(Omitted)

We have heard from Dr. Avison of his success in securing land for the hospital. That success was not altogether complete, but progress was being made, and in this we rejoice.

(Omitted)

19020800
편집자 논평. *The Korea Review* (서울) (1902년 8월), 357쪽

8월 초 남대문 밖 좋은 부지에서 미국 북장로교회 선교부의 새 세브란스 기념 병원의 착공식을 보게 된 것은 매우 기뻤다. 이른 바 정부 병원의 성공은 지난 10년 동안 일할 수밖에 없었던 불리한 조건을 고려할 때 매우 놀랍다. 그러나 높고 아름다운 대지 위에 완전히 좋은 건물이 건축되고 정부와의 모든 연결이 끊겼으니 이제 진짜 병원에 가까워지는 무엇인가를 찾아봐야겠다. 우리는 새 건물에 대한 계획을 검토하였으며, 그 우수성에 대하여 판단할 자격은 없지만 건립될 이 건물이 돈으로 지을 수 있는 최고의 건물이라고 믿고 있다.

Editorial Comment. *The Korea Review* (Seoul) (Aug., 1902), p. 357

It was with great pleasure that we saw ground broken for the new Severance Memorial Hospital of the Presbyterian Mission of U. S. A. early in August, on a fine site outside the South Gate. The success of the so-called Government Hospital has been very remarkable considering the untoward conditions under which it has been compelled to work during the past ten years. But now that a thoroughly good building is to be erected on a high and beautiful site and all connection with the government severed we shall look for something approaching a genuine hospital. We have examined the plans for the new building and, while not competent to judge as to their excellence, we believe that the building to be erected is the best that can be made with the money.

19020800

각종 소식.

The Korea Review (서울) 1(8) (1902년 8월호), 362, 363, 364쪽

362쪽

여름휴가를 떠난 외국인들이 업무를 재개하기 위하여 돌아오고 있다. 마텔 교수가 중국에서, 프램튼 교수가 강화에서, 벙커 교수 부부가 중국에서, 빈튼 씨와 가족이 북한산에서, 에비슨 박사와 가족이 한강에서, 헐버트 교수와 가족이 같은 곳에서. 엄청나게 시원한 여름은 서울을 떠날 필요가 거의 없게 만들었다.

363쪽

장로교회 선교부는 새 세브란스 기념 병원의 부지로 남대문 밖에 있는 대규모 부지를 확보하였으며, 8월 중순에 토지의 정지 작업이 시작되었다. 그러나 정부의 간섭으로 한동안 공사가 중단되었다. 지방 당국이 조약을 주의 깊게 읽고 외국인이 서울 어디에서나 부동산을 구매하고 건축할 수 있는 완전한 권리를 가진다는 점을 명심하기 바란다.

364쪽

(중략)

다음 소식은 진남포에 콜레라가 발생하였다는 것이다. 일본인 담당 의사는 에비슨 박사가 책임을 맡고 있는 제중원에 신속하게 약품을 보내달라고 전보를 보냈다. 한편 서울의 지방 당국은 콜레라가 서울로 전파되기에는 계절이 너무 늦었다는 결론을 내리고 예방 조치에 대한 관심을 잃고 무관심하여 서울에 있는 위생국의 외국인 의사들이 세운 계획은 좌절되었다. 국가가 서울을 위하여 있지 서울이 국가를 위하여 있는 것이 아니라는 여론이 정부에 만연해 있다는 것이 유감스러울 것이다.

News Calendar.

The Korea Review (Seoul) 1(8) (Aug., 1902), pp. 362, 363, 364

p. 362

Foreigners who have been away on their summer vacations are returning to resume their work. Prof. Martel from China, Prof. Frampton from Kang-wha, Prof. Bunker and Mrs. Bunker from China, Mr. Vinton and family from Puk-han, Dr. Avison and family from Han-kang and Prof. Hulbert and family from the same place. The phenomenally cool summer has made it hardly necessary to get out of Seoul.

p. 363

The Presbyterian Mission has secured a large piece of property outside the South Gate as a site for the new Severance Memorial Hospital and the grading of the land was begun the middle of August; but government interference stopped the work for a time. It is to be hoped that the local authorities will read-over the treaties carefully and bear in mind that foreigners have a perfect right to buy and build anywhere in Seoul.

p. 364

(Omitted)

The next news was that cholera had appeared in Chinnampo. The Japanese physician in charge telegraphed to Seoul for medicines which were promptly sent from the government hospital in charge of Dr. Avison. Meanwhile the plans of the foreign physicians on the Board of Health in Seoul were frustrated by the apathy of the local authorities who seem to have concluded that it is too late in the season for the cholera to reach Seoul and therefore have lost interest in the preventive measures. It is to be regretted that the opinion should so generally prevail in government circles that the country was made for Seoul and not Seoul for the country.

19020800

올리버 R. 에비슨(서울), 여자 병동에서.
The Korea Field (서울) 4 (1902년 8월호), 63쪽

여자 병동에서.

O. R. 에비슨 박사의 1월 보고서에서.

사건의 예는 어느 날 저녁 어두워진 후에 경찰이 데리고 온 어떤 나이든 여자가 전차에 치여 그녀가 쓰러졌고, 그 위로 지나가는 바퀴에 의해 발가락 몇 개가 심하게 짓눌린 사건이다. 그녀는 나를 보았을 때 5~6년 전에 눈을 다쳐 병원에 온 적이 있었는데, 겁에 질려 도망쳤다고 말하였다. 나는 그녀에게 이 사건은 하나님께서 그녀가 우리에게 와서 구원의 길을 배우도록 의도하신 것이 분명하며, 이제 시간을 잘 활용하면 좋을 것이라고 말하였다. 그녀는 매일 열심히 공부하며 잘 지내고 있다.

Oliver R. Avison (Seoul), In the Women's Ward.
The Korea Field 4 (Seoul) (Aug., 1902), p. 63

In the Women's Ward.
From January Report of Dr. O. R. Avison.

The case of accident is that of an old woman who was brought in by the police after dark one evening, having been knocked down by an electric car and several of her toes severely crushed by the passing over them of a wheel. When she saw me she said she had been at the hospital 5 or 6 years before with an injured eye, but she was afraid and ran away. I told her it was evident that God intended she should come to us and learn the way of salvation, and that it would be well for her now to make good use of her time. She is diligently studying every day and is doing well.

19020800

A. M. 샤록스 박사의 1902년 7월 16일자 개인 편지에서.
The Korea Field (서울) 4 (1902년 8월호), 64쪽

A. M. 샤록스 박사의 1902년 7월 16일자 개인 편지에서.

당신은 의심할 여지없이 우리 주변에 콜레라가 유행하고 있다는 소식을 들었을 것입니다. 지금까지 37명의 사망자가 보고되었습니다. 그것은 중국에서 강을 건너 와서 내려가면서 유행중입니다. 지금 우리의 양쪽에서 유행하고 있지만, 우리가 아는 한 선천에서는 아직 발생하지 않았습니다. 사람들은 우리의 지시에 잘 따르고 있으며, 마을은 노아 홍수 이후로 없었던 청소를 하고 있습니다. 내가 갖고 있는 소독제는 양이 극히 적으며, 조만간 약간을 얻지 못하면 이곳에 머물고 있는 것이 건전한 사업이 아닐 수 있습니다. 나는 에비슨 박사에게 전보를 보냈고, 그가 최대한 빨리 많은 양을 보내주기를 기대합니다.

From Private Letter of Dr. A. M. Sharrocks, July 16th, 1902.
The Korea Field (Seoul) 4 (Aug., 1902), p. 64

From Private Letter of Dr. A. M. Sharrocks, July 16th., 1902.

You have no doubt heard that we have cholera about us. Thirty-seven deaths have been reported to us so far. It came over the river from China and is working its down. We have it on both sides of us now. but as yet no cases have occurred Syen Chyen to our knowledge. The people are putting themselves under our directions pretty well and the town is having a cleaning up such as it hasn't had since the Noah flood! My supply of antiseptics is extremely low and unless I get some very soon it may not be healthy business staying here. I have telegraphed to Dr. Avison for some and hope he will send plenty of it up and as soon as possible.

코트니 H. 펜(미국 북장로교회 해외선교본부 임시 총무)이
J. 헌터 웰즈(평양)에게 보낸 편지 (1902년 8월 1일)

(중략)

　나는 우리 선교사들이 많은 남편과 아내들이 서로의 관계에서 배워야 하는 교훈, 즉 더 현명한 계획은 상대방이 잘못된 일을 하였다는 절대적이고 반박할 수 없는 증거가 있을 때까지 상대방이 옳은 일을 할 것이라는 것을 당연하게 받아들이는 것을 배울 수 있기를 바랍니다. 귀하와 에비슨 박사의 업무에 관한 한, 귀하가 일할 곳이 없다고 하는 똑같은 불평이 에비슨 박사의 일과 관련하여 서울의 어떤 사람들(의사가 아님)에 의해 제기되고 있습니다. 선교본부는 이러한 문제에 있어 전적으로 공정하기 위하여 모든 노력을 기울이고 있으며, 업무에 더 가깝고 다양한 기관 및 분야의 요구를 더 잘 이해하는 선교부의 판단에 어긋나는 경우는 거의 없습니다.

(중략)

Courtenay H. Fenn (Acting Sec., BFM, PCUSA), Letter to J. Hunter Wells (Pyeng Yang) (Aug. 1st, 1902)

(Omitted)

I wish that we missionaries could learn the lesson which so many husbands and wives have to learn in their relation with each other that the wiser plan is to take it for granted that the other party will do the right thing until you have absolute, irrefutable proof that the other party has done the wrong thing. So far as your work and that of Dr. Avison are concerned, the same complaint which you make of having nothing to work with, is made by certain persons in Seoul (not the doctor) with regard to Dr. Avison's work. The Board makes every endeavor to be entirely impartial in these matters, and it is very rarely indeed that it goes contrary to the judgement of a Mission, which is closer to the work and has a better view of the needs of the various institutions and departments.

(Omitted)

19020801

호러스 N. 알렌(주한 미국 공사)이 유기환(외부 서리대신)에게 보낸 공문 제375호 (1902년 8월 1일)

외부 제375호

미합중국 공사관

한국 서울, 1902년 8월 1일

각하,

저는 O. R. 에비슨 박사로부터 7월 12일 한국 경찰 제복을 입은 남자들이 자신이 주거 및 병원으로 사용하고 있는 미국인 재산을 무단 침입하였는데, 그들은 낡고 사용하지 않는 배수관을 강제로 개방할 목적으로 민종묵 예식원장에 의해 이 구내로 보낸 것 같다는 신고를 받았습니다.

제가 사본을 동봉한 편지에서 민 씨는 이 사람들을 파견한 것과 미국인 부지의 벽을 파괴한 것을 인정하고 있습니다. 그는 이것이 물과 오물이 미국인의 부지로 배출되기 위하여 필요하였다고 주장하고 있습니다. 그는 또한 미국인의 하인들에게 배수로를 열어 달라고 요청하였다고 주장하고 있습니다. 그는 주인이 아니라 하인들에게 요청해야 하였는지 이유를 말하지 않았습니다.

민 씨는 외부대신을 너무 여러 번 지냈기 때문에 그러한 경우에 대한 조약 조항을 무시할 수 없습니다. 배수 문제는 오물을 다른 방식으로 처리하고, 폐 빗물이 빠져나가도록 허용함으로써 두 당사자 사이에 쉽게 정리되었을 수 있습니다. 그러나 제복을 입은 사람들을 미국인 구내에 보내 재산을 파괴하는 문제는 그냥 지나칠 수 있는 문제가 아닙니다.

저는 각하께서 그 문제에 대하여 적절한 조치를 취할 것이라고 확신하면서 각하의 주의를 환기시킵니다.

저는 이 기회를 빌어 각하께 최고의 경의를 표합니다.

호러스 N. 알렌

유기환 각하,
외부 서리대신
서울

[첨부][30]

Horace N. Allen (U. S. Minister to Korea), Despatch to You Key Whan (Acting Minister for Foreign Affairs) (Aug. 1st, 1902)

No. 375. F. O.

Legation of the United States of America

Seoul, Korea, August 1, 1902

Your Excellency:

I have received a complaint from Dr. O. R. Avison, of the trespass upon the American property occupied by him as a dwelling and hospital, on July 12, by men in the uniform of Korean policemen, who it seems were admittedly sent upon these premises by H. E. Min Chong Mook, President of the Board of Ceremony, for the purpose of forcibly opening an old and unused drain.

In a letter of which I enclose a copy, Mr. Min admits the sending of these men, and the destruction of the wall upon the American grounds. He alleges that this was necessary in order to provide escape into the American's grounds of the water and filth. He also claims that he had applied to the servants of the American to have them open the drain. He does not say why he should apply to the servants rather than to the master.

Mr. Min has been Minister for Foreign Affairs so many time that he cannot be ignorant of treaty provisions for such cases. The matter of the drain might

---

30) 이 책의 189~190쪽에 실려 있다. 유덕목이 올리버 R. 에비슨(서울)에게 보낸 편지 (1902년 7월 23일)

easily have been arranged between the two parties, by making other disposal of the filth, but allowing the waste rain water to escape. The matter of sending uniformed men into the premises of an American to destroy property, is not however, a matter that can be passed over.

I bring the matter to Your Excellency's attention feeling confident that you will see that suitable action is taken in the matter.

I take this opportunity to renew to Your Excellency the assurance of my highest consideration

Horace N. Allen

His Excellency
You Key Whan
Acting Minister for Foreign Affairs
Seoul

[Enclosure]

照會 第三百七十五號

大美特派漢城全權大臣安連, 爲照會事, 照得, 玆據濟衆院醫士於斐孫告訴內開, 上月二十一日. 前禮式院長閔大人種默, 派送巡檢, 犯入該員之家, 强開水道等情, 令次胎呈書函譯本內, 閔大臣言其果派巡檢於該濟衆院, 以開毀厚墻而開溝, 以爲水與污穢流出之路等語, 又其已飭該美國人之下人, 開通溝渠, 而不言其不告該家主之由也, 查閔大臣屢任外部大臣, 則不能不知約章所載者, 至於開溝一事, 兩邊商確, 將污穢從他流棄, 而水從該溝流出, 則可以易辨, 至若派送巡檢, 攔入美國人家屋, 壞損基址一事, 此非尋常看過之事, 故玆備文照會貴署理大臣, 請煩查照, 從一相當瓣法辨理可也, 須至照會者.
右
大韓 外部署理大臣 俞箕煥 閣下
一千 九百 二年 八月 一日

19020802

J. 헌터 웰즈(평양)가 프랭크 F. 엘린우드(미국 북장로교회 해외선교본부 총무)에게 보낸 편지 (1902년 8월 2일)

<table>
<tr><td>접 수
1902년 9월 9일
엘린우드 박사</td></tr>
</table>

한국 평양,
1902년 8월 2일

신학박사 F. F. 엘린우드 목사, 미국 북장로교회 해외선교본부 총무

친애하는 엘린우드 박사님,

더 나쁜 것 이상입니다! 서울 병원에서 몇몇 일본인 간호원을 고용한 에비슨 박사의 행동은 그저 선교부의 권위에 대한 회원의 반항을 설명할 뿐입니다. 그는 선교부에 아무런 암시도 주지 않고, 영어를 구사하지만 한국어는 전혀 모르는 외국에서 훈련을 받은 두 명의 여자를 강압적인 행동으로 수입하였습니다! 그리고 이것은 선교부가 그의 요청에 반대표를 던졌고, 선교본부가 단 1명의 외국인 간호원 만을 고용해야 한다고 그 조치를 승인하였음에도 불구하고 말입니다. 미국인이나 영국인보다 일본인 간호원에 대한 반대는 더 많지만, 그 문제는 제기조차 되지 않았습니다. 요점은 선교부의 권위에 대한 무시와 선교부의 규칙에 대한 절대적인 무관심입니다. 이것은 서울 병원에 대한 전체적인 태도의 한 단면일 뿐입니다. 그것을 위한 하나의 규칙이 있고, 선교부 나머지 전체를 위한 다른 하나의 규칙이 있는 것 같습니다! 박사님은 에비슨 박사가 선교부와 아마도 같은 조직 아래에 있는 나머지 우리를 무시할 수 있는 권한을 어디서 얻었는지 아십니까? 어떤 면에서 이것은 우리가 결정한 의학 교육 문제보다 더 '끔찍한' 것입니다. 여기에 언급된 문제는 선교부에 상정될 것이며, 선교본부에 회부하지 않고도 의심할 여지없이 쉽고 적절하게 해결될 것입니다. 그러나 (박사님이 쓴 대로) 에비슨 박사는 서울 병원에 관한 모든 면에서 백지 위임장을 사용할 것임을 박사님께 알려드리는 것이 가치가 있을 것입니다.

(중략)

J. Hunter Wells (Pyeng Yang),
Letter to Frank F. Ellinwood (Sec., BFM, PCUSA) (Aug. 2nd, 1902)

Received
SEP 9 1902
Dr. Ellinwood

Pyengyang, Korea,

Aug. 2, '02

Rev. Dr. F. F. Ellinwood, Secy. B. F. M. P. C. in U. S. A.

Dear Dr. Ellinwood: -

Worse and more of it! Nothing but rank rebellion against the authority of the Mission describes the action of Dr. Avison in employing some Japanese nurses for the Seoul hospital. Two women foreign trained- English speaking-, but knowing nothing of Korean, have been imported by him without a hint to the Mission of his high-handed action! And this in the face of, and in spite of the fact that the Mission voted against his request and the Board approved the action, - that only one foreign nurse should be employed! There are many more objections to Jap. nurses than to American or English but that question was not even brot up. The point is the disregard of Mission authority and the absolute indifference to the rules of the Mission. This is merely one phase of the whole attitude regarding the Seoul hospital. There seems to be one rule for it and an altogether different one for the rest of the Mission! Do you know where Dr. Avison derives his authority to over-ride the Mission and the rest of us out here presumably under the same organization? In some ways this is "rottoner" than the Medical Education question which we thot we had decided. The matter here referred to will come up before the Mission and will all doubtless be easily and properly settled without referring it to the Board. But is worth while letting you know that (as has been written you) Dr. Avison will use carte blanche methods in all respects concerning the Seoul hospital.

(Omitted)

코트니 H. 펜(미국 북장로교회 해외선교본부 임시 총무)이
올리버 R. 에비슨(서울)에게 보낸 편지 (1902년 8월 5일)

1902년 8월 5일

O. R. 에비슨 박사,
　한국 서울

친애하는 에비슨 박사님,

　나는 박사님이 6월 11일자로 엘린우드 박사에게 보낸 편지를 받았습니다.[31] 나는 선교부와 서울 지부의 여러 회원들에게 편지를 썼기 때문에 자기소개는 필요하지 않다고 생각합니다.

　박사님의 편지는 매우 기쁘게 받았으며, 토지가 확보되었고 병원 건설의 책임을 맡도록 고든 씨를 북경에서 불렀다고 알리는 전보를 즉시 세브란스 씨에게 보냈습니다. 베이징 선교부의 회원으로서 나는 그 선교부가 어쩔 수 없이 고든 씨를 잃게 된 것을 매우 유감스럽게 생각합니다. 동시에 그는 특별히 한국 업무를 위하여 파송되었기 때문에 하나님의 기이한 섭리 안에서 감사할 수밖에 없습니다. 한국에서의 길고 성가신 지연으로 인하여 중국에 있는 두 선교부가 건축가의 도움을 많이 받았습니다. 우리가 전보를 보낸 지 얼마 되지 않아 나는 그 장소를 설명하는 편지의 일부의 사본을 만들어 세브란스 씨에게 보냈습니다. 그는 진행 상황에 대한 정보에 기뻐하였고, 문제가 더 이상 지연되지 않았으면 하는 바람을 표명하였습니다.

　우리는 박사님이 간호원을 이 나라에서 기대하는 것 대신 일본에서 확보하려는 시도에 많은 관심을 갖고 있습니다. 이것이 충분히 만족스러운 것으로 판명되면 확실히 경비를 크게 절약할 수 있게 될 것입니다. 일본에서 오는 여행 경비는 비교적 적으며, 급여도 훨씬 적습니다. 박사님은 당연히 시도의 성공 또는 실패를 보고할 것입니다.

　박사님이 금년에 필요한 자금을 마련할 수 있다고 생각하고 있어 나는 기쁩니다. 만일 선교부가 그 계획을 계속하고 연간 예산을 요청하기를 원한다면

---

31) Oliver R. Avison (Seoul), Letter to Frank F. Ellinwood (Sec., BFM, PCUSA) (June 11th, 1902)

그것은 호의적으로 고려될 것입니다.

나는 파슨 양의 방문을 통하여 박사님과 한국인 기독교인들이 얻은 기쁨과 소득을 알게 되어 기쁩니다. 그녀는 매우 똑똑하고 관찰력이 뛰어나며 열정적입니다. 우리는 그녀가 여행하는 동안 거의 아무 것도 듣지 못하였습니다. 그녀가 이 사무실로 돌아올 때 엄청난 빛을 기대할 것입니다.

우리는 병원 교회에서 개최된 일련의 특별 회의와 관련하여 박사님이 자세하게 작성할 추가 보고를 받게 되면 기쁠 것입니다. 우리는 박사님과 함께 좋은 결과를 기뻐하고 있습니다.

당연히 박사님은 토드 박사가 다른 선교지로 배정되었다는 것을 얼마 전에 알았을 것입니다. 관심 있는 사람들은 그가 한국에 가장 적합한 사람이 아니라고 생각하였습니다. 선교본부는 박사님께 보낼 적임자를 찾기까지 그리 오래 걸리지 않기를 바라고 있습니다. (귀 선교부의) 연례 회의에서 마치 작년처럼 새로운 의사의 문제가 떠오를 것 같은 예감이 드는데, 나는 이것과 관련하여 선교부 내에서 이견이 있는 점에 대하여 대단히 유감스럽게 생각합니다. 선교부로 보내는 편지에서 이 문제에 대한 첫 번째 언급에서 세브란스 씨의 첫 번째이자 주요 목적이 서울 병원의 보강이라는 인상을 주었다는 점에서 다소 유감스럽게 표현되었을 가능성이 있습니다. 그는 새 사람이 그 병원의 업무에서 박사님께 약간의 도움을 줄 것으로 기대하는 것은 의심할 여지없이 사실이지만, 당시에 참석하였던 홀시 박사에 따르면 세브란스 씨의 처음 생각은 한국 선교부에서 담당 의사가 안식년으로 미국으로 귀국해야 하는 병원의 책임을 맡을 수 있는 여분의 의사를 마련하는 것이었다는 것 역시 사실입니다. 그는 번창하는 병원 업무가 의사가 없는 1년 이상 동안 중단되어야 한다는 생각에 소름이 돋았습니다. 여분의 의사에 대하여 선교부의 회원들이 제기하였던 주요 반대 중의 하나는 대리의사라는 직책을 계속 유지할 훌륭한 사람을 찾을 수 없다는 것인 것 같습니다. 하지만 그런 사람을 찾는 문제는 선교본부에 있으며, 선교본부가 그런 종류의 일을 기꺼이 할 좋은 사람을 찾는 데 성공한다면 선교부가 그러한 목적을 위하여 추가 인력을 두는 것에 반대할 것이라고는 거의 생각할 수 없습니다. 하지만 우리는 (한국) 선교부가 복음의 문이 열리는 한에서만 의료 사업을 중요하게 여긴다고 믿는다는 것을 대단히 싫어합니다. 우리는 그것이 우리 주 예수 그리스도께서 친히 수행하신 것처럼 인간의 몸을 섬기는 사역자로서 유익할 뿐 아니라, 의사 및 그와 관계된 사람들이 전도 봉사를 할 수 있는 가장 좋은 기회 중 하나를 제공하는 것으로 여기고 있습니다. 한국에서 복음에 대해 설명할 기회를 확보하는 것이 쉬운 것은 사실이지만, 우리는 병원에 와서 육체의 치유를 받는 사람은 외국인과의 교제에서 얻을 혜택을 받지 못하는 평범한 사람보다 마음이 더 수용적인 상태에 있는 것도 사실이라고 믿고 있습니다.

따라서 나는 선교부가 이른바 직접적인 전도 사업에 비해 기관의 의료 사업이 과도하게 많은 비중을 차지하는 것을 바라지 않는다는 것이 전적으로 옳다고 생각하지만, 그럼에도 선교부 전체나 대다수의 회원이 기구, 약품 및 부대 물품들이 적절한 설비를 갖춘 병원을 제공하는 것에 반대할 것이라고 믿을 수 없습니다.

나는 박사님이 이 주제에 대하여 특별히 편지를 쓸 의도를 갖고 있는 한 현재로서는 의사 사택과 관련하여 글을 쓰지 않을 것입니다. 나는 병원의 건립 자체가 의문스러운 지혜일 수 있다고 생각해야 합니다. 하지만 현재로서는 사택을 위한 자금이 보이지 않고 있으며, 새 건물을 위한 기금을 확보하기 위하여 옛 선교부 건물을 처분할 가능성이 더 밝았으면 합니다.

평소 항상 관심이 많았던 선교지인 한국에서 일하는 사역자들과 그 업무를 알게 된 이 기회를 매우 즐기고 있으며, 1년 전 중국으로 가기 전에 첫 임명이 한국이었고 그 선교지의 사역은 너무도 영광스럽게 성공하였습니다. 하지만 중국은 나에게 매우 소중한 존재가 되었으며, 그 앞에 장엄한 미래가 있다고 믿고 있습니다.

안부를 전합니다.

안녕히 계세요.
코트니 H. 펜

Courtenay H. Fenn (Acting Sec., BFM, PCUSA), Letter to Oliver R. Avison (Seoul) (Aug. 5th, 1902)

August 5th, 1902

Dr. O. R. Avison,

Seoul, Korea

My Dear Dr. Avison: -

I have received your letter to Dr. Ellinwood of June 11th. I presume an introduction of myself is not necessary in view of the fact that I have written to the Mission and to various members of the Seoul Station.

Your letter was most joyfully received and a telegram was at once sent to Mr. Severance, apprising him of the fact that land had been secured and Mr. Gordon summoned from Peking to take charge of the building of the Hospital. As a member of the Peking Mission I am very sorry indeed that that Mission was compelled to lose Mr. Gordon. At the same time, as he was sent out especially for the Korea work, I can only give thanks that in the strange providence of God; the long and annoying delay in Korea resulted in the two missions in China receiving so much of help from the architect. Not long after we had sent the telegram, I had a copy made of the portion of the letter describing the site, and sent it to Mr. Severance. He has expressed his pleasure in the information as to progress, and his hope that there may be no further delay in the matter.

We are much interested in the experiment which you are about to try in the securing of nurses from Japan instead of expecting them from this country. If they prove thoroughly satisfactory in this work it will certainly be a large saving in point of expense. The travelling expenses from Japan are comparatively small, and the salary much smaller. You will of course report the success or failure of the experiment.

I am glad that you think that you will be able to provide the necessary funds for the present year. If the Mission desires to continue the plan and to put a request for the appropriation in the annual estimates, it will be given sympathetic consideration.

I am pleased to note the pleasure and profit which you and the Korean Christians derived from Miss Parson's visit. She is very intelligent, observant and enthusiastic. We have heard almost nothing of her during bar journeys, but shall expect a great flood of light on her return to this office.

We shall be glad to have from you the further report with reference to the series of special meetings held in the hospital church, about which you intend to write more in detail. We rejoice with you in the good results.

You will, of course, have learned some time ago of Dr. Todd's assignment to another field. It was thought by those interested that he was not the best man for Korea. The Board hopes that it may not be very long before it can find the right kind of man to send to you. It looks very much to present as if the matter of a new physician would come up at your Annual Meeting as it came up last year, and I am exceedingly sorry that there is any difference of opinion within the Mission with reference to it. It is possible that the first statement of the case in letters to the Mission was rather unfortunately worded in that it gave the impression that Mr. Severance's primary object and chief purpose was to add to the force of Seoul Hospital. While it is unquestionably true that he expects the new man to render you some assistance in the work of that hospital, it is also true, according to Dr. Halsey, who was present at the time, that the first thought in the mind of Mr. Severance was the provision of an extra physician for the Korea Mission who could take the charge of any hospital of the Mission whose physician was compelled to return to America on furlough. He was appalled at the idea that a flourishing hospital work should have to be given up for a year or more during a physician's absence. One of the chief objections raised by members of the Mission to the extra physician seem to be that no good man could be found to take such a position as a constant substitutes. The question of finding the man, however, lies with the Board and if the Board succeeds in finding a good man who is willing to do that sort of work, we can hardly think that the Mission would object to having an extra man for such purpose. However, we are very loath to believe that the Mission regards the medical work as important only so far as it opens doors for the Gospel. We regard it as beneficial not only as a minister to the bodies of men, such as our Lord Jesus Christ himself carried on, but as affording one of the best opportunities for evangelistic service by the physician and by those who are associated with him. While it is true that it is easy to secure a hearing for the Gospel in Korea, we believe that it is also true that the man who comes to the hospital and receives the healing of his body, is in a more receptive state of mind than the ordinary man who has not received that benefit from an association with the foreigner.

While I take, therefore, the Mission is altogether right in not wishing the institutional medical work to assume unduely large proportions as compared with the so-called directly evangelistic work, yet I cannot believe that the whole Mission or a very large majority of it will set themselves against the providing a hospital with the proper facilities for work in the way of instruments, drugs, and attendants.

I will not write at present with reference to the building of a doctor's residence, insomuch as you purpose to write specially on this subject. I should think that the erection of a hospital by itself might certainly be of questionable wisdom. The money for residences, however, is not in sight at the present time, and we could wish that there were a brighter prospect for the disposal of the old mission buildings to secure the funds for the new.

I am greatly enjoying this opportunity of making the acquaintance of the workers and the work in Korea, a field which has always had a special interest for me, so my first appointment, a year before I went to China was to Korea, and the work in that field has been so gloriously successful. China, however, has become very dear to me and I believe has a magnificent future before it.

With cordial good wishes,

Yours very sincerely,
Courtenay H. Fenn

코트니 H. 펜(미국 북장로교회 해외선교본부 임시 총무)이
새뮤얼 A. 마펫(인디애나 주 매디슨)에게 보낸 편지
(1902년 8월 5일)

(중략)

나는 아마도 세브란스 씨의 제안이 갖는 성격과 관련하여 선교본부 임원들 중 일부가 이해하는 데 명확성이 다소 부족하였다고 생각하고 있습니다. 그리고 이 문제와 관련하여 선교부로 보낸 첫 번째 편지들은 적어도 편지를 해석하였을 때 선교본부의 결정이 수 천 달러를 위하여 한국 선교부에 맞설 용의가 있음을 나타내는 것 같은 방식으로 강조되었습니다. 나는 원래 그 편지를 썼던 사람의 마음속에 있는 의미는 그런 것이라고 생각하지 않으며, 나는 세브란스 씨의 목적에 대하여 그가 아마도 세브란스 씨와 좀 더 친밀하게 소통하였던 다른 사람들이 받은 것과는 다소 다른 인상을 받았다고 생각합니다.

홀시 박사는 추가 의사를 위한 계획이 처음 제안되었을 때 참석하였으며, 다음과 같은 방식으로 진행되었다고 말합니다. 세브란스 씨는 홀시 박사, 어빈 박사, 언더우드 씨 및 몇몇 다른 사람들을 식사에 초대하였고, 식탁에서 어빈 박사에게 몸을 돌려 말하였습니다. "귀하가 미국에 있는 동안 누가 귀하의 병원을 돌보고 있습니까?" 어빈 박사는 "아무도 없습니다."라고 대답하였고, 이에 대하여 세브란스 씨는 "그렇게 해서는 안 됩니다. 이전에 그렇게 번창했던 상태에서 여러 달 동안 그런 식으로 방치된다면 귀하의 사업이 매우 큰 고통을 겪을 것입니다."라고 말하였습니다. 오래 되지 않아 그는 선교부가 원하는 모든 업무를 위하여 한국에 추가 의사를 제안하였고, 서울 병원과의 관계는 그가 다른 지부에서 필요로 할 때를 제외하고 서울에 있는 병원의 업무와 연관될 가능성에 기반을 두고 있었습니다.

홀시 박사는 머지않아 세브란스 씨를 만나 그 문제에 대하여 철저하게 논의하고 더 이상 어떠한 의문이 없을 정도로 이 건에 대한 진술을 서면으로 확보하기를 기대하고 있습니다. 한편, 이 업무를 위하여 처음 임명된 의사는 다른 곳에 배정되었기 때문에 선교부는 연례 회의에서 이와 관련된 실제 문제를 신중하고 시도하는 마음으로 고려할 충분한 기회를 가질 것입니다. 내가 읽도록 요청 받은 서신을 통해, 선교 정책의 원칙 중 하나 이상을 실천하고 있는 회원들이 한국 선교부에 다소 많은 것이 분명합니다. 아마도 그것은 너무 강한 표현일지 모르지만, 잘 작동하는 것처럼 보이는 것에 대한 우리의 선교적 열정에서 때때로 우리가 극단적으로 갈 위험에 처해 있다는 것을 알게 되었습니다. 그리고 나는 의료건 아니건 한 명 이상의 회원들로부터 한국 선교부는 기관 사업이 우선시되거나 과도한 비율의 기금과 관심을 받는 것을 꺼려 선교부와 연결된 병원에 그들이 요청받은 진료를 하기 위한 충분한 장비를 제공하는 것을 거부하고 있다는 결정적인 견해에 대한 진술을 받았습니다. 서울 병원과 관련하여 의사가 아닌 한 사람이 우리에게 말한 바에 따르면 연간 예산에서 요청한 돈이 충분하지 않아 장소를 청결하고 깔끔하게 유지하는데 필요한 사람을 둘 수 없습니다. 그것은 이상한 일이지만 그럼에도 불구하고 전 세계적으로 다양한 선교부의 구성원들 사이에서 거의 볼 수 있는 불화는 의료와 전도 사이에 있다는 사실입니다. 각 분야의 사역자들은 자연스럽게 다른 분야의 업무에서와 마찬가지로 자신의 업무 발전에 열심이지만, 각 분야는 상대 분야를 이기적이고 야심차며 결과적으로 동정심이 없다고 생각하는 경향이 있습니다.

(중략)

Courtenay H. Fenn (Acting Sec., BFM, PCUSA), Letter to Samuel A. Moffett (Madison, In.) (Aug. 5th, 1902)

(Omitted)

I think there has been, perhaps, a little lack of clearness in the understanding of some of the officers of the Board as to just the nature of Mr. Severance's offer, and in the first letters which were written to the Mission with regard to the matter, the Board's action was stressed in such a way as seemed to indicate that the Board for the sake of a few thousand dollars was willing to fly in the face of the Korea Mission at least that is the way in which the letters have been interpreted. I do not think such was the meaning of the letters in the mind of the original writer, and I think possibly he had received a somewhat different impression of Mr. Severance's purpose from that which was received by others who were in rather more intimate communication with Mr. Severance.

Dr. Halsey was present when the project for an extra physician was first suggested, and he says that it came about in this way: - Mr. Severance had invited Dr. Halsey and Dr. Irvin, Mr. Underwood and some others to dine, and at the table he turned to Dr. Irvin and said - "Who is looking after your hospital while your are in America?" Dr. Irvin replied - "No one", whereupon Mr. Severance said - "That surely ought not to be, your work must suffer very greatly if it is abandoned in that way for many months, when it was previously in so flourishing a condition." Not long after he made the offer of an extra physician for Korea for any service to which the Mission might wish to put him, and his connection with the Seoul Hospital was based on the probability what he would be associated with the work of the that Hospital being at the Capital, except when he was needed at other stations.

Dr. Halsey is expecting to see Mr. Severance before very long and talk the matter over thoroughly with him, and secure such a statement of the case in writing that there will be no longer any question. Meanwhile, as the physician at first appointed for this work has been assigned elsewhere, the Mission will have full opportunity at the Annual Meeting to give the actual question involved careful and prayerful consideration. It is quite evident to me through the correspondence which I have been called upon to read that there is a little larger of some members of the Korea Mission running one or more of the principles of the Mission policy into the ground. Perhaps that is too strong an expression, but I find that in our missionary enthusiasm for something that seems to work well, we are sometimes in danger of going to an extreme, and I have received from more than one member of the Korea Mission, medical and non-medical, a statement of their decided opinion that the Korea Mission in its unwillingness that the institutional work shall preponderate or receive an undue proportion of funds and attention, is refusing to give to the hospital connected with the Mission, a sufficient equipment for the service which they are called upon to render. It has been stated to us with regard to the Seoul Hospital, by one who is not. a physician, that they do not hare money enough asked for in the Annual estimates, to provide the necessary attendants to keep the place clean and neat. It is a strange fact, but it is nevertheless a fact, that almost all dissensions between members of various missions throughout the world, are between the medical and the evangelistic. The workers in each department are naturally eager for the advancement of their own work, contributing, as they believe it does to the work of all other departments - but each id inclined to think the other selfishly ambitious and consequently unsympathetic.

(Omitted)

유기환(외부 서리대신)이 호러스 N. 알렌
(주한 미국 공사)에게 보낸 공문 제47호 (1902년 8월 6일)

조복 제47호

대한외부대신임시서리 궁내부 특진관 유기환이 회답합니다. 살펴보니, 이 달 1일 도착한 귀 조회를 열어보니 제중원 의사 에비슨이 호소한 내에 의거한 지난 달 21일 전예식원장 민종묵 대인이 순검을 보내어 해당 의사의 집에 무단으로 들어와 강제로 수도를 개방한 등의 정황에 대한 것입니다. 이번에 드린 신의 번역본 내에 민 대신의 말에 그가 정말로 제중원에 순검을 보내어 두 꺼운 담장을 훼손하고 도랑을 열어 물과 함께 오물을 흘려보내는 통로로 만들려 하였다는 등의 말이 있었습니다. 또한 말하길 그가 이미 해당 미국인 하인에게 도랑을 개통함을 신칙하였다고 하였으나 해당 가옥의 주인에게 고하지 않은 이유는 말하지 않았습니다. 도랑을 열었던 일에 대해서는 양쪽이 상의하여 확정하여 장차 오물은 모아서 따로 흘려버리고 물은 해당 도랑을 따라 흘러나가게 하여 쉽게 해결되었습니다. 그러나 순검을 보낸 것에 대해서는 미국인의 가옥에 난입하여 파괴 손상한 기지(基址)에 관한 일은 대수롭지 않게 대충 넘길 수 없는 일이라고 하였습니다. 본래의 집과 제중원의 기지는 오랫동안 한 가옥이었고 문정(門庭)32)의 중간을 나누어 두 가옥이 되어 둘레는 짧은 담으로 그 경계를 삼고 작은 도랑을 뚫어 물을 흐르게 하였는데, 만일 도랑으로 이를 통하게 하지 않으면 물을 돌아 내보내지 못해 반듯이 범람하게 됩니다. 이번 여름 폭우가 계속되어 물길이 통하지 않자 비로소 인지하고 해당 제중원의 사역배(使役輩)가 몰래 도랑의 입구를 막았습니다. 사리 상 먼저 의사에게 알리고 옛길을 통하게 요청해야 했으나 다만 이때 의사가 마침 제중원에 부재중이었고 일의 형세가 급박하여 어쩔 수 없이 제중원의 통역에게 요청하러 갔다가 돌아와 이를 고하기를 기다려 그리하여 해당 도랑을 예전대로 뚫어 통하게 하였습니다. 곧이어 의사가 제중원에 돌아온 후 2~3차 오가며 감춤 없이 갖추어 설명하였습니다. 순검이 난입한 일에 이르러서는, 문정이 서로 접해 두 가옥의 사람이 서로 왕래하며 이때 도랑을 여는 사이 순검을 보호하려고

---

32) 대문이나 中門안에 있는 뜰

스스로 가서 지켜보았다는데, 이는 본 대신이 알 수 있는 바가 아닙니다. 해당 의사도 이를 상세히 살피지 아니하고 보내어 난입한 것으로 오인하여 자못 정리(情理)에서 벗어난 등의 말을 하였습니다. 살펴보니 이 일은 응당 두 가옥이 협상으로 원만히 해결할, 꼭 문서를 보내 판별하여 처리할 것도 아니므로 공안(公案)을 작성해 상응하는 문서를 갖추어 공사에게 회답하니, 귀 공사는 청컨대 번거롭더라도 사실을 조회한 내용을 해당 의사에게 전하여 깨닫게 함이 가(可)하여 통지하는 바이니 잘 알 것입니다.

You Key Whan (Acting Minister for Foreign Affairs), Despatch No. 47 to Horace N. Allen (U. S. Minister to Korea) (Aug. 6th, 1902)

照覆 第四十七號

大韓外部大臣臨時署理宮內府特進官兪箕煥, 爲照覆事, 照得, 本月一日, 接到貴照會內開, 玆據濟衆院醫士於斐孫[AVISON]告訴內開, 上月二十一日, 前禮式院長閔大人種默, 派送巡檢, 犯入該員之家, 强開水道等情, 今此胎呈書函譯本內, 閔大臣言其果派巡檢於該濟衆院, 以開毀厚墻而開溝, 以爲水與汚穢流出之路等語, 又言其已飭該美國人之下人開通溝渠, 而不言其不告該家主之由也, 至於開溝一事, 兩邊商確, 將汚穢從他流棄, 而水從該溝流出, 則可以易辦, 至若派送巡檢, 攔入美國人家屋, 壞損基址一事, 此非尋常看過之事等因, 查准閔大臣聲稱, 本家與濟衆院基址, 舊係一屋, 門庭中間分爲兩家, 圍以短垣而限其界, 鑿以小溝而導其水,若無溝以通之, 則水必汎濫無所歸矣, 今夏暴雨連注, 水路不通, 始認該院使役輩暗塞溝口, 理應先知醫士, 要通舊路, 但伊時醫士適不在院, 勢急無奈, 請住該院通辦, 俟歸轉告, 遂將該溝照舊穿通, 嗣於醫士還院之後, 再三往復, 備述無蘊, 至巡檢攔入一事, 門庭相接, 兩家之人互相往來, 伊時通渠之際, 保護巡檢自往觀光, 寔非本大臣所知也, 該醫士未及詳察, 誤認以派送攔入, 殊出情理之外等語, 查此事應由兩家協商妥辦, 無須行文辦理, 作爲公案, 相應備文照覆貴公使,請煩查照, 轉諭該醫士可也, 須至照會者,

右

大美特派漢城全權大臣 安連 閣下
光武六年八月六日

19020806

코트니 H. 펜(미국 북장로교회 해외선교본부 임시 총무)이
한국 선교부로 보낸 편지 (1902년 8월 6일)

(중략)

나는 서울 병원에 두 번째 의사를 임명하는 것에 반대하여 엘린우드 박사에게 보내는 항의 편지(평양 지부 회원들의 편지들을 포함하여)를 너무 많이 받았기 때문에 각자에게 완전한 답장을 쓰기보다는 이미 선교본부의 입장에 대한 설명으로 쓰여진 글에 선교부에 몇 마디 덧붙이는 것이 현명해 보입니다.

의사의 임명이 처음 귀 선교부에 전달된 어투(語套)는 다소 잘못된 것 일수 있습니다. 그것이 선교부에 미친 인상은 확실히 잘못되었습니다. 편지의 단어는 극단적인 의미로 해석된 것 같습니다. 선교본부의 정책과 그 사명에 부합하는지 여부와 관계없이 선교본부가 거액 기부자의 의사에 절대적으로 따르겠다는 의무감을 느꼈다고 말할 의도는 없습니다. 선교본부는 어떤 사람이 돈을 제공하였다고 해서 각 현지인 교회에 무료 아이스크림 판매소를 설립하도록 강요하지 않을 것입니다. 또한 선교부의 자립 정책에 반대하여 한국의 모든 시골 마을에 5,000달러의 교회도 제공하지 않을 것입니다. 더군다나 현재의 건(件)에서 나는 선교부 정책에 직접적으로 반대되는 계획의 수행을 세브란스 씨가 고집하기를 바라지 않을 것이라고 선교부가 생각하는 것은 상당히 옳다고 생각합니다. 발생하는 한 가지 질문은 다음과 같습니다. 선교본부는 선교부의 정책에 직접적으로 반대하는 것을 심사숙고하였는가? 이를 결정하려면 먼저 선교본부가 실제로 고려하고 있는 사항에 대하여 매우 명확하게 이해해야하고, 두 번째로 위반되었다고 주장되는 선교부의 정책을 완전히 알 필요가 있습니다.

첫 번째 점에 관해서는, 잘못된 인상을 준 것 같은 것을 바로잡기 위하여 내가 이미 선교부와 한 명 이상의 회원에게 편지를 썼지만, 세브란스 씨가 처음 이 문제를 제기하였을 때 그 자리에 있었고 협상의 모든 단계에서 함께 하였던 홀시 박사의 언급을 여러분께 보고해야 한다고 생각합니다. 그는 문제의 경과가 다음과 같았다고 밝히고 있습니다.

대체 의사에 관한 건의 사실은 이렇습니다. 어빈, 언더우드 박사 및 나는 오하이오 주에서 선교 여행을 하고 있었습니다. 세브란스 씨는 몇몇 저명한 클리블랜드 목사들과 함께 우리를 식사에 초대하였습니다. 만찬이 끝날 무렵 그는 오른편에 앉아 있던 어빈 박사를 향해 이렇게 말하였습니다. "박사님, 안식년 중에는 누가 박사님의 일을 하고 있습니까?" 어빈 박사는 "아무도 없습니다."라고 대답하였습니다. 세브란스 씨는 "병원이 문을 닫았고 귀하가 없는 동안 의료 업무는 진행되지 않는다는 말씀인가요?"라고 말하였습니다. 어빈 박사는 "예"라고 대답하였습니다. 세브란스 씨는 "그러면 안 됩니다."라고 말하였습니다. 그는 한 시간 이상 한국에서 수행되는 다양한 업무를 다룬 전체 대화를 메모하였습니다. 저녁 식사가 끝난 후 그는 나를 개인적으로 만났고 뉴욕에서 언더우드 박사, 어빈 박사 및 위원회와의 회의를 주선하였습니다. 이 뉴욕 회의에 어빈 박사는 참석하지 않았습니다. 언더우드 박사는 참석하였습니다. 회의가 끝나갈 무렵 세브란스 씨는 예전에 나에게 실제로 하였던 말을 하였습니다. "나는 서울 병원 부지 매입비로 추가로 5,000달러를 드리겠습니다. 한국에서 5년 동안 추가로 의료 선교사를 지원하겠습니다." 내가 할 수 있는 한 그의 말을 인용하자면 다음과 같습니다. "직원이 휴가를 가는 1년 동안 시설을 닫을 생각을 하는 좋은 회사는 없을 것입니다. 만일 귀하가 여분의 의사를 가질 수 있다면 어빈 박사가 자리를 비운 동안 그의 자리를 대신할 수 있고, 에비슨 박사에게도 똑같이 할 수 있으며 웰즈 박사에게도 똑같이 할 수 있습니다. 나는 그렇게 해야 한다고 생각하지만 에비슨 박사가 의학 강습반을 시작하면 그의 교육에 도움을 줄 수 있습니다. 다른 때에는 순회 업무를 할 수 있습니다. 귀하는 기꺼이 이곳저곳으로 이동하고자 하는 사람이 있어야 합니다. 귀하의 사람을 확보하세요. 그러면 내가 5년 동안 그를 지원할 것입니다. 그 기간이 끝나면 우리는 실험이 성공하였는지 여부를 알 수 있을 것입니다."

이것이 문제와 관련된 모든 것입니다. 세브란스 씨는 투사가 아닙니다. 그는 우리 선교본부에 기여하는 사람들 중에서 가장 친절하고 관대하며 사심이 없는 사람 중의 한 명입니다. 그는 그 문제에 관한 선교부의 마음에 조금이라도 의심이 있다는 것을 알았을 때 즉시 그것이 그에게 아무런 차이가 없다는 것을 확신시켜 주었습니다. 그는 의료 선교사 문제를 압박하지 않을 것입니다.

이제 귀하에게 사람의 유형을 보여주기 위하여, 그리고 내가 보기에 적어도 선교부의 입장을 신중하게 고려하여, 지난 주에야 세브란스 씨는 나를 점심 식사에 초대하였습니다. 점심을 마칠 때 그는 한국에 임명된 의사의 배정이 취소된 것을 알고 "신임 선교사 중 몇 명이나 개인이나 교회가 지원합니까?"라고 말하였습니다. 나는 "정확히 말할 수 없지만, 상당수입니다."라고 대답하였습니다. 그는 내 손을 잡고 "그렇습니까, 내게 마지막 두세 명을 주세요. 우리는 그들 모두를 지원해야 합니다."라고 말하였습니다.

세브란스 씨는 의료 선교 주제에 까다로운 사람이 아닙니다.

에비슨 박사가 그의 마음을 얻었고, 어빈 박사도 그의 마음을 얻었으며, 언더우드 박사도 그랬습니다. 나는 그가 사업의 특정 부분을 돕는 것만큼이나 전반적으로 사업을 도울 준비가 되어 있다고 생각하고 있습니다. 그는 올해 장로교회 건물을 위하여 25,000달러를 기부하였습니다. 그의 사위는 아마도 클리블랜드의 지도적인 외과의사이며, 세브란스 씨는 모든 병원 업무에 관심이 많습니다. 그러나 그는 주일학교의 교장이고 교회의 장로이기도 하며, 기도회에서 강연을 합니다. 그는 어떤 면에서 클리블랜드 기독교 활동의 거의 모든 단계와 연관되어 있으며, 마음이 넓고 성의 있는 만능 기독교인입니다. 한국의 대체 의사를 지원하면서 그는 자신이 좋은 일을 하고 있다고 생각하였습니다."

이제 선교부가 선교부에 대한 대체 의사에 대하여 심각하게 반대하고 있다는 사실을 믿을 수 없습니다. 아무도 그러한 자리를 수락하지 않을 것이기에 상주하는 대체 의사 계획이 실현 가능하지 않다고 귀 선교부의 일부 회원이 편지를 쓴 것이 사실입니다. 아마도 아닐 수도 있지만 그 사실의 불확실성은 선교본부의 손에 달려 있으며, 다른 곳에서 필요로 하지 않을 때 서울에서 살고, 상황이 그에게 병원의 영구적인 책임을 부여할 때까지 안식년으로 인한 공석을 채울 약속을 기꺼이 수락할 좋은 의사를 찾을 수 있다면, 선교부가 병원들 중 하나에서 거의 1년 이상 동안 의사가 귀국하는 것을 선호할 것이라는 것은 확실히 거의 믿을 수 없을 것입니다. 만일 그것이 선교부 정책에 반대가 된다면, 나는 우리가 그 주제에 대한 선교부의 정책을 분명히 수정해야 한다고 말할 수 있을 뿐이며, 나는 그것이 선교부가 선교 사업을 극도로 파괴하는 원칙을 수행한 한 예이었다고 선교본부가 느낄 것이라고 생각할 것 같습니다.

당연히 선교본부가 선교 사업의 기본 원칙과 명백하게 어긋나는 선교 정책을 검토하고 심지어 뒤집을 수 있는 권한이 있다는 것은 모두가 분명히 이해하고 있습니다. 하지만 그러한 조치는 드물게 내려지는데, 특히 그 투표가 거의 만장일치일 때 선교본부가 선교부의 공식 투표에 반대하는 것을 매우 꺼려하기 때문입니다. 과거에 선교본부는 한국 선교부의 정책을 승인하고 지휘하는 일 외에는 할 수 있는 일이 거의 없었으며, 우리 앞에 놓인 질문에 대한 귀 선교부의 주요 주장에 대하여 선교본부의 전폭적인 지지를 받을 것이라고 믿고 있습니다. 하지만 의료 선교사의 유용성과, 아마도 선교부 다른 회원의 기관보다 더 사업 수행에 필요한 기관의 유용성을 손상시키는 극단적인 원칙을 적용하지 않도록 주의하도록 촉구합니다. 선교본부는 의료 선교의 유일한 목적이 전도자를 위한 문을 여는 것이라는 견해를 결코 받아들일 수 없었습니다. 한국의 대부분의 지역에서 선교사뿐만 아니라 현지 기독교인은 의사가 없게 되면 육체적 고통과 죽음에 훨씬 더 많이 노출되어 귀 선교부의 어떤 회원도 그러한 계획을 제안할 생각을 하지 않을 것입니다. 더욱이 복음의 문이 활짝 열려 있는 것처럼 보이는 나라에서도 오늘날 그리스도의 시대와 같이 치유의 사역은 선교사의 사역에 무관심한 사람들을 설득하는데 큰 능력을 가지고 있으며 복음을 위하여 사역하는 사람들과 그들의 친구들의 마음을 준비시킵니다. 아마도 귀하는 병원 예배당에서와 같이 거리 예배당에서 많은 군중을 모을 수 있지만, 그것은 같은 군중이 아닐 것입니다. 병원은 복음을 전파할 또 다른 기회를 제공합니다.

(중략)

Courtenay H. Fenn (Acting Sec., BFM, PCUSA), Letter to the Korea Mission (Aug. 6th, 1902)

(Omitted)

I have received for Dr. Ellinwood so many letters of protest against the appointment of a second physician to Seoul Hospital (a letter from members of Pyeng Yang station included) that, rather than write a full reply to each one, it seems wiser to add a few words to the Mission to those already written in explanation of the Board's position.

The language in which the appointment of the physician was first communicated to you may have been a little unfortunate. The impression which it made upon the Mission was certainly unfortunate. The words of the letter seem to have been interpreted in an extreme sense. There was certainly no intention to say that the Board felt bound by the wishes of donors of large sums of money to follow those wishes absolutely, whether in accord with the policy of the Board and its missions or not. The Board would not compel the Mission to establish a free dispensary for ice cream in each native Church because some one supplied the money; nor would it provide a $5,000. church in every country village in Korea in the face of its own and the Mission's policy of self-support. Moreover, in the present case, I believe the Mission is quite right in thinking that, Mr. Severance would not wish to insist upon the carrying out of a plan which was directly contrary to the Mission's policy. The one question which arises is this: has the Board contemplated anything directly contrary to the Mission's policy? To determine this, it is necessary, first - to have a very clear understanding as to what is really contemplated by the Board, and second, to know fully the Mission's policy which is alleged to be violated thereby.

As to the first point, though I have already written to the Mission and to more than one of its members, endeavoring to correct. what seems to be an erroneous impression, I feel that I should report to you the statement of Dr. Halsey, who was present when the matter was first preached by Mr. Severance, and who has followed every step of the negotiations. He declares that the matter was as follows: -

"The facts in the case regarding the extra physician are these. Drs. Irvin, Underwood and myself were on a missionary tour through Ohio. Mr. Severance invited us to dine with several prominent Cleveland pastors. At the close of the dinner he turned to Dr. Irvin who sat at his right hand and said - "Doctor, who takes your place while you are in vacation?" Dr. Irvin answered "No One". Mr. Severance said, "Do you mean to say that the hospital is closed and that no medical work is going on during your absence?" Dr. Irvin replied - "Yes". Mr. Severance said, "'Thus ought not to be." He took notes of the entire conversation which lasted an hour or more and which led out into various forms of work in Korea. After dinner he saw me privately and arranged for a meeting with Dr. Underwood, Dr. Irvin and the Council in New York. At this New York meeting Dr. Irvin was not present. Dr. Underwood was. At the close of the meeting, Mr. Severance said what he had practically said to me before. - "I will give you an extra $5,000. to purchase land for the hospital in Seoul. I will pay the support of a medical missionary to be an extra in Korea for five years." As nearly as I can quote his words they were these - "No good business house would think of closing its establishment one year while its agent was taking a vacation. If you could have an extra physician he could take the place of Dr. Irvin while he was away, he could do the same for Dr. Avison, he could do the same for Dr. Wells. He could assist Dr. Avison in training a medical class if one is started, as I think it should be. At other times he could do itinerating work. You must got a consecrated man who is willing to be moved from place to place. Secure your man and I will provide for him for five years. At the end of that time we can tell whether the experiment is a success."

This is all there is in the whole matter. Mr. Severance is no fighter. He is one of the kindest, most generous, most disinterested man who contribute to our Board. He at once when he learned that there was the slightest doubt in the minds of the mission regarding the matter assured me that it would make no difference to him. He would not press the matter of a medical missionary.

Now to show you the type of the man, and as it seems to me the __ed of the Mission at least considering its position with great care, only last week Mr. Severance invited me to lunch. At the close of the lunch, knowing that we had cancelled the assignment of the physician appointed to Korea, he said - "How many of your new missionaries are supported by individuals or churches?" I replied - "I cannot tell exactly - a goodly number". He took my hand and said - "Well, give me the last two or three, we must have them all supported."

Mr. Severance is no crank on the subject of medical missions.

Dr. Avison won his heart, so dis Dr. Irvin, so did Dr. Underwood. I think he is quite as ready to assist the work in general as he is to assist any particular part of it. He gave me $25,000. for the Presbyterian Building this year. His son-in-law is possibly the leading surgeon in Cleveland, and Mr. Severance is greatly interested in all hospital work. But he is also the superintendent of a Sunday School, an elder in a church, he speaks in prayer meeting, he is connected in one way another with nearly every phase of Christian work in Cleveland, and is a broad, whole-souled, all-round Christian man. In supporting an extra physician for Korea he thought he was doing a good thing."

Now I cannot believe that the Mission has serious objection to an extra physician for the Mission. It is true some of you have written that the plan of a standing substitute physician is not feasible, as no man will accept such a position. Perhaps not, but the uncertaining of that fact is in the hands of the Board and if we can find a good doctor who is willing to accept such an appointment, so live at Seoul when not needed elsewhere, and to fill any vacancies created by furloughs until circumstances give him permanent charge of a hospital, it would certainly seem almost incredible that the Mission should prefer to have one and another of its hospitals almost for a year or more every time a doctor goes home. If that is opposed to Mission policy, I can only say that we should have a clear restatement of Mission policy on the subject, and I am inclined to think that the Board would feel that that was one case in which a Mission carried a principle to an extreme really destructive of the Mission work.

Of course it is clearly understood by all that the Board has the right to review and even to reverse a policy of a Mission, which is manifestly out of harmony with the fundamental principles of mission work. Such an action, however, is very rare indeed, as the Board is very reluctant to go counter to the formal vote of a Mission, particularly when that vote is almost unanimous. In the past the Board has had little occasion to do anything save to approve and command the policy of the Korea Mission, and, on your main contention in the question before us, I believe you will have the cordial support of the Board. Let me urge you, however, to beware of carrying the principle to such an extreme as shall cripple the usefulness of the Medical Missionary and the institution which is more necessary to the performance of his work than an institution is to that of any other member of the Mission, perhaps. The Board could never accept the view that the sole purpose of Medical Mission is to open doors for the evangelist. In most parts of Korea, not only the missionary but the native Christian would be so much more exposed to physical suffering and death were the physician withdrawn, that no member of your Mission would think of suggesting such a plan. Moreover, even in a country where doors seem wide open to the Gospel, the ministry of healing, now as in the days of Christ, has great power in convincing man of the disinterested character of the missionary's work and prepares the hearts of those ministered to and their friends, for the message of the Gospel. Perhaps you can gather as large a crowd in the street Chapel as in the Hospital Chapel, but it will not be the same crowd. The Hospital affords another and different opportunity to preach the Gospel.

(Omitted)

서임 급 사령. (대한제국) 관보 제2271호 (1902년 8월 6일)

임시위생원 총무위원에 겸임 임명함.

궁내부 찬의관 샌즈
분쉬
발독
에비슨
복고록(福高祿)
고다케 다케지
와다 야치오

임시위생원 의사로 임명함

예식원 주사 한기준
예식원 주사 민긍호
예식원 주사 현백운
　　　　　9품 곽한영
　　　　　9품 민기호
경무청 주사 유인혁
경무청 주사 오진한
경무청 총순 하재구
경무청 총순 강진규

임시위생원 위원으로 임명함
(......)

이상 8월 3일

[A Notice of Appointment.]

Official Gazette (of Korean Empire) No. 2271 (Aug. 6th, 1902)

命 兼任 臨時衛生院 總務委員 宮內府 贊議官 山島

富彦士

尃德

於飛信

福高祿

小竹武次

和田八千穗

命 臨時衛生院 醫師

禮式院 主事 韓基準

禮式院 主事 閔肯鎬

禮式院 主事 玄百運

九品 郭漢英

九品 閔箕鎬

警務廳 主事 劉仁赫

警務廳 主事 吳振漢

警務廳 摠巡 河在龜

警務廳 摠巡 姜鎭奎

命 臨時衛生院 委員

(......)

以上 八月 三日

잡보. 선정의관(選定醫官). 황성신문(서울) (1902년 8월 6일), 2쪽

의관(醫官)을 선정함. 궁내부 찬의관 미국인 샌즈 씨는 임시위생원 총무위원을 겸임하고, 독일 의사 분쉬, (영국 의사) 발덕, 미국 의사 에비슨, 복고록, 일본 의사 고다케 다케지, 와다 야치오 씨는 임시 위생원 의사에 임명되고, 경무청과 경위원의 관리들은 인민들을 보호하기 위하여 임시 사무위원에 임명되었다고 한다.

[Miscellaneous.] Appointment of Doctors.
Hwangseong Shinmun (Newspaper) (Seoul) (Aug. 6th, 1902)

選定醫官. 宮內府 贊議官 美人 山島 氏는 臨時衛生院 摠務委員을 兼任ᄒ고 英醫 富彦土, 甫乙德, 美醫 於飛信, 福高祿, 日醫 小竹武次, 和田八十穗 諸氏는 臨時衛生院 醫師를 被任ᄒ고, 警務廳 及 警衛院 官人들은 人民 保護ᄒ기 爲ᄒ야 臨時 事務委員을 差任ᄒ얏더라.

19020807

코트니 H. 펜(미국 북장로교회 해외선교본부 임시 총무)이
제임스 E. 애덤스(부산)에게 보낸 편지 (1902년 8월 7일)

(중략)

나는 선교부로 보낸 편지를 통하여, 세브란스 씨가 5,000달러를 선물로 준 것보다 더 나은 이유가 있지 않는 한, 선교본부가 한국 선교부의 기존 정책에 직접적으로 반대할 의사가 없음이 분명하게 되기를 바랍니다. 나는 귀하가 "에비슨 박사가 대부분 형제들의 편지나 선교본부의 결정에 순응하지 않고 세브란스 씨에게 직접적인 영향을 미쳤다."는 인상을 받은 것에 대하여 유감스럽습니다. 아마도 그것은 귀하의 추측일 뿐이거나 이 나라의 선교부 회원으로부터 온 것일 것입니다. 하지만 그것은 내가 선교부로 보낸 편지에서 인용한 이 건(件)에 대한 홀시 박사의 분명한 설명과는 거의 일치하지 않습니다. (......)

Courtenay H. Fenn (Acting Sec., BFM, PCUSA),
Letter to James E. Adams (Fusan) (Aug. 7th, 1902)

(Omitted)

I hope that my letter to the Mission will make it clear that the Board has no intention of going directly contrary to the established policy of the Korea Mission, unless it has some better reason for doing so than the mere gift of five thousand dollars from Mr. Severance. I am sorry that you have received the impression that Dr. Avison "has not seen fit to submit himself to the letter of the majority of his brethren, or the action of the Board, but has brought influence directly to bear upon Mr. Severance." Perhaps it is only a conjecture of yours, or has come to you from some member of the Mission in this country. It hardly agrees, however, with Dr. Halsey's plain statement of the case, which I have quoted in my letter to the Mission. (......)

올리버 R. 에비슨(서울)이 프랭크 F. 엘린우드(미국 북장로교회 해외선교본부 총무)에게 보낸 편지 (1902년 8월 9일)

세브란스 기념 병원
O. R. 에비슨, 의학박사
병원장

접 수
1902년 9월 17일
펜 씨

미국 북장로교회 선교부

한국 서울,
1902년 8월 9일

신학박사 F. F. 엘린우드 목사,

　해외선교본부 총무

　뉴욕 시 5 애버뉴 156

안녕하십니까,

　저는 드디어 세브란스 기념 병원 건립을 위한 부지의 정지(整地) 작업이 시작되었다는 소식을 보고하게 되어 매우 기쁩니다. 고든 씨는 7월 27일 서울에 도착하였고, 어제 부지의 정지 작업이 시작되었습니다. 우리는 아직 얻고자 하는 만큼의 땅을 구입하는데 성공하지 못하였지만, 그렇게 할 수 있는 기회가 곧 나타날 것으로 기대하고 있습니다. 조선 정부는 외국인에게 토지를 매각한 사람과 이를 도운 모든 사람들을 체포하고 괴롭히는 전술을 추구해 왔으며, 얼마 전 알렌 박사는 이 문제를 조약 위반으로 미국 정부에 보고하겠다고 위협한 후에야 이러한 이유로 감옥에 갇힌 일부 사람을 석방시켰습니다. 한동안 병원 부지와 관련하여 구입한 후에, 이웃의 의심 없이 외국인이 인접한 많은 밭과 주택을 구입하는 것이 불가능하다는 사실이 알려지게 되었지만, 그럼에도 우리는 계속할 수 있었고 요구하는 가격 인상이라는 어려움만을 만났습니다. 그러나 시간이 지나면서 경무청(警務廳)이 그 지역에서 팔린 모든 부동산과 누구에게 팔렸는지 목록을 작성하기 위하여 파견되었고, 이것이 소유자를 너무 놀라게 함으로써 건축을 시작하기 전까지 어떠한 가격으로 어떤 부지도 구입할 수 없었습니다. 사람들은 그것을 팔았던 사람들이 곤경에 처할 것인지 아닌지를 보고 있습니다.

　우리가 구입한 후 우리와 매우 근접하게 위치하게 될 경부선의 종착역 부지에 대한 일본의 조사가 불안한 요소로 있지만 우리는 계속 진행할 수 있고 결국 더 얻을 수 있다고 확신하고 있습니다.

그들은 가능한 여러 부지를 조사하였고 그 중 하나는 언덕 기슭의 우리 부지에 인접해 있으며 실제로 그들의 말뚝은 우리 경계 내에 있습니다. 우리는 그들이 어느 부지를 사용할지 아직 확실하지 않지만 이 조사가 이루어지기 전에 부지를 확보한 것은 매우 운이 좋은 것이었는데, 그렇지 않았다면 확보하기가 훨씬 더 어려웠을 것이기 때문입니다.

이전의 병원 계획은 어느 정도 중단되었으며, 현재 건축가가 작성하고 있는 계획에서 본관 건물은 이전 계획보다 약 20피트가 짧지만 이전 계획보다 더 많은 환자를 수용할 큰 시설을 갖게 될 것입니다.

이것은 변경된 조건 때문입니다. 우리는 건물을 위한 계획을 작성할 때 필요하였던 남자와 여자 의사가 공동으로 사용하는 여러 개의 방과 계단 하나를 잘라 낼 수 있었습니다.

현재 작성 중인 계획은 당연히 검토를 거쳐 최종 채택되기 전에 지부에 제출하여 평가를 받을 것이며, 저는 또한 우리가 할 수 있는 최선이라고 결론을 내리기 전에 서울의 다른 의료진들의 조언을 받을 것입니다.

토드 박사의 임명에 대한 박사님의 여러 편지는 모호함이 없었으며, 우리 의료 업무에 대한 필요성과 최선의 정책에 대하여 이곳에서 존재하는 의견의 차이를 고려하여 임명하는데 있어 선교본부와 세브란스 씨의 의도에 관하여 논의할 기회를 제공하였습니다. 이 모호함은 의심할 여지없이 선교본부가 여러 진료소의 의료진이 가질 안식년을 대체할 의사에게 주어질 시간의 양에 대한 계산을 하지 않았기 때문에 발생하였습니다.

제가 편지를 쓰는 동안 제 앞에 박사님의 편지가 없지만 제 기억이 정확하다면 박사님은 첫 번째 편지에서 "세브란스 씨가 제안한 몇몇 현지인에 대한 의학 교육의 명백한 필요성을 고려할 때 선교본부가 서울 병원의 업무를 보조할 의사를 위한 기금을 제공하기 위하여 임명하는 것이 적절하다고 판단하였다면,"과 "선교본부는 세브란스 씨의 제안을 수락하였다."고 말하였습니다. 이어 이 의사가 서울 병원과 관련을 가져야 하고 그의 주된 시간과 노력을 이 병원의 업무에 전념해야 한다는 것이 세브란스 씨의 바람이지만 응급 상황의 경우 임시로 다른 지부에서 대체 의사로 활용되는 것에 반대하지 않을 것이라고 언급하였습니다. 이곳의 어떤 사람들은 그것이 의사가 안식년으로 없을 때 그가 다른 지부에서 대체 의사의 역할을 해야 한다는 것을 의미한다고 생각하는 경향이 있는 반면, 그것이 의미하는 바를 따져본 다른 사람들은 새 의사가 자신의 거의 모든 시간을 모든 안식년에 대체 의사로 보내야 하기 때문에 이 해석이 맞지 않으며, 그의 주요 시간을 서울 병원 업무에 전념해야 한다는 규정을 무효화하는 것이라고 생각합니다.

그것은 쉽게 계산할 수 있는 문제입니다. 웰즈 박사의 안식년은 1903년 봄에 시작되어 아마도 1904년 가을에 돌아 올 것입니다.

따라서 새 의사는 1904년 가을에 서울에서 처음으로 자유롭게 근무를 시작하여 1905년 봄까지 약 6개월 동안 이곳에서 근무를 합니다. 그러다가 대구의 존슨 박사의 안식년이 시작되면 대체 의사는 1906년 가을까지 그곳에서 근무하다가 서울로 돌아옵니다. 그리고 1907년 봄에 샤록스 박사의 안식년이 시작되면 선천으로 내려가 1908년 가을까지 근무해야 합니다. 이 계산은 언급된 모든 의사가 안식년을 가기 전에 전체 기간 동안 선교지에 남아 있을 수 있다는 가정을 기반으로 합니다. 만일 그들이 그렇게 하지 않는다면 그가 서울에서 보낼 수 있는 시간은 당연히 줄어들 것입니다. 매번 정확한 기간은 6개월이 아닐 수 있지만 안식년이 시작되고 끝나는 시점에 수정될 것이며, 6개월보다 약간 더 길거나 짧을 수 있습니다.

토드 박사의 임명을 우리에게 알리는 두 번째 편지에는 그가 서울 병원의 의료 및 교육 업무를 보조하도록 임명되었다고 언급되어 있는데, 그것은 그가 모든 안식년을 대체할 것이라는 것에 대한 반박의 해석을 완전히 차단하는 것 같았습니다.

하지만 방금 받은 편지는 임명이 이루어졌을 때 선교본부의 마음속에 있었던 생각임을 분명하게 보여 주고 있으며, 저는 솔직히 목표로 하는 두 목적을 한 번의 임명으로 확보할 수 없다는 점을 지적하고 싶습니다. 그리고 선교부에 명확하게 언급해야 하며, 이 목적으로 업무를 배정할 때 견해차가 없도록 두 목적 중 어느 것이 먼저 제공되어야 하는지를 세브란스 씨에게 알려야 합니다.

제가 여러 번 말씀드렸듯이 안식년 기간에 대체하는 이 문제를 대단히 중요하게 생각하고 있다는 점을 분명히 하고 싶으며, 1년 반 동안 병원이 문을 닫는 모습이 안타깝기 때문에 저보다 더 강력하게 그런 임명을 지지할 사람은 현장에서도 고국에서도 없습니다. 우리 중에서 의료 사업의 필요성과 가치를 가장 강하게 느끼는 사람들은 이것 외에 다른 입장을 취할 수 없습니다.

그러나 세브란스 씨의 제안과 다른 의사의 임명에 대하여 언급한 박사님의 첫 번째 편지에는 다른 필요성도 언급되어 있는데, 그것은 비상시에 그리고 궁극적으로 완전히 우리의 자리를 차지할 준비가 될 수 있도록 다수의 현지 기독 청년들을 의학적으로 교육하는 것입니다. 저는 세월이 흘러가는 것을 보는 것이 마음에 내키지 않으며, 게다가 우리 자리를 현지 기독인 의사가 대체할 전망에 거의 진전이 없는 것을 보고 있습니다. 이 영향력 있는 분야가 우리가 건설하기 위하여 열렬히 애쓰고 있는 교회의 사업을 돕는 대신 그것을 크게 상쇄시킬 이교도와 불신자들에게 넘겨지지 않도록 큰 중심의 사람들을 위한 의사의 중요한 위치를 채우고 다른 사람들을 가르칠 수 있도록 하기 위하여 최소한 몇 사람을 준비하지 않는 것은 유감스럽습니다.

저는 이것이 우리가 하고 있는 전쟁의 전술적 요점 중의 하나이기 때문에 선교지에서나 고국에 있는 동료들과 함께 이 대의를 주장하지 않을 수 없습니다. 우리는 직접적인 정면 공격을 해야 할 뿐만 아니라 측면 이동을 해야 하며 적을 공격해야 할 뿐만 아니라 우리가 얻은 것을 보존하기 위하여 방어벽도 쌓아야 합니다. 우리의 이득에 대한 적국의 진격에 의하여 우리의 이득이 위협받는 것을 실제로 발견할 때까지 이 준비를 하지 않는 것은 도움이 되지 않을 것입니다.

그러나 이것은 우리의 지연을 통하여 이미 일어나고 있으며, 한국은 이교도인 일본인 교사가 책으로 가르치는 이른바 의사들의 홍수로 위협을 받고 있습니다. 이미 올 여름 19명의 그러한 사람들이 시신의 해부, 화학 실험, 병자 치료 혹은 외과 수술을 배우지 않고 '졸업'하였으며, 그들이 받은 그러한 교육은 이교도의 영향을 받은 것이었습니다. 두 번째 더 큰 학급이 진행 중입니다.

동시에 저는 우리 선교 병원에서 실시되고 있는 이른바 의학 교육의 결과에 대하여 거의 똑같이 걱정을 하고 있습니다. 불과 얼마 전 우리 의료 선교사 중 한 사람으로부터 그가 개업하도록 내보낼 준비가 거의 된 청년들을 가지고 있다고 언급하는 편지를 받았습니다. 그는 그들이 3급 의사 면허라고 부르는 것을 부여 받아야 한다고 생각하고 있습니다. 서울 병원에서 훈련을 받은 몇몇 청년들은 이런저런 이유로 떠나 현재 자신이 알지 못하는 약을 팔고 질병을 치료하는 일을 하고 있습니다. 이 불행한 상황의 원인은 병원에서 붕대를 감고 약을 조제하는 데 몇 년을 보낸 후, 제가 그들을 가르치고 진정한 의학 지식의 토대를 놓는데 많은 시간을 할애할 수 없다는 것을 알게 되었기 때문입니다. 그들은 낙심한 다음 불만을 품고 오래지 않아 가능한 한 최선을 다하여 생계를 꾸리기 위해 떠나게 되어 우리가 그들을 위하여 할애한 시간은 우리가 일을 해 온 대의를 위해 크게 낭비가 됩니다.

저는 제 자신의 결과와, 제가 생각하는 것보다 자신의 조수들에게 진정한 훈련을 제공할 더 좋은 기회를 갖지 못한 선교사의 판단에 반대합니다.

우리가 적과 동료들로부터 보호되기를 바랍니다! 제가 처음 한국에 왔을 때 저의 의과 스승 중 한 명이자 후에 대학교의 동료가 된 교수는 제가 한국에서 의료 사업의 개척자이기 때문에 그는 미래에 건설할 수 있는 진정한 무엇인가를 가질 수 있도록 진정한 기초 위에서 업무를 확립하기 위하여 노력할 것이라고 믿는다는 내용의 편지를 저에게 썼습니다. 저는 진정한 의학이라고 믿고 있는 것을 대표하는 우리가 진료법을 구축할 수 있는 진정한 기본 지식을 갖고 있지 않은 사람들을 의사로 만드는 데 만족해서는 안 된다고 확신하고 있습니다. 우리 의료 선교에는 세 가지 큰 목표가 있는데, 고통의 경감과 생명의 구원, 그리스도 대의의 증진, 그리고 사람들 스스로가 사업을 계속할 수 있는 수단을 마련하는 것입니다. 이 중 어느 것이 가장 중요하다고 말하기는 어렵습니다. 아마도 세 가지가 모두 중요할 것이고, 저는 세 가지를 모두 인식하지 못하고, 적어도 그것들을 모두 제공할 계획을 하지 않는 선교 정책을 이해하지 못합니다. 인력이나 수단이 부족하여 그들을 위한 준비가 한시적으로 또는 영원히 불가능하다면, 그것은 단순히 이루어질 수 없으며 그러한 목표를 가장 진지하게 옹호하는 사람들조차도 우리 중 많은 사람들이 바람직하지만 달성할 수 없는 다른 목적, 즉 불가피한 것에 복종하고 우리 시대가 요구하는 것처럼 해야 하며, 이러한 목표 중 하나 또는 다른 것을 차단하는 '선교 정책'을 선언하는 것은 제가 이해할 수 없습니다.

안식년을 대체해야 할 필요성과 의학 교육을 제공해야 할 필요성이 모두 인정된다면 두 가지를 동시에 충족시킬 수 없는 경우에 무엇을 충족시켜야 하는가 하는 문제가 대두됩니다.

저는 이 문제가 돈을 기부한 사람뿐만 아니라 상황에 따라 좌우될 수 있기 때문에 이 문제를 결정하려고 노력할 것으로 생각하지 않습니다.

어떤 사람들은 한 가지 필요한 것을 공급하기 위하여 돈을 기부하고, 어떤 사람들은 다른 것을 공급하기 위하여 돈을 기부할 것인데, 두 목적이 모두 가치가 있고 우리의 업무 영역 내에서 잘 맞습니다. 나는 주님께서 먼저 기금을 마련해 주신 필요한 것에 먼저 공급하는 것을 왜 반대해야 하는지 모르겠습니다. 제가 새 병원을 지을 기금을 바라고 있었을 때, 아직 건물을 확보하지 못하였기 때문에 침대와 기구의 기부를 거부할 필요가 있다고 생각하지 않았습니다. 우리는 아직 부지를 확보하지 못하였다는 이유로 건물을 위한 기부를 거부하지 않았습니다. 그리고 때가 되면 모든 필요가 충족되었거나 그렇게 되고 있습니다. 우리가 갖고 있는 한 가지 어려움은 우리가 마땅히 해야 할 일을 미리 확실히 정하려는 경향이 있고, 그것에 맞지 않는 모든 노력을 배제하려는 경향이 있다는 것입니다.

저는 세브란스 씨에게 보낸 편지에서 신임 의사가 여러 지부의 의사들의 안식년을 대신할 경우 이 병원과 교육에 많은 업무를 할 수 있는 입장에 있지 않게 될 것이라고 지적하였습니다. 이제 그렇게 하였고 이 설명을 선교본부에 썼기에 이 문제에 대하여 더 이상 박사님께 압력을 가할 수 없습니다. 저는 선교본부가 우리에게 전달한 기부자의 명확히 표현된 바람이 무엇이든 수행되도록 선교부를 도울 것입니다.

8월 12일

부지에서 작업이 진행되고 있으며, 당국에서 문제 제기가 없기 때문에 주변 밭의 소유자가 판매 제안을 하기 시작하였고 어제 저는 대단히 얻고 싶었던 작은 부지를 구매하였습니다.

건축가는 겨울이 되기 전에 지붕을 얹고 싶어 합니다.

안녕히 계십시오.
O. R. 에비슨

추신. 제가 이전 편지에서 썼던 두 명의 일본인 간호원은 약 한 달 전에 우리에게 왔으며, 대단히 만족스럽습니다. 그들은 9~10년의 경험을 가지고 있으며, 대단히 깨끗하고, 병동, 침대 및 환자를 깨끗하고 단정하게 유지하며, 우리의 지시를 철저하게 따르고 수술실에서 간호원의 모든 일반적인 업무를 효율적으로 수행하고 있습니다. 그들은 환자에게 매우 온화하고 그들에게 사랑을 받고 있습니다. 만일 실험이 성공을 입증하지 못한다면 그것은 그들이 능력이 없기 때문이 아니라는 것은 분명합니다.

이곳의 일본 병원의 의사로부터 들었던 그중 한 명은 일본 제독의 누이이고 집안이 좋으며, 제가 전에 일본 왕세자의 간호를 맡은 적이 있다고 말씀드린 것처럼 유능한 간호원으로 잘 알려져 있습니다. 환자가 다른 간호원보다 그녀를 선호하였기 때문에 특히 그와 관련하여 알려지게 되었고 항상 그 기독교 신자인 간호원이 그를 기다리게 해 달라고 요청하였습니다. 그들을 도쿄에서 데려오는 비용은 80엔(금화 40달러)이었고, 우리는 그들에게 매월 25엔을 지불하고 있습니다. 나는 그들이 계속해서 만족스럽다고 증명되기를 희망하며, 만일 그들이 그렇게 한다면 우리는 병원 업무를 수행하는데 있어 매우 분명한 이익을 얻게 될 것입니다. 나는 그들이 한국어를 약간 알게 되자마자 일부 한국인들에게 실제 간호를 훈련시킬 수 있을 것이라고 생각합니다. 그들은 바로 병원에서 살고 있기 때문에 항상 환자의 손이 닿는 곳에 있습니다.

Oliver R. Avison (Seoul),
Letter to Frank F. Ellinwood (Sec., BFM, PCUSA) (Aug. 9th, 1902)

Severance Memorial Hospital

O. R. Avison, M. D.

Medical Supt.

Mission Of Presbyterian Church in U. S. A.

> Received
> SEP 17 1902
> Mr. Fenn

Seoul, Korea,

Aug. 9th, 1902

Rev. F. F. Ellinwood, D. D.,

Secy. B. of F. Missions,

156 Fifth Ave. New York City.

Dear Sir: -

It gives me great pleasure to report that ground had at last been broken for the erection of the Severance Memorial Hospital. Mr. Gordon arrived in Seoul July 27th and yesterday grading of the site was begun. We have not yet succeeded in purchasing as much land as we would like to get but are hoping that the opportunity to do so will soon present itself. The Korean Government has been pursuing the tactics of arresting and harassing all who have been selling land to foreigners as well as all who have assisted in doing so and a short time ago Dr. Allen secured the release of some men imprisoned for this reason only after he had threatened to report the matter to the U. S. Government as a violation of the treaty. After we had been purchasing in connection with the hospital site for a time it became known that it was for foreigners as it was impossible to purchase so many fields and houses so near together without arousing suspicion on the part of the neighborhood but even then we were able to continue, meeting only the difficulty of a rise in the prices asked but in time policemen were sent to the neighborhood to make out a list of all the properties that had been sold in that district and to whom sold and this so alarmed the owners that we cannot now buy anything as any price until we have started the building and the people see whether those who have sold are going to get into trouble ever it.

However we have enough to go with and feel sure we can eventually get more although since we purchased a further disturbing element has come in in the survey by the Japanese of a site for the terminal station of the Seoul and Fusan Railway which is apparently going to be placed very close to us.

They have surveyed several possible sites and one of them adjoin our lot at the foot of the hill and indeed their stakes are placed within our boundaries. We are not sure yet which site they will use but we were very fortunate in securing the land we have got before this survey was made as it would have rendered it much more difficult to obtain.

The former hospital plan has been out down somewhat, the main building of the plan the architect is now developing being about 20 feet shorter than the former one called for an yet we shall have in it greater accommodation for patients than we had before.

This is due to the changed conditions. We have been able to cut out several rooms that were necessary when we planned for a building to be used conjointly by a male and a female physician and also one stairway.

The plan now being developed will of course be well considered and submitted to the station for criticism before it is finally adopted and I shall also get the advice of other medical men in Seoul before concluding it to be the best we can secure.

Your several letters re the appointment of Dr. Todd have not been as free from ambiguity as it is necessary they should be, considering the differences of opinion that exist here concerning the need and the best policy for our medical work and so an opportunity has presented for discussion concerning the intention of the Board and Mr. Severance in making the appointment. This ambiguity has doubtless been caused by the Board not having made a calculation as to the amount of time to be given by the doctor who shall supply the furloughs of the medical men in the various stations.

I have not your letters before me as I write but if my memory serves me correctly you said in your first letter that "in view of the evident need for the medical education of some natives Mr. Severance had offered, if the Board saw fit to make the appointment to supply the funds for physician to assist in the work of the Seoul Hospital" and that "the Board had accepted Mr. Severance's offer." It was then stated that while it was Mr. Severance's desire that this physician should be connected with the Seoul Hospital and that his main time and effort should be given to the work of this hospital he would not object to him being used to supply in other stations temporarily in case of emergency. Some here were inclined to think that meant that he should supply in other stations when the physician were absent on furlough while others having figured out what that would mean held that this interpretation could not be correct as almost the entire time of the new man would be required to supply all the furloughs, and that would nullify the stipulation that his main time should be given to the work in the Seoul Hospital.

It is a matter easily calculated. Dr. Wells' furlough begins in the Spring of 1903 and he will probably return in the fall of 1904.

The new doctor, will therefore first be free for work in Seoul in the Fall of 1904 and continue here till the Spring of 1905, a period of approximately six months when the furlough of Dr. Johnson of Tai Ku will begin and run until the Fall of 1906, when the supplying physician will return to Seoul and work here till the furlough of Dr. Sharrocks begins in the Spring of 1907, another period of approximately Six months when he will go to Sun Chun till the Fall of 1908, and so it will go on. These calculations are based on the presumption that all the physicians mentioned will be able to remain on the field their full period before going on furlough. If they do not do so the time he can spend in Seoul will of course be lessened. The exact period each time too may not be six months but will be modified by the time at which the furlough begins and ends and may be other a little more or a little less than Six months.

Your second letter notifying us of the appointment of Dr. Todd stated that he was appointed to assist in the medical and educational work of the Seoul Hospital and this seemed to quite shut out the interpretation retorted to viz. that he was to supply all the furloughs.

Letters just received, however, clearly indicate that this was the thought in the Board's mind when the appointment was made, and I simply wish to point out that the two boots aimed at cannot be both secured in the one appointment and it should be clearly stated to the Mission and made plain to Mr. Severance which of the two objects is to be first served, so that there may be no room for difference of opinion in making the assignment of work at this end.

I wish to make it very plain that I consider this matter of supplying in time of furlough to be very important, as I have several times said and there is no one either on the field or at home who will favor such an appointment more strongly than I shall for it is a great pity to see hospitals closed up for a year and a half at a time. Those of us who feel most strongly the need and value of medical work can take no other position than this.

But there is also this other need referred to in your first letter mentioning Mr. Severance's offer and the appointment of another physician, - the need for educating a number of native christian young men medically that they may be ready to take our places both in times of emergency and ultimately altogether. I cannot but feel loth to see the years gliding by and yet see but little advance in the prospect for supplying our place with native Christian physicians. It does seem a pity not to prepare at least a few men to fill that important positions of physicians to the people in the large centres and to get them ready to teach others so that this influential sphere may not be handed over bodily to heathen and infidel men who shall in large measure offset instead of helping the work of the church which we are so earnestly laboring to build up.

I cannot but plead this cause both on the field and with the friends at home as being one of the tactical points in the war we are waging. We must not only make direct frontal attacks but we must make flank movements and we must not only attack the enemy but we must also build up walls of defence to preserve what we have gained and it will not serve to leave this preparation till we actually find our gains threatened by the advance of the enemy's forces against our gains.

But this, through our delay, is already taking place and Korea is threatened with a deluge of so-called doctors taught from books by heathen Japanese teachers. Already this summer 19 such have been "graduated" without having ever soon a body dissected, an experiment in Chemistry performed, a sick man treated or a surgical operation performed, and such education as they have received has been given under heathen influences. A second larger class is now under way.

At the same time I am almost as much troubled at the results of the so-called medical training that is being given in our missionary hospitals. Only a short time as I received a letter from one of our own medical missionaries stating that he had a class of young men almost ready to send out to engage in practice. He thinks they should be granted what he calls a doctor's certificate of the third class. Several young men who have received some training in the Seoul Hospital have for one reason or other left and are now engaged in selling medicine and treating diseases which they do not understand, the chief cause of this unfortunate condition of things being that after a few years spent in doing dressings and making up medicines at the hospital, finding I have not much time to devote to teaching them and laying a foundation of real knowledge for them to build on, they become discouraged and then discontented and before long leave and strike out to make a living as best they can, and the time we have spent upon them is largely lost to the cause for whose sake we have been working.

I deprecate both my own results and the judgement of the missionary who without having had in any better opportunity to give his assistants a real training than I have thinks

May we be preserved both from our enemies and our friends! When I first came to Korea one of my former medical teachers and afterwards a colleague on the University Medical Staff wrote me saying that as I was a pioneer of medical work in Korea he trusted that I would strive so far as in me lay to establish the work upon a genuine basis so that the future would have something true to build upon and I am fully convinced that we who represent what we believe to be true medical science should not be satisfied to turn men out as doctors who have no real fundamental knowledge upon which to build up their methods of practice. There are three great aims to be followed out in our medical missions, the relief of suffering and the saving of life, the furtherance of the cause of Christ and the establishment of means for the continuance of the work by the people themselves. It is hard to say which of these is the most important. Probably all three are alike important and I fail to understand a mission policy which does not take cognizance of all three and at least plan to provide for all of them. If for lack of men or means it is impossible for a time or even for all time to make provision for those then it simply cannot be done and even the most earnest advocates of those aims must just do as so many of us have to do in other desirable but unattainable ends, that is, submit to the inevitable and bids our time, but to declare a "mission policy" that shuts out one or other of these aims is something which I am unable to understand.

Granted then that both the need of filling furloughs and the need of providing for medical teaching are recognized it then becomes a question which should be supplied in case both cannot be filled at once.

I do not think I will try to decide this question as much will depend upon circumstances as well as upon the donor of the money.

Some men will prefer to give money to supply one need and some to supply another and where both objects are worthy and well within the province of our sphere of work. I do not see why any objection should be taken to first supplying the need for which the Lord first provides the funds. When I was looking for the funds for a new hospital I did not think it necessary to refuse the gift of beds and apparatus because as yet we had not secured the building. We did not refuse the gift for a building because we had not yet secured a site. And in due time all the needs were provided for or are being so. I think one difficulty with us is that we are apt to definitely make up our minds in advance what ought to be and we are inclined to rule our every line of endeavor that does not fit in with that.

In a letter to Mr. Severance I pointed out that if the new appointee is to supply the furloughs of the doctors of the several stations he will not be in a position to render much service to this hospital and the education with it, and now having done so and having written this explanation to the Board it is not for me to bring any further pressure to bear upon you in the matter. I shall help the mission to carry out whatever may be the definitely expressed wish of the donor as a communicated to us by the Board.

Aug. 12th.

Work on the site is progressing and as there has been no appearance of trouble from the authorities the owners of surrounding fields have begun to offer to sell and yesterday I bought a small piece which I had very much desired to get.

The architect hopes to get the roof on before winter.

Yours very sincerely.

O. R. Avison

P. S. The two Japanese nurses of whom I wrote in a former letter came to us about one month ago and are proving very satisfactory. They have had 9 or 10 years' experience, are very clean, keep the wards, beds and patients clean and tidy, carry our instructions thoroughly and are efficient in the operating room in performing all the usual duties of nurses. They are very gentle with the patients and are liked by them. It is evident that if the experiment does not prove a success it will not be because they are not capable.

One of them I am told by the physician at the Japanese hospital here is a sister of a Japanese Admiral and is of good family, and is well known in Japan as a competent nurse, having been, as I said before nurse to the Japanese Crown Prince, and having become especially known in that connection because the Prince preferred her to any of the other nurses, always asking to have that christian nurse wait upon him. The expense of bringing them from Tokio was 80 yen ($40.00 gold) and we are paying them 25 yen each per month. I hope they will continue to prove satisfactory and if they do we shall have made a very definite gain in the matter of carrying on hospital work. I think too they will as soon as the gain a little knowledge of the Korean language be able to train some Koreans in practical nursing. As they live right in the hospital they are always within reach of the patients.

19020811

올리버 R. 에비슨(서울)이 호러스 N. 알렌
(주한 미국 공사)에게 보낸 편지 (1902년 8월 11일)

서울,
1902년 8월 11일

친애하는 알렌 박사님,

민종목 님의 병원 부지 무단 침입과 관련하여 오늘 날짜의 귀하의 편지를 받았음을 확인합니다.

저는 그가 벽에 구멍을 만든 하인들을 보냈다고 말씀드리게 되어 기쁩니다. 그리고 저는 이제 이 부지를 통한 빗물의 배출을 준비하는 것이 쉬운 일이 될 것이라는 데 의심의 여지가 없습니다.

문제에 대하여 수고해 주셔서 감사를 드립니다.

안녕히 계세요.
O. R. 에비슨

Oliver R. Avison (Seoul), Letter to Horace N. Allen
(U. S. Minister to Korea) (Aug. 11th, 1902)

Seoul,

Aug. 11, 1902

Dear Dr. Allen,

I beg to acknowledge receipt of your letter of this date re trespass of H. E. Min Chong Mok on the hospital property.

I am glad to say that he sent servants yesterday who closed the opening they had made in the wall and I have no doubt it will now be an easy matter to arrange for the outflow of rain through this property.

Thanking you for the trouble you have taken in the matter.

Yours very sincerely,

O. R. Avison

19020812

노먼 C. 휘트모어(선천)가 프랭크 F. 엘린우드(미국 북장로교회 해외선교본부 총무)에게 보낸 편지 (1902년 8월 12일)

(중략)

우리는 추가된 의사에 관한 최근 소식에 많은 관심을 가지고 있었으며, 선교부가 이 문제, 특히 대체 의사 계획에 대하여 의견을 표명할 또 다른 기회가 있을 때까지 아무도 파송하지 않기를 바라고 있습니다. 저는 그 생각이 이론적으로 좋은 생각이라고 생각하지만, 오래 지속되지 않을 것입니다. 8년 중 5년은 이곳에서 이 나라의 한쪽 끝에서 다른 쪽 끝으로 이사를 해야 한다는 사실을 이해한다면 어느 의사가 나올지 정말 의심스러우며, 기혼 남자는 단 한 순간도 그것을 받아들이지 않을 것입니다. 게다가 세브란스 씨가 우선적으로 돈을 지급하려는 서울 병원의 조수가 8년 중 거의 5년 동안 다른 지부에서 대체 업무를 하게 될 것이라는 것을 이해할 때 만족해 할 것인지 의심스럽습니다. 머지않아 그는 틀림없이 현재 의료진의 공석을 대체하거나, 어떤 사람들이 생각하기에 그리 멀지 않은 곳, 아마도 이 도(道)의 북쪽의 강계에서 시작되는 첫 번째 새로운 지부로 갈 것입니다. 훈련 받은 의사가 이런 종류의 첫 공석에 대비할 수 있는 기회가 있다는 것만으로도 그의 불평은 저를 좋아하게 만들 것이지만, 제가 전에 말씀드렸듯이 그것이 실행 가능한지 의심스러우며, 어쨌든 저는 그 사람이 파송되기 전에 불안정한 생활의 가능성을 분명하게 이해하기를 바라고 있습니다.

(중략)

Norman C. Whittemore (Syen Chun),
Letter to Frank F. Ellinwood (Sec., BFM, PCUSA) (Aug. 12th, 1902)

(Omitted)

We have been much interested in the recent news regarding the additional physician, and hope that none will be sent out until the Mission shall have had another opportunity to express its opinion in the matter, especially of the substitute Doctor Scheme. I think the idea a good one theoretically, but not long practicable. I doubt very much whether any doctor would come out if he understand that five out of his every eight years here he was to be moved about from one end of the country to the other, certainly no married man would accept it for a moment. Furthermore I doubt whether Mr. Severance giving his money primarily for an assistant in the Seoul hospital would be satisfied when he understood that for nearly five years out of every eight this doctor would be doing substitute work in other stations. Before long he would doubtless fit into some vacancy, on the present staff, or else go to man the first new station that is started, which some of the think may not be far distant, possibly in Kang Kei in the north of this province. It is this chance of having a trained doctor ready for the first vacancy of this sort, that would alone make me favor his complaining out, but as I said before I doubt whether it is practicable, in any case I should want the man to clearly understand the probabilities of an unsettled life, before he came out.

(Omitted)

19020818

올리버 R. 에비슨(서울)이 고든 패독(주한 미국 총영사, 서울)에게 보낸 편지 (1902년 8월 18일)

세브란스 기념 병원
O. R. 에비슨, 의학박사,
　　병원장

미국 북장로교회 선교부

한국 서울,
1902년 8월 18일

친애하는 패독 씨,

　저는 이제 두 개의 증서와 아마도 세 번째 증서를 보냅니다.

　저는 세 번째 것은 아직 받지 못하였지만 오늘 아침 하인에게 귀하게 두 개를 보내드리도록 지시하였습니다.

　저는 전에 11건의 문서를 귀하게 드렸다고 생각합니다. 나머지 문서는 우리가 그것을 받는 즉시 보낼 것이지만 지금 그것이 없는 것이 당면한 문제에 영향을 미치지 않습니다.

　제가 아는 한 외국인에게 땅을 팔았다는 손흥춘이라는 사람과, 저를 위하여 부지에서 일을 하고 있는 노무자인 이준익이라는 두 사람이 감옥에 수감되어 있습니다.

　안녕히 계세요.
　O. R. 에비슨

8월 19일 13개의 문서를 고든에게 보냄.
8월 20일 1개의 문서를 보냄.
GP

수감된 사람들의 이름

손흥춘
어제인 8월 17일 체포됨.

내가 구입하고 내 명의가 된 첫 번째 집의 소유자. 나는 외국인에게 집을 팔았다고 들었다. 실제로 그는 그것을 한 한국인에게 팔았는데, 그 후 그가 나에게 넘겼다.

이준익

내가 고용한 노무자 한 명이 8월 18일 오늘 아침, 우리가 구입한 부지에서 돌을 모으는 일을 하고 있던 중 체포되었다.

Oliver R. Avison (Seoul), Letter to Gordon Paddock
(U. S. Vice and Deputy Consul General at Seoul) (Aug. 18th, 1902)

Severance Memorial Hospital
 O. R. Avison, M. D.
  Medical Supt.

Mission of Presbyterian Church in U. S. A.

Seoul, Korea,
Aug. 18th, 1902

Dear Mr. Paddock,

I send herewith two more deeds and possibly a third one.

I have directed my man to send the two to you in the morning even though the third has not come to hand.

I think I left 11 deeds with you before. The remaining deed will be sent as soon as we get it but its absence at this time does not affect the matter in hand.

Two men are imprisoned so far as I can learn, one named Son Heung Choon for selling the land to a foreigner and one named Ye Choong Ik a coolie who was working on the property for me.

Very sincerely,
O. R. Avison

13 deeds sent to Gor. Aug. 19th.

1 deed sent Aug. 20th.

GP

Name of the imprisoned men.

孫興春 Son Heung Choon

Arrested yesterday, Aug. 17th.

Owner of the first house I bought and charged. I am told with having sold property to a foreigner. He really sold it to a Korean who afterwards turned it to me.

李俊益 Ye Choon Ik

A coolie employed by me and arrested this morning Aug. 18th, while at work gathering stones on the property purchased by us.

콜레라 보고 (1902년 8월 18일)

콜레라 보고

의 주: 보고 없음

운 산: 증가하지 않음, 8월 9일

선 천: 선천에서 8월 5일부터 3일 동안 콜레라 감염자는 20명, 사망자는 11명
이었다고 한다. 감염지역에서 이어지는 거리와 도로는 차단되었고 많
은 주민들은 주변 구릉(丘陵)으로 대피하였다.

평 양: 환자 없음, 8월 10일

진남포: 8월 13일, 80명. 콜레라 의약품 공급이 고갈되었다. 집을 갖고 있는 사
람들이 환자들의 수용을 거부함에 따라 사람들이 거리에서 죽어가고
있다. 많은 주민들이 마을을 떠나 황해도로 향하고 있다.

8월 17일, 92명, 사망 50명. 질병은 여전히 빠르게 확산되고 있다. 외국인 거주
지에서 2명(중국인). 지역 보건국은 서울로부터 즉각적인 지원을 요청하고 있다.

Cholera Report (Aug. 18th, 1902)

Cholera Report

Eui-ju   : No report.

Woonsan   : No increase, August 9th.

Syen Chun   : It is reported from Syen chun that in three days from August 5th,
there had been 20 cases of Cholera and 11 deaths. The streets
and roads leading from infected districts have been barricaded and
many of the inhabitants have fled to the surrounding hills.

Pyeng-Yang　：No cases, August 10th.

Chinampo　：August 13th, 80 cases. Supply of cholera medicine exhausted. People are dying on the streets, as house-owners refuse to harbor sick people. Many Inhabitants leaving the town for Whang-Kai-To.

August 17th, 92 cases, 50 deaths. Disease still spreading rapidly. Two cases in Foreign Settlement. (Chinese). Local Board of Health requests immediate assistance from Seoul.

그림 2. J. 헌터 웰즈가 평양에서 자신의 의학생들로 조직한 콜레라 방역대(1902년).

J. 헌터 웰즈(평양)가 코트니 H. 펜(미국 북장로교회 해외선교본부 임시 총무)에게 보낸 편지 (1902년 8월 18일)

접 수
1902년 9월 24일
엘린우드 박사

한국 평양,
1902년 8월 18일

코드니 H. 펜 목사, 미국 북장로교회 해외선교본부 대리 임시 총무

친애하는 펜 씨,

총무님의 친절한 7월 1일자 편지[33]와 거의 같은 날짜[34]로 선교부로 보낸 편지를 받았으며 감사드립니다. 한 개인으로 저는 총무님이 저에게 쓴 신중한 답변을 받을 자격이 없었고, 그래서 총무님의 편지에 훨씬 더 감사드립니다. 저에게 보낸 편지에서 총무님은 그 의사가 서울 병원에 임명되었다는 사실을 언급하였지만 선교부에 보내는 편지에는 언급하지 않았습니다. 총무님의 편지에서 그토록 강조하였던 선교부에 대한 임명이 아니라 서울 병원에 대한 임명이 문제의 요점입니다. 그리고 우리가 그렇게 쓴 이유는 연례회의에서 서울 병원을 위한 대체 의사의 요청이 거론되었고, 기도하는 마음으로 며칠간 숙고한 끝에 압도적으로 반대하였기 때문입니다. 그런 다음, 그 결정에 대한 항의나 다른 의견 불일치에 대한 암시도 없이, 선교부가 투표로 정책에 반대하며, 기록된 결정에 대하여 명시적으로 반대한다는 소식이 오고 있습니다. 의사는 서울에 임명되었고, 그는 다른 곳의 응급 업무를 할 수 있습니다. 저는 총무님이 문제의 요점을 놓친 것 같기에 이것을 길게 언급하고 있습니다. 물론 그것은 항상 새로운 것이지만 다음 회의에서 나중에 따라야 할 몇 가지 사항을 더 명확하게 만들 수 있습니다.

저는 소수파가 교회, 선교본부, 선교부에서 과도한 배려를 받고 있다는 것을 잘 알고 있으며, 그래서 서울 병원이 선교부로부터 충분한 고려를 받지 못하였다고 생각하는 매우 잘못된 개인의 의견에 총무님이 가하는 압박에 놀라지 않습니다. 반대로 서울 병원은 다른 병원이나 의사들에게까지 미치지 않았

---

33) Courtenay H. Fenn (Sec., BFM, PCUSA), Letter to J. Hunter Wells (Pyeng Yang) (Jul. 1st, 1901)
34) Courtenay H. Fenn (Sec., BFM, PCUSA), Letter to the Korea Mission (June 30th, 1902)

을 특권과 선물을 받았습니다. 평양이나 부산보다 작은 업무로 (부산에 병동이 없었다는 사실을 제외하고) 외국인 간호원이 허용되어 현재 3명이 있는데 더 많은 인원을 예상하고 있습니다. 20,000엔, 10,000엔(왕에게서 몰수), 그리고 최근에 세브란스 씨가 보낸 10,000엔이 사용되지 않은 것은 선교부의 잘못이 아닙니다. 이 방대한(다른 병원이 동일한 조건에서 더 큰 업무를 수행하는 것과 비교할 때 방대한) 액수의 대부분은 지난 2~3년 동안 사용할 수 있었으며, 병원이 오래 전에 건립되지 않은 주된 이유는 다른 상황들 중 솔직히 에비슨 박사의 무능함 때문입니다. 선교부에서 서울 병원과 에비슨 박사만큼 선교부의 배려를 더 많이 받은 기관이나 사람은 없었습니다. 그러한 고려는 선교부의 다른 어떤 의사에게도 확대되지 않았을 것이며, 그는 미국인이 아니어서 미국 기관, 특히 F. M. P. C. 위원회의 작동을 이해하지 못하기 때문에 그의 경우에 확대되었습니다. 그리고 그는 장로교회 신자가 아니며 우리 교회를 지배하는 원칙을 알지 못하거나 인정하지 않습니다. 그는 선교부의 허가를 받지 않고 최근 두 명의 일본인 간호원을 고용한 것을 볼 때 조례를 지속적으로 무시하고 있으며, 그는 선물과 기부를 구별하고 있으며 이 중 일부는 선교본부와 관련이 없기 때문에 그의 재무 보고서는 지침이 요구하는 것만큼 가득 찬 적이 없었습니다. 그는 돈을 받거나 받았고 그것을 선교부의 감독을 받지 않고 자신이 원하는 대로 병원에서 사용하였습니다. 이에 대하여 어떠한 이의도 제기된 적이 없으며 이것은 이의나 비판이 아니라 단지 가장 섬세하고 사려 깊은 배려가 항상 그에게 주어졌고 앞으로도 있을 것임을 보여주기 위한 언급일 뿐입니다. 더욱이 최근 서울 지부의 두 선교사가 확언하였는데, 그는 모든 지부 모임에서 절반 이상(그들은 ⅔라고 함)을 병원에 관하여 논의하는데 사용하고 있습니다. 내가 기억하지 못하는 어떤 사람이 시간을 쟀는데 그는 연례 회의에서 작년에 선교부 시간의 거의 절반을 차지한 것으로 나타났으며, 이것은 일반적인 일입니다. 현재 그는 다음 회의에서 평소와 같은 시간을 차지할 것이라는 이야기가 있습니다. 이 모든 허용이 당연한 고려가 아니라면, 저는 그 단어가 무엇을 의미하는지 모르겠습니다.

(중략)

J. Hunter Wells (Pyeng Yang), Letter to Courtenay H. Fenn (Acting Sec., BFM, PCUSA) (Aug. 18th, 1902)

Received
SEP 24 1902
Dr. Ellinwood

Pyengyang, Korea,

Aug. 18, 1902

Rev. Courtenay H. Fenn, Act. Secy. B. F. M. P. C. in U. S. A.

Dear Mr. Fenn: -

Your kind letter of July first and the one of about the same date to the Mission, have been received and appreciated. As an individual I did not deserve the careful answer which you wrote to me and so I appreciate your letter that much more. In the letter to me you mention the fact that the doctor was appointed to the Seoul hospital but in that to the Mission you do not. This was the point at issue - the appointment to the Seoul hospital and not his appointment to the Mission which you lay so much stress on in your letter. And the reason why we wrote as we did was that the request for an extra physician for the Seoul hospital was brot up at the Ann. Meeting and overwhelmingly, after several days prayerful consideration, voted against. Then, without a protest against the action or other intimation of disagreement, comes the news that ever the Missions vote and striking at its policy, and explicitly against its recorded action - a doctor is appointed to Seoul and, way down, minor and doubtful - he may or might be available for emergency work elsewhere. I mention this at this length be because you seem to have missed the point at issue. Of course it is all ever new but it may make some things clearer which are bound to follow later at the coming meeting.

I know very well that the minority has an undue consideration in the church, in the Board and in the Mission so am not surprised at the stress you lay on the opinion of a very much mistaken individual who supposes that the Seoul hospital has not received full consideration from the Mission. On the contrary the Seoul hospital has been showered with privileges and presents which would not have been extended to the other hospitals or doctors. With a smaller work than either Pyengyang or Fusan (leaving out the fact that there were no wards in Fusan) it has been allowed a foreign nurse and now has three with more expected. It is not the Missions' fault that the 20000 yen+10000 yen (forfeit from the King)+10000 yen lately sent by Mr. Severance has not been used. Most of these vast (Vast as compared with what the other hospitals are doing a larger work with in the same conditions) sums have been available for the last 2 or 3 years and the main reason among some other circumstances why a hospital was not erected long ago is, plainly, Dr. Avisons' executive inability. No agency or person in the Mission has received more consideration at the hands of the Mission than the Seoul hospital and Dr. Avison. Such considerations would not have been extended to any other doctor in the Mission and they have been stretched in his case because he is not an American and so does not understand the workings of American institutions, especially the Board of F. M. P. C. in U. S. A. And he is not a Presbyterian and does not know or recognize the principles governing our church. He is constantly over-riding the By-laws, as witness his recent employment of two Japanese nurses without asking Mission Permission, and his financial reports have never been as full as the Manual requires, since he distinguishes between a gift, a donation and a present, and some of these he avers do not concern the Board. He receives or received money and used it in the hospital as he pleased without Mission supervision. No objection has ever been raised to this and this is not an objection or a criticism merely a statement to show you that a most delicate and considerate consideration has always been and always will be accorded him. Furthermore he takes up - and this is lately averred by two missionaries of Seoul station - more than half (they say two-thirds) of the stations time discussing the hospital, at every station meeting. He was timed by some one whom I don't recall, at the Annual Meeting and it was found that he took up nearly half of the Missions' time last year and this is the usual thing. From what's in the air now he will take up the usual time at the coming meeting. If the allowance of all this is not due consideration then I don't know what is meant by the word.

(Omitted)

19020819

고든 패독(주한 미국 총영사, 서울)이
엄주익(한성 판윤)에게 보낸 공문 제25호 (1902년 8월 19일)[35]

총영사 제25호

1902년 8월 19일

엄주익 각하,[36]

한성 판윤

안녕하십니까,

　저는 에비슨 박사가 남대문 밖에 병원을 건축할 목적으로 구입한 부동산에 대한 증서 13장을 동봉하여 귀하께 전달하고, 문제가 되고 있는 부동산에 대하여 에비슨 박사에게 새로운 증서 혹은 증서들을 발행해 줄 것을 요청 드립니다.

　어제 제가 귀하께 말씀드린, 에비슨 박사가 부지를 개간하기 위하여 고용한 노동자들에 대한 경찰의 간섭 문제와 관련하여, 저는 귀하가 그러한 간섭이 즉시 중단되는 것을 볼 것이라고 믿습니다. 저는 귀하를 만난 후 두 명의 한국인이 이 문제로 체포되었다는 소식을 들었습니다. 한 명은 이름이 손흥춘인데 외국인에게 부동산을 팔았다는 혐의로 체포되었습니다. 다른 사람은 이름이 이춘익인데, 에비슨 박사가 부지 내에 고용한 노무자입니다. 이러한 체포는 분명히 조약상의 권리를 침해하는 것이기 때문에 그 문제가 외부에 회부되지 않도록 귀하께서 이들의 석방을 명령할 것이라고 믿습니다.

　모든 문제가 원만하게 해결되었다는 소식을 듣게 될 것으로 믿습니다.

　안녕히 계십시오.

　(서명) 고든 패독

---

35) 이것은 다음 공문의 첨부 10이다. Horace N. Allen (U. S. Minister to Korea), Despatch to John Hay
　　(Sec. of State, Washington, D. C.) (Nov. 18th, 1902)
36) 엄주익(嚴柱益, 1872~1931)

Gordon Paddock (U. S. Consul General),
Despatch to Um Chu Ik (Governor of Seoul) (Aug. 19th, 1902)

25 C. G.

August 19th, 1902

Hon. Um Chu Ik,
　　Governor of Seoul

Sir: -

I have the honor to hand you enclosed the deeds, thirteen in number, of the property bought by Dr. Avison for the purpose of building a hospital outside the South Gate of the City, and to request that you issue a new deed, or deeds, to Dr. Avison covering the property in question.

In regard to the matter of the police interference with the workmen employed by Dr. Avison in clearing the property, about which I spoke to you yesterday, I trust that you will see that such interference is immediately stopped. I have been informed, since seeing you, that two Koreans have been arrested on account of this matter, - one named Son Heung Choon, who is arrested, it is reported, for selling property to a foreigner; the other named Ye Choon Ik, who is a coolie employed by Dr. Avison on the premises. As these arrests are clearly in interference of the enjoyment of treaty rights, I trust that you will order the release of the men, so that the matter may not have to be referred to the Foreign Office.

Trusting to hear from you that the whole matter has been amicably arranged.

I have the honor to be,
Sir: -
Your obedient servant,
(Sig.) Gordon Paddock

19020820

올리버 R. 에비슨(한강)이 호러스 N. 알렌(주한 미국 공사)에게
보낸 편지 (1902년 8월 20일)

세브란스 기념 병원
O. R. 에비슨, 의학박사,
병원장

미국 북장로교회 선교부

한국 한강, 1902년 8월 20일

의학박사 H. N. 알렌님,
주한 미국 전권 대사

안녕하십니까,

저는 체포되었던 노무자가, 제가 알기로 심각한 사건만 다루는 곳으로 알고 있는 경무청 감옥서로 이송되었고, 재산 양도와 관련된 중개인이 체포되었으며, 그와 처음 체포된 사람은 처벌을 받고 있는데 그 원인은 일본인들이 현장에서 작업을 수행하고 있기 때문이라고 들었으며, 이제 귀하의 정보를 위하여 알려드립니다.

저는 귀하께서 저로부터 어떠한 재촉을 받지 않아도 가능한 한 빠르게 처리하실 것이라는 것을 알고 있고, 저는 귀하께서 무슨 일이 일어나고 있는지 계속 아실 수 있도록 이 정보를 귀하게 보냅니다.

안녕히 계세요.
O. R. 에비슨

Oliver R. Avison (Han Kang), Letter to Horace N. Allen
(U. S. Minister to Korea) (Aug. 20th, 1902)

Severance Memorial Hospital
O. R. Avison, M. D.
Medical Supt.

Mission of Presbyterian Church in U. S. A.

Han Kang, Korea, <u>Aug. 20th</u> 190<u>2</u>

Hon. H. N. Allen, M. D.,

Min. Plenipotentiary, &c &c

Dear Sir: -

I have just been told and now transmit for your information, that the coolie who was arrested has been transferred to the Kyung Woo Chung Kam Ok Suh which is I understand a place where only serious cases are lodged, that the broker who acted in connection with the transfer of the property has been arrested and that he and the man first arrested are being punished, the alleged cause being that work is being carried on on the site by the Japanese.

I know you will act with as much despatch as is possible without any urging from me and I send this information to you so that you may be kept in touch with what is going on.

Yours very sincerely,

O. R. Avison

호머 B. 헐버트(서울)가 캘빈 B.와 메리 E. W. 헐버트(미국)에게
보낸 편지 (1902년 8월 25일)

(중략)

저는 적어도 이틀에 한 번은 서울로 올라가야 했지만, 메이는 이곳에서 밀러 부인 및 에비슨 부인과 함께 많은 시간을 보냈습니다. 저는 집 문제와 *(The Korea) Review* 업무와 다른 많은 일로 도시로 가야만 하였고, (......)

(중략)

Homer B. Hulbert (Seoul), Letter to Calvin B. & Mary E. W. Hulbert
(U. S. A.) (Aug. 25th, 1902)

(Omitted)

I have had to be up in Seoul at lest every other day but May has had plenty of company here with Mrs. Miller and Mrs. Avison. I have had to be up to the city on house business and *Review* business and a dozen other things and (......)

(Omitted)

19020825

잡보. 금즙천건(禁戢擅建). 황성신문(서울) (1902년 8월 25일), 2쪽

금즙천건. 남대문 바깥의 이문동(里門洞) 내에 영국인 에비슨 씨가 병원을 새로 짓는데, 조선 정부의 허가가 없던지 경무청에서 공사를 하지 못하게 하더라.

[Miscellaneous. Prohibition of Unauthorized Construction.]
Hwangseoung Shinmun (Newspaper) (Seoul) (Aug. 25th, 1902), p. 2

禁戢擅建. 南門外 里門洞 內에 英人 魚斐信 氏가 病院을 新建ᄒᄂᄃᆡ 政府 認許가 無ᄒ던지 警務廳에셔 禁戢ᄒ더라.

올리버 R. 에비슨(한강)이 호러스 N. 알렌(주한 미국 공사)에게 보낸 편지 (1902년 8월 25일)

세브란스 기념 병원   미국 북장로교회 선교부
O. R. 에비슨, 의학박사,
　　병원장

　　　　　　　　　　　　　　　　　　한국 서울, 1902년　8월 25일

친애하는 알렌 박사님,

　　제가 최근 짧은 편지를 보낸 후, 두 명의 노무자들이 풀려났습니다.
　　나머지 2명은 엄밀하게 감금되어 있지 않지만 경찰의 감시를 받고 있으며,
현장에는 체포 위협을 받고 있어 어떠한 한국인 노무자들도 일을 하도록 허용
되어 있지 않습니다.
　　정지 작업은 일본인 노무자에 의하여 천천히 진행되고 있지만 몇 명만 구
할 수 있습니다. 귀하께서는 어떤 추가 정보를 갖고 있습니까? 그리고 패독
씨가 판윤 사무실로부터 문서와 관련하여 소식을 들었는지 여부를 알고 계십
니까?

　　안녕히 계세요.
　　O. R. 에비슨

Oliver R. Avison (Han Kang), Letter to Horace N. Allen (U. S. Minister to Korea) (Aug. 25th, 1902)

Severance Memorial Hospital
O. R. Avison, M. D.
Medical Supt.

Mission of Presbyterian Church in U. S. A.

Seoul, Korea, <u>Aug. 25th</u> 190<u>2</u>

Dear Dr. Allen: -

Since my last note the two coolies that had been arrested have been released.

The other two men are not closely confined but are under police surveillance, and no Korean coolies are allowed to work at the site under threat of being arrested.

The grading is going on slowly by means of Japanese coolies but only a few are obtainable. Have you any further information and do you know whether Mr. Paddock has heard from the governor's office concerning the deeds?

Yours very sincerely,

O. R. Avison

회의록, 한국 선교부 서울 지부 (미국 북장로교회) 1891~1921
(1902년 9월 6일)

(중략)

6월 3일, 18일 및 30일자 선교본부의 편지가 낭독되었다.[37] 세브란스 기념 병원의 두 번째 의사 임명과 관련하여, 서울 지부는 안식년이 아닌 다른 지부의 응급 상황을 자유롭게 대체한다는 조건으로 세브란스 씨의 두 번째 의사 파송을 승인할 것을 추천하기로 동의되었다. 통과됨.

(중략)

의장은 배분 위원회에 게일, F. S. 밀러 씨 및 에비슨 박사를 임명하였다. 청구가 다음과 같이 통과되었다.

(……)   에비슨   370   (……)

(중략)

---

37) Frank F. Ellinwood (Sec., BFM, PCUSA), Letter to the Korea Mission (June 3rd, 1902); Frank F. Ellinwood (Sec., BFM, PCUSA), Letter to the Korea Mission (June 18th, 1902); Courtenay H. Fenn (Sec., BFM, PCUSA), Letter to the Korea Mission (June 30th, 1902)

Minutes, Seoul Station, Korea, 1891~1921 (PCUSA) (Sept. 6th, 1902)

(Omitted)

Board letters of June 3, 18 & 30 were read. Concerning the appointment of a second physician to the Severance Memorial Hospital it was moved that Seoul Station recommend the acceptance of Mr. Severance's supply of a second physician for the hospital on condition that this physician be free to fill emergencies of other stations but not furloughs of physicians from these stations. Carried.

(Omitted)

The Chairman appointed as the Committee on Apportionment Messrs Gale and F. S. Miller & Dr. Avison.

Orders were passed as follows,

  (......)   Avison   370   (......)

(Omitted)

회의록, 한국 선교부 서울 지부 (미국 북장로교회) 1891~1921
(1902년 9월 20일)

(중략)

9월 6일에 취해진 세브란스 기념 병원의 추가 의사 요청에 대한 동의를 재고하자는 동의가 있었다.[38) 재고 결과 동의는 철회되었다.

(중략)

Minutes, Seoul Station, Korea, 1891~1921 (PCUSA) (Sept. 20th, 1902)

(Omitted)

It was moved to reconsider the motion concerning the request for an additional physician for the Severance Memorial Hospital action taken Sept. 6. Upon reconsideration the motion was withdrawn.

(Omitted)

---

38) *Minutes, Seoul Station, Korea, 1891~1921* (PCUSA) (Sept. 6th, 1902)

최영하(외부 서리대신)가 호러스 N. 알렌(주한 미국 공사)에게 보낸 공문 제59호 (1902년 9월 22일)

조회 제59호

대한외부대신서리외부협판 최영하는 조회할 일로 알립니다. 주 한성 일본 공사로부터 접한 조회의 내용 안에 의거해 "경부철도 경성 정차장 부지는 구획을 확정하고, 경계로 수용하는 사이 땅 내에 소재 토지의 매매를 금지하여 그 지역을 명확히 할 것을 내외인으로 하여금 모두 알게 함이 옳습니다. 이에 부설지 도면을 제작해 드리고 바라건대, 재경 각국 대표자에게도 분명히 알려 주시길 바란다."고 하였고 잇따라 접한 철도원 문서를 열어보니 "정차장 구획 지내 매매를 금지한 곳은 금번 이미 확정했다."고 합니다. 이에 준하여 장차 해당 도면 1장을 교부하고 상응하는 문서를 갖추어 공사에게 조회하니, 귀 공사는 청컨대 번거롭더라도 조회내용을 살펴 거류인민이 조회를 따르도록 두루 신칙함이 가(可)하여 통지하는 바이니 잘 알 것입니다.

대미특파한성전권대신 알렌 각하
광무 6년(1902년) 9월 22일

Choy Yung Ha (Acting Minister for Foreign Affairs), Despatch No. 59 to Horace N. Allen (U. S. Minister to Korea) (Sept. 22nd, 1902)

大韓外部大臣署理外部協辦崔榮夏，爲照會事，接准駐京日本公使照會內開，京釜鐵道京城停車場敷地，確定區劃，限收用間，地段內所在土地，禁止賣買，明確其地域，可使內外人一切知悉，茲製敷地圖面呈請，聲明在京各國代表者等因，嗣接鐵道院文開，停車場區劃地段內禁賣之處，今已確定等因，准此，除將該圖面一紙送交外，相應備文照會貴公使，請煩查照，轉飭居留人民遵照可也，須至照會者，

右.

大美特派漢城全權大臣　　安連　　閣下

光武 六年 九月 二十二日

코트니 H. 펜(미국 북장로교회 해외선교본부 임시 총무)이
J. 헌터 웰즈(평양)에게 보낸 편지 (1902년 9월 24일)

1902년 9월 24일

J. 헌터 웰즈 박사,
　　한국 평양

친애하는 웰즈 박사님,

　　8월 2일과 18일자로 귀하의 멋진 편지 두 통을 받았는데,[39] 앞의 편지는 에비슨 박사가 서울 병원에 일본인 간호원을 고용하는 것에 대하여 항의하는 것이었습니다. 그는 적어도 서울 지부에서 승인한 것처럼 우리에게 그 문제에 대하여 편지를 썼습니다. 만일 선교부가 이러한 간호원의 사용을 승인하지 않는 경우 연례 회의에서 그렇게 말할 수 있는 온전한 권리가 있습니다. 귀하가 서울 병원에 대한 규칙이 하나이고 나머지 선교부에는 완전히 다른 규칙이 있는 것처럼 보일 정도로 빈번히 선언하는 것은 선교본부에 대하여 적절하지 않습니다.

　　나는 우리가 그 주제에 대하여 선교부로부터 더 듣지 않는 한 귀하가 원하는 대로 이 문제를 총무들에게 비밀로 할 것입니다.

　　귀하는 서울 병원에 다른 의사를 임명하는 것과 관련하여 7월 1일자로 보낸 나의 개인 편지[40]를 잘못 해석한 것 같습니다. 나는 바로 앞에서 말한 귀하 자신의 표현을 인용한 것뿐이며, 이는 선교본부의 의도가 아닙니다. 나는 귀하와 다른 사람들에게 보내는 후속 편지가 이 문제에 대한 선교본부의 입장을 분명하게 해주기를 바라고 있습니다.

　　나는 서울 지부의 한 회원이 그 병원의 필요가 선교부에 의해 간과되거나 다소 경시되고 있다는 두려움을 표현하는 상당한 우려로 글을 썼다는 사실을 언급하였을 때, 나는 선교부가 서울 병원과 에비슨 박사를 아낌없이 배려하였다는 사실에 의문을 제기할 생각이 없었습니다. 그러나 나는 이것을 단순히

39) J. Hunter Wells (Pyeng Yang), Letter to Frank F. Ellinwood (Sec., BFM, PCUSA) (Aug. 2nd, 1902); J. Hunter Wells (Pyeng Yang), Letter to Frank F. Ellinwood (Sec., BFM, PCUSA) (Aug. 18th, 1902)
40) Courtenay H. Fenn (Sec., BFM, PCUSA), Letter to J. Hunter Wells (Pyeng Yang) (Jul. 1st, 1901)

다른 모든 것과 마찬가지로 이 질문에도 양면이 있다는 것을 분명히 하려고 하였습니다.

나는 이 시간까지 귀하가 이미 선교부 회의에 참석해 있고, 이것이 귀하에게 도착하기 전에, 고려되어야 할 중요한 문제와 관련하여 선교부가 해야 할 일은 무엇이든 완료되었을 것이라고 생각합니다. 선교부의 결정에 대한 선교 본부의 검토는 내가 20개월 동안 즐겁게 봉사하였던 이 사무실을 떠난 후에 이루어질 것인데, 다루어야 할 몇 가지 불쾌한 일들이 있었음에도 불구하고 유쾌한 부분이 적지 않았습니다.

나는 귀하의 (콜레라) 위생대 사진을 보니 너무 반가우며, 콜레라 전염병 예방에 성공하기를 바랍니다. 선천에서 샤록스 박사는 우리가 대단히 감사하게 생각하는 동일한 분야에서 큰 성공을 거둔 것 같습니다. 나는 이 분야의 선교사들의 노력이 한국인들에게 가장 좋은 인상을 줄 것이라고 믿어 의심치 않습니다. 그 결과 더 큰 수확의 결과를 낼 수 있습니다.

안녕히 계세요.
C. H. 펜

Courtenay H. Fenn (Acting Sec., BFM, PCUSA),
Letter to J. Hunter Wells (Pyeng Yang) (Sept. 24th, 1902)

Sept. 24th, 1902

Dr. J. Hunter Wells,
    Pyeng Yang, Korea

My dear Dr. Wells: -

I have received your good letters of Aug. 2nd., and 18th., the first one complaining of Dr. Avison's employment of Japanese nurses for the Seoul Hospital. He had written of the matter to us as if it had been approved by the

Seoul Station at least. If the Mission does not approve of the use of these nurses, it has a perfect right to say so at the Annual Meeting. You are hardly just to the Board in declaring so frequently that there seems to be one rule for the Seoul Hospital and an altogether different one for the rest of the Mission.

I shall, as yon desire, regard this matter as confidential to the Secretaries unless we hear further from the Mission on the subject.

You have apparently misinterpreted my personal letter to you of July 1st, in referring to the appointment of another physician for the Seoul Hospital. I was simply quoting your own expression which immediately preceded to state was not the intention of the Board. I hope that subsequent letters to you and to others have made the Board's position clear in this matter.

I did not intend to question the fact of the Mission's having given abundant consideration to the Seoul Hospital, and to Dr. Avison, when I stated the fact that a member of Seoul Station had written in a good deal of concern expressing the fear that the needs of that hospital were being overlooked or somewhat slighted by the Mission: but I intended this simply as evident that there were two sides to this question as to every other.

I presume that by this time you are already in session as a Mission, and that before this reaches you, whatever is to be done by the Mission with reference to the important question which has some up for its consideration will have been done. The consideration of the Mission's action by the Board will take place after I have left this office where I have greatly enjoyed these twenty months of service, not the least pleasant portion of which have been these few months of acquaintance even through there have been some unpleasant things to handle.

I am very glad to see the picture of your sanitary corp, and hope that you have succeeded in preventing an epidemic of cholera. At Syen Chun, Dr. Sharrocks seems to have a large success in the same line for which we are very grateful. I have no doubt that the efforts of the missionaries in this direction will produce a most excellent impression upon the Koreans. May it result in still larger ingatherings

Yours very sincerely,
C. H. Fenn

호러스 N. 알렌(주한 미국 공사)이 최영하(외부 서리대신)에게 보낸 공문 제393호 (1902년 9월 26일)

외부 제393호

미합중국 공사관

한국 서울, 1902년 9월 26일

각하,

저는 경부선 철도의 역사 부지가 선택되었는데, 외국인이나 현지인이 토지를 매입할 수 없는 경계가 정해져 있음을 말하고, 그 부지의 계획도를 동봉하여 제 국민들에게 이 경계를 통지할 것을 요청하는 편지를 각하가 일본 공사로부터 받았다고 제가 알리는 이번 달 23일자 각하의 공문을 받았음을 알려 드립니다. 답장으로 저는 각하의 공문에서 제안된 대로 경부선 철도의 역사로 할당된 토지의 경계를 제 국민들에게 통지할 것이라고 말씀드리고 싶습니다.[41]

저는 이 기회를 이용하여 각하께 최고의 경의를 표합니다.

호러스 N. 알렌

최영하 각하,
외부 서리대신

---

41) Gordon Paddock (U. S. Vice and Deputy Consul General at Seoul), Letter to American Residents of Seoul (Sept. 27th, 1902)

Horace N. Allen (U. S. Minister to Korea), Despatch No. 393 to Choy Yung Ha (Acting Minister for Foreign Affairs) (Sept. 26th, 1902)

No. 393 F. O.

Legation of the United States of America

Seoul, Korea,   September 26th, 1902

Your Excellency:

I have the honor to acknowledge the receipt of your despatch of the 23rd, instant, informing me that you have received a letter from His Excellency the Minister to Japan, saying that the ground for the station of the Seoul-Pusan Railway has been selected and limits set within which neither foreigners nor natives may buy land and enclosing a plan of the land, and requesting that I notify my nationals of this limitation. In reply I would say that I shall notify my nationals of the limits of the land set aside to the terminal of the Seoul-Pusan Railway, as suggested in your despatch.

I avail myself of this opportunity to renew to Your Excellency the assurance of my highest consideration.

Horace N. Allen

To
His Excellency
Choy Yung Ha
Acting Minister for Foreign Affairs

照覆 第三百 九十三號

　大美特派漢城全權大臣安連, 爲照覆事, 照得, 本月二十三日, 接到貴文, 幷所擇京釜鐵道停車場定界圖本一紙, 悉爲該界限內地段不許賣買一事, 准此, 除將該

제6부 새로 지은 제중원, 세브란스 병원　283

事由輪示美國人外, 相應備文照覆貴署理大臣, 請煩查照, 須至照會者,

右.
大韓外部署理大臣　　　　崔榮夏　　刻下
一千九百二年 九月 二十六日

고든 패독(주한 미국 총영사, 서울)이
서울의 미국인 거류민에게 보낸 통고 (1902년 9월 27일)

미합중국
총영사관 및 공사관

한국 서울, 1902년 9월 27일

서울의 미국인 거류민 귀중,

서울 남대문 밖과 남대문에서 남쪽으로 뻗는 현재 도로 양쪽에 있는 넓은 부지는 경부선 역사(驛舍)와 광장으로 예정되어 있음을 알려드려야 합니다. 따라서 여러분들은 먼저 이 사무실과 상의하지 않고 지정된 지역에서 토지를 구매하거나 계약해서는 안 된다는 통지를 받았습니다.

안녕히 계세요.
고든 패독
총영사

(뒷면)

본 사람

H. G. 잉글리쉬	R. G. 프라이스	찰스 E. 샤프
조제핀 O. 페인	룰루 E. 프라이	달지엘 A. 번커
윌리엄 B. 레이놀즈	S. A. D.	윌리엄 C. 스웨어러
A. 콜브란	[W. F.] 샌즈	C. G. 하운쉘
J. 로버트 무스	조제핀 P. 캠벨	M. H. 헐버트
에바 H. 필드	에스터 L. 쉴즈	새디 N. 웰본
프레더릭 S. 밀러	케드월러더 C. 빈튼	수전 A. 도티
E. 언즈버거	E. 피엘	조지 _____
B. C. 도넘	허버트 콜브란	R. A. 맥랠란
J. H. 모리스		

Gordon Paddock (U. S. Vice and Deputy Consul General at Seoul), Letter to American Residents of Seoul (Sept. 27th, 1902)

Consulate General and
Legation of the United States
of America

Seoul, Korea, September 27th, 1902

To -

American Residents of Seoul: -

I have to inform you that a large tract of land, lying outside the South Gate of the City and on both sides of the present road running southerly from the South Gate, has been reserved for the Station and Station-yard of the Seoul-Fusan Railroad. You are therefore notified that no land should be purchased or contracted for in the district named without first consulting this office.

Yours respectfully,
Gordon Paddock
Consul General, etc.

(Over.)

Seen by: -

H. G. English	R. G. Price	C. E. Sharp
J. O. Paine	L. E. Frey	D. A. B.
W. B. Reynolds	S. A. D.	W. C. Swearer
A. Collbran	[W. F.] Sands	C. G. Hounshell
J. Robt. Moose	J. P. Campbell	M. H. Hulbert
E. H. Field	E. L. Shields	S. N. Welbon
F. S. Miller	C. C. Vinton	S. A. Doty
E. Ernsberger	E. Piehl	Geo. Hening
B. C. Donham	H. Collbran	R. A. McLellan
J. H. Morris		

1902년 9월 24일부터 10월 4일까지 서울에서 개최된 미국 북장로 교회 한국 선교부의 제18차 연회 회의 회의록 및 보고서, 3, 12, 18, 19, 25~26, 27, 28, 32, 35~36, 36, 38~39, 42, 50~52, 53, 54, 67쪽

3쪽

제1일

1902년 9월 24일

오전 회의

미국 북장로교회 한국 선교부의 회의가 서울 제중원의 중앙교회에서 모였으며, 오전 내내 기도와 찬양으로 시간을 보냈다. 주제는 "승리의 조건. 영적 및 물질적."이었다.

(......)

오후 회의

한국 선교부는 오후 3시에 제중원의 중앙교회에서 다시 모였다.
다음과 같은 사람들이 참석하였다.

(......)

O. R. 에비슨 박사 부부

12쪽

제7일

1902년 10월 1일

(......)

재무 위원회는 에비슨 박사를 통해 보고(보고서 VIII)하였으며, 보고서는 채택되었다.

(......)

제이콥슨 기념 위원회는 에비슨 박사를 통하여 보고(보고서 IX)하였으며, 보고서는 채택되었다.

(......)

18쪽

제10일

1902년 10월 4일

(......)

예산 위원회가 보고하였다(보고서 XVII).

현재 서울 병원의 경비가 2,000원을 초과하지 않도록 하기 위한 2년 전의 결정을 포기하기로 동의와 재청이 있었다. 통과되었다.

(......)

19쪽

(......)

에비슨 박사는 선교부 앞에서 성명서를 낭독하였고, 그것을 철해 놓고 어빈 박사의 사례에 대한 선교부의 결정과 함께 선교본부로 보내기로 하였다.

(......)

25~26쪽

VI. 의료 위원회의 보고서 (채택된 대로).

위원회는 다음과 같이 추천한다.

1. 이 위원회는 현재 서울 병원에 근무하고 있는 일본인 간호원의 고용 방식이 비정상적이라는 점을 인정하지만 이러한 조치의 필요성과 이점을 인식하여 조치를 승인하며, 계속 고용할 것을 권고한다. 동시에 이것은 특별한 경우로 간주되어야 하며 결코 미래에 대한 전례가 아니다.

2. 오하이오 주의 세브란스 씨는 필요에 따라 우리의 다양한 지부에서 주로 대체 의사로 활동하되 그렇지 않을 때 세브란스 병원과 관련된 의료 사업에 배정될 의료 선교사를 지원하기로 제안함으로써 우리 선교부에 그의 자선을 더한 것에 비추어,

우리는 그의 후의와 우리의 사업에 대한 현명한 관심에 깊은 감사를 표하며,

우리는 선교본부의 이 제안에 따라 의사를 가능한 한 조속히 보내줄 것을 요청하지만, 우리의 5개 지부에서 이러한 대체 업무만으로 의사의 8년 기간 중에서 6년이 소모된다는 사실에 주의를 환기시키기로 결의한다.

(......)

5. 우리는 서울 병원 간호원 2명의 여비 50엔, 1903년 4월 30일로 종료되는 현 회계연도의 급여 500엔, 1904년 4월 30일로 종료되는 다음 회계연도의 급여 600엔의 지급을 승인한다.

(......)

27쪽

VII. 전도 위원회 보고서

(......)

III. 또한 에비슨 부인은 전도부인을 고용하여 세브란스 병원 및 구리개 교회와 연계하여 일을 하도록 허용되었다.

IV. 우리는 전도 사업을 위하여 병원 앞 책방을 유지하려는 에비슨 박사의 계획을 승인하며, 그것을 유지하기 위한 150엔의 요청을 승인한다.

(......)

28쪽

VIII. 재무 위원회 보고서

위원회는 한 해 동안 내린 결정이 거의 없었다.

제출된 유일한 질문은 다음과 같다.

1. 부산 지부는 지부 건물을 매각하여 받은 금액을 선교부 재무에게 반환해야 하는지 혹은 지부가 그 금액을 사업의 형태 중 하나로 사용할 수 있는지 여부를 물었다.

대답은 그 금액을 선교부 재무에게 넘겨야 한다는 것이었다.

2. 재무 장부의 감사. 이는 적법한 형식으로 수행되었으며, 모든 것이 올바른 것으로 판명되어 그런 내용의 보고서가 선교본부에 제출되었다.

3. 여러 지부 사이의 예산 삭감 배분. 이것은 현지인에 대한 사업에서 지부가 사용하는 총액에 따라 할당하는 일반적인 규칙에 따라 수행되었는데, 전적으로 선교적인 항목은 별도의 군으로 구성하였고 새로운 작업과 기존 사업

을 구분해야 한다는 작년의 제안을 따랐다. 새로운 사업은 기존 사업의 2배의 비율로 삭감하였고, 재개된 사업은 새로운 사업으로 분류하였다.

삼가 제출합니다.
(서명) O. R. 에비슨,
위원장

32쪽

XI. 편집 위원회 보고서

(……)
VIII. 위원회는 다음 교과서가 진행 중임을 보고한다.
(……)

    (8) 화학 　　　　　　　　　에비슨 박사
    (9) 해부학 　　　　　　　　　　"　　　"
    (10) 약물학 및 약학 　　　　　"　　　"

(……)

35~36쪽

XII. 미혼 남자의 급여에 관한 위원회 보고서

우리는 선교부가 선교본부에 다음과 같은 의견을 표명할 것을 제안한다.
첫째, 미혼 남자의 급여는 미혼 여자의 급여보다 많아야 하며, 개인 비용이 더 많이 들고 더 많은 공적 생활에 더 많은 비용이 든다.
둘째, 작년에 선교본부가 결정한 금액, 즉 625달러는 한국의 미혼 남자에게 적절한 금액이 아니다.
셋째, 한국에서 생활비가 꾸준히 증가하고 있는 점을 감안할 때, 우리는 이전 급여인 833.33달러보다 감소된 것은 남자들이 가장 효율적인 업무 수행과 선교본부에 대한 최상의 이득을 보장하지 못할 것이며 선교본부 자금의 가장 경제적인 사용에 반하는 현명하지 못한 행동이 될 것이다.
넷째, 따라서 우리는 선교본부에 모든 독신 남자의 급여를 동일하게 하고 이전 금액인 833.33달러에서 삭감하지 않도록 요청한다.

(서명)　　　　S. A. 마펫
　　　　　　　 A. G. 웰본
　　　　　　　 O. R. 에비슨
　　　　　　　 F. S. 밀러
　　　　　　　 위원회

36쪽

XIII. Christian News에 대한 위원회 보고서

지난 1년 동안 *Christian News*는 선교부가 임명한 게일 씨를 편집장으로, 빈튼 박사를 영업 담당자로 운영되었다. (......)
우리가 추천하는 지면 난의 제목　　　　　기사 당 글자 수
(......)
에비슨 박사, 선택된 주제
(......)

38~39쪽

XIV. 자산 위원회 보고서

(......)
17. 우리는 서울 지부에서 세브란스 병원을 위하여 추가로 요청한 2,500엔을 승인하는데, 이것은 원래 계획보다 작은 건물을 위한 것이며 추가 비용은 건물 자재 가격의 상승으로 인한 것이다.
(......)
29. 우리는 서울 지부가 세브란스 병원 구내의 에비슨 박사를 위한 사택 요청을 승인한다. 금액 6,000엔
(......)

42쪽

업무 배정

(......)

의학박사 O. R. 에비슨: 세브란스 기념 병원 책임 의사. 순회 전도. 학생 조수 교육. 전도 조수의 감독. 저작 업무.

O. R. 에비슨 부인: 병원과 구리개 교회 여성들에 대한 전도 사업. 전도부인의 감독.

(......)

50~52쪽

XVII. 한국 선교부 예산
1902년 10월 선교본부에 제출함

서울 지부
제I급 선교지의 선교사

아급 A. 급여	금화
(......)	
O. R. 에비슨 박사	1250.00
(......)	
아급 B. 자녀	
(......)	
에비슨 박사(6명)	600
(......)	

제IV급 전도

(......)	
아급 F. 순회 전도	
(......)	엔
에비슨 박사	100
(......)	
아급 G. 다른 업무	
(......)	

에비슨 박사를 위한 사랑방				72

(......)

제VI급 병원 및 진료소

아급 A. 조수

세브란스 병원;	남자	267	R	133
	여자		N	600
				1000

아급 B. 의약품

세브란스 병원	750
언더우드 부인	66
	34
	85

아급 C. 경비

세브란스 병원	919.72	R	80.28
언더우드 부인	33.00	R	17.00
			1050.00

제VI급 합계, 2900엔

53쪽

제VII급 사용 중인 자산

(......)

아급 D. 수리비

(......)

병원	75.00	R	75.00
병원 숙소		N	150.00

(......)

제VIII급 자산 (신규)

(......)

아급 B. 건물 경비

(......)

에비슨 박사 사택	N	6000

세브란스 병원 추가   N   2500

(......)

54쪽

제IX급 선교부 및 지부 경부

(......)

아급 F. 개인 교사

  (......)

  에비슨 박사의 저작 조수   120

  (......)

특별 요청

제IV급 전도

  아급 G. 다른 사업.   엔

    에비슨 박사를 위한 사랑방   78

제VI급 병원과 진료소

  아급 A. 조수

    일본인 간호원 급여 (10개월)   500

    그들의 여행비   80

                       580

(중략)

67쪽

선교부가 채택한 뉴욕의 우선 순위

(......)

12. 에비슨 박사 사택

(......)

26. 세브란스 병원에 대한 추가 예산

(......)

Minutes and Reports of the Eighteenth Annual Meeting of the Korea Mission of the Presbyterian Church in the U. S. A. Held at Seoul, September 24th~October 4th, 1902, pp. 3, 12, 18, 19, 25~26, 27, 28, 32, 35~36, 36, 38~39, 42, 50~52, 53, 54, 67

p. 3

First Day

September 24, 1902

Morning Session

The Korea Mission of the Presbyterian Church in the United States of America met in the Central Church at the Government Hospital, Seoul, and the whole morning was spent in prayer and praise, the subject considered being. "Conditions of Victory. Spiritual and Material."

(......)

Afternoon Session

The Korea Mission met again in the Central Church at the Government Hospital, at 3 p. m.

The following persons were present:

(......)

Dr. O. R. Avison and Mrs. Avison,

p. 12

Seventh Day.

October 1st, 1902

(......)

The Finance Committee reported through Dr. Avison (Report VIII) and the report was adopted.

(......)

The Jacobson Memorial Committee reported (Report IX) through Dr. Avison and the report was adopted.

(......)

p. 18

Tenth Day.

October 4, 1902.

(......)

The Estimates Committee reported. (Report XVII).

Moved and seconded that the action of two years ago not to allow Seoul Hospital expenses to exceed Yen 2,000 be for the present waived. Carried.

(......)

p. 19

(......)

Dr. Avison read a statement before the Mission, and it was ordered that it be put on file, and sent to the Board with the action of the Mission in the case of Dr. Irvin.

(......)

pp. 25~26

VI. Report of Medical Committee (As Adopted).

The Committee recommends: -

I. While your Committee recognize an irregularity in the mode of engagement of the Japanese nurses now employed in the Seoul Hospital, yet we recognize the necessity of the step and its advantage and recommend that the action be approved and their employment continued. At the same time this is to be considered as a special case and in no wise as a precedent for the future.

2. Whereas, Mr. Severance of Ohio has added to his other benificencies to our

Mission by offering to support a Missionary physician who shall act primarily as a substitute physician in our various stations as need may arise, and when not so employed be assigned medical work in connection with the Severance Hospital,

Resolved, That we express our deep appreciation of his generosity and wise interest in our work, and

Resolved, That we request the Board to send us the physician in accordance with this offer as soon as possible, but would call attention to the fact that such substituting work alone in our, five stations will consume at least six years of the physician's eight year term of service.

(......)

5. That we approve the payment of yen 50 traveling expenses of the two nurses in the Seoul Hospital, and yen 500 for salaries for the present fiscal year ending April 30, 1903, and yen 600 for salaries for next fiscal year ending April 30. 1904.

(......)

p. 27

VII. Report of Evangelistic Committee

(......)

III. Also that Mrs. Avison be permitted to employ a Bible woman to work in connection with the Severance Hospital and Ku Ri Kai church.

IV. We approve Dr. Avison's plan of maintaining a book room in front of the Hospital for evangelistic work and that the request for yen 150.00 for maintainance of same be approved.

(......)

p. 28

VIII. Report of Finance Committee.

The Committee has had very few decisions to make during the year.

The only questions submitted to it were:

1. Fusan Station asked whether it must return to the Mission Treasurer the amount received from the sale of a Station building or whether the Station might use the amount in one of the forms of its work.

The answer was that the amount must be turned over to the Mission Treasurer.

2. The auditing of the Treasurer's Books. This was accomplished in due form and all having been found correct a report to that effect was rendered to the Board.

3. The distribution of the cut in the estimates amongst the several Stations. This was done according to the usual rule of allotting it according to the total amounts used by the Stations in native work, reckoning the items of entirely Mission interest as constituting a separate group and following out the suggestion of last year that a distinction be made between new and old work. New work was cut double the proportion of old work while restored work was classed as new work-

Respectfully submitted,
(Signed) O. R. Avison,
            Chairman.

p. 32

XI. Report of the Editorial Committee.

(......)
VIII. The Committee would report the following school books under way:
(......)

    (8) A Chemistry,   " Dr. Avison.
    (9) An Anatomy,   "   "
    (10) Materia Medica and Pharmacy,   "   "
(......)

pp. 35~36

XII. Report of Committee on Salary of Unmarried Men.

We recommend that the Mission represent to the Board its conviction,

1st. That the salary of an unmarried man should be larger than that of a single woman, his personal expenses being greater and his necessarily more public life involving greater expense.

2nd. That the amount decided upon last year by the Board viz. $625, is not an adequate amount for an unmarried man in Korea.

3rd. In view of the steady increase in the cost of living in Korea, we believe that a reduction from the former salary, viz. $833. 33, will fail to secure the most efficient service from the men and the best returns to the Board and would be an unwise action militating against the most economical use of Board funds.

4th. We therefore request the Board to make the salaries of all the single men the same and to make no reduction from the former amount, $833.33.

(Signed)   S. A. Moffett
                A. G. Welbon
                O. R. Avison
                F. S. Miller
                Committee

p. 36

XIII. Report of the Committee on the Christian News.

During the past year the Christian News has been conducted according to Mission appointment by Mr. Gale as Editor in Chief and Dr. Vinton as Business Manager. (......)

As heads of departments we recommend: Characters per issue.

(......)

Dr, Avison, Selected topic.

(......)

pp. 38~39

XIV. Report of Property Committee.

(......)

17. We approve the request of Seoul Station for 2,500 yen additional for the Severance Hospital, this being for a smaller building than was originally planned, the additional cost being due to rise in price of material for buildings.

(......)

29. We approve Seoul Station's request for house for Dr. Avison at the Severance Hospital. Price yen 6000.

(......)

p. 42

Apportionment of Work.

(......)

O. R. Avison, M. D.: Physician in charge of the Severance Memorial Hospital. Itineration. Instruction of student assistants. Oversight of an evangelistic assistant. Literary work.

Mrs. O. R. Avison: Evangelistic work among women at the hospital and in the Ku-ri-ga Church. Oversight of a Bible woman.

(......)

pp. 50~52

XVII. Estimates of the Korea Mission,
Presented to the Board, October, 1902.

Seoul Station.
Class I. Missionaries on Field.

Sub-Class A. Salaries.	Gold.
(......)	
Dr. O. R. Avison	1250.00

(......)

Sub-Class B. Children,

(......)

Dr. Avison (six)   600

(......)

Class IV. Evangelistic

(......)

Sub-Class F. Itinerating,

(......)   Yen.

Dr. Avison   100

(......)

Sub-Class G. Other Work.

(......)

Sarang for Dr. Avison   N   72

(......)

Class VI. Hospital and Dispensaries

Sub-Class A. Assistants.

Severance Hospital;	Male	267	R	133
	Female		N	600
				1000

Sub-Class B. Medicines.

Severance Hospital	750
For Mrs. Underwood	66
	34
	85

Sub-Class C. Expenses.

Severance Hospital	919.72	R	80.28
Mrs. Underwood	33.00	R	17.00
			1050.00

Total of Class VI, 2900 Yen.

p. 53

Class VII. Property in Use.

(......)

Sub-Class D. Repairs.

(......)

Hospital	75.00	R	75.00
Hospital residence		N	150.00

(......)

Class VIII. Property (new).

(......)

Sub-Class B. Cost of Building.

(......)

House for Dr. Avison	N	6000
Additional for Severance Hospital	N	2500

(......)

p. 54

Class IX. Mission and Station Expenses.

(......)

Sub-Class F. Personal Teachers.

(......)

Literary assistant for Dr. Avison	120

(......)

Special Requests.

Class IV. Evangelistic.	
Sub-Class G. Other Work.	Yen
Sarang for Dr. Avison	78
Class VI. Hospitals and Dispensaries.	
Sub-Class A. Assistants.	
Salary of Japanese nurses (ten months)	500

Travel expenses from Japan of same   80
                                                      580
(Omitted)

p. 67

Order of Preference of New Work, Adopted by the Mission.

(......)

12. House for Dr. Avison.

(......)

26. Supplementary appropriation for Severance Hospital -.

(......)

올리버 R. 에비슨(서울), 한국 서울 세브란스 기념 병원의 연례 보고서,
1901년 7월 1일부터 1902년 6월 30일까지
(1902년 6월 30일)

한국 서울 세브란스 기념 병원 연례 보고서
1901년 7월 1일부터 1902년 6월 30일까지

7월과 8월은 한강의 야외 피서지에서 보냈지만, 7월에는 주 3회 8월에는 가끔 병원을 방문하였다. 그러나 많은 입원 환자들이 병동에서 계속 치료를 받았지만 (8월) 후반부에는 진료소의 문을 닫았다. 9월에 우리는 협의회 회의와 선교부 연례 회의로 중단된 것을 제외하고는 다시 정규 업무에 복귀하였다.

하지만 한강에서 보낸 시간은 무익하게 보낸 것이 아니라 해부학 책 번역, 매일 성경 공부, 주일에 인근 마을에 전도지 배포와 오후에 우리 집에 모이는 이웃들과의 만남에 전념하였다.

진료소에서 치료한 환자의 수는 평균을 넘지 않았지만 많은 이유들이 나의 한 해를 매우 바쁘게 만드는데 기여하였다.

여의사가 병원에서 사직하면서 여자 진료소 및 병동 업무가 나에게 넘겨졌고 훈련 받은 간호원의 휴직은 더 큰 부담을 가중시켰으며, 기포드 부인이 들어와 세탁과 침구 및 병상 관리를 담당하지 않았다면 나는 대단히 큰 장애를 겪었을 것이다.[42]

나는 그녀에게 빚을 지고 있고 선교부는 그녀에게 1년의 충실한 업무에 대한 큰 감사의 빚을 지고 있다. 나의 빚은 그녀가 어려운 상황에서 나를 도왔다는 단순한 사실에 국한되지 않고 더욱 더 그녀는 병원의 더 높은 수준에 대한 필요성을 우리 앞에 끊임없이 제시하였으며, 만일 우리가 위생에 대한 동양의 낮은 이상 및 방법의 압박에 의하여 우리의 서구적 이상에 대한 모든 인정을 빼앗지 않도록 궁극적으로 치료 기관을 갖는데 성공한다면, 그것은 적어도 어느 정도는 그녀가 끊임없이 발휘한 무언의 영향 때문일 것이다. 우리는 주변의 끊임없는 압력에 굴복하고 좋은 일에 필요한 것보다 훨씬 더 낮은

---

42) 음영으로 표시한 부분은 다음의 글에 인용되었다. Oliver R. Avison (Seoul), Next to Godliness. *The Korea Field* 4 (Aug., 1902), p. 58

표준에 만족하기가 너무 쉽다. 그리고 우리는 처음에는 그것을 추구하였지만, 우리 의료 기관을 그 자체로 더 유용하게 만들 뿐 아니라 청결함과 위생에 관한 일에 대하여 사람들 앞에서 본을 보임으로써 항상 교육적 힘이 되는 정도로 올려질 때까지 계속 노력하게 되기를 바라고 있다. 이것이 선교 사업으로서의 유용성을 조금도 방해할 필요도 없다.

기포드 부인이 오기 전에 에비슨 부인은 침대와 리넨을 관리하는 데 매일 일부를 보냈고, 일 년 내내 새 리넨의 공급을 돌보았다.

우리는 이때쯤 새 병원이 거의 완공되기를 바랐지만, 우리가 상대해야 하는 사람들의 이중성과 지연에 대한 이야기가 계속 반복되어 아주 최근에 오하이오주 클리블랜드의 세브란스 씨가 기부한 금화 5,000달러로 우리가 독립적으로 구입할 수 있게 될 때까지 어떤 부지도 확보되지 않았다. 우리는 운이 좋게도 남대문 밖의 좋은 부지를 확보하여 2년 전 선교부에서 승인하였던 것과 같은 부지를 확보하여 즉시 건물 건축을 추진할 예정이다. 나는 이 보고서와 함께 경비의 예상 비용과 함께 여러 건물에 대한 계획 사본을 제출할 것이며, 앞서 말하였듯이 만일 계속해서 우리의 이상을 낮추려는 압력을 견딜 수 있다면 새 건물은 한국에 치유와 위생에 대한 새로운 교훈을 제공할 것이며, 나는 그것이 궁극적으로 그 나라의 모든 더러운 구석에 파급 될 것이라고 믿고 있다.

아마도 병원에서 충족되지 못한 가장 큰 요구는 적절한 간호의 부족일 것이다. 환자를 입원시키고 충분한 관심을 기울이지 않거나 수술을 한 다음 적절하지 않은 사후 관리로 목숨을 건다는 것은 옳지 않아 보이지만 우리는 어쩔 수 없이 그렇게 하였고 그 결과는 수술 후 많은 환자에서 발생하여 장기간의 치료를 필요로 하고 생명을 위협하는 고름 환자에서 명백하였다. 지난 연례 회의에서 한 간호원은 1년의 휴가를 받았고 우리는 이 분야에 대한 도움 없이 방치되었지만 선교부는 필요성을 인식하고 선교본부에 대한 요청 목록에서 두 번째로 다른 간호원을 요청하였으며, 엘린우드 박사는 그 주제에 관한 나의 편지에 대한 답장으로 적임자가 부족하여 직무를 제대로 수행할 수 있는 사람을 확보하는 것이 어려울 수 있다는 두려움에도 불구하고 그 필요성을 충분히 이해하고 그것을 채우기 위하여 최선을 다할 것이라고 말하였다.

그는 적절한 사람을 얻기 위하여 캐나다와의 의사소통을 제안하였다. 이것은 내가 전체 주제를 주의 깊게 생각하게 하였고, 많은 일본 여자들이 일본의 병원에서 훈련을 받았다는 것을 기억하면서 그들 중에는 아마도 기독교 신자가 있을 것이라는 생각이 떠올랐다. 나는 서울에 있는 일본 병원을 방문하여 담당 의사와 그 문제에 대하여 이야기하였고 여기에서 우리의 필요를 제공받을 수 있는 기회가 있다고 느꼈다. 나는 그 문제를 우리 지부의 의료 위원회에 제기하였고 일본인 간호원을 시도하는 것에 호의적인 보고를 하였다. 지부는 만장일치로 보고서를 수락하기로 결정하였고, 나는 즉시 도쿄의 맥네어 목사에게 연락하여 선교 간호원으로서의 효율성, 비용 및 가능한 실용성을 고려하여 문제를 조사해 달라고 요청하였으며, 그는 그것을 호의적으로 생각하여 나에게 유능한 간호원으로서 기독교 신자이고 나와 영어로 이야기 할 수 있는 두 명을 추천할 수 있었다. 그는 그 중 한 명이 영어를 할 수 없다는 것을 제외하고는 이러한 요구 사항에 답하는 두 명을 운 좋게 확보하였다.

그들 중 한 명은 도쿄의 장로교회 여학교의 졸업생인데, 이전에 질병으로 고생하는 일본 왕세자를 간호하도록 선택되었으며 한동안 도쿄에 있는 적십자 병원에서 부감독(Assistant Matron)으로 일하였다. 다른 한 명은 높은 추천을 받았지만 덜 알려져 있다. 나는 그들의 여행 경비로 돈을 보냈고, 그들의 급여는 월 25엔이다. 이들은 7월 15일 서울에 도착하여 다음날 출근하였다.

나는 선교부에 그들의 여행 경비와 급여를 충당하기 위한 올해의 특별 예산과 그들의 급여를 위한 내년의 정규 예산을 요청하고 있다. 내가 이 일을 하는 이유는 선교본부가 이 두 명의 비용보다 두 배 이상의 비용으로 외국인 간호원을 기꺼이 나에게 보낼 의향이 있고, 이 계획에 의해 우리는 모든 이점을 확보하고 선교본부는 선교사 급여의 절반 이상을 절약할 수 있기 때문이다. 그들은 한국어를 배우고 실제 간호를 할 것이며, 모범과 교훈으로 한국인들도 똑같이 하도록 가르칠 것이다. 나는 그들이 영적으로도 환자에게 영향을 미칠 것이라고 믿고 있다.

지난 해는 어떤 면에서 교육과에서 실망적인 한 해이었다. 우리는 6명의 학생 조수로 시작하였지만 무능함 때문에 나는 이 중 한 명을 해고해야 했고, 다른 2명을 내가 교육에 대한 관심이 적어 자퇴하여 3명만으로 한 해를 마감하였고, 일본인 간호원의 고용과 토드 박사의 임명 소식으로 고무되기 전에 두 명을 거의 잃을 뻔하였다. 젊은이들은 당연히 적당한 시간 안에 도제 기간을 만족스럽게 마무리하고 싶어 하므로 그들의 불안을 탓할 수는 없다.

올해의 가장 고무적인 특징 중 하나는 우리의 조수가 되어 마침내 우리를 대체하게 될 많은 기독교 청년들의 의학 교육이 필요하다는 고국 당국(선교본부)의 인식이었다. 나는 지금까지 할 수 있었던 것보다 더 많이 교과서를 준비하고 우리 조수들을 가르치게 할 것이라고 믿으며 토드 박사가 오기를 큰 기쁨으로 고대하고 있다.

1년 동안 나는 나의 학생들뿐만 아니라 여학교 상급반, 중학교 남학생 그리고 몇몇 다른 사람들로 15명이 출석하는 화학의 주간 수업을 하였다. 강의는 일본어 화학책을 번역한 교재를 기반으로 하였고, 수업은 학생들이 마음속에서 과학의 원리를 이해하도록 실용적인 실험으로 설명하였다. 그들은 수업에 큰 관심을 보였고 학기 중 실시한 시험은 그들 중 많은 사람들이 공부한 내용을 대단히 잘 이해하고 있음을 보여 주었다.

우리는 해부학에서 약간의 진전이 있었고, 내년에는 이 주제의 주요 부분을 다룰 예정이다.

약물학과 약학에 대한 약간의 강의가 있었고, 나의 첫 번째 조수인 김필순은 현미경으로 약간의 작업을 하였다.

학생들은 모두 상처를 씻고 붕대를 매는 것, 치아의 발치, 농양의 절개, 작은 종양 제거, 구순열의 치료, 포경 수술 등 사소한 외과 수술을 할 수 있으며, 나는 그들에게 거의 모든 그런 일을 하게 한다. 그것은 나의 부담을 줄이고, 그들이 관심을 갖게 하며 후에 더 중요한 업무를 하도록 훈련시킨다.

전도 사업은 서상윤의 직접 감독 하에 이전과 같은 방식으로 진행되었지만, 상당수의 병동 환자들이 그리스도에 대한 신앙을 고백하였고 일부는 세례를 신청하였다는 점에서 더 큰 성공을 거두었다. 매주 일요일 나는 현재 입원 중인 환자의 상당수뿐 아니라 병원에서 퇴원한 이후 계속해서 출석하고 있는 꽤 많은 사람들이 교회에 있다는 것을 셀 수 있다. 그동안 여성 사역과 관련하여 전도부인이 있었던 적이 있지만 이 사역은 주로 서 씨가 하였다. 우리는 내년에도 전도부인을 계속 고용하기를 희망할 것이다.

우리의 전도 노력의 변경된 특징은 선교사의 직접적인 통제 아래에 있지 않은 사람의 보살핌으로 퀴니네 판매를 위한 영업소가 되었던 책방의 쇄신이었다. 지난 12월에 나는 그것을 넘겨받았고, 그곳에 능력이 훌륭하고 명백하게 헌신적이며 내가 신뢰할 수 있는 사람을 배치하였다. 나는 그곳에 성경책과 소책자를 비치하고 그곳에서 자고 있는 서(徐) 전도사의 감독 하에 두었고, 내가 두었던 성경책과 소책자 외에는 판매를 금지하였다. 이와 연결된 열람실은 오후 진료시간까지 남자 환자의 대기실로 사용된다. 12월에 다시 문을 연 후 6월말까지의 매출은 다음과 같았다.

중국어 성경	중국어 신약성서
성서의 중국어 부분	
한국어 성경	한국어 신약성서
성서의 한국어 부분	

찬송가	달력 전도지

판매된 총 권(券)

매출액

책방은 또한 사랑방으로도 사용되며, 병원 주방이나 이웃 식당에서 음식을 구입할 수 있어 내륙에서 온 현지인 형제들이 도시에 단기 체류하는 편안한 장소가 된다.

예전에 이 방의 모든 비용은 도서 사업과 연계하여 시골 상인에게 키니네를 판매하는 거주자가 부담하였지만 변경으로 인하여 정규 병원 지출 계정에 적절하게 청구되지 않는 지출이 필요하였다. 따라서 나는 1901년 12월 1일부터 1904년 4월 30일까지의 기간 동안 수입을 초과하는 비용을 충당하기 위한 예산을 선교부에 요청한다. 필요한 금액은 다음과 같이 계산된 150엔이다.

서적 판매원의 급여, 매달 8엔	연간	96엔
연료비	"	24 "
등촉	"	6 "
수리비	"	14 "
합 계	"	140 "
선교지에서의 수입은 다음과 같음,		
세계 성서 공회의 기여	"	36 "
성경과 소책자 이익	"	42 "
		78 "

매년 62엔의 적자 또는 2년 5개월 동안 156엔의 적자.

나는 책방이 우리 병원의 현재 위치에서 우리 업무에서 훨씬 더 큰 역할을 할 것이라고 믿고 있다.

진료실의 환자는 다음과 같았다.

	남자	여자
7월	463	37
8월	27	132
9월	467	103
10월	396	103
11월	453	75

12월	389	67
1월	453	87
2월	343	43
3월	493	75
4월	641	150
5월	663	177
6월	649	178
	5,437명	1,229명

환자 합계   6,666명

이들 중 ____명은 신환이었고, 실제 환자들 외에도 약 ____명이 진료소에 왔는데, 이들 중 많은 사람들은 환자와 함께 왔으며 이들을 추가하면 진료소를 방문한 총수는 약 ____명이다.

질병의 분류는 작년과 거의 동일하므로 올해 보고서에서는 생략한다.

나는 환자의 집을 꽤 많이 방문하였지만 숫자에 대한 기록이 없어 보고할 수 없다.

병동은 연중 꽤 잘 이용되었다. 입원 환자 수는 다음과 같았다.

	남자	여자	합계
이월	9		9명
입원	172	49	222
퇴원	167	41	208
연말 입원 중	14	8	22

한 번에 가장 많은 숫자는

남자	30명
여자	13
남녀 합계	36

병동의 평균 환자는 항상 20~25명임

그들이 앓았던 질병은 다음과 같다.

농양	15	충수돌기염	1	겨드랑이 림프선염	1
기관지염	2	화상	5	수암(水癌)	1
뾰루지	1	암	2	심장 질환	2
뼈 부식	9	백내장	5	뇌의 염증	1
경부 림프선염	9	각막 반흔	2	각막염	6
곽란(癨亂)	1	뇌진탕	1	급성 피부염	1
설사	3	이질	2	소화불량	4
습진	1	농흉	2	안검내반	5
뇌전증	5	상피종	2	단독	2
항문루	8	요도루	2	방광질루	1
말라리아성 발열	13	장티푸스	6	발진티푸스	2
골절	1	골절 및 탈구	1	괴저	2
복합 임질	1	손 팽창	1	구순열	2
반신불수	1	간 농양	2	탈장	2
고관절 질환	6	농가진(膿痂疹)	1	유양돌기 농양	1
비용종	2	만성 신장염	14	절단면의 신경통	1
하반신 불수	1	얼굴의 봉와직염	1	회음부 파열	1
골수염	1	늑막염	2	폐렴	5
가려움증	1	전립선염	1	농혈증	2
안염	5	육종	2	옴	1
부패성 상처	1	뱀에 물림	1	식도 협착	2
매독	2	난소 종양	1	낭성 종양	1
슬관절 결핵	1	두드러기	1	궤양	7
백일해	3	기관 절개상	1	고관절 탈구	1
전차 사고	2				

병원에서 사망   18

위의 환자들에 대하여 다음과 같은 수술을 시행하였다.

1. 무릎 아래 하퇴의 이중 절단
이것은 철도 개통 직후 제물포 부근에서 기차에 치인 어린 소녀 건(件)
이었다.

그녀를 위하여 의족(義足)을 주문하였지만, 그것들이 왔을 때 남아 있는 하퇴의 부분이 의족을 넣기에 적합하지 않다는 것을 알게 되었고, 환자를 처음 담당하였던 외과의사가 떠나 있었기 때문에 나는 다리를 다시 절단하여 남아 있는 부분이 의족을 넣기에 적합하게 함으로써 그것을 끝내도록 요청을 받았다. 그러나 의족을 주문한 후 너무 오랜 시간이 경과하여 그 아이는 그때 측정한 것보다 더 성장하였고 의족이 새로운 형태에 맞지 않았다. 국내에는 의족 제조업체가 없어서 그것을 맞게 하는데 어려움을 겪었지만 늘 준비된 중국인이 크게 만들어야 할 부분을 잘 모사하였고, 목수, 대장장이 그리고 제화공에게 차례로 넘겨져 마침내 우리는 그것을 맞게 만들었다. 나는 어린 소녀가 지팡이를 사용하지 않고 원래의 팔다리를 가진 사람들과 거의 마찬가지로 걷고 뛰고 놀 수 있을 정도로 그것을 사용하는데 능숙하게 되었다고 말할 수 있게 되어 기쁘다.

2. 한 쪽 눈의 적출

이것은 이미 이 눈을 파괴하고 다른 눈을 위협하고 있는 심한 염증으로 인하여 필요하게 되었다. 내원해 있는 동안에는 결과가 좋았지만 완전히 치유되기 전에 지방의 집으로 돌아가겠다고 고집을 부렸기 때문에 우리는 모든 것이 마지막까지 잘 되기만을 바랄 뿐이다.

3. 하퇴의 부패된 뼈 긁어내기

이 남자는 6년 전 하퇴에 심한 타박상을 입었고, 그 이후 무릎 바로 위에 화농성 염증이 생겼다. 그의 집은 이곳에서 약 200마일 떨어져 있었고 번성하고 있는 우리의 시골 교회 중 한 곳에서 그리 멀지 않은 곳이었지만 그는 신자가 아니었다. 수술 후 상처는 잘 나았지만 뼈 속 깊은 구멍이 메워지기까지 몇 주일이 걸렸고, 그동안 서 전도사의 가르침대로 복음에 관심을 갖고 신앙을 고백하였다. 나는 그가 집 근처에 있는 교회와 연합할 것이라고 믿는다.

4. 목의 화농성 림프선 긁어내기

1년 동안 병원에는 이러한 사례가 9예 있었고 결국 모두 완치되었지만, 종종 몇 주 동안의 치료가 필요하며, 이것은 병원의 비용으로 제공되어야 하고 음식과 드레싱을 위한 많은 비용이 청구서에 추가된다.

5. 농흉(膿胸)

우리에게 이 병은 두 예가 있었는데, 흉막강이 다량의 고름으로 가득 차 있었다. 한 명은 제물포에서 온 뱃사공으로 배농이 잘 되도록 늑골의 일부를 제거하는 수술을 두세 번 받았다. 다른 한 명은 최근 시골에서 서울에 도착한 소년으로 병원에 도착하였을 때 거의 죽을 뻔하였다. 우리는 그를 구제하기 위하여 즉시 다량의 고름을 빼내었고, 나중에는 공동을 절개하여 몇 주일 동안 매일 세척하고 좋은 음식과 대구 간유를 충분히 섭취한 후에 그는 치유되어 살이 쪘고 지금은 고용되어 병원 주방에서 일을 돕고 있다. 그는 믿음을 고백하였으며 그가 아는 한 자신의 새로운 빛에 따라 실제로 사는 것 같다.

6. 전완의 절단

시골에 사는 기독교 신자인 60세의 노인은 한쪽 손에 생긴 어떤 병이 너무 심해지자 자포자기하여 도끼로 손목에서 손을 잘라내었다.

그것은 치유되었지만 남은 흉터가 그것과 손상된 뼈 사이에서 신경을 분명히 압박하여 그는 절단면에서 몹시 고통스러운 신경통으로 고생하였으며, 결국 그를 위하여 무엇을 할 수 있는지 알아보기 위하여 도시로 올라 왔다. 우리는 그의 팔을 다시 절단하여 좋은 절단면을 확보하였으며, 그에게 어떻게 지내고 있는지 묻자 그는 이전 상태에 비해 기쁘게 살고 있다고 대답하였다.

의사와 그의 업무를 지원하는 이들 모두가 그처럼 심각하고 지속적인 고통에서 사람들을 자유롭게 할 수 있다는 것을 아는 것은 큰 만족이다.

7. 고관절 주위의 큰 만성 농양

우리는 언뜻 보기에 관절을 포함하지 않고 엉덩이의 근육 사이와 아래에서 모든 방향으로 파고드는 이런 종류의 여러 환자를 보았다. 그들은 관련된 조직의 범위가 넓고 모든 굴곡부를 절개하기가 어려우며 큰 근육 아래에 광범위한 누공이 있어 종종 치료하기가 대단히 어렵다.

매우 슬픈 한 예는 14세의 어린 소녀이었는데, 우리는 통상적인 방식으로 수술을 하였고 성공의 모든 가능성이 있었지만, 우리가 청결히 하도록 노력하였음에도 분명히 심각한 어떤 독성물질이 유입되었고 40시간 내에 급성 패혈증으로 사망하였다.

같은 종류의 다른 여러 사례는 그러한 사고 없이 수술을 받았으며 모두 더디었지만 잘 회복되었다.

8. 항문 누공

평소와 같이 이러한 예를 많이 보았는데, 이 중 일부는 매우 까다롭지만 모두 한 번 이상의 수술 후에 회복되었다. 요도루를 함께 갖고 있어 아직 입원 중이며, 아주 힘든 시간을 보내고 있는 한 남자는 대단히 만족스러운 결과를 약속하고 있지 않지만, 의료비를 줄이는 것만 생각하는 사람들은 우리가 우유 공급을 하지 못하게 하고 있다.

9. 겨드랑이의 화농성 림프선

이러한 예는 종종 겨드랑이를 완전히 절개하고 그 부분의 모든 림프선을 제거해야 하는 경우가 많지만 우리는 지금까지 항상 잘 해왔다.

10. 하악골 괴사

이러한 종류의 2예는 하악골을 거의 완전히 제거해야 했지만 회복이 잘되었고, 그들은 썩는 뼈의 대단히 불쾌한 냄새로 인해 자신들과 주변 사람들에게 참을 수 없는 성가신 상태에서 깨끗하고 편안한 존재로 변형된 것에 감사해 하였다.

11. 난소 종양

우리는 이러한 예 중 여러 건에 통지를 하였지만 한 건만 수술에 응하였다. 그녀는 몸이 많이 쇠약하였지만 복부가 신체의 나머지를 모두 합한 크기인 무시무시한 상태로 시골에서 올라왔다. 복부를 열었을 때 우리는 사방으로 복벽과 장에 유착된 다소포성 낭종과 골반 내장을 발견하였으며, 그래서 완전히 제거하는데 세심한 주의가 필요하였고 제거하는 데 거의 2시간이 걸렸다. 나는 그녀의 회복이 빠르고 모든 면에서 만족스럽다고 말하게 되어 기쁘다. 종양의 무게는 34파운드이었다.

입원하였을 때 그녀는 더럽고 매력적이지 않으며 비참하고 희미한 미소조차 지을 수 없었지만, 떠나기 전에 그녀는 행복하고 깨끗하였으며 우리가 그녀에게 다가갈 때마다 미소를 지으며 우리 중 누군가의 손을 잡아주었다. 그녀는 우리가 그녀에게 가르치려고 하였던 것을 믿고 싶다고 말하였지만 그녀는 매우 무지하였고 그녀가 이해하도록 단순하게 만들려 하였던 진리를 이해하는 것이 그녀에게 대단히 어려운 것처럼 보였다. 그녀는 마침내 우리를 떠나 걸어서 고향으로 돌아갔다.

12. 고관절 괴사 및 전체 대퇴골의 연화

이것은 특별히 슬픈 예이었고, 나는 우리의 성공뿐만 아니라 실패를 언급하는 것이 공정하다고 생각하지 않는다면 그것을 언급하지 않을 것이다. 9세된 작은 소년이 고관절의 농양으로 우리를 찾아왔다. 나는 즉시 수술을 권하였지만 그는 집으로 갔다가 한 달 뒤에 엉덩이와 다리가 매우 나쁜 상태로 돌아왔다. 그동안 그들은 자신들의 방식으로 찜질의 효과를 시도하였다.

우리는 그를 수술하였지만 고관절에서 절단하는 것 외에는 아무 소용이 없다는 것을 알게 되었고, 그의 아버지가 그와 함께 오지 않아 우리는 그렇게 극단적인 처치를 할 입장이 아니었기 때문에 고관절을 절제하고 완전히 퇴화된 대퇴골을 다음 번(수술)까지 남겨두는 것에 만족해야 했다. 이 수술조차도 큰 충격을 주었고, 그가 아직 수술대 위에 있는 동안 죽지 않을지 의심스러울 정도이었다. 하지만 그는 제때에 의식을 찾았고 침대로 옮겨져 함께 있던 친구들과 이야기를 나누었다. 그는 약간의 잠을 자고나서 술을 마셨고 그것을 홀짝이는 동안 경련을 일으켜 거의 즉시 사망하였다. 그는 고위 관리의 아들로, 부모의 큰 희망이었던 것 같아 가슴이 뭉클해지는 장면이었다.

그것은 우리에게 매우 힘든 경우이었으며, 이전의 어떤 생각이나 배려도 그러한 사교를 피할 수 없었다는 생각에서 위안을 얻을 뿐이었다.

13. 고관절 탈구

반면에 이 예는 만족스러운 것 중 하나이었다. 도시 외곽에 사는 어린 소녀가 놀면서 뛰다가 단순하게 넘어져 고관절이 탈구되었다. 마침 그때 필드 박사는 길을 가고 있었는데, 그들은 그녀에게 많이 괴로워하는 것처럼 보이는 아이를 봐달라고 부탁하였다. 그녀는 그들에게 즉시 병원으로 데려 갈 것을 조언하였고, 마취하에 최근의 탈구는 대단히 쉽게 정복(整復)되었다. (마취에서) 깨어나서 불과 얼마 전까지만 해도 너무 아프고 뻣뻣하였던 다리를 사용할 수 있다는 것을 알았을 때 그녀는 웃음을 터뜨렸고 매우 행복한 아이이었다.

14. 백내장

우리는 5건의 백내장 수술을 시행하였으며, 4건을 성공하였고 1건을 실패하였다. 이 예는 성공하였을 때 환자와 의사 모두에게 큰 만족을 준다.

한 남자가 서울에서 3, 4일 동안 여행을 해야 하는 먼 해주에서 그의 어린 아들에 이끌려 완전히 장님이 되어 우리를 찾아 왔다. 두 눈 모두 수술을 받았고 때가 되자 아들의 도움 없이 길을 찾을 수 있었고 도시에서 일하는 아들을 남겨두고 집으로 돌아갔다. 이것을 예로 들 수 있겠지만 내가 실패라고 언급한 것은 수술 중 수정체를 빼낸 후에 눈에 접근하는 기구를 볼 수 있는 여성이 놀라 움찔하며 머리를 갑자기 홱 움직여 눈의 깊은 구조에 손상을 일으켰기 때문에 이런 경우와 전혀 달랐다. 또한 어떤 이유에서인지 염증이 생겼고 결과는 쓸모없는 눈이었다.

15. 간농양

올해 우리는 이 흥미롭고 위험한 증례 2건을 경험하였지만 둘 다 사망하였다. 그들 중 한 명은 술을 과음하였던 중년 남자이었다. 우리가 본 상태는 대단히 독특하였다. 먼저 우리는 복벽에 있는 농양을 열었는데 이것이 문제 전체를 구성하는 것처럼 보였지만 며칠 만에 큰 회충이 구멍을 통해 빠져나왔고 우리는 그것이 어떤 경로, 즉 농양이 장과 직접 통하였는지 아니면 그것이 간관을 통하여 간에 침범하여 농양이 간과 통하였는지 추측해야 했다. 열이 올라가고 고름이 크게 증가하면서 필요하게 된 또 다른 수술은 우리를 바로 간 조직으로 이끌었고 다시 우리는 그것이 나을 때까지 청결하게 유지하는 것을 제외하고 이 환자에 대한 처치를 끝냈다고 생각하였다. 그러나 호전된 후 다시 열이 올라갔고 또 다른 수술을 통하여 여러 방향으로 파고든 농양이 발견되었으며, 그것은 분명히 염증으로 인하여 주강에서 차단된 복강의 일부이었으며, 여기서 우리는 회충이 나오기 위하여 취한 경로인 상행결장과 직접적인 관련이 있음을 발견하였다. 우리는 장을 복벽에 봉합하고 이곳에 인조 항문을 만들며 최대한 깨끗하게 청결해야 할 필요가 있음을 알게 되어 특이한 조합을 갖게 되었다. 이 구멍은 간에 있는 큰 강(腔)으로 이어져 복근 아래와 복근 사이에 깊숙이 파고들어 복강의 일부분을 차단하고 대장과 연결된다. 환자는 다시 호전되었고 우리는 그가 여전히 회복되기를 바랐지만 다시 그의 열이 오르고 간 조직에 또 다른 농양이 형성된 것이 분명해져서 그가 탈진으로 죽을 때까지 계속되었다.

두 번째 예는 여자의 경우로 복강을 열었을 때 복강 자체에서 다량의 화농성 액체를 발견하였고, 그것이 크게 부어오른 간에서 흘러나오면서 우리가 만든 구멍을 통하여 밖으로 밀어내려고 하였다. 환자는 대단히 허약한 상태에 있었고, 그때 우리를 떠날 것 같아 우리는 당분간 추가 처치를 중단할 수밖에 없었다. 그녀는 소생하였고 잠시 동안 회복되자 우리는 고름으로 차 있는 간(肝)에 다시 처치를 할 것을 제안하였지만 조금 더 회복되기를 기다리는 동안 갑자기 악화되어 몇 시간 이내에 허탈로 사망하였다.

16. 얼굴의 섬유성 낭종

이 종양은 제물포에 사는 젊은 뱃사공 얼굴의 한쪽을 상당 부분 침범하였다. 압력에 의하여 그것은 광대뼈의 일부를 침범하였고, 이하선과 연결되었으며 하악골의 가장자리 아래로 뻗었다. 하지만 결과는 좋았고 그는 항구에 있는 동료 장인들 중에서 여러 수술 환자를 우리에게 보내 감사를 표하였다.

최근 해안을 방문하고 돌아오면서 나는 증기선에서 자신들의 거룻배를 가지고 있는 치료된 이들 4명의 환자를 만났는데, 이들은 모두 나와 내 수하물을 무료로 해안으로 운반하기를 원하였고, 한 남자가 나에게 얼굴의 흉터를, 다른 남자는 하퇴의 흉터 등을 보여주는 것을 보는 것은 매우 재미있었다. 현재 우리는 그들 중 다른 사람이 병원에 있는데, 탈장 수술에서 회복 중이다.

17. 비용종(鼻茸腫)

이러한 예들은 매우 흔하며, 일반적으로 진료소에서 처리하지만 한 예는 종양의 크기와 특성 때문에 특별히 언급할 가치가 있다. 그것은 후비공에서 아래쪽으로 인두로 돌출되어 있으며, 오리알만큼 크기 때문에 후두 입구 위의 공간을 거의 가득 채우고 있어 덩어리가 입에서 식도로 들어갈 공간이 없어 입을 크게 벌려도 호흡에 어려움이 있었고 단단한 음식도 삼킬 수 없었다. 환자는 음식의 부족으로 크게 쇠약해졌다. 그런 상황에서 마취제를 투여할 수 없어 여러 번 시도와 실패 후에, 그가 인후를 조작하는 우리의 손가락과 도구가 숨 쉬는 것을 훨씬 더 어렵게 할 때까지 우리는 갈고리 집게로 용종 덩어리를 쥐고 그로 인한 고통에도 불구하고 가위로 종양의 넓은 기저부를 절단하는데 성공하였다. 출혈이 너무 심해서 우리는 열려 있는 모든 부비동을 닫기 위하여 비인두를 충분히 누르기 전에 그가 출혈로 사망하지 않을까 두려워하였다. 그는 창백하고 허약한 모습을 보였지만 영양을 더 섭취할 수 있게 되면서 점차 원기를 얻으면서 마침내 회복하였다.

18. 유방암

수술이 필요한 유방암 2예가 있었다. 첫 번째 여성은 상태가 매우 좋지 않았으며, 유방, 근육 및 겨드랑이 림프선을 제거하기 위하여 할스테드의 완전한 수술을 시행하였을 뿐 아니라 견갑골 주위의 병든 조직을 따라가야만 했다. 이 예는 잘 처리 되었지만 치유에 상당한 시간이 필요하여 그녀는 불안해하였고 아직 치유되지 않은 넓은 표면이 있는 상태에서 병원을 떠나 집으로 갔다.

두 번째 예는 최근에 수술을 받았고 포함된 표면의 범위가 이전 예만큼 크지는 않았지만 그녀는 훨씬 더 쇠약해졌고 수술의 성공 가능성은 적었다. 수술 중 그녀는 허탈해져 우리는 잠시 겨드랑이 절제술을 연기해야 했지만 그녀는 잘 회복되었고 가까운 시일 내에 수술이 완료되기를 바라고 있다. 하지만 그녀는 다루기 힘든 설사를 하였고, 어느 날 한약으로 치료를 해보고 싶다는 결론을 내리고 집에 가겠다는 의사를 밝혔다. 아무것도 그녀의 마음을 바꿀 수 없었고, 그래서 그녀는 갔다. 물론 결과가 어떠해야 하는지 예측하는 것은 어렵지 않다.

이것들은 이 땅에서 우리가 하는 일의 실망스러운 특징 중의 일부이다.

19. 상피종 제거 수술

한 중년 남자는 심한 화상을 입은 후 무릎 한쪽에 생긴 매우 큰 흉터에 암이 생겼다. 무릎은 완전히 구부러졌고 암은 넓은 범위의 표면을 침범하였다. 암종을 제거한 후 다리는 쉽게 곧게 펴졌지만 너비 6인치, 길이 18인치의 피부가 없는 표면이 남았다. 그 후 표면이 준비되었을 때 그 남자는 이서로 마취하여 피부 이식으로 다른 쪽 다리에서 떼어낸 피부로 전체 표면을 덮었다.

결과는 거의 모든 이식편이 살아 완전히 성공적이었고, 그의 치유 기간은 아마도 3개월 정도 단축되었다.

20. 위루술

평소와 같이 우리는 일반적으로 자살하기 위해 양잿물을 마신 여러 예가 있었고, 이 중 한 명은 궤양으로 인해 식도가 거의 완전히 닫혔으며 위루술, 즉 위를 통하여 음식을 먹을 수 있는 구멍을 만드는 수술을 받았다. 수술은 분명 성공적이었고, 그 남자는 일어나서 얼마 후 잘 먹을 수 있게 되면서 살을 찌우기 시작하였지만 때때로 매우 심한 만성 기침으로 고통을 받았고, 어느 날 그는 기침을 하다가 위와 복벽 사이의 유착이 파열되어 장막(腸膜)의 상당 부분이 돌출되어 있는 것이 관찰되었다. 이것은 치료되었고, 그는 며칠 동안 괜찮게 지냈지만 같은 일이 재발되어 복부의 심한 통증이 생긴 며칠 후에 갑자기 죽었다.

이 결과는 우리가 이전에 이와 같은 또 다른 경우에 성공하였고, 이 역시 똑같이 잘 진행되는 것 같았기에 매우 실망스러웠다.

이러한 예들이 우리가 해야 할 일의 종류를 설명할 것이기에 외과적 업무와 관련하여 더 자세하게 설명한 필요는 것의 없다.

나는 외과의사인 궁내부 의사 분쉬 박사, 영국 병원의 발독 박사, 그리고 우리 선교부의 필드 박사가 자주 외과적인 도움을 준 것을 알리는 것이 매우 기쁘다. 분쉬 박사는 또한 내가 남장로교회 선교부의 동료들을 만나기 위하여 업무상으로 군산을 방문하는 동안 5박 6일 동안 나의 모든 병원 일을 맡아주었다.

재정
수입

이월금	304.98엔	
선교본부로부터 받음	1434.05	
병상 유지를 위한 특별 기부	410.00	
다른 특별 기부	136.00	
오웬 부인 사고에 대한 오웬 박사의 환불	37.00	
진료소 수입	345.34	
병동	233.98	
외국인 진료 수입	157.40	
잡수입	156.54	
합 계		3225.29

지출

음식물	672.89	
연료 및 등촉	362.74	
하인	118.51	
세탁	73.34	
조수	320.66	
여행	5.85	
의약품 및 기구	2244.99	
가구	367.55	
수리	98.32	
의학 교육	16.88	
잡비	93.46	
		4369.19

수입		3225.29
누락된 A. J. 핏킨 씨의 특별 기부	1000.00	4225.29
적 자		143.90

위에 언급한 적자는 실제로 이 보고서를 작성하는 시점까지 침대 지원을 위한 특정 특별 기부를 받지 않았기 때문에 발생한 적자가 아니다.

이 재무 보고서는 1901년 5월 1일부터 1902년 4월 30일까지 선교본부의 회계 연도를 다루는 재무 통계인 업무 보고서에 포함된 동일한 기간을 다루지 않는다.

병원 외부 및 정규 의료 사역 이외의 업무

나는 정동 부지의 매각 위원회 위원이 되었고, 이 협상에서 만족스러운 결론으로 이끌어 내기 위하여 많은 고된 시간을 보냈다. 나는 정동 부지와 교환할 수 있을 것이라고 생각되는 도시의 모든 지역을 조사하고 보고하느라 며칠을 보냈으나 아무 효과가 없었다. 관리들과의 실망스러운 회의의 연속이었다.

우리 새 병원에 적합한 부지를 확보하기 위하여 얼마나 많은 시간을 들였는지 말할 수 없지만 적지는 않았다.

선교부의 언어 학습 평가 위원회에 임명된 것은 나에게 일정량의 일을 제공하였다. 나는 일 년 중 상당 기간 동안 새로운 선교사들과 매주 학습반을 열었다. 이것은 어느 정도의 시간과 원기를 필요로 하였지만 내가 도우려고 할 때 사람들에게 할 수 있었던 만큼 나에게 유용하였다.

나는 홍문서골 주일학교의 책임자로서 매주 토요일 저녁에는 교사들과 함께 공부하는 강습반을 열었고, 매주 일요일 오전에는 학교를 지도하였다.

무어 씨가 미국으로 떠나 나에게 그 교회와 관련된 추가 업무가 부목사 또는 오히려 공동 목사로서 나에게 넘겨졌다. 웰본 씨는 예배를 진행할 만큼 충분히 오래 현장에 있지 않았기 때문에 F. S. 밀러 씨가 도시에 있어 우리를 위하여 설교할 때를 제외하고 나는 일요일 아침 설교를 하였다. 교회에서 발생한 불화와 우리가 철수하고 병원 건물 중 하나에서 예배를 시작했을 때의 최종적인 분열은 많은 생각과 모임을 필요로 하였으며, 그것은 의료 업무에 대한 나의 생각과 노력을 앗아갔고 그만큼 의료 활동에 방해가 되었지만 나는 내가 할 수 있었던 모든 전도 사역을 완전하게 즐겼다.

나는 특별히 중앙교회에서 하는 6주일 동안의 특별예배에 거의 다 참석할 수 있어서 좋았다.

순회 전도

비록 무어 씨가 떠난 후, 지부는 전도 위원회의 보고에 따라 나에게 웰본 씨를 동반하여 무어 씨의 지역을 여행하도록 지시하였지만, 내가 갈 시간이 있을 때마다 의료 위원회의 보고에 따라 지부는 나에게 병원의 직책에 남아 있도록 지시하였기 때문에, 나는 지난 연례 회의 이후 순회 전도를 하지 못하였지만 오는 해에는 이 점에서 더 나아지기를 희망한다.

위에 언급한 것처럼 분쉬 박사의 친절함 덕분에 군산에 있는 우리 친구들로부터의 왕진 요청에 답할 수 있었으며, 나는 그때 5일 동안 자리를 비울 수 있었다.

Oliver R. Avison (Seoul), Annual Report of Severance Memorial Hospital, Seoul, Korea. July 1st 1901 to June 30th 1902 (June 30th, 1902)

Annual Report of Severance Memorial Hospital, Seoul, Korea, July 1st 1901 to June 30th 1902

July and August were spent at out summering place at Han Kang but I visited the Hospital three times a week during July and occasionally in August but in the latter month the dispensary was closed, although a number of inpatients continued to be cared for in the wards. September found us at regular work again except as it was interrupted by the meetings of Council and the Annual Meeting of the Mission.

The time spent at Han Kang however was not devoted to idleness but to translating Anatomy, to daily study of the scriptures, and on Sundays to distribution of tracts in the neighboring villages and a meeting with such of the neighbors as cared to gather at our home in the afternoon.

Although the number of cases treated at the dispensary has not been above the average many causes have contributed to make the year a very busy one for me.

The withdrawal of the lady physician from the hospital threw the work of the women's clinic and wards upon me and the going off but for the year of the trained nurse added a still heavier burden and I should have been very greatly handicapped had not Mrs. Gifford stepped in and taken the responsibility for the laundry and care of the linen and beds. I owe her and the Mission owes her a heavy debt of gratitude for a year of faithful work and my debt is not confined to the simple fact that she helped me in a difficult situation but even more to the fact that she constantly kept before us the need for a higher standard for the hospital, and if we ultimately succeed in having an institution of healing where our Western ideals have not been allowed to be crushed out of all recognition by the pressure of the low ideals of Sanitation and methods of the East it will be - to at least some extent due to the silent influences which she constantly exerted. It is so easy for us to succumb to the constant pressure of our surroundings and become contented with much lower standards than are necessary for good work and that we at first strove after but it is to be hoped that we will keep up the effort until up place our medical institutions on a plane that will not only render them more useful as such but make them a constant educative force in matters of a cleanliness and sanitation through the example which they keep before the people. Nor need this in the least interfere with their usefulness as missionary enterprises.

Previous to the incoming of Mrs. Gifford Mrs. Avison spent a part of every day in looking after the beds and linen and through-out the year she looked after the supply of new linen.

We had hoped to have our new hospital almost completed by this time but the old story of duplicity and dilatoriness on the part of those with whom we had to deal kept being repeated so that no site was secured until very recently when by the gift of $5,000.00 U. S. gold Mr. Severance of Cleveland; O., enabled us to purchase independently. We have been so fortunate as to secure a fine site outside the South Gate, the same one that was approved by the Mission two years ago, and the erection of the buildings will be at once proceeded with. I shall submit along with this report a copy of the plans for the several buildings with an estimate of their cost and if we can withstand the pressure which constantly tends as I said before to lower our ideals the new buildings will offer Korea a new lesson in healing and sanitation which I trust shall ultimately ramify into all her dirty corners.

Perhaps the greatest unfulfilled need of the hospital has been the lack of proper nursing. It seems hardly right to admit patients and them give then insufficient attention or to operate on them and then risk their lives through incompetent after - service but we have been as it were compelled to do this and the results have been manifest in the pus cases that have in many instances developed after operation necessitating prolonged treatment and risking life. At the last Annual Meeting our one nurse was give a year's vacation and we were left without any help in this direction but the Mission recognized the need and is asking the Board for another nurse placed the request second on the list and Dr. Ellinwood in reply to my letter on the subject said he fully appreciated the need and would do his best to fill it although he feared that owing to the dearth of suitable applicants it would be difficult to secure one who could properly perform the duties.

He suggested that I communicate with Canada in the hope of getting a suitable person. This led me to think the whole subject over carefully and remembering that many Japanese women had been trained in the hospitals of Japan it occurred to me that probably among them would be some christians. I visited the Japanese hospital in Seoul and talked the mater over with the physician in charge and feeling that a chance offered here to provide for our needs. I laid the matter before the Medical Committee of our Station which reported in favor of giving Japanese nurses a trial. The Station unanimously voted to accept the report and I immediately put myself in communication with the Rev. Mr. McNair of Tokio asking him to look into the matter with a view to their efficiency, cost and probable serviceability as missionary nurses, and if he thought favorably of it and could recommend to me two persons who were efficient nurses, Christians and able to speak English to put me in communication with them. He was fortunate in securing two who answer these requirements except that one of them cannot speak English.

One of them is a graduate of the Presbyterian Girls' School in Tokio, was formerly chosen to nurse the Crown Prince of Japan through an illness and has been for some time Assistant Matron of the Red Cross Hospital in Tokio; the other is highly recommended but less well-known. I sent money for their travelling expenses and their salaries will be Yen 25.00 per month. They arrived in Seoul July 15th and went on duty the following day.

I am asking the Mission to request a special appropriation for this year to cover their travelling expenses and salaries and a regular appropriation for next year for their salaries. I do this on the ground that the Board was willing to send me a foreign nurse at more than double the cost of these two and by this plan we are securing all the advantages and saving the Board at least half the salary of a missionary. They will learn Korean, do the actual nursing and by both example and precept teach Koreans to do the same and I trust they will also exert an influence upon the patient spiritually.

The past year has in some respects been a discouraging one in the teaching department. We started out with 6 student-assistants but I was compelled to dismiss one of these for incompetency and two others became discouraged because of the small amount of attention I was able to give to teaching so that I close the year with only three and I almost lost two of these before we received the encouragement that came from the engagement of the Japanese nurses and the news of the appointment of Dr. Todd. Young men naturally want to see some present of a satisfactory ending to their period of apprenticeship within a reasonable time and so I could scarcely blame them for their uneasiness.

One of the most encouraging features of the year has been the recognition by the home authorities of the need for the medical education of a number of christian young men who shall be our assistants and finally replace us and I am looking forward with much pleasure to the coming of Dr. Todd trusting that it will make it possible for me to do much more in the line of preparing texts and teaching our assistants than I have been able to do heretofore.

During the year I have taught a weekly class in Chemistry which was attended not only by my own students but also by the senior class of the girls' school, the boys from the Intermediate School and a few others so that the attendance was in the neighborhood of 15. The teaching was based upon a text translated from a Japanese book on Chemistry and the lessons were illustrated by practical experiments which though of bringing the principles of the science within the grasp of their minds. They took great interest in those lessons and the examination held at the one of the term showed that many of them had very fairly comprehended the matters studied.

We have made some advancement in anatomy and expect during the coming year to cover the principal part of this subject.

There has been some instruction given in Materia Medica and Pharmacy and My first assistant, Kim Pil Soon, has done a little with the microscope.

The students are all quite capable at washing and dressing wound, extracting tooth and performing such minor surgical operations as opening abscesses, removing small tumors, treating harelips, performing circumcision, etc., and I let them do nearly all of such work. It relieves me, interests them and trains them for more important work later on.

The Evangelistic work has been as before under the direct supervision of Suh Sang Yune and has been carried on along the same lines as formerly but with a greater apparent degree of success in that a considerable number of the ward patients have professed faith in Christ and some have applied for baptism. Every Sunday I can count in the church not only a goodly number of the present patients but also quite a contingent of those who are continuing to attend since their discharge from the hospital. During part of the time we have had a Bible woman in connection with the women work but this work has been mainly done by Mr. Suh. We shall hope to continue the employment of a Bible woman during the coming year.

A changed feature of our evangelistic effort has been the regeneration of the bookroom which under the care of a man not directly under the control of the missionary had become a more office for the sale of quinine. In December last I took it over into my own hands, placed in it a man of good ability and apparent devotion and directly responsible to me. I stocked it with bibles and tracts, placed it under the oversight of evangelist Suh who sleeps there, and forbade the sale of anything other than the Bibles and tracts which I had placed there. The reading room in connection with it is used as a waiting room for male patients until time for the afternoon clinic. The sales from its reopening in December to the end of June were as follows,

Chinese Bibles   Chinese Testaments
Chinese Parts of Scripture
Korean Bibles   Korean Testaments
Korean Parts of Scripture
Hymn-books   Calendars Tracts
   Totals volumes sold
   Value of sales

The Bookroom is also used as a Sarang and native brethren from the interior find it a comfortable place to lodge during a short stay in the city, being able to purchase food either from the hospital kitchen or from neighboring eating houses.

In former years the whole expense of this room was borne by the occupant who combined with the book business the sale of quinine to country merchants but the change has necessitated an expenditure which does not properly become a charge on regular hospital expense account and I therefore ask the Mission for an appropriation to cover the expense over and above receipts for the period Dec. 1st 1901 to April 30th 1904. The amount required will be 150 yen calculated as follows,

Salary of bookseller 8 yen per month 96 yen per year
Fuel   24 "   "
Light   6 "   "
Repairs   14 "   "
    Total   140 "   "
Receipts on field as follows,
Contribution of British and Foreign Bible Soc. 36 "   "
Profit on Bibles and Tracts   42 "   "
            78 "   "

Balance of deficit 62 yen per year or for the period of two years and five months 156 yen.

I believe the bookroom will play even a larger part in our work in the now location of our hospital.

The attendance at the Dispensary was as follows,

	Male	Female
July	463	37
August	27	132
Sept.	467	103
Oct.	396	103
Nov.	453	75
Dec.	389	67
Jan.	453	87
Feb.	343	43
Mar.	493	75
April	641	150
May	663	177
June	649	178
	5437	1229
Total attendance		6666

Of these _____ were first treatments and the balance repeats. Besides these who were actual patients there was an attendance at the clinic of about _____ most of whom accompanied some of the above patients and if these are added it makes the total attendance at the dispensary about _____.

As the classification of diseases would be much the same as last year I omit it this year from my report.

I have made a good many visits to the homes of patients but have no record of the number and so cannot report.

The wards have been fairly well used during the year. The number of admissions was as follows,

	Male	Female	Total
Carried over	9		9
Admitted	172	49	222
Discharged	167	41	208
In at end of year	14	8	22

The highest number in at one time was

Males	30
Females	13
Both	36

The average number in the wards at any time 20 to 25

The diseases from which they suffered were

Abscesses	15	Appendicitis	1	Axillary Adenitis	1
Bronchitis	2	Burns	5	Cancrum Oris	1
Carbuncle	1	Carcinoma	2	Cardiac Disease	2
Caries of bones	9	Cataract	5	Inflammation of brain	1
Cervical Adenitis	9	Corneal scar	2	Corneitis	6
Cholera Nostras	1	Concuss. Brain	1	Dermatitis acute	1
Diarrhea	3	Dysentery	2	Dyspepsia	4
Eczema	1	Empyema	2	Enteropion	5
Epilepsy	5	Epithelioma	2	Erysipelas	2
Fistula in ano	8	Fistula urethral	2	Fistula vesice-vaginal	1
Fever malarial	13	Fever Typhoid	6	Fever Typhus	2
Fractures	1	Fract. & Disloc.	1	Gangrene	2
Gonorrhoeal Comp.	1	Hand swollen	1	Harelip	2
Hemiplegia	1	Hepatic Abscess	2	Hernia	2
Hip Joint Dis.	6	Impetigo	1	Mastoid Abscess	1
Nasal Polyp	2	Nephritis Chron.	14	Neural. in old Stump	1
Paraplegia	1	Phlegmon of face	1	Perineal rupture	1

Periostitis	1	Pleurisy	2	Pneumonia	5
Pruritis	1	Prostatitis	1	Pyaemia	2
Ophthalmitis	5	Sarcoma	2	Scabies	1
Septic wound	1	Snakebite	1	Strict. Oesoph.	2
Syphilis	2	Tumor Ovarian	1	Tumor cystic	1
Tuberc. Knee	1	Urticaria	1	Ulcers	7
Whooping Cough	3	Incised Windpipe	1	Disloc. Hip	1
Street Car Acc.	2				

Death in Hosp.   18

On the above patients operations were performed as follows,

1. Double Amputation of less below the knee.

This was a case of a little girl who had been run over by the train near Chemulpo soon after the opening of the railroad.

Artificial limbs had been ordered for her but when they came it was found that the stumps were not fit to be placed in the new leg and as the surgeon who had first had charge of the case was going away I was asked to finish it so the legs were both reamputated and good stumps secured but so long a time had elapsed since the limbs had been ordered that the child had outgrown the measurement then taken and the limbs would not go into the new forms. As we have no makers of artificial limbs in Korea we had a hard time to make them fit but the always ready Chinaman made a fair copy of the part that needed to be enlarged and by going in turn to the carpenter, blacksmith and shoemaker we finally made them fit and I am glad to be able to say that the little girl has gained such dexterity in the use of them that she can walk and run and play on them almost as well as those who have their natural limbs and that without using even a cane.

2. Enucleation of one eye.

This was made necessary by a severe inflammation which had already destroyed this eye and was threatening the other one. The result was good so long as he stayed with us but as he insisted on going home to the country before healing was complete we can only hope that all went well to the end.

3. Curetting carious bone of leg.

This man had had his leg badly bruised 6 years before and ever since there had been a suppurating sore just above the knee. His home was about 200 miles from here and not far from one of our flourishing country churches but he was not a believer. After the operation the wound did well but ir required several weeks for the deep cavity in the bone to fill up and during this time he took much interest in the gospel as taught by evangelist Suh and made profession of faith. I trust he will unite himself with the church near his home.

4. Curetting suppurating glands of the neck.

We have had 9 of these cases in the hospital during the year and all eventually went away cured but they require often weeks of treatment and here this has to be given at the expense of the hospital it adds very largely to the bill for food as well as for dressings.

5. Empyema.

We have had two cases of this trouble, the pleural cavity being filled with a large quantity of pus. One was a boatman from Chemulpo and he was operated on twice or three times portions of the ribs being removed to allow free drainage. The other was a boy recently arrived in the city from the country and almost dying when he reached the hospital. We at once drew off a quantity of pus with the object of giving him relief and later on opened the cavity freely and after many weeks of daily washings and plenty of good food and Cod Liver Oil he healed up and grew fat and is now employed to help in the hospital kitchen. He has professed faith and really seems to be living in accordance with his new light so far as he knows.

6. Amputation of Forearm

An old man of 60 yrs., a christian living in the country, had suffered so severely from some disease in one of his hands that he had in desperation seized an axe and cut off his hand at the wrist.

It healed but left a scar which evidently pressed a nerve between itself and the severed bone for he suffered excruciatingly from Neuralgia in the stump, and he finally came up to the city to see what could be done for him. We reamputated the arm and secured a good stump and when I asked him how he was getting on he answered that he was new living in glory as compared to his former condition.

It is a great satisfaction both to the doctor and those who support his work to know they can help free men from such severe and continued pain.

7. Large chronic Abscesses around the Hip.

We had several cases of this kind not apparently involving the joint but burrowing in all directions beneath and between the muscle of the hip and they are often very hard to cure because of the extent of tissue involved and the difficulty of opening all the crook and extensive fistulae under the great muscles.

One very sad case was that of a young girl of 14 years of age upon whom we operated in the usual way and with every prospect of success but although we had tried to be clean evidently some severe poison gained admission to the system and she succumbed within 40 hours to a very acute attack of blood poisoning.

Several other cases of the same kind were operated on without any such accident and all made a good though tardy recovery.

8. Fistula in ano.

As usual we have had many of these cases, some of them being very complicated. All however have recovered after one or more operations. One man who is still in had a combination of this trouble with urethral fistula and he is having a very hard time and does not give promise of a very satisfactory ending but to the dismay of those who think only of reducing the expense of medical work is making havoc with our supply of milk.

9. Suppurating glands of Axilla.

These cases are fairly frequent often requiring the complete opening up of the axilla and the removal of all the glands of that part but they have always done well with us thus far.

10. Necrosis of Lower Jaw.

Two cases of this kind required the almost complete removal of the lower jaw bone but they made good recoveries and from being unbearable nuisances to themselves and all near them on account of the very offensive odor of the decaying bone they were transformed into clear and comfortable beings were correspondingly thankful.

11. Ovarian Tumor.

Although several of these cases came to our notice only one submitted to operation. She came in from the country in a fearful condition being much emaciated but bearing an abdomen the size of all the rest of her body put together. On opening the abdomen we found a multilocular cyst attached on all sides to the abdominal wall and to the intestines and pelvic contents so that its complete removal required the upmost care and nearly two hours were occupied in its extirpation. I am glad to say that her recovery was rapid and in every way satisfactory. The tumor weighed 34 lbs.

When she came in she was dirty, unattractive, miserable and unable to get up even the faintest smile but before she went away she was happy, clean and never failed to smile and take any of us by the hand whenever we went near her. She said she wanted to believe what we tried to teach her but she was very ignorant and it seemed very hard for her to apprehend the truths which we tried to make simple for her understanding. She finally left us and walked back to her country home.

12. Necrosis of Hip Joint with softening of entire Femur.

This was an especially sad case and I would not refer to it were it not that I think it only fair to mention our failures as well as our successes. A little boy, 9 years of age was brought to us with an abscess forming within the hip joint. I recommended immediate operation but he was taken back home and brought back a month later with his hip and leg in very bad condition. They had in the mean time been trying the effect of poulticing on their own account.

We operated upon him but found that nothing short of amputation at the hip joint would be of any service and as his father had not come with him we were not in a position to resort to so extreme a measure and had to content ourselves with excising the hip joint and leaving the femur which was completely degenerated till another time. Even this operation produced great shock and it seemed for a time doubtful whether he would not die while he was still on the table. However he came around nicely in time and was taken to his bed where he talked with his friends who were with him. He had a little sleep and then called for a drink and while sipping it went into a convulsion and died almost immediately. There was a heart-rending scene as he was the son of an official in high rank an evidently the object of much hope on the part of his parents.

It was a very trying occasion to us and we could only get comfort from the reflection that no previous thought or care could have averted such an accident.

13. Dislocation of the Hip Joint

This case on the other hand was one of the satisfying kind. Little girl just outside of the city by means of a simple fall while running in her play dislocated her hip. Dr. Field happened to pass along the road just at that time and they asked her to see the child who appeared to be suffering a great deal. She advised them to bring her at once to the hospital which they did and under an anaesthetic the dislocation, being recent, was very readily reduced and when she awoke and found she could use the limb which such a short time before had been so painful and stiff she broke out in laughter and was a very happy child.

14. Cataract.

We have operated on five cases of Cataract, four being successful and one a failure. These cases when successful are a source of much gratification both to the patient and to the physician.

One man came from Hai Ju, away in the country three or four days journey from Seoul, came to us led by his young son, being completely blind. Both eyes were operated upon and in due time he was able to find his way about without his son's help and he returned home leaving his son at work in the city. This may be taken as a sample of such cases but the one I referred to as a failure was very different to this for during the operation the woman after the extraction of the lens being able to see the instrument approaching the eye became alarmed and jerked her head suddenly producing an injury to the deeper structures of the eye. Also for some reason which did not appear inflammation set in and result was a useless eye.

15. Hepatic Abscess.

We had two of these interesting and dangerous cases this year but both succumbed. One of them was that of a man of middle age who had been a heavy drinker of alcoholic liquors. The conditions we found were very peculiar. First we opened an abscess which lay in the abdominal wall and that seemed to constitute the whole trouble but within a few days a large lumbricoid made its way out through the opening and we had to surmise by what road it had come. Did the abscess communicate directly with the intestine or had it invaded the liver through the hepatic duct and did the abscess communicate with the liver. Another operation rendered necessary by the great increase of fever and pus led us right into the liver tissue and again we thought we had done with the case except to keep it clean till it healed but later on after a period of improvement the fever again rose and another operation found us into a an abscess which had burrowed in various directions and was evidently apportion of the abdominal cavity which had been shut off from the main cavity by inflammation and here we found a direct connection with the ascending colon which was evidently the route which the round worm had taken to come forth. We found it necessary to suture the gut to the abdominal wall at this point and make an artificial anus and after all had been cleaned as well as we could we had a peculiar combination. The opening led to a large cavity in the liver, burrowed deeply under and amongst the abdominal muscles, shut off a portion of the abdominal cavity and connected with the large intestine. The patient again improved and we hoped he might still recover but again his fever rose and it became evident that another abscess had formed in the liver tissue and so it went on till he died of exhaustion.

The second case was that of a woman and on opening the abdominal cavity we found a large quantity of purulent fluid in the cavity itself and as it flowed off the great swollen liver tried to press out through the opening we had made. The patient was very weak and at this juncture threatened to leave us and we were compelled to suspend further proceedings for the time being. She revived and for a time improved and we proposed to try again the pus-distended liver but while we were still waiting for a little further improment she suddenly grew worse and died from collapse within a few hours.

16. Fibro-cystic tumor of face.

This tumor involved a considerable of one side of the face of a young boatman living in Chemulpo. By pressure it had invaded a portion of the malar bone and was connected with the parotid gland and then passed down under the edge of the lower jaw bone. The result, however was good and he has showed his gratitude by sending us several surgical cases from amongst his fellow craftsmen in the port.

During a recent visit down the coast I was met on the steamer as I returned by four of these cured patients with their sampans all wanting to carry me and my baggage to shore free and it was quite amusing to see one man showing me the scar on his face, another the scar on his leg, &c.. At the present time we have another of them in the hospital just recovering from an operation for Hernia

17. Nasal Polyp.

These cases are very common and we generally dispose of them in the dispensary but one case is worthy of special mention because of the size and character of the tumor. It projected down from the posterior nares into the pharynx and was as large as a duck's egg almost completely filling the space above the opening into the larynx so that he had much difficulty in breathing even with his mouth wide open and he could swallow no solid food because there was not room for the bolus to pass from the mouth into the oesophagus and the patient was greatly reduced for want of food. After several attempts and failures because we could not under the circumstances give him an anaesthetic and it was till more difficult for him to breathe with our fingers and instruments manipulating in his throat, we succeeded by grasping the mass in a vulsellum forceps and in spite of the pain it caused him cutting through the broad base of the tumors with a pair of scissors. The bleeding was so profuse that we feared he would almost bleed to death before we could sufficiently tampon the nasopharynx so as to close all the opened sinuses. He was left pale and weak but gradually gained strength as he was able to take more nourishment and finally made a good recovery.

18. Carcinoma Mammae

We had two cases of cancer of the breast requiring operation. The first woman was in very bad condition and we not only did Halstead's complete operation for the removal of breast, muscles and axillary glands but had to follow the diseased tissue round over the scapula. The case did well but as it required considerable time for healing she became restless and while there was still a large unhealed surface she left the hospital and went to her home.

The second case was operated upon recently and although the extent of surface involved was not as great as the former one she was much more debilitated and a less likely case for a successful operation. During the operation she collapsed and we had to defer the extirpation of the axillary glands for a time but she rallied nicely and we hoped to complete the operation in the near future. However she had a troublesome diarrhoea and one day she concluded that she would like to try to cure it with native medicine and announced her intention of going home and nothing could change her mind so she went and it is not of course hard to foretell what the result must be.

These are some of the disappointing features of our work in this land.

19. Operation for removal of epithelioma.

A middle-aged man developed a cancer in a very large scar which had resulted at one side of the knee after a severe burn. The knee was completely flexed and the cancer involved a wide extent of surface. After the removal of the cancerous growth the leg was easily straightened but it left a surface devoid of skin six inches wide and eighteen inches long. Afterwards when the surface was ready the man was again etherized and skin-grafting performed the whole surface being covered with skin taken from his other leg.

The result was completely successful nearly all the grafts living and his period of healing was reduced by probably three months.

20. Gastrostomy.

As usual we had several cases of drinking of lye water generally with the intention of committing suicide and one of these whose oesophagus was almost completely closed from the resulting ulceration submitted to the operation of gastrostomy, i.e. the making of an opening into his stomach through which he could be fed. The operation was apparently successful and the man was able to be up and about a little and began to put on flesh as he could now be well fed but he suffered from a chronic cough which at times was very violent and one day it was observed that he had while coughing ruptured the adhesion between the stomach and the abdominal wall and a considerable portion of the omentum was projecting. This was repaired and he got along all right for a few days when the same sort of thing again occurred and within a few days after that he developed severe pain in the abdomen and died rather suddenly.

This result was very disappointing as we had formerly been successful with just such another case and this had appeared to be doing equally well.

It is scarcely necessary to go further into detail with reference to the surgical work as these cases will serve to illustrate the kind of work that fall a to us to do.

I have much pleasure in acknowledging the frequent assistance given me in surgical cases by Dr. Wunsch the physician to the palace and also to Dr. Baldock of the English Hospital and Dr. Field of our own Mission. Dr. Wunsch also looked after all my hospital work for 5 or 6 days while I made a professional visit to Kun San to hold out our friends of the S. Presbyterian Mission.

Finances.

Receipts,-

Balance from last year	Yen	304.98
Received from Board		1434.05
Special gifts for support of beds		410.00
Other special gifts		136.00
Rebate from Dr. Owen on Mrs. Owen's Acc.		37.00
Dispensary Receipts		345.34
Ward		233.98
Foreign Practice receipts		157.40
Sundries		156.54
Total		3225.29

Expenses,-

Food	672.89
Fuel and Light	362.74
Servants	118.51
Laundry	73.34
Assistants	320.66
Travel	5.85
Medicines and Instruments	2244.99
Furnishings	367.55
Repairs	98.32
Medical teaching	16.88
Sundries	93.46
	4369.19

Receipts bro't forward	3225.29	
Omitted above Special		
Gift of Mr. A. J. Pitkin	1000.00	4225.29
Deficit		143.90

The above so called deficit is not really a deficit being due to the fact that certain special gifts for the support of beds have not been received up to the time of making out this report.

The report of Finances does not cover quite the same period covered by the report of work, the financial statistics covering the Board' Financial year, May 1st 1901 to April 30th 1902.

Work outside the hospital and regular medical work.

Having been made a member of the committee on the sale of the Chong Dong property and I have spent many weary hours in attempts to bring these negotiations to a satisfactory conclusion. I spent days in examining and reporting upon sites in all parts of the city which it was thought might be accepted in exchange for the Chong Dong site but to no purpose. It has been a series of disappointing conferences with officials.

How much time has been spent also in trying to secure a suitable site for our new hospital I am unable to tell but it was not small.

My appointment to the Mission Examination Committee on Language Study provided me with a certain amount of work. I held weekly study classes with the newer missionaries during a considerable part of the year. While this took a certain amount of time and energy yet it was as useful to me as it could be to those when I was trying to help.

As superintendent of the Hong Moon Suk Kol Sunday School I held a class for study of the lesson with the teachers every Saturday evening and conducted the School every Sunday Morning.

The departure of Mr. Moore to America threw extra work in connection with that church upon me as the assistant pastor or rather copastor. Mr. Welbon had not been long enough on the field to carry on the services so that I conducted the Sunday morning preaching services except when Mr. F. S. Miller was in the city when he preached for us. The friction that arose in the church and the final break when we withdrew and began to hold services in one of the hospital buildings necessitated much thought and attendance at commit meetings which took my thought and effort away from the medical wor and to that extent interfered with my own special department of effort but I thoroughly enjoyed all the evangelistic work I was able to do.

I especially enjoyed the six weeks' special services that were held in the central church nearly all of which I was able to attend.

Itineration

Although after the departure of Mr. Moore the Station on the report of the evangelistic committee directed me to accompany Mr. Welbon on trips through Mr. Moore's districts whenever it came time for me to go the station on the report of the medical committee directed me to remain at my post at the hospital and so I have done no itinerating since last Annual Meeting but I hope the coming year will be better in this respect.

As stated above, through the kindness of Dr. Wunsch in taking charge of the hospital I was able to answer a call of our friends in Kun San to go down and help them so that I had a five days' absence at that time.

제니 B. 에비슨(서울), O. R. 에비슨 부인의 사역에 대한
1901년 7월 1일부터 1902년 6월 20일까지의 연례 보고서
(1902년 6월 30일)

O. R. 에비슨 부인의 사역에 대한
1901년 7월 1일부터 1902년 6월 20일까지의 연례 보고서

7월과 8월은 한강에서 매일 오후 성경 공부 모임을 가졌는데, 그것은 나에게 신선한 영적 양식을 공급해 주었고 나중에 한국인들을 가르치는 데 도움이 되었으며, 매주 일요일 오후에는 집에서 이웃 사람들을 위한 모임을 가졌다. 꽤 잘 참석하였고 상당한 관심을 나타냈지만 그곳에 기독교 신자가 있다는 소식은 아직 듣지 못하였다. 만약 장마가 막지 않는다면 이웃의 여자들을 위하여 이번 여름에 한강에서 최소한 일주일에 한 번의 모임을 가질 생각이며, 나는 도시 강습반에 최대한 많이 참석할 것이다. 우리 집과 환경을 보기 위하여 한강의 여자들이 거의 매일 찾아오는데, 내가 그들이 매일, 그리고 항상 오게 할 수 없기 때문에 나는 오랫동안 무엇인가 해야 한다고 느꼈고, 나는 질서의 관점과 일부 결과를 얻기 위하여 이 계획을 채택하기로 결정하였다.

작년에 우리는 여름 대부분의 기간 동안 고든 씨와 함께 하였고, 그는 우리 모두에게 영감을 주었다. 우리는 그가 이번 여름에 최소한이라도 우리와 함께 하기를 바라고 있다.

우리는 9월 초에 도시로 돌아왔고, 스트롱 양이 떠나버려 다른 사람들 모두가 할 일을 갖고 있었기 때문에 나는 홍문서골 교회에 정기적으로 출석하기 시작하였다. 나는 오르간을 담당하였고 그 이후로 계속하고 있다. 나는 무어 부인과 수재너가 가르치는 주일학교의 반에 앉았으며, 무어 부인이 미국으로 귀국하자 그녀의 자리를 대신하였고, 한국 여자의 도움으로 매주 일요일 12~15명의 여자반을 가르쳤다. 이를 준비하기 위하여 나는 토요일 저녁마다 교사들의 강습반에 참석하였다. 주일학교의 여자들은 세 반으로 나누었는데, (a) 세례를 받고 나이 많은 김 부인이 가르치는 반, (b) 아직 세례를 받지 않고 글을 읽지 못하여 웰본 부인이 가르치는 반, (c) 후자의 반에서 독학으로 글을 읽는 사람들에게 내가 가르치는 반. 내 반의 한 사랑스러운 노부인인 안 씨는 최근 세례를

받았고 김 선생 반으로 들어갔다. 그녀는 오랫동안 기독교 신자이었고, 그녀와 김 부인은 경건과 청결에 있어 모범이 되었으며, 청결함에 있어서 우리는 독실함 다음이라고 하고 있다. 나는 이 수업을 매우 즐겼고 적어도 일부에게는 도움이 되었기를 바란다.

웰본 부인이 우리 교회로 와서 따뜻하게 받아들여진 후, 우리는 업무를 나누어 그녀가 방문을 주선하는 동안 나는 스트롱 양이 진행하였던 매주 목요일 오후 정규 수업을 담당하였고, 준비하는 데 몇 시간의 공부가 필요하였지만 나 자신에 큰 즐거움과 유익함을 주었다. 나는 글을 읽지 못하는 이들에게 글을 배우도록 독려하였고, 김필순 부인에게 그들을 가르치도록 주선하였으며 몇몇은 글을 배웠다.

내가 명부의 이름을 부를 때 각자는 자신이 무엇을 선택하든지 문구를 반복하고 자신들의 마음에 좋아하는 구절을 저장하는 데 도움이 되기 때문에 이것을 좋아한다. 주님은 모든 모임에서 나를 축복하시고 도우셨다. 나는 공과를 공부하고 기도한 후에 종종 여자들에게 아무 말도 할 수 없을 것 같은 느낌과 꼼짝 못하게 될지 모른다는 두려움이 있었지만 주님이 우리를 사용할 수 있는 위치에 우리 자신이 놓여 있을 때, 그리고 축복받은 진리를 배우는 데 있어 우리 자신만큼 운이 좋지 않은 주님의 자녀들을 돕는 방향으로 약간의 노력을 기울일 때 우리를 어떻게 도우시는지 놀랍다. 추가 공부를 한 수업은 나에게 기쁨이자 축복이었다. 하나님은 결코 나를 실망시키지 않으셨다.

봄에 열리는 10일간의 여자 성경반에서 나는 매일 30분씩 여자들에게 새로운 찬송가를 부르도록 가르쳤다.

우리는 함께 즐거운 시간을 보냈고, 도티 양의 조사들의 도움으로 올바른 정신으로 노래를 부르면 그것이 단순히 즐거운 시간을 보내는 방법이 아니라 참된 예배라는 것을 가르치려고 노력하였다.

6주일 동안 중앙교회에서 매일 밤 예배를 드리는 동안 나는 거의 모든 집회에 참석하고 그들을 위하여 오르간을 연주하였다. 이 모임은 대단히 고무적이었다.

초가을, 기포드 여사가 병원에 오기 전에 나는 매일 병동에 내려가 병실과 침대의 배치를 확인하고 환자를 더 편안하게 하려고 노력하였다. 반가워하는 그들의 표정은 우리에게 충분히 보상이 되었고 나는 그들을 보러 내려가는 것을 좋아하였다. 한 해 동안 리넨 공급을 유지하는 것이 내 일이었다. 이 임무는 우리에게 물품을 보내준 고국의 친구들의 친절로 인하여 크게 가벼워졌다.

나는 아픈 여자들과 걸을 수 있어 내 정규 수업에 참석하였던 여자들과 함게 읽고 노래하는 데 많지는 않았지만 약간의 시간을 보냈다.

기포드 부인은 우리에게 큰 축복이자 위안이 되었다. 그녀는 대단히 충실하였고, 어려움 속에서도 대단히 명랑하였으며, 모든 것을 최고로 만드는 항상 같은 달콤하고 행복한 얼굴은 그녀 곁에 있는 모든 사람들을 기분 좋게 만든다. 나는 그녀를 매일 보았기 때문에 어느 누구보다 그녀를 그리워할 것이다. 나는 그녀가 한국으로 돌아오기를 희망하고 그녀가 그렇게 할 것이라고 믿고 싶다.

나는 병원에 있는 여자들을 방문하는데 내 여가 시간을 다 써버렸기에, 하고 싶었지만 가정 방문을 많이 하지 못하였으며 아마도 10번 이상은 아니었다.

파슨스 양이 우리와 함께 있을 때 나는 그녀를 몇 가정으로 데려가는 특권을 가졌다. 이 중 한 곳은 내가 이전에 두 번 방문하였는데, 그들 중 아마도 기독교 신자라고 공언하는 사람은 없었지만 한 사랑스러운 노부인은 왕국에 매우 가까이 있는 것처럼 보였고 우리는 항상 환영을 받았다. 그러면 노 부인이 죽고 이교도 의식에 따라 장례를 치르기 위하여 더 많은 준비를 하고 있다는 사실을 알고 놀랐던 것은 무엇인가? 그녀의 친구들은 그녀가 기독교인이라는 것을 알고 이러한 일에 신경을 쓰지 않을 것이지만, 이웃 사람들이 그렇게 하지 않으면 이상하게 생각할 것이기 때문에 단지 관습적인 문제로 하고 있다고 말하였다.

우리는 파슨스 양의 방문을 매우 즐겼으며, 그녀가 여자들에게 이야기한 것은 고무적이고 발전적이었다.

매주 일요일 오후에 열리는 연합 모임은 오랜 염원과 많은 기도의 결실이며, 나는 아이들을 양양하는데 주님의 은총을 증진하는 한 가지 노력 및 목적으로 모두와 현지인 기독교인과 선교사들이 한마음 한뜻으로 하나가 되도록 이끌어 준 서울 교회에 은총이 내렸음을 느꼈다.

Jennie B. Avison (Seoul), Annual Report of Mrs. O. R. Avison's Work. July 1, 1901 to June 30, 1902 (June 30th, 1902)

Annual Report of Mrs. O. R. Avison's work.

July 1, 1901 to June 30, 1902.

July and August were spent at Han Kang where we had meetings for Bible study every afternoon which gave me a fresh supply of spiritual food and helped me later on in teaching the Koreans, and every Sunday afternoon we had a meeting at out house for the people of the neighborhood. These were fairly well attended and considerable interest was manifested but I have not yet heard of there being any Christians down there. If the rainy season does not prevent I intend to have at least one meeting a week at Han Kang this summer for the women of the neighborhood and as many of my city class as can attend it. I have felt for a long time that something should be done for the women of Han Kang who come almost daily for a look at our house and surroundings and as I cannot have them coming every day and at all hours I have decided, in the interests of order and with a view to getting some results, to adopt this plan.

Last year we had Mr. Gordon with us during most of the summer and he was an inspiration to us all and we hope to have him at least part of this summer.

We returned to town at the beginning of September and I began regular attendance at the Hong Moon Suk Kol church as Miss Strong was gone and the others all had work to do. I took charge of the organ and have had it ever since. I sat in the class at Sunday School taught by Mrs. Moore and Susanna and when Mrs. Moore left to return to America I took her place and with the help of a Korean woman have taught a class of 12 to 15 women every Sunday. To prepare myself for this I have attended the teachers' study class ever Saturday evening. The women of the Sunday School are divided into three classes (a) these who have been baptized, taught by the old lady Mrs. Kim, (b) these amongst the as-yet-not-baptized who cannot read, taught by Mrs. Welbon, (c) those amongst the latter class who can read, taught by myself. One dear old lady in my class, Mrs. An, was baptized recently and so has gone into Mrs. Kim's class. She has been a christian for a long time and she and Mrs. Kim have been examples in piety and cleanliness and this latter we are told is next to godliness. I have enjoyed this class very much and hope it has been helpful to at least some.

After Mrs. Welbon came to our church where she was warmly welcomed, we divided the work up and while she arranged to do the visiting I took up the regular weekly Thursday afternoon class which Miss Strong had carried on and I found it a great pleasure and profit to myself although it took hours of study to prepare for it. I encouraged these who could not read to learn to do so and arranged for Mrs. Kim Pil Soon to teach them and some have learned to-do-so.

When I call the roll each one repeats a text, whatever she may choose, and they like this as it helps them to store in their minds their favorite passages. The Lord has blessed and helped me at every meeting. I have often gone after studying and praying ever my lesson, feeling as though I could say nothing to the women and fearing I would get stuck, but it is wonderful how He helps us when we put ourselves in a position where he can use us and when we make a little effort in the direction of helping His children who have not been so fortunate as we ourselves have been in learning the blessed truth. The class with its extra study has been both a pleasure and blessing to me an God has never failed me.

At the ten days' women's Bible class held in the spring I gave one-half hour each day to teaching the women to sing the newer hymns.

We had a good time together and with the assistants of Miss Doty's helper I tried to teach them that if the singing was done in the right spirit it was true worship and not simply a pleasant way of passing the time.

During the six weeks of every night services which we held in the central church I attended almost every meeting and played the organ for them. These meetings were very inspiring.

In the early Fall, before Mrs. Gifford came to the hospital I went down to the wards every day to see to the arrangement of the rooms and beds and try to make the patients more comfortable. Their pleased happy faces sufficiently rewarded us and I liked to go down to see them. During the year it has been my work to keep up the supply of linen. This duty was greatly lightened by the kindness of friends at home who sent us out supplies.

I have spent some though not much time reading and singing with the sick women and those of them who could walk attended my regular classes.

Mrs. Gifford has been a great blessing and comfort to us. She has been so faithful, so cheerful under difficulties, always the same sweet happy face making the best of everything that everybody felt better for having her around. I shall miss her I think more than anybody else as I saw her every day. I hope she will come back to Korea and I am inclined to believe she will.

I have not made many visits to homes, perhaps not more than 10, although I would enjoy doing so but it uses up all my spare time to visit the women in the hospital.

When Miss Parsons was with us I had the privilege of taking her out to a couple of the homes. At one of these I had twice before visited for although none of them were professing christians one dear old lady seemed very near to the kingdom and we were always made welcome. What then was our surprise to find that the old lady was dead and all the preparations more being made to give her a funeral in strict accordance with heathen rites? Her friends said they knew she was a christian and would not care for these things but they were doing as merely as a matter of custom because their neighbors would think it strange should they do otherwise.

We greatly enjoyed Miss Parsons visit and her talks to the women were both inspiring and upbuilding.

The union meetings held every Sunday afternoon are the consummation of a long cherished hope and many prayers and have I feel been a blessing to the Seoul church in the bringing us all, native christians and missionaries, to unite in one effort and with one purpose to promote the Lord's glory in uplifting the children.

수전 A. 도티(서울),
장로교회 여학교, 1901년과 1902년 (1902년 9월)

(중략)

조사(助事) 신 부인과 상급 소녀들은 토요일 제중원으로 가서 에비슨 박사의 1시간 화학 강의를 들었다.

(중략)

Susan A. Doty (Seoul),
Presbyterian Girl's Boarding School, 1901 & 1902 (Sept., 1902)

(Omitted)

The Helper - Mrs. Shin - & advanced girls have gone to the Hospital Saturday for an hour in Chemistry by Dr. Avison.

(Omitted)

19020900

에바 H. 필드(서울), [보고서, 1902년] (1902년 9월)

(중략)

3월 중순부터 10일 동안 여자들과 함께 하는 강습반이 진행되었다. 많은 시골 여자들이 알기에는 너무 늦게 통지를 받았지만 약간의 사람들이 왔고 서울의 여자들이 많이 참석하였다. 평균 참석자는 3명이었다. 많은 날에는 70명까지 달하였으며 밀러 씨가 인도하였던 폐회식에는 125명이 참석하였다. 도티 양은 10시 30분부터 11시까지 예배를 인도하였으며, F. S. 밀러 씨는 11시부터 12시까지 고린도전서를 가르쳤다. 그 후 에비슨 부인은 그들에게 30분 동안 노래 지도를 하며 매우 즐거운 시간을 보냈다.

(중략)

Eva H. Field (Seoul), [Report, 1902] (Sept., 1902)

(Omitted)

At beginning the middle of March a ten days class with the women was held. The notice was given too late for many of the country women to know of it but a few came and the Seoul women attended well. The average attendance was 3. On a number of days it ran as high as 70 and at the closing meeting led by Mr. Miller there were 125 present. Miss Doty led the devotions at 10:30 to 11, Mr. F. S. Miller taught First Corinthians from 11 to 12, and after this Mrs. Avison gave them a half hour in singing which was much enjoyed.

(Omitted)

제임스 S. 게일(서울), 1901~1902년도 보고서 (1902년 9월)

1901~1902년도 보고서

제임스 S. 게일

전도

(중략)

전도 사역에 꼭 필요한 심방은 내가 할 다른 일들이 너무 많아 체계적으로 하지 못하였다. 나는 평양에서 교회가 조직된 군대 같으며, 모든 사람이 자신의 의무를 다해야 한다는 것을 알았다. 우리의 중앙 집회와, 병원의 귀중한 공간을 주었을 뿐 아니라 변함없이 관심을 보여주고 전도 모임에서 자신의 차례를 맡아준 에비슨 박사의 친절을 통하여 우리 모두는 매주 모임에 함께하고 업무를 수행하기 위한 한 몸으로 조직되기 시작하고 있다.

(중략)

중학교

1901~1902년도는 우리의 남자 중학교가 시작된 해이다. 학교는 연못골에 있다. 6명의 소년이 출석하였는데, 이 지역에서 3명, 병원에서 1명, 정동에서 1명, 그리고 샤프 씨와 함께 살았던 시골에서 1명이다. 그들은 14세에서 20세까지 다양하다. (......) 에비슨 박사는 학생들에게 일주일에 한 번 화학 수업을 하였다.

(중략)

미래에 대한 희망

(......) 담당 의사가 하나님께서 주신 은사를 마음껏 사용할 수 있는 병원이 건축되는 것을 보고 싶다. 에비슨 박사의 보살핌을 받는 병원이 전도 사역을 위한 진정한 기관이 될 것이라고 믿으면서 그의 손이 강화되고 그가 필요한 도움을 받는 것을 보고 싶다. (......)

(중략)

James S. Gale (Seoul), Report for Year 1901~1902 (Sept., 1902)

Report for year 1901~1902

Jas. S. Gale

Evangelistic

(Omitted)

Visiting from home to home, which is a necessary part of evangelistic work, I have not been able to carry out systematically as I have had too many other things to do. I notice in Pyeng Yang that the church is like an organized army and that every man is expected to do his duty. By our central gathering sand through the kindness of Dr. Avison, who has not only given valuable space in his hospital, but had been constant in his attention and has taken his turn in the evangelistic meetings, we are all together in weekly meetings, and are beginning to get organize as one body for the carrying on of the work. An united effort is the only means of saving the city. Let us all know that we may have genuine results in the year to come.

(Omitted)

The Intermediate School

The year 1901~1902 marks the beginning of our Intermediate School of boys. The school is situated in Yun-Mot-Kol. Six boys have attended, three from that part of the city, one from the Hospital, one from Chung dong and one from the country, who lived with Mr. Sharp. They run in ages from fourteen to twenty. (......) Dr. Avison gave the scholars lesson once a week in Chemistry.

(Omitted)

Hopes for the Future

(......) I hope to see a Hospital built where the physician in charge may have a free hand to use the gifts that God has given him. Believing as I do that the Hospital under Dr. Avison's care will be a true agency for evangelistic work I want to see his hands strengthened and see him given the help he needs. (......)

(Omitted)

아서 G. 웰본(서울), 1902년 6월 30일 끝나는 연도의 A. G. 웰본의 개인 보고서 (1902년 9월)

(중략)

　서울에서 우리의 업무는 한 해 동안 상당한 격변을 겪었다. 홍문서골 사역의 토대는 위에 언급한 이름으로 알려진 건물에서 시작되었을 때부터 의문이 제기되어 왔다. 문제를 해결하고 우리가 어디에 서 있는지를 찾기 위하여 노력하면서 교회에 분열이 생겼고, 그 중 한 쪽은 우리에게 그곳에서 가르치러 오는 것을 중단하도록 요청하였다. 교회 자산 매입의 매우 의심스러운 성격과 반대파의 명백한 악의를 고려하여 협의회의 서울 위원회는 우리가 철수하고 병원 부지의 건물을 예배에 적합하도록 수리하여 당분간 만나기로 결정하였다. 건물은 완공되었고 2월 23일 첫 번째 모임이 그곳에서 열렸다. 선교 위원회는 매주 일요일 2시에 중앙교회에서 연합 모임을 열기로 결정하였다. 모임에는 많은 사람들이 참석하였으며, 서울에서 우리의 모든 사업을 통합하고 지방에서 방문하는 신자들에게 영감을 주는 원천으로 큰 도움이 되었다. 일요일 오후 집회가 시작된 몇 주 후에 신자들을 더욱 활동적이고 진지한 삶으로 깨우칠 목적으로 저녁에 연합 모임을 갖는 것이 가장 좋은 것으로 생각되었다. 모임은 4월 21일 시작하여 6월 1일까지 매일 밤 계속되었다. 밀러, 게일 및 에비슨 박사가 주요 연사이었다.

(중략)

Arthur G. Welbon (Seoul), Personal Report of A. G. Welbon for the Year Ending June 30, 1902 (Sept., 1902)

(Omitted)

Our work in Seoul has had quite an upheaval during the year. The foundation of the Heong-min-syo-Kol work has been questioned ever since it was begun in the building known by the above mentioned name. In endeavoring to get the question settled and find out just where we stood, a division was formed in the church, one part of which asked us to cease coming to teach there in the future. In view of the very doubtful character of the purchase of the church property, and the manifest bad spirit of the opposing faction, it was decided by the Seoul Committee of Council that we withdraw and for the time being to meet in a building to be fitted for church services on the hospital grounds. The building was fitted up and our first meeting held there on Feb. 23. It was decided by the Evangelistic Committee that union meetings be held in this the central church every Sunday at two o'clock. The meetings have been well attended and have proved very helpful both to the unification of all our work in Seoul and as a source of inspiration to our visiting members from the country. A few weeks after these Sunday afternoon meetings began it was thought best to hold union meetings in the evening for the purpose of arousing the Christians to a more active and earnest life. The meetings began April 21 and continued every night till June 1. Misters Miller, Gale, and Dr. Avison were the principle speakers.

(Omitted)

19021000

찰스 H. 어빈 박사에 대한 혐의를 확인하고 정리하기 위하여 임명된 6인 위원회 보고서 (1902년 10월)

C. H. 어빈 박사에 대한 혐의를 확인하고 정리하기 위하여 임명된 6인 위원회 보고서

선교부의 지시에 따르고자 하는 위원회는 어빈 박사에 대한 여러 혐의를 확인하였으며, 선교본부가 우리에게 보낸 질문에 중대하고 중대한 영향을 미치지만, 그것들은 성격상 그것을 표로 만들어 선교부에 제출하는 것은 현명하지 않다고 생각하고 있습니다.

그러므로 우리는 선교부의 지시를 기다리고 있습니다.

그러나 우리는 이 위원회에 빈튼 부인, 에비슨 부인, 웰즈 부인, 그리고 샤록스 부인, F. S. 밀러, 웰본, 로스, 브루언, 베어드, 리, 스왈렌, 헌트 및 번하이즐 씨를 추가할 것을 권고합니다.

우리는 더 나아가 이 위원회에 혐의를 조사하고 선교부에 행동 방침을 권고할 권한을 부여할 것을 권고합니다.

J. S. 게일
S. A. 마펫
J. E. 애덤스
N. C. 휘트모어
C. E. 샤프
R. H. 사이드보텀
위원회

Report of Committee of Six Appointed to Ascertain and Tabulate Charges Against Dr. C. H. Irvin (Oct., 1902)

Report of Committee of Six Appointed to Ascertain and Tabulate Charges Against Dr. C. H. Irvin

Your Committee, seeking to obey the instructions of the Mission, have ascertained a number of the charges against Dr. Irvin, and while grave and gravely affecting the questions submitted to us by the Board, they are of such a nature that we think it unwise to tabulate and present them to the Mission.

Therefore we wait instructions from the Mission.

But we recommend that the following members be added to this committee: Mrs. Vinton, Avison, Wells and Sharrocks, and Messrs. F. S. Miller, Welbon, Ross, Bruen, Baird, Lee and Swallen, Hunt and Bernheisel.

We further recommend that this Committee be given authority to investigate the charges, and to recommend a course of action to the Mission.

J. S. Gale
S. A. Moffett
J. E. Adams
N. C. Whittemore
C. E. Sharp
R. H. Sidebotham
Committee

19021000

에바 H. 필드, 캐드월러더 C. 빈튼(서울 지부 위원회),
1902년 10월 한국 선교부로 제출한 서울 지부의 연례 보고서
(1902년 10월)

5쪽

의료 사업에서 에비슨 박사는 한 사람이 수행하기에는 너무 많은 일을 하고 있지만, 다른 분야에서 자신의 몫을 거의 피하지 않으며 중앙 교회의 목사직을 채웠다.

쉴즈 양은 항상 성실한 사역자이지만 건강이 좋이 않아 일 년 중 대부분을 다른 지역에서 요양해야 했다.

기포드 부인은 임명된 선교사는 아니지만 일 년 내내 병원 및 기타 중요한 업무에서 임명된 사역자의 열정과 시간을 바쳤다.

(중략)

22~25쪽

에비슨 박사는 병원 업무에서 많은 낙담과 씨름하였다. (......) 진료소에서 연간 진료한 사람은 모두 6,666명이었다. 230명의 환자가 병동에서 치료를 받았다. 현지인 환자의 영수 금액은 589.32엔이었고, 총 지출은 4369.19엔이었다. 에비슨 박사는 외과 의사인 분쉬 박사의 빈번한 도움, 그리고 직업적인 업무로 인하여 에비슨 박사가 도시를 떠나 있는 며칠 동안 병원의 책임을 맡은 것에 대하여 감사를 표하고 있다.

병원 운영의 혁신은 너무 최근에 실시되어 성공에 관하여 확실하게 말할 수는 없지만 현재까지 약속된 것은 병동 환자를 간호하기 위하여 도쿄 병원에서 훈련을 받은 두 명의 일본인 여자 기독교 신자를 간호에 고용하는 것이다. 그들이 남아 있을 것으로 예상하여 유지 관리를 위하여 예산이 요구된다. (......)

연중 내내 신축 세브란스 병원 문제는 예상되는 정동 부지의 매각과 밀접한 관련이 있었다. (......)

(중략)

26~27쪽

큰 부지의 확보 문제는 일 년 내내 지부를 뒤흔들었고, 3개 지역을 중심으로 쉽게 정리되었다. 우리는 구입을 원하였던 황제에게 정동 부지를 기꺼이 매각하였을 것인데, 우리와의 거래에서 그를 대신하여 우리에게 보냈던 관리들이 그들의 탐욕과 이중성에 의해 우리들 사이의 장벽을 꾸준히 유지하여 어느 쪽의 바람이 실현되는 것을 효과적으로 막았다. 매각 위원회의 에비슨과 빈튼 박사는 매각을 촉진하기 위하여 많은 시간을 할애하고 제안된 교환 부지를 조사하였고, 관리 및 기타 관계자들을 면담하고 관리들, 공사관, 선교본부와 소통하였으며, 성공을 기대할 수 있는 모든 다른 수단을 사용하였다.

병원 부지의 문제가 마침내 행복하게 해결되었으며, 우리는 곧 필요한 주거 및 필요한 다른 건물을 위한 충분한 인접 부지를 곧 확보하기를 기대하고 있다. 구입한 부지는 모든 면에서 적합한 부지이며, 그곳에 세워진 건물은 의심할 여지없이 머지않아 이 도시의 장식물이 될 것이다. 우리는 [조선] 정부가 내년에 경부(警部)의 막사 건립을 위하여 현 병원 부지를 요구하고 과거 지출을 모두 상환하여 우리 의료과와의 계약을 종료할 것이라는 공식 통보를 받았다.

(중략)

27쪽

현재 지부가 직면한 것으로 보이는 여러 문제들은 다음과 같다.

(......)

(2) 에비슨 박사의 능력을 어떻게 활용하며, 그를 지치게 하지 않고 그의 업무를 위하여 시설을 제공할지. 그의 업무는 분명히 한 사람이 하기에 너무 많다.

(중략)

Eva H. Field, C. C. Vinton (Com., Seoul Station), Annual Report of Seoul Station to the Korea Mission, October, 1902 (Oct., 1902)

p. 5

Dr. Avison, whose medical work is more than enough for one man to carry, but who seldom shirks his share in other departments, and who has filled the place of pastor of the Central church.

Miss Shields, always an earnest worker, but whose ill health has compelled her to spend most of the year in an effort to recuperate in other localities.

Mrs. Gifford, not an appointed missionary, but who has given the zeal and time of a full worker throughout the year in hospital and other important work.

(Omitted)

pp. 22~25

In his hospital work Dr. Avison has struggled against many discouragements. (......) The total attendance for the year at the dispenary was 6666. 230 patients were treated in the wards. The receipts from native patients amount to yen 589.32; the total expenses were yen 4369.19. Dr. Avison makes acknowledgment of the frequent assistance rendered in surgical cases by Dr. Wunsch, the palace physician, who also assumed full charge for a few days of the clinic while Dr. Avison was out of town on professional work.

An innovation in the conduct of the hospital, too lately instituted to speak of definitely in regard to success, yet one which promises well up to the present time, is the employment of two Christian Japanese ladies, trained in Tokyo hospitals, in the care of the ward patients. In expectation of their remaining, an appropriation is asked for their maintenance. (......)

The matter of the new Severance Hospital has been closely throughout most of the year with that of the expected sale of the Chung Dong property. (......)

(Omitted)

pp. 26~27

Large property questions have agitated the station throughout the year, easily arranging themselves around three localities. The Chung Tong properties we would gladly have sold to the Emperor, who wanted to purchase; but the officials whom he sent to represent him in dealing with us have steadily maintained by their rapacity and duplicity a barrier between us which effectively prevented the wishes of either party from being realized. The sale committee, Drs. Avison and Vinton, have spent much time in their efforts to further the sale, inspecting proposed exchange sites, interviewing officials and others, conducting correspondence with officials, with the legations, with the Board, and using whatever other means offered any expectation of success.

The problem of a hospital site is at last happily solved, and we hope soon to secure enough adjoining land for the residences and other buildings necessary. The site purchased is a very suitable one from every consideration, and the building erected there will undoubtedly soon become one of the ornaments of the city. We have received official warning that the Government requires the site of the present hospital next year for the erection of police barracks and will close its contract with our medical department by reimbursing us for all past expenditure.

(Omitted)

p. 27

The problems which at the present time seem to confront the station are several: -
(......)
(2) How to utilize Dr. Avison's abilities and the facilities being provided for his work without wearing him out. His tasks are manifestly too much for one man.

(Omitted)

올리버 R. 에비슨(위원회), 안나 P. 제이콥슨 기념비와 관련된
특별 위원회 보고서 (1902년 10월 1일)

세브란스 기념 병원
올리버 R. 에비슨, 의학박사
병원장

미국 북장로교회 선교부

한국 서울, 1902년 10월 1일
안나 P. 제이콥슨 기념비와 관련된 특별 위원회 보고서

위원회는 72.50엔의 기부금을 받았다. 높이가 약 6피트, 폭이 1피트인 사각형 화강암 기둥의 단순한 비석의 비용은 모든 것을 합해 70~80엔 정도이다.

제이콥슨 양이 사망한 이후 오랜 시간이 흘러 위원회의 위원장은 특히 이 목적을 위하여 지명된 사람이 아무도 없었기 때문에 이 문제에 대하여 한국인들에게 어떻게 접근해야 할지 난감해 하였고, 우리는 그것에 대하여 함께 하도록 한국인 친구들에게 묻지 않고 비석을 세울 것을 추천한다.

우리는 다음의 비문을 제안한다.

장로교회 선교 병원에서 간호원으로 일정 기간 봉사한 후 1897년 1월
____세로 서울에서 사망한 안나 P. 제이콥슨을 사랑스럽게 기억하며.

우리는 75~80엔을 넘지 않는 비석을 즉시 세울 것을 추천한다.

삼가 제출합니다.
O. R. 에비슨
위원장, 위원회

Oliver R. Avison (Com.), Report of Special Committee re Anna P. Jacobson Memorial (Oct. 1st, 1902)

Severance Memorial Hospital
Oliver R. Avison, M. D.
Medical Supt.

Mission of Presbyterian Church in U. S. A.

Seoul, Korea, Oct. 1st 1902

Report of Special Committee re Anna P. Jacobsen Memorial

The committee has received subscriptions to the amount of 72.50 Yen. The cost of a simple headstone in the form of a pillar of granite about 6 feet high by I foot square will be about 70 to 80 yen, all set up.

Such a long time having elapsed since the death of Miss Jacobsen the chairman of the Committee felt at a loss how to approach the Koreans on the subject especially as no one had been named for the purpose and we recommend that the stone be erected without asking the Korean friend to join us in it.

We suggest the following inscription,

In loving memory of Anna P. Jacobsen who after a period of service as nurse in the Presbyterian Mission Hospital died in Seoul January 1897, aged years.

We recommend that a stone not to cost more than 75 to 80 yen be erected at once.

Respectfully submitted,
O. R. Avison
Chairman, Com.

그림 3. 양화진 묘지에 있는 제이콥슨의 묘비석.

19021001

회의록, 한국 선교부 서울 지부 (미국 북장로교회) 1891~1921
(1902년 10월 1일)

(중략)

새 병원 부지의 에비슨 박사 사택에 대한 예산을 요청하기로 동의되었다.

(중략)

Minutes, Seoul Station, Korea, 1891~1921 (PCUSA) (Oct. 1st, 1902)

(Omitted)

It was moved that we request an appropriaton for a house for Dr. Avison, on the new hospital site.

(Omitted)

올리버 R. 에비슨(서울)이 호러스 N. 알렌(주한 미국 공사)에게 보낸 편지 (1902년 10월 2일)

세브란스 기념 병원
O. R. 에비슨, 의학박사,
병원장

미국 북장로교회 선교부

한국 서울, 1902년 10월 2일

의학박사 H. N. 알렌님,
주한 미국 전권 대사

친애하는 알렌 박사님,

어제 우리의 대화가 끝난 후, 저는 병원 부지를 정지(整地)할 수 있는 한국인 노동자를 확보하는 데 있어 계약자로부터 제한이 해제되었을 때, 제가 귀하께 알리지 않은 것은 귀하께 현저하게 예의가 부족한 것이었다고 생각하였을 것이라고 생각하지 않을 수 없었습니다. 문제를 검토하여 보니 어제 해명과 사과를 드렸음에도 불구하고 귀하께서 그 문제에서 만족스러운 결론을 이끌어내기 위하여 열심히 노력하셨음을 깨닫고 더욱 깊은 사과의 말씀을 드려야 한다는 생각을 지울 수 없습니다. 제가 말씀드렸듯이 저는 귀하께서 한국당국으로부터 공식 통보를 받았을 것이라고 미리 예상하였지만 그렇다 해도 우리가 가야 할 길이 분명해졌다는 것을 알려야 하는 제 의무는 줄어들지 않을 것입니다. 그래서 지금 저의 태만을 충분히 사과하고 귀하께서 그것을 간과하고 저에 대하여 기억하지 않기를 간청하고 싶습니다.

안녕히 계세요.
O. R. 에비슨

Oliver R. Avison (Seoul), Letter to Horace N. Allen
(U. S. Minister to Korea) (Oct. 2nd, 1902)

Severance Memorial Hospital
  O. R. Avison, M. D.
    Medical Supt.

Mission of Presbyterian Church in U. S. A.

Seoul, Korea, <u>Oct. 2</u> 190<u>2</u>

Hon. H. N. Allen, M. D.,

  U. S. Minister Plenipotentiary, etc. to Korea

Dear Dr. Allen,

After our conversation yesterday I could not but reflect upon what must have seemed to you a marked lack of courtesy in my failure to notify you when the restrictions were taken off the contractor in securing Korean workmen to carry on the grading of the hospital site. On reviewing the matter I cannot but feel that although I offered an explanation and apology yesterday I owe you a fuller apology, realising as I do the earnest efforts you made to bring the affair to a satisfactory conclusion. As I said I presupposed that you would have received official notification from the Korean authorities but even that would not lessen my obligation to let you know that the way for us to go on had been made clear so I wish to tender now a full apology for my neglect and beg that you overlook it and not remember it against me.

Yours very sincerely,
O. R. Avison

회의록, 한국 선교부 서울 지부 (미국 북장로교회) 1891~1921
(1902년 10월 7일)

(중략)

제출된 교육 위원회의 보고서에서 인성부채 및 구리개에 있는 주간 여학교의 문제는 웰본 부인 및 에비슨 부인과 함께 위원회에 다시 회부되었다.

(……)

청구가 다음과 같이 통과되었다.

O. R. 에비슨 박사   290엔

(중략)

Minutes, Seoul Station, Korea, 1891~1921 (PCUSA) (Oct. 7th, 1902)

(Omitted)

The report of the Educational Committee being presented it was moved that the matter of the Girls' Day Schools at Insung Poochai and Kurigai be referred back to the committees with Mrs. Welbon & Mrs. Avison.

(……)

Orders were passed as follows:

Dr. O. R. Avison   Yen 290

(Omitted)

리처드 H. 사이드보텀(부산)이 프랭크 F. 엘린우드(미국 북장로 교회 해외선교본부 총무)에게 보낸 편지 (1902년 10월 10일)

(중략)

어빈 박사 문제에 대한 위원회 보고서에 첨부된 한 회원인 에비슨 박사의 편지에서 박사님은 나중에는 반대하지만, 그의 편지와 그와의 대화에서 알 수 있는 한 그의 반대는 우리의 결정 자체에 대한 것이 아니라 어빈 박사에게 충분한 청문회가 주어지지 않고 취해진 모든 결정에 대한 것이라는 것을 아실 것입니다. 우리 모두는 어빈 박사가 참석하지 못한 것을 유감스럽게 생각합니다. 따라서 우리는 우리의 결의를 부드럽게 하였습니다. 그러나 참석 여부에 관계없이 우리는 어빈 박사를 유익한 선교사라고 생각하는지의 여부를 말할 수 있다고 믿고 있습니다.

(중략)

Richard H. Sidebotham (Fusan), Letter to Frank F. Ellinwood (Sec., BFM, PCUSA) (Oct. 10th, 1902)

(Omitted)

One member, Dr. Avison, in a letter you will find attached to the report of the Committee on the Irvin matter, rather dissents afterwards, but as far as I can make out from his letter and conversations with him, his objection is not against our action *per se*, but against any action at all being taken without Dr. Irvin's being given a full hearing. We all regret Dr. Irvin could not be present; therefore we have tempered our resolution; but whether present or absent, we believe we are capable of saying whether we think Dr. Irvin a profitable missionary.

(Omitted)

찰스 E. 샤프(서울)가 프랭크 F. 엘린우드(미국 북장로교회 해외선교본부 총무)에게 보낸 편지 (1902년 10월 10일)

(중략)

여름은 평온무사하였습니다. 빈튼 박사 가족, 게일 씨, 도티 양, 샤프 부부
는 서울에서 북쪽으로 10마일 떨어진 산에 있는 절에서 몇 주일을 보냈습니
다. 에비슨 박사 가족, F. S. 밀러 가족은 도시에서 4마일 떨어진 강변으로 갔
습니다. (......)

(중략)

병원 건축 작업은 느리게 진행되었습니다. 고든 씨는 7월에 돌아와 일을
추진하기 시작하였습니다. (조선) 정부는 이런저런 이유로 두 번이나 건축을
중지시키려 하였습니다. 그들은 우리에게 부지를 팔았던 사람과 부지에서 일
을 하는 몇 명의 일꾼들을 체포하였습니다. 이 반대는 약간의 지연을 야기하
였지만 작업은 다시 진행 중에 있습니다.

(중략)

Charles E. Sharp (Seoul),
Letter to Frank F. Ellinwood (Sec., BFM, PCUSA) (Oct. 10th, 1902)

(Omitted)

The Summer has been on uneventful one. Dr. Vinton and family, Mr. Gale, Miss Doty, Mr. and Mrs. Sharp spent several weeks in Buddhist temples among the mountains ten miles north of Seoul; Dr. Avison and family, F. S. Miller and family went to the river four miles from the city; (......)

(Omitted)

Work on the Hospital has been progressing slowly. Mr. Gordon returned in July and began to push the work. The government for some reason or other tried to stop as twice. They arrested the man who sold us the site and some of the coolies at work on the grounds. This opposition caused some delay but the work is again going forward.

(Omitted)

고든 패독(주한 미국 총영사, 서울)이
장화식(한성 판윤)에게 보낸 공문 제64호 (1902년 10월 16일)[43]

총영사 제64호

서울, 1902년 10월 16일

장화식 각하,[44]
　한성 판윤

안녕하십니까,

　지난 8월 19일, 저는 미국인 에비슨 박사가 구입한 남대문 밖의 부동산 증서 13장을, 그것에 대한 새로운 증서를 발행해 달라는 요청과 함께 전임자에게 전달하였습니다.[45] 증서와 관련된 각종 부동산은 모두 인접해 있는데, 모두 병원을 건축할 목적으로 구입한 것입니다.
　저는 그 이후 발생한 판윤의 교체 과정에서 그 문제가 간과되었다고 생각하고 있으며, 따라서 문제의 부동산에 대하여 에비슨 박사에게 새로운 증서 혹은 증서들을 발행하도록 요청 드립니다.

　안녕히 계십시오.
　고든 패독

---

43) 이것은 다음 공문의 첨부 11이다. Horace N. Allen (U. S. Minister to Korea), Despatch to John Hay (Sec. of State, Washington, D. C.) (Nov. 18th, 1902)
44) 장화식(張華植, 1853~1938)
45) Gordon Paddock (U. S. Consul General), Despatch to Um Chu Ik (Governor of Seoul) (Aug. 19th, 1902)

Gordon Paddock (U. S. Consul General), Despatch to Chang Hwa Sik (Governor of Seoul) (Oct. 16th, 1902)

No 64 C. G.

Seoul, October, 16th, 1902

Hon. Chang Hwa Sik,
    Governor of Seoul

Sir: -

On the 19th, of August last I handed to your predecessor in office thirteen deeds to property outside the South Gate of the City, which had been bought by Dr. Avison, an American, with the request that he issue a new deed or deeds to the purchaser for the same. The various pieces of property covered by the deeds were all adjoining, and were bought for the purpose of building a hospital on the site.

I presume that, in the changes in the office of Governor which have since taken place, the matter has been overlooked, and I have, therefore, the honor to request that you issue a new deed, or deeds, covering the property in question, to Dr. Avison.

I have the honor to be,
Sir: -
Your obedient servant,
Gordon Paddock

19021020

호러스 N. 알렌(주한 미국 공사)이
올리버 R. 에비슨(서울)에게 보낸 편지 (1902년 10월 20일)

서울,
1902년 10월 20일

친애하는 에비슨 박사님,

　나는 어젯밤에 황제가 귀하의 새 병원 건물에 대한 문서의 발행을 명령하였다는 소식을 들었고, 패독 씨는 귀하게 짧은 시간 안에 그것을 보낼 수 있게 되기를 바라고 있습니다.

　귀하가 이 정부의 부상당한 병사들을 돌볼 때, 귀하가 병원으로 사용하기 위하여 합법적으로 구입하고 지불한 재산에 대한 문서를 얻기 위하여 내가 두 번이나 황제에게 가야한다는 것은 굴욕적인 일이지만, 이 경우는 그렇습니다. 그 반대의 진짜 이유는 폐하께서 문서를 발행하게 되면 이 부동산에 대한 지불로 부지를 제공하겠다는 나에게 한 약속을 이행하지 않을 수 없으며, 반대로 이것에 대하여 충분하게 반대를 하면 그는 그 대가로 귀하의 현재 부지를 되찾게 할 것이라고 설득하였기 때문이라고 들었습니다.

　하지만 모든 구매 건(件)에서 유사한 문제가 발생하므로 모든 경우에 원인을 찾기 어려울 수 있습니다.

　나는 이 문제가 해결될 때까지 연못골 사건을 유보하였습니다. 나는 즉시 그 사건을 다루기 시작하였으며, 아마 해결에 더 오랜 지연이라는 동일한 경험을 할 것으로 예상하고 있습니다.

　안녕히 계세요.
　호러스 N. 알렌

Horace N. Allen (U. S. Minister to Korea),
Letter to Oliver R. Avison (Seoul) (Oct. 20th, 1902)

Seoul,

October 20, 1902

Dear Dr. Avison: -

I am informed that the Emperor last night gave orders for the issuance of the deeds for your new hospital property and I hope Mr. Paddock will be able to send you the same in a short time.

It is humiliating that when you are caring for the wounded soldiers of this Government, I should have to go twice to the Emperor to get deeds for property you have legally purchased and paid for, for use as a hospital, but such is the case. I am now told that the real reason for this opposition was that His Majesty was persuaded that if the deeds were issued he would be compelled to fulfill his promise to me to provide a site, by paying for this property, while if he opposed this sufficiently he would get back your present site in exchange, even.

As similar trouble is experienced in every case of purchase however, reasons might be hard to find for every case.

I have held the Yun Mot Kol case up until this was settled. I take up the former forthwith, and expect to have the same experience with perhaps a longer delayed settlement.

Yours very truly,

Horace N. Allen

프랭크 F. 엘린우드(미국 북장로교회 해외선교본부 총무)가
노먼 C. 휘트모어(선천)에게 보낸 편지 (1902년 10월 21일)

(중략)

　서울의 다른 의사에 관해서는 한 사람이 임명되지 않았을 것인데 관대한 사람이 의사 한 명을 5년 동안 지원하겠다는 제의로 임명된 것입니다. 그는 서울로 독립적인 의사를 파송할 수도 있었고, 선교본부는 큰 기부자이자 선교부의 가장 열렬한 친구를 잃을 수 있었지만 거부할 수 없었습니다. 나는 그의 계획을 승인하고 그 사람을 파송하는데 동의하는 것이 더 현명하였다고 생각합니다. 하지만 결과적으로 수술에 다소 부적당한 그 사람은 눈여겨보고 있는 세브란스 씨의 이상에 충분히 부합되지 않아 그곳이 아닌 다른 곳으로 파송된 것 같습니다. 그는 스완 박사의 조수로 광저우로 갔습니다. 에비슨 박사는 한국 선교지의 의사들 사이에 발생하는 공석을 대체할 것으로 예상되는 제안된 의사의 이중 업무는 현실적으로 불가능할 것이라는 것을 보여주는 편지를 썼습니다. 안식년이 도래하는 동안 그는 아직 존재하지 않는 이 새로운 의사의 거의 모든 시간이 안식년으로 인한 공석을 대체하는 것으로 채워지고 병원에서의 업무는 명목적인 것이 될 것입니다. 따라서 전체적으로 선교부의 정책에 심각한 방해가 될 큰 위험은 없어 보입니다.

(중략)

Frank F. Ellinwood (Sec., BFM, PCUSA),
Letter to Norman C. Whittemore (Syen Chun) (Oct. 21st, 1902)

(Omitted)

With regard to the other doctor at Seoul, one would not have been appointed but for the offer made by a generous man to support one for five years. He might sent an independent doctor to Seoul, and the Board could not have said nay, though it would have lost a large contributor and the most earnest friend of the Mission. It was wiser, I think, to approve his plan and agree to send out the man. It seems, however, that in the result, the man has not gone there but elsewhere, as he did not quite meet the ideal of Mr. Severance having but one eye, and therefore perhaps somewhat incapacitated for surgery. He has gone to Canton as an assistant there of Dr. Swan. Dr. Avison has written a letter showing that the dual service of the proposed doctor, who is expected to supply the vacancies among doctors in the Korean field, will be impracticable. Remaining all the time when furloughs are due he shows that nearly all the time of this new doctor who as yet does not exist, would be taken up with furlough vacancies and that the service rendered at the hospital would be a name. Altogether therefore there does not seem to be much danger to serious disturbance to the policy of the Mission.

(Omitted)

프랭크 F. 엘린우드(미국 북장로교회 해외선교본부 총무)가
제임스 E. 애덤스(부산)에게 보낸 편지 (1902년 10월 31일)

1902년 10월 31일

J. E. 애덤스 목사,
    한국 부산

친애하는 애덤스 씨,

    5월 17일자 귀하의 편지를 받은 지 몇 달이 지났습니다. 그때 펜 씨가 내 자리를 대신하고 있었고, 귀하의 편지에 담긴 몇 가지 점에 답하기 전에 동료들과 논의할 기회가 있었던 사무실에 부재중이었기 때문에 나는 당시 펜 씨가 보냈던 답장으로 그 문제를 놔두었습니다. 하지만 내가 편지를 쓰지 못한 것은 무관심이나 무시에서 비롯된 것이 아님을 설명하고 싶습니다. 나는 서울 병원을 다루는 주제의 문제와 관련하여 귀하와 다른 형제들의 기분을 검토해 보았고, 내가 귀하에게 편지를 썼다면 나는 서울의 의사를 5년 동안 지원하겠다는 세브란스 씨의 백지 제안에 전적으로 의존하였다고 펜 씨가 아마도 말할 것이라는 것을 말했어야만 했습니다. 선교본부는 우리 사업에 진정한 동조자이며 베풀 재력이 있고 폭 넓은 관심을 보이는 사람의 그러한 제안을 거절하는 것을 항상 대단히 싫어합니다. 제안된 것과 같이 인도적이고 자선적인 목적에 대한 금전 제안을 거부하는 것은 우리 선교본부에서 심각한 문제가 될 것입니다.

    내 생각에 선교본부가 선교부 재정에서 그의 지원을 지불해야 할 필요가 있었다면 선교본부가 두 번째 의사에 투표하지 않았을 것이라고 말하는 것으로 충분하다고 생각합니다. 그런 사람이 부산에서 1년 동안 있었던 공석을 채워 줄 수 있었다는 사실에서 강한 주장이 있었던 것 같습니다. 에비슨 박사는 그것을 포함하는 것에 대하여 오히려 항의하는 편지를 썼고, 임명된 사람이 공석을 대체하는 것이라면 의사가 안식년을 낼 때 앞으로 몇 년 동안 그의 전체 시간이 이렇게 채워질 것이며 서울에서 보조 의사와 교수의 직책은 거의 항상 공석이 될 것입니다. 그것은 사실이며, 이 두 영역을 적절하게 채우겠다고 생각하는 것은 거의 불합리합니다. 그러나 어쨌든 세브란스 씨의 제안은 임명을 통하여 정중하고 감사하게 받아들여질 것입니다. 하지만 의사 파송을 반대하는 사람들에게 약간의 위안을 줄 또 다른 사실이 있는데, 임명된 사람이 세브란스 씨의 요구 사항을 충족하지 못하고 광저우 선교부로 갔다는 것입니다. 그래서 병원이 아직 건축되지 않았다는 사실과, 파견된다면 그 사람은 대부분 공석을 대체하는 일에 전념할 것이고 언제 그 자리에 적합한 사람을 찾을 수 있을 지에 대한 의심이 있다는 사실을 고려할 때, 귀하와 같은 반대자의 입장에 있는 사람들이 두려워하는 것이 훨씬 위험해 보입니다. 한국 선교부를 분열시키는 것처럼 보이는 어려움이 모두 우호적으로 해결되는 것을 보고, 북쪽뿐만 아니라 남쪽에서도 신속하고 적극적인 조치로 사업이 진행되는 모습을 볼 수 있기를 바랍니다.

(중략)

Frank F. Ellinwood (Sec., BFM, PCUSA), Letter to James E. Adams (Fusan) (Oct. 31st, 1902)

Oct. 31st, 1902

Rev. J. E. Adams,
　Fusan, Korea

My Dear Mr. Adams:

It is many months since I received your letter of May 17th. As Mr. Fenn was then acting in my place, and I was absent from the office where I had opportunity to consult my colleagues before answering some of the points in your letter, I let the matter rest with Mr. Fenn's reply which he sent at the time. I want to explain, however, that my falling to write was not through any indifference or spirit of neglect. I entered into your feelings and those of other brethren in regard to the question at issue touching the Hospital at Seoul, and had

I written you I should have said what Mr. Fenn probably said that the physician to Seoul rested wholly upon the point blank offer of Mr. Severance to support a doctor there for five years. The Board is always very loath to refuse such an offer with a man who is a true sympathizer with our work, and has large means to give and exerts a widespread interest. It would be a serious matter with our Board to refuse a money offer for a humane and philanthropic object like that proposed.

It is, I think, sufficient to say that the Board would not have voted the second doctor if it had involved the necessity of paying his support from the Mission treasury. There seemed to be also a strong argument in the fact that such a man would be available to supplement vacancies like that which has existed for a year at Fusan. Dr. Avison has written a letter rather protesting against that inclusion, and showing that if the man appointed is to supply the vacancies, when doctors take their furloughs, his whole time for some years to come will be thus occupied, and that the position of helper and teacher at Seoul, will be vacant almost constantly. That is true, and it is almost absurd to think of filling both these spheres adequately. But in any case Mr. Severance's offer would be met courteously and appreciatively by the appointment. There is a further fact, however, which ought perhaps to give some comfort to those who protest against sending a doctor, and that is that the man appointed did not meet the requirements of Mr. Severance, and has gone to the Canton Mission; so considering the fact that the Hospital is not built as yet, and that the man would if sent would be mostly occupied with filling vacancies, and that there is besides much doubt as to when one can be found fitted to the position, there would not seem to be much danger to be feared from those who occupy with you the position of protesters. I do hope I shall live long enough to see the difficulties that seem to divide the Korea Mission, all settled amiably? and heartily, and to see the work going forward not only in the North but in the South with prompt and aggressive steps.

(Omitted)

서울 세브란스 기념 병원에 필요한 화강암 (1902년 10월 31일)

서울 세브란스 병원에 필요한 화강암

1902년 10월 31일

8개	8" x 12" x 7' 0"
7개	8" x 12" x 5' 0"
7개	8" x 12" x 3' 6"
18개	5" x 9" x 4' 6"
500피트 run	7½" x 9"

헨리 장 - 계약자

H. B. 고든 - 건축가

미국 북장로교회 선교부 - 소유자

석재 가격표

석재 8개	8" by 12"	7' 0	Yen 4.48
" 7 "	8" " 12"	5' 0	2.80
" 5 "	8" " 12"	3' 6"	.90
18개	5" " 9"	4' 6"	6.56
500피트 run	9" " 7"	6"	25.99엔

세브란스 병원

Granite Required for Severance Memorial Hospital, Seoul
(Oct. 31st, 1902)

Granite Required for Severance Memorial Hospital, Seoul

Oct. 31/ 02

8 pieces	8" x 12" x 7' 0"
7 pieces	8" x 12" x 5' 0"
7 pieces	8" x 12" x 3' 6"
18 pieces	5" x 9" x 4' 6"
500 ft run	7½" x 9"

Henry Chang - Contractor

H. B. Gordon - Architect

American Presbyterian Mission, Owners

Fee list of the Stones

8 pieces stones	8" by 12"	7' 0	Yen 4.48
7 " "	8" " 12"	5' 0	2.80
5 " "	8" " 12"	3' 6"	.90
18 pieces	5" " 9"	4' 6"	6.56
500 ft run	9" " 7"	6"	¥25.99

Severance Hospital

프랭크 F. 엘린우드(미국 북장로교회 해외선교본부 총무)가
올리버 R. 에비슨(서울)에게 보낸 편지 (1902년 10월 31일)

1902년 10월 31일

O. R. 에비슨 박사,
   한국 서울

친애하는 에비슨 박사님,

　새 병원에 대하여 자세히 써주어 감사합니다. 배정된 사람이 마침내 다른 선교지로 파견되었다는 사실, 더욱이 공석을 대체하기 위한 요청에 응답하기 위해 자신의 시간 중에서 아주 작은 부분만을 병원에서 보낼 것이라고 박사님이 제시해 준 사실은 새 병원이 의료 인력으로 과밀해지는 것과 관련하여 모든 경고를 완화해야 함에도 불구하고 세브란스 씨의 제안에 대한 선교본부의 조치와 관련하여 선교부에서 여전히 비판이 있다는 것을 박사님은 알고 있습니다. 북쪽이건 남쪽이건 요새를 지키는 데 완전히 혹은 거의 모든 시간이 사용된다는 것을 보여줄 때 박사님은 상당히 강력한 주장을 펼치고 있습니다.

　새 병원이 완공되면 우리는 상황이 무엇을 요구하는지 알게 될 것이며, 나는 선교부의 여러 회원 사이의 어려움이 어느 정도 해결될 것이라고 믿고 있습니다. 우리는 그것이 평양에서 열리는 연례 회의에서 성취될 것이라는 사실을 알고 싶습니다. 나는 박사님이 시간을 내어 참석하였는지 궁금합니다.

　진료소 목적으로 소유하고 있는 부지에 대한 박사님의 의도와 관련하여 어떤 진전이 있었는지, 혹은 새 부지에 귀하 자신과 다른 사람들을 위한 사택의 조기 건축을 고려하고 있는지의 여부 등에 관하여 박사님의 편지에서 우리에게 말하지 않았다고 생각합니다. 정동 부지와 관련하여 왕과의 합의 문제는 아직 중단되어 있다고 판단하고 있습니다. 우리는 서울에 있는 우리 선교부 자산의 상태에 대하여 많은 엇갈린 의견을 가지고 있습니다.

　언더우드 박사는 며칠 전에 우리를 떠났습니다. 그는 한국으로 돌아갔지만 그의 거주에 대하여 무엇을 할 것인지에 대하여 거의 알지 못합니다. 그러나 적어도 당분간은 자신의 집으로 돌아가야 하는 것은 분명한 것 같습니다.

선교부 회의의 보고서는 의심할 여지없이 우리에게 현 상황에 대한 많은 단서를 줄 것이며, 읽고 쓸 것도 많이 있을 것입니다.

나는 고든 씨가 귀하와 함께 선교부의 구조적 이해관계를 설계하고 있다는 것을 당연하게 생각합니다. 또한 박사님과 박사님의 가족이 건강하고 박사님의 수중에서 사업이 번영하기를 바랍니다.

안녕히 계세요.
프랭크 F. 엘린우드

Frank F. Ellinwood (Sec., BFM, PCUSA), Letter to Oliver R. Avison (Seoul) (Oct. 31st, 1902)

Oct. 31st, 1902

Dr. O. R. Avison,
    Seoul, Korea

My Dear Dr. Avison: -

I thank you for writing me so fully in regard to the new hospital. As yon are aware there is still criticism in the Mission in regard to the Board's action on Mr. Severance's offer, though the fact that the man assigned was finally sent to another field and the further fact which you show so clearly, namely: that the man if sent on the terms proposed could do very little, in fact would spend but a small part of his time in the hospital of the answered all calls to fill vacancies - these two facts ought to allay any alarm in regard to the overcrowding of the new hospital with medical force. You make a pretty strong case when you show that one's time would be fully occupied, or nearly so in holding the fort, either in the North or in the South.

When the new hospital shall have been completed we shall see what the situation demands, and I trust that some solution of the difficulties between different members of the Mission will have been reached. We are anxious to know that shall have been accomplished at the Mission Meeting in Pyeng Yang. I wonder if you have found time to attend it.

I think you did not tell us in your letter what progress, if any, has been made in regard to your intention about the property you now occupy for dispensary purposes or whether you contemplate the early erection of residences for yourself and others, on the new site. I judge that the question of the agreement with the King in regard to the Chung Dong property is still held in obeyance. We are a good deal mixed s to the status of our mission properties in Seoul.

Dr. Underwood left us a few days ago. He has returned to Korea, but just what he is going to do about his residence, I have little idea. It seems, however, to be clear that he must get back into his own house, to remain at least for the present.

The Mission Meeting report will doubtless give us many clews to the present state of affaires, and there will be much to read about and to write about.

I take it for granted that Mr. Gordon is with you engineering the structural interests of the Mission. May I also hope that your family as well as yourself are in good health, and that your work prospers under your hands.

Very sincerely yours,
F. F. Ellinwood

한국을 위한 매일 기도 (1902년 11월)

한국 선교부

(1884년 시작됨)

서울 - 1884년

(......)

6일　의학박사 O. R. 에비슨 박사 부부(1893년). '세브란스 기념 병원 기지'의 책임자 - 여자들 중에서 사역함.

(......)

Daily Prayer for Korea (Nov., 1902)

Korea Mission

(Occupied 1884)

Seoul - 1884

(......)

6　　O. R. Avison, M. D., and Mrs. Avison (1893). Charge of 'Severance Memorial Hospital Plant' - work among women.

(......)

F. V.가 판사에게 보낸 편지 (1902년 11월)[46]

친애하는 판사님,

영국과 한국 사이의 조약은 영국인이 제물포, 원산, 부산 및 서울의 항구에서 토지를 임대하거나 구입할 권리가 있다고 규정하고 있습니다. 이 조항에 비추어, 미국은 한국과의 조약에서 '최혜국 조항'에 따라 미국 시민에 대하여 동일한 권리를 주장합니다. 한국 정부가 이 주장에 의문을 제기하는 것 같지는 않지만, 뉴욕 장로교회 선교부가 학교와 병원을 위하여 구입한 토지에 대한 소유권 증서의 발행이 최근 거부되었습니다. 외국인이 토지를 매입할 경우에 관례는 한국인 소유자의 개인 증명서를 판윤에게 전달하여 공식 증서를 발행 받는 것입니다. 첫 번째 경우에 한국 정부가 거절한 이유는 부지가 왕궁에 너무 가깝기 때문입니다. 알렌 씨는 그것이 왕궁에서 ⅓마일 떨어져 있고, 그 사이에 넓은 거리와 많은 집들이 있다고 말하고 있습니다.

병원 부지와 관련하여 알렌 씨가 진술한 사실은 선교부가 서울에 현대적 병원을 건축하도록 오하이오 주 클리블랜드 거주민이 기부금을 내었다는 것입니다. 선교부는 이미 한국 정부가 건축 및 수리에 들어간 비용을 지불하면 언제든지 양도하기로 합의한 한옥에서 병원을 운영하고 있습니다. 알렌 씨는 국민을 위한 미국인의 선물을 황제에게 알리자, 그는 감사를 표하고 부지를 제공할 것을 제안하였습니다. 알렌 씨는 현재 기관이 위치해 있는 부지를 새 부지로 선교부에 줄 것을 제안하였습니다. 하지만 한국 정부는 그 부지를 원하였고, 알렌 씨에게 어떻게 그것을 되찾을 수 있는지 물어본 것 같습니다. 그는 위에서 언급한 협정을 언급하고 새 건물 및 개선을 위하여 들인 25,000엔을 지불하면 되찾을 수 있다고 말하였습니다. 그 문제에 대하여 더 이상 듣지 못한 선교부는 한국 정부의 반대를 피하기 위하여 병원 건축을 할 도시 외곽의 땅을 구입하였습니다. 기록을 위하여 판윤에서 증서가 보내졌을 때, 한국인 판매자와 중개인은 체포되어 투옥되었고, 현장 작업이 시작되자 한국 경찰은 일꾼들을 쫓아내었습니다. 알렌 씨는 황제에게 항의하였고, 경찰의 간섭 배제를 확보하였지만 판윤은 황제의 사적 명령으로 증서 발행을 거부하였습니다.

---

46) 이것은 다음 공문의 첨부 13a이다. Horace N. Allen (U. S. Minister to Korea), Despatch to John Hay (Sec. of State, Washington, D. C.) (Nov. 18th, 1902)

알렌 씨는 이 문제를 개인적으로 황제에게 말하였고, 그는 그것에 대하여 외부대신에게 이야기하기로 동의하였지만, 알렌 씨는 황제가 문제를 만들고 있기 때문에 이것으로 인하여 어떤 결과도 기대하지 않는다고 말하고 있습니다.

알렌 씨는 다른 외교 사절들도 같은 어려움을 겪고 있다고 말하며 자신과 그들이 서명한 공동 각서 사본을 한국의 외부대신에게 동봉하고 해결책에 대한 몇 가지 제안을 하였지만 응답이 없었습니다.

알렌 씨는 이 문제에 대한 한국 정부의 현재 태도는 왕궁 주변의 땅을 구입하고 궁궐의 담이 내려다보이는 높은 건물을 짓고 원래 비용이 수백 달러 이하인 것에 수 천 달러를 지불하도록 강요한 일본인, 중국인 및 유럽인들에 의한 부당한 처리의 결과라고 지적하고 있습니다.

F. V.

이 문제는 잠시 놔두는 것이 좋습니다. 다른 정부도 같은 어려움을 겪고 있기 때문에 어려움을 극복하고 이 정부가 이익을 얻을 수 있도록 압력을 가할 것으로 추정됩니다. 저는 이런 경우에 압력을 가하는 데 앞장서는 것이 이 정부의 정책이라고 생각하지 않습니다.

F. V.

F. V., Letter to Judge (Nov., 1902)

Dear Judge: -

The treaty between Great Britain and Korea provides that British subjects shall have the right to rent or to purchase land at the ports of Chemulpo, Wonsan, Fusan and Seoul. In view of this provision, the United States, by virtue of the "most favored nation clause" in our treaty with Korea, claims the same right for American citizens. It doesn't appear that the Korean Government questions this claim, but lately it has refused to issue title deeds to lands purchased by the Presbyterian Mission of New York for a school and for a hospital. When land is purchased by foreigners, the custom is to transmit the personal deed of the Korean owner to the Governor with an application for the issuance of an official deed. The reason alleged by the Korean Government for the refusal in the first case is that the land lies too close to the Palace. Mr. Allen states that it is located one-third of a mile from the palace with a broad street and many houses between.

In reference to the land for the hospital, the facts as stated by Mr. Allen are that a donation of money was made by a resident of Cleveland, Ohio, for the erection by the Mission of a modern hospital in Seoul. The Mission was already operating a hospital there in a Korean building under an agreement to relinquish it at any time upon the payment by the Korean Government of the expenses of building and repairing. Upon Mr. Allen's informing the Emperor of the gift of an American for the benefit of his people, he expressed his gratitude and proposed to grant a site. Mr. Allen suggested that the site of the present institution be given to the society for the new one. It appears, however, that the Korean Government desired that particular piece of property and asked Mr. Allen how they could repossess it. He referred to the agreement mentioned above and stated that they could take back the property by paying 25,000 yen for new buildings and improvements. Nothing further being heard on the subject, the Mission purchased land outside of the city in order to avoid objection by the Korean Govt., upon which to erect the hospital. When the deeds were sent to the Governor for record, the Korean sellers and brokers were arrested and imprisoned, and when work on the site was began, the men were driven off by Korean policemen. Mr. Allen appealed to the Emperor and secured the removal of police interference, but the Governor has refused to issue the deeds, basing his refused on an alleged private order from the Emperor.

Mr. Allen has personally presented this matter to the Emperor who agreed to speak to the Foreign Minister about it, but Mr. Allen does not expect any result from this as, he states, the Emperor is making the trouble.

Mr. Allen states that the other foreign representatives are experiencing the same difficulty, and he encloses a copy of a joint note on the subject signed by him and them to the Korean Foreign Minister, making certain suggestions as to a remedy, to which no response has been made.

Mr. Allen indicates that the present attitude of the Korean Government in this matter is the result of unjust treatment by Japanese, Chinese and Europeans who have purchased land near the Palace, and have built high buildings overlooking the Palace enclosure and forced the payment of thousands of dollars for what originally cost them hundreds or less.

F. V.

I suggest that this matter be allowed to rest for awhile. As the other governments are experiencing the same difficulty: it is presumed pressure will be brought by them which will obviate the difficulty and this gov't will got the benefit of its. I do not suppose it is the policy of this gov't to take the lead in resorting to pressure in such a case.

F. V.

회의록, 한국 선교부 서울 지부 (미국 북장로교회) 1891~1921
(1902년 11월 13일)

(중략)

에비슨 박사는 회의의 목적을 언급하였으며, "세브란스 기념 병원의 정초석을 놓을 행사는 지부의 중론이다"라는 동의를 하였다. 동의는 통과되었다.

제안이 요청되고 난 후에, 에비슨 박사와 E. H. 밀러 씨를 행사를 확실하게 준비하기 위한 위원회에 임명하자는 동의가 있었다. 통과되었다.

(중략)

Minutes, Seoul Station, Korea, 1891~1921 (PCUSA) (Nov. 13th, 1902)

(Omitted)

Dr. Avison stated the purpose of the meeting and moved "that it be the sense of the station that the cornerstone of the Severance Memorial Hospital be laid with due ceremony. The motion was carried.

After suggestions were called for and given it was moved that Dr. Avison & Mr. E. H. Miller be a committee to make definite arrangements for the ceremony. Carried.

(Omitted)

호러스 N. 알렌(주한 미국 공사)이 존 헤이(미합중국 국무부 장관)에게
보낸 공문 제530호 (1902년 11월 18일)

제530호

미합중국 공사관

한국 서울, 1902년 11월 18일

호러스 N. 알렌 씨가 국무부 장관께

- 주제 -

서울의 부동산에 대한 소유권 증서

- 개요 -

　뉴욕 시의 장로교회 선교부가 학교 목적으로 구입한 서울의 부동산과 관련하여 겪은 어려움을 보고한 최근 8월 19일자 제493호에 관한 것임. 한국 정부는 토지가 (옛) 동궁과 가깝다는 이유로 토지에 대한 소유권 증서의 발행을 거부하였습니다.

　외부와의 서신, 총영사인 패독과 판윤 사이의 서신, 그리고 판윤과 함께 부지를 방문한 후 상황에 대한 보고서, 또한 그곳에 거주하고 있는 미국인의 한국인 하인에 대한 박해에 관한 서신도 동봉합니다.

　같은 선교부는 시의 다른 구역에서 병원을 위하여 구입한 부지와 관련된 어려움을 보고합니다.

　해당 주제에 대한 서신, 또한 병원이 현재의 부지를 보유하게 된 원래 협약도 동봉합니다. 17일 알현 때 황제에게 모든 일을 충분하게 설명하였지만, 문제를 일으키고 있는 것은 황제 자신이기 때문에 만족한 결론은 기대하기 어렵습니다.

　다른 사람들도 같은 문제를 겪고 있음을 보여주는 *Kobe Chronicle*의 기사를 동봉합니다.

　해당 주제에 대하여 외교 사절이 외부대신에게 보낸 공동 각서를 동봉하며, 8월 19일자 제493호를 참조할 것.

제530호

미합중국 공사관

한국 서울, 1902년 11월 18일

존 헤이 각하,
　미합중국 워싱턴 국무부 장관

안녕하십니까,

　저는 미국인들에게 많은 어려움을 주고 있고 각하가 주목해야 한다고 생각하는 서울의 소유권 증서 문제와 관련하여 말씀드리게 되어 영광입니다.

(중략)

　같은 선교부는 오하이오 주 클리블랜드에 사는 세브란스 씨의 기부로 현대적 병원 건립을 위한 부지를 매입한 도시의 다른 지역에서도 어려움을 겪고 있습니다.

　약 18개월 전에 저는 한국민을 위한 미국인의 이 선물을 왕에게 기쁜 마음으로 알렸고, 그는 감사를 표하며 스스로 무엇인가를 하겠다고 제안하였습니다. 약간의 대화를 나눈 후 그는 그 기관에 부지를 제공할 것을 제안하였고, 저는 기관이 현재 위치해 있는 부지를 선교부에 제공할 것을 제안하였습니다.

　현재 이 선교부는 정부병원이 이전에 운영되고 있던 곳의 큰 한옥 건물에서 병원을 운영하고 있습니다. 이 부동산은 1894년 9월 26일 이 공사관을 통하여 이루어진 합의에 따라 선교부로 양도되었습니다. 사본 9를 참조할 것.

　이 생각은 왕을 기쁘게 하는 것 같았지만, 저는 한국 정부가 갑자기 이 특정 부지를 매우 갖고 싶어 하게 되었다는 소식을 들었고, 그들은 그것을 스스로 되찾을 수 있는 방법을 알고 싶어 하였습니다. 저는 그들에게 그 문제를 다루고 있는 협약서 사본을 주었고, 현재 건물과 개선을 위하여 들인 돈 약 2,5000엔을 지불하면 돌려받을 수 있다는 것을 보여주었습니다. 그것이 제가 그 주제에 관하여 마지막으로 들은 것이었지만, 황제가 제안한 대로 어떤 부지도 받지 못한, (병원 건립의) 책임을 맡고 있는 에비슨 박사는 지난 봄부터 한국인들이 반대할 수 없는 도시 외곽의 땅을 매입하기 시작하였습니다. 그의 증서들이 기록을 위하여 판윤에게 보내지자마자 부동산 판매자와 중개인은 체포되어 투옥되었습니다. 현장에서 작업이 시작되자 일꾼들은 한국 경찰에 의해 쫓겨났습니다. 왕에게 개인적인 구두 전갈로 저는 마침내 경찰의 이러한 간섭을 제거하였지만, 패독 씨가 8월 19일과 10월 16일자 편지(저는 사본을 첨부 10~11로 동봉하였습니다.)를 통하여 증서 발행을 요청하였음에도 불구하고 판윤은 이에 따르지 않았고 왕의 개인적인 명령으로 인하여 두 경우 모두 증서를 발행할 수 없다고 저의 통역에게 알렸습니다. 그는 또한 왕은 증서의 발행을 대가로 (구리개의) 구(舊) 병원 부지를 (자신에게) 무상으로 넘기지 않는다면, 새 부지의 증서 발행을 거부함으로써 첨부 9에 언급된 병원 부지를 돌려받을 수 있다고 믿게 되었다고 말하였습니다.

저는 이 증서 문제를 17일 황제를 알현할 때 제기하여 모든 상황을 가장 조심스럽게 설명하였습니다. 저는 외부대신을 다시 만날 것을 요청받았지만, 완전히 소용없다고 대답하였습니다. 하지만 저는 외부대신과 대화하기로 동의하였고, 왕이 그에게 지시를 내리면 좋은 결과를 기대하겠지만 그렇지 않으면 그에게 그 문제에 대하여 더 이상 언급하는 것이 소용이 없을 것입니다. 왕은 외부대신에게 이야기하기로 동의하였지만, 후자는 스스로 할 수 있는 것이 없고 황제 자신이 이 문제를 만들고 있기 때문에 저는 이것에 대하여 아무것도 생각하지 않습니다.

(중략)

첨부
(……)
 9. 정부 병원과 관련된 협정[47]
10. 병원과 관련하여 판윤에게 보낸 편지[48]
11. 병원과 관련하여 판윤에게 보낸 편지[49]
(……)
13a. 외교 사절의 공동 각서 사본[50]

---

47) Kim Yun Sik (Minister for For. Affairs), Despatch to John M. B. Sill (U. S. Minister Resident & Consul General) (Sept. 26th, 1894)
48) 이 책의 266~267쪽에 실려 있다. Gordon Paddock (U. S. Consul General, Despatch to Um Chu Ik (Governor of Seoul) (Aug. 19th, 1902)
49) 이 책의 368~369쪽에 실려 있다. Gordon Paddock (U. S. Consul General), Despatch to Chang Hwa Sik (Governor of Seoul) (Oct. 16th, 1902)
50) 이 책의 383~386쪽에 실려 있다. F. V., Letter to Judge (Nov., 1902)

Horace N. Allen (U. S. Minister to Korea), Despatch to John Hay (Sec. of State, Washington, D. C.) (Nov. 18th, 1902)

No. 530

Legation of the United States of America.

Seoul, Korea, November 18th, 1902.

Mr. Horace N. Allen to the
  Secretary of State:

- Subject -

Title Deeds to property in the City of Seoul.

- Synopsis -

Refers to No 493 of August 19, last, reporting the difficulty experienced in regard to property in Seoul purchased for the purpose of a school by the Presbyterian Mission of New York. The Korean Government has refused to issue deeds for the land, urging for a reason the proximity of the land to the (old) East Palace.

Encloses the correspondence with the Foreign Office, also that between Mr. Paddock, Consul General, and the Governor, and Mr. Paddock's report on the situation after visiting the premises with the Governor, also correspondence regarding persecution of native servants of Americans living in that locality.

Reports the difficulty the same Mission is having over ground purchased for a hospital in another section of the City.

Encloses correspondence on the subject, also the original agreement under which the hospital holds its present property. The whole matter has been fully explained to the Emperor in audience on the 17th. instant, but a satisfactory conclusion of the matter is not expected since it is the Emperor himself who is making the difficulty.

Encloses clipping from the Kobe Chronicle showing that others are experiencing the same trouble.

Encloses a joint note sent to the Foreign Minister on the subject by the Foreign Representatives, and refers to No. 493 of August 19, on the subject.

No. 530

Legation of the United States of America.

Seoul, Korea, November 18th, 1902.

To the Honorable,

John Hay,

Secretary of State,

Washington, U. S. A.

Sir: -

I have the honor to address you in regard to the question of title deeds in Seoul, a subject that is causing much difficulty to Americans and one that I think you will have to take notice of.

(Omitted)

The same mission is experiencing difficulty in another part of the city, where ground was purchased for the erection of a modern hospital upon a donation of money by a resident of Cleveland Ohio, Mr. Severance.

Some eighteen months ago I had the pleasure of informing His Majesty of this gift of an American for the benefit of his people and he expressed his gratitude and suggested his doing something himself. After some little conversation he proposed to grant a site for the institution and I suggested that the site of the present institution be given to the society for the now one.

At present this society is operating a hospital in a large Korean building where a government hospital was formerly conduct. This property was handed over to the society upon an agreement made through this Legation September 26, 1894, see copy (9).

While this idea seemed to please His Majesty, I was soon informed that this particular piece of property had suddenly become very desirable to the Korean

Government and they wished to know how they could repossess themselves of it. I gave them a copy of the agreement covering the matter and showed them that they could take back the property by paying some ¥25,000 for now buildings and improvements. That was the last I heard on the subject, but failing to receive any site from the Emperor as he had proposed, Dr. Avison, in charge of the work, began last spring to purchase land outside of the city where it could not be objected to by the Koreans. As soon as his deeds were sent to the Governor for record, the sellers of the property and the brokers were arrested and imprisoned. When work was begun on the site, the men were driven off by Korean policemen. By a personal verbal message to His Majesty I finally secured the removal of this police interference but although Mr. Paddock has reiterated his request for the issuance of deeds as per his letters of August 19 and October 16, copies (10, 11) of which I enclose, the Governor has not complied and he informed my Interpreter that he could not issue the deeds in either case owing to a private order from His Majesty forbidding him from doing so. He also told that His Majesty had been made to believe that he could get back the hospital site mentioned in enclosure 9/ by refuging to issue deeds for this new site unless the old one was surrendered free of cost on consideration of the issuance of deeds.

I took these deed matters before the Emperor in audience on the 17'th. and explained the whole situation most carefully. I was asked to see the Foreign Minister again, but replied that that was entirely useless, I agreed to speak to the Foreign Minister however and would expect some good results if His Majesty would give him instructions, otherwise my further reference of the matter to him would be of no avail. He agreed to speak to the Foreign Minister, but I count nothing upon this as the latter can do nothing of himself and the Emperor himself is making this trouble.

(Omitted)

Enclosures.

(......)

 9. Agreement regarding Government Hospital.

10. Letters to Governor regarding Hospital.

11. Letters to Governor regarding Hospital.

(......)

13a. Copy of Joint Note of Foreign Representatives.

장화식(한성 판윤)이 고든 패독(주한 미국 총영사, 서울)에게 보낸 공문 제21호 (1902년 11월 24일)[51]

공문 제21호

한성부, 1902년 11월 24일

G. 패독 각하,
　주한 미국 총영사

안녕하십니까,

　　에비슨 박사가 남대문 밖에서 구입한 부동산 문제에 대해서 이 부지에 관하여 대화가 있었습니다. 1899년 경부선 역을 남대문 밖에 두겠다는 공고가 귀국 영사관에 보내졌고, 귀 영사관에 접수되었을 것으로 추정하고 있습니다. 현재 해당 역의 부지가 선정되어 준비 중이며, 에비슨 박사가 매입한 부동산도 그 부지 내에 있습니다.

　　따라서 저는 에비슨 박사의 부동산 증서를 발행할 수 없음을 알려드립니다.

　　안녕히 계십시오.
　　장화식,
　　한성 판윤

---

51) 다음 문서의 첨부 2이다. Horace N. Allen (U. S. Minister to Korea), Despatch to John Hay (Sec. of State, Washington, D. C.) (Nov. 28th, 1902)

Chang Hwa Sik (Governor of Seoul), Despatch to Gordon Paddock (U. S. Consul General, Seoul) (Nov. 24th, 1902)

Despatch No. 21

Han Sung Poo, Nov. 24, 1902

The Honorable

G. Paddock,

U. S. Consul General

Sir: -

Regarding the matter of the property bought by Dr. Avison, outside the South Gate, there were communications covering this ground. In 1899, an announcement that the station of the Fusan railway would be made outside the South Gate, was made to your Consulate and I presume it might have been filed at your Consulate. Now the site for the said station was selected and is being prepared and the property bought by Dr. Avison is also in the site.

I therefore have the honor to inform you that the deed for the property for Dr, Avison cannot be issued.

I have the honor to be,
Sir: -
Your obedient servant,
Chang Hwa Sik,
Governor of Seoul.

회의록, 한국 선교부 서울 지부 (미국 북장로교회) 1891~1921
(1902년 11월 24일)

(중략)

에비슨 박사는 세브란스 기념 병원의 정초석을 놓는 위원회의 보고를 하였다. 다과를 제공하는 문제는 위원회의 판단에 맡기자는 동의가 있었다.

(......)

청구가 다음과 같이 통과되었다.

(......)   O. R. 에비슨 박사 920 (......)

(중략)

Minutes, Seoul Station, Korea, 1891~1921 (PCUSA) (Nov. 24th, 1902)

(Omitted)

Dr. Avison reported for Committee on laying of Corner Stone of Severance Memorial Hospital. It was moved that the matters of serving refreshments be left to the judgment of the Committee.

(......)

Orders were passed as follows:

(......)   Dr. O. R. Avison   920 (......)

(Omitted)

세브란스 병원 정초식에서의 미국 공사의 축사
(1902년 11월 27일)[52]

세브란스 병원 정초식에서의 미국 공사의 연설.
한국 서울, 추수감사절,
1902년 11월 27일

오늘은 이 행사에 우리를 하나로 불러 모은 이 사업의 시작에 특별히 적합한 날인 것 같습니다. 한국인 환자들을 무료 치료하기 위하여 미국 자본과 기획으로 서울에 현대식 병원을 건립하는 것은 한국인의 입장에서와 마찬가지로 우리에게도 감사의 대상으로 적합한 것 같습니다.

나는 이와 관련하여 나에게 주어진 역할과 나 자신이 서양의학을 이 나라에 도입할 수 있는 도구가 되었다는 사실이 자랑스럽습니다.

1884년 유혈 정변 이후, 나는 멀리 부산에 있던 일본인 의사를 제외하면 이 나라에 있었던 유일한 외국인 의사이었기 때문에 무척 바빴습니다. 나는 부상을 당한 중국군 외에 상처 입은 여러 명의 한국인들도 진료해야 했습니다. 나는 이 외과 환자들의 집에서 수술을 해야만 했는데, 그 결과가 치명적이지 않은 것이 이상할 정도이었습니다. 점차 많은 한국인들이 진료를 받기 위해 사방에서 내게 모여들고 있었기에 나는 이 문제를 미국 대리공사 조지 C. 포크 씨에게 제기하였고, 그는 이 제안을 왕에게 제출하였는데, 왕은 너그럽게도 내가 제출한 몇 가지 제안을 받아들였고 내가 사용할 수 있도록 한 채의 집과 약간의 예산을 배정해 주었고, 그래서 1885년 2월 25일[53] 정부 병원은 옛 외아문 옆에 위치한, 정변 중에 희생된 한 사람의 집에서 개원하였습니다.

많은 환자들이 왔으며, 하루에 백 명이 보통이었습니다. 첫 해 동안 병원에서는 1만 명이 넘는 환자가 치료를 받았고, 많은 외과 환자도 수술을 받았습니다. 그 해 6월, 고(故) J. W. 헤론 박사가 내한할 때까지 나는 감리교회 선교부의 W. B. 스크랜턴 박사의 도움을 받았으며, H. G. 언더우드 목사는 클로로포름을 투여해야만 했을 때 나를 도와 의료 업무를 해야만 했습니다.

---

52) 다음 공문에 첨부되어 있다. Horace N. Allen (U. S. Minister to Korea), Despatch to John Hay (Sec. of State, Washington, D. C.) (Nov. 28th, 1902)
53) 음력으로 표시된 것이며, 양력으로는 4월 10일이다.

1887년 병원 부지는 현재 에비슨 박사가 같은 일을 수행하고 있는, 보다 적합한 구리개로 변경되었습니다. 예산 역시 증가하였으며, 많은 하급 관리들이 이 병원에 배속되었습니다. 사실 병원은 하급 관리들이 가장 좋아하는 곳이 되어 그들은 모든 경비를 소비하였고 병원에 도움이 되기보다는 더 많은 문제를 일으켰습니다. 그래서 1894년 병원은 이름을 제외하고 정부로부터 분리되었고, 장로교회 선교부가 지원을 맡았으며, 조선 정부는 합의에 따라 건물과 대지의 새 건물의 건축을 허용하되 (선교부가 들인) 모든 개선비용을 (조선 정부가) 전액 지불하면 자산을 회수할 수 있도록 하였습니다.

나는 1887년 새 병원에서 몇 달 동안 일을 한 후 병원과의 관계가 끊어졌고 해외에서 한국 관리가 되었습니다. 헤론 박사는 1890년 그가 사망할 때까지 병원을 전담하였습니다. 당시 나는 주한 미국 공사관의 서기관으로서 업무를 맡으면서, 남감리교회의 하디 박사가 나를 대신할 때까지 몇 달 동안 매일 오전 8시부터 10시까지 병원에서 진료를 하였습니다. 그(하디 박사)는 결국 빈튼 박사에 의해, 그(빈튼)는 1893년 에비슨 박사에 의해 그 일에서 벗어났습니다. 엘러즈 박사(번커 부인)와 호튼 박사(언더우드 부인)도 병원 일에 많은 도움을 주었습니다.*

* 조지아나 화이팅 박사와 제이콥슨 양(훈련 받은 간호원)과 후에 에바 H. 필드 박사와 쉴즈 양(훈련 받은 간호원)이 서로 다른 때에 에비슨 박사의 조수들이었다.

지금의 새로운 출발은 에비슨 박사의 공적입니다. 오하이오 주(내가 속한 주입니다) 클리블랜드의 미국인 신사 세브란스 씨가 서울에 이 현대식 자선 기관을 설립하도록 기금을 기부하도록 한 것은 그의 발표를 통해서입니다.

나는 왕에게 세브란스 씨의 이러한 행동을 알릴 수 있는 영광을 누렸고, 왕은 그것에 커다란 관심을 표현하여 그 기관을 위한 부지를 제공하겠다는 제안까지 하였습니다. 하지만 다른 조언들이 그 제안보다 우세한 것 같았고, 병원 위원회가 부지를 구매하였습니다. 에비슨 박사가 한국 정부의 부상당한 병사들을 무료로 치료를 해주었음에도, 새 병원을 위하여 고든 씨가 고용한 사람들을 체포한 사실과 부지 문서를 보류하였다는 사실은 다소 굴욕적이었습니다. 현재 서울과 한국에는 의사가 너무 많아 의료 사업은 예전에 누리던 화려함이 없습니다. 하지만 나는 이 기관의 장점이 충분히 인정될 때가 곧 올 것이며, 내가 믿기에 약간 정도 이미 이루어졌던 현지인 의사들을 교육하는 수단이 될 수 있다고 생각하고 있습니다.

병원의 건립과 운영에 드는 돈은 베푸는 사람에게 호소하는 자선입니다. 그 결과는 아주 훌륭하게, 그리고 곧 증거로 나타납니다. 치료받은 사람들의 감사는 종종 가장 상쾌하지만, 성취된 의무감은 그렇게 헌신한 사람들이 가장 감사해 합니다.

의사에게 그것은 지속적이고 끊임없는 업무를 의미하며, 그러한 부담은 적은 사람들만이 견디어 냅니다. 자려 누워서도 자기 환자들 생각을 떨쳐내지 못하는 의사는 다른 직업을 찾는 것이 좋겠지만, 가장 균형 잡힌 마음을 가진 내과 의사나 외과 의사조차도 가장 필요한 잠을 조금이라도 청해보려 할 때 위중한 환자에 대한 모든 생각을 버리는 것이 거의 불가능하다는 것을 알 때가 있습니다. 한밤중이나 새벽의 조용한 시간에 의사가 첫 잠에서 깨어나 미소를 지으며 명랑하게 들어왔을 때 병실에서 그의 존재가 뿜어내는 쾌활함과 만족감은 지극히 자연스러워 보입니다. (하지만) 의사 자신의 불편함은 거의 또는 전혀 고려되지 않는 경우가 너무 많습니다.

따라서 의사는 자신의 편의를 위해서뿐만 아니라 고통 받는 사람들의 이익을 위하여 의사가 수행하는 업무의 성공을 위해서도 모든 현대적 설비들을 바로 가까이에 두는 것이 얼마나 필요한지 모릅니다.

따라서 나는 우리가 놓을 정초석에 사본을 넣게 될 이 축사에, 우리가 자신이 한 번도 본 적이 없는 사람들의 건강에 대한 관심을 보여주고, 이것으로 이 수도에서 고통을 덜어줄 수단을 제공하게 해 준 신사에 대한 우리의 감사를 기록하고자 합니다. 지금까지의 노력이 성공한 에비슨 박사에게 축하를 드리며 같은 노력이 계속되기를 바랍니다.

나는 세브란스 병원이 극동의 이 오래된 나라에서 서양의 젊은 나라의 우애의 정표로 우뚝 서고, 한 걸음 더 나아가 불행한 이웃의 고통과 비탄을 덜어 주기 위하여 각 개인에게 부여된 의무를 상기시키는 역할을 하기를 기원합니다.

Congratulatory Message by the U. S. Minister on the Occasion of the Laying of the Corner Stone of the Severance Hospital (Nov. 27th, 1902)

Remarks by the U. S. Minister on the Occasion of the Laying of the Corner Stone of the Severance Hospital.
Seoul Korea, Thanksgiving Day,
November 27, 1902.

This day seems to be a peculiarly fitting one for the inauguration of such an enterprise as that which calls us together on this occasion. The erection of a modern hospital in Seoul with American capital and enterprise, for the free treatment of the Korean sick, seems to be a fitting subject for thankfulness on our part, as it would seem to be on the part of the Koreans.

I am proud of the part given me to do in this connection, and of the fact that I was allowed to be the means of introducing western medical science into this country.

After the bloody emeute of 1884 I had my hands more than full as I was the only foreign medical man in this country, unless it may have been that a Japanese doctor was then at distant Fusan. I had numbers of injured Koreans to attend to in addition to wounded Chinese soldiers. I had to attend to these surgical cases at the homes of the patients where it is a wonder the results did not prove fatal. As more and more natives kept flocking to me from all parts for medical aid, I laid the matter before the U. S. *Charge d'Affaires*, Geo. C. Foulk, and he presented the matter to His Majesty who graciously accept certain proposals made by me and placed a house and a small appropriation at my disposal so that on February 25, 1885 the Government Hospital was opened in the house of one of the victims of the emeute, next to the old Foreign Office.

Patients came in great numbers one hundred a day being the usual number. During the first year the hospital treated over ten thousand people and many surgical cases were attended to. Until the arrival of the late Dr. J. W. Heron in

June of that year, I was assisted by Dr. W. B. Scranton of the Methodist Mission, and Rev. Dr. H. G. Underwood was obliged to do medical work in assisting me with cases where chloroform had to be administered.

In 1887 the site of the hospital was changed to the more suitable one at Koo Rey Gay where Dr. Avison now conducts the same work. The appropriation was also increased and many petty officers were attached to the institution. In fact the hospital got to be such a favorite place for small officials that they consumed all the funds and made more trouble than they did good and in 1894 the institution was separated from the Government, except in name, the Presbyterian Mission taking over the support and the Korean Government allowing the use of the buildings and ground and the erection of new buildings on an agreement with the U. S. Legation whereby the property might be recovered on payment in full of all cost of improvements.

I surrendered my connection with the hospital in 1887 after serving some months in the new hospital, and I then entered the Korean service abroad. Dr. Heron had complete charge of the work until he died in 1890. Having taken up my duties as Secretary of the U. S. Legation at that time, I attended to the hospital from 8~10 A. M. daily for a few months until Dr. Hardie of the Southern Methodist Mission relieved me. He was in turn relieved by Dr. Vinton, who was succeeded by Dr. Avison in 1893. Miss Dr. Ellers (Mrs. Bunker) and Miss Dr. Horton (Mrs Underwood) also rendered much assistance in the hospital work.*

* Dr. Georgiana Whiting and Miss Jacobson (trained nurse) and later Dr. Eva H. Field and Miss Shields (trained nurse) were at different times Dr. Avisons assistants.

To Dr. O. R. Avison belongs the credit of this present new departure. It was though his presentation of the cases that an American gentleman, Mr. Severance, of Cleveland Ohio, (my own state by the way) was moved to appropriate the money for providing for Seoul this modern institution of benevolence.

I had the honor of informing His Majesty the Emperor of this act of Mr. Severance, and he expressed the greatest interest in it, even proposing to provide a site for the institution. Other counsels seem to have prevailed however and the gound has been purchased out-right by the hospital committee. It was somewhat humiliating to know that while Dr. Avison was treating wounded soldiers of the Korean Government, without charge, the men employed by Mr. Gordon on the work for the new hospital should have been arrested, and deeds for the property withheld. There are so many doctors in Seoul and Korea at present that medical work has not the glamour that once enshrouded it. I think the time will soon come however when the merits of this institution will be fully appreciated, and it may be the means of training up a native corps of physicians, as has already been done to a slight extent I believe.

The expenditure of money in the erection and maintenance of hospitals is a charity that appeals to the benevolently inclined. The results are so good and so soon in evidence. The gratitude of those relieved is often most refreshing, while the sense of duty accomplished is most grateful to those so engaged.

For the doctor it means work, constant and unremitting, with burdens that few minds care to bear. The doctor who cannot dismiss his cases when he lies down to sleep had better seek some other calling, yet there are times when the physician or surgeon with the best balanced mind finds it almost impossible to drop all thought of a serious case when trying to snatch a little most necessary sleep. When the doctor comes in smiling and cheerful in the middle of the night or in the depressing hours just before dawn, having been awakened from his first sleep, his cheerfulness and the sense of contentment his presence sheds in the sick room seems most natural. His own discomfort is too often given little or no thought.

How necessary it is therefore that the Doctor should have all the modern appliances at hand, not only for his own convenience but for the success of the work he has in hand for the benefit of the human sufferers.

I wish to record therefore, in these remarks, a copy of which will be placed in the corner stone we are about to lay, our gratitude to the gentleman whose regard for the well being of a people he has never even seen, has caused him to provide the means of relieving suffering in this capital, and I wish to congratulate Dr. Avison upon the success of his efforts so far and to wish him a continuance of the same.

May the Severance Hospital stand as a mark of the friendly spirit of the young land of the West to this ancient country of the Far East, and may it mark a step forward and serve as a reminder of the obligation resting upon each individual to do what he may to relieve the suffering and distress of his more unfortunate neighbor.

호러스 N. 알렌 (주한 미국 공사),
쎄버란씨 긔념 병원 (1902년 11월 27일)
Original Korean Translation of Congratulatory Message by the U. S. Minister on the Occasion of the Laying of the Corner Stone of the Severance Hospital (Nov. 27th, 1902)

쎄버란씨 긔념 병원

주강생 일천 구백 이년 십일월 이십칠일 하오 세 시에 쎄버란씨의 긔념 병원의 집 모통이의 긔초석(基礎石)을 놋는 일에 대하야 주차 대한 황성 대미국 전권공사 안련 씨끠서 이 긔초석을 노흐시는데 이 날은 마침 대미국 대소 인민의 감은절(感恩節)이라 안련 공사의 하신 말삼의 닐넛스대,

이러한 절일을 당하야 이갓치 모히는 일이 더옥 합당한 일이라 하옵나이다. 이 이십 세긔를 당하야 미국의 풍성한 재산과 발달한 재조로 병원을 창설하는 일은 대한의 잇는 병인을 위하야 치료금을 밧지 아니하고 하는 일인즉 서국사람의 마음에나 대한 사람의 마음에나 고맙게 녁일 일이옵나이다.

내가 오날날을 당하야 이 일에 참예한 것과밋 나의 적은 손이 의술을 이 나라가 온대 먼저 전파한 일을 생각할수록 깃분 일이옵나이다. 내가 갑신년 십월 지변날 째에 이 나라에 드러와서 본즉 외국 의사는 하나도 업고 오직 부산 항구에 일본 의사가 잇는 지라 이째에 대한 사람 중에 상한 자와 청국 사람 중에 상한 자가 만허서 치료하랴하나 그러나 오직 병원이 업슴으로 내가 친히 그 집으로 가서 그 상처를 곳처 주어 효험을 보고 나흔 자가 만헛스니 이것도 쏘한 깃분 일이옵나이다. 그 후에 사방의 잇는 사람들이 만히 나아와서 나의 손을 빌냐하기에 이 일을 대리공사 볼 씨의게 말삼한 즉 볼 씨가 대한 황제 폐하끠 이 일을 주달하매 황제 폐하끠서 통촉하옵시고 한 가사를 택정하시고 예산 얼마흘 판비하신 후에 을유년 양력 이월 이십오일에 외아문 근처에 한 병원을 설닙하시니 동서남북에서 오는 자가 만허서 하로 동안 백여 명이오 일 년 동안 만 여명에 니르럿나이다.

이 해 륙월에 <u>헤론</u> 의사가 나아오시고 또 <u>원두우</u> 목사가 나아 오서서 조의사(助醫士)가 되시고 <u>시크란돈</u> 의사가 나아오서서 내가 병인들을 몽혼식힐

주강생일천구백이년십일월이십칠일하오세시에쎄버란씨의긔념병원의집

모퉁이의긔초석(基礎石)을놋는일에대하야주차대한황셩대미국젼권공사안

련씨씌셔이긔초셕을노흐시는데이날은마침대미국대소인민의감은졀(感恩)

節이라안련공사의하신말삼의넓넛스대

이러한졀일을당하야이갓치모히는일이더옥합당한일이라하옵나이다이

십데거를당하야미국의융셩한재산과발달한재조로병원을창셜하는일은대

한의잇는병인을위하야치료금을밧지아니하고하는일인즉셔국사람의마음

에나대한사람의마음에나고맙게녁일일이옵나이다

버가오날눌을당하야이일씌참예한것과밋나의적은손이의술을이나라온

그림 4. 호러스 N. 알렌(주한 미국 공사), 쎄버란씨 긔념 병원(1902년 11월 27일). 알렌의 영어 축사를 한글로 번역한 것인데, 원문과 다소 다른 부분도 있다. 이곳에는 띄어쓰기를 제외하고 원문대로 실었다. 동은의학박물관 제공.

째가 되면 와서 도아주섯더니 정해년에 니르러 이 제중원을 동현(구리개)으로 옴겨 오날까지 니르럿삼나이다. 그째에 동현 제중원을 위하야 예산금을 판비한 거시 만흐나 그러나 해원(該院) 주사들이 쏘한 만흠으로 그 해가 병인의게 밋는다하야 우리 대한 정부로 더브러 서로 갈나서니 그 병원 일홈만 정부집이오 그 실상은 미국 북장로교회 보조금으로써 세운 거시니 대한 정부에서는 그 집과 터만 잇슬 쑨이라 이에 대한 정부가 대미국 공사로 더브러 약조하야 갈아대 이 집과 긔지 일에 대하야 모년 모월 이던지 국가에서 쓸 일이 잇스면 그 건축비(建築費)와 부속비(附屬費)을 다 환송한 연후에 대한 관사가 되리라 하엿삼나이다.

정해년분에 내가 의사의 책임을 하직하고 대한 공관 사무원이 되매 <u>혜론</u> 의사가 이 병원의 책임을 담당하야 그 육신이 세상을 써나는 날까지 니르럿삼나이다. 그 후에 내가 쏘 대한에 건너와서 본국 공사관 서긔가 되어서 쏘한 가서 종종 병원 사무를 간섭할 째가 잇더니 그 후에 <u>하듸</u> 의사와 <u>빈돈</u> 의사와 <u>쎙거</u> 부인과 <u>원</u> 목사 부인쯰서 병원 사무를 보실 제 <u>제갑선</u> 부인이 조의사가 되엿스며 그 후에 <u>화이동</u> 부인과 <u>필</u> 부인이 녀병원을 총찰하실 째에 <u>실스</u> 부인이 조의사가 되엿사오며 계사년에 <u>에비선</u> 의사가 이 병원을 총찰하야 오날까지 니르럿는데 그째로브터 지금까지 공효를 세운 거슨 다 <u>에비선</u> 의사의게로 돌니옵나이다.

<u>에비선</u> 의사쯰서 본국 갓슬 째에 <u>오하요</u>-라 하는 성읍(城邑) 그리불란드에서 <u>쎄버란</u> 씨라 하는 신사를 맛나서 대한 사정을 자세히 말삼한 즉 <u>쎄버란</u> 씨쯰서 그런 휼하시는 놉흔 의리로써 만흔 재산을 내여 <u>에비선</u> 의사의게 주엇삼나이다. <u>오하요</u>는 곳 나의 향읍이오니 이차 량지하시옵소서. 내가 그 째에 이 일을 정부에 성명한 대황제 폐하쯰서 그 후한 은혜를 감동하사 가긔를 허락하야 주마하시더니 그 후에 무삼 생각을 도리키섯는지 혹 뉘말삼을 드르섯는지 가긔를 주지 아니하심으로 분국 재전으로써 토지를 매득하엿삼나이다. 한 가지 서오한 일은 <u>에비선</u> 의사쯰서 정부에 붓흔 병정을 도라보아 치료금 업시 병을 곳처주시거날 본국 신사의 돈을 허비하야 산짜에서 건축사(建築師) <u>쏘덴</u> 씨가 그 역사를 동독하실 째에 순검이 역부를 잡아갓스며 쏘 관허 문권을 인허하지 아니하는 거시옵나이다.

지금은 대한 경향 각처에 의원이 만흠으로 아직 전날처럼 새로온 영광은 업스나 나의 생각에는 일후에 이 집 역사가 필하고 적공한 거시 만흘 것 갓흐면 아마 그 공효가 엇더할 거슬 아실 쯧하옵나이다. 쏘 본원(本院) 학도를 배양하는 일도 잘 되기를 바라옵나이다.

이제 병원을 설립하랴고 재전을 보조하는 일에 대하야 사람을 사랑할 줄 아는 인종은 잘 한다고 하겟고 그 결국을 잘 맛초는 일도 쉬 나타날 거시오 효험을 본 자는 참 감사하고 장쾌한 일이라 할 터이오 은혜로써 끼치는 의사의 마음에도 참 상쾌하리이다. 쏘 주장하는 의사로 말하면 조곰이라도 쉬는 틈이 업서서 남이 아지 못하는 무거온 짐을 진 사람이라 혹 밤에 잘 쌔에라도 잠시 니저버리지 아니하면 의사가 촉수하는 지경에 니르나니 굿하여 잠자지 아니하고 념려할 싸닭은 업거니와 의사가 병인의게 대하야 니저버리지 아니하고 그 정신이 정예할지라도 오매불망하야 간혹 밤중에나 새벽에나 잠 자지 아니하고 병인 처소로 가서 아름답게 도아주나니 의사의 고로온 거시 병인의게 감사한 거시되는 거시라. 그런즉 의사가 이 세상의 조흠 긔계와 조흔 약을 가지고 조흔 집에 거처하는 거시 맛당하니 이갓치 하는 일이 의사의게만 편한 거시 아니라 병인의게도 매우 조흔 거시옵나이다.

지금 긔초석 아래 감초는 말 가온대 감사할 거슨 신사 쎄버란 씨끠서 대한 황성을 구경도 못하시고 대한 남녀를 보지도 못하시고 특별히 긍휼하신 뜻슬 베프신 일이라 에비선 의사의 성사하신 공과 밋 신시 쎄버란 씨의 긔념 병원이 이 긔초석 우혜 장하게 선거슬 하례하오며 먼 서양에 잇서서 어린 나라히 먼 동양에 잇서서 오란 나라흘 사랑하는 표적이 되고 쏘 건장한 사람이 특별히 잔약한 리웃슬 도라 보라하는 큰 표적이 되기를 바라옵니다.

19021127

올리버 R. 에비슨, [세브란스 병원 정초식 기념사]
(1902년 11월 27일)

세브란스 기념 병원
O. R. 에비슨, 의학박사,
병원장

미국 북장로교회 선교부

한국 서울, 1902년 11월 27일

    1893년 한국에 와서 거의 6년 동안 구리개의 오래된 한옥 병원 건물에서 진료를 한 후, 새 병원 계획이 실제적으로 필요하다고 느끼고 하나님께서 어떤 식으로든 우리의 업무를 위하여 그것을 마련해 주실 것이라고 믿으면서 가족과 함께 미주의 집으로 귀국하였습니다. 이것은 우리 부부가 자주 기도를 드리는 주제이었으며, 그것의 실현을 믿고 나는 모든 선교 사업, 특히 한국에서의 사업에 진정한 관심을 가진 기독교 신자이자 상당한 기술을 가진 건축가인 캐나다 토론토의 H. G. 고든 씨에게 약 40명의 환자를 수용하기 위한 계획을 준비해 줄 것을 요청하였으며, 그는 그렇게 하였는데 비용이 미화 1만 달러 정도로 추산되었습니다.

    얼마 후 뉴욕 선교부로 호출되었을 때 나는 한국 선교부가 나와는 관계없이 같은 방향으로 조치를 취하였으며, 선교부가 내가 미국에서 안식년을 갖고 있는 중에 그 기금을 확보하는 데 허락해 줄 것을 요청하는 내용의 편지가 막 선교본부에 도착한 것을 알고 만족스러웠습니다. 선교본부는 정규 기금에서 그 목적을 위한 예산을 만드는 방법을 명확하게 찾을 수 없었지만 선교부의 요청에 반대하지는 않았습니다.

    그동안 우리는 인도해 주시기를 바라며 계속 기도를 드렸고, 고든 씨는 계획을 준비하고 만들었습니다. 1900년 4월 뉴욕에서 개최된 세계 선교회의에서 발표할 '의료 선교 사업에서의 우의'에 대한 글을 준비하라는 요청을 받은 나는 그렇게 하였습니다. 카네기 홀에서 글을 낭독한 후 그의 요청으로 오하이오 주 클리블랜드의 L. H. 세브란스 씨에게 소개되었습니다. 그는 일반 사업, 특히 우리 선교부의 의료 사업에 많은 관심을 보여주었고, 그래서 나는 그가 우리에게 필요한 기지를 제공해주는 수단이 될 것이라는 확신을 마음속에 느꼈습니다. 얼마 후 그는 선교본부 사무실을 방문하여 필요한 금액인 1만 달러를 기부하겠다고 제안하였다고 말하는 것으로 충분할 텐데, 비록 제가 그렇게 해야 한다고 제안하지 않았지만 그는 분명히 하나님의 인도를 받아 이 행동을 취하였을 것입니다.

그 후 같은 해 5월 세인트루이스 총회에서 그를 만나 우리가 하고 있는 일에 큰 의미가 있는 이 관대한 기부를 받게 되어 얼마나 기뻤는지 말하였습니다.

그는 주는 그보다 그것을 받는 우리가 더 기뻐할 수 없다고 대답하였습니다. 그런 다음 나는 병원 건축을 위한 수단이 우리에게 주어질 수 있도록 우리가 약 1년 동안 기도해 왔다고 말하였고, 그가 병원 건축에 대한 생각을 1년 정도 마음속에 품고 있었지만 병원을 지을 장소를 정하지 못하였고, 회의에서 내가 글을 읽는 것을 들었을 때 서울에 그것을 건축해야 한다는 생각이 즉시 그의 머릿속에서 떠올랐다고 대답하였습니다. 따라서 하나님께서 우리가 필요함을 알게 하시고 그것을 마련하기 위한 계획을 세우도록 인도하셨다는 것이 매우 분명했습니다. 하나님은 우리를 인도하시거나, 우리가 기도하고 기대하며 때가 되면 응답을 준비하게 하셨습니다. 이것은 우리의 믿음에 도움이 되었고 우리의 사업 부문에 대한 하나님의 관심에 대하여 우리가 확신하도록 하였습니다. 후에 부지가 없어 건물을 건축할 수 없게 되자 세브란스 씨가 다시 그 목적을 위하여 미화 5,000달러를 아낌없이 기부하여 이 병원 부지를 매입하였습니다.

위에서 언급한 첫 번째 계획을 작성한 건축가가 캐나다에 살고 있지만 선교본부에 의하여 이 건물과 선교부의 다른 건물을 건축하기 위하여 한국에 파송하기로 선택되었고, 하나님의 영광과 고통 받는 인류의 선을 위하여 세워지는 이 건물의 실용성과 내구성의 측면에서 그가 가진 솜씨, 끈기 및 관리력은 기이한 우연의 일치이었습니다.

많은 병자들과 고통 받는 사람들이 이곳에서 구제를 받고, 많은 한국인들이 이곳에서 훈련을 받아 사업을 수행하고 확장하며, 많은 사람들의 마음이 깨달음을 얻고 하나님과 선교부, 주 예수 그리스도에 대한 지식으로 인도되기를 바랍니다.

O. R. 에비슨

Oliver R. Avison (Seoul)[, Congratulatory Message on the Occasion of the Laying of the Corner Stone of the Severance Hospital.] (Nov. 27th, 1902)

Severance Memorial Hospital
O. R. Avison, M. D.
Medical Supt.

Mission of Presbyterian Church in U. S. A.

Seoul, Korea, <u>November 27</u> 190<u>2</u>

Having come to Korea in the year 1893 I returned, after a service in the old Korean hospital building at Kooregai of nearly six years, to my home in America with my family, feeling that a new hospital plan was practically a necessity and trusting that God would in some way provide it for our work. This it was a subject of frequent prayer on the part of Mrs. Avison and myself and, believing in its realisation, I asked Mr. H. G. Gordon of Toronto, Canada, an architect of much skill and a christian man whose interest in all missionary work and more especially that in Korea I knew to be genuine, to prepare an outline plan of a hospital to accommodate about 40 patients, which he did, estimating the cost at about $10,000.00 U. S. gold.

Being shortly afterwards summoned to meet the Board of Missions in New York I found to my gratification that the Mission in Korea had, independently of me, taken action along the same line and that a letter from the Mission to the Board had already arrived asking that permission be given me to secure the money while on my furlough in America. The Board did not see its way clear to making a grant for the purpose out of the regular funds but did not oppose the request of the Mission.

In the meantime we continued praying for guidance and Mr. Gordon prepared the plans and got them out. Having been asked to prepare a paper on "Comity in Medical Mission Work" to be read at the Ecumenical Missionary Conference in New York in April 1900 I did so and after reading the paper in Carnegie Hall was introduce at his request to Mr. L. H. Severance of Cleveland, Ohio, who manifested much interest in the general work and more particularly in the medical work of our Mission so that I felt the conviction in my own mind that he was to be the means of providing us with the needed plant. Suffice it to say that a short time afterwards he called at the Board Rooms and offered to donate the $10,000.00 that would be required, although no suggestion had been made by me that he should do so, he being evidently led of God to take this action.

Meeting him afterwards at the General Assembly at St. Louis in May of the same year I said to him how glad we were to receive this generous donation as it meant much to the work in which we were engaged.

He replied that we could be no better pleased to receive it than he was to give it. I then said we had been praying for about a year that the means might be given us for the erection of the hospital when he replied that the idea of building a hospital had been in his mind for about a year but he had been unable to fix upon a place to do so until he heard me read my paper at the Conference when the thought at once flashed into his mind that he should build it in Seoul. Thus was it very evident that God led us to see the need and him to plan to provide for it. He led us to or pray and expect and prepared the answer, to be given at the proper time. This was a help to our faith and established our confidence in God's interest in our department of work. Later on, when we were unable to proceed with the building for want of a site, Mr. Severance again came to our assistance by generously donating $5,000.00 U. S. gold for the purpose and with it the site of this hospital was purchased.

It is a peculiar coincidence that the architect who drew the first plan mentioned above, although living in Canada, was chosen by the Board to come to Korea to erect this and other Mission buildings, and to his skill, patience and oversight will be due the serviceability and durability of this building which is being erected for the glory of God and the good of suffering humanity.

May large numbers of the sick and suffering be relieved in this place, many Koreans be trained here to carry on and extend the work and may many minds here receive enlightenment and be brought into the knowledge of God and Mission, the Lord Jesus Christ.

O. R. Avison

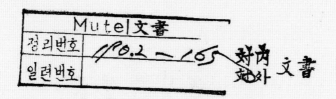

You are cordially invited

to attend the

exercises of laying the

Cornerstone

of the

Severance Memorial Hospital

outside the South Gate

Seoul

Thursday November 27th 1902

at 3 P. M.

The stone will be laid by the Hon. Horace
N. Allen, M. D., United States Minister.

그림 5. 세브란스 병원 정초식 초청장. 한국교회사연구소 소장.

본월이십칠일〔음력십월이십팔일〕오후

세시에남문밧게새로짓는졔즁원〔쎄버란

씨긔렴병원〕긔초의모퉁이돌을놋겟소오

니오셔셔참예ᄒᆞ심을ᄇᆞ라옵ᄂᆞ이다

이돌을대미국공ᄉᆞ안련씨가놋켓소옵

　구쥬강셩一千九百二년十一月

　대한광무六년임인十一月

　　　　졔즁원빅

그림 6. 세브란스 병원 청초석 유물. 동은의학박물관 제공.

정초석 내의 유물(Artifacts in the Corner Stone)[54]

1. 유물 철제함
2. 신약전서(1900)[55]
3. 찬셩시(1902)[56]
4. Congratulatory Message by the U. S Minister on the Occasion of the Laying of the Cornerstone of the Severance Memorial Hospital, Seoul, Korea, Thanksgiving Day, Nov. 27th, 1902[57]
5. 쎄버란씨 긔념 병원(1902년 11월 27일)[58]
6. 올리버 R. 에비슨의 정초식 축사(1902년 11월 27일)[59]

---

54) 연세대학교 의과대학 동은의학박물관 제공
55) 성서번역자회가 발행한 최초의 신약전서이며, 1892년부터 발행되었던 낱권 성서들을 한 권으로 묶은 것이다.
56) 장로교 공의회가 공식 채택한 찬송가를 수록한 것이다.
57) 이 책의 398~404쪽에 실려 있다.
58) 위의 축사를 한글로 번역한 것이며, 이 책의 405~408쪽에 실려 있다.
59) 이 책의 409~412쪽에 실려 있다.

7. Oliver R. Avison, Annual Report of the Imperial Korean Hospital, Seoul, Korea, Sept. 1901 (Seoul: Methodist Publishing House, 1901)[60]

8. Oliver R. Avison (Seoul), Annual Report of Severance Memorial Hospital, Seoul, Korea. July 1st 1901 to June 30th 1902 (June 30th, 1902)[61]

9. Jennie B. Avison (Seoul), Annual Report of Mrs. O. R. Avison's Work. July 1, 1901 to June 30, 1902 (June 30th, 1902)[62]

10. Korea Presbyterian Mission, Eighteenth Annual Meeting, Beginning September 22, 1902, at Seoul, Korea

11. Standing rules and by-laws, Korea Presbyterian Mission, January 1901

12. General Report of Seoul Station of Presbyterian Mission, 1901~1902

13. Korea Mission of the Presbyterian Church in the United States of America, General Report Pyeng Yang Station, 1901~1902

14. Korea Mission of the Presbyterian Church in the United States of America, General Report Syen Chyun Station, 1901~1902

15. Korea Mission of the Presbyterian Church in the United States of America, General Report Fusan Station, 1901~1902

16. Korea Presbyterian Mission Tai Ku station Report for 1901~1902

17. One Phase of Mission Work among women in Korea, Personal Report for Year 1900~1901, Margaret Best, Pyeng Yang

18. Home for Destitute Children, Seoul, Corea, 1901 / 孤兒院規則

19. 신학월보 제2권 제11호 (1902년 11월호)

20. 그리스도 신문 제47호 (1902년 11월 20일)

21. 그리스도 신문 제48호 (1902년 11월 27일)

22. 1903년 대한예수교회 년월력주일단, 1902

23. 한성신보 (1902년 11월 26일)

24. 황성신문 (1902년 11월 27일)

25. 일본 지폐와 동전 - 지폐 1엔, 대일본 명치 10년 10전, 대일본 명치 28년 20전

26. 대한제국 동전 – 상평통보, 대조선 개국 497년(1888) 적동화 5문, 조선 개국 504년(1895) 황동화 1푼, 대한 광무 2년(1898) 백동화 2전 5푼, 대한 광무 2년(1898) 적동화 5푼

---

60) 올리버 R. 에비슨 자료집 제4권의 696~731쪽에 실려 있다.
61) 이 책의 304~339쪽에 실려 있다.
62) 이 책의 340~345쪽에 실려 있다.

그림 7. 정초석을 놓는 주한 미국 공사 알렌(1902년 11월 27일). 맨 왼쪽에 올리버 R. 에비슨이 서 있다. 동은의학박물관 소장.

호러스 N. 알렌(주한 미국 공사)이 존 헤이(미합중국 국무부 장관)에게
보낸 공문 제542호 (1902년 11월 28일)

제542호

미합중국 공사관

한국 서울, 1902년 11월 28일

호러스 N. 알렌 씨가 국무부 장관께

- 주제 -

서울의 세브란스 기념 병원

- 개요 -

어제 서울시를 위한 현대식 병원 건물의 정초석을 놓았음을 보고함.

그 병원을 위한 1만 5천 달러 정도의 기금은 오하이오 주 클리블랜드의 루이스 H. 세브란스 씨가 제공하였으며, 그 기관은 '세브란스 기념 병원'으로 알려질 것입니다.

이 기관은 지원을 할 뉴욕 시 5 애버뉴 156의 장로교회 해외선교본부의 후원 하에 있을 것입니다.

추수감사절에 열린 행사에는 외국 사절과 한국인 고위 관리들, 외국인 사회 전반과 많은 현지인들이 참석하였습니다.

미국 공사가 정초석을 놓는 영예를 안았고, 행사에서 행한 축사의 사본을 동봉합니다.

제542호

한국 서울, 1902년 11월 28일

존 헤이 각하,
　미합중국 워싱턴 국무부

안녕하십니까,

　저는 어제 서울 남대문 바로 바깥에 있는 높은 부지에 서울을 위한 현대적 병원 건물의 정초석을 놓았다고 알려드리는 영광을 갖게 되었습니다.
　이 목적을 위한 15,000달러의 기금은 오하이오 주 클리블랜드의 루이스 H. 세브란스 씨가 기부하였으며, 이 기관은 '세브란스 기념 병원'으로 알려지게 되었습니다.
　그것은 뉴욕 시 5 애버뉴 156에 있는 장로교회 해외선교본부의 후원 하에 있을 것이며, 그 선교회로부터 지원을 받을 것입니다.
　추수감사절의 정초식에는 외국 사절들과 한국인 고위 관리들, 그리고 외국인 사회 전반과 많은 현지인들이 참석하였습니다.
　저는 초기에 이곳에서 약간의 의료 업무를 하였기에 정초석을 놓는 영광을 가졌습니다. 저는 그때 하였던 축사의 사본을 동봉합니다.

　안녕히 계십시오.
　호러스 N. 알렌

　첨부
　1. 축사 사본63)

---

63) 이 책의 398~404쪽에 실려 있다. Congratulatory Message by the U. S. Minister on the Occasion of the Laying of the Corner Stone of the Severance Hospital (Nov. 27th, 1902)

Horace N. Allen (U. S. Minister to Korea), Despatch to John Hay (Sec. of State, Washington, D. C.) (Nov. 28th, 1902)

No. 542.

Legation of the United States of America

Seoul, Korea, November 28th, 1902.

Mr. Horace N. Allen to the
   Secretary of State:

- Subject -

Severance Memorial Hospital in Seoul.

- Synopsis -

Reports the laying of the corner-stone yesterday for a modern hospital building for the City of Seoul.

The funds for the purpose to the extent of $15,000.00 were given by Mr. Louis H. Severance of Cleveland, Ohio, and the institution is to be known as the "Severance Memorial Hospital."

It will be under the auspices of the Presbyterian Board of Foreign Missions of 156 Fifth Avenue, N. Y. from which it will draw its support.

The ceremony, on Thanksgiving day, was attended by the Foreign Representatives and some of the higher Korean officials, the foreign community generally and many natives.

The U. S. Minister had the honor of laying the corner-stone, and encloses a copy of the remarks made on the occasion.

420 올리버 R. 에비슨 자료집 V (1902~1904)

No. 542

Legation of the United States,
Seoul, Korea, November 28, 1902

Secretary of State

Sir: -

I have the honor to inform you that on yesterday the corner stone was laid for a modern hospital building for the city of Seoul, on an elevated site just outside the South Gate of the City.

The funds for this purpose to the extent of $15,000 were given by Mr. Louis H. Severance of Cleveland Ohio, and the institution is to be known as the "Severance Memorial Hospital."

It will be under the auspices of the Presbyterian Board of Foreign Missions of 156, Fifth Avenue, N. Y., from which society it will draw its support.

The ceremony of laying the corner stone on Thanksgiving day, was attended by the Foreign Representatives and some of the higher Korean officials, besides the foreign community generally and many natives.

I had the honor of laying the corner stone, having had something to do with medical work here in the early days. I enclose a copy of the remarks I made on the occasion.

I have the honor to be,

Sir: -

Your obedient servant,

Horace N Allen

Enclosure.

1. Copy of Dedicatory Remarks

19021200

편집자 논평.
The Korea Review (서울) 2(12) (1902년 12월호), 504~505쪽

드디어 서울에 그 이름에 걸맞는 병원이 생겼다는 사실에 든든한 만족감
이 든다. 지난 목요일에 초석을 놓은 세브란스 기념 병원은 너무나 철저하게
계획되어 있고, 아주 잘 갖추어져 있으며, 잘 관리되어 있어 우리가 바라는 것
이 거의 남지 않을 것이라고 믿는다. 다른 외국인 의사가 업무를 돕기 위하여
미국에서 오고 있으며, 그래서 현재 유능한 일본인 간호원과 훈련된 한국인들
의 도움으로 일들이 잘 될 것이다.

Editorial Comment.
The Korea Review (Seoul) 2(12) (Dec., 1902), pp. 504~505

There is solid satisfaction in knowing that at last Seoul is to have a hospital
worthy of the name. The Severance Memorial Hospital, the corner stone of which
was laid on Thursday last, is so thoroughly planned, so finely situated and so well
superintended that we believe it will leave little to be desired. Another foreign
physician is coming from America to assist in the work and so with the present
efficient Japanese nurses and the trained Korean help, things will be put on a fine
working

19021200

편집자 단신.

Woman's Work for Women 17(12) (1902년 12월호), 346쪽

한국에서 여름은 콜레라로 힘들었다. 4개 선교부 대표들이 서울에서 협의
회에 모여 있는 동안 에비슨 박사는 50야드도 되지 않는 곳에서 콜레라로 죽
어가는 한국인을 발견하였다. 돗자리나 기름종이에 싸인 시체는 며칠 동안 도
시 바깥으로 운구되어 1피트 정도 깊이의 땅에 묻혔다. 게일 씨는 "마술사, 무
덤 귀신, 바람 귀신, 물 귀신은 모두 무섭게 기세를 날렸으며 희생이 질병을
퍼트리는 것을 도왔다고 말한다. 수표교에서는 이틀 동안 콜레라 귀신에게 음
식과 제물을 바쳤는데, 왕과 대신들도 이 예식에 참석하였다.

Editorial Notes. *Woman's Work for Women* 17(12) (Dec., 1902), p. 346

It was a hard cholera summer in Korea. While delegates of four missions
were convened in council at Seoul, Dr. Avison found a Korean dying of cholera
not fifty yards away. Bodies wrapped in matting or oil paper went by for days,
streaming out of the city, to be buried a foot or so deep in earth. Mr. Gale says:
"Sorcerers, grave-devils, wind-devils, water-devils have all had a frightful innings
and the sacrifices helped to spread the disease. On watermark bridge, for two
days, offerings of food and other stuff were made to the cholera god, the King
and ministers joining in the ceremony."

19021200

각종 소식.
The Korea Review (서울) 2(12) (1902년 12월호), 510~511쪽

세브란스 기념 병원의 정초식이 11월 27일 오후 3시, 대부분의 외교 사절과 꽤 많은 한국인 관리 등 많은 내빈이 참석한 가운데 거행되었다. 부지는 남대문 밖 주요 도로의 동쪽에 위치한 전망이 좋은 곳이다.

행사는 O. R. 에비슨 박사에 의해 시작되었으며, 그가 초대한 신학박사 H. G. 언더우드 목사가 의장석에 앉았다. 언더우드 박사는 그 자리를 수락하면서 짧은 연설을 하였다. 그런 다음 이학 박사 조지 허버 존스가, 그리고 현지인 교회 신자 중 한 명이 한국어로 기도를 드렸다. 그런 다음 J. R. 무스 목사와 현지인 신자 중 한 명이 성경을 봉독하였다. 이어 언더우드 박사는 우아한 말로 오늘의 연자 주한 미국 공사 H. N. 알렌 님을 소개하였다. 그를 소개하면서 언더우드 박사는 서울에서 의료 사업을 시작한 사람이 알렌 박사이었고, 현재의 행복한 완성에 도달한 것은 주로 그의 선구자적 활동 덕분이었다는 사실을 언급하였다.

알렌 박사는 1884년 서울에서 시작된 병원 사업을 언급하고 제중원에서 그의 후계자들을 이름과 연대순으로 언급함으로써 가장 적절한 연설을 시작하였다. 현재 담당 의사인 O. R. 에비슨 박사의 고된 노력에 대하여 특별히 언급하였다. 한국을 한 번도 본 적이 없었지만 이 훌륭한 건물을 건축하기 위하여 돈을 기부한 미국의 너그러운 친구 세브란스 씨에게도 사의를 표하였다. 연사는 이 기관이 젊은 서양이 오래된 동양에 뻗은 인사의 손길이라는 점에서 이 기관이 한국인들에게 큰 도움이 되기를 바란다고 말하며 연설을 마쳤다.

알렌 박사가 연설을 마친 후 그의 연설은 J. S. 게일 목사에 의하여 한국어로 번역되었고, 알렌 박사는 한국인이 한국산 금속으로 만든 은제 모종삽을 들고 정초석을 놓는 것을 감독하였는데, 그 밑에는 성경, 찬송가, 기독교 문서, 일간지, 동전 및 기타 여러 물건이 담긴 상자를 놓았다. 그런 다음 그는 정초석을 놓고 공사가 공식적으로 시작되었다고 선언하였다. 에비슨 박사는 정초석을 놓는 작업이 끝난 것에 대한 만족감을 표시하고, 계획 수립 및 기금 마련에 이르게 한 일부 사건들에 대하여 몇 가지를 언급하였다. W. D. 레이놀즈 목사가 기도를 드리고 의장의 축도로 행사가 폐회되었다.

News Calendar.

The Korea Review (Seoul) 2(12) (Dec., 1902), pp. 510~511

The ceremony of the laying of the corner-stone of the new Severance Memorial Hospital took place at three o'clock in the afternoon of Nov. 27th in the presence of a large number of guests, among whom were most of the Foreign Representatives and a goodly showing of Korean officials. The site is a commanding one on the east of the main road outside the South Gate.

The exercises were opened by Dr. O. R. Avison who invited Rev. H. G. Underwood, D. D., to occupy the Chair. Dr. Underwood made a short speech in accepting the position. Prayer was then offered by Rev. Geo. Heber Jones, Ph. D., and this was followed by a prayer in Korean by one of the native church members. The scriptures were then read by Rev. J. R. Moose and also by one of the native brothers. Dr. Underwood then, in a few graceful words, introduced the speaker of the day, Hon. H. N. Allen, the United States Minister. In introducing him Dr. Underwood referred to the fact that it was Dr. Allen who inaugurated the medical work in Seoul, and that it was largely owing to his pioneer work that the present happy consummation had been reached.

Dr. Allen began a most appropriate speech by referring to the beginnings of hospital work in Seoul in 1884, and mentioning by name and in chronological order his successors in the government hospital. Special mention was made of the arduous labors of Dr. O. R. Avison, the present Physician in Charge. A tribute was also offered to the generous friend in America, Mr. Severance, who, though he had never seen Korea, had put down the money for this fine building. The speaker closed by a reference to the fact that this institution is a hand of greeting extended by the young west to the old east and he hoped that it would prove of great benefit to the Korean people.

After Dr. Allen finished, his speech was translated into Korean by Rev. J. S. Gale, and then Dr. Allen took in his hand the silver trowel, which had been made of Korean metal and by a Korean, and superintended the placing of the corner-stone, under which was deposited a box containing copies of the Scriptures, hymn books, Christian papers, the daily papers, coins, and several other objects. He then declared the stone laid and the work formally begun. Dr. Avison made a few remarks expressing his gratification at the completion of the work and giving some of the events which led up to the formation of the plan and the raising of the money. After prayer by Rev. W. D. Reynolds the meeting was dismissed with the benediction by the chairman.

19021200

릴리어스 H. 언더우드(서울)가 프랭크 F. 엘린우드(미국 북장로교회 해외선교본부 총무)에게 보낸 편지 (1902년 12월경)

1902년 12월경
한국 서울,

친애하는 엘린우드 박사님,

온갖 일이 몰리는 가운데 박사님의 짧은 편지에 대하여 답장하는 것을 거의 잊을 뻔했습니다. 제가 박사님의 관심을 잃었을까 걱정이 됩니다. 저는 의약품에 대한 지불 문제에 대하여 남편과, 그리고 한국 선교부의 대부분 회원들과 의견이 다르다는 것을 말씀드려야겠습니다. 우리가 그리스도를 위하여 그들에게 이 축복을, 그리고 그들을 그리스도께로 인도하기 위하여 미국 기독교로부터 받았다는 것을 근거로 저는 부자라고 알고 있는 사람을 제외하고는 보통 최소한의 비용만을 청구합니다. 하지만 저는 그들에게 더 지불할 수 있다면, 우리가 아무것도 지불할 여유가 없는 사람들을 위하여 더 많은 약품을 살 수 있도록 할 수 있다고 말합니다. 물론 대부분의 환자는 약간의 비용만 지불할 수 있지만 저는 우리가 장사를 하는 것이 아니라 사람들에게 복음을 전하기 위하여 그 약을 판매하는 것이라고 주장합니다. 의료 사업이 자급자족될 수 있다는 것은 의심의 여지가 없고, 우리가 원하면 심지어 수입원이 될 수도 있으며, 현지인 의사가 많은 일본에서는 아마도 그것이 필요할 것입니다. 저는 한국에서 아직 그런 조짐을 볼 수 없었습니다. 에비슨 박사는 가난한 사람에게는 치료비로 한 푼을, 부자에게는 다른 금액을 청구하며, 모두에게 약값을 받고 있습니다.

안녕히 계십시오.
릴리어스 호튼 언더우드

박사님께서 몸이 편찮으셔서 유감스럽습니다. 이제는 많이 나아지셨기를 바랍니다.

Lillias Horton Underwood (Seoul),
Letter to Frank F. Ellinwood (Sec., BFM, PCUSA) (ca. Dec., 1902)

My dear Dr. Ellinwood,

In a rush of engagements of all sorts your note I'm almost to say was forgotten. I'm afraid at the risk of losing your respect. I must say that I differ with my husband and most of the Korea Mission in the question of paying for medicine. Going in the ground that we take this blessing to them for Christ's sake and from the American Christianity to win them to Christ, I usually make only a very small minimal charge, except to those I know are well-to-do. I however tell them, that if they can pay more, they might, so that we can buy more medicines for those who cannot afford anything. No doubt the majority of patients can pay a little, but I held we are not in business, but selling those medicines for the sake of carrying the gospel to the people. There is no doubt the medical work can be made self-supporting, perhaps even a source of revenue if we wish it to be such, and in Japan where there are a number of native doctors perhaps it is necessary. I have not been able to see it so yet in Korea. Dr. Avison charges the poor one penny for treatment, and the rich another, and charges all something for medicine.

Very sincerely yours,
Lillias Horton Underwood

I am so sorry you have been sick. I hope you are much better now.

캐드윌러더 C. 빈튼(서울)이 프랭크 F. 엘린우드(미국 북장로
교회 해외선교본부 총무)에게 보낸 편지 (1902년 12월 6일)

(중략)

[E. H.] 밀러 씨는 2년차 과정의 어학 공부를 시작하였다고 보고합니다. 가을에 중학교가 다시 문을 열었을 때 그는 출석 학생이 7~8명이라고 말합니다. "학교의 업무는 다음 선교사들에 의하여 지금까지 유지되어 왔다. 하루 한 시간 역사, 그리고 중국어 교사를 담당하는 게일 씨, 도티 양이 건강이 좋지 않아 포기하게 된 지리학을 막 시작한 바렛 양, 그리고 일주일에 세 번 30분 동안 노래 부르기를 지도하는 E. H. 밀러 부인. 이들 과목 외에도 필드 박사의 교사와 이덕춘이 수학을, 그리고 국어 수업과, 에비슨이 일주일에 한 번 화학 수업으로 아이들이 꽤 바쁘게 보냈다."

(중략)

에비슨 박사는 여름 동안 가능한 한 병원의 문을 닫았지만, 모든 환자를 퇴원시키지 못하고 주 2~4회 진료소에서 환자를 보았습니다. 연례회의 이후 그는 진료소 시간을 오후에서 오전으로 변경하였는데, 그 이유는 환자의 감소 때문이었습니다. 하지만 그는 여름에 환자가 정상으로 거의 회복되었다고 믿었습니다. 그는 이러한 변화가 이루어진 이후로 중요한 것은 부분적으로 이 일본인 간호원들의 효율성을 통하여 얻은 많은 세세한 일들의 경감 때문에 학생 조수의 지도에 더 많은 시간을 할애할 수 있게 되었다고 말합니다. 그는 이 중 한 명이 최근 외국인 사회에서 발생한 장티푸스 1건, 천연두 1건 등 2명의 환자를 돌보도록 허용하였는데, 많은 환자가 있지만 효율적인 간호가 부족하여 그렇게 하게 되었습니다. 당연히 최근 몇 달 동안 에비슨 박사는 새 병원과 관련된 문제에 많은 시간을 할애하였습니다. 알렌 박사의 끊임없는 노력 끝에 한국 정부가 토지 문서가 확인되었다는 소식을 전하게 되어 기쁘게 생각합니다. 고든 씨는 7월 말에 중국에서 돌아왔으며, 그 이후로 계획을 준비하고 건축비 상승에 맞추어 증액되지 않은 필요한 예산에 맞추기 위하여 계획을 수정하는 등 병원 사업을 위하여 부단히 헌신해 왔습니다. 부지의 편평 작업과 지하실 굴착 작업은 8월에 시작되었으며, 작업이 충분히 진행되어 추수 감사절에 정초석을 놓는 공식적인 의식이 거행되었습니다. 알렌 박사가 정초석을 놓음으로써 다시 우리를 돌보아주었는데, 그의 영어 기념사는 통역에 의하여 한국어로 낭독되었습니다. 그는 많은 현지인 관리들에게 그 병원이 시작되었을 때와 같은 자선 사업에서 그들에게 주어진 몫을 유지하는 의무와 특권에 대하여 관심을 촉구하였습니다.

(중략)

Cadwallader C. Vinton (Seoul),
Letter to Frank F. Ellinwood (Sec., BFM, PCUSA) (Dec. 6th, 1902)

(Omitted)

Mr. [E. H.] Miller reports making a beginning on the language study of the second year's course. Of the reopening of the Intermediate School in the fall he says the attendance has been at seven or eight pupils. "The work of the School has been so far kept up by the following missionaries: Mr. Gale, one hour a day in history and charge of the teacher of Chinese; Miss Barrett, who had just taken up the Geography which Miss Doty was forded to relinquish because of her ill health; and Mrs. E. H. Miller, who has given half an hour three times a week in singing. Besides these branches, the Arithmetic under Dr. Field's teacher and Yi Tok Chun, and the Kukmun classes and Dr. Avison's once a week lessons in Chemistry have kept the boys fairly busy."

(Omitted)

Dr. Avison closed the Hospital as far as possible during the summer, but could not dismiss all patients, and attended the dispensary from two to four times a week. Since Annual Meeting he has changed the dispensary hour from afternoon to forenoon, to which he attributes a diminution in attendance. He believed however that the summer has very nearly returned to its normal rate of attendance. He speaks of having found more time to devote to the instruction of student assistants since this change was made, and attributes the important in this respect in part to the relief from many executive details gained through the efficiency of this Japanese nurses. One of these he has allowed to go out in attendance lately on two cases in the foreign community, one of typhoid fever and one of small-pox, being led so to do by the large amount of sickness existing and the dearth of efficient nursing. Naturally during recent months much of Dr. Avison's time has been given to matters relating to the new hospital. It is pleasant to be able to report that the deed of the site has been confirmed by the Korean government after persistent efforts on the part of Dr. Allen to secure this end. Mr. Gordon came from China at the end of July and has devoted himself assiduously since then to the interests of the Hospital, preparing plans and then modifying them to meet the requirements of an appropriation that had not expanded with the rise in the cost of building. Work upon the levelling of the site and digging of the cellar began in August, and matters were so far advanced that the formal ceremony of laying the corner stone was observed on Thanksgiving Day, when Dr. Allen again befriended us by laying the stone and delivering an address in English which was then read in Korean by his interpreter. He took occasion to call the attention of native officials, many of whom were present, to the duty and privilege offered them of maintaining their share of such philanthropic work as the hospital then being begun.

(Omitted)

프랭크 F. 엘린우드(미국 북장로교회 해외선교본부 총무)가
올리버 R. 에비슨(서울)에게 보낸 편지 (1902년 12월 8일)

1902년 12월 8일

O. R. 에비슨 박사,
　한국 서울

친애하는 에비슨 박사님,

　어빈 박사 건(件)에 대한 귀하의 편지를 (받았다는 것을) 확인하기 위하여 편지를 씁니다. 나는 귀하가 반대 보고서를 제출하였다면 좋았을 것이라고 생각합니다. 그럼에도 귀하는 결정에 대한 반대 의견을 우리와 선교부에 분명하게 보여주었습니다. 나는 유죄 판결을 받은 사람을 지지하는 사람들이 그를 비난한 사람들처럼 대담하고 솔직해야 하며, 그런 방향으로 강한 압력이 가해지기 때문에 부당하다고 여겨지는 문장에 동조하는 것처럼 보일 이유가 없다고 생각합니다. 이 불행한 일이 곧 망각의 파도에 잠기게 되기를 바랍니다. 나는 병원 계획이 계속 진행되고 있어 기쁩니다.
　귀하와 가족에 안부를 전합니다.

　안녕히 계세요.
　F. F. 엘린우드

Frank F. Ellinwood (Sec., BFM, PCUSA), Letter to Oliver R. Avison (Seoul) (Dec. 8th, 1902)

Dec. 8th, 1902

Dr. O. R. Avison,
　　Seoul, Korea

My Dear Dr. Avison:

I write simply to acknowledge your letter in regard to the case of Dr. Irvin. I could have wished that you would have brought in a minority report. Still you have shown clearly to us and to the Mission your dissent from the action. I think that those who are in favor of a condemned man should be as bold and outspoken as those who condemned him, and that there is no reason for seeming to unite in a sentence supposed to be unjust because strong pressure is brought to bear in that direction. Let us hope that this unfortunate matter will soon be submerged under the waves of oblivion. I am glad that the hospital plans are going forward.

With kindest regards to your family as well as to yourself, I remain.

Very sincerely yours,
F. F. Ellinwood

올리버 R. 에비슨(서울)이 호러스 N. 알렌(주한 미국 공사)에게
보낸 편지 (1902년 12월 11일)

세브란스 기념 병원
O. R. 에비슨, 의학박사,
　　병원장

미국 북장로교회 선교부

한국 서울,　1902년 12월 11일

친애하는 알렌 박사님,

　　저는 어제 [한성] 판윤의 사무실을 방문하여 귀하의 문서를 제출하였고 판윤과 긴 대화를 나누었습니다. 그는 다음과 같이 그 사건에 대한 자신의 측면을 대단히 명확하게 진술하였습니다.

　　그는 약 3년 전에 한국 정부는 남대문 밖에 있는 모든 부지를 일본 철도회사가 허가지를 선택하기 위하여 유보하였고, 모든 사람들에게 그 동네의 땅을 사지 말라고 경고하는 공고를 발표하였다고 말하였습니다. 그는 모든 공사관이 이 통고를 받았고 귀하의 서명이 첨부되어 있기 때문에 우리가 이 통고에 어긋나는 행동을 하였으며 한국 정부는 책임이 없다고 말하고 있습니다. 저는 통지를 본 적이 없으며 미국 공사관이 국민들에게 그러한 통지를 한 것도 기억하지 못한다고 대답하였습니다. 이에 대하여 그는 저에게 통지를 보여주겠다고 말하였고, 그의 관리 중 한 명에게 그것을 찾을 것을 요청하였습니다. 그들은 한문으로 된 글이 포함된 한국어 서류철을 제시하였지만 어떤 종류의 서명도 붙어 있지 않아 글의 의도가 무엇이든 간에 미국 공사의 서명을 확인할 수 없다고 대답하였습니다. 그런 다음 일본 회사가 조사를 완료하였고, 여러 공사관에 허가지의 경계를 보여주는 지도를 발행하였으며, 저는 개인적으로 일본 영사와 이야기를 나누었는데 그는 우리 부지의 아주 작은 모퉁이만 그들의 조사에 포함되었고 한국 정부의 철도원이 일본 회사에 양도해야 하는 것은 그것뿐이라고 저에게 이야기하였다는 등 현재 상황을 설명하였습니다. 이에 대하여 그는 개인적으로 이 문제로 우리에게 어려움을 주어 대단히 유감스럽지만, 한성 판윤으로서 남대문 밖의 토지에 대하여 문서를 발행하지 말라는 내부(內部)의 지시를 벗어날 수 없다고 대답하였습니다. 그는 무엇이든 할 수 있기 전에 일본 회사가 철도원 총재에게 문제의 토지가 회사에 필요하지 않다는 사실을 통보하는 것이 필요할 것인데, 그가 말한 것으로 생각하는데 철도원 총재 민병석이 판윤에게 알리고 판윤은 내부로 그 사실을 보내며, 그런 다음 판윤이 내부대신의 지시를 따를 수 있을 것이라고 말하였습니다.

그는 저에게 귀하의 문서에 대하여 답장을 보내야 하느냐고 물었고, 저는 귀하께 우리의 면담 결과를 보고할 때 가져 갈 그의 명함을 지금 저에게 주면 충분할 것으로 생각한다고 말하였습니다. 그는 저에게 귀하께 그렇게 하는 것을 예의 바른 행동을 하였다고 생각하지 않을지 모른다고 걱정하고 있다고 말해 줄 것을 요청하였지만, 저는 귀하께서 그것으로 충분하다고 생각할 것이라고 생각한다고 그를 납득시켰습니다. 저는 귀하께서 그 문서가 공식 문서로 간주되는 것을 바라지 않았다고 이해하였기 때문에 그런 방식을 택하였습니다. 저는 이 편지에 그의 명함을 동봉합니다.

오늘이나 내일 그 문제에 대하여 귀하를 방문하여 개인적으로 이야기하겠습니다.

서울과 남대문 밖에 있는 모든 한국인 부동산 중개업자들은 자신들의 직업을 잃는 고통을 안고 외국인에게 어떠한 땅도 파는 행위를 하지 말라는 지시를 받았다고 합니다.

안녕히 계십시오.
O. R. 에비슨

Oliver R. Avison (Seoul), Letter to Horace N. Allen
(U. S. Minister to Korea) (Dec. 11th, 1902)

Severance Memorial Hospital
O. R. Avison, M. D.
   Medical Supt.

Mission of Presbyterian Church in U. S. A.

Seoul, Korea,   Dec. 11th, 1902

Dear Dr. Allen,

I called at the Governor's Office yesterday and presented your note and had a long talk with the Governor. He made a very clear statement of his side of the case as follows,

He said that some three years ago the Korean Government issued a notice declaring all the property outside the South Gate as reserved for the Japaneses railway company to select its concession from and warning everybody not to purchase land in that neighborhood. He says that all the legations received this notification and that your signature is attached to it, and that therefore we did wrong in acting contrary to that notification and the Korea government is not responsible. I replied that I had not seen any such notification nor did I remember that the American Legation had issued such a notice to its subjects. To this he said he would show me the notification and he called upon one of his officials to find it. They produced a Korean book containing some Chinese writing but it had no signatures of any kind attached so that I replied that whatever might be the purport of the writing I failed to recognise the signature of the American Minister. I then explained the situation ag it now stands, showing him that the Japanese Company had completed their survey and had issued to the several Legations a map showing the limits of their concession and that I had personally talked with the Japanese Consul who said to me that only a small corner of our property was involved in their survey and that all that was necessary was for the Railway Administration Department of the Korean Government to make arrangements with us for its transfer to the Japanese Company. To this he replied that while he personally was very sorry to cause us any difficulty in the matter he could not as

Governor of the city go beyond the instructions of the Home Office which were to issue no deeds for land outside of the South Gate. He said that before he could do anything it would be necessary for the Japanese Company to notify the head of the Korean Railway Department that the land in question was not required by the Company, that the Railway Officer, Min Pyung Suk I think he said, would then notify the Governor who would send the information on to the Home Office and that then the Governor would carry out the instructions of the Minister for Home Affairs.

He asked me if he should reply to your note and I said I thought it would be sufficient at this time to give me his card which I would carry to you when I reported the result of our interview. He asked me to say to you that he feared you might not think he had done the polite thing in so doing but I assured him that I thought you would consider it sufficient. I took this course because I understood that you did not wish to have your note regarded as an official communication. I enclose his card in this.

I will call upon you and speak personally with you either to-day or to-morrow on the subject.

I am told that all the Korean estate brokers in the city as well as those outside the South Gate have been instructed not to act in the sale of any land to foreigners on pain of losing their positions.

Yours very sincerely,
O. R. Avison

19021212

고든 패독(주한 미국 총영사, 서울)이 장화식(한성 판윤)에게 보낸 공문 (1902년 12월 12일)[64]

총영사관 제__호

미합중국 총영사관

한국 서울, 1902년 12월 12일

장화식 각하,

한성 판윤

안녕하십니까,

지난 달 24일의 귀하의 공문 제21호에서 제가 증서의 발급을 요청하였던 병원 부지가 경부선 철도역 부지 내에 있다며 증서 발급을 거부하였습니다.[65] 이에 대한 회신으로 저는 미국 공사가 해당 문제에 대하여 일본 공사를 만났으며, 한쪽 귀퉁이의 작은 부지를 잘라낼 수 있지만 병원 부지가 철도 제한 지역 내에 있지 않은 것으로 확인되었음을 알려드립니다. 일본 당국은 흔쾌히 미국인들이 그곳에 있는 것을 마다하지 않고 있으며, 그들은 귀하가 철도 목적으로 한국 부동산을 구입해야 하기 때문에, 문제의 모퉁이에 대한 대가로 미국인들에게 더 위쪽의 돌출된 부지의 작은 부분을 병원 부지로 준다면 그들이 동의할 것이라고 제안하였습니다. 알렌 박사는 저에게 이 문제에 대하여 자신이 에비슨 박사에게 귀하를 만나보도록 하였다고 말하였고, 귀하는 실제로 거절하지 않았지만 여러 부서를 통하여 이 사무실이 그 문제를 다루는 것을 상당히 비현실적으로 만드는 그런 핑계를 제안하였습니다.

이런 상황에서 저는 귀하가 문제의 모퉁이를 제외하고 병원 부지에 대한 증서를 발행하도록 요청 드립니다. 이는 불과 몇 피트의 문제입니다.

경부선 철도를 위한 남대문 밖 토지의 제한에 대하여 말씀하신 것과 관련

---

64) 다음 공문의 첨부 3이다. Horace N. Allen (U. S. Minister to Korea), Despatch to John Hay (Sec. of State, Washington, D. C.) (Nov. 28th, 1902)

65) Chang Hwa Sik (Governor of Seoul), Despatch to Gordon Paddock (U. S. Consul General, Seoul) (Nov. 24th, 1902)

하여, 전임자인 이채연 전 판윤이 그런 제한에 대하여 1899년 9월 27일 사무실로 서신을 보낸 것은 사실이지만, 요청에 답장하지 않았습니다. 또는 그와 반대로 이 문제는 공공 도로와 전차선을 이전하려는 시도 때문에 미합중국 공사관과 일본 공사관 사이에 상당한 서신 교환의 주제가 되었습니다. 이 서신 교환의 결과 귀하가 최근에 갱신된 제한을 발표할 때까지 이 문제에 대한 논의는 중단되었으며, 경계에 관하여 더 알고 싶었기 때문에 아직 답변하지 않았습니다. 저는 진정한 목적을 위해서, 그리고 일시적으로 그러한 제한에 반대할 수 없지만, 1899년에 미국인들이 서울 남대문 밖에서 부동산을 사지 못하도록 금지하는 명령을 내릴 수 있고 이 늦은 때에 이를 강화할 것으로 기대한다는 것은 허용할 수 없습니다.

미국인들이 서울 안팎에서 부동산을 구입하는 곳마다 소유권 증서를 거부할 이유가 있다는 사실에 정중하게 주의를 환기시키고 싶습니다. 연못골에서 귀하는 동궁(東宮)의 존재(1리 이상 떨어져 있음)가 귀하의 증서 발행을 방해한다고 말하고 있습니다. 이제 귀하는 남대문 밖에서는 어떠한 부동산도 살 수 없다고 말하고 있습니다. 저는 추가로 귀하가 처벌을 받으니 시 안팎에서 외국인에게 부동산을 판매하는 것을 삼가도록 시의 중개인들에게 지시하였다는 것을 들었음을 알려드립니다.

확실히 미국인들이 조약상의 특권을 향유하는 것을 계속 거부하는 것은 문제를 일으킬 것입니다.

저는 이 병원 부동산과 연못골 부지에 대한 증서가 제공될 것이라고 믿고 있습니다.

안녕히 계십시오.
고든 패독

Gordon Paddock (U. S. Consul General, Seoul), Despatch to Chang Hwa Sik (Governor of Seoul) (Dec. 12th, 1902)

C. G. No.

Consulate General of the United States

Seoul Korea, December 12, 1902

Honorable,

Chang Wha Sik,

Governor of Seoul

Sir: -

In your despatch No. 21 of the 24'th. ultimo, you state that the hospital site for which I have requested the issuance of deeds, is within the ground set aside for the station of the Seoul-Fusan Railway and you therefore decline to issue the deeds. In reply to this I inform you that the United States Minister has seen the Japanese Minister on the subject and it is found that the hospital ground does not lie within the Railway reservation, though a small piece of one corner may have to come off. The Japanese authorities are quite willing to have the Americans there and they suggested that as you have to purchase the Korean property for the Railway purpose, it would be agreeable to them if you give the Americans a small piece of Korean land that juts into the hospital site farther up, in exchange for the corner in question. Dr. Allen tells me he had Dr. Avison go to see you about this and while you did not actually decline, you suggested such a circumlocution through various departments and bureaus as to make it quite impracticable for this office to attend to the matter.

Under the circumstances I have the honor to request that you issue the deeds for the hospital site leaving out the corner in question, which is only a matter of a few feet.

As to what you say about a reservation of land outside the South Gate for the purposes of the Seoul-Fusan Railway, it is quite true that your predecessor Governor Ye Cha Yun, did write to this office on September 27, 1899 making a general reservation to that effect, but the request was not answered. Or the contrary the matter became the subject of considerable correspondence between the United States Legation and the Japanese Legation, because of the attempt to remove the public highway and the electric street railway. As a result of this correspondence the matter was dropped until you recent announcement of a renewed reservation, to which I have not, as yet replied as I have desired to know more in regard to the boundaries. I can see no objection to such a reservation for a real purpose, and for a limited time, but that you can issue an injunction preventing Americans from buying any property outside the South Gate of Seoul, in 1899 and expect to enforce it even at this late period, I cannot allow.

I would respectfully call your attention to the fact that wherever Americans buy property in and about Seoul you find some reason for refusing title deeds. At Yun Moht Kolh you say the presence of the East Palace (over a li distant) prevents your issuing deeds. Now you say no property can be purchased outside the South Gate. I am further informed that you have instructed the brokers of the City to refrain from selling property to foreigners anywhere in or about the City, on penalty of punishment.

Certainly your constant refusal to allow Americans the enjoyment of their treaty privileges will be productive of trouble.

I trust to be furnished with deeds for this Hospital property, and the Yun Moht Kohl land promptly.

I am, Sir: -
Your obedient servant,
Gordon Paddock

호러스 N. 알렌(주한 미국 공사)이 조병식(외부대신)에게 보낸 공문 제412호 (1902년 12월 15일)[66]

외부 제412호

미합중국 공사관

한국 서울, 1902년 12월 15일

각하,

저의 10월 21일자 공문 제402호에서 저는 서울의 연못골에서 미국이 구입한 부동산에 대하여 판윤이 소유권 증서의 발행을 거부한 것과 관련하여 말씀드립니다.

(중략)

이와 관련하여 저는 서울 남대문 밖에 미국인들이 한국의 가난한 사람들을 위하여 건립할 무료 공립 병원 부지에 대한 증서가 거부된 유사한 사례에 대하여 각하의 주의를 환기시킬 의무가 있습니다. 이 경우 판윤은 경부선 철도역에 할당된 토지의 범위 내에 해당 재산이 있다는 이유로 증서 발행을 거부하였습니다.

(중략)

첨부
1. 철도 역사 부지와 관련하여 판윤에게 보낸 편지
2. 왕궁 인접 제한에 관련하여 판윤에게 보낸 편지

조병식 각하,
외부대신

---

66) 다음 공문의 첨부 1이다. Horace N. Allen (U. S. Minister to Korea), Despatch to John Hay (Sec. of State, Washington, D. C.) (Nov. 28th, 1902)

Horace N. Allen (U. S. Minister to Korea), Despatch to Chyo Pyung Sik (Minister for Foreign Affairs) (Dec. 15th, 1902)

F. O. No. 412

Legation of the United States of America

Seoul, Korea, December 15, 1902

Your Excellency: -

In my despatch No. 402 of October 21, I had the honor to address Your Excellency in regard to the property purchased by Americans at Yun Moht Kolh, Seoul, for which the Governor had refused to issue title deeds.

(Omitted)

In this connection I am obliged to call Your Excellency's attention to a similar case in which deeds have been refused for the site of a free public hospital, being erected by Americans for the Korean poor, outside the South Gate of Seoul. In this case the Governor declined to issue deeds on the ground that the property lies within the limits of an allotment of ground made for the station of the Seoul-Fusan Railway.

(Omitted)

Enclosures.
1. Letter to the Governor re Railway Station ground
2. Ditto re Reservations adjoining Palaces

His Excellency
Chyo Pyung Sik
Minister for Foreign Affairs

照會 第四百 十二號

　　大美特派漢城全權大臣安連, 爲照會事, 本年 十月二十一日, 以 第四百二號照
會, 將美國人在東署蓮洞地買有基業, 而漢城判尹靳發契券一事, 詳告貴大臣, 去後
未幾日, 漢城判尹來言, 此事已自外部有所令飭, 與總領事巴德相約, 十一月四日伴
往蓮洞踏看, 則一與本大臣之照會所告相符不差, 然終不得該契券之發交, 本大臣
照會亦無見覆在案, 又有一案, 美國人在南門外買址, 而建築施病院, 以救助韓國貧
人, 而漢城判尹謂以此地入於京釜鐵道停車場占定界內, 而不發契券, 故總領事巴
德, 本月十二日, 以照會說明其不然之端, 要其亟發契券, 查漢判似無自辦之力, 全
在內部指令擧行而已, 則本大臣無以關涉漢判, 又知照巴總領事, 以爲皇闕近地不
許美國人等, 又從其口陳而論之, 則在漢城之各殿宮近地, 亦不許我民之買基, 此無
非漢城判尹可以定區也, 則此等之事, 將禁阻美國人之買有所用基業也, 巴[德]總領
事照覆, 以爲此等限防, 預由外部大臣與本大臣商確議定者, 以其有所違背約章者
也, 本總領事不能承准貴判尹之令飭等語, 且本大臣從二員美國人而聞之, 則各處
家儈謂有漢城判尹之嚴令, 不得居間於美國人之買家, 倘有干涉, 則必受懲罰等語,
查此等事端, 似是貴政府決定方法, 以阻美國人及他各國人民之買有基業於漢城及
其近地也, 然則此不免於違背約章也, 故本大臣不得已具報我政府而已, 相應備文
照會貴大臣, 請煩查照可也, 須至照會者,

　　右照會.
　　大韓外部大臣　趙秉式　閣下
　　一千九百二年 十二月 十五日

호러스 N. 알렌(주한 미국 공사)이 존 헤이(미합중국 국무부 장관)에게 보낸 공문 제554호 (1902년 12월 15일)

제554호

한국 서울, 1902년 12월 15일

호러스 N. 알렌 씨가 국무부 장관께

- 주제 -

서울의 부동산에 대한 소유권 증서 발급 거부

- 개요 -

서울에서 구입한 부동산에 대한 정부의 증서 발급 거부에 관한 11월 19일자 공문 제530호와 관련된 것임. 이 문제에 대하여 만족감을 확보하는 것은 불가능하였고, 서울의 재산권 문제는 전체적으로 새롭고 더 어려운 측면을 갖고 있습니다.

해당 주제에 대하여 외부대신에게 보낸 서한 사본. 또한 부동산이 일본 철도역에 할당된 범위 내에 있다며 증서 발행을 거부하는 서신의 번역 및 해당 주제에 대한 서신, 또한 서울의 궁궐에 인접한 부동산에 대한 제한 공고의 사본을 동봉합니다.

한국인 중개업자들은 서울 안팎에서 외국인들에게 부동산 매각 협상을 하지 말 것이며, 위반하면 처벌을 받는다는 명령을 받았습니다. 판윤은 증서를 미국인들에게 발행하지 말라는 황제의 명령을 받은 사실을 인정하였습니다.

외교 사절들은 부동산 문제를 논의하기 위하여 황제와 공동 알현을 요청하였지만 거부되었습니다. 필자는 이 공동 행동에 의존하기를 꺼렸지만 더 심각한 어려움을 피하기 위하여 한국인들이 올바른 의무감을 갖도록 노력하는데 동료들과 함께 기꺼이 노력하고 있습니다.

제6부 새로 지은 제중원, 세브란스 병원 445

제554호

미합중국 공사관

한국 서울, 1902년 12월 15일

존 헤이 각하,

　미합중국 워싱턴 국무부 장관

안녕하십니까,

　　지난 11월 18일자 저의 공문 제530호에서 저는 뉴욕 시 5 애버뉴 156에 소재한 미국 장로교회 선교부 회원들이 서울에서 구입한 부동산에 대한 소유권 증서 발급을 한국 정부가 부당하게 거부한 것과 관련된 몇 가지 사실을 각하께 제시해야 했습니다.

　　저는 이제 이 문제에 관하여 한국 외부대신에게 전달해야 했던 또 다른 서신의 사본(별첨 1)을 귀하게 전달하게 되었는데, 서울의 재산권 문제 전체가 새롭고 더 어려운 측면을 갖게 된 상황에서 제가 그 어떤 만족도 얻지 못하였다는 사실에서 서신이 필요하게 된 것입니다.

　　11월 28일자 저의 공문 제542호에서 저는 같은 선교부의 후원으로 서울의 가난한 사람들을 위한 무료 공립 병원의 정초석을 놓은 것에 대하여 귀하게 전달하였습니다. 이 부지를 위한 증서를 얻는 데 겪었던 어려움은 공문 제530호에 언급하였습니다.

　　저는 이제 한성 판윤이 이 부동산이 기차역을 위하여 할당된 부지 내에 있다는 이유로 이 부동산에 대한 증서 발행을 거부한 서신의 사본(별첨 2)을 귀하게 전해드립니다. 저는 영사로서 패독 씨에게 이 사건에서 사실에 입각하여 판윤의 주장이 입증되지 않는다는 것을 보여 주고, 이와 관련하여 제가 일본 공사와 무엇을 하였는지 설명하는 답신을 보내도록 하였습니다. 첨부 3을 보세요.

　　판윤은 자신의 편지에서 이 동일한 철도역의 사용을 위하여 서울 남대문 밖의 모든 토지를 매각하지 않도록 확보하는 1899년 9월 27일의 오래된 명령을 인용하였습니다. 첨부 4를 보세요.

　　저는 그 당시 미국인들이 저당으로 소유하고 있던 전차회사가 있던 공동 도로의 이전을 고려하였기 때문에 제안된 확보 지시 문제를 받아들였습니다. 황제가 열렬히 기쁘게도 저의 행동은 일본인들이 대규모로 점거하는 것을 포기하는 것으로 이어졌습니다. 저의 1900년 4월 18일자 공문 제242호와 인용되

446 올리버 R. 에비슨 자료집 V (1902~1904)

어 있는 이전 공문을 참조하세요. 이 공문들은 해당 연도의 *Foreign Relations* 에 출간되었습니다.67)

하지만 지난 여름 동안 일본인은 철도 목적으로 완벽히 만족스럽게 유보하였으며, 이에 대하여 일본 공사 하야시 씨는 먼저 저와 논의하고 승인을 받았습니다. 따라서 판윤은 현재 철도 당국이 차지하고 있는 이 새로 정의된 지역 내의 부지 매입 금지와 관련하여 몇 주일 전에 새로운 지침을 발표하였으며, 저는 패독 씨가 현재 이 제한을 수락하는 것을 유예하도록 하였지만, 이의를 제기하려는 의도는 아니었습니다.

문제의 병원 부지는 이 새로운 제한에 포함되어 있지 않습니다. 길을 만들려면 한 모퉁이의 약 30피트를 잘라내야 하지만, 일본 당국은 이 문제를 미국인들과 협의하였습니다. 일본인들의 입장에서는 그 장소에 병원이 있는 것에 대하여 이의가 없었으며, 오히려 그들은 (병원 설립) 계획에 큰 관심을 갖고 있는 듯 했고, 정초석을 놓는 일에 많은 사람들이 공식적으로 참석하였습니다. 저는 병원에 일본인 간호원이 고용될 것이라고 덧붙일 수 있습니다.

제가 서울의 부동산을 외국인에게 더 이상 매각하는 것을 방지하기 위하여 오도(誤導)된 황제 측에서 단호한 노력을 기울이고 있음을 나타내는 표시로, 저는 귀하께 한성 판윤이 새 궁전에 인접한 모든 부동산을 매각하지 못하도록 제한하였다는 내용의 가장 주목할 만한 발표의 사본을 보내 드립니다(별첨 5). 그는 서울과 교외에 있는 왕궁, 사찰 및 공공건물을 모두 포괄하며, 제한 지역은 자신의 재량에 맡김으로써 이러한 공공건물이 많이 있는 서울에서 어떠한 부동산의 매각도 막을 수 있다고 구두로 설명하였습니다.

이에 대하여 저는 사본이 동봉된 첨부 6에 따라 패독 씨에게 그러한 규정은 조약 조항에 위배되고 따라서 외부대신과 저 사이의 적절한 토의 주제이기 때문에 수락할 수 없다는 취지의 회신을 하도록 하였습니다.

저는 서울에 있는 다른 모든 외교사절들이 유사한 답변을 판윤에게 보낸 것으로 알고 있습니다.

한국인 부동산 중개인의 도움을 요청한 미국인들은 그들(중개인)이 최근 서울 안팎의 모든 부동산을 외국인에게 파는 흥정은 처벌을 받으니 피하라는 지시를 받았다는 사실을 알렸다는 점에서 저는 더욱 확신하고 있습니다. 동시에 일본인들은 계속해서 부동산을 구입하고 증서를 취득할 수 있는 것으로 보

---

67) 미국 정부에서 매년 12월에 각국과의 관계를 보여주는 외교 문서, 각종 법령 등을 수록하여 간행한 책이다. *Papers Relating to the Foreign Relations of the United States, with the Annual Message of the President Transmitted to Congress*

이는데, 아마도 한국인들은 자신들이 그러한 규정을 너무 엄격하게 시행하려고 하면 (발생할지도 모르는) 일본과의 문제를 두려워하기 때문일 것입니다.

위에서 인용한 공문 제530호에서, 저는 귀하께 우리가 이러한 재산상의 어려움을 조정하기 위한 어떤 제안을 외부대신에게 한 외교 사절들의 공동 각서의 사본인 첨부 13을 보내드렸습니다. 11월 5일자의 이 각서에 대하여 우리는 회신을 받지 못하였습니다. 이에 11월 27일 그 문제를 논의하기 위하여 외부대신과의 합동 면담을 요청하였습니다. 이에 대한 답변이 없어 12월 5일 회의에서 회의록(첨부 7)을 동봉하여 황제와 공동으로 알현하기로 결정하였습니다. 이 요청은 승인되지 않았지만 외부대신의 답장을 이끌어냈으며, 그 사본을 동봉합니다(첨부 8).

이것으로부터 황제는 우리와 그 문제를 논의하기를 원하지 않는다는 것을 알게 될 것입니다. 판윤은 저에게 황제의 명을 받았기 때문에 미국인에게 증서를 발급할 수 없다고 솔직하게 말하였습니다. 이 경우는 왕은 자기만이 책임을 져야 하는 불쾌한 입장에 대하여 논의해야 하는 것은 어색할 것입니다. 하지만 이곳에는 사실상 정부가 없기 때문에 세세한 부분까지 신경을 쓰는 황제가 거의 모든 것을 책임져야 합니다.

저는 이 공동 행동의 주동자가 아닙니다. 사실 과거에 그런 과정에서 얻은 것이 거의 없었기 때문에 저는 그런 종류의 시도에 대한 열정이 거의 없고 그것에 의지하는 것을 꺼립니다. 동시에 저는 동료들과 함께 다소 심각한 어려움을 피하기 위하여 한국인들이 올바른 의무 의식을 갖도록 노력할 용의가 있습니다.

안녕히 계십시오.
호러스 N. 알렌

첨부
1. 외부로 보낸 편지, 12월 15일[68]
2. 판윤의 편지, 11월 24일[69]
3. 위의 편지에 대한 답장, 12월 12일[70] (......)

---

68) 이 책의 442~444쪽에 실려 있다. Horace N. Allen (U. S. Minister to Korea), Despatch to Chyo Pyung Sik (Minister for Foreign Affairs) (Dec. 15th, 1902)
69) 이 책의 395~396쪽에 실려 있다. Chang Hwa Sik (Governor of Seoul), Despatch to Gordon Paddock (U. S. Consul General, Seoul) (Nov. 24th, 1902)
70) Gordon Paddock (U. S. Consul General, Seoul), Despatch to Chang Hwa Sik (Governor of Seoul) (Dec. 12th, 1902)

Horace N. Allen (U. S. Minister to Korea), Despatch to John Hay (Sec. of State, Washington, D. C.) (Dec. 15th, 1902)

No. 554

Legation of the United States of America

Seoul, Korea, December 15th, 1902.

Mr. Horace N. Allen to the
  Secretary of State

- Subject -

Refusal to issue title deeds to property in Seoul.

- Synopsis -

Refers to No 530 of November 19th. regarding the refusal of the Korean Government to issue deeds to property purchased in Seoul. It has been impossible to secure satisfaction in this matter, and the whole question of property rights in Seoul has assumed a new and more difficult aspect.

Encloses a copy of a letter to the Foreign Minister on the subject; also translation of a letter from the Governor of Seoul declining to issue deeds on the plea that property lies within an allotment for Japanese R. R. Station, with correspondence on the subject; also an announcement of the reservation of property adjacent to the Palaces in Seoul.

Korean brokers have been ordered not to negotiate sale of property in and around Seoul to foreigners under penalty of punishment. The Governor has admitted being ordered by the Emperor not to issue the deeds to the Americans.

The Foreign Representatives have asked joint audience with the Emperor to discuss property questions, which has been refused. The writer is reluctant to resort to this joint action, but willing to join his colleagues in trying to bring Koreans to proper sense of duty, in hope of averting more serious difficulty.

No. 554

Legation of the United States of America

Seoul, Korea, December 15th, 1902.

To the Honorable,

John Hay,

Secretary of State,

Washington, U. S. A.

Sir: -

In my despatch No. 530 of November 18 last, I had to lay before you certain facts relative to the unjust refusal of the Korean Government to issue title deeds to property purchased in Seoul by the members of the American Presbyterian Mission of 156 Fifth Avenue N. Y.

I now have the honor to hand you a copy (1) of another communication I have been obliged to address to the Korean Minister for Foreign Affairs on the subject, which communication is made necessary by the fact that I have been unable to secure any satisfaction in the matter while the whole question of property rights in Seoul has assumed a new and more difficult aspect.

In my despatch No. 542 of November 28, I handed you an account of the laying of the laying of the corner stone of a free public hospital for the poor of Seoul, under the auspices of the above named mission. The difficulty experienced in obtaining title deeds for this ground I also mentioned in my No 530 above cited.

I now have the honor to hand you a copy (2) of a despatch from the Governor of Seoul in which he declines to issue deeds for this property on the plea that it lies within the allotment of ground set aside for a railway station. I have had Mr. Paddock, in his consular capacity, send a reply to this despatch showing that the Governor's contention is not sustained by the facts in the case, and explaining what I have done in this connection, with the Japanese Minister. See enclosure 3.

In his letter, the Governor cites an old order of September 27, 1899, reserving from sale all land outside of the South Gate of Seoul for the use of this same railway station. See enclosure 4.

I took up this matter at the time for the reason that the proposed reservation contemplated the removal of the public road upon which stood the Electric Street Railway held on mortgage by Americans. To the intense delight of the Emperor, my action resulted in the abandonment by the Japanese of this wholesale occupation. See my despatch No. 242 of April 18, 1900 and previous despatches therein cited, which were published in the Foreign Relations for that year.

During the past summer however, the Japanese have arranged for a perfectly satisfactory reservation for railway purposes, in regard to which Mr. Hayashi, the Japanese Minister, first consulted me and obtained my approval. The Governor therefore issued a new instruction some weeks ago regarding the non-purchase of ground within this newly defined area which is now being occupied by the railway authorities, and while I have had Mr. Paddock defer accepting this reservation for the present, it has not been my intention to contest it.

The Hospital Site in question does not lie within this new reservation. Some thirty feet of one corner will have to be cut off for making a road but the Japanese authorities have arranged this matter with the Americans, and there is no objection on the part of the Japanese to the presence of the hospital at that place, on the contrary they seem to be greatly interested in the project, and attended the laying of the corner stone in numbers and officially. I may add that Japanese nurses are to be employed in the hospital.

As an indication of what I take to be a determined effort on the part of the misguided Emperor to prevent the sale of any more property in Seoul to foreigners, I hand you a copy (5) of a most remarkable announcement from the Governor of Seoul to the effect that he has reserved from sale all property adjoining the New Palace. He has explained this verbally as covering all palaces, temples and public buildings in Seoul and its suburbs, and the area of reservation is left to his own discretion so that he can in this manner prevent the sale of any property in Seoul where such public buildings are very frequent.

To this I have had Mr. Paddock reply as per copy (6) enclosed, to the effect that he cannot accept such regulations on the grounds of their being contrary to treaty provisions and therefore a proper subject for discussion between the Minister for Foreign Affairs and myself.

I am informed that all the other Foreign Representatives in Seoul have caused similar replies to be sent to the Governor.

I am further assured by Americans who have sought the services of Korean real estate brokers, that the latter have informed them they were under recent instructions to avoid negotiating the sale of any property in or around Seoul to foreigners on penalty of punishment. At the same time it seems that the Japanese are able to go on buying property and obtaining deeds for the same, presumably for the reason that the Koreans fear trouble with Japan if they attempt to enforce any such regulations too strictly in their case.

In my despatch No. 530 above cited, I handed you as enclosure 13, a copy of a joint note of the Foreign Representatives to the Minister for Foreign Affairs in which we made certain proposals for the adjustment of these property difficulties. To this note of November 5, we have had no reply. On November 27 therefore, we asked for a joint interview with the Minister for Foreign Affairs to discuss the subject. Getting no response to this, on December 5'th at a meeting of which I enclose a copy (7) of the minutes, it was decided to ask for a joint audience with the Emperor. This request has not been granted but it compelled a reply from the Minister for Foreign Affairs, of which I enclose a copy (8).

From this it will be seen that the Emperor does not wish to discuss the matter with us. The Governor told me frankly that he could not issue the American deeds because he was ordered by the Emperor not to do so. This being the case it would be awkward for His Majesty to have to discuss a disagreeable position for which he alone is responsible. However, as there is really no Government here the Emperor, who attends to such details as receive attention, must be held responsible for pretty much everything.

I am not the prime mover in this joint action. In fact so little has come from such course in the past that I have little enthusiasm in attempting anything of the kind, and an reluctant to resort to it. At the same time I am willing to join my colleagues in trying to bring the Koreans to a proper sense of duty in the hope of averting more or less serious difficulty.

I have the honor to be,

Sir: -

Your obedient servant,

Horace N Allen

Enclosures.

l. Letter to Foreign Office. December 15.

2. Letter of Governor. November 24.

3. Reply to same. December 12.

(......)

윌리엄 B. 헌트(평양)가 프랭크 F. 엘린우드(미국 북장로교회 해외선교본부 총무)에게 보낸 편지 (1902년 12월 16일)

(중략)

이 편지에서 저는 특히 박사님이 언급하신 '조직' 문제에 대하여 말씀드리고 싶습니다. 현재 우리는 협의회, 선교부를 가지고 있고, 몇 년 안에 노회도 생기게 될 것입니다. 그런 다음 이러한 회의와 이곳저곳을 오가는 여행에 한 달 이상, 어떤 경우에는 거의 두 달이 걸릴 것입니다. 만일 우리가 선교 사역을 할 수 없고 이 업무를 할 수 있는 때가 1년에 2달이 있다면 저는 아무런 이의가 없을 것이라고 생각합니다. 그러나 현재로서는 여름에 회의를 열 수 없는 것으로 생각되고 있습니다. 이에 대한 반대자는 언더우드, 에비슨 및 밀러입니다. 북쪽과 서울 지부의 젊은 회원들은 모두 여름 회의에 찬성하고 있습니다. 그러나 우리는 화합을 원하고 있으며, 원칙이 위태롭지 않을 때 화합을 위하여 기꺼이 포기하고 있습니다. 이 계획에 따라 이곳 평양의 여름은 지금부터 가을까지입니다.

(중략)

William B. Hunt (Pyeng Yang),
Letter to Frank F. Ellinwood (Sec., BFM, PCUSA) (Dec. 16th, 1902)

(Omitted)

In this letter particularly I want to speak of the matter you mentioned, the "machinery." At present we have Council and Mission and in a few years there will also be a Presbytery. These then meetings and the travel to and fro will take more than a month, in some instances nearly two months. If there were two months in the year when we couldn't do missionary work in which this work could be done I presume there would be no objection. But at present it is thought that the meeting cannot be held in the summer. The opponents to this are the Underwoods, Avisons and Millers. In the north and the younger members of Seoul Station all are in favor of the meeting in the summer months. But we want harmony and when a principle is not at stake are more than ready to give up for the sake of harmony. In accordance with this plan here in Pyeng Yang our Summer are from now on to be fall.

(Omitted)

19021229

호러스 G. 언더우드(서울)가 A. 우드러프 홀시(미국 북장로교회 해외선교본부 총무)에게 보낸 편지 (1902년 12월 29일)

(중략)

어빈 박사 문제와 부산 지부에 대한 선교본부의 조치에 관한 것입니다. 시끄러운 불평들이 있으며, 번복되기를 바라고 있는 대다수는 선교본부의 조치를 좋아하지 않고 있습니다. 에비슨 박사는 현재 선교본부로 보내는 꽤 긴 편지를 썼으며, 박사님은 분명 보시게 될 것입니다. 그가 말한 것이 무엇인지 저는 모릅니다. 그는 저에게 자신이 쓰고 있다고 말하였고, 그가 말한 것으로 판단한다면 그는 이전에 부산에서 철수하는 것을 선호하였던 자신의 입장을 설명하였습니다. 그는 만약 선교본부가 부산을 사역에 적합한 조건으로 만들 의향이 있다면 한국의 다른 곳에서처럼 훌륭한 사역이 개발되지 못할 이유를 확실히 알지 못한다고 분명히 말하였고, 그렇게 함으로써 실질적으로 부산에서의 철수에 대한 자신의 투표를 철회하였습니다. 저는 선교본부가 이 문제와 관련하여 어떤 식으로든 결정을 바꾸지 않기를 진심으로 신뢰하고 기도합니다.

(중략)

Horace G. Underwood (Seoul),
Letter to A. Woodruff Halsey (Sec., BFM, PCUSA) (Dec. 29th, 1902)

(Omitted)

In regard to the Irvin matter and the attitude of the Board's action in regard to Fusan. There are loud murmurings and the Board's action is not liked by the majority who desire to see it reversed. Dr. Avison has been writing quite a long letter to the Board at the present time and this you will doubtless see. As to what he says I do not know He told me he was writing and I judge from what he said, he was explaining his attitude which had previously favored withdrawing from Fusan. He said to me definitely that if the Board were willing to put Fusan in a proper condition for work that he certainly saw no reason why as fine a work could not be developed there as anywhere in Korea, practically thereby withdrawing his vote for the withdrawal from Fusan. I sincerely trust and pray that the Board may not be led to change its action in any way in regard to this matter.

(Omitted)

19021231

캐서린 C. 웸볼드(서울)가 프랭크 F. 엘린우드(미국 북장로교회 해외선교본부 총무)에게 보낸 편지 (1902년 12월 31일)

<table>
<tr><td>접 수
1903년 2월 13일
엘린우드 박사</td><td>한국 서울,
1902년 12월 31일</td></tr>
</table>

친애하는 엘린우드 박사님,

지부의 월간 편지는 제가 쓸 차례인데, 알파벳 순서로 다루겠습니다.

에비슨 박사는 진료소와 병원에서 한국인 환자들과, 그리고 천연두와 장티푸스에 걸린 외국인 환자들과 함께 매우 바쁜 시간을 보냈습니다. 그는 가장 성공적이었습니다. 병원에 있던 일본인 간호원 한 명이 외국인 가정에서 천연두와 장티푸스 환자를 치료하여 환자들에게 큰 위로를 주었습니다.

세브란스 기념 병원의 정초석을 놓는 것은 대단히 인상적인 행사이었으며, 우리 모두 및 박사는 마침내 우리의 부지가 확보된 것에 대하여 깊게 감사를 드리고 있습니다.

에비슨 부인은 강습반에서, 그리고 또한 그들이 집을 방문할 때에도 계속 가르치고 있습니다. 그녀는 능숙하게 말을 하며, 한국인 여자들은 그녀의 사랑스러운 마음과 준비된 호의 때문에 그녀를 사랑하고 존경합니다.

(중략)

Katharine C. Wambold (Seoul),
Letter to Frank F. Ellinwood (Sec., BFM, PCUSA) (Dec. 31st, 1902)

Received
FEB 13 1903
Dr. Ellinwood

Seoul, Korea,

31 December, 1902

Dear Dr. Ellinwood: -

It is my turn to write the monthly station letter, and I shall take the members alphabetically.

Dr. Avison has had a very busy time, both with the Korean patients in Dispensary and Hospital, and with foreign patients who have had small pox and typhoid. He has been most successful. One of the Japanese nurses in the Hospital nursed both small-pox and typhoid in the private families of the foreigners, giving great comfort to the patients.

The laying of the corner stone for the Severance Memorial Hospital was a very impressive ceremony, and we all, as well as the Doctor are deeply thankful that our site for it has been at last secured.

Mrs. Avison continues to teach the women in class and also when they call at her house. She speaks with great facility, and the Korean women love and respect her, not only because of her loving heart and ready sympathy.

(Omitted)

19020000

아서 J. 브라운(미국 북장로교회 해외선교본부 총무), 미국 북장로교회 해외선교본부 한국 선교부 방문 보고서 (뉴욕: 미국 북장로교회 해외선교본부, 1902), 1, 23~26쪽

나는 한국에서 한 달을 보냈고, 내가 할애할 수 있는 시간의 비현실적인 부분을 필요로 하였을 대구를 제외한 모든 지부를 방문하였다.

(중략)

한국에서 의료는 또한 몇 가지 중요한 질문을 제시하며, 이러한 질문에 대하여 선교사들 스스로 다양한 대답을 한다. 문제로서의 요점은 의료 선교를 수행하는 근본적인 목적에 영향을 미친다.

어떤 사람들은 의료 사업이 직접적인 복음적 목표와는 별개로 선교 활동의 정당한 부분이고, 그리스도께서는 종종 동정심으로 병자를 고치셨으며, 질병과 그에 따른 많은 고통의 적절한 치료에 대한 지식이 없는 한국과 같은 나라에서는 우리 기독교 문명이 우리에게 줄 수 있게 하는 실질적인 도움을 제공하는 것이 적절하다고 주장한다. 그래서 이 선교사들은 좋은 병원을 건축하고 적절하게 장비를 갖추려 하며, 그렇게 해서 얻은 영향력을 기독교적인 목적을 위하여 사용하고 복음주의적인 노력과 동일시하려 한다.

하지만 다른 사람들은 고통의 경감이 우리의 선교적 의무의 필수적인 부분이 아니며 그것이 복음의 길을 여는 데 필요한 경우에만 선교단체로서 정당화될 수 있다고 주장한다. 이제 한국에서는 이 목적을 위하여 의료 업무가 필요하지 않다. 물론 고통에 대한 그리스도인의 사역이 그렇지 않았다면 굳어있었을 마음을 부드럽게 할 것이라는 것은 항상 사실일 것이다. 그러나 요점은 한국에서 전도자가 청중을 확보하는데 의사의 도움이 필요하지 않다는 것이다. 사람들은 복음을 들을 준비가 되어 있고 설교자에게 너무 열심이어서 그가 원하는 만큼 폭넓게 들을 수 있다. 실제로 한 의사는 "나는 내 의료 기술이 복음의 문을 여는 열쇠로 사용하기 위하여 한국에 왔다. 그러나 곧 내가 이미 열려 있는 자물쇠를 더듬고 있다는 것을 알게 되었다. 그래서 의료 업무를 그만두고 전도자가 되었다."고 말하였다. 미국 북감리교회는 서울에 있는 종합병원을 폐쇄하였으며, 선교사 중 한 사람으로부터 부분적으로는 자금의 부족이지만, 주로 그 병원이 복음에 대한 청중을 확보하는 데 필요하지 않기 때문에 그 병원이 아마도 재개되지 않을 것이라는 말을 들었다. 나는 우리 장로교회 선교사들 중 누가 그렇게 극단적으로 갈지는 모르지만, 이러한 근본적인 차이는 어느 정도, 그리고 다소 의식적으로 병원 업무가 어느 정도로 설비를 갖추어야 하는지 그 규모에 관하여 선교부에서 진행되고 있는 많은 토의의 기초가 되고 있다. 그래서 의료 업무의 발전을 지지하는 쪽과 제한하자는 쪽이 있다.

나 자신은 다른 사람에 의해 수정 되지 않은 어느 쪽의 견해도 받아들이고 싶지 않다. 나에게 현명한 입장은 두 극단적인 입장 사이의 중도인 것 같다. 나는 국민의 고통을 어느 정도 덜어줄 수 있는 의사와 정부 병원이 있는 일본과 같은 나라에서는 우리가 의료 분야에 진출할 부름이 없음을 인정한다. 아픈 사람은 우리가 없이도 고칠 수 있다. 일본은 재정적으로 우리가 경쟁할 수 없는 규모로 자체 병원을 유지하고 있다. 따라서 의료 선교사는 병자를 고치는 데 필요하지 않으며, 영혼을 구원하는 사업에 실제적으로 도움이 되는 상황에서는 그렇게 하려고 할 수도 없다.

그러나 한국의 상황은 다르다. 사람들의 불결한 습관과 도시와 마을의 무섭도록 비위생적인 조건은 질병이 더욱 만연하고 치명적이게 만드는 반면, 한국인 의사나 병원은 없다. 의료 선교사가 고통을 덜어주지 않으면 고통이 전혀 완화되지 않는다. 그러한 상황에서 기독교는 내과적 및 외과적 자원으로 고통의 그 땅을 걸을 수 없으며, '다른 쪽에 있는' 모든 고통을 받는 사람들을 지나칠 수 없다. 또한 기독교 정신은 우리가 깨끗하지 않은 궤양이 사람의 생명을 썩게 하도록 남겨 두고, 사람의 영혼에게만 말하는 것을 허용하지 않을 것이다. 어느 날 우리가 한 시간 동안 들렀던 내륙 마을에서 우리는 고통에 몸부림치는 여섯 살 소년을 보았다. 검사 결과, 비전문가의 눈으로도 알 수 있는 척추 위의 농양이 발견되었으며, 이는 즉각적으로 치료를 받지 않으면 치명적인 것이었다. 이제 나는 그 아이를 도운 우리의 변명이 그의 친척과 친구들에게 얻을 수 있는 영적인 영향력에만 있는 것이 아니라고 생각한다. 우리는 도울 수 있는 능력을 갖고 있어 아이를 위하여 그렇게 해야 할 책임이 있었다. 예수께서 어린 아이들을 사랑하시고, 우리를 도우라고 촉구한 것은 우리 마음에 있는 성령이었으며, 하나님만이 고칠 수 있는 영혼의 병이 있다는 것을 우리 주변의 군중에게 이해시키는 것은 실로 우리의 특권이자 의무이었다. 그러나 다른 사람들이 보이지 않고 혼자 있는 아이를 발견하였다면 그 아이를 똑같이 도왔어야 했다. 그리스도께서 나환자를 고치시고 아무에게도 말하지 말라고 곧장 명하지 아니하였는가? 그래서 한국에서 의료 업무는 청중을 확보하기 위하여 꼭 필요한 것은 아니지만 합법적인 자리가 있다고 생각한다. 기독교는 단순히 복음을 구두로 전하는 것이 아니다. 그것은 사람의 삶, 고뇌의 완화, 동정의 표현이다. 사회적, 개인적 상황이 근본적으로 잘못된 나라에서 우리가 제시하는 기독교가 인간이 필요로 하는 것에 적응하는 것을 보여주지 못한다면 우리는 선교의 일부를 포기해야 한다. 사실 종교는 안식일과 마찬가지로 사람을 위해 만들어졌다. 그것은 현재의 삶과 내세의 삶에 유익하다.

그러나 다른 한편으로 나는 선교 기관으로서 육체적 고통을 덜어주는 우리의 책임에 한계가 있음을 인정하고 실제로 주장한다. 우리가 사용할 수 있는 비교적 적은 수단으로는 아시아와 아프리카의 수많은 질병을 없애는 일을 떠맡을 수 없다. 그 시도는 영혼을 위하여 아무것도 남기지 않고 우리의 전체 자원을 빠르게 소진시킬 것이다. 영혼의 병은 육체의 병보다 더 나쁘고, 우리의 주된 임무는 죽어가는 사람들에게 그것에 대한 치료법을 제공하는 것이다. 그러므로 우리는 복음 전파를 외면해서는 안 되며, 우리의 시간과 돈을 병원에 과도하게 사용해서는 안 된다. 의료 사업은 교육과 같이 전도에 합당하게 종속되어야 한다. 그것은 보조 수단으로서 가치가 있지만 결코 그것을 가리도록 허용되어서는 안 된다. 영적인 것이 우선되어야 한다.

그래서 나는 한국에 병원이 있는 것을 선호하며, 건물과 장비는 선교부의 다른 건물과 보조를 맞추어야 하고, 우리가 한국인들에게 전도보다 의료 활동이 더 많은 비용과 노력을 들일 가치가 있는 것으로 간주한다는 인상을 주지 않도록 충분히 겸손해야 한다고 생각한다. 병원은 더 많은 사람을 치료해야 하고 장비가 필연적으로 더 비싸기 때문에 실제로 선교부의 다른 어떤 단일 건물보다 비용이 더 많이 들 수 있다. 그러나 비율을 준수해야 한다. 나는 1900년 12월 17일 선교본부의 조치 중 '대구와 평양의 병원 건물과 관련하여 그에 대한 예산이 만들어질 때(그리고 나는 다른 지부를 추가할 것이다.), 그것들은 한국 선교부가 채택한 전반적인 절약으로서 그러한 한계로 제한되고, 선교부 사업의 여러 분야들 사이의 공정한 비율에 관한 단서가 지시하는 것처럼 보이며, 일반적으로 선교본부는 외국 자금의 경제적 사용과 지금까지 한국 선교부에서 그토록 성공적으로 입증된 자립의 진정한 발전을 지지한다.'라는 의견을 표현한 부분에 대하여 진심으로 공감한다.

그러나 이것은 내가 생각하기에 선교부의 만장일치 투표를 이끌어낼 자명한 것이다. 문제는 여전히 남아있다. 공정한 비율을 구성하는 것은 무엇인가? 예를 들어, 서울에 제안된 병원의 '공정한 비율'이 5천 달러, 1만 달러 혹은 1만 5천 달러인가? 의사는 1명, 2명 또는 3명인가? 이미 선교본부에서 취한 결정에는 L. H. 세브란스 씨가 관대하게 기부한 1만 달러는 '병원 건물과, 두 채, 즉 하나는 담당 주치의를 위하여, 다른 하나는 여의사 및 훈련된 간호원을 위하여, 의 주택을 포함하여 사용해야 한다.'고 언급되어 있다.

나는 선교본부가 이 조치를 철회한 것을 기쁘게 생각한다. 나는 그것을 선호하는 선교부 회원을 단 한 명만 찾았고, 현지 상황을 조사한 결과 나는 그러한 제한이 너무도 편협한 것이었다는 분명한 의견을 갖고 있다. 본관뿐 아니라 가구, 장비 및 작은 별채를 포함할 때, 특별히 더 비싼 건물이 더 많은 수도에 위치해 있다는 것을 고려한다면 1만 달러는 그러한 기관에 불균형적인 지출이 아니다.

그러나 나는 그것이 충분할 것이라고 생각한다. 우리가 그 도시와 그 주변에 있는 모든 병자들을 치료하는 일을 맡는다는 것은 참으로 부적절할 것이다. 10만 달러와 십여 명의 외국인 의사가 그러한 목적에 사용될 수 있지만, 우리가 선교 기관으로서 추구하는 목적을 위해서는 1만 달러면 충분하다. 이것은 선교부의 대다수의 의견이다. 사실, 나는 그 이상의 어떤 것도 고려되지 않는다는 것을 확신할 수 있다면, 선교부가 이것을 타협으로써 만장일치로 찬성할 것이라고 믿고 있다. 그러나 병원의 막연한 확장과 외국인 의사의 수 증가에 대한 반대는 너무나 강력하고 전반적이어서 이 주제에 대하여 회의를 많이 한 후에, 나는 대다수의 선교사들이 선교본부가 1만 달러를 '공정한 비율'로 간주하고, 선교본부가 선교부의 반대에 대하여 더 이상의 확대를 고려하지 않을 것이라고 확신하지 않는 한 병원이 그들의 협력을 이끌어낼 수 없다고 믿고 있다. 소수의 사람들만이 승인하고 많은 헌신적인 선교사들에게 근심의 근원과 모든 선교부 회의에서 논쟁의 원인이 되는 더 공들인 기지를 갖는 것보다 전체 선교부의 열렬한 지원을 받을 10,000달러짜리 기관을 갖는 것이 훨씬 더 낫다.

논의 중인 원칙은 여의사와 관련이 있다. 선교본부는 한국 선교부에 몇 명을 임명하였지만 한 명을 제외하고는 모두 결혼하였다. 더 이상 여의사를 한국에 파송하는 것이 타당한지 솔직히 의심이 들더라도 나는 해외에서나 국내에서 친구들을 과도하게 놀라게 하지 않기를 바란다. 나는 이 주제에 대하여 한국 전역의 선교사들과 다른 선교본부에 문의하였으며, 병원이나 진료소에 갈 여자는 여의사에 의한 진료를 쉽게 받아들인 것처럼 남자에 의한 진료를 받아들일 것이라는 의견이 일반적이다. 이 나라의 관습은 회교국에서 하는 것처럼 여자가 남자 의사에게 접근할 수 없도록 하지는 않는다. 중국에서 의사들의 증언에 따르면 치료를 받으러 오는 현지인 여자는 여자 특유의 질병과 수술을 제외하고는 일반적으로 남자에게 치료를 받고 싶어 한다. 나는 중국에서 여자 환자들이 이런 구분조차 하지 않는다고 말하는 두 명의 의사를 발견하였다. 그러나 중국 전체를 통틀어 수백만 명의 여자들이 겪고 있는 가장 고통스러운 고통은 이제 여자 의료 선교사만이 실질적으로 접근할 수 있다. 더욱이 중국에서는 한국보다 병원이 전도의 기회에 훨씬 더 중요하다. 선교사는 외국인에게 더 적대적이고 직접적인 기독교적 호소에 비교적 반응을 보이지 않는 사람들이 복음을 들을 수 있도록 의료 선교를 필요로 한다. 따라서 중국에서는 남자뿐만 아니라 여자의 의료 활동이 절대적으로 필요하다.

그러나 한국은 복음에 대해 활짝 열려 있을 뿐만 아니라, 여자들은 분명히 미국 여자처럼 남자 의사에게 접근할 수 있다. 물론 남녀 모두 외국인 의사를 찾지 않고 괴로워하는 경우가 많고, 특히 상류층에서는 남자가 진료하든 여자가 진료하든 병원이나 진료소 근처에 가지 않는 여자도 있다. 여의사는 의심할 여지없이 이러한 여자들을 가정으로 방문하는 일에서 훌륭한 일을 할 수 있다. 그러나 전도의 기회가 이미 너무나 풍부하여 선교본부가 한국에 파송할 수 있는 모든 선교사에게 충분한 범위를 제공할 수 있는 나라에서는 그러한 일에 선교사를 임명할 필요가 없다. 우리 앞에 놓인 문제는 단순히 어디에서 선을 행할 수 있는가가 아니라 어디에서 가장 선을 행할 수 있는가, 즉 우리의 제한된 자원을 최대한 활용하는 방법이라는 사실을 명심해야 한다.

이러한 고려 사항은 만일 우리에게 여의사가 있다면 그들을 위한 별도의 병원이 있어야 한다는 선교사들의 일반적인 의견에 의해 강력해진다. 물론 지금 나는 가사를 돌보면서 진료소나 병동에서 약간의 도움을 주는 것으로 만족해하는 기혼 여자를 말하는 것이 아니라, 자신의 시간과 힘을 의료 업무에 전념할 수 있고 그렇게 기대되는 미혼녀를 말한다. 교육을 받고 자격을 갖추었으며 선교 사업에서 남자 동료와 동등한 그러한 여자에게 여자 병동 및 진료소의 단순한 조수로 종속되도록 요청하는 것은 언제나 문제를 일으키는 일이다. 여자 병동과 진료소에 대한 독립적인 권한을 그녀에게 부여하는 것은 사실상 한 기관에 두 명의 책임자를 두는 것이며, 심각한 의견 차이를 초래할 것이다. 전형적인 현지인 여자가 자신의 의사의 성별에 대하여 너무 무관심한 한국에서 특히 그렇다. 나는 남녀가 같은 병원에서 조화롭게 일을 해야 하는 이유에 대한 정교하고 이론적으로 확실한 목록을 쉽게 만들 수 있다. 나는 그들이 하고 있는 예외적인 장소를 예증할 수 있다고 생각한다. 그러나 6개의 선교부에서 실제 조사와 토론을 한 후에, 여의사는 실제적으로 조만간 여자 의료를 위한 별도의 부지를 의미한다고 생각하는 편이 낫다는 결론에 도달하였다.

이제 한국에서 선교사들의 지출과 그들을 위하여 필요한 자금을 정당화할 만큼 별도 기지의 필요성이 시급하지 않다. 각 지부에는, 물론 남자와 여자를 위한 별도의 병동을 가지고 있고 점차 배출될 현지인 의사의, 서울에서는 훈련된 간호원의 조력을 받는 한 명의 전담 의사가 있으면 선교 단체로서 수행하도록 부름을 받은 의료 사업에 충분할 것이다. 나는 의사이기도 한 아내가 지금 하고 있는 의료 업무를 중단하거나 선교부에 남아 있는 한 명의 독신 여의사를 다른 선교부로 옮겨야 한다는 의미가 아니다. 모두 주님과 한국인 자매들을 사랑으로 유익하게 섬기는 고귀한 여자들이다. 그러나 내 말은 많은 선교지의 상대적인 필요와 '공정한 비율'을 고려할 때 더 많은 여의사들이 한국보다 그들을 더 절실히 필요로 하는 선교지에 파송되어야 한다는 뜻이다.

(중략)

Arthur J. Brown (Sec., BFM, PCUSA), Report of a Visitation of the Korea Mission of the Presbyterian Board of Foreign Missions (New York: The Board of Foreign Missions fo the Presbyterian Church in the U. S. A., 1902), pp. 1, 23~26

I spent a month in Korea, visiting all the stations except Taiku, which would have required an impracticable proportion of the time at my disposal.

(Omitted)

The medical work also presents some important questions in Korea, and to those questions the missionaries themselves give divergent answers. The chief point as issue affects the fundamental purpose for which medical missions are conducted.

Some hold that medical work is a legitimate part of missionary effort apart from its direct evangelical aim; that Christ often healed the sick out of sympathy and that in a land like Korea, where there is no native knowledge as to the proper treatment of diseases and much consequent suffering, it is proper for us to render the practical assistance which our Christian civilization has enabled us to give. So these missionaries would build good hospitals and adequately equip them, using the influence thus acquired for Christian ends and identifying the work with evangelical effort.

Others, however, hold that the relief of suffering is not a necessary part of our missionary duty, and that it is justifiable as a missionary agency only in so far as it is required to open the way for the Gospel. Now, in Korea, medical work is not required for this purpose. Of course, it will always be true that the Christian ministry to pain will soften hearts which might otherwise have remained hard. But the point is that in Korea the evangelist does not need the help of the physician in securing an audience. The people are so ready to listen to the Gospel, they so eagerly crowd about the preacher, that he has as wide a hearing as he could desire. Indeed, one physician is reported to have said: "I came to Korea to use my medical skill as a key to unlock the door for the Gospel. But I soon found that I was fumbling at the lock of a door which was already wide open. So I left the medical work and became an evangelist." The Methodists (North) have closed their general hospital in Seoul and I was told by one of their missionaries that it would probably not be reopened, partly for want of funds, but chiefly because the hospital is not needed to gain an audience for the Gospel. I do not know that any of our Presbyterian missionaries would go to such an extreme, but this radical divergence to some degree, and more or less consciously, underlies much of the discussion now rife in the Mission as to the scale on which hospital work should be equipped. So there are two parties, one favoring the development and the other the restriction of medical work.

For myself I am unwilling to accept either view unmodified by the other. It seems to me that a wise position is a mean between the two extremes. I grant that in a country like Japan, where there are native physicians and Government hospitals able to relieve in some measure the sufferings of the people, we have no call to enter the medical field. The sick man can be healed without us. and the Japanese are maintaining their own hospitals on a scale with which it would be financially impossible for us to compete. So a medical missionary is not needed to heal the sick, nor could an attempt to do so be made in circumstances which would materially aid the work of saving souls.

But in Korea the situation is different. The filthy habits of the people and the frightfully unsanitary condition of the cities and villages render disease more prevalent and virulent, while there are no native physicians or hospitals. If suffering is not relieved by the medical missionary it will not be relieved at all. In such circumstances Christianity, with its medical and surgical resources, cannot walk through that land of pain and pass every sufferer "on the other side." Nor will the Christian spirit permit us to speak only to the soul of man while we leave uncleansed ulcers to rot away his life. In an interior village, where we stopped for an hour one day, we saw a boy of six writhing in agony. Examination disclosed an abscess over the spine which even my unprofessional eye could see would prove fatal if not given prompt treatment. Now I hold that our justification for helping that child was not solely in the spiritual influence that might be gained over his relatives and friends. Having ability to relieve, we had responsibility to do so for the child's sake. It was, indeed, our duty, as well as our privilege, to make the crowd about us understand that Jesus loves little children, that it was His spirit in our hearts which prompted us to help, and that there was a disease of the soul which He alone had power to heal. But we should have helped the child just the same if we had found him alone, with not another human being in sight. Did not Christ heal the leper and straightway charge him to tell no man? So I believe that medical work has a legitimate place in Korea, even though it is not needed to secure a hearing. Christianity is not simply the oral preaching of the Gospel. It is the life of love, the alleviating of agony, the manifestation of sympathy. In a land where social and personal conditions are so radically wrong, we should abdicate a part of our mission if we failed to present Christianity so as to show its adaptation to human needs. True, religion, like the Sabbath, was made for man. It is profitable for the life that now is as well as for that which is to come.

But, on the other hand, I grant, and indeed insist, that there are limitations to our responsibility for relieving physical suffering, as a missionary agency. We cannot, with the comparatively scanty means at our disposal, undertake to remove all the enormous amount of sickness among the teeming millions of Asia and Africa. That attempt would speedily exhaust our entire resources, leaving nothing for the soul. Its sickness is worse than the body's, and our chief duty is to give dying men the remedy for that. We must not, therefore, turn aside from the preaching of the Gospel, nor must we put a disproportionate share of our time and money into hospitals. Medical work, like educational, should be held in due subordination to the evangelistic. It is valuable as an auxiliary, but it should never be permitted to overshadow it. The spiritual must be first.

So, while I favor hospitals in Korea, I think that the buildings and equipment should be modest enough to keep them in due relation to the other buildings of the Mission and to avoid giving the Koreans the impression that we regard medical work as worthy of a larger expenditure and effort than the evangelistic. The hospital may, indeed, cost more than any other single building of the Mission, for it may have to deal with more people, and its equipment is necessarily more expensive. But proportion should be observed. I am in cordial sympathy with that portion of the Board's action of December 17, 1900, which expresses the opinion, "that with respect to the hospital buildings at Taiku and Pyeng Yang, when appropriations therefor shall be made" (and I would add the other stations), "they be restricted to such limitations as the general economy adopted by the Korean Mission and a clue regard to fair proportions between different departments of Mission work shall seem to dictate, and that. in general, the Board favors an adherence to the economical use of foreign funds, and the earnest development of self-support, which have proved so successful in the Korean Mission hitherto."

But this is a truism which would, I think, command the unanimous vote of the Mission. The question still remains, What constitutes fair proportions? For example, for the proposed hospital at Seoul are "fair proportions" $5,000, $10,000 or $15,000? Are they one, two or three physicians? In the action already referred to the Board held that the generous gift of $10,000 by Mr. L. H. Severance "should be so used as to include the hospital building and two houses, one for the head physician in charge and the other for the lady physician and trained nurse."

I am glad that the Board has rescinded this action. I found only one member of the Mission who favored it, and after a study of the situation on the ground I am clearly of the opinion that such limitations would have been altogether too narrow. Ten thousand dollars is not a disproportionate expenditure for such an institution, if it is to include not only the main building, but the furniture. equipment and small outbuildings, especially as the location is in the capital, where far more costly buildings are numerous.

But I believe it to be sufficient. It would indeed be inadequate if we are to undertake to heal all the sick in the city and vicinity. One hundred thousand dollars and a dozen foreign physicians could be used for such a purpose, but $10,000 is enough for the ends which we seek as a missionary agency. This is the opinion of a large majority of the Mission. Indeed, I believe that the Mission would unanimously favor this as a compromise, if it could be assured that nothing beyond this is contemplated. But the opposition to an indefinite expansion of the hospital and to an increase in the number of foreign physicians is so emphatic and general that after many conferences on the subject I am persuaded that the hospital cannot command the co-operation of the majority of the missionaries unless they can be assured by the Board that $10,000 is regarded as "fair proportion," and that the Board will not consider further enlargement against the protests of the Mission. Better by far to have a $10,000 institution which will have the cordial support of the whole Mission than to have a more elaborate plant which would be approved by only a small minority, and which would be a source of anxiety to many devoted missionaries and a bone of contention in every mission meeting.

The principle under discussion has a bearing upon women physicians. The Board has assigned several to the Korean Mission, but all have married except one. I hope I shall not unduly startle any friends either abroad or at home if I frankly doubt the expediency of sending any more women physicians to Korea. I made inquiries on this subject all over Korea, of missionaries of our own and of other Boards, and the opinion is general that women who will go to a hospital or dispensary at all will accept treatment by men about as readily as by women. The customs of the country do not make women inaccessible to men physicians, as they do in Mohammedan lands. In China the testimony of physicians is decided that native women who come for treatment are, as a rule, quite willing to be treated by men, except for the diseases and operations peculiar to women. I found two physicians in China who said that their women patients did not make even this distinction. But, taking China as a whole, the sorest agonies of millions of women can now be practically reached only by the woman medical missionary. Moreover, in China, the hospital is far more vital to evangelistic opportunity than in Korea. The missionary needs medical missions to secure a hearing for the

Gospel by a people who are more hostile to a foreigner and comparatively unresponsive to the direct Christian appeal. Medical work in China, therefore, by women as well as by men is an absolute necessity.

But Korea is not only wide open to the Gospel, but her women are apparently as accessible as the women of America to the male physician. Of course, there are many of both sexes who stolidly suffer rather than seek any foreign physician, and there are women, particularly in the upper classes, who will not go near a hospital or dispensary, whether conducted by a man or a woman. A woman physician can undoubtedly do excellent work in visiting these women in their homes. But the assignment of a missionary to such work is not necessary in a land where the evangelistic opportunities are already so abundant as to afford ample scope for all the missionaries the Board will probably be able to send to Korea. We must bear in mind the fact that the question before us is not simply where we can do good, but where can we do the most good - how to use our limited resources to the best advantage.

These considerations are strengthened by the general opinion of the missionaries that, if we have women physicians at all, we must have separate hospitals for them. Of course, I am not referring now to married women, who, with their household cares, are contented with a dispensary or with giving some assistance in a ward, but to single women who are able and who are expected to devote their time and strength to medical work. To ask such a woman, educated, qualified and equal to her male colleague in mission standing, to be subordinate to him as a mere assistant in the women's ward and dispensary is in variably to make trouble. To give her independent authority over the women's ward and dispensary is virtually to make two heads for one institution, and will result in serious differences of opinion. This is particularly true in Korea, where the typical native woman is so indifferent as to the sex of her physician. I could easily frame an elaborate and theoretically conclusive list of reasons why a man and a woman should work harmoniously in the same hospital. I presume that exceptional places might be cited where they do. But after actual investigation and discussion in half a dozen missions I have come to the conclusion that we might as well make up our minds that a woman physician practically means sooner or later a separate plant for women's medical work.

Now, in Korea, the necessity for such separate plants is not urgent enough to justify the expenditure of missionaries and funds that would be required for them. One general hospital at each station, with, of course, separate wards for men and women and with one man physician in sole charge, assisted by the native physicians who will gradually be developed, and in Seoul by a trained nurse, will suffice for all the medical work which we are called upon to perform as a missionary agency. I do not mean that the wive who are also physicians should discontinue the medical work which they are now doing, or that the one remaining single woman physician of the Mission should be transferred to some other mission. All are noble women, who are lovingly and usefully serving the Master and their Korean sisters. But I mean that, considering the relative needs of many fields and "fair proportions," further women physicians should be sent to fields where conditions render them more vitally necessary than in Korea.

(Omitted)

제2장
1903년

  주한 미국 공사인 호러스 N. 알렌 박사의 적극적인 노력에 힘입어 조선 정부는 1903년 4월 부동산 증서를 발행해 주었다. 이후 건축은 비교적 순조로워. 8월에는 병원 건물의 지붕이 거의 마무리되고 내부 작업이 진행되어 곧 개원을 앞두고 있었다. 이와 함께 선교본부는 4월 하순 매리온 M. 널과 넬 B. 존슨을 추가 의사로 임명하여 의료 인력을 보강하였다.

  하지만 러시아와 일본 사이의 갈등으로 전운(戰雲)이 감돌자 11월 일본 정부는 일본인 간호원들을 소환하였다. 또한 건축업자 해리 장은 치솟는 물가로 당초의 약속을 지키지 못하게 되었다며 나머지 공사를 포기하였고, 이에 따라 에비슨, 고든 및 의학생 김필순이 배관 작업 등 마무리 공사를 하는 수밖에 없었다.

Thanks to the active efforts of Dr. Horace N. Allen, an U. S. Minister to Korea, the Korean Government issued deeds in April 1903. Since then, the construction has been relatively smooth, and in August, the roof of the hospital building was almost finished and the interior work was underway, and the opening was soon ahead. At the same time, the Board decided to reinforce the medical staff by appointing Dr. Marion M. Null and Nell B. Johnson as extra physician in late April 1903.

However, as wars raged over the conflict between Russia and Japan, in November the Japanese Government summoned Japanese nurses from Jejoongwon. In addition, builder Harry Chang gave up the rest of the project, saying that the original promise could not be kept due to rising prices. As a result, Dr. Avison, Mr. Gordon and Mr. Pil-soon Kim, a medical student, had no choice but to do the finishing work including plumbing, etc.

19030105

수전 A. 도티(서울)가 아서 J. 브라운(미국 북장로교회 해외선교본부 총무)에게 보낸 편지 (1903년 1월 5일)

<table>
<tr><td>접 수
1903년 2월 8일
브라운 박사</td></tr>
</table>

한국 서울,
1903년 1월 5일

친애하는 브라운 박사님,

　동봉한 에비슨 박사의 편지는 선교본부를 위하여 작성한 것이 아니며 박사님에게 더 비중을 두어야 합니다. 그것은 오직 그와 그의 상황 때문이며, 저는 그의 편지가 우울함을 돌발적으로 표현한 것이 아니라고 말씀드립니다. 그는 학교에 더 나은 숙소를 제공하기 위하여 우리에게 필요한 것이 무엇인지 너무 잘 알고 있을 뿐입니다.

　그의 인내심, 쾌활하고 모든 준비가 되어 있는 도움은 훌륭한 의사와 기독교 교육의 진정한 친구의 사역에 대하여 제가 쉽게 표현할 수 없는 감사의 근거입니다. 여학교에 관한 선교지부의 편지와 관련하여 박사님의 그 편지가 도움이 될 것이라고 확신합니다.

(중략)

Susan A. Doty (Seoul),
Letter to Arthur J. Brown (Sec., BFM, PCUSA) (Jan. 5th, 1903)

Received
FEB 8 1903
Dr. Brown

Seoul, Korea,
Jan. 5th, 1903

Dear Dr. Brown: -

The accompanying letter of Dr. Avison's was not intended for the Board and should have more weight with you on that account. It is only due to him and to the situation that I say that his note was not a spasmodic expression of a fit of the blues: he knows only too well what our need is for better accommodation for the School.

His patient, cheerful, every-ready helpfulness, is a cause of gratitude which I cannot easily express for the services both of an excellent Physician and a true friend to Christian Education, am sure you will find the note helpful in connection with the Station letter about Girls School.

(Omitted)

호러스 N. 알렌(주한 미국 공사)이 존 헤이(미합중국 국무부 장관)에게 보낸 공문 제566호 (1903년 1월 14일)

제566호

미합중국 공사관

한국 서울, 1903년 1월 14일

호러스 N. 알렌이 국무부 장관께 보냄

- 주제 -

서울에서 부지와 관련된 어려움

- 개요 -

서울에서 부지 문제에 대한 한국 정부와의 애로 사항에 관한 1902년 11월 19일자 공문 제530호, 12월 15일자 공문 제554호와, 외교 사절들의 공동 조치를 보고한 1903년 1월 2일자 공문 제561호 관련임.

이 조치 결과 외교 사절들은 그 문제에 대하여 토의하기 위하여 이번 달 10일에 외부대신을 만났습니다. 제국의 승인을 받아 제출될 제안의 사본은 사전에 확보되었습니다. (제안의 사본은 첨부되어 있음) 제국의 승인을 받아 제출될 제안의 사본은 사전에 확보되었으며(사본이 동봉되어 있음), 외교 사절들은 이를 수정하고 전체 문제를 책임 있는 관리가 담당할 것이라는 확신을 갖고 수락할 준비가 되어 있었습니다. 하지만 외부대신의 제안은 판윤이 자신의 지시에 따라 모든 부지 문제를 처리해야 한다는 것이었습니다. 판윤의 행동을 법률 문제와 결합시키는 제국의 법령 외에는 만족할 만한 것이 없었기 때문에 이것은 거부되었습니다. 황제가 판윤에게 필요한 지시를 내릴 의향이 있다고 개인적으로 들었습니다.

일본인은 서울과 송도에서 부동산의 거의 절반을 저당잡고 있다고 보고되었습니다. 일본 대표의 행동은 기존 조건에 만족함을 보여주고 있습니다. 일본인들은 어떤 식으로든 문제없이 자신들의 부지 문제를 조정합니다.

제566호

미합중국 공사관

한국 서울, 1903년 1월 14일

존 헤이 각하,
미합중국 워싱턴 국무부 장관

안녕하십니까,

저의 11월 19일자 공문 제530호에서 저는 서울의 부동산 문제와 관련하여 한국 정부와 겪고 있던 어려움에 대하여 설명 드렸습니다. 저의 12월 15일자 공문 제554호에서 저는 이 분쟁의 악화된 상황을 추가로 설명하였고, 1월 2일자 제561호에서는 우리가 이 문제가 다루어질 것이라고 확신하지 않는 한 신년 알현에 참석하는 것을 거부한다는 외교 사절들의 합동 결정에 대하여 알려 드렸습니다.

우리의 이러한 행동의 결과, 우리는 이번 달 10일에 외부대신과 만났습니다. 저는 이전에 제국의 승인을 받아 우리에게 제출될 제안의 사본을 비밀리에 확보하였으며, 첨부된 사본을 참조하십시오. 저는 이것을 동료들에게 비밀로 배포하였습니다. 우리는 서울의 모든 부동산 문제가 우리와 소통할 수 있는 책임 있는 관리의 손에 맡겨진다는 적절한 보장을 받는다면 이 제안의 책임 있는 수정을 기꺼이 받아들이려 하였습니다.

우리 회의의 첫 번째 제안은 외부대신이 판윤에게 앞으로 그가 부동산과 관련된 모든 문제에 관여할 수 있는 권한을 부여해야 한다는 것이었습니다. 우리는 이를 기꺼이 수락하였지만, 판윤에게 권한이 부여되는 방법에 대하여 알려달라고 요청하였으며, 외부대신이 직접 판윤에게 지시할 것이라는 정보를 받았습니다. 이것은 우리에게 만족스럽지 않았으며, 판윤이 제안한 조치를 법률문제로 만드는 제국의 칙령 외에는 아무 것도 없음을 대신에게 보여주려고 한 시간을 보낸 뒤에, 우리는 그러한 칙령의 확보를 거부당하였습니다. 우리는 우리가 그저 무시당하고 있다는 것을 알고, 우리는 대신에게 황제에게 일어난 모든 일을 알리도록 요청하고 그가 우리의 요청에 동의하기 위하여 제국의 승인을 받는 경우 다시 만나자고 하며 출발하였습니다.

저는 그 이후 황제가 판윤에게 필요한 지시를 기꺼이 내릴 것이라는 개인적인 전갈을 받았습니다. 이 경우 이러한 성가신 부동산 문제가 해결됩니다.

그와 동시에 저는 일본 임시 대리공사의 방문을 받았으며, 이 문제에 대한 외부대신의 간단한 지시를 받아들이는 데 동의해 달라는 요청을 받았습니다. 저는 그렇게 하는 것을 거부하였고 왕궁에서 제게 온 전갈의 내용을 그에게 말하였습니다.

저는 한국인으로부터 서울과 옛 수도인 송도에 있는 부동산의 거의 절반이 일본인에 의하여 저당권으로 잡혀 있다는 것을 충분히 들어 확신하고 있습니다. 일본인들은 부동산을 담보로 돈을 빌려주고 지불하지 못하면 부동산을 소유해 버리는데, 대리공사는 이것이 자신의 공사관과 영사관의 승인을 받은 것이라고 제게 알렸습니다. 일본 대표가 이 문제에 있어 우리 행동에 찬성하는 다수파에 합류한 것은 마지못해 그렇게 한 것이 분명하였으며, 제가 잘 알지 못하는 방식으로 그의 국민들은 문제없이 부동산 문제를 조정할 수 있기 때문에 그는 있는 그대로의 조건에 만족할 가능성이 매우 높습니다.

안녕히 계십시오.
호러스 N. 알렌

첨부

Horace N. Allen (U. S. Minister to Korea), Despatch to John Hay (Sec. of State, Washington, D. C.) (Jan. 14th, 1903)

No. 566

Legation of the United States of America

Seoul, Korea, January 14th, 1903

Mr. Horace N. Allen to the
Secretary of State

- Subject -

Property difficulties in Seoul.

- Synopsis -

Refers to No 530 of Nov. 19, and No 554 of Dec. 15, 1902, regarding difficulties with the Korean Government over property matters in Seoul, and to No 561 of Jan'y 2, 1903, reporting the joint action of the Representatives.

As a result of their action the Representatives met the Foreign Minister on the 10th. instant, to discuss the question. A copy of a proposition to be presented with Imperial sanction was previously secured (Copy of which is enclosed,) which the Representatives were prepared to accept with modifications and assurance that the whole question would be placed in charge of a responsible official. The proposition of the Foreign Minister, however, was that the Governor, under instructions from himself, should attend to all property matters. This was declined for the reason that nothing but an Imperial Decree mating the Governor's actions a matter of law could be satisfactory. Has heard privately that Emperor will be willing to issue necessary instruction to Governor.

Japanese reported to hold nearly half property in Seoul, and Songdo under mortgage. Japanese Representative's actions show contentment with existing conditions. Japanese in some way get their property matters adjusted without trouble.

No. 566

Legation of the United States of America

Seoul, Korea, January 14, 1903

To the Honorable,

    John Hay,

    Secretary of State,

    Washington, U. S. A.

Sir: -

In my despatch No. 530 of November 19, I had the honor to lay before you a statement regarding difficulties I was experiencing with the Korean Government in regard to property matters in Seoul. In my No. 554, December 15, I gave additional details showing the aggravated condition of this dispute, and in my No. 561, of January 2, I informed you of the joint action of the Foreign Representatives in refusing to attend the New Year Audience unless we were assured this matter would be taken up.

The result of this action of ours, was that we met on the 10'th. instant by appointment, with the Minister for Foreign Affairs. to discuss the question. I had previously secured confidentially, a copy of a proposition that was to be presented to us with the Imperial sanction, see copy enclosed, and I had confidentially circulated this among my colleagues. We were quite willing to accept a responsible modification of this proposition providing we received proper assurances that the whole question of property in Seoul would be placed in the hand of a responsible official with whom we could communicate.

The first proposal at our meeting was that of the Minister for Foreign Affairs, that the Governor should hereafter be empowered to attend to all matters relating to property. We were willing to accept this but asked to be informed as to how the Governor would be so empowered, to which we were informed that the Minister for Foreign Affairs would himself instruct the Governor. This was not satisfactory to us, and after spending an hour in endeavoring to show the Minister that nothing less than an Imperial Decree, making the Governor's proposed action a matter of law, would be satisfactory, and receiving a refusal to secure such decree, we saw that we were merely being trifled with and took our departure, asking the Minister to inform the Emperor of all that had taken place and agreeing to meet him again in case he received Imperial sanction to agree with our requests.

I have since had a private message from the Emperor to the effect that he will be willing to issue the necessary instructions to the Governor. In which case these annoying property matters will be settled.

At the same time, I have had a call from the Japanese Charge d'Affaires <u>ad interim</u> who asked me to consent to accept the simple instructions of the Foreign Minister in the matter. I declined to do so and told him of my own message from the Palace.

I have been assured by well informed Koreans that nearly, if not quite, half of the property in Seoul and in the ancient capital Songdo, is now held on mortgage by Japanese. Japanese loan money on property and when it is not paid they simply take possession, a course which the *Charge d'Affaires* informs me has the sanction of their Legation and Consulate. It was evident that while the Japanese Representative joined the majority in our action in this matter, he did so reluctantly, and it is quite probable that he is content with conditions as they are, since by some way of which I am unacquainted, his people are able to get their property matters adjusted without trouble.

I have the honor to be,
Sir: -
Your obedient servant,
Horace N. Allen

Enclosure.

19030114

조병식(외부대신)이 호러스 N. 알렌(주한 미국 공사)에게 보낸
공문 제1호 (1903년 1월 14일)[71]

공문 제1호

외부, 1903년 1월 14일

안녕하십니까,

　저는 방금 철도원 총재로부터 남대문 밖의 경부선 역사를 위한 부지의 일부가 경계석 3번을 포함하여 세브란스 기념 병원을 위한 부지에 포함되어 있고 나무 울타리가 쳐져 있으며, 3년 전 외국 사절들에게 역사로 쓰일 이곳은 누구도 매매할 수 없도록 하였다는 것을 알리는 편지를 받았음을 각하께 알려 드립니다. 이러한 사실을 감안할 때 미국인들이 경계석을 포함하여 역사로 제한된 부지의 일부를 포함한 부지에 병원을 건축하는 것이 대단히 이상하며, 저는 귀하께 미국인에게 울타리를 철거하도록 지시해 주시도록 알려 드려야 합니다.

　따라서 저는 병원 담당자에게 해당 주제에 대한 추가 서신 왕래를 피하기 위하여 철도 역사의 부지가 침범되지 않도록 울타리를 제거하도록 지시해 주실 것을 부탁드립니다.

　　안녕히 계십시오.
　　조병식
　　외부대신

　　H. N. 알렌 각하,
　　주한 미국 공사 U. S. E. E. &. M. P.

---

71) 다음 공문의 첨부 1이다. Horace N. Allen (U. S. Minister to Korea), Despatch to John Hay (Sec. of State, Washington, D. C.) (Apr. 11th, 1903)

Choh Pyung Sik (Minister for Foreign Affairs), Despatch No. 1 to Horace N. Allen (U. S. Minister to Korea) (Jan. 14th, 1903)

照會 第一號

大韓外部大臣趙秉式, 爲照會事, 玆接鐵道院總裁文開, 南大門外京釜鐵道停車場 用地第三號石票內, 美國人셔바란스紀念病院侵入用地, 圍繞木柵, 査該鐵道用地內, 聲明禁買, 三年于玆, 此次美國人紀念病院, 圍繞木柵於石票之內, 殊堪詑異, 請卽知照美國公使, 迅飭撤柵等因, 准此, 相應備文照會貴公使, 請煩査照, 卽飭紀念病院撤去柵木, 毋得侵內鐵道用地, 免致滋案, 是爲跂禱, 須至照會者,

右照會.
大美特派漢城全權大臣   安連   閣下
光武 七年 一月 十四日

Despatch No. 1.

Foreign Office, Jan. 14. 1903

Your Excellency: -

I have the honor to inform Your Excellency that I have just received a letter from the President of the Railway Department, saying that a part of the ground outside the South Gate, for the Seoul-Fusan Railway station site including the boundary stone No. 3. was taken in for the Severance Memorial Hospital, and fenced with a wooden fence: that the Foreign Representatives were notified 3 years ago not to allow any one to buy and sell the property in this place, as it was going to be used for the said station, that considering this fact, it was very strange for the Americans to put the Hospital on this site taking in part of the ground reserved for the Station and including the boundary stone, and that I should notify you asking you to instruct American too take away the fence.

I beg, therefore, to ask you to instruct the Hospital people to take away the fence, so that no piece of the ground for the R.R. Station shall be encroached upon, in order to avoid further communications on the subject.

I have the honor to be,
Sir: -
Your obedient servant,
Choh Pyung Sik
Minister for Foreign Affairs.

His Excellency
H. N. Allen,
U. S. E. E. &. M. P.

아서 G. 웰본 부부(서울)가 프랭크 F. 엘린우드(미국 북장로교회
해외선교본부 총무)에게 보낸 편지 (1903년 1월 16일)

접 수
1903년 3월 3일
엘린우드 박사

한국 서울,
1903년 1월 16일

신학박사 F. F. 엘린우드 목사,
　　뉴욕 시

친애하는 엘린우드 박사님,

　　이번에 우리 부부가 지부의 월간 편지를 쓰는 차례가 되었습니다. (……)

　　에비슨 박사는 다음과 같이 보고합니다. "병원 업무는 정상적으로 진행되었지만 입원 환자의 수는 평균보다 적었습니다. 우리는 대포의 조기 발사로 부상당한 마지막 병사들을 퇴원시켰습니다. 병원에 있는 동안 그들에게 해 준 강의에 잘 참석하였지만 그것이 영구적인 영향을 미칠 것인지 아닌지는 나중에 알 수 있습니다. 그들이 우리 주일 예배에 종종 참석하는 것을 보았으면 좋겠지만 우리는 그들에게 기도를 드리고 기회가 있는 대로 그들에게 손길을 주어야 합니다."

　　"나는 해부학 및 화학 수업을 계속하였고 마침내 해부학 강의를 끝내게 되어 기쁜데, 학생들은 세부 사항을 이해할 수 있도록 다시 상세하게 배워야 하겠지만 이제 인체의 구조에 대한 전반적인 개념을 가지고 있습니다."

　　"나는 아이들이 이전보다 더 적극적으로 자신들의 학업에 열중하고 있으며, 전망도 훨씬 더 희망적이라고 말하게 되어 기쁩니다."

(중략)

Rev. & Mrs. Arthur G. Welbon (Seoul),
Letter to Frank F. Ellinwood (Sec., BFM, PCUSA) (Jan. 16th, 1903)

Received
MAR 3 1903
Dr. Ellinwood

Seoul, Korea,

Jan. 16, 1903

Rev. F. F. Ellinwood, D. D.,

New York City

Dear Dr. Ellinwood: -

It falls to Mrs. Welbon and I to write the Station's monthly letter this time. (......)

Dr. Avison reports: - "Hospital work has pursued its usual course but the number of in-patients has been less than the average. We dismissed the last of the soldiers who had been wounded by the premature discharge of the cannon. While in the hospital they attended well to the teaching which was given them but whether it will have a permanent effect or not can only be seen later. I wish I saw them oftener return to our Sabbath services but we must follow them with our prayers and reach for them as opportunity offers."

"I have continued my class in Anatomy and Chemistry and am happy in having at last completed the Anatomy so that the students have now a general idea of the structure of the human frame although we must go over it again that they may take in the details more thoroughly."

"I am glad to say that my boys are devoting themselves more actively & their studies than formerly and the outlook is much more hopeful."

올리버 R. 에비슨(서울)이 호러스 N. 알렌(주한 미국 공사)에게
보낸 편지 (1903년 1월 17일)

서울, 1903년 1월 17일

친애하는 알렌 박사님,

오늘 날짜의 귀하의 편지에 대한 답장으로 저는 요청하신대로 빨간색 점선으로 윤곽이 표시된 투사지를 보내드립니다.

철도회사에서 요구하는 부분은 내부에 '3'이라고 표시된 사각형 지역으로 쉽게 확인되며, 제가 교환하고 싶은 부분은 바로 옆의 삼각형 지역입니다.

삼각형 지역의 주인으로 추정되는 사람의 이름은 손흥춘이고, 남묘를 대신하여 이권을 주장하는 사람의 이름은 서 서방(저는 이름의 나머지를 알고 있지 않지만 그는 남묘의 관리인입니다.)입니다.

저는 얼마 전 이봉래가 정동의 대토(代土) 부지를 보러 나갔을 때 그것에 대하여 물어보았는데, 그는 철도를 위하여 (부지를) 구입하려는 한국인들이 저에게서 이 모퉁이를 사서 문제를 해결해야 한다고 말하였다고 알고 있습니다. 그는 그 문제를 분명하게 이해하고 있으며 해결에 도움이 될 수 있습니다.

황해도 문제를 해결하기 위하여 귀하와 의논한 후, 신남포에서 두 무리의 남자들이 도착하여 가해자 측의 폭력이 강화된 이야기를 전하였습니다. 우리는 그 문제를 공개 재판에 회부하려는 귀하의 노력이 성공할 가능성이 있다는 소식을 접하게 되어 기쁩니다.

우리는 오후 5시에 주교를 만날 약속이 있습니다.

안녕히 계세요.
O. R. 에비슨

Oliver R. Avison (Seoul),
Letter to Horace N. Allen (U. S. Minister to Korea) (Jan. 17th, 1903)

Seoul, Jan. 17th, 1903

Dear Dr. Allen,

In reply to yours of this date I send you the tracing with the parts outlined with red dotted lines as requested.

The part required by the railway company is easily recognised as the one having inside it the square block marked "3" and the part which I want in exchange is the triangle near it.

The name of the supposed owner of the triangle is 손흥춘 and the name of the one who claims an interest in it on behalf of the Nam Myo is 셔 셔방 (I do not know rest of name, but he is caretaker of the temple.)

I learn that Ye Pong Nai was asking about it the other day when he was out seeing about the Chong Dong exchange site and he said they, the Koreans who were buying for the Railway, should buy this corner from me and thus settle the matter. He understands the matter evidently and may help in settlement.

Re the Whang Hai Do troubles, two batches of men have arrived from Sin Nam Po since our consultation with you, bringing stories of increased violence on the part of the offending parties. We are gratified to learn of the probable success of your efforts to have the matter brought to a public trial.

We have an appointment to meet the Bishop at five o'clock this afternoon.

Yours very sincerely,

O. R. Avison

19030119

호러스 N. 알렌(주한 미국 공사)이
조병식(외부대신)에게 보낸 공문 (1903년 1월 19일)[72]

외부 제__호

미합중국 공사관

한국 서울, 1903년 1월 19일

각하,

세브란스 기념 병원 부지와 관련한 귀하의 이번 달 14일자 편지에 대한 답장으로, 그 주주에 대하여 판윤에게 보낸 편지 사본을 첨부하였던 지난 12월 15일자 저의 편지를 참고하시기 바랍니다. 그 편지들 중 하나에 대하여 조치를 취하였다면 추가 의사소통이 불필요하였을 것입니다.

그 통신문에서 저는 남대문 밖의 모든 부지에 대한 1899년의 진부한 제한을 수락하는 것이 불가능하며, 당시 그것을 수락하지 않았다는 것을 보여주었습니다.

나는 현재 상황에서 방해가 되고 싶지 않다는 것을 보여주려고 노력하였고, 병원 부지가 기차역 부지에서 작은 모퉁이(약 30피트)를 자르기 때문에 병원 부지 뒤쪽으로 잘린 부지의 유사한 모퉁이와 교환함으로써 이것을 포기할 것을 제안하였습니다.

저는 이제 병원 부지와 후자가 전자에서 만드는 모퉁이 'A'와 병원 부지를 가로지르는 한국인 부지의 각(角) 'B'를 보여주는 기차역 부지에 대한 일본의 계획 사본을 전해드립니다. 이 각 'B'는 손흥춘과 서 서방이 경작권을 주장하고 있는 정부의 부동산이라고 합니다. 귀하는 철도 목적으로 이 모든 부지를 모두 사야 하기 때문에 이 각 'B'를 사서 각 'A'와 교환하는 것은 대단히 간단한 문제일 것입니다.

만일 이 교환이 이루어지고 병원 부지에 대한 부동산 증서가 제공되면 증서를 받는 즉시 철도 회사가 원하는 부지에서 울타리를 제거하겠습니다.

답신이 없는 저의 공문에 대한 위의 언급과 관련하여, 저는 귀하의 사무실

---

72) 다음 공문의 첨부 2이다. Horace N. Allen (U. S. Minister to Korea), Despatch to John Hay (Sec. of State, Washington, D. C.) (Apr. 11th, 1903)

에 아직 답신이 없거나 아직 조치를 기다리고 있는 주제에 대한 저의 다른 중요한 공문에 대한 각서를 동봉하였습니다.

저는 이 기회를 빌어 각하에게 가장 높은 경의를 표합니다.

[호러스 N. 알렌]

조병식 각하,
외부대신

첨부.
1. 일본의 철도 역사 계획 사본
2. 답신이 없는 공문에 대한 각서

Horace N. Allen (U. S. Minister to Korea), Despatch to Choh Pyung Sik (Minister for Foreign Affairs) (Jan. 19th, 1903)

F. O. No.

Legation of the United States

Seoul Korea, January 19, 1903.

Your Excellency: -

In reply to your letter of the 14'th. instant regarding the site of the Severance Memorial Hospital, I beg to refer you to my letter of December 15 last, in which I enclosed a copy of a letter to the Governor on the same subject. Had either of those letters been acted upon, further communication on the subject would have been unnecessary.

In those communications I showed that it was impossible for me to accept the obsolete reservation of 1899 of all the ground outside the South Gate, and that I had not accepted the same at the time.

I endeavored to show that I did not wish to be obstructive in the present instance and suggested that, as the Hospital site cut a small corner (about 30 feet) out of the Railway station site, I would give this up in exchange for a similar corner of Korean ground that cuts into the back of the Hospital site.

I now hand you a copy of the Japanese plan of the Railway Station site, showing the Hospital site and the corner "A" which the latter makes in the former, as well as the angle "B" of Korean land that cuts into the Hospital ground. This angle "B" is said to be the property of the Government, tillage rights in it being claimed by 손홍춘 and 서 서방. As you have to buy all this ground for the railway purposes it would be a very simple matter to buy this angle "B" and exchange it for the angle "A".

If this exchange is made and title deeds are given me for the Hospital site, I will have the fence removed from the ground desired by the Railway Company, at once on receipt of the deeds.

In connection with the above reference to my unanswered despatch, I hand you enclosed a memorandum of other important despatches of mine to your office, that still remain unanswered, or the subjects of which still await action.

I take this opportunity to renew to Your Excellency the assurance of my highest consideration.

His Excellency,
Chyo Pyung Sik,
Minister for Foreign Affairs.

Enclosures.
1. Copy of Japanese plan of Railway Station.
2. Memorandum of unanswered despatches.

⁽¹⁾照覆第四百十四號

　　大美特派漢城全權大臣安連, 爲照覆事, 以셔버란스紀念病院基址事, 接到貴照
會, 查上年十二月十五日本大臣照會, 并附呈漢城府所去照覆抄錄, 詳告其辦法矣,
此若不依照施行, 則以此案更加往復, 別無緊要也, 本大臣照會中, 將一千八百九十
九年漢城府之保存基址之照會, 不得認領之由詳明陳告, 且告本大臣之不願相妨現
今情形, 而倘貴政府買給三十尺地於該病院, 以代犯入鐵道停車場基址, 則當使之
相換等節, 本大臣玆將該停車場地圖之日本人所書者一件呈交, 以指甲區與乙區,
而乙區係是貴政府基址, 而孫興春及徐姓人種作者也, 甲區卽病院基址之犯入鐵道
停車場基址者也, 貴政府卽不容不買給基址於日本人作停車場, 則買此乙區, 以代
甲區, 給於該病院, 是易辦之事也, 此交易若成, 而該病院契劵發交, 則本大臣使該
美國人卽撤其木柵也, 本大臣乘此機會, 將未接貴覆之各案, 另錄一紙附呈, 并行照
會貴大臣, 請煩查照, 須至照會者,⁽²⁾

　　右.
　　大韓外部大臣　　趙秉式　　閣下

　　另錄
　　條約改定事, 一千九百二年九月一日第三百八十六號照會·同年十月十五日另錄.
　　漢城內基地契劵事, 一千九百二年十月二十一日第四百二號照會·同年十二月十
五日 第四百十二號 照會.
　　炸藥竊盜處斷事, 一千九百二年 十一月三日第四百六號照會.
　　於此案, 本大臣終新聞紙, 知平安北道觀察使已爲遞改, 本大臣又知自雲山押上
之二犯已經裁判, 而尙無如何懲辦之報道, 此案非炸藥事件, 炸藥事尙在未決.
　　平壤地方官之凌侮美國人事, 一千九百二年十月二十三日第四百三號照會.
　　此案, 自外部於上年十二月五日, 交我平南觀察使之報告乙道, 本大臣十二月九
日, 以第四百十號照會, 將該美國人之因該觀察執留村木之由, 致損一百元日貨一
事, 并將平壤監理之無故猛打美國人之下人而虐待一事, 細細備備告懇其賠補其損
害, 平監之向美國謝過等事, 而尙未歸決.

　　一千九百三年一月十九日 美國公使 安連

19030209

회의록, 한국 선교부 서울 지부 (미국 북장로교회) 1891~1921
(1903년 2월 9일)

(중략)

독신녀의 안식년과 관련하여 에비슨 박사가 선교본부에 편지를 쓰는 위원회에 임명되었다.

(중략)

청구가 다음과 같이 통과되었다.

(......)   O. R. 에비슨 박사 753 (......)

(중략)

Minutes, Seoul Station, Korea, 1891~1921 (PCUSA) (Feb. 9th, 1903)

(Omitted)

Concerning furloughs of single woman Dr. Avison was appointed a Committee to write to the Board.

(Omitted)

The following orders were passed.

(......)   Dr. O. R. Avison 753 (......)

(Omitted)

우드브릿지 O. 존슨(대구)이 프랭크 F. 엘린우드(미국 북장로교회 해외선교본부 총무)에게 보낸 편지 (1903년 2월 23일)

(중략)

저는 앞으로 5년 동안 학생 조수로 있겠다고 저와 약속을 하였던 2명에 대하여 박사님께 편지를 썼다고 생각합니다.

그들은 1년차에는 쌀값만 받을 것인데, 한 명은 한 달에 1엔, 다른 한 명은 2엔이 될 것입니다. 그 후 2년차, 3년차, 4년차, 5년차에 각각 3엔, 4엔, 5엔 그리고 7엔을 받을 것입니다.

이 계획은 평양의 웰즈 박사가 조수에게 지급하는 것보다 다소 높고, 서울의 에비슨 박사가 제공하는 것보다 다소 적습니다. 이곳의 조건을 고려할 때 가장 좋은 것 같았습니다. (......)

Woodbridge O. Johnson (Taiku), Letter to Frank F. Ellinwood (Sec., BFM, PCUSA) (Feb. 23rd, 1903)

(Omitted)

I think I wrote you of the two student assistants whom I have engaged to be with me in that capacity for the next five years.

They are to receive for the 1st year their rice price only which is the case of one will amount to yen one per month, in the other case to yen two per month. After that they are to receive yen three, yen four, yen five and yen seven per month for the second, third, fourth, and fifth years respectively.

This schedule is somewhat higher than that which Dr. Wells of Pyeng Yang pays his student assistants and somewhat less that given by Dr. Avison of Seoul. It seemed to me the best in view of the conditions here. (......)

프랭크 F. 엘린우드(미국 북장로교회 해외선교본부 총무)가
한국 선교부로 보낸 편지 (1903년 3월 4일)

(중략)

초가을에 모든 선교부로 보낸 인쇄된 회람 편지에서 제안되고 촉구한 생각에 따라, 사역에서 전도적 요소의 중요성, 그리고 보조적 및 기관 사업과 구별되는 영혼 구원에 대한 직접적인 노력을 촉구하면서, 우리는 복음화에 대하여 더 큰 중요성이 부여되어야 한다고 제안하고 싶습니다. 그것은 과거 한국 선교부의 강점이었습니다. 우리는 그것이 점점 더 강조되어야 한다고 확신하고 있습니다. 이것이 에비슨 박사와 같은 의사들이나 게일 씨와 같은 번역가들이 지방 순회 전도나 가장 중요한 복음화를 위하여 자신들의 업무를 그만두어야 한다는 것을 의미하지 않으며, 우리는 1년에 두 번 이상 소지부를 방문해야 하고, 다른 업무에 종사하는 사람이라도 가능하면 모든 기회를 얻어 예배를 드리고 현지인 교회를 격려함으로써 직접적인 개종 사업의 증진을 돕도록 해야 한다는 것을 의미합니다. 우리는 경험을 통하여 번역가가 때때로 설교와 목회 업무에 정신과 마음을 바치고, 가끔 지방 여행을 위하여 업무를 중단한다면 더 나은 일을 하게 될 것이라고 믿게 되었습니다. 우리는 그런 일을 좋아하고 그 일에 성공한 언더우드 박사가 이 분야에 시간을 할애할 수 있게 되기를 진심으로 바라고 있습니다.

(중략)

Frank F. Ellinwood (Sec., BFM, PCUSA),
Letter to the Korea Mission (Mar. 4th, 1903)

(Omitted)

Following up the thought suggested and urged in a printed circular letter sent to all the Missions in the early Autumn, urging the importance of the evangelistic element in the work, the direct effort at soul winning as distinguished from subsidiary and institutional work, we feel like suggesting that larger account be made of evangelization. That has been the strength of the Korea Mission in the past. We are persuaded that it should be emphasized more and more. By this we do not mean that physicians like Dr. Avison or translators like Mr. Gale, should leave their work for country itineration or for that of paramount evangelization, but we do mean that efforts should be made to reach the outstations by one or another more than twice a year, and that even those who are engaged in other work should if possible embrace every opportunity to help forward the direct work of conversion by holding services, by encouraging the native churches. Our experience has led us to believe that the translator will do better work if occasionally he gives his mind and heart to preaching and pastoral work, and if from time to time he breaks away from his study for a trip in the country. We sincerely hope that Dr. Underwood who loves such work and has been successful in it, may be encouraged to devote a part of his time to this department.

(Omitted)

허버트 콜브란(콜브란 앤드 보스트윅, 서울)이
호러스 N. 알렌(주한 미국 공사)에게 보낸 편지 (1903년 3월 6일)

콜브란 앤드 보스트윅
일반 및 철도 청부업자

한국 서울,
1903년 3월 6일

H. N. 알렌 각하,
    미합중국 특명 전권 공사,
    한국 서울

각하, -

    우리는 오늘 날짜로 경무사 이봉희가 각하께 보내는 편지와 오늘 아침 전차에 의해 부상을 당한 소년의 상태와 관련한 O. R. 에비슨 씨의 편지 사본을 귀하의 참고를 위하여 보내드립니다.

    안녕히 계십시오.
    콜브란 앤드 보스트윅
    허버트 콜브란에 의하여

Herbert Collbran (Collbran & Bostwick, Seoul), Letter to Horace N. Allen (U. S. Minister to Korea) (Mar. 6th, 1903)

Collbran & Bostwick
General and Railway Contractors

Seoul, Korea,
March 6th, 1903

His Excellency, H. N. Allen

United States Minister Plenipotentiary

and Envoy Extraordinary,

Seoul, Korea

Your Excellency, -

We herewith beg to hand you, for your information, a copy of a letter of this date to His Excellency, Ye Bong Hee, Chief of Police, and one from Mr. O. R. Avison relative to the condition of the boy hurt this morning by one of the cars.

Yours Very truly,
Collbran and Bostwick.
Per Herbert Collbran

올리버 R. 에비슨(서울)이 허버트 콜브란
(콜브란 앤드 보스트윅, 서울)에게 보낸 편지 (1903년 3월 6일)

친애하는 콜브란 씨,

　귀하가 보낸 소년 '홍'은 혈관 파열이 동반된 오른쪽 다리의 복합 골절로 고통을 받고 있고, 이로 인하여 발목에서 위쪽으로 약간 떨어진 곳에서 절단이 필요하며, 또한 왼발의 골절과 분쇄로 발의 상당 부분이 손실될 것이지만 우리가 지금 준비하고 있는 수술을 위하여 그를 이서로 마취시킬 때까지 (그 범위가) 어느 정도인지 결정할 수 없습니다.

　안녕히 계세요.
　(서명) O. R. 에비슨

　1903년 3월 6일

Oliver R. Avison (Seoul),
Letter to Herbert Collbran (Collbran & Bostwick, Seoul)
(Mar. 6th, 1903)

Dear Mr. Collbran, -

The boy "Hong" whom you have sent is suffering from compound fracture of the right leg with destruction of the blood vessels. which will necessitate amputation some distance above the ankle and also with fracture and crushing of the left foot, which will cause the loss of a considerable part of that foot, but I cannot determine how much till we etherise him preparatory to operating for which we are now preparing.

Very sincerely,
(Signed) O. R. Avison

March 6th. 1903.

올리버 R. 에비슨(서울)이 프랭크 F. 엘린우드(미국 북장로교회 해외선교본부 총무)에게 보낸 편지 (1903년 3월 9일)

세브란스 기념 병원
O. R. 에비슨, 의학박사,
병원장

미국 북장로교회 선교부

접수
1903년 4월 14일
엘린우드 박사

한국 서울,
1903년 3월 9일

신학박사 F. F. 엘린우드 목사,

해외선교본부 총무,

뉴욕 시 5 애버뉴 156

친애하는 엘린우드 박사님,

3월에 다시 한 번 서울 지부 선교사들의 활동에 관한 소식을 전해드리기 위하여 제가 월간 지부 편지를 쓰게 되었습니다. 2월에 썼어야 했는데, 요즘 너무 바빠서 좀 더 편리한 계절을 기다리게 되었습니다.

지부의 전반적인 업무는 2, 3년 전보다 더 고무적인 상태라고 생각합니다. 예배에 더 많이 참석하고, 성도들이 보여준 정신은 진지하지만 각자의 업무를 자세하게 언급함으로써 전체의 일을 더 잘 보여 드릴 수 있을 것입니다.

박사님께서 아시는 것처럼 언더우드 박사는 제 시간에 우리에게 돌아왔고, 곧 다시 업무를 시작하였습니다. 그에게 배정된 사역은 성경 번역, 정동교회의 책임, 경기도에서의 지방 사역의 순서이었습니다. 이것으로 그의 지방 사역, 즉 황해도 남서부 전체 및 많은 소지부, 그리고 선구적인 신자들을 샤프 씨의 책임으로 넘겼습니다. 샤프 씨는 아직 현지어로 설교하거나 가르칠 능력이 없고 많은 시간을 언어 학습에 할애해야 할 필요성을 고려할 때, 그가 3년 차에 담당하기에는 너무 과중한 업무라는 것이 우리 중 많은 사람들에게 분명해졌고, 지부는 언더우드 박사와 샤프 씨의 동의를 받아 언더우드 박사가 황해도 업무를 돕도록 주선하였습니다. 그 지방에서 가톨릭과의 불화가 극에 달하였을 때, 소래에서 겨울 성경 강습반을 위한 준비가 되었고, 언더우드 박사와 샤프 씨가 곧 그곳에서 시작할 예정이었습니다. 박사님은 의심할 여지없이 다른 사람들을 통하여, 아마도 언더우드 박사 자신을 통하여 들으셨을 것입니다. 간단히 말해서, 저는 얼마 전 그 지역의 프랑스인 사제들이 부추겨 가톨릭 신자들이 점점 더 대담하게 자신들의 손으로 법을 집행하였는데, 최근에는 교회를 건축하기 위하여 개신교 신자들과 이교도들로부터 기금을 모으기 시작하였고, 그들이 내켜하지 않았을 때 기부하도록 강요하였습니다. 그들은 이것이 양심이 관련되지 않은 이교도들에게 있어서 매우 성공적이었다고 말하지만, 우리 기독교인들은 스스로를 기독교인들이라 부르며 교회를 짓고자 하는 사람들에게 기부하는 것을 거부하여 강탈당하고 구타당하였으며 투옥되고 학대를 당하였습니다.

그러자 일부 개신교 신자들은 수령(首領)에게 호소하였지만, 가톨릭에 맞설 수 없다는 것을 알게 되자 관찰사에게 도움을 요청하였습니다. 이것은 이루어졌지만 그의 경찰관들이 구타를 당하고 그들 중 일부가 감옥에 갇힌 결과, 그는 서울의 정부에 보고하여 자신의 권한을 집행하기 위하여 그 지역에 군대를 보내도록 허가해 달라고 요청하였지만 거절당하였습니다. 동시에 억압받은 개신교 신자들은 당국으로부터 정의를 확보하기 위하여 대표자를 서울로 보냈습니다. 우리는 주교가 그 절차를 거부하고 그의 신자들에게 그들의 악행을 중단하라고 명령하기를 바라는 마음에서 주교를 면담하였습니다. 그러나 우리는 그가 일어나고 있는 모든 일을 알고 있었고, 한국인 관리들에게 자신들의 사람들이 탄압을 받고 있으며, 관리들에게 대항하는 그들을 도우려는 구실 뒤에는 가톨릭 당국이 있다는 것을 알게 되었습니다.

하지만 정부는 관찰사의 보고를 쉽게 넘길 수 없었고, 특히 이 문제가 대중의 악명(惡名)이 되자 관리를 도(道)의 주도(主都)인 해주로 보내 전체 문제를 조사하고 체포할 권한을 주었습니다. 신도들의 행동을 조사하기 위하여 관련된 지역의 프랑스 인 신부와 서울에서 온 다른 신부들이 내려갔으며, 관련된 지역이 주로 헌트 씨의 관할이었기 때문에 우리 사람들의 이익을 위하여 일부 사람들이 참석하도록 평양으로 전갈을 보냈습니다. 평양에서는 마펫 박사와 헌트 씨를 보내었고, 언더우드 박사가 그들과 합류하도록 요청하는 전보를 보냈습니다.

그는 그렇게 하였으며 몇 주일이 지난 후에도 조사가 계속 진행 중에 있습니다. 우리는 이곳 사람들을 다루는 가톨릭 교회의 전체 정책이, 조직은 기독교화와 교육의 요소가 아니며, 정당함의 능력이 아니라 암흑의 능력으로 사용되는 강력한 요소로써 얻어지고 있다는 것이 명백하게 되기를 바라고 기도드리고 있습니다.

이 조사는 예정되었던 성경 학습반의 개최를 방해하였지만, 그것은 나중에 열릴 것입니다. 해주에서의 사업은 지난 2, 3년 동안 꾸준하게 향상되어 왔으며, 우리는 세 명의 선교사 중에서 두 명이 그렇게 수 주일 동안 체류하는 것이 그 시점에서 크게 향상될 것으로 기대하고 있습니다.

샤프 씨는 약속된 시간에 언더우드 박사를 만나기 위하여 황해도로 내려 갔고, 그 사이에 선교지의 여러 지역을 방문하였습니다.

저는 정동과 관련된 사역자들에 대하여 그 부동산에 대하여 이야기하면서 그 부동산의 매각에 대한 정부와의 계약이 발효되고 있다고 말씀드릴 수 있습니다. 이전에 보고된 바와 같이 우리는 일부 대금인 30,000엔을 받았으며, 그들은 대가로 제공될 부지를 이미 구입하였고 사람들이 집을 떠나고 우리가 점유하면서 며칠 안에 우리는 모든 부지를 소유하고 정지 작업을 시작할 것입니다. 그것은 새 병원 건물에 인접해 있으며, 매우 밀집되어 있지만 가치 있는 것이 될 것입니다.

하지만 정지 작업이 끝나면 경계를 직선으로 만들고 후에 그 가치를 크게 높일 모퉁이의 우수리 땅을 구입하는 것이 현명하다는 것을 알게 될 것이라고 생각합니다. 이것은 우리가 갖게 될 잉여금에서 수행될 수도 있지만 필요한 것이 무엇인지 알 수 있게 되면 이에 대하여 더 확실하게 편지를 쓸 것입니다.

언더우드 박사는 자신을 위하여 근처의 부지를 구입하고 있지만 병원 부지를 구입한 것과 같습니다. 그것은 조금씩 해야 하며 느린 작업이지만, 이번 계절에 건축하기 위해 제때에 성공적으로 수행될 수 있다고 생각합니다.

새 병원의 의사 사택 문제는 새 정동 부지의 재배치와 관련하여 이 지부에서 해결되었습니다. 박사님이 아시다시피 이 부지는 병원 부지에 인접해 있으며 언더우드 박사가 자신의 집을 짓고 있으므로 현재로서는 그 교환 수익으로 건축될 세 집 중 하나를 비게 할 것입니다. 따라서 지부는 제가 세 집 중 하나를 사용하고, 저에게 주어질 집을 사용하였을 사람이 제가 지금 살고 있는 집이 처분될 때까지 사용하며, 이 집이 처분될 때 발생하는 수익으로 새로운 정동 부지의 다른 집으로 가는 것으로 결정하였습니다. 따라서 건축사는 현재 제 집에 대한 계획 작업을 하고 있으며, 정지 작업이 진행 중입니다.

저는 이것이 선교본부와 우리 모두를 위하여 그리고 또한 작업의 편이를 위하여 이 문제를 매우 편안하게 해결한다고 생각합니다.

부지 문제에 대하여 이야기하면서 저는 홍문서골 교회 혹은 독립 교회로 알려진 서울의 한 현지인 교회가 건물을 매각하여 1년 이상 동안 우리에게 너무 많은 어려움을 일으켰다고 언급해야 할 것 같습니다. 1,188엔에 달하는 수

익금은 도시의 중앙교회의 건립을 위한 비상금으로 은행에 예치되었습니다.

빈튼 박사는 일상적인 업무에 바쁘게 참여하고 있으며, 현재 결막염으로 인해 부분적으로 휴식을 취하고 있습니다. 박사님도 아시는 것처럼 그의 업무는 어떤 이유로든 상세한 설명은 뒤에 주어질 것이고, 나머지 선교사들이 불편을 겪을 때 비로소 그것에 대하여 글을 쓰는 것과 같은 성격을 띠고 있습니다. 우리는 다행히도 그런 경험이 거의 없었습니다. 그의 결막염이 발병한 것은 F. S. 밀러 씨와 함께 시골 여행을 갈 수 있을 만큼 충분히 일을 처리하기 위하여 야간 근무를 시도하였기 때문인 것 같습니다. 그러다가 마지막 순간에 미룰 수 없는 일이 밀려들어 갈 수 없다는 사실을 알게 되었고, 그래서 그는 예상하였던 눈의 휴식을 취하지 못하고 추가 작업을 하였습니다. 그는 지금 건강하게 회복하고 있습니다.

게일 씨는 매주 5회의 오전을 성경 번역 위원회와 함께 성경 번역 작업에 사용하고 매일 오후의 일부를 준비하는데 사용합니다. 그는 또한 남자 중학교에서 가르치고, *Christian News*를 펴내며, 전반적인 번역을 하고 연못골 교회의 업무를 감독합니다.

당연히 그는 신문에 대한 업무가 F. S. 밀러 씨에게 넘어갈 때 스위스를 방문하게 될 것을 큰 기쁨으로 고대하고 있습니다. 게일 씨는 해주로의 아주 짧은 여행을 마치고 돌아 왔는데, 마펫 박사로부터 그곳에서 진행 중인 조사에 관하여 상담을 요청 받았습니다.

F. S. 밀러 씨는 최근 몇 달 동안 대부분의 시간을 자신의 지방 사역지에서 보냈는데, 며칠 전 그곳에서 돌아온 후 집에서 약 1주일을 체류한 후 다시 돌아갔습니다.

E. H. 밀러 씨는 올해 주로 그의 책임 하에 있는 남학교 근처에 있는 연못골의 작은 주택으로 이사하였습니다.

웰본 씨는 부인과 함께 자신에게 배정된 지방 지역에서 많은 시간을 보냈습니다. 그는 최근 여행에서 병원 전도사를 데리고 그의 도움으로 배천에서 강습반을 열었는데, 매우 성공적이었고 사업이 새로운 활력으로 계속될 것이라는 용기를 돋우었습니다. 그는 며칠 후에 다른 여행을 떠나려 하고 있습니다.

클라크 씨는 곤당골에 있는 무어 씨 사택에 정착하여 훌륭한 결과를 얻었으며, 언어 학습에서 훌륭한 결과를 얻고 있습니다. 그는 구리개 교회의 새벽 예배에서 찬양을 인도하고 있으며, 그 교회와 연계하여 목회를 할 계획입니다.

Oliver R. Avison (Seoul),
Letter to Frank F. Ellinwood (Sec., BFM, PCUSA) (Mar. 9th, 1903)

Severance Memorial Hospital
   O. R. Avison, M. D.,
     Medical Supt.

Received
APR 14 1903
Dr. Ellinwood

Mission of Presbyterian Church in U. S. A.

Seoul, Korea,
March 9th, 1903.

Rev. F. F. Ellinwood, D. D.,

   Sec. Board of For Missions.

     156 Fifth Ave. New York.

Dear Dr. Ellinwood: -

Once more in the March of time it is mine to write the monthly station letter by which we endeavor to keep you posted concerning the doings of the Seoul Station missionaries. This should have been written in February but I have been extra busy of late and have kept waiting for a more convenient seasons.

The general work of the Station is I think in a more encouraging condition than it has been for two or three years. Attendance at church services is better and the spirit manifested by the believers is more earnest but perhaps I can best put the work of the whole better before you by mentioning that of each one in detail.

Dr. Underwood reached us in due time as you know and soon got into harness again. His appointments for work were Bible Translation, care of the Chong Dong church, and country work in S. W. Kyung Kui province, in the order listed. This gave the greater part of his country work, viz. the whole of the S. W. of Whang Hai province with its large number of substations and its advanced believers into the care of Mr. Sharp. It having become evident to many of us that this was too heavy a piece of work for Mr. Sharp to look after in his third year, considering his inability as yet to preach or teach in the native language and the need for him to devote much time to language study, the station, with the concurrence of Dr. Underwood and Mr. Sharp, arranged for Dr. Underwood to assist in the Whang Hai Do work. Arrangements had been made for the winter Bible class in Sorai and Dr. Underwood and Mr. Sharp were soon to start for there when the troubles with the Roman Catholics in that province came to a head. Of these you have no doubt heard through others, perhaps through Dr. Underwood himself. In brief, I may say that for some time past the R. C.'s of that province, abetted, it is said, by the French priests of the district, have been growing bolder and bolder in taking the law into their own hands and recently began to collect funds from all and sundry, protestant christians and heathen alike, to build a church, compelling them to contribute when they showed unwillingness. This they succeeded in very well it is said with the heathen, whose consciences were not involved, but our christians refused to subscribe with the result that they were robbed, beaten, imprisoned and otherwise maltreated by those who called themselves christians and were wanting to build churches.

Some of the Protestants then appealed to the magistrate who found himself unable to cope with the R. C.'s and requested the Governor to send him help. This was done but with the result that his policemen were beaten and some of them imprisoned and then he reported to the government in Seoul asking permission to send troops into the district to enforce his authority but this was refused him. At the same time the oppressed Protestants sent a representative up to Seoul to try to secure justice from the authorities. We here interviewed the Bishop with the hope that he would disclaim the proceedings and order his adherents to discontinue their evil doing but we found that he was cognizant of all that was going on and that the R. C. authorities were really behind it all under the plea that their people were being oppressed by the Korean officials and they were going to help them against the officials.

The government however could not easily pass over the reports of the provincial governor, especially when the matter became one of the public notoriety and so they sent an official down to the provincial capital of Hai Ju to investigate the whole matter and with power to arrest. The French priest of the involved district and another priest from Seoul went down to watch the proceedings for their adherents and word was sent to Pyeng Yang for some of our people to attend in the interests of our people as the district mainly involved was chiefly in

Mr. Hunt's constituency. Pyeng Yang sent Dr. Moffett and Mr. Hunt and telegraphed a request that Dr. Underwood join them.

This he did and the investigation is still going on after several weeks. We are hoping and praying that the whole policy of the R.C. Church in its dealings with the people here may be made manifest that organization is gaining not as a factor for christianizing and teaching but as a powerful factor which uses not the powers of righteousness but those of darkness.

This investigation has interfered with the holding of the Bible study classes which had been arranged for but they will be held later on. The work at Hai Ju has been steadily improving during the past two or three years and we are expecting that the presence for so many weeks of two of three of our missionaries will greatly increase it at that point.

Mr. Sharp went down into Whang Hai Do to meet Dr. Underwood at the time appointed and is visiting the various parts of the field in the interim.

While speaking of the workers connected with Chong Dong I may say that the agreement with the government for the sale of that property is being carried into effect. As before reported we received from them the sum of 30000.00 yen in part payment and they have already bought the site which is to be given in exchange and as the people are moving out of their houses we are taking possession, so that within a few days we shall be in possession of all the property and shall begin the work of grading. It adjoins the new hospital property and with it will make a very compact and valuable piece.

I think however when we get it graded we shall find it will be wise to buy some odd corners which will straighten the lines and greatly enhance its value later. This might as well be done out of the surplus which we shall have but we will write more definitely of this as soon as we are able to see just what will be required.

Dr. Underwood is purchasing a site for himself close by but it is as it was with the purchase of the hospital site; it has to be done piece-meal and is slow work, but I think can be successfully carried through in time for him to build this season.

The question of a physician's residence at the new hospital has been settled by this station in connection with the rearrangements for the new Chong Dong property. As you know this property adjoins the hospital site and as Dr. Underwood is building his own house it will for the present leave vacant one of the three houses which are to be built out of the proceeds of that exchange. The station has therefore decided that I shall occupy one of the three houses and that until the house in which I now live is disposed of the person who would otherwise have occupied the house which is to be given to me shall occupy it when this house is disposed of the proceeds from it can go into the other house on the new Chong Dong property. The architect is therefore now at work on the plans for my house and grading is going on.

I think this, settles this matter very comfortably both for the Board and for us and also for the convenience of the work.

While speaking of property matters I may mention that the native church in Seoul has sold the building known as the Hong Moon Suk Kol church or otherwise as the Independent church which caused us so much difficulty a year or more ago. The proceeds, amounting to 1,188 yen, have been placed in the bank as a nest egg towards the erection of a central city church.

Dr. Vinton is busily engaged with his usual work and withal is at present laid partly aside with an attack of conjunctivitis. As you know his work is of such a nature that another, writing of it, can say little except that its importance is only realized when for any reason the details have got behind and the rest of the missionaries experience a little of the inconvenience that would follow a poor execution of the duties entrusted to him. We have fortunately very little indeed of such experience. His attack of conjunctivitis appears to have been due to an attempt by night work to get his work far enough ahead to enable him to take a trip into the country in conjunction with Mr. F. S. Miller and then at the last moment find him self unable to go because of a press of work coming in which could not be put off and so he had the extra work without the rest for his eyes afterwards which he had expected. He is now recovering nicely.

Mr. Gale spends five forenoons every week at the work of Bible translation in conjunction with the Board of Bible translators and part of each afternoon in preparation for the same. He also teaches in the Boys' Intermediate School, gets out the Christian News, does general translating and superintends the work of the Yun Mot Kol Church.

He is naturally looking forward with great pleasure to his coming visit to Switzerland when the work on the newspaper will fall to Mr. F. S. Miller. Mr. Gale has just returned from a very brief trip to Hai Ju where he was summoned by Dr. Moffett to consult concerning the investigation which is going on there.

Mr. F. S. Miller has spent the greater part of the recent months in his country field from which he returned a few days ago only to go back again after about a week at home.

Mr. E. H. Miller has moved over to a small house at Yun Mot Kol where he can near the Boys' School which is largely under his charge this year.

Mr. Welbon accompanied by Mrs. Welbon has spent much of his time in the country district appointed to him. On his last trip he took with him the hospital evangelist and with his help held a training class at Pai Chun which was very successful and gave encouragement that the work would go on with new vigor. He is about to start on another trip in a few days.

Mr. Clark has got settled in Mr. Moore's house at Kon Tang Kol and is working at the language with excellent results. He leads the singing in the morning service at the Koorigai church and has planned to do pastoral visiting in connection with that church.

올리버 R. 에비슨(서울)이 프랭크 F. 엘린우드(미국 북장로교회 해외선교본부 총무)에게 보낸 편지 (1903년 3월 16일)[73]

3월 16일

저는 이 편지 쓰기를 계속하여 클라크 씨의 목회 방문 계획이 대단히 유감스러운 일, 즉 신임 선교사인 존슨 씨가 천연두에 심하게 걸려 쓰러진 일로 방해를 받았다는 사실을 말씀드리고자 합니다. 존슨 씨는 일본에서 매우 슬픈 경험을 한 후 제 때에 이곳에 도착하였으며, 언더우드 박사 집에 있었습니다. 얼마 지나지 않아 언더우드 박사가 해주에서 요청을 받았고, 후에 언더우드 부인이 존슨 씨를 집에 혼자 놔두고 따라 내려갔습니다. 3월 4일 존슨 씨가 아팠고, 다음 날 저에게 왕진을 요청하였습니다. 그가 상당히 아프다는 것을 알았던 저는 그를 돌보기 위하여 우리 집으로 옮기는 것이 더 나을 것이라고 판단되지 않았기에 그날 저녁과 밤, 그리고 다음 날 그와 함께 있을 사람을 주선하였습니다. 클라크 씨는 그를 자신의 집으로 데려가겠다고 즉시 제안하였고, 그를 즉시 옮겼지만 다음 날 아침 저는 그의 병세가 천연두로 발전할 것이라고 믿을 만한 이유가 있었기 때문에 클라크 씨에게 제가 생각하는 것을 이야기하였습니다. 그는 자신들이 그를 집으로 데려갔을 때 그것이 무엇을 의미하던 그렇게 하였고, 그들이 그를 돌볼 것이며, 그가 간호원의 역할을 할 것이라고 설명함으로써 그 상황을 크게 받아들였습니다.

웸볼드 양도 간호에 참여하겠다고 제안하였습니다. 일요일 아침에 그 일은 모든 의심을 젖혀 놓을 수 있을 만큼 충분하게 발전하였으며, 우리는 클라크 씨가 사용하는 방을 제외한 집 밖에 있는 방들을 정리하고, 오후에는 환자를 매우 편안한 방으로 옮기고 그 이후 웸볼드 양과 클라크 씨가 각각 12시간씩 번갈아가며 대단히 성실하게 환자를 간호하는데 하루를 보냈습니다. 오늘은 발병한 지 13일째 되는 날이며, 오늘과 내일 모든 것이 순조롭게 진행된다면 위험은 아마 지나갔을 것입니다. 병은 심하지만 최악의 유형은 아닙니다. 얼굴과 몸의 대부분은 농포로 빽빽하게 덮여 있어 서로 닿고 어떤 곳에서는 눌러 붙어있지만 융합되지는 않고 있습니다. 그가 받은 훌륭한 간호는 그의 안락함

---

73) 에비슨의 3월 9일자 편지의 추신이다.

을 위해 많은 기여를 하였고, 주변 환경에 대한 관심으로 인해 그의 상태는 상당히 양호하게 유지되었으며, 저는 좋은 결과가 있기를 희망적으로 바라고 있습니다. 그에게 상당한 자국이 남아있을 것이라는 데에는 의심의 여지가 없지만 우리는 아직 확실히 말할 수 없으며, 우리는 그것이 아니라 그의 회복을 생각하고 있습니다.

그가 겪고 있는 일련의 병은 전체 공동체의 강렬한 동정심을 불러일으켰습니다.

올 겨울 서울에서 외국인들 사이에서 발생한 천연두는 이번이 세 번째인데, 그중 2명은 제 진료를 받았습니다. 이것은 이 병에 대하여 제가 이 나라에서 알았던 최악의 해이었습니다. 최근에 저는 시신을 가져 나갈 수 있도록 허용된 문으로 나갈 이유가 있었고, 그곳에서 천연두 환자 시신 30구를 세었는데, 그것들은 짚으로 싸고 성벽 바깥에 기대어 놓고 매장하기 전에 한 달 동안 그대로 놓으며 주변의 언덕은 말 그대로 이 병으로 최근 희생된 어린 아이들의 새로 만들어진 무덤으로 덮여 있었습니다.

박사님은 당연히 존슨 씨가 예방 접종을 받았는지 물어보실 것입니다.

그의 진술에 따르면 그는 2년 전에 성공적으로 예방접종을 받았고 한국으로 떠나기 직전에 예방접종을 받았지만 성공적이지 못한 것 같습니다. 그러나 제가 성공적인 예방접종으로 생각되는 돌출(soar)을 검사하였더니 그것이 진짜 백신에 의한 돌출인지 의심이 들었습니다. 이곳의 외국인들 중 2예는 예방접종을 소홀히 한 사례이었습니다. 한 명은 성공적으로 예방 접종을 받은 적이 없었고, 다른 한 명은 어린 시절부터 예방 접종을 받지 않았습니다.

저의 업무는 평소와 같았지만 어떤 면에서는 더 만족스러웠습니다. 간호원들이 계속 잘 해주고 있고 저의 젊은 한국인 조사들이 더 능률적으로 되었기에 병원 업무가 저와 환자들에게 더 편하게 되었고 더 충실하다고 생각하고 있습니다. 제가 동봉하거나 다른 우편으로 즉시 보낼 지부 보고서는 제 업무에 대하여 더 자세하게 알려드릴 것입니다.

새뮤얼스 양은 제 때에 서울에 도착하였으며, 그녀가 배정된 선천 지부의 요청으로 서울에 몇 달 동안 남아 있습니다. 그녀는 곤당골에서 클라크 씨 가족과 함께 살고 있습니다.

우리는 그녀가 처음 도착하였을 때 우리 집에서 며칠 동안 접대할 수 있는 특권을 가졌으며, 그녀에 대하여 호의적인 보고를 하게 되어 기쁩니다. 저는 그녀가 어떤 지부에 있든 가치를 증명할 것이라고 생각합니다.

도티 양과 바렛 양은 풍요로운 한 해를 보내고 있는 여학교에 있습니다.

바렛 양은 병으로 잠시 자리를 비웠고 다른 의사로부터 외과 수술을 받아야 했지만 완전히 회복되어 열심히 언어 공부를 하고 있으며, 학교와 주일학교에서 가르치고 있습니다. 도티 양은 열심히 일하고 있고, 학교는 좋은 상태에 있습니다. 일부 소녀들은 이미 우리들 중 일부의 판단에 따라 교사로서 일할 준비가 되어 있으며, 그들은 우리가 가정과 교회에서 체력을 확고하게 향상시키는 일의 일부가 되어야 하는 초등학교에서 소녀들을 가르칠 수 있는 유일한 사람들이기 때문에, 적어도 우리들 중 일부는 그들이 그 자격으로 봉사함으로써 그 일에서 이익을 얻을 수 있기를 희망하고 있습니다.

필드 박사는 3주일 동안의 순회 여행을 마치고 돌아왔으며, 매우 좋은 시간과 커다란 관심을 보고하고 있습니다. 그녀가 많은 시간을 들인 산수에 관한 작업이 출판되어 학교에서 큰 도움이 되고 있습니다.

지난 2월 이곳에서 진행된 여자강습반은 매우 성공적이었습니다. 강습반에서는 언더우드 부인, 에비슨 부인, 필드 박사 및 남장로교회 선교부의 스트래퍼 양이 가르쳤으며, 우리가 원하는 만큼은 아니었지만 출석자가 매우 많았습니다.

저는 7년 동안 나와 있었던 독신녀의 안식년에 대하여 선교부로 보낸 박사님의 편지에 대하여 부분적으로 답장을 보내도록 선교부로부터 요청 받았습니다. 박사님은 그것에 대하여 설명이 필요한데, 요청에 대한 이유가 주어지지 않았고 명백히 건강상의 이유로 요청하지 않았기 때문에 그것이 필요하다는 의사의 진단서가 없는 한 요청을 수락할 수 없다고 언급하였습니다. 대답은 매우 간단하며, 미혼녀가 여자가 파송되고 그들이나 선교부가 지금까지 믿고 일을 하였던 미혼녀의 안식년에 대한 선교본부의 지침서의 조항에 근거한 것입니다.

그들의 임명 당시의 지침서에는 미혼녀는 7년간 근무한 후 첫 안식년을 가져야 하고, 그들은 그때를 귀국할 기간으로 고대하고 계획을 하였고 그들에게 영향을 미치는 선교본부의 최근 결정을 생각하지 않고 고국의 친구들과 그렇게 일정을 짰으며, 제가 위에서 말씀드렸듯이 선교부는 지금까지 안식년에 적용되는 규칙에서 선교본부가 변경한 사항이 소급 적용된다는 사실을 이해하지 못하였습니다. 따라서 지난 연례 회의에서 제때에 안식년 요청이 들어 왔을 때, 그들은 선교본부가 정한 기한 내에 온다는 것을 제외하고는 아무런 질문 없이 즉시 선교부의 승인을 받았습니다. 이것이 다른 설명과 진단서도 없이 (안식년) 요청이 선교본부로 제출되었던 이유에 대한 설명입니다.

저는 영향을 받은 사람들이 이 건(件)에서 무엇을 하려는지 알고 있지 않습니다. 저는 이 편지 전에 그들이 개인적으로 박사님께 편지를 쓸 것이라고 생각하지만 이곳에서의 인상은 이 여자들의 안식년은 그들이 임명을 받았을 때 선교본부의 규칙에 따라 충분히 마땅하다는 것이며, 해당 조치에 대한 그들의 동의 없이는 이후 선교본부의 어떠한 조치도 그들에게 영향을 미칠 수 없다는 견해가 있습니다.

Oliver R. Avison (Seoul),
Letter to Frank F. Ellinwood (Sec., BFM, PCUSA) (Mar. 16th, 1903)

March 16th.

I resume this letter to say that Mr. Clark's plan for pastoral visiting was interfered with by a very regrettable occurrence, viz. the illness of our newest missionary, Mr. Johnson, who is down with a severe attack of Small pox. Mr. Johnson arrived here in due time after his very sad experience in Japan and was located in part of Dr. Underwood's house. It was not long before Dr. Underwood was called to Hai Ju where he was later on followed by Mrs. Underwood leaving Mr. Johnson alone in the house. On March 4th Mr. Johnson took sick and next day summoned me to see him. Finding him quite ill I arranged for some one to stay with him that evening and night and next day as he was no better determined to remove him to some one of our homes where he could be cared for. Mr. Clark promptly offered to take him into his home and the removal was at once effected but next morning I had reason to believe the attack was going to turn out small pox so I told Mr. Clark what I thought. He greatly received the situation by explaining that when they had taken him in to their home they had done so for whatever it might mean and that they would see him through it, and that he would act as nurse.

Miss Wambold also offered to share in the nursing. On Sunday morning the case had sufficiently developed to set aside all doubts and we spent the day in arranging some rooms outside of Mr. Clark's house but on his compound and in the afternoon got the patient installed in very comfortable quarters and since then Miss Wambold and Mr. Clark have nursed him with great faithfulness, each taking 12 hours alternately. To-day is the 13th day of the attack and if all continues to go well to-day and to-morrow the danger will probably have passed. The attack is severe one but not of the very worst type. While the face and most of the body is so thickly covered with pustules that they touch and in places press upon each other they have not become confluent. The excellent nursing he has got has done much for his comfort and his condition has been kept fairly good by the attention which they have given to his surroundings and I am looking hopefully to a favorable result. There is little doubt that he will be considerably marked but of that we can not speak definitely yet and we are thinking not of that but of his recovery.

His series of afflictions has aroused the intense sympathy of the whole community.

This is the third case of small pox that has developed in Seoul amongst the foreigners this winter, two of them having fallen to my care. This has been the worst year for this disease that I have known in this country. Recently I had reason to go outside one of the gates through which dead bodies are allowed to be taken and I counted thirty small pox corpses wrapped in straw and set against the city wall on the outside where they may remain for a month before they are buried and the hillsides in the vicinity were literally covered with the newly made graves of small children, the recent victims of this disease.

You will naturally ask whether Mr. Johnson had been vaccinated.

It seems that two years ago he was according to his statement successfully vaccinated and that shortly before he started for Korea he was vaccinated without success, but an examination which I made of the soar of the supposed successful vaccination makes me doubt whether it was a genuine vaccine sore. The other two cases amongst the foreigners here were those in which vaccination had been neglected. One had never been successfully vaccinated and the other had not be on vaccinated since childhood.

My own work has been as usual but in some respects more satisfactory. The hospital work has gone with more comfort to me and more to the patients because of the nurses who have continued to do well and because my young Korean helpers are becoming more efficient and I think more faithful. My station report which I shall either enclose in this or send at once under another cover will inform you of my work more in detail.

Miss Samuels arrived in Seoul in due time and by request of the Syun Chun Station where she was assigned she is remaining in Seoul for a few months. She is living with the Clark's at Kong Tang Kol.

We had the privilege of entertaining her for a few days in our home when she first arrived and are glad to report favorably of her. I think she will prove a valuable accession to whatever station she may be in.

Miss Doty and Miss Barrett are at the Girls' School which is having a prosperous year. Miss Barrett was laid aside for time by illness and had to undergo a surgical operation under other but has fully recovered and is hard at work on the language and is teaching in the school and in Sunday school. Miss Doty is working hard and the school is in good condition. Some of the girls are already, in the judgment of some of us, ready to take up work as teachers and it is the hope of at least some of us that the work may get the benefit of it of their service in that capacity as they are the only ones to whom we can look to teach in the primary schools for girls which must at once become part of our work in there is to be solid improvement in the stamina of our homes and churches.

Dr. Field has just returned from three weeks' itinerating trip and reports a very good time and great interest. The work on arithmetic upon which she has put so much time has been published and is of great service in the schools.

The women's training class which was held here in February was very successful. Classes were taught by Mrs. Underwood, Mrs. Avison, Dr. Field, and Miss Straeffer of the Southern Presbyterian Mission and the attendance was very good though not as great as we could have desired.

I have been asked by the Station to reply to that part of your letter to the Mission which speaks of the proposed furloughs of the single ladies who have been out seven years. You refer to it as requiring explanation and that as no reason is given for the request and it is not apparently made because of ill health the request cannot be granted unless accompanied by doctor's certificate of need for it. The reply is very simple and is based on the Board's Manual's provision for the furloughs of single ladies under which these ladies came out and under which both the ladies themselves and the Mission have believed up to this time that they were working.

The Manual at the time of their appointment distinctly stated that single ladies should have their first furlough after 7 years of service and the ladies have looked forward to that time as the time of their return and have so planned and their friends at home have so arranged for them, not thinking of anything on recent actions of the Board as affecting them and, as I said above, the Mission has not up to this time understood that any changes made by the Board in the rules governing furloughs have been retroactive. Therefore when in due course the requests for furloughs were handed in at the last Mission Meeting they were approved by the Mission at once without any question except as to their coming within the limit of time which the Board had set for them. This is the explanation of the reason why the requests went to the Board without other explanation and without medical certificates.

I do not know what the individuals affected intend to do in the case. I presume they will ere this have written you personally but it is the impression here that, the furloughs of these ladies are fully due in accordance with the regulations of the Board under which they received their appointment, the view being held that no action of the Board afterwards could affect them without their concurrence in that action.

호러스 N. 알렌(주한 미국 공사)이
이도재(외부대신)에게 보낸 공문 제419호 (1903년 3월 16일)[74]

외부 제419호

미합중국 공사관

한국 서울, 1903년 3월 16일

각하,

저는 미국인들이 서울 안팎에서 구입한 부동산에 대한 소유권 증서 문제를 제출합니다.

(중략)

그동안 판윤은 빈곤한 한국인 병자들을 위한 세브란스 기념 병원을 건축하기 위하여 서울 남대문 밖에서 구입한 부동산에 대하여 증서를 발행해 주도록 요청받았습니다. 총영사는 이 간단한 문제에 대하여 판윤으로부터 만족스러운 답변을 얻을 수 없었기 때문에 저는 지난 12월 15일자 공문 제412호를 통하여 이 사건을 귀하의 전임자에게도 알려야만 했습니다.

저는 지난 1월 19일자 공문 제414호에서 다시 귀하의 전임자에게 이 문제에 대하여 이야기하면서 계획을 전달하고 직접 가서 전체 상황과 문제가 해결될 수 있는 경우를 설명하였습니다. 저는 경부선의 인접 역사(驛舍) 부지와 관련하여 한국인들의 특정 요구 사항을 준수할 의향이 있음을 전적으로 보여주었습니다. 저는 이전에 언급된 다른 서신에서와 같이 이에 대해서도 답변을 받지 못하였습니다.

저는 이 문제를 우리 정부에 제출할 의무가 있었고, 이제 정부로부터 지시를 받았습니다.

우리 정부는 조약 이행을 거부함으로써, 한국 정부가 사건의 이유에 대하여 정당하지 않은 태도를 보장하였다고 생각하고 있습니다. 그러므로 저는 조약의 준수를 주장하라는 지시를 받았습니다.

따라서 저는 열거하기 전에 저의 요청에 대한 호의적인 답변을 요청하며,

---

74) 다음 공문의 첨부 5이다. Horace N. Allen (U. S. Minister to Korea), Despatch to John Hay (Sec. of State, Washington, D. C.) (Apr. 11th, 1903)

더 이상 지체 없이 이러한 증서를 발행하도록 판윤에게 즉시 지시를 내리도록 요청합니다.

저는 이 기회를 빌려 각하에게 가장 높은 경의를 표합니다.

[호러스 N. 알렌]

이도재 각하,
외부대신,
서울

Horace N. Allen (U. S. Minister to Korea), Despatch to Ye Toh Chai (Minister for Foreign Affairs) (Mar. 16th, 1903)

419. F. O.

Legation of the United States of America.

SEOUL, KOREA, March 16, 1903.

Your Excellency: -

I have the honor to lay before Your Excellency the matter of title deeds for property purchased in and about Seoul, by Americans.

(Omitted)

In the meantime, the Governor had been requested on several occasions to issue deeds for property purchased outside the South Gate of Seoul, for the Severance Memorial Hospital for destitute Korea sick people. As the Consul General could get no satisfaction from the Governor in regard to this simple matter, I was obliged on December 15 last, in my despatch No. 412, to bring this case also to the attention of your predecessor.

On January 19 last, in my No. 414 I again addressed your predecessor on the subject, handing him a plan and going personally to explain to him the whole situation, and the case with which the matter could be settled. I showed my entire willingness to comply with certain Korean requirements relatives to the adjacent station grounds of the Seoul-Fusan Railway. To this I have had no reply, as to the other communications before mentioned.

I was obliged to lay these matters before my Government, and I have now received instructions therefrom.

My Government considers that in this refusal to carry out treaty stipulations, the Korean Government has assured an attitude unwarranted by the reason of the case. I am therefore instructed to insist upon the observance of the treaty.

I must ask therefore, for a favorable reply to my requests before enumerated, and that instructions be promptly issued to the Governor to issue these deeds without further delay.

I take this opportunity to renew to Your Excellency the assurance of my highest consideration.

[Horace N. Allen]

To His Excellency,
Ye Toh Chai,
Minister for Foreign Affairs,
Seoul

美人 蓮洞 所買 基業 發契와 世夫蘭時 基址 解決에 關하여 漢城府에 嚴飭할 事
照會 第四百 十九號

照會 第四百 十九號

大美特派漢城全權大臣安連, 爲照會事, 美國人在蓮洞所買基業契劵靳發事, 上年七月十六日, 以第三百七十號照會, 又於同月十九日, 該業賢賣時居間人捉囚薄待一事, 以第三百七十二號照會, 又於十月二十一日, 以第四百二號, 將美國人之因皇宮移建於本館近地之故, 勢不得已移住於蓮洞之由詳細陳明, 此正合貴大臣之擬定界限於宮闕四圍, 以防外國人賣有家基之意也, 十一月十七日陛見時, 奏達此事, 則回勅內, 當飭外部大臣辦理等語, 而又無所決, 故以十二月十五日第四百十二號照會, 更爲提告, 且於其間以南門外世未蘭時記念病院基址事, 本館總領事屢與漢城判尹交涉, 而於此至易之事, 漢城判尹無意妥決, 故本大臣又於十二月十五日, 以第四百十二號照會又爲陳訴, 本年一月十九日, 以第四百十四號照會更爲陳告, 并附該病院基址及其隣近地圖一本, 躬行呈遞於貴前任大臣, 告其易辦之法, 求其換區各在案, 查竟無覆示, 故本大臣將該事由詳報我政府, 現接回飭內, 韓政府於此等案件, 無理違章, 期於强逼韓政府, 一依約章施行可也等因, 奉此, 玆行照會貴大臣, 請煩查照, 亟行嚴飭於漢城判尹, 期於趕速發契, 又賜順適覆音爲要, 須至照會者,

右照會.

大韓外部大臣　李道宰　閣下
一千 九百 三年 三月 十六日

회의록, 한국 선교부 서울 지부 (미국 북장로교회) 1891~1921
(1903년 3월 16일)

(중략)

에비슨 박사와 F. S. 밀러 씨를 서울의 부동산 문제에 관하여 선교본부와 공식적으로 서신을 교환할 위원회에 임명하도록 동의되었다.

F. S. 밀러, E. H. 밀러 부부, 에비슨 박사 부부, 웰본 씨 부부, 그리고 필드 박사로부터 서면 보고를 받았다.

(중략)

지부 건축 위원회의 확대를 위한 고든 씨의 요청으로 E. H. 밀러 씨와 에비슨 박사가 위원회에 추가되었다.

정동 부지의 병원 부지 조정은 결정 권한과 함께 지부의 건축 위원회로 회부하는 것으로 동의되었다.

샤프 씨 부부, 독신 여자들, 그리고 에비슨 박사 부부를 위하여 새로운 부지에 사택을 건축하기로 동의되었다.

(중략)

다음의 청구가 통과되었다.

O. R. 에비슨 박사   290

(중략)

Minutes, Seoul Station, Korea, 1891~1921 (PCUSA) (Mar. 16th, 1903)

(Omitted)

It was moved that Dr. Avison & Mr. F. S. Miller be appointed a committee to officially communicate with the Board regarding property matters in Seoul.

Written narratives were received from F. S. Miller, Mr. & Mrs. E. H. Miller, Dr. & Mrs. Avison, Mr. & Mrs. Welbon & Dr. Field.

(Omitted)

On the request of Mr. Gordon for a larger station Building Committee Mr. E. H. Miller & Dr. Avison were added to the Committee.

It was moved that the adjustment of the hospital site at the Chung Dong site be referred to the Station Building Committee with power to act.

It was moved that the houses to be built on the new site be built for Mr. & Mrs. Sharp, the single ladies & Dr. & Mrs. Avison.

(Omitted)

The following orders were passed.

Dr. O. R. Avison   290

(중략)

올리버 R. 에비슨(서울)이 프랭크 F. 엘린우드(미국 북장로교회 해외선교본부 총무)에게 보낸 편지 (1903년 3월 24일)[75]

3월 24일

제 편지는 박사님이 이미 전보를 통해 알고 계시는 매우 슬픈 사건인 존슨 씨의 죽음으로 인하여 중단되었습니다. 우리가 그렇게 잘 지내고 위급한 시기가 거의 끝날 무렵에 다소 희망적인 마음으로 저는 박사님께 썼습니다. 그러나 다음 날 그의 상태가 바뀌어 농포가 서로 만나 유착되었고 그런 넓은 표면에서 고름이 흡수되기 시작하여 그의 전신 상태가 심각해졌기에 저는 남아 있는 하루나 이틀 동안의 위중한 때에 그를 보살피려는 노력에서 그를 간호하는 사람들을 돕기 위하여 계속 그의 곁에 머물 수밖에 없었습니다. 밤새 그를 위하여 그렇게 일을 한 후에 클라크 씨와 나는 그가 아침이 되면서 회복하는 것을 보고 기뻤으며, 우리는 더 회복이 되기를 바랐습니다. 저는 그날 아침 4건의 수술을 예약하였기에 그들을 진료하기 위하여 병원으로 갔다가 2~3시간이 지난 후에 돌아와 보니, 상태가 다시 악화된 것을 발견하였고 그때부터 그는 우리가 할 수 있는 모든 조치에 반응하지 못하고 점차 악화되어 3월 18일 정오 직전에 대단히 평화스럽게 운명하였습니다. 매장(埋葬)은 다음 날 아침에 거행되었습니다.

존슨 씨는 그러한 슬픈 상황에서 젊은 아내의 죽음으로 인한 끔찍한 타격으로부터 단 한 번도 회복된 적이 없었고, 질병의 발병에 저항할 정신도 없는 것 같았습니다. 그는 인내심이 대단히 강하여 자신을 도우려고 하는 사람들에게 가능한 한 거의 문제를 일으키지 않았지만 질병과 싸우기 위하여 깨어날 수 없었습니다.

새 병원에 대한 작업은 진행 중에 있으며, 새로 구입한 부지에 대한 정지 작업이 시작되어 우리는 여름 동안 건물이 서는 것을 기대하고 있습니다.

저는 나중에 우편으로 보내드릴 제 보고서가 완성된 때에 지체하지 않고 이것을 보내드릴 것입니다.

모두가 박사님과 사무실의 다른 사람들께 가장 정중하고 사랑스러운 인사

---

75) 에비슨의 3월 9일자 편지의 추신이다.

를 보내고, 그 업무를 수행하기 위한 충분한 자금을 적절하게 제공될 전망으로 박사님의 업무와 염려가 가능한 한 많이 가벼워지기를 기도드리는데 동참하고 있습니다.

안녕히 계십시오.
O. R. 에비슨

Oliver R. Avison (Seoul),
Letter to Frank F. Ellinwood (Sec., BFM, PCUSA) (Mar. 24th, 1903)

Mar. 24th.

My letter was interrupted by the very sad occurrence which you are already aware of by cable, the death of Mr. Johnson. I had written you above in a somewhat hopeful spirit as we had gotten along so well and were almost at the end of the critical period but the next day his condition changed, the pustules ran into one another, becoming confluent, and the absorbtion of pus from such an extensive surface began to show severely on his general condition so that I was compelled to remain constantly by him to assist those who were nursing him in the endeavor to tide him over the day or two of critical time which remained. After thus working with him all night Mr. Clark and I were delighted to find him rallying towards morning and we were hopeful that the turn for the better had come. I had arranged for four operations that morning and so I left to go to the hospital to see about them and returning after a lapse of two or three hours found the condition again changed for the worse and from that time he went steadily down, failing to respond to anything we could do, until he died very peacefully just before noon on Mar. 18th. The burial took place the next morning.

Mr. Johnson had never rallied from the terrible blow which he received from the death of his young wife under such saddening circumstances and he did not seem to have the spirit to resist onset of the disease. He was very patient, giving as little trouble as he possibly could to those who were trying to help him but he could not be roused to fight the disease.

Work on the new hospital is going on and grading has been begun on the newly acquired property so we look forward to the rising of quite a community during the summer.

I will forward this now without delaying for the completion of my own report which will go to you by a later mail.

All join in sending most cordial and loving greetings to yourself and the others in the office and in praying that your work and cares may be lightened as much as possible by the adequate provision of sufficient funds for the carrying on of the work.

Yours very sincerely,
O. R. Avison

올리버 R. 에비슨(서울)이 호러스 N. 알렌(주한 미국 공사)에게
보낸 편지 (1903년 3월 24일)

세브란스 기념 병원   미국 북장로교회 선교부
O. R. 에비슨, 의학박사,
      병원장
                                                      한국 서울,
                                                  1903년 3월 24일

                        오후 7시 30분

의학박사 H. N. 알렌 님,
    주한 미국 공사

안녕하십니까,

   일본인 경찰에 의해 체포된 남자는 석방되었습니다. 그는 그들이 제가 그
에게 지시하더라고 일을 재개하지 않겠다고 약속하기를 원하였지만, 자신의
입장은 자신을 고용한 사람들이 하라고 지시하는 것을 할 뿐이라고 대답하였
다고 말합니다.

   안녕히 계세요.
   O. R. 에비슨

   저는 그에게 내일 아침에 일을 계속하라고 지시하였고, 만일 누구든지 그
를 체포하면 함께 가기를 거부하고, 동시에 저항하지 말고 그들이 원한다면
그를 데려갈 필요가 있게 만들라고 하였습니다. 저는 그에게 나쁜 충고를 하
지 않았다고 믿고 있습니다.
   ORA

Oliver R. Avison (Seoul),
Letter to Horace N. Allen (U. S. Minister to Korea) (Mar. 24th, 1903)

Severance Memorial Hospital
O. R. Avison, M. D.,
Medical Supt.

Mission of Presbyterian Church in U. S. A.

Seoul, Korea,
March 24th, 1903.

7:30 P. M.

Hon. H. N. Allen, M. D.,

U. S. Minister, &c &c to Korea

Dear Sir: -

The man who was arrested by the Japanese policemen has been released. He says they wanted him to promise not to recommence the work even though I instructed him to do so but he replied that it was his place only to do what he was directed to do by those who had employed him.

Yours very sincerely,

O. R. Avison

I have instructed him to go on with the work tomorrow morning and if any one arrests him to refuse to go with them, at the same time offering no resistance but making it necessary for them to carry him away, if they want him. I trust I have not given him bad advice.

ORA

올리버 R. 에비슨(서울)이 고든 패독
(주한 미국 총영사, 서울)에게 보낸 편지 (1903년 3월 25일)

세브란스 기념 병원
O. R. 에비슨, 의학박사,
　　병원장

미국 북장로교회 선교부

한국 서울,
1903년 3월 25일

오후 6시 15분

친애하는 패독 씨,

　영사관을 방문한 이래 집으로 돌아온 후 저는 귀하의 짧은 편지를 받았습니다. 저는 올해의 이 계절의 도움을 받을 수 있는 것보다 더 지연되는 것을 원하고 있지 않지만, 며칠 동안 경계를 건드리지 않고 남겨두는 것을 매우 기쁘게 생각합니다.

　나는 오늘 밤 그곳에서 나카시마 씨를 만나 며칠 동안 문제를 정리할 시간을 조율하기 위하여 편지를 쓸 예정입니다.

　안녕히 계세요.
　O. R. 에비슨

Oliver R. Avison (Seoul), Letter to Gordon Paddock
(U. S. Consul General, Seoul) (Mar. 25th, 1903)

Severance Memorial Hospital
O. R. Avison, M. D.,
Medical Supt.

Mission of Presbyterian Church in U. S. A.

Seoul, Korea,
Mar. 25th, 1903
6:15 P. M.

Dear Mr. Paddock: -

Since calling at the Consulate I have received your note after returning home. I shall be very glad to leave the boundaries untouched for a few days, although of course we do not want any more delay than can be helped at this season of the year.

I will write tonight setting a time for meeting Mr. Nakashima there and arranging matters for a few days.

Yours very sincerely,
O. R. Avison

올리버 R. 에비슨(서울)이 호러스 N. 알렌(주한 미국 공사)과 고든 패독(주한 미국 총영사, 서울)에게 보낸 편지 (1903년 3월 25일)

의학박사 H. N. 알렌 님과 고든 패독 씨

안녕하십니까,

오늘 우리 일꾼들은 간섭을 받지 않았지만 그 일본인은 자신이 주장하는 현장 주변에 말뚝을 박아 놓았습니다. 그리고 저는 첨부한 쪽지를 그로부터 받았는데, 쪽지 뒷면에 적힌 대로 그에게 답장을 보냈습니다.

저는 오늘 오후에 판윤을 방문하였는데, 그는 무슨 일이 일어났는지 이미 알고 있다고 말하였습니다. 그는 일본인 소유자가 터무니없는 가격을 요구함에 따라 현장의 가격을 조정하기 위하여 오늘 아침에 일본 영사관에 관리를 보냈다고 말합니다. 그는 그들이 3~4일 안에 모든 문제가 해결될 것으로 예상하고 있다고 말하며, 그 시간 안에 모두 완료하겠다고 약속하면서 그 사람과 합의할 수 있을 때까지 며칠 동안 문제가 되고 있는 현장의 바깥에서 일을 해주도록 정중하게 요청하였습니다. 저는 그가 말한 것을 귀하께 보고할 것이며, 물론 귀하의 조언에 따라 인도를 받을 것이라고 대답하였습니다.

귀하께서는 오늘 밤 그의 요청에 동의할지 아니면 현장에서 사람들을 계속 일하게 해야 하는지 저에게 알려 주시겠습니까? 또한 일본인의 편지에 대하여 어떤 대답을 해야 하는지 알려주세요.

저는 일본 철도 조계에 포함된 모퉁이에 대해서도 언급할 기회를 얻었고, 판윤은 제가 이전에 귀하의 주목을 요청하였던 곳에서 교환할 수 있도록 노력하겠다고 말하였습니다.

안녕히 계세요.
O. R. 에비슨

1903년 3월 25일, 오후 5시

Oliver R. Avison (Seoul), Letter to Horace N. Allen (U. S. Minister to Korea) and Gordon Paddock (U. S. Consul General, Seoul) (Mar. 25th, 1903)

Hon. H. N. Allen, M. D. and Mr. Gordon Paddock

Dear Sir: -

Today our workmen have not been interfered with but the Japanese man has placed stakes around the field to which he lays claim and I received the accompanying letter from him to which I replied as on the back page of his note.

I called this afternoon on the governor of the city who said he was already aware of what had taken place. He says he sent an official to the Japanese Consulate this morning to endeavor to arrange a price for the field as the Japanese owner is asking an exorbitant price. He says they expect to have the matter all arranged in 3 or 4 days & he asked me to kindly have the men work outside of the field in question for a few days until they can come to an agreement with the man, promising to have it all completed within that time. I replied that I would report to you what he had said & would of course be guided by your advice.

Will you please let me know tonight whether to agree to his request or whether I should keep the men at work on the field? Also please let me know what answer to make to the Japanese letter.

I took the opportunity of referring also to the corner involved in the Japanese R. R. concession and the governor said he would endeavor to arrange that we get on exchange for it at the place to which I formerly drew your attention.

Yours very sincerely,
O. R. Avison

Mar. 25/ 903, 5 P. M.

19030330

호러스 N. 알렌(주한 미국 공사)이
이도재(외부대신)에게 보낸 공문 제422호 (1903년 3월 30일)[76]

외부 제422호

미합중국 공사관

한국 서울, 1903년 3월 30일

각하,

저는 미국인이 서울에서 구입한 부동산에 대한 소유권 증서에 관한 저의 이번 달 16일자 공문 제419호에 대한 답변을 받지 못하였다고 각하께 상기시켜드려야 합니다. 저는 이 문제를 해결하라는 지시를 받은 상태에 있으므로 주의를 기울인다면 어려움을 겪을 이유가 없는 사소한 성격의 조약 의무 이행과 관련된 해당 공문에 대한 명확한 답변을 받도록 요청해야 합니다. 그리고 그렇게 많은 토론을 불러일으키지 말았어야 했습니다.

저는 이 기회를 빌어 각하에게 가장 높은 경의를 표합니다.

[호러스 N. 알렌]

이도재 각하,
외부대신,
서울

---

76) 다음 공문의 첨부 5이다. Horace N. Allen (U. S. Minister to Korea), Despatch to John Hay (Sec. of State, Washington, D. C.) (Apr. 11th, 1903)

Horace N. Allen (U. S. Minister to Korea), Despatch to
Ye Toh Chai (Minister for Foreign Affairs) (Mar. 30th, 1903)

422, F. O.

Legation of the United States of America.

SEOUL, KOREA, March 30, 1903

Your Excellency: -

I have the honor to remind Your Excellency that I have not yet been favored with a reply to my despatch, No. 419, of the 16'th. instant, in regard to title deeds for property purchased by Americans in Seoul. As I am under instructions to bring this matter to a settlement, I must request that I be given a definite reply to that despatch, which related to the execution of treaty obligations of such a minor nature as afford no cause for difficulty if attended to, and which should not have called forth so much discussion.

I take this opportunity to renew to Your Excellency the assurance of my highest consideration.

[Horace N. Allen]

His Excellency,
Ye Toh Chai,
Minister for Foreign Affairs,
Seoul.

照會 第四百二十二號

大美特派漢城全權大臣安連, 爲照會事, 以美國人在漢城所買基址契券斯發一事, 本月十六日, 以第四百十九號更爲照請在案, 尙無如何回覆, 甚涉訝惑, 查本大臣旣承我政府之期於妥決此案之切嚴令飭, 則本大臣懇求貴大臣亟賜允當回照, 以示貴政府於此等細少之事, 一從約章施行, 期無以此更加往復談, 以滋事案爲要, 須至照會者.

　右照會.
　大韓外部大臣　　李道宰　　閣下
　一千 九百 三年 三月 三十日

[예산.] 요약, 한국 선교부 (1903년 4월 1일)

(중략)

서울

1903년 5월 1일~1904년 5월 1일

제I급 선교지의 선교사

금화

급 여: (......)

             O. R. 에비슨 박사   1250.

             (......)

자녀 수당: (......)

             에비슨 박사   600.

             (......)

(중략)

제IV급 전도

(......)

순회 전도:

    (......)

    에비슨 박사   100.

    (......)

다른 업무:

    (......)

    에비슨 박사   72

    (......)

(중략)

제VI급 병원 및 진료소

조수:

    세브란스 병원

      남자   400.

여자		600.

의약품:

세브란스 병원		1200.
선교지에서 조달	450.	
		750.
언더우드 부인		100.

다른 경비:

세브란스 병원		2000.
선교지에서 조달	1000.	
		1000.
언더우드 부인		50.

제VII급 사용 중인 자산

(......)

수리:

일반	500.
중학교	100.
병원	150.
병원 사택	150.

제IX급 선교부 및 지부 경비

	엔

(......)

문헌 조수:

(......)

에비슨 박사	120.
필드 박사	120.

[Appropriation.] Summary, Korea Mission (Apr. 1st, 1903)

(Omitted)

Seoul

May 1st. 1903~May 1st. 1904.

Class I. Missionaries on the field.

Gold

Salaries:　　　　(......)

　　　　　Dr. O. R. Avison　　　　1250.

　　　　　(......)

Children's Allowance: (......)

　　　　　Dr. Avison　　　　　　600.

　　　　　(......)

(Omitted)

Class IV. Evangelistic

(......)

Itinerating:

　　　(......)

　　　Dr. Avison　　　　　　100.

　　　(......)

Other Work:

　　　(......)

　　　Dr. Avison　　　　　　72

　　　(......)

(Omitted)

Class VI. Hospitals & Dispensaries

Assistants:

Severance Hospital

　　　Male　　　　　　　400.

　　　Female　　　　　　600.

Medicines:

Severance Hospital		1200.
Raised on field	450.	
		750.
For Mrs. Underwood		100.

Other Expenses:

Severance Hospital		2000.
Raised on field	1000.	
		1000.
Mrs. Underwood		50.

Class VII. Property in use

(......)

Repairs:

General	500.
Intermediate School	100.
Hospital	150.
Hospital residence	150.

Class IX. Mission & Station expenses.

Yen.

(......)

Literary Assistants:

(......)

Dr. Avison	120.
Dr. Field	120.

이도재(외부대신)가 호러스 N. 알렌(주한 미국 공사)에게 보낸
공문 제9호 (1903년 4월 2일)

조복 제9호

대한외부대신 이도재가 회답합니다. 앞서 귀하의 조회에 의하면, 남문 밖 세브란스 기념병원 부지를 교환하는 일로 이미 한성판윤에게 훈칙(訓飭)하였고, 장차 해당 토지 부근 민전과 교환하려고 하니 받은 문서의 소위 을(乙)구가 이곳입니다. 해당 지구는 이미 교환하였으므로 피차 편의한 대로 목책 또한 즉시 철거하여 주길 이로써 지극하게 바라며 통지하는 바이니 잘 알 것입니다.

대미특파한성전권대신   안련   각하
광무 7년 4월 2일

Ye Toh Chai (Minister for Foreign Affairs), Despatch to Horace N. Allen (U. S. Minister to Korea) (Apr. 2nd, 1903)

照覆 第九號

　大韓外部大臣　李道宰, 爲照覆事, 前准貴照會, 以南門外世未蘭時記念病院基
址　交易一事, 已經訓飭漢城判尹, 將該地附近民田交換, 來文所謂乙區是也, 該地
區　旣經交易, 彼此便宜, 木柵亦卽撤去, 是爲至禱, 須至照會者,

　右.
　大美特派漢城全權大臣　　安連　　閣下
　光武 七年 四月 二日

프랭크 F. 엘린우드(미국 북장로교회 해외선교본부 총무)가
올리버 R. 에비슨(서울)에게 보낸 편지 (1903년 4월 2일)

1903년 4월 2일

O. R. 에비슨 박사,
  한국 서울

친애하는 에비슨 박사님,

　　나는 박사님의 12월 1일자와 1월 12일자 편지를 잘 받았음을 알려야 합니다. 나는 항상 요점이 있고 살아 있는 문제를 다루고 있기 때문에 박사님의 편지를 흥미롭게 읽었습니다. 만일 내가 조금이라도 예외를 둔다면, 이때쯤이면 해결되었어야 할 문제, 즉 모두를 위하여 단번에 해결되어야 할 부산 문제일 것입니다. 나는 전반적으로 사방에서 오는 편지가 점점 더 평화로워지고 있어 기쁘며, 어빈 박사의 귀국을 허용하고 또한 부산 지부에서 계속 일을 하게 하는 선교본부의 결정에 대하여 북쪽의 지부에서 훨씬 더 많은 동의가 있다고 생각합니다. 그 근거에 대하여 다룰 필요는 없습니다.

　　우리는 길고 진저리나는 정동 부지의 문제가 마침내 성취된 것을 매우 기쁘게 생각합니다. 이번에는 왕의 매매가 잘 지켜지길 바라며, 우리는 박사님이 선지급금을 받았다는 사실에 주목하고 있습니다. 이것이 건물과 토지에 대하여 지불해야 하는 가격과 동일하게 충분하지 여부가 진짜 문제입니다. 내가 보낸 예산에는 병원을 위한 돈이나 구(舊) 병원에서 중학교로 전용되었던 돈은 포함되어 있지 않다는 것을 박사님은 알게 될 것입니다. 이러한 문제들은 이러한 특별 기금과 관련하여 그들이 재무를 통하여 고든 씨 및 다른 사람들과 서신 왕래를 해왔던 것처럼 정동 부지 문제를 재무 위원회로 넘기는 것과 마찬가지로 조정되어야 합니다.

　　우리가 모든 면에서 자산에 대한 지출을 크게 줄였기 때문에 박사님이 사용하기 위하여 요구한 사택을 위한 준비가 불가능하다는 것이 밝혀졌습니다. 선교부 편지에서 보았듯이 10만 8천 달러 가치의 자산이 요청되었으며, 우리는 2만이나 3만 3천이 여전히 미해결 문제로 남아있지만 우리는 거의 2만이나

3만보다 많은 것은 해결할 수 없습니다. 사실은 사역이 도처에서 확장되는 동안 모든 것의 가격과 비용도 함께 상승하고 있다는 것입니다. 이에 반대되는 사실은 교회, 즉 회중의 기부가 거의 늘지 않고 있으며, 우리가 매년 제공할 기부를 얻기 위하여 모든 종류의 방법과 경로에 의존해야 한다는 것입니다.

우리는 서울에서 업무를 돕고 다른 지부에서의 공석을 대체하는 이중 목적의 수행을 기대하면서 한국에 의사를 임명하였고, 아마도 배정하였을 것입니다. 새 의사가 웰즈 박사의 안식년 동안 그의 업무를 대체할 것이기에 박사님이 오는 회계연도에 건축에 나서게 된 것은 행운일 것입니다. 사랑하는 형제여, 우리는 천천히 움직이지만 계속 진행하고 있습니다. 우리는 오는 연도에는 서울 지부의 전보 사업에서 숭고한 결실을 맺는 한 해가 되기를 바랍니다. 우리는 언더우드 박사가 언어와 사람들에 대한 지식, 전도 사업에 대한 그의 열정적 정신과 설득력을 갖고 돌아오게 된 것을 기쁘게 생각합니다. 우리는 그가 그것을 맡을 의향이 있을 수 있으므로 박사님이 그에게 자유로운 여지를 주기를 바랍니다.

우리는 올해 업무 처리 문제에 대하여 희망을 갖고 부채가 없기를 기대하지만 아직 _____할 수 없습니다.

에비슨 부인과 박사님 가족, 그리고 선교계에 안부를 전합니다.

안녕히 계세요.
F. F. 엘린우드

Frank F. Ellinwood (Sec., BFM, PCUSA), Letter to Oliver R. Avison (Seoul) (Apr. 2nd, 1903)

Apr. 2nd,, 1903

Dr. O. R. Avison,

Seoul, Korea

My Dear Dr. Avison: -

I have to acknowledge your letters of Dec. 1st and Jan. 12th. I always read your letters with interest because they are to the point, and deal with living issues. If I were to make any exception at all, it would be the Fusan question which ought to be by this time a dead issue, that is a matter settled once for all. I am glad on the whole that the letters on all sides are becoming more and more pacific, and I think that in the North there is a good deal more of acquiescence in the decision of the Board to allow Dr. Irvin to return, and also to hold on to the Fusan Station. It is not necessary to go over that ground.

We are very much rejoiced over the final accomplishment of the long and weary matter of the Chong Dong property. We hope that the King's bargain will stick this time, and we note the fact that you get an advance price. Whether this will be sufficient to equal the advance in the prices you have to pay on buildings and land, is the real question. In our appropriations which have been sent out, you will notice that we don not include the money for the hospital, or that which was transferred for the Intermediate School from the old building. These matters are left to be adjusted as are also the transfers of the Chung Dong property matters, to the Finance Committee, as they have had through the Treasurer the correspondence with Mr. Gordon and others in regard to these special grants.

It was found impossible to make provision for the house called for for your use, as we were very much curtailed in our appropriations for property along all lines. One hundred and eight thousand dollars worth of property was called for as you will have seen in the Mission letter, and we could scarcely rise above twenty or thirty - whether twenty or thirty-three is still left an open question. The truth is that while the work is everywhere expanding prices and costliness of all things are also advancing. Over against this is the fact that the gifts of the churches, I mean the congregations, are scarcely advancing and we have to resort to all sorts of methods and channels to get even what we do for each year's supply.

We have appointed and probably assigned a physician to Korea, with the expectation that he will serve the double purpose of aiding the work at Seoul, and supplying vacancies in other stations. It may be fortunate that you are to be engaged in building this coming year, as that will allow the new doctor to take Dr. Well's place at Pyeng Yang during his furlough. We move slowly, my dear brother, but we go ahead. We are hoping that the coming year will be one of noble results in the evangelistic department of the Seoul Station. We are glad that Dr. Underwood has returned with his knowledge of the language and the people, his fervor of spirit and persuasive power in evangelistic work. We hope you will give him free scope as he may be inclined to undertake it.

We are hopeful concerning the issue of this year's transactions and rather expect to be free from debt but we cannot yet be _____.

With kindest regards to Mrs. Avison and your family and the Mission circle, I remain,

Yours sincerely,
F. F. Ellinwood

메리 E. 바렛(서울)이 프랭크 F. 엘린우드(미국 북장로교회 해외선교본부 총무)에게 보낸 편지 (1903년 4월 6일)

접수
1903년 5월 12일
엘린우드 박사

한국 서울,
1903년 4월 6일

친애하는 엘린우드 박사님,

　3월 지부 회의에 제출된 보고서들은 제가 보기에 매우 흥미로워 보이며, 일부는 아직 작성되지 않아 요약을 할 수 없습니다.

(중략)

　에비슨 박사, E. H. 밀러 씨 그리고 클라크 씨는 강을 건너 서울로 오는 몇몇 신자들이 살고 있는 몇몇 마을로 짧은 여행을 하였습니다. (......) 저는 이 여행에 대한 에비슨 박사의 설명과 또한 그가 전도 기관으로서 병원 활동의 가시적인 결과의 일부를 구두로 보고를 받고 싶었지만 그가 일로 너무 바빠서 그것을 쓸 수 없었습니다.

(중략)

Mary E. Barrett (Seoul),
Letter to Frank F. Ellinwood (Sec., BFM, PCUSA) (Apr. 6th, 1903)

Received
MAY 12 1903
Dr. Ellinwood

Seoul, Korea

April 6, 1903

Dear Dr. Ellinwood,

The reports given at the March station meeting seem to me to be very full of interest, though some were not written and so are not at my disposal for extracts.

(Omitted)

Dr. Avison, Mr. E. H. Miller, and Mr. Clark took a short trip across the river to a group of villages where live a few believers who come into Seoul. (......) I had hoped to have Dr. Avison's account of this trip and also the report that he gave orally of some of the visible results of the hospital work as an evangelistic agency, but owing to his being so crowded with work he has not been able to write it.

(Omitted)

올리버 R. 에비슨(서울)이 고든 패독
(주한 미국 총영사, 서울)에게 보낸 편지 (1903년 4월 11일)

세브란스 기념 병원
O. R. 에비슨, 의학박사,
병원장

미국 북장로교회 선교부

한국 서울,
1903년 4월 11일

고든 패독 씨,
미합중국 총영사

안녕하십니까,

저는 세브란스 기념 병원 부지에 대한 문서를 받았으며, 문제를 해결하는 데 관심을 가져주신 데 대하여 진심으로 감사드립니다. 저는 기록을 위한 수수료로 2엔 수표를 동봉합니다.

철도에 필요한 토지 일부를 버리기 위하여 울타리가 새로운 경계로 이동되었음을 판윤에게 알려주시겠습니까?

저는 아직 판윤이 정동 교환 부지와 관련하여 일본인들의 주장을 수습하였는지 아직 듣지 못하였으며, 우리가 계속 정지 작업을 하였음에도 불구하고 경계를 그대로 남겨두고 있습니다.

우리는 이것들을 더 이상 그대로 남겨둘 수 없습니다. 일본인들의 주장은 두 가지가 있는 것 같습니다.

안녕히 계세요.
O. R. 에비슨

Oliver R. Avison (Seoul), Letter to Gordon Paddock (U. S. Consul General, Seoul) (Apr. 11th, 1903)

Severance Memorial Hospital
O. R. Avison, M. D.,
Medical Supt.

Mission of Presbyterian Church in U. S. A.

Seoul, Korea,
April 11th, 1903.

Mr. Gordon Paddock,
Consul General U. S. A.

Dear Sir: -

I have received the deeds for the Site of the Severance Memorial Hospital and would thank you cordially for the interest you have taken in getting the matter through. I enclose cheque for 2.00 Yen, fee for recording same.

Will you please let the Governor know that the fence has been moved to the new boundary so as to throw out the piece of land required for the Railway?

I have not heard yet whether the governor has settled the claims of the Japanese in connection with the Chong Dong exchange site but we have so far left the boundary makes intact although we have continued the grading.

We cannot very well leave these much longer. It seems there are two separate Japanese claims.

Yours very sincerely,
O. R. Avison

5 P. M.

호러스 N. 알렌(주한 미국 공사)이 존 헤이(미합중국 국무부 장관)에게 보낸 공문 제600호 (1903년 4월 11일)

제600호

미합중국 공사관

한국 서울, 1903년 4월 11일

호러스 N. 알렌 씨가 국무부 장관께

- 주제 -

서울에서 부동산과 관련된 어려움

- 개요 -

서울에서 부동산과 관련된 어려움에 대한 최근의 12월 15일자 공문 제554호, 또한 각하가 지난 1월 14일자 국무부 훈령으로 호의를 보인 1월 14일자 공문 제566호와 관련된 주제임.

증서가 발행될 때까지 논란이 되고 있는 담장의 제거를 자신이 거부한 것과 관련된 세브란스 병원 부지의 증서 확보에 대한 보고.

소유권 증서 발급에 대한 일반적인 문제는 아직 해결되지 않았지만 보고자는 문제를 제 때에 만족스럽게 끝낼 것으로 기대하고 있습니다.

기록을 위하여 현재까지의 상황을 기록으로 보고합니다. 외부대신과의 서신, 외부 사무실에서 외교사절들의 면담 보고서, 외국 사절과의 서신, 국무부 훈령의 수령 등을 동봉합니다.

제600호

미합중국 공사관

한국 서울, 1903년 4월 11일

존 헤이 각하,
    미합중국 국무부 장관

안녕하십니까,

　　서울에서 부동산의 어려움과 관련하여 지난 12월 15일자로 제가 보낸 공문 제554호의 주제, 그리고 지난 1월 14일자 공문 제566호에서 추가로 언급되고 지난 1월 14일자로 각하의 제219호에서 저에게 내리신 지시와 관련하여, 문서가 발행될 때까지 제가 문제가 되는 울타리를 제거하기를 거부하였던 세브란스 병원 부지의 문서가 이제 확보되었음을 알려드립니다. 문서 발급에 대한 일반적인 문제는 아직 해결되지 않았지만 시간 내에 문제가 만족스럽게 종료될 것으로 기대하고 있습니다. 기록을 위하여 현재까지의 상황을 보고 드립니다.

　　지난 1월 16일 외부대신으로부터 세브란스 병원 부지 주변 담장의 일부가 경부선 역사를 위하여 제한된 부지를 침범하였으니 그 울타리 부분을 철거해 달라고 요청하는 내용의 첨부 문서 1과 같은 편지를 받았습니다. 이 공문에서 외부대신은 제가 12월 15일자(12월 15일자 저의 공문 제554호의 첨부 1)로 그에게 보낸 저의 공문을 완전히 무시하였습니다. 이에 대하여 저는 첨부된 사본처럼 1월 19일에 답장을 하였으며, 12월 15일의 저의 편지가 실행되었다면 더 이상의 서신 왕래는 불필요하였을 것임을 보여주었습니다. 하지만 문제를 명확하게 하기 위하여 상황을 설명하고 만족스러운 타협을 마련해 줄 수 있는 교환 방법을 보여 주는 부지 지도를 첨부하였습니다. 첨부 3의 지도를 보세요.

　　신임 외부대신이 부임하자 제가 보낸 지도가 없어진 것을 보고 새로 지도를 만들어 직접 전체 상황을 설명하였지만, 소유권 증서가 발행될 때까지 울타리를 제거하는 것은 어떠한 고려에도 불구하고 단호하게 거부하였으며, 한국 정부가 울타리를 방해하려고 한다면 미국인의 재산에 대한 폭력 행위로 간주하고 그에 따라 행동할 것이라고 암시하였습니다. 이번 달 9일 드디어 증서가 발행되었습니다.

　　소유권 증서에 관한 일반적인 문제에 관해서, 저는 지난 달 14일 외부대신의 사무실에서 그를 만나 외국인이 토지를 취득할 수 없는 궁궐 주변의 제한 문제에 대하여 논의하였습니다. 우리는 이미 구입한 부지에 대한 소유권 증서의 발행 문제를 이 제한에 우리가 동의하는 데 조건부로 할 수 없음을 분명히 하는 것은 너무 큰 고통이었습니다. 그러나 외부대신은 그렇게 주장하였고, 우리는 합의에 이르지 못하였습니다. 저는 이 면담에 대한 보고서를 각하께 보냅니다. (첨부 4)

　　3월 16일 저는 첨부 6에서와 같이 서울과 근교에서 미국인들이 구입한 부동산에 대한 소유권 증서 문제에 대하여 외부대신에게 말을 전하였습니다. 이에 대한 답변을 듣지 못한 저는 3월 30일 대신에게 답신을 요청하는 공문을 보냈습니다. 첨부 6. 4월 6일에 저는 외부대신을 방문하여 이 문제에 대하여 어떻게 할 것인지 물었습니다. 만일 제가 우리 국민의 조약상 권리 향유를 확보할 수 없다면 4월 30일 대관식 축하연에 참석하지 않는 것을 허락해 달라고 각하께 요청하는 것이 저의 의도이었습니다. 저는 외교 사절들이 먼저 왕궁 경계에 동의할 것을 계속 주장하는 대신으로부터 직접적이고 명쾌한 답변을 들을 수 없었습니다.

한국 정부가 합리적이라면 우리 모두는 왕국에 대한 이러한 제한에 기꺼이 동의할 것이지만, 이제 우리가 그들의 제안에 동의한다면 도시 전체가 제한될 것입니다.

오늘의 제 공문 제599호에서 저는 대관식 축하연이 연기되어 제 뜻을 이행할 수 없음을 각하께 알려드렸습니다. 하지만 저는 이 성가신 문제를 만족스러운 결론에 이르게 하는 것에 대하여 실망하지 않으며, 그동안 미국인들이 소유권 증서를 소유하고 있지 않음에도 불구하고 그렇게 취득한 부동산을 점유하고 향유하고 있음을 보고 있습니다.

안녕히 계십시오.
호러스 N. 알렌

첨부
1. 외부대신이 보낸 1월 14일자 편지[77]
2. 이에 대한 저의 1월 19일자 답신[78]
3. 병원 부지 지도[79]
(......)
5. 3월 16일 증서를 위하여 외부대신에게 보낸 저의 편지[80]
6. 이에 대한 답신을 요청하는 3월 30일자 저의 편지[81]

---

77) 이 책의 483~485쪽에 실려 있다. Choh Pyung Sik (Minister for Foreign Affairs), Despatch to Horace N. Allen (U. S. Minister to Korea) (Jan. 14th, 1903)

78) 이 책의 490~493쪽에 실려 있다. Horace N. Allen (U. S. Minister to Korea), Despatch to Choh Pyung Sik (Minister for Foreign Affairs) (Jan. 19th, 1903)

79) 이 책의 556~557쪽에 실려 있다. Plan of the Proposed Seoul Station Yard for the Seoul-Pusan Railway (Map) (1903)

80) 이 책의 518~521쪽에 실려 있다. Horace N. Allen (U. S. Minister to Korea), Despatch to Ye Toh Chai (Minister for Foreign Affairs) (Mar. 16th, 1903)

Horace N. Allen (U. S. Minister to Korea), Despatch to John Hay (Sec. of State, Washington, D. C.) (Apr. 11th, 1903)

No. 600

Legation of the United States of America

Seoul, Korea, April 11th, 1903

Mr. Horace N. Allen to the
  Secretary of State

- Subject -

Property difficulties in Seoul.

- Synopsis -

Continues subject of his No. 554 of December 15, last, relative to property difficulties in Seoul; also his No. 566 of January 14, last, regarding which you favored with instructions in Department, No. 219 of January 14, last.

Reports securing a deed for the site of the Severance Hospital, owing to his refusal to remove an objectionable fence until such deed was issued.

The general question of issuance of title deeds is still unsettled, but the writer expects to bring the matter to a satisfactory termination in time.

As a matter of record reports the condition of affairs up to the present. Enclosed correspondence with Foreign Minister, Report of interview at the Foreign Office of the Foreign Representatives, and correspondence with Foreign Minister of ___ receipt of Department instructions.

---

81) 이 책의 533~535쪽에 실려 있다. Horace N. Allen (U. S. Minister to Korea), Despatch to Ye Toh Chai (Minister for Foreign Affairs) (Mar. 30th, 1903)

No. 600

Legation of the United States of America

Seoul, Korea, April 11, 1903

To the Honorable,

John Hay,

Secretary of State,

Washington, U. S. A.

Sir: -

Continuing the subject of my despatch No. 554, of December 15 last, relative to property difficulties in Seoul; which subject was further mentioned in my No. 566 of January 14 last, and regarding which you favored me with instructions in your despatch No. 219 of January 14 last, I have the honor to inform you that I have now secured a deed for the site of the Severance hospital, owing to my refusal to remove an objectionable fence until such deed was issued. The general question of the issuance of the deeds is still unsettled but I expect to bring the matter to a satisfactory termination in time. As a matter of record I will report the condition of affairs up the present.

On the 16th January last, I received a letter from the Minister for Foreign Affairs, as per enclosure 1, asking me to remove a part of the fence around the site of the Severance Hospital, as it encroached upon land reserved for the Seoul-Fusan Railway station. In this despatch the Foreign Minister entirely ignored my despatch to him of December 15, (enclosure 1/ in my No. 554 of December 15). To this I replied on January 19th as per enclosed copy, showing that had my letter of December 15 been acted upon further communication would have been unnecessary. To make matters clear however, I explained the situation and enclosed a map of the site showing how an exchange might be made that would afford a satisfactory compromise. Map, enclosure 3.

Upon the advent of a new Foreign Minister I found that the map I had sent in had been lost, so I made a new one and personally explained the whole situation, but firmly refused under any consideration to remove the fence until the title deeds were issued and intimating that if the Korean Government attempted to interfere with the fence I would regard it as an act of violence against the property of Americans and act accordingly. The deed was finally issued on the 9th inst.

As to the general question of title deeds, I met the Foreign Minister at his office on the 14 ultimo, when we discussed the question of a limitation around the palaces within which foreigners might not acquire land. We too great pains to make it clear that the question of the issuance of title deeds for property already purchased could not be made conditional upon our agreeing to this limitation, but the Foreign Minister so maintained and we could come to no agreement. I hand you a report on that interview (4).

On March 16 I addressed the Minister for Foreign Affairs on the subject of title deeds for property purchased by Americans in and about Seoul, as per enclosed 6. Getting no answer to this, I sent the Minister a despatch requesting a reply, on March 30. Enclosure 6. On April 6th I called upon the Foreign Minister personally and asked him what he intended to do about this matter. It was my intention to ask permission from you to remain away from the Coronation festivities on April 30th, if I could not secure the enjoyment of treaty rights by our people. I could not get a direct and plain answer from the Minister, who continued to insist upon the Foreign Representatives first agreeing to the palace delimitation.

We wold all be glad to agree to this limitation about the palaces if the Korean Government would be reasonable, but if we now agree to their propositions the entire city will be reserved.

I have informed you in my No. 599 of today, that the Coronation is postponed, so I cannot carry out my intentions therewith. I do not dispair however of bringing this annoying matter to a satisfactory conclusion and in the meantime I am seeing that the Americans occupy and enjoy the property so acquired even though they do not possess title deeds for the same.

I have the honor to be,

Sir: -

Your obedient servant,

Horace N. Allen

Enclosures

1. Letter from Foreign Minister, January 14

2. My reply thereto January 19

3. Map of Hospital site

(......)

5. My letter to Foreign Minister for deeds March 16

6. My letter asking for a reply to above, March 30

경부선을 위한 서울역 부지 계획도 (1903년)[82]

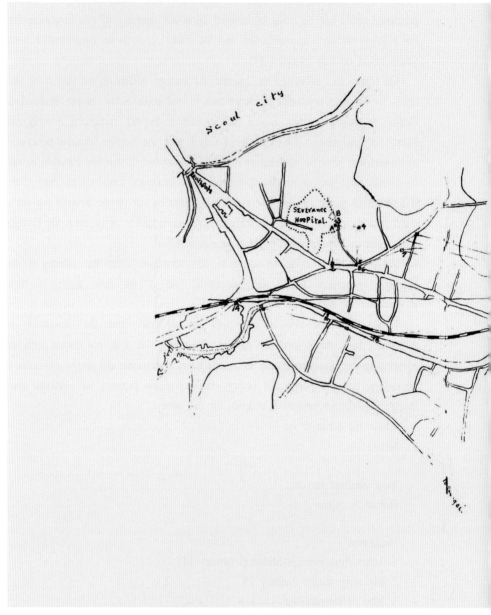

그림 8. 경부선을 위한 서울역 부지 계획도(1903년).

---

82) 다음 공문의 첨부 3이다. Horace N. Allen (U. S. Minister to Korea), Despatch to John Hay (Sec of State, Washington, D. C.) (Apr. 11th, 1903)

Plan of the Proposed Seoul Station Yard for the
Seoul-Pusan Railway (Map) (1903)

Plan
of
Proposed Seoul Station Yard
for
Seoul-Pusan Railway.

Scale, 1 in to 6 ch. of 66 ft.

li yungsan.

——— Note ———
——— Center line of the Seoul-Pusan Railway.
——— Track of the Seoul-Chemulpo Railway.
Station-yard for the Seoul-Pusan Railway.
Diverted Public road with the electric rail-way on it.
Ground for the removed houses from the station yard.
Stone posts set at the corners in the boundaries of the station yard. Lettered thus:

회의록, 한국 선교부 서울 지부 (미국 북장로교회) 1891~1921
(1903년 4월 20일)

(중략)

펜티코스트 박사는 이 시점에 도착하였다. 클라크, F. S. 밀러, 에비슨 박사, 웸볼드 양, E. H. 밀러 씨 그리고 웰본 씨의 서면 보고가 낭독되었다.

오후 8시에 펜티코스트 박사를 만나기 위하여 에비슨 박사 댁에서 비공식 회의를 열기로 결정하였다.

(중략)

Minutes, Seoul Station, Korea, 1891~1921 (PCUSA) (Apr. 20th, 1903)

(중략)

Dr. Pentecost arrived at this point. Written narratives were read by Messrs Clark, F. S. Miller, Dr. Avison, Miss Wambold, Mr. E. H. Miller and Mr. Welbon.

It was decided to hold an informal meeting at 8 p. m. at Dr. Avison's to meet Dr. Pentecost.

(중략)

회의록, 한국 선교부 서울 지부 (미국 북장로교회) 1891~1921
(1903년 4월 21일)

(중략)

3월 회의에서 남대문 밖 새 부지에 건축할 집들에 대하여 취한 조치를 재검토하였으며, 심의를 당분간 연기하였다.

(중략)

전차 선로의 돌출부가 남대문 부동산으로 뻗은 것과 관련한 언더우드 박사의 제안은 자산 위원회로 회부되었다.

(중략)

Minutes, Seoul Station, Korea, 1891~1921 (PCUSA) (Apr. 21st, 1903)

(Omitted)

The action taken at the March meeting concerning the houses to be built on the new site outside the South Gate was reconsidered and laid on the table.

(Omitted)

A suggestion from Dr. Underwood concerning having a spur of the Electric R. R. running into the South Gate property was referred to the Property Committees.

(Omitted)

프랭크 F. 엘린우드(미국 북장로교회 해외선교본부 총무)가
매리온 M. 널과 넬 B. 존슨에게 보낸 편지 (1903년 4월 23일)

1903년 4월 23일

M. M. 널 박사 및 N. B. 존슨 박사

친애하는 동료들,

귀하들은 둘 다 의사이고 같은 선교지로 손을 잡고 가야하므로 '친애하는 널 및 존슨 박사님'이라고 말할 수 있을 것 같습니다. 하지만 내가 이해하는 바가 무엇이든 간에, 나는 귀하가 선교본부의 선교사로 임명된 것뿐만 아니라 한국으로 임명된 것에도 관심과 만족을 표하고 싶습니다. 현재 선교부가 의사의 임명을 요청할 때 강조하였던 이해 배경은 먼저 그가 여러 병원의 담당 의사가 정규 안식년이나 응급 상황에서 요청을 받아 발생할 수 있는 선교부 의료 인력의 공석을 메우는 것이 예상되며, 둘째, 그런 일을 하지 않는 경우 서울 병원에서 의료 업무와 에비슨 박사와 관련된 현지인 의학 교육을 돕는 것입니다. 웰즈 박사 부부가 6월에 안식년으로 귀국할 예정이기에 현재 귀하의 첫 번째 업무는 평양에서 할 것 같으며, 따라서 지부의 병원 및 기타 의학적 업무는 정규 근무자가 없는 상태로 남겨질 것입니다. 나는 존슨 박사가 곧 안식년으로 귀국할 대구가 다음 공식이 될 것이라고 생각하고 있습니다. 그곳에는 전망이 대단히 의심스러운 새로운 병원이 들어설 예정입니다.

의사가 있는 우리의 모든 지부에는 의사 사택이 있는데 부분적으로 선교본부가, 부분적으로 현직자가 제공한 것으로, 모든 곳에서 집이 제공될 것이며 흥미로운 업무가 즉시 나타날 것입니다. 가장 좋은 점은 언어 지식을 최대한 빨리 습득할 수 있다는 것이며, 다행스럽게도 한국은 우리의 많은 대규모 선교지와 달리 언어가 하나뿐이고 내가 아는 한 방언도 하나뿐입니다. 하나의 언어를 고수하지 않는 사람은 한국의 어느 곳이나 살고 활동할 수 있습니다.

나는 여러분에게 한국 선교부의 형제들을 가장 다정하고 성실하며 열정적인 남녀라고 추천할 수 있습니다. 선교부의 여자들은 그들의 관심과 열정에 있어 다른 성별에 뒤떨어져 있지 않습니다. 그것은 선교본부에 의해 유지되는 모든 것 중에서 선교부가 다루어야 하는 것입니다. 모든 의사들은 때때로 영혼과 마찬가지로, 그리고 육체에 대해서도 선교사이며, 아내는 단순히 아내가 아니라 상황이 허락하는 한 축복된 사업에서 분담하는 선교사입니다.

나는 홀시 박사로부터 통지를 받았던 6월 총회에서 우리는 귀하들을 만날 것이며, 그때 그곳에서 우리가 더 친숙해질 수 있을 것이라고 믿고 있습니다.

출항 시간, 채비, 돈, 여행 표 등과 관련된 모든 업무 문제는 우리의 재무인 찰스 W. 핸드 씨에게 편지를 보내세요. 그 부서는 서신을 상당히 명확하게 보관하기 때문입니다.

지금 그리고 귀하의 모든 선교사 생활에 풍성한 축복이 있기를 바라며 기도드립니다.

안녕히 계세요.
F. F. 엘린우드

Frank F. Ellinwood (Sec., BFM, PCUSA),
Letter to Drs. Marion M. Null & Nell B. Johnson (Apr. 23rd, 1903)

April 23rd, 1903

Dr. M. M. Null & Dr. N. B. Johnson

Dear Friends:

As you are both doctors and are to go hand in hand to the same field, I suppose I might say - "Dear Doctors Null and Johnson" However I may get at it, I want to assure you of my interest and satisfaction not only in your appointment as missionaries of the Board, but also in your assignment to Korea. The understanding which the Mission has emphasized in asking an appointment of a physician at this time, is that he shall be expected first of all to fill vacancies in the medical force of the Mission, as they may occur, when either on regular furlough or in an emergency the physicians in charge of the various hospitals may be called away; and secondly; - when not thus employed, to assist in the medical work in the Seoul Hospital, and in the education of native doctors in connection with Dr. Avison, at Seoul. It looks now as if your first engagement would be at Pyeng Yang, for the reason that Dr. and Mrs. Wells are coming home on furlough in June, and the hospital and other medical interests of the Station will therefore be left destitute of a regular incumbent. I think the next vacancy will be at Taiku, Dr. Johnson who is in charge being soon to come home on furlough. A new hospital is being expected there with a very suspicious outlook.

In all our stations where doctors are employed there is a house belonging to the Doctor, and furnished partly by the Board and partly by the incumbent, so that everywhere a home will be provided, and an interesting work will at once present itself. The great thing will be as soon as possible to acquire a knowledge of the language, and fortunately, Korea unlike many of our large mission fields, has but one language and so far as I know, but one dialect. One can live and work in any part of Korea with the one uncloven tongue.

I can commend you to the brethren of the Korea Mission as most genial, earnest and enthusiastic lot of men and women. The ladies of the Mission are fully abreast of the other sex in their vital interest and zest. It is a sort of palm bearing Mission among all that are maintained by the Board. All the doctors are missionaries as the soul sometimes, as well as to their bodies, and the wives are not wives merely but missionaries, sharing as circumstances will permit in the blessed work.

I trust that we shall see you at the June Conference of which you have had notice from Dr. Halsey, and that then and there we can gain a better acquaintance. In all business matters relating to the time of sailing, the outfit, money, passage tickets, etc. you will please write to Mr. Chas. W. Hand our Treasurer, as we keep that department of correspondence quite distinct.

Hoping and praying for rich blessings on you now and in all your missionary career, I remain.

Sincerely yours,
F. F. Ellinwood

프랭크 F. 엘린우드(미국 북장로교회 해외선교본부 총무)가
올리버 R. 에비슨(서울)에게 보낸 편지 (1903년 4월 27일)

1903년 4월 27일

O. R. 에비슨 박사,
  한국 서울

친애하는 에비슨 박사님,

　나는 방금 박사님이 선교부의 여러 회원들이 수행 중인 서울에서의 업무에 대하여 이야기하는 길고 생생한 편지를 읽었습니다. 정동 부동산에 대한 교착 상태가 해소되고, 병원 부지와 선교부 사택 부지가 인접해 있는 귀하의 부지가 모양을 갖추는데 진정한 진척이 있는 것을 기쁘게 생각합니다. 나는 선교본부가 부지 예산을 작성할 때 의존해 왔기 때문에 (부지) 교환으로 인해 발생하는 잉여금의 사용을 대단히 신중하게 고려하기를 바랍니다. 선교본부와 완전하게 협의하고 양측의 이해를 확인하지 않고는 그것 중 어느 것도 사용해서는 안 됩니다.

　나는 존슨 씨의 질병과 죽음에 대한 완전하고 만족스러운 설명에 감사드립니다. 이곳에 있는 그의 친척들은 모든 세부 사항에 대하여 염려하고 있으며, 나는 그들의 이익을 위하여 박사님의 편지의 많은 부분을 복사하여 사용하고 있습니다. 그것은 참으로 안타까운 사건입니다. 저는 이 친구들에게 박사님, 클라크 씨 그리고 웸볼드 양 등 형제 선교사들이 그들의 아들에게 보여준 헌신이 기독교 신자들에게 기독교인의 동정과 헌신의 가치를 보여주는 강장제이었다고 말하였으며, 죽어가는 사람을 위하여 할 수 있는 모든 일을 한 것 같다는 사실에 근거하여 애도하는 친구들에게 축하를 보냈습니다.

　클라크 씨가 존슨 씨의 가구와 물건을 성급하게 처분하였다고 우리에게 쓴 것에 대하여 우리는 적지 않게 놀랐습니다. 이것은 우리가 아는 한 여태껏 선교사의 물건이 공사관에 의해 경매로 팔린 최초의 사례입니다. 선교본부는 친척들에게 속한 순전히 개인적인 것을 제외한 모든 자산의 소유자로 간주하고 있습니다. 박사님은 내가 보낸 선교본부 회의록을 보면 선교본부가 무엇을 기대하는지, 그리고 존슨 씨의 살아있는 친척들이 무엇을 기대하고 있는지 알수 있을 것입니다. 남편과 아내 양쪽 모두가 대단히 가난합니다. 존슨 씨는 클라크 씨에게 그가 저축한 모든 것을 채비로 넣었다고 말하였습니다. 이것과 선교본부가 투자한 것이 경매에서 최고가 입찰자에게 낙찰되어 없어졌습니다. 우리는 선교부 재무가 이것을 허용했어야 했는지 궁금합니다. 선교본부가 존슨 씨 사건에 대하여 책임감을 느낄 것이라는 데는 의문의 여지가 없으며, 지금까지 알고 있는 사실로 볼 때 우리는 이루어진 일에 대하여 진심으로 유감스럽게 생각하고 있습니다. 다만 사실 관계가 더 확인될 때까지 판단을 유예하겠습니다. 우리는 전에 그런 경우가 없었습니다. 나는 서방의 친구들이 크게 슬퍼할 것이라고 확신합니다.

우리는 황해도에서 이루어진 순회 전도 사업의 배분에 대하여 만족해하고 있습니다. 언더우드 박사가 과거에 그토록 성공적이었던 그 지역에서 배제되고 자신의 업무를 배정 받아야 했던 것은 유감스러운 것 같습니다. 나는 다음 선교부 회의에서 새로운 조정이 이루어지기를 희망하며, 그가 ___ 하게 ___ 하는 것 같은 업무가 배정되기를 바랍니다. 그의 조용한 번역 작업에 가끔 시골 공기를 마시고 업무를 변경하는 것은 해가 되지 않습니다. 반면에, 어느 분야이건 그가 하는 모든 일에 영적인 감동을 줄 가능성이 더 높습니다.

나는 현재 전체 선교부에 퍼져 있는 명백한 화합에 크게 기뻐하고 있습니다. 당연히 우리는 서울 지부와 관계된 순회 전도의 결과에 실망하였지만, 우리는 과거보다 더 풍요로운 미래가 되기를 바라고 있습니다.

박사님의 보고서에서 모두가 적극적으로 참여하는 것으로 보이며, 대규모 건축 계획이 진행 중이지만 우리는 선교 사업이 방해를 받지 않기를 바라고 있습니다.

에비슨 부인과 박사님 가족에 안부를 전하며, 박사님의 훌륭하고 충실한 편지에 감사를 드립니다.

안녕히 계세요.
F. F. 엘린우드

Frank F. Ellinwood (Sec., BFM, PCUSA), Letter to Oliver R. Avison (Seoul) (Apr. 27th, 1903)

April 27th, 1903

Dr. O. R. Avison,

Seoul, Korea

My Dear Dr. Avison:

I have just read your long and graphic letter in which you speak of the work at Seoul in the hands of different members of the Mission. I rejoice with you that the deadlock in regard to the Chong Dong property is broken, and that you are really making progress in getting your property into shape, the hospital site and the site for Mission houses being adjacent to each other. I hope that any use of the surplus money resulting from the exchange will be very carefully considered as the Board has been depending upon that in making its property estimates. None of it should be spent without fully consulting the Board and ascertaining the understanding at both ends of the line.

I thank you for so full and satisfactory an account of the sickness and death of Mr. Johnson. His relatives here are anxious for all particulars and I am copying a large portion of your letter for their benefit. It is indeed a very sad case. I have said to these friends that the devotion shown by these brother missionaries to their son, that of yourself, Mr. Clark and Miss Wambold, was tonic, to any Christian believer, as showing the worth of Christian sympathy and devotion, and I have congratulated the mourning friends upon the fact that everything seemed to have been done that was possible to be done for the dying man.

We are not a little surprised by what Mr. Clark writes us of the hasty disposal of Mr. Johnson's furniture and effects. It is the first instance of which we have ever known where a missionary's effects were sold off by the Legation and at auction. The Board considers itself the owner of all property except that which is purely personal, and as for his personal property that belongs to his relatives.

You will see by the Board Minute which has been sent, what the Board expects and what is more important what the people who have survived Mr. Johnson are expecting. On both sides, that of the husband and that of the wife, they are very poor. Mr. Johnson told Mr. Clark that he had put all that he had saved into his outfit. This as well as what the Board had invested, has been swept away at an auction, things being knocked down to the highest bidder. We wonder that the Treasurer of the Mission should have allowed this. There is no question but that the Board will feel responsible in regard to the affairs of Mr. Johnson, and from the knowledge thus far, we heartily regret what has been done. Still, we will suspend judgement until more is known of the facts. We never before had such a case. I am sure the friends in the West will be greatly grieved.

We are gratified by what has been done in the distribution of the itinerant work in Whang Hai Do. It seemed a pity that Dr. Underwood should have had his work so assigned as seemingly to preclude his effort in that region, where he had been so successful in the past. I hope that at the next Mission Meeting a new adjustment will be made, giving him still a place in the work for which he seems to _____ly __pated. It is no injury to his quiet translating work to have occasionally a whiff of country air and change of work. On the other hand, it will be more likely to give a spiritual touch to all that he does in whatever sphere.

I am greatly rejoiced at the apparent harmony which pervades the whole Mission at the present time. We were, of course, disappointed at the results in itineration connected with the Seoul Station, but we hope that the future will be more abundant than the past.

From your account, everybody seems to be actively engaged, and although large buildings projects are on hand, we hope that the work of the Mission will not be hindered.

With kindest regards at Mrs. Avison, and your family and your children, and thanking you for your full and excellent letters, I remain.

Sincerely yours,
F. F. Ellinwood

한국의 선교. 1903년 5월 총회에 제출된 미국 북장로교회 해외선교본부 제66차 연례 보고서, 207, 210, 211~213쪽

207쪽

한국의 선교.

서울: 서해안 근처의 수도(首都)로서 버지니아 주 리치몬드와 같은 위도에서 한강 옆에 위치해 있으며, 상업 항구인 제물포에서 내륙으로 25마일 떨어져 있고 거의 완공된 철도로 연결될 예정임. 인구는 약 30만. 1884년 선교부가 시작됨. 선교사 - 신학박사 H. G. 언더우드 목사 부부, J. S. 게일 목사 부부, C. C. 빈튼 박사 부부, S. F. 무어 목사 부부, F. S. 밀러 목사 부부, O. R. 에비슨 박사 부부, C. E. 샤프 목사 부부, A. G. 웰본 목사 부부, E. H. 밀러 목사 부부, C. A. 클라크 목사 부부, C. 웸볼드 양, E. H. 필드 박사, M. B. 바렛 양, 그리고 S. A. 도티 양

(중략)

서울 지부

210쪽

에비슨 박사는 병원에서의 업무 외에도 시간과 체력과 기회가 허락하는 한 어느 정도 설교를 하였다.

211~213쪽

(......)

매주 한 번 에비슨 박사는 화학의 경이로움에 대하여 소년들에게 가르쳤다. 서울에서 이 고등 교육의 단순한 싹이 급속하게 성장하는 것을 촉진하는 것이 선교부와 선교본부의 희망이자 목적이다. 그것은 평양 지부에서 운영되고 있는 해당 기관의 높은 수준에 곧 도달해야 한다.

의료. - 작년에 L. H. 세브란스 씨가 아낌없이 지원해 준 기금으로 세브란스 기념 병원으로 알려진 새 병원의 건립 및 설비를 위한 움직임에 대한 보고

가 있었다. 적절한 부지 확보의 어려움으로 인하여 이러한 노력에 여러 달의 지연과 혼란이 있었다. 하지만 이것은 마침내 달성되었으며, 작업이 호의적인 후원 하에 실제로 시작되었다. 새 병원의 정초석은 관련된 모든 사람들에게 가장 상서롭고 만족스러운 상황에서 추수감사절에 놓았다. 정초식은 1884년 일본과 중국 수비대의 충돌에서 부상당한 한국의 저명인사들을 성공적으로 수술함으로써 한국의 전체 의료 사업의 기반을 마련하였던 주한 미국 공사인 H. N. 알렌 님에 의해 진행되었다. 당시 알렌 박사의 눈에 띄는 성공은 지역 사회와 왕에게 깊은 인상을 남겼으며, 그는 즉시 정부가 제공한 병원의 책임을 맡았고 현재까지 장로교회 선교본부의 의료 선교사들이 연속해서 사용하고 있다. 역사적인 관심이 가득 찬 상황에서 미국 공사가 이 공식 행사에 부름을 받은 것은 행복한 상황이었다. 선교부와 선교본부는 여러 차례 국무부를 통하여 현재 우리의 공식 사절을 통하여 궁궐에 효율적인 도움과 협조를 알렸다. 여러 외국의 주한 공사관 대표들은 이 행사에 참석한 것을 영광으로 여겼으며, 현지인과 외국인을 막론하고 모든 계층의 사람들에게 깊고 호의적인 인상을 받았다.

에비슨 박사는 병원 보고서의 서두에서 지부와 선교부가 유감스럽게도 한국의 사역에서 은퇴하여 올해 귀국하였던 기포드 부인의 효율적이고 보수를 받지 않은 봉사에 자신이 큰 빚을 지고 있음을 알리고 있다. 기포드 부인은 1888년 한국에서 선교 사업을 시작한 아들과 동행하였다. 1900년 그와 아내가 사망한 후, 기포드 여사는 지금까지 이 나라에 머물렀고 순수한 사람의 사업으로 최근 미국으로 돌아갈 때까지 선교에 도움이 되도록 노력하였다. 에비슨 박사는 다음과 같이 말하고 있다. "나는 그녀에게, 그리고 선교부는 그녀에게 1년의 충실한 업무에 대한 감사의 무거운 빚을 지고 있으며, 나의 빚은 그녀가 어려운 상황에서 나를 도왔다는 단순한 사실에 국한되지 않고 그녀가 끊임없이 병원에 대한 높은 수준의 필요성을 우리 앞에 제시하였다는 사실에 근거한다."

진료소의 연간 총 환자는 6,666명이었다. 병동에는 230명이 있었다. 입원환자 수입은 589엔이었다. 에비슨 박사는 궁내부 의사인 분쉬 박사가 외국 수술에서 자주 도와주었다는 점에 대하여 특별한 감사를 드리고 있다. 고용한 2명의 일본인 간호원은 한 해 동안 좋은 성과를 얻었다.

Mission in Korea. *Sixty-sixth Annual Report of the BFM of the PCUSA. Presented to the General Assembly, May, 1903,* pp. 207, 210, 211~213

p. 207

Mission in Korea.

Seoul: The capital, near the western coast, in the latitude of Richmond, Va., on the Han river and 25 miles overland from the commercial port, Chemulpo, with which a nearly finished railroad will connect it; population about 300,000; Mission begun in 1884. Missionaries - Rev. H. G. Underwood, D. D., and Mrs. Underwood, Rev. J. S. Gale and Mrs. Gale, C. C. Vinton, M. D., and Mrs. Vinton, Rev. S. F. Moore and Mrs. Moore, Rev. F. S. Miller and Mrs. Miller, O. R. Avison, M. D., and Mrs. Avison, Rev. C. E. Sharp and Mrs. Sharp, Rev. A. G. Welbon and Mrs. Welbon, Rev. E. H. Miller and Mrs. Miller, Rev. C. A. Clark and Mrs. Clark, Miss C. C. Wambold, Miss E. H. Field, M. D., Miss M. B. Barrett and Miss S. A. Doty.

(Omitted)

Seoul Station.

p. 210

Dr. Avison, in addition to his labors in the hospital, has done more or less preaching as time and strength and opportunity afforded.

pp. 211~213

(......)

Once a week Dr. Avison has enlightened the boys upon the wonders of chemistry. It is the hope and purpose of the Mission and of the Board to promote the rapid growth of this mere germ of higher education in Seoul. It should soon reach the high level of the corresponding institution conducted by the Pyeng Yang Station.

Medical. - A report was given last year of a movement for the erection and equipment of a new hospital to be known as the Severance Memorial Hospital, to be erected with funds generously supplied by Mr. L. H. Severance. Many months of delay and perplexity have attended this effort owing to the difficulty of securing a proper site. This however has been accomplished at last and the work has been actually begun under favorable auspices. The cornerstone of the new hospital was laid on Thanksgiving Day, under circumstances most auspicious and gratifying to all concerned. The ceremony was performed by Hon. H. N. Allen, United States Minister to Korea, who in the year 1884 laid the foundation of the whole medical work of Korea by the successful performance of surgical operations upon prominent Koreans who had been wounded in the conflict between the Japanese and the Chinese garrisons. Dr. Allen's marked success at that time made such an impression upon the community, and upon the King, that he was at once placed in charge of a hospital furnished by the Government, and the building thus supplied has been used by successive medical missionaries of the Presbyterian Board down to the present time. It was a happy circumstance that the United States Minister should be called to this official act under circumstances so full of historic interest. The Mission and the Board have taken action at various times to acknowledge through the State Department the efficient aid and cooperation of our present official representative at His Majesty's court. The representatives of the different foreign legations in Korea honored the occasion by their presence, and a deep and favorable impression was made upon all classes, native and foreign.

Dr. Avison in his hospital report acknowledges at the outset his great indebtedness to the efficient and gratuitous services of Mrs. Gifford, who to the great regret of the Station and the Mission, has retired from the work in Korea, and returned home during the year. Mrs. Gifford accompanied her son who entered upon the missionary work in Korea in 1888. After his death and that of his wife in 1900, Mrs. Gifford, Sr., remained in the country till the present time and as a pure work of love has striven to make herself useful to the Mission until her recent, return to the United States. Says Dr. Avison : "I owe her, and the Mission owes her, a heavy debt of gratitude for a year of faithful work, and my debt is not confined to the simple fact that she helped me in a difficult situation, but rests also on the fact that she constantly kept before us the need of a high standard for the Hospital."

The total attendance for the year at the dispensary was 6,666. Patients in the wards, 230. Receipts from in-patients, 589 yen. Dr. Avison makes special acknowledgment of the frequent assistance rendered in surgical cases by Dr. Wunsch, the palace physician. Two Japanese trained nurses have been employed during the year with good results.

19030500

찰스 A. 클라크(서울)가 프랭크 F. 엘린우드(미국 북장로교회 해외선교본부 총무)에게 보낸 편지 (1903년 5월)

접수
1903년 6월 16일
브라운 박사

친애하는 엘린우드 박사님,

박사님이 가장 듣고 싶어 하는 것에 대하여 이야기하지 않는 것이 용서가 되었으면 하는 마음으로 월간 편지를 쓰는 것이 이번이 처음입니다.

(중략)

에비슨 박사는 평소처럼 꽉 짜인 그의 보고서를 가지고 있습니다. "지난 회의 이후 외래 환자는 하루 평균 43명, 남자 34명, 여자 9명이었습니다. 그수는 70명에 이르기도 하였고, 그 외에도 많은 수술을 하였습니다. 처음 한국에 왔을 때 환자들은 수술을 제안하자 달아났습니다. 오늘 병동에 다리를 절단한 사례가 있습니다. 또한 위루술을 시행하였던 사례도 두 건이 있습니다. 오늘 아침 저는 대판 양지83) 2쪽으로 구성된 병원에 관한 타자 편지를 썼고, 위루 수술과 다리 절단을 하였습니다. 70명의 진료소 환자를 보았고, ___명이 죽었으며, 황제의 형을 왕진하였습니다. 저는 현재 병원에 16명의 남자 환자와 8명의 여자 환자가 있으며, 그 중 4명은 내일 아침 수술을 기다리고 있습니다.

"나의 교회 업무는 평소와 같았고, 나는 지난 두 번의 주일에 주일 학교의 출석 인원이 138명과 137명으로 증가한 것을 보고할 수 있게 되어 기쁘다. 나는 두 명의 입원 환자가 이번 달에 예비 신자 시험을 위하여 올라왔고, 그들을 받게 되어 기쁘다. 다른 많은 사람들이 따를 것이다. 많은 사람들이 개종을 고백하였다. 나는 내가 원하는 남학생 2명을 확보하지 못하였지만, 1명의 여학생을 시험 중이다."

---

83) 13½ x 17인치 크기의 종이를 말한다.

Charles A. Clark (Seoul),
Letter to Frank F. Ellinwood (Sec., BFM, PCUSA) (May, 1903)

Received
JUN 16 1903
Dr. Brown

Dear Dr. Ellinwood,

This is my first experience in writing monthly letters as I hope I may be pardoned if I do no tell the things you want most to hear.

(Omitted)

Dr. Avison has his usual crowded report. "Since last meeting have had an average of 43 out patients a day 34 men and nine women. The number running some days as high as 70 in addition to which I have had a large number of operations. When I first came to Korea, patients ran away when I suggested an operation. Today I have in the wards & cases who have undergone amputation of the leg. I have also two cases on which gastrostomy has been done. This morning I wrote a type written letter concerning the hospital, consisting of two foolscap pages (typewritten), did a gastrostomy operation and an amputation of a leg. Saw 70 dispensary patients, got a ____ of demises, the made a visit to the Emperor's elder brother. I have at present in the hospital 16 male and 8 female patients four of them awaiting operations tomorrow morning.

"My church work has been as usual and I am glad to be able to report an increasing attendance at the S. School the last two Sabbaths being 138 & 137. I am glad to have two of my in-patients go up for examination as catechumens this month and to have them received. Many others will follow. Many have professed conversion. I have not secured the two new men students that I want, but have one female student on trial."

(Omitted)

메이 B. H. 헐버트(서울)가 헬렌 헐버트(미국)에게 보낸 편지
(1903년 5월 2일)

(중략)

월버, 더글러스, 존 그리고 포레스트는 내일 즈푸의 학교로 출발한단다. 내
년에는 학교가 없을 거야. 각 어머니가 교사가 될 것이고, 일부에게는 어려워
지겠지.

(중략)

May B. H. Hulbert (Seoul),
Letter to Helen Hulbert (U. S. A.) (May 2nd, 1903)

(Omitted)

Wilber, Douglas, John & Forest leave to-morrow for Chefoo school There will
probably be no school next year. Each mother will be a teacher, it will come hard
for some I am afraid.

(Omitted)

19030519

회의록, 한국 선교부 서울 지부 (미국 북장로교회) 1891~1921
(1903년 5월 19일)

(중략)

남대문 밖에 건축할 사택의 수에 관한 3월 회의의 동의를 상정하고, 논의 끝에 심의를 다시 당분간 연기하였다.

(중략)

Minutes, Seoul Station, Korea, 1891~1921 (PCUSA) (May 19th, 1903)

(Omitted)

The motion of the March meeting relating to number of houses to be built outside the South Gate was taken from the table and after discussion was again tabled.

(Omitted)

19030520

회의록, 한국 선교부 서울 지부 (미국 북장로교회) 1891~1921
(1903년 5월 20일)

(중략)

어제 임명된 위원회가 보고하였고, 그들의 건의가 채택되었다. 그것은 다음과 같다. "여자 사택으로 알려져 있는 (정동 돈으로 건축할) 두 번째 사택은 에비슨 박사를 위하여 사택을 지을 수 있을 때까지 에비슨 박사가 그것을 사용한다."

남대문 부지를 다룬 3월 회의의 동의는 다시 논의되었다. 마지막 구절과 에비슨 박사 부부를 삭제함으로 수정하자고 동의됨. 통과됨

(중략)

Minutes, Seoul Station, Korea, 1891~1921 (PCUSA) (May 20th, 1903)

(Omitted)

The committee appointed yesterday reported and their recommendation was adopted. It is as follows: "that the second house (to be built with Chung Dong money) be built on one of the upper sites that its be known as the ladies residence but that Dr. Avion occupy the same until a house can be built for him."

The motion of the March meeting dealing with South Gate site was again taken from the table. Moved to amend by striking out the last clause & Dr. & Mrs. Avison. Carried.

(Omitted)

19030522

올리버 R. 에비슨(서울)이 호러스 N. 알렌(주한 미국 공사)에게
보낸 편지 (1903년 5월 22일)

세브란스 기념 병원   미국 북장로교회 선교부
O. R. 에비슨, 의학박사,
　　　병원장

한국 서울,
1903년 5월 22일

의학박사 H. N. 알렌 님,
　　주한 미국 공사

친애하는 알렌 박사님,

　　새 병원이 올 가을에 업무를 시작할 것으로 예상되고 우리가 그곳으로 이전하기를 희망한다는 사실을 고려하여, 우리는 1894년 협정에 의해 해석된 한국 정부와의 관계에서 현재의 병원이 어떤 상태로 남게 될 것인지에 대한 판단을 부탁드리고 싶습니다.

　　협정의 조건에 따라 한국 정부가 우리에게서 이 장소를 인수할 때까지 우리가 이 장소를 병원 목적으로 사용하도록 인정받은 것은 (우리가 새 병원을 지었다고 해도) 그들이 실제 귀하게 인수 의사를 통지하였다는 것이 아닙니다. 그 결과 우리는 다른 병원을 준비하였으며, 그들의 통고에 따라, 특히 그들이 그 통지를 철회하지 않았기 때문에 부지를 넘겨받지 못하더라도 원래 협정의 그 조항을 더 이상 참조하지 않고 새 장소로 우리의 업무를 옮기고 병원 업무를 중단할 수 있습니까?

　　귀하는 그 통지를 공식적인 것으로 간주하며, 그 기록이 공사관에 있습니까? 귀하께서 부재가 예상되고, 공식 문서를 참조할 필요가 있다는 점에서, 그리고 저에게 보낸 1902년 5월 14일자 편지에서 귀하께서 "외부대신으로부터 그는 폐하로부터 돈을 지불하고 현재의 부지와 건물을 인수하라는 지시를 받았다는 취지의 비공식적인 문서를 가지고 있다."고 하였기 때문에 제가 이 뒤의 질문을 하는 것입니다.

　　우리가 잠시 동안 이곳에서 의료 업무를 부분적으로 계속할지 아니면 완

전히 새로운 장소로 이전할지의 여부는 아직 완전히 결정되지 않았지만 어떤 경우에도 위에서 언급한 점에 대하여 귀하의 결정을 원합니다.

안녕히 계세요.
O. R. 에비슨

Oliver R. Avison (Seoul),
Letter to Horace N. Allen (U. S. Minister to Korea) (May 22nd, 1903)

Severance Memorial Hospital
   O. R. Avison, M. D.
     Medical Supt.

Mission of Presbyterian Church in U. S. A.

Seoul, Korea, May 22nd 1903

Hon. H. N. Allen, M. D.,
   U. S. Minister &c. to Korea

Dear Dr. Allen,

In view of the fact that the new hospital is expected to be ready for occupation this coming Fall and that we hope to move out there we would like to have your judgment as to the status in which the present hospital will be left in its relation to the Korean government as interpreted by the agreement of 1894.

It being granted by us that in accordance with the terns of that agreement we were bound to use this place for hospital purposes until the Korean government should take it from us does not the fact that they notified you of their intention to take it over, in consequence of which we have prepared another hospital, enable us to remove our work to the new place and stop hospital work here without further reference to that clause in the original agreement even though though they fail to take over the property in accordance with their notification, the more especially as they have not withdrawn that notification?

Do you regard that notification as official and is there a record of it at the Legation? I ask this latter question in view of your expected absence and the necessity there may be for reference to some official document and because in your letter to me of May 14th 1902 you say you have an "informal note from the Foreign Minister to the effect that he was instructed by His Majesty to pay the money and take over the present site and buildings".

It has not been fully decided yet by us whether we shall for a time continue the medical work here in part or take it over entirely to the new place but would in any event like to have your decision on the point mentioned above.

Yours very sincerely,
O. R. Avison

올리버 R. 에비슨(서울)이 고든 패독(주한 미국 총영사, 서울)에게
보낸 편지 (1903년 6월 17일)

<table>
<tr><td>세브란스 기념 병원
O. R. 에비슨, 의학박사,
병원장</td><td>미국 북장로교회 선교부

한국 서울,
1903년 6월 17일</td></tr>
</table>

고든 패독 씨,
    주한 미국 총영사

안녕하십니까,

    오늘 아침 서울에 거주하는 F. S. 밀러 부인이 급성 패혈증으로 사망하였
다는 소식을 전해드리는 것은 저의 싫은 의무입니다. 장례는 내일 오전 9시에
치러질 예정입니다.

    안녕히 계세요.
    O. R. 에비슨

Oliver R. Avison (Seoul), Letter to Gordon Paddock
(U. S. Vice and Deputy Consul General at Seoul) (June 17th, 1903)

Severance Memorial Hospital
O. R. Avison, M. D.,
Medical Supt.

Mission of Presbyterian Church in U. S. A.

Seoul, Korea,
June 17th, 1903.

Mr. Gordon Paddock,
Consul Gen. U. S. A. in Korea &c

Dear Sir: -

It is my unpleasant duty to report to you that death this morning of Mrs. F. S. Miller, of Seoul, from acute septicaemia. It is intended that the funeral shall be held tomorrow at 9 A. M.

Very sincerely,
O. R. Avison

회의록, 한국 선교부 서울 지부 (미국 북장로교회) 1891~1921
(1903년 6월 24일)

(중략)

작별84) 및 신임 인사85) 편지에 대한 답장으로 엘린우드 박사와 브라운 박사에게 편지를 쓰도록 위원회를 임명하자는 동의가 있었다.

빈튼 박사와 에비슨 박사가 임명되었다.86)

(중략)

Minutes, Seoul Station, Korea, 1891~1921 (PCUSA) (June 24th, 1903)

(Omitted)

A motion was made that a committee be appointed to write Dr. Ellinwood & Dr. Brown in reply to their letters of good bye & greeting.

Dr. Vinton & Dr. Avison were appointed.

(Omitted)

---

84) Frank F. Ellinwood (Sec., BFM, PCUSA), Letter to the Korea Mission (May 12th, 1903)

85) Arthur J. Brown (Sec., BFM, PCUSA), Letter to the Korea Mission (May 15th, 1903)

86) Cadwallader C. Vinton, Oliver R. Avison (Com., Seoul Station), Letter to Arthur J. Brown (Sec., BFM, PCUSA) (June 30th, 1903)

19030630

캐드월러더 C. 빈튼, 올리버 R. 에비슨(서울 지부 위원회)이
아서 J. 브라운(미국 북장로교회 해외선교본부 총무)에게 보낸 편지
(1903년 6월 30일)

미국 북장로교회
한국 선교부
의학박사 C. C. 빈튼
　재무

접수
1903년 8월 17일
브라운 박사

한국 서울

한국 서울,
1903년 6월 30일

친애하는 브라운 박사님,

　　박사님의 교신 총무 업무에 한국 선교부가 배정된 것을 알게 되어 서울 지부 회원들은 매우 기쁘게 생각합니다. 우리는 우리가 박사님을 알고 박사님이 우리를 알고 있다고 느끼고 있습니다. 2년 전에 박사님이 우리를 방문한 것은 박사님도 그랬다고 우리에게 말하였던 것보다 적지 않게 우리에게도 기쁨이었습니다. 박사님이 말했듯이 그 나라와 국민, 선교부와 사역자들, 개인과 한국 교회가 비록 짧았지만 그 방문을 통하여 생생한 현실이 되었던 것처럼, 당시 박사님 부부의 실재(實在)도 마찬가지이었습니다. 그 이후 그 기간은 우리에게 새로운 때가 되었습니다. 우리는 박사님이 우리의 많은 문제에 대한 통찰력을 얻기 위하여 겪었던 고통과 상황을 평가하고 선교력을 평가하는데 있어서의 정확성을 특별히 명확하게 기억하고 있습니다. 사관과 사병의 그러한 접촉은 다른 방법으로는 얻을 수 없는 공감을 가져다줍니다. 그리고 그 공감은 우리가 새로운 관계에 들어가면서 박사님을 향해 우리가 느끼고, 박사님이 우리를 향하여 느끼는 것을 아는 것입니다.

　　변화의 즐거운 상황 중 하나는 전 교신 총무인 엘린우드 박사의 위급한 상황에도 우리는 협의회, 그리고 우호적인 선교본부 사무실을 잃지 않고 실제로 선교본부 사무실에 두 명의 총무가 있는 것처럼 느낄 수 있다는 것입니다. 엘린우드 박사는 우리의 관심사에 대한 따뜻한 옹호자이었으며, 우리 중 많은 사람들에게 실제적인 친구이었습니다. 그의 빈번한 편지와 그의 제언을 놓치게 되어 대단히 유감스럽습니다. 그가 이 선교부의 시작부터 담당 총무로 계속 업무를 본 것은 우리로 하여금 그에게 진정한 아버지를 대하듯이 느끼게 합니다.

아래 서명한 사람들은 지부를 대신하여 박사님께 편지를 쓸 위원회에 임명되었으며, 우리는 우리에 대한 박사님의 관심에 대하여 애정과 감사의 확신을 더하고자 합니다. 우리는 미래의 사건들이 우리를 더 가깝게 만들고 이교도 세계의 이 중요한 지역의 복음화를 위하여 하나의 힘으로 함께 일할 수 있게 되기를 바라고 있습니다.

안녕히 계십시오.
C. C. 빈튼   위원회
O. R. 에비슨
        서울 지부를 대표하여

Cadwallader C. Vinton, Oliver R. Avison (Com., Seoul Station), Letter to Arthur J. Brown (Sec., BFM, PCUSA) (June 30th, 1903)

Korea Mission
Of The
Presbyterian Board
Of Foreign Missions
In The U. S. A.
C. C. Vinton, M. D.
Treasurer.

Seoul, Korea

```
Received
AUG 17 1903
Dr. Brown
```

Seoul, Korea.
June 30th, 1903.

Dear Dr. Brown: -

It is with much pleasure the members of Seoul Station have found the Korea Mission assigned to you as its secretarial correspondent. We feel that we know you and that you know us. The visit you paid us two years ago was no less a pleasure to us than you tell us it was to you. Just as the country and its people, the missions and its workers, the individual Christians and the Korean Church have become, you tell us, a vivid reality to you through that visit, brief though it was, so too your personality and that of Mrs. Brown became at that time a very real force to us and we have ever since been dating events from that period. We remember with especial clearness the pains you took to gain an insight into many of our problems, and the accuracy with which you seemed to gauge conditions and measure forces. Such a contact of officer and private brings a sympathy not otherwise to be had; and that sympathy we rejoice to feel toward you and know that you feel toward us as we enter on this new relation.

One of the pleasant circumstances of the change is that we do not lose the council and friendly offices in any case of emergency of our former correspondent, Dr. Ellinwood, but may feel that we have in reality two secretaries in the Board rooms. Dr. Ellinwood has been a warm advocate of our interests and an actual personal friend to many of us. It is with great regret that we shall miss his frequent letters and his suggestions. His continuance from the very beginning as the secretary of this mission makes us feel toward him as toward a veritable father.

The undersigned have been appointed a committee to write you on behalf of the station, and we add our own assurance of affection and of appreciation for your interest in us. We hope that the events of the future will draw us still closer together and that we shall be able to work together as one force for the evangelization of this important area of the heathen world.

Yours very sincerely,
C. C. Vinton   Com.
O. R. Avison
        on behalf of Seoul Station

한국. 세브란스 병원 예산. 미국 북장로교회 해외선교본부
실행이사회 회의록 (1903년 7월 6일)

한국. 세브란스 병원 예산. 1903년 6월 27일 L. H. 세브란스 씨로부터 한국 서울의 세브란스 기념 병원을 위하여 5천 달러를 받음.

Korea. Severance Hospital Appropriation. *Minutes [of Executive Committee, PCUSA], 1837~1919* (July 6th, 1903)

Korea. Severance Hospital Appropriation. $5,000 for the Severance Memorial Hospital, Seoul, Korea, that amount having been received for that purpose on June 27, 1903 from Mr. L. H. Severance.

19030720

수전 A. 도티(서울)가 아서 J. 브라운(미국 북장로교회 해외선교본부 총무)에게 보낸 편지 (1903년 7월 20일)

접수
1903년 8월 31일
브라운 박사

한국 서울,
1903년 7월 20일

친애하는 브라운 박사님,

6월의 지부 활동에 대하여 박사님께 편지를 쓰는 것이 저의 즐거운 의무가 되었습니다.

(중략)

한국인을 대상으로 한 에비슨 박사의 정기적인 의료 활동에 심부 농양을 앓고 있는 에비슨 부인, 다리가 부러진 채 누워 있는 아들 중 한 명이 추가되었으며, 그런 다음 밀러 부인을 담당하였고, 그의 친구를 진료하였습니다. 아내와 어머니는 주님의 제자 외에 다른 사람들에게 행할 수 있는 모든 일에 직면하여 '사랑하는 의사'의 역할을 하고 있습니다. 필드 박사는 그녀의 도시의 다른 업무와 함께 교사와 산수 제2권의 집필에 바쁘게 보냈고, 지방에서 부분적으로 전도 업무와 부분적으로 의료 업무를 하였습니다. 바렛 양은 어학 공부와 학교 업무를 꾸준하게 진행하였습니다.

(중략)

Susan A. Doty (Seoul),
Letter to Arthur J. Brown (Sec., BFM, PCUSA) (July 20th, 1903)

Received
AUG 31 1903
Dr. Brown

Seoul, Korea,

July 20th, 1903

Dear Dr. Brown: -

It becomes my pleasant duty to write you of our Station doing's for June:

(Omitted)

To Dr. Avison's regular medical work among the Koreans, has been added that of Mrs. Avison, who has been quite ill with a deep seated abscess; and one of their boys, who is laid up with a broken leg; then he had charge of Mrs. Miller, and saw his friend; a wife and mother, shipping away, in the face of all that could be done to others beside the Lord's disciple, does the "Beloved Physician" apply. Dr. Field has been engaged, with her teacher, on the Second book of the Arithmetics with other work in the city, and country, partly evangelistic partly medical. Miss Barrett's language study and school duties have gone steadily on.

(Omitted)

한국. 서울 병원 부지에 사택 건립. 미국 북장로교회 해외선교본부 실행이사회 회의록 (1903년 7월 22일)

한국. 서울 병원 부지에 사택 건립. 서울 지부는 병원 부지에 사택을 건립하고 병원 의사가 사용할 수 있도록 허용하기로 투표로 의결하였고, 그것은 한국의 정동 부동산 기금에 청구될 것이다. 하지만 이 기금은 현 의사 사택을 매각할 때 상환될 것이지만 후자의 거주지는 비워두어서는 안 된다.

Korea. Erection of Residence on Hospital Property, Seoul. *Minutes [of Executive Committee, PCUSA], 1837~1919* (July 22nd, 1903)

Korea. Erection of Residence on Hospital Property, Seoul. It was voted to allow the Soul Station to erect a thirs residence to be located on the Hospital property and occupied by the hospital physician, the same to be charged to the Chong Dong Property Fund, Korea. This Fund, however, to be reimbursed upon the sale of the present physicians residence, it being understood however, that the latter residence shall not be left vacant.

19030728

올리버 R. 에비슨(서울)이 아서 J. 브라운(미국 북장로교회 해외선교본부 총무)에게 보낸 편지 (1903년 7월 28일)

<table>
<tr><td>접수
1903년 8월 31일
브라운 박사</td></tr>
</table>

한국 서울,
1903년 7월 28일

신학박사 A. J. 브라운 목사

안녕하십니까,

F. S. 밀러 부인의 사망에 대한 세부적인 내용을 박사님께 보고하는 것은 저의 매우 슬픈 의무이며, 이 일은 훨씬 더 일찍 완료되어야 했지만 분쉬 박사가 작성한 부검 보고서를 기다리고 있었는데 그가 바빠서 한동안 쓰는 것이 지연되었기 때문입니다.

꽤 오랜 시간 동안 밀러 부인은 잦은 유산으로 인하여 많은 시간을 누워 있어야 했고, 더 심각한 문제가 발생하지 않을까 우리를 상당히 불안하게 만들었습니다.

진찰 결과 가중의 작은 근종이 발견되었고 자궁내막염이 너무 심해 자궁의 소파술을 시행할 필요가 있다고 느꼈습니다. 밀러 씨 부부는 모두 수술을 받기를 간절하게 바랐고, 6월 13일 자신의 집에서 제가 수술하였습니다. 필드 박사는 마취제를 투여하였습니다. 저는 일본인 간호원의 도움을 받았고, 청결한 수술을 보장하기 위하여 모든 조치를 취하였습니다.

수술은 본질적으로 간단하였는데, 쉽게 수행되었고 분명히 성공적이었습니다. 환자는 마취에서 깨어나 매우 편안해 했으며, 하루 종일, 다음날, 그리고 갑자기 복부 통증으로 발작을 일으킨 그날 밤 11시까지 그렇게 있었습니다. 저는 아침이 되기 전에 왕진 요청을 받았고, 그녀가 복막염을 앓고 있는 것을 알게 되었습니다. 치료가 시작된 후 그녀는 호전되기 시작하였습니다. 그러나 저는 자문을 위하여 분쉬 박사를 불렀고, 그는 문제의 근원이 자궁이 아니라는 견해를 표명하면서 제가 시작한 치료를 계속하도록 조언하였습니다. 그날 저녁 증상이 상당히 호전되어 우리는 염증이 가라앉기를 바랐고, 이러한 호전은 다음 날 오전까지 계속되었지만 저녁에 ____는 덜 고무적이었습니다.

저는 다음 날 이른 아침에 무기력해진다고 표현하는 환자의 왕진을 요청받았으며, 저는 실제로 그녀가 그렇다는 것을 발견하였습니다. 저는 다시 분쉬 박사(의 도움)을 요청하였지만 그녀는 회복하지 못하였습니다.

우리는 감염의 정확한 원인과 복막염을 유발한 수술의 부분을 결정하고 싶었고, 부검을 진행하기 위하여 즉시 밀러 씨를 불렀습니다. 부검은 필드 박사와 제가 참석한 가운데 분쉬 박사가 시행하였으며, 저는 그의 보고서 일부를 동봉합니다.

검사 결과 자궁에는 감염이 전혀 없었고 그 기관에는 손상이 없었지만 보강에 상당량의 고름이 있었고 난소 중 하나에 매우 작은 농양이 여러 개 있었습니다. 또한 이전에 진단된 바와 같이 자궁 조직에 섬유성 종양이 있었지만 이는 최종 결과의 원인이 되지 못하였습니다.

분쉬 박사의 견해는 난소가 이전에 감염되었고 불행하게도 이 특정 시기에 감염이 복막강으로 침투하였다는 것입니다. 수술이 발열에 얼마나 기여하였는지 가늠하기는 어렵지만, 수술한 부위는 상처도 없고 감염이나 염증의 기미도 보이지 않으며, 난소가 건강하지 못한 상태라는 확고한 의견을 피력하였기에 우리는 이미 존재하는 감염의 발병에 더 유리한 조건을 조성하지 않는 한 수술이 복막염의 원인이 아니라고 ＿＿＿하는 것을 정당화하였습니다.

박사님은 수술을 시행한 직후에 이 ＿＿의 발달하는 것을 보도록 요청을 받는 제 마음의 고통을 어느 정도 아실 수 있을 것이며, 제가 ＿＿＿하였다면 저는 우리가 조심하지 못한 부분을 내 마음 속에서 찾기 위하여 했던 모든 일을 ＿＿＿＿＿할 것입니다. 그리고 박사님은 또한 모든 동료들이 수술과 질병의 관계가 무엇인지 얼마나 알고 싶었는지 ＿＿＿＿＿할 것이며, 부검의 결과가 알려졌을 때 수술이 적절하게 이루어졌으며 아무런 손상을 일으키지 않았다는 사실에 큰 안도감을 느꼈습니다.

이 죽음은 우리 선교사 공동체에 매우 큰 슬픔이었고, 우리의 공감은 그가 ＿＿＿＿의 그러한 ＿＿＿＿＿을 보여주는 ＿＿＿＿＿에 마음이 쓰였습니다.

안녕히 계세요.
O. R. 에비슨

Oliver R. Avison (Seoul),
Letter to Arthur J. Brown (Sec., BFM, PCUSA) (July 28th, 1903)

Received
AUG 31 1903
Dr. Brown

Seoul, Korea,
July 28th, 1903

Rev. A. J. Brown, D. D.,

Dear Sir,

It is my very mournful duty to report to you the details of the death of Mrs. F. S. Miller and this should have been done much earlier but I have been waiting for a report of the Post Mortem examination which was made by Dr. Wunsch of this city and which he delayed writing for some time, being otherwise busily engaged.

For a considerable time back Mrs. Miller had suffered from frequent abortions which kept her laid up a good deal of the time and caused us much uneasiness lest more serious trouble should result.

Examination revealed a small myoma of the uterus and so much endometritis that it was felt to be necessary to curette the uterus. Both Mr. and Mrs. Miller were anxious to have it done and on June 13th the operation was performed at her own home by myself. Dr. Field administering the anesthetic. I was assisted by my Japanese nurses and every precaution was taken to ensure a clear operation.

The operation was simple in its nature, easily performed and apparently successful and the patient awoke from her anaesthetic feeling quite comfortable and remained so all that day, all the next day and until 11 o'clock of that night when she was seized with a sudden pain in the abdomen. I was summoned before morning and found her suffering from peritonitis. After treatment had been instituted she began to improve. I, however summoned Dr. Wunsch in consultation and he expressed the opinion that it was not the uterus that was affected and he advised a continuation of the treatment which I had begun. That evening the symptoms had improved so much that we hoped the inflammation was going to subside and this improvement continued during part of the following day but in the evening the _____ were less encouraging.

I was summoned early the following morning as the patient expressed to be sinking and on striking I found that it was indeed so. I again called for Dr. Wunsch but the ___ she failed to rally.

We were very anxious to determine the exact source of the infection and the part which the operation might have taken in producing a peritonitis and Mr. Miller readily summoned to a post mortem examination being held. This was performed by Dr. Wunsch in the presence of Dr. Field and myself and I enclose a part of his report.

The result of the examination showed absolutely no infection in the uterus and no injury to that organ, but there was a considerable quantity of pus in the abdominal cavity and a number of very small abscesses in one of the ovaries. There was also a fibrous tumor in the tissue of the uterus as had been diagnosed previously but this did not contribute to the final result.

It was Dr. Wunsch's opinion that the ovary had been infected previously and that the infection had unfortunately found its way into the peritoneal cavity at this particular time. How much the operation contributed to fever the development just than it is difficult to estimate, but he expressed the definite opinion that as the part operated upon showed no injury and no sings of either infection or inflammation and that as the ovary was in an unhealthy condition we were justified in _____ting that the operation was not the cause of the peritonitis unless in so far as it produced condition more favorable to the development of the infection which was already present.

You will be able in some measure to realise the distress of mind with which I was called upon to face the development of this dis____ so soon after the performance of the operation and had I _____ I would __ ____ in my mind all that had been done in order to locate in my own mind just of what point we had failed in being careful and you will also _____ how all the friends felt anxious to know what had been the relation of the operation to the disease, so that when the result of the P. M. examination was made known there was a feeling of great relief from the knowledge that the operation had been properly done and non injury caused.

This death has been a very great sorrow to our missionary community and our sympathies have gone out to the _____ed ___ he is showing the such _____ ____ of _____tion

Believe me most sincerely,
O. R. Avison

회의록, 한국 선교부 서울 지부 (미국 북장로교회) 1891~1921
(1903년 7월 31일)

(중략)

S. F. 무어가 가족과 함께 이번 10월에 한국으로 복귀할 예정임을 지부에 보고하고, ___에게 집을 마련해 달라고 요청한 것에 대하여 C. A. 클라크 목사가 계속해서 곤당골 사택을 사용하고, 무어 씨가 임시적으로 남대문 밖의 새로운 독신녀 사택을 사용하며, 웸볼드 양은 그동안 다른 곳에서 ___하도록 하고, 에비슨 박사가 남대문 부지로 이사한 후 현재 그가 살고 있는 집을 무어 씨에게 배정하자는 제안이 동의되고 재청되었다. 그리고 독신녀 사택이 필요한 경우, 에비슨 박사의 현재 사택을 한국 정부가 인수하는 즉시 받을 자금을 무어 씨를 위한 사택 건축에 사용할 수 있도록 선교부가 선교본부에 요청해 줄 것을 요청받았다.

(중략)

(중략)

It was moved and seconded that S. F. Moore having reported to the Station his expectation of returning to Korea next Oct. with his family and having asked ___ a house be provided for him, it be decided that Rev. C. A. Clark continue to occupy the Kon Tang Kol house, that Mr. Moore temporarily occupy the new single ladies house outside the S. Gate; Miss Wambold having offered to ____ elsewhere in the meantime and that after Dr. Avison moves to the S. Gate site the house at present occupied by him be assigned to Mr. Moore, in case the Single Ladies house is needed for them, that the Mission be asked to request the Board to allow the use of the funds received from the sale of Dr. Avison's present house to build a house for Mr. Moore as soon as that house is taken over by the Korean Government.

(중략)

19030800

제니 B. 에비슨(서울), 3명의 선택된 여자.
The Korea Field (서울) 8 (1903년 8월호), 119~120쪽

3명의 선택된 여자.
에비슨 부인의 연례 보고서에서, 1903년 6월

　내 강습반에는 귀한 나이 많은 기독교인 여성들이 많이 있다. 그 중 한 명인 안 부인은 성스러운 얼굴이 보기에 좋은 것 같으며, 늘 한결같아 보이고, 너무 다정하고 인내하며 표정의 변화 없이 차분하여 마치 "나는 내 하나님 그리고 온 세상과도 화목하다"고 말하는 것처럼 보인다. 아마도 당신은 그녀가 자신을 방해하거나 방해할 것이 없다고 말할 것이다. 나는 그녀의 집을 방문하였던 한 여 선교사로부터, 그녀가 방문하였을 때 바닥에 옷더미를 쌓아놓고 빨래를 하고 있었다는 소식을 듣고 놀랐다. 그녀의 생계를 위한 빨래, 그리고 70세가 넘은 그녀! 그녀는 항상 순수함의 화신처럼 보이며, 그녀의 옷은 청결함에서 그녀의 얼굴과 어울린다. 나는 그녀를 우리 교회의 본보기로 생각한다.

　그 다음에 상류층에 속하는 김 부인, 또는 상류층에 속하여 그렇게 불리는 김 여사가 있다. 반면에 그녀는 열심히 일할 필요가 없었고 항상 하인을 둘 수 있었다. 그러나 그녀가 예수교를 믿는다는 이유로 돕기를 거절하였던 부유한 친구들이 버렸음에도 불구하고 그녀가 고집스럽게 그렇게 하고 있다는 이유로 그녀를 돕는 것을 거절하였던 그들과 떨어져야 했기 때문에 고난을 겪어야 했다. 그들은 이렇게 하였고, 그녀는 수년간 적은 봉급을 받으며 무어 씨에 의하여 전도부인으로 고용되었다. 그녀의 모든 결점을 지닌 그녀의 친구들은 여전히 그녀를 사랑하였고, 몇 년이 지난 후에 그녀에게 미안함을 느끼기 시작하였으며, 사실 그러했듯이 낯선 사람들로부터 자신들의 가족과 친척을 지원 받게 만든 것을 부끄럽게 여겼다. 특히 그녀가 늙어가고 있는 지금, 한국인들은 일반적으로 노인에 대한 존경심을 가지고 있다. 그래서 그들은 그녀에게 나무 한 짐을 보내는 작은 일로 시작하여 조금씩 점점 더 많이 보냈으며, 그동안 그녀는 자신이 늙어가고 있고 여행을 갈 수도 없으며 급여(그녀의 급여는 매달 금화 2.5달러 혹은 5엔이었다.)를 받기 위하여 마땅히 해야 할 일을 할 수도 없다는 것을 느꼈다. 그녀는 주님이 주시는 힘으로 어떻게든 할 수 있는 모든 것을 하겠다고 말하면서 "일을 더 많이 할 수 있는 사람에게 급여를 주세요."라고 덧붙였다. 그래서 그 일은 중단되었으나 이곳 서울에 있는 하나님의 자녀들을 방문하여 격려하고, 필요한 곳에서 타이르고 환난을 당할 때 위로하고 늘 응원하였다. 나는 슬플 때나 기쁠 때나 그녀와 함께 있는 특권을 누렸고, 사람들 사이에서 그녀의 조용하고 다정하며 그리스도와 같은 태도에 적지 않은 도움을 받았다. 그녀도 청결의 본보기이다. 그녀의 옷은 항상 상류층다웠고, 종종 부드럽고 고운 색상의 비단 저고리에 순백색이나 크림색의 부드러운 소재를 사용한 치마를 입는다. 그녀는 멋진 한국의 용모를 갖고 있으며, 얼굴은 상당히 분홍빛이고 그 얼굴은 항상 미소를 짓고 있다. 그녀는 부드럽고 예쁜 손을 가지고 있으며, 우리의 결혼반지 같은 금반지를 끼고 있다.

　　여러분에게 말하고 싶은 여자가 한 명 더 있다. 그녀도 김 부인이고 다른 이들과 매우 다르다. 그녀는 아마도 한국 최초의 기독교 마을인 소래에서 대부분의 삶을 살았다. 그곳에서 그녀는 그들 중에서 성도가 되었다. 그녀는 개종한 후에 읽기를 배웠고, 남편을 잃었으며 부양해야 할 꽤 많은 가족이 남아 있었는데, 그녀는 이 일로 큰 신망을 얻었다. 그녀는 놀라운 믿음의 여자이며, 하나님께 기도하는 데 큰 능력을 가지고 있다. 그녀는 자신이 살았던 모든 마을을 방문하였으며, 바울처럼 그들의 믿음을 권장하고 강화하며 말씀을 가르치고 믿음의 삶과 그리스도와 같은 태도로 그들이 본받을 만한 가치가 있는 모범을 보여주었다. 내 남편의 어학 선생이자 의학을 배우고 있는 그녀의 아들은 이곳 서울에서 살고 있으며, 그녀의 막내가 상급학교에 진학할 필요가 있어 아이들을 서울로 데려가기로 결심하고 두 소녀는 우리의 여학교로, 소년은 우리의 중등학교로 입학시켰으며, 그녀는 아들과 함께 병원에서 살고 있다. 이 일은 그녀를 자연스럽게 우리 교회에 열중하게 하였고, 그녀는 우리 모두에게 큰 축복과 영감을 주었다. 그녀는 내가 만난 다른 어떤 한국 여자보다 성경을 잘 알고 있었고, 그녀의 기도는 믿음과 능력, 그리고 단순한 신뢰로 가득 차 있다.

Jennie B. Avison (Seoul), Three Choice Women.
The Korea Field 8 (Aug., 1903), pp. 119~120

Three Choice Women.
From Annual Report of Mrs. Avison, Jane, 1903.

There are a number of dear old Christian women in my Class. One, a Mrs. An, whose saintly face does one good to look at, seems always the same, so sweet and patient her countenance even and unruffled, as if to say "I am at peace with my God and all the world as well." Perhaps you will say she has nothing to disturb or ruffle her. I was surprised to hear from a missionary lady, who visited her in her home, that when the call was made she had a pile of clothes lying unwashed on the floor and she was washing. Washing for her living, and she over 70 years of age! She always looks the picture of purity, her clothes matching her face in cleanliness. She is a pattern, I think, in our church.

Then there is Mrs. Kim, or as she is called, Lady Kim, belonging to the high class. She, on the other hand, has never had to work hard, always being able to keep a servant; although she has had to endure hardship, because she had to separate herself from her friends, who were wealthy, but who refused to help her for the reason that she believed the Jesus doctrine and would persist in doing so even though they cast her off. This they did, and for some years she accepted a small salary and was used as Bible woman by Mr. Moore. Her friends, with all her faults, loved her still, and after years began to feel sorry for her and ashamed to have strangers, as it were, supporting their own blood and kin. Especially so now, as she was growing old, for the Koreans, as a rule, have great respect for the aged. So they began in a small way by sending her a load of wood, and gradually, little by little, more and more: and she in the meantime had felt that she was growing old and could not travel and do the work she ought to to receive a salary (her salary was $2.50 gold or 5 yen per month). She said she'd do all she could anyway with the strength the Lord provided, and she added "Please pay the salary to some one who can do more." So it was dropped and she has gone ahead visiting, encouraging, reproving where necessary, comforting in times of trouble, and cheering at all times the children of God here in Seoul. I have had the privilege of being with her both in sorrow and in joy and been helped not a little by her quiet, sweet, Christlike manner among the people. She too is a pattern for cleanliness, her clothing being always rather of the high class style, so often a soft delicate colored silk waist with a pure white or cream soft material for skirt. She has such a nice complexion for a Korean, quite a pink in her face and that face always smiling. She has soft pretty hands too, and wears a gold ring much like our wedding rings.

There is one woman more I would like to tell you of. She is Mrs. Kim too, and again very different from either of the others. She has lived most of her life in Sorai, perhaps the first Christian village in Korea. There she has been a saint among them. She learned to read after her conversion, lost her husband, and had quite a large family left to bring up, which she has done much to her credit. She is a woman of wonderful faith and has great power in prayer with God. She has visited the towns and villages all around where she lived, and, like Paul, encouraged and strengthened their faith and taught them the Word, showing them by a life of faith and Christlikeness an example worthy of following. Her son, who is my husband's language teacher and is studying medicine also with him, lives here in Seoul, and, as the last of her children needed to enter a more advanced school, she decided to bring her children to Seoul and put the two girls in our Girls' School and the boy in our Intermediate School, she to live with the son at the Hospital. This threw her in naturally with our church and she has been a great blessing and inspiration to us all. She knows her Bible like no other Korean woman I have ever met, and her prayers are so full of faith and power and simple trust.

19030800

제니 B. 에비슨(서울), 여름 휴가 사역.
The Korea Field (서울) 8 (1903년 8월호), 120쪽

여름 휴가 사역

에비슨 부인의 연례 보고서에서, 1903년 6월

나는 7월 첫째 주쯤 서울에서 내 강습반 및 사역을 떠나 한강으로 내려갔다. 나는 이런 여름에 한강의 이웃 여자들과 더 친해지려고 노력하기로 결심하였다. 나는 여름에 이곳에 여러 번 왔었지만, 건강이 매우 좋지 않아 그들이 집에 오는 것을 권할 수 없었다. 하지만 나는 그들이 매일, 아무 시간에나 오는 것이 일반적으로 가정 생활과 이익에 좋지 않을 것이라는 것을 알았고, 그래서 일주일에 하루는 한국 여자들을 집으로 들이고 그날은 전적으로 그들에게 전념하기로 결심하였다. 그들은 곧 그날에 대하여 알게 되었고, 처음에는 많은 사람들이 방문하였는데 아마도 호기심이 첫 번째 이유이고, 많은 사람들에게는 유일한 이유이었을 것이다. 하지만 그들은 경청하였으며, 일부는 흥미를 보였다. 우리는 그들이 집과 관심이 있는 것을 먼저 보게 되면 흥미나 관심이 없을 것이라는 것을 알고 먼저 모임을 가졌다. 그 모임은 많은 관심으로 여름 내내 계속되었지만 그리스도를 택하기로 결심한 사람이 있다는 확신은 없었다. 씨는 틀림없이 모든 땅에 떨어졌고, 우리는 어떤 씨가 좋은 땅에 떨어지기를 바라고 있다. 우리는 이번 여름에 그것에 대하여 무엇인가를 들을 수도 있다.

도시에 있는 나의 주중 강습반의 한 명이 매주일 내려 와서 우리를 만났고, 한 번은 그녀를 며칠 동안 머물게 하여 주변 마을을 방문하게 하였다. 그녀는 약 60번 방문하였고 서로 흥미로운 이야기를 나누었다. 그녀가 들어가려던 한 집에서 그들은 "오, 오늘은 들어오지 마세요. 우리는 악귀들을 달래고 우리에게서 멀어지게 하기 위하여 우리가 제물을 준비하였습니다. 우리가 어려움을 겪어 왔기에 그들이 가까이 있다고 믿고 있습니다. 그리고 우리는 그들이 더 이상 우리를 방해하지 않기를 바라고 있습니다."라고 말하였다. 그들은 그녀가 그들의 준비를 방해하고 혹시 악령을 그들에게 가까이 오게 할까 두려워 그녀를 감히 들어가게 하지 못한다. 다른 두세 곳에서는 그녀에게 읽는 법을 가르치게 하면서 환영하였다. 그들은 어린 소녀 혹은 여자이었다.

Jennie B. Avison (Seoul), Summer Vacation Work.
The Korea Field (Seoul) 8 (Aug., 1903), p. 120

Summer Vacation Work.

From Annual Report of Mrs. Avison June, 1903.

I left my classes and work generally in Seoul about the first week in July, when we went down to Hang Kang. I had decided to try to get better acquainted with the women of the Hang Kang neighborhood this summer. I had been here many summers, but being in very poor health, had been unable to encourage their coming to the house. I knew however that it would not be good for the home life and interests generally to have them coming every day and at all hours, so decided to have one day a week at home to Korean women and that that day be wholly devoted to them. They soon got to know about the day and at first a great many came, curiosity being probably their first, and to many perhaps the only, reason for coming. However they were attentive, and some seemed interested. We had the meeting first knowing there would be no interest or attention, were they to see the house and all its attractions first. The meetings were kept up all summer with much interest, but no assurance of anyone having decided for Christ. The seed doubtless fell on all kinds of ground and we hope some fell on good ground. We may hear this summer something about it.

One member of my weekday class in town came down every week and met with us, and once I had her stay for a few days to visit the villages around here. She made some 60 visits and had some interesting talks with one and another. At one house which she was about to enter they said "Oh, don't come in today. We have just made ready our sacrifices to the evil spirits, hoping to appease them, so that they will keep away from us. We have been having trouble, and so believe them to be near, and we want them not to disturb us any more." They were afraid that she would disturb their arrangements and perhaps drive the evil spirits nearer them, so she dare not enter. To two or three other places she went where they welcomed her gladly, having her teach them how to read. They were young girls or women.

19030800

올리버 R. 에비슨(서울), 병과 병의 소문.
The Korea Field (서울) 8 (1903년 8월호), 126~127쪽

병과 병의 소문.
O. R. 에비슨 박사의 연례 보고서에서

여름 달은 예상되는 콜레라 전염을 위하여 한국 정부가 서울의 외국인 의사들에게 보건국 조직에 단결할 것을 요청한 것에 대한 준비로 어느 정도 채워졌다. 많은 회의가 열렸고, 조직이 운영되었으며, 약이 주문되었고, 콜레라 병원에 대한 계획을 세웠고 감염 예방 방법을 가르치기 위하여 영어와 한국어로 된 교육 전단지를 사람들에게 배포하였다. 이 전염병이 만주에서 들어와 북방에서 퍼지고 있었기 때문에 평양과 진남포에도 지부 조직을 두었는데 그곳에 도달하기 전에 혹은 그곳에 도달하면 저지시키기 위해서이었다.

시간이 지나면서 병이 평양에 이르렀다는 보고가 이곳의 우리에게 전해졌지만, 황실의 축하 행사를 준비하면서 이곳의 당국은 어리석게도 축하 행사가 방해받지 않도록 이러한 보고를 무시하고 질병의 존재를 부인하기로 결정하였다. 보건국은 자금과 검역 및 예방 작업을 수행할 권한을 여러 번 요청하였지만 소용이 없었고 마침내 보건국은 해산되었고 전염병이 서울에 이르렀을 때에는 이에 대처할 준비가 된 조직이 없었기 때문에 각 의사는 자신에게 오는 환자들을 최선을 다해 처리하였다. 다행스럽게도 전염병은 늦게 도래하였고 모든 사람들이 만족스럽게도 이전 유행보다 덜 치명적이어서 더 적은 수의 사람들이 걸렸고 더 빨리 사라졌다.

아마도 올해의 주요 전염병은 천연두이었을 것인데, 10년 전 내가 한국에 온 이후 그 어느 때보다 유행하였다. 초여름에 수구문 바깥을 방문하였을 때 매장되기 전에 한 달 동안 방치된 30구 이상의 천연두 환자 시체가 짚으로 싸여 성벽에 기대어 놓여 있었다는 것이 드러났다. 주변의 언덕은 최근에 만들어진 수백 개의 작은 무덤으로 덮여 있었고 거의 모두 천연두 희생자들의 무덤이었다. 우리 외국인 공동체는 이 전염병으로 고통을 받았는데, 세 건이 발생하여 그중 한 명인 우리 선교부의 존슨 씨가 사망하였다. 나는 많은 한국인들이 예방접종을 위하여 어린 자녀들을 데리고 왔고, 어릴 때 예방접종을 받아 질병에서 벗어났던 일부 젊은 성인들이 재접종을 받으러 왔다는 사실을 알리게 되어 기쁘다.

한국인들은 아직 이 질병에 대한 치료를 위하여 외국인 의사에게 오지 않는다. 또한 그들은 그것을 귀한 손님으로 언급하고 종종 질병의 이름을 손님이라고 부르며 귀한 손님을 의미하는 것으로 추정되는 영혼에게 제물을 바치는 것을 제외하고는 그것을 재래의 치료법으로도 치료하지 않는다.

올해의 또 다른 심각한 전염병은 홍역인데, 이는 대부분의 어린이와 많은 경우 성인을 공격하는 것으로 나타났다. 아마도 직접적인 사망은 많지 않을지 모르지만 많은 경우 후유증이 대단히 파괴적이어서 폐렴, 기관지염 및 괴저성 구내염의 많은 예가 있다. 입술, 잇몸, 치아 및 종종 뺨을 며칠 안에 파괴하기 때문에 어린 아이를 공격할 수 있는 가장 무서운 질병 중의 하나인 이 후자는 홍역과 천연두 모두의 결과라는 많은 증거가 있다. 병동에 입원한 일부 예에서 생명을 구하였다고 기쁘게 말할 수 있지만, 너무 많은 경우 죽음이 아이의 고통을 신속하게 끝냈다.

어쨌건 올해는 전염병의 해이었다. 백일해는 많은 경우 홍역의 결과로서, 혹은 그 이전에 발생하였으며, 다른 많은 사람들을 독립적으로 공격하였다. 일본인들은 이 병을 백일해라고 부르는데 그것은 나쁜 이름이 아니지만, 한국어 이름인 '당나귀 기침'은 영어 이름과 마찬가지로 기침할 때 나는 소리를 묘사한다. 외국인 및 현지인 자녀들 모두 이 대단히 불편한 질병으로 뜻하지 않은 정도로 고통을 겪었고 기관지염, 폐렴 및 전신 쇠약 등의 후유증으로 우리의 많은 진료를 받았다.

Oliver R. Avison (Seoul), Sickness and Rumors of Sickness. *The Korea Field* 8 (Aug., 1903), pp. 126~127

Sickness and Rumors of Sickness.
From Annual Report of Dr. O. R. Avison.

The summer months were to some extent taken up with making preparations for an expected epidemic of cholera, the Korean government having issued a request to the foreign doctors of Seoul to unite in the organization of a Board of Health. Many meetings were held, an organization effected, drugs ordered, plans made for a cholera hospital, and pamphlets of instruction gotten up in both English and Korean for distribution to the people for the purpose of instructing them in ways of avoiding infection. Branch organizations were also established in Pyeng Yang and Chinnampo in the hope of stopping the advance of the epidemic before it reached those points or at those points, for it was advancing from the north, having come into the country from Manchuria.

In time reports that the disease had reached Pyeng Yang were brought to us here, but as preparations were being made for the Imperial celebration the authorities here foolishly decided to ignore these reports and to deny the existence of the disease. lest the celebration should be interfered with. The Board of Health made several appeals for funds and for authority to take up the work of quarantine and prevention, but in vain; and finally the Board disbanded, and when the epidemic reached Seoul there was no organization ready to cope with it, so that each doctor simply dealt as best he could with the cases that came to him. Fortunately the epidemic was late in coming and, being less virulent than the previous ones, it attacked fewer people and passed away more quickly, to the great satisfaction of everybody.

Perhaps the chief epidemic of the year has been smallpox. which has been more prevalent than at any previous time since I came to Korea ten years ago. A visit to the outside of the Sukumun (water-mouth gate) in the early summer revealed more that 30 smallpox corpses wrapped in straw and propped against the wall, where they are left for a month or so before being buried; while the hills around were covered with many hundreds of small graves recently made, nearly all those of smallpox victims. Our foreign community suffered from this epidemic, three cases developing, one of whom, Mr. Johnson of our mission, succumbed. I am glad to say that many of the Koreans brought their young children to be vaccinated, and some young adults, who had been vaccinated in childhood, and who had thereby escaped the disease, came for revaccination.

The Koreans do not yet come to the foreign doctor for treatment for this disease; nor indeed do they treat it with native remedies, except to make offerings to the supposed spirit, of which they made mention as their honored guest, often naming the disease *sonnim*, which means an honored guest.

Another serious epidemic of the year has been measles, and this has appeared to attack a majority of the young children and in many cases adults. Perhaps not many deaths have been directly due to it, but in many cases the sequelae have been very destructive, there being many cases of pneumonia, bronchitis, and noma. This latter, which is one of the most fearful diseases that can attack a young child, as it destroys lips, gums, teeth, and often the cheek within a few days' time, has been much in evidence, both as a result of measles and of smallpox, and in only too many cases death has speedily ended the child's sufferings, though I am glad to say we have saved some cases that came into the wards.

But this has been a year of epidemics; and whooping-cough has followed in the wake of or preceded measles in many cases, or attacked many others independently. The Japanese call this disease the Hundred Days' Cough, which is not a bad name; but the Korean name, like the English, is descriptive of the sound which accompanies the cough, *viz., langguagui kichim*, or Donkey Cough. Both foreign and native children have suffered with this very uncomfortable disease to an unwonted degree and its sequelae in bronchitis, pneumonia, and general debility have afforded us much practice.

19030800

각종 소식.

The Korea Review (서울) 3(8) (1903년 8월호), 359~367쪽

경부선 철도 (회사)는 남대문 밖에 역사를 건축할 준비를 하고 있다. 약 1,000기의 무덤을 이장시키고 남묘 부지에 있는 큰 나무를 베어낼 필요가 있게 될 것이다. 새 병원 부지와 철도 부지 사이에서 약 400채의 주택이 철거될 것이다.

News Calendar.

The Korea Review (Seoul) 3(8) (Aug., 1903), pp. 359~367

The Seoul-Fusan Railroad is preparing to build a station outside the South Gate. It will be necessary to remove about 1,000 tombs and to cut down a number of the large trees on the property where the Temple of the God of War stands. About 400 houses will be removed between the site of the new Hospital and the railroad.

19030915

아서 J. 브라운(미국 북장로교회 해외선교본부 총무)이
캐드월러더 C. 빈튼과 올리버 R. 에비슨(서울)에게 보낸 편지
(1903년 9월 15일)

1903년 9월 15일

C. C. 빈튼 박사 및 O. R. 에비슨 박사,
　　한국 서울

친애하는 형제들,

　　나는 6월 30일자로 서울 지부를 대표하여 여러분들이 보낸 편지에 깊은 감명을 받았습니다. 헌신적인 선교사들과의 교신을 이렇게 사랑스럽게 환영하게 되어 매우 기쁩니다. 서울 지부의 각 구성원을 개인적인 친구로 여기게 되어 기쁩니다. 나는 하나님께서 우리의 관계를 축복하시기를 기도드립니다. 여러분들은 지부의 (다른) 구성원들의 따뜻한 인사에 나의 진심어린 감사의 인사를 전해 주시겠습니까.

　　내가 일전에 선교부로 보낸 편지에서 한국에 임명되고 배정되었다고 썼던 헨리 C. 화이팅 박사 부부와 딸은 10월 23일 증기선 '시베리아'를 타고 샌프란시스코를 출항할 것입니다. 여러분은 그들이 제물포에 도착하는 시간을 대략 이것을 보고 판단할 수 있을 것이며, 그들이 도착하였을 때 누군가를 만나면 큰 기쁨을 느낄 것입니다.

　　안녕히 계세요.
　　아서 J. 브라운

Arthur J. Brown (Sec., BFM, PCUSA), Letter to
Cadwallader C. Vinton, Oliver R. Avison (Seoul) (Sept. 15th, 1903)

Sept. 15th, 1903

Dr. C. C. Vinton & Dr. O. R. Avison,
Seoul, Korea

My dear Brethren: -

I have been deeply moved by your letter of June 30th on behalf of the Seoul station. It is very pleasant to be so lovingly welcomed to the correspondence with that devoted band of missionaries. It is a joy to me to count each member of the Seoul station a personal friend. I pray that God may greatly bless our relationship. Will you kindly give to the members of the station the expressions of my hearty appreciation of their sympathetic greeting.

Dr. Henry C. Whiting and his wife and daughter, of whose appointment and assignment to Korea, I wrote the other day to the Mission, will sail from San Francisco on the steamer "Siberia", October 23rd. You will be able to judge from this at about what time they will reach Chemulpo, and I know that you will have great pleasure in having some one meet them on their arrival.

Cordially yours,
Arthur J. Brown

19030917

아서 J. 브라운(미국 북장로교회 해외선교본부 총무)이
올리버 R. 에비슨(서울)에게 보낸 편지 (1903년 9월 17일)

1903년 9월 17일

O. R. 에비슨 박사,
　한국 서울

친애하는 에비슨 박사님,

　　나는 분쉬 박사가 쓴 밀러 부인의 부검에 관한 보고서와 함께 보낸 박사님의 슬픈 7월 28일자 편지를 깊게 공감하며 읽었습니다.[87] 나는 마음이 괴로운 박사님을 진심으로 생각하고 있으며, 박사님께 조금이라도 도움이 된다면 그것에 대하여 모두 이야기해 주십시오. 나는 박사님이 그렇게 해서 매우 기쁘지만 박사님이 선교본부 앞에 변명할 필요는 없었습니다. 나는 박사님의 능력이나 공감을 의심하기에는 이 나라 뿐 아니라 한국에서도 박사님을 너무 많이 보았습니다. 나는 박사님이 우리의 사랑하는 밀러 부인을 위하여 할 수 있는 모든 일을 하였다고 확신합니다. 인간이 통제할 수 없는 조건이 작동하고 있다는 것은 대단히 명백합니다. 삶에는 매우 신비로운 것들이 있지만, 그것이 우리에게 아무리 당혹스럽더라도 하나님께서는 명백하다는 것을 우리는 압니다.
　　박사님이 당연히 보겠지만 내가 빈튼 박사에게 쓴 것에 덧붙여, 지부를 대신하여 박사님과 그가 쓴 환영 편지[88]에 내가 얼마나 감사해 하였는지도 박사님께 말하고 싶습니다. 그것은 나의 마음을 따뜻하게 하였습니다.
　　에비슨 부인께 안부를 전합니다.

　　안녕히 계세요.
　　아서 J. 브라운

---

87) Oliver R. Avison (Seoul), Letter to Arthur J. Brown (Sec., BFM, PCUSA) (July 28th, 1903)
88) Cadwallader C. Vinton, Oliver R. Avison (Com., Seoul Station), Letter to Arthur J. Brown (Sec., BFM, PCUSA) (June 30th, 1903)

Arthur J. Brown (Sec., BFM, PCUSA),
Letter to Oliver R. Avison (Seoul) (Sept. 17th, 1903)

September 17th, 1903

Dr. O. R. Avison,

    Seoul, Korea

My Dear Dr. Avison:

I have read with deep sympathy your sorrowful letter of July 28th, with its enclosed report on the post-mortem examination of Mrs. Miller by Dr. R. Wunsch. I keenly feel for you in your distress of mind, and if it was any relief to you to tell me all about it. I am very glad that you did so, but you did not need any vindication before the Board. I saw too much of you, not only in this country, but in Korea to make it possible for me to doubt either your skill or your sympathy. I am sure that you did all that anyone could have done for our dear Mrs. Miller. It is very plain that conditions were at work which were quite beyond human control. There are some things in life which are very mysterious, but we know that however perplexing they are to us, they are plain to God.

In addition to what I have written to Dr. Vinton, as you will of course see, I want to tell you too how much I appreciated the loving letter of welcome which you and he wrote on behalf of the station. It warmed my heart.

With cordial remembrances to Mrs. Avison, I am, as ever,

Affectionately yours,

Arthur J. Brown

각종 소식.[89)

The Korea Review (서울) 3(10) (1903년 10월호), 461~462쪽

이달 28일 오후 8시, 서울 기독교 청년회를 조직하기 위하여 서울 유니온 사무실에서 서울 신사들의 대중 모임이 열렸다. (......)

(......) O. R. 에비슨 박사의 동의에 따라 만장일치로 회의가 그러한 협회를 형성하는 것으로 결정되었다. (......)

회의의 다음 업무는 규약에 따라 해외 총무와 함께 이사회를 구성해야 하는 이사회의 12명 이사를 선출하는 것이었다. 다음의 사람들이 고든 씨에 의하여 지명되었다. 법학박사 J. 맥리비 브라운, 이학박사 M. 타카키, 의학박사 O. R. 에비슨, A. B. 터너 목사, 신학박사 H. G. 언더우드 목사, 알렉스 켄무어 님, J. S. 게일 목사, C. G. 하운셀 목사, R. A. 샤프 목사, 김필수(金弼秀) 씨, 여병현(呂炳鉉) 씨 그리고 H. B. 헐버트 님. (......) 질레트, 터너, 에비슨, 고든, 타카키, 우, 웰본, 게일, 켄무어, 여 및 헐버트 씨의 소감 발표가 있었다.

(중략)

News Calendar.

The Korea Review (Seoul) 3(10) (Oct., 1903), pp. 461~462

On the 28th inst at eight o'clock p. m. a public meeting of gentlemen of Seoul was held in the rooms of the Seoul Union for the purpose of organizing a Young Men's Christian Association of Seoul, This is the outcome of long months of effort and preparation and the results so far obtained have fully justified the venture and met the expectation of those who hope by this means to reach a large number of young men who otherwise would be very difficult to influence.

---

89) 이 글은 서울 기독교 청년회의 창립과 관련된 내용인데, 필요한 부분만 번역하였으며 영어 원문은 그대로 실었다.

Something over a year ago the International Committee of the Y. M. C. A. in America, in response to representations made by Christian gentlemen in Seoul, sent Mr. Philip Gillett to this city to act as Secretary in this field. Last March a mass meeting was held in Seoul and the subject was discussed publicly. Financial support was secured by contributions from foreigners in Korea and from the International Committee in America. The sum guaranteed up to the present time amounts to nearly yen 50,000.

As it is deemed advisable to secure a site for a building it was necessary to organize the Association and appoint trustees who should be legally able to hold and disburse the funds of the Association. The Advisory Committee, which had been helping the Foreign. Secretary, Mr. Gillett, worked out a draft of a constitution and the public meeting convened as above stated on the evening of the 26th. After prayer and the reading of the Scriptures the Chairman of the Advisory Committee, by order of which the meeting had been called, made a brief statement of the object of the meeting. Mr. Hulbert was then elected Chairman and Mr. Gillett Secretary for the meeting. The first business before the meeting was to decide whether those present should organize themselves into the Young Men's Christian Association of Seoul. Upon motion by Dr. O. R. Avison it was unanimously voted that the meeting did thereby form itself into such Association. It then became necessary to adopt laws for the regulation and administration of the Association. For this purpose Rev. J. S. Gale read the draft of a constitution prepared by the Advisory Committee; which upon motion by Mr. Gordon was unanimously adopted as the law of the Association. The Chairman then declared a recess of ten minutes in order that the members might sign the constitution and thus become full members and acquire the right to vote as the constitution itself requires. When the names had been signed it was found that there were twenty-eight active members and nine associate members.

The next business of the meeting was to elect twelve members of a Board of Directors, who together with the Foreign Secretary should, according to the constitution, form the Board of Directors. The following list of names was put in nomination by Mr. Gordon: J. McLeavy Brown, LL. D., M. Takaki, Ph. D., Dr. O. R. Avison, Rev. A. B. Turner, Rev. H. G. Underwood, D. D., Alex. Kenmure, Esq., Rev. J. S. Gale, Rev C. G. Hounshell, Rev. R. A. Sharp, Mr. P. S. Kim,

Mr. P. H. Yer and H. B. Hulbert, Esq. Mr. Gordon moved that the Secretary be instructed to cast the ballot for this list of nominees. Mr. Welbon seconded the motion and the motion was passed unanimously. This closed the actual business of the meeting bat the Chairman called for remarks from the members, and a very interesting symposium followed in the course of which many pertinent and valuable points were brought up. By motion of Dr. Takaki the Secretary was ordered to send a cablegram to the International Committee in America announcing the fact of the organization of the Y. M. C. A. in Korea. Remarks were made by Messrs Gillett, Turner, Avison, Gordon, Takaki, Woo, Welbon, Gale, Kenmure, Yer and Hulbert.

It was the unanimous sentiment of the meeting that the organization had been effected in a most encouraging manner and at a most auspicious time. The members present included Americans, Englishmen, Japanese, Chinese and Koreans.

19031100

각종 소식.
The Korea Review (서울) 3(11) (1903년 11월호), 506쪽

이번 달 20일 경 O. R. 에비슨 박사와 고든 씨가 남대문 밖의 건물을 조사하고 있었는데, 그들은 한국인 소년을 살해하려는 중국인 목수를 저지하였다. 소년은 땅바닥 위에 있었고, 화난 중국인은 그의 등과 사타구니를 자신의 도끼머리로 세게 때리고 있었다. 소년은 거의 죽을 뻔하였다. 이 신사들은 중국인을 붙잡아 무장 해제하고 결박하였으며, 에비슨 박사가 부상당한 소년을 치료하는 동안 고든 씨는 중국인을 끌고 가 경찰에 넘겼다. 우리는 이 사람의 본보기가 될 것이라고 믿고 있다. 한국인의 삶이 그 무엇보다 소중하다는 것을 외부인들이 알게 될 때이다.

News Calendar.
The Korea Review (Seoul) 3(11) (Nov., 1903), p. 506

About the 20th inst as Dr. O. R. Avison and Mr. Gordon were inspecting buildings outside the South Gate they interrupted a Chinese carpenter in the act of murdering a Korean boy. The boy was on the ground and the infuriated Chinaman was beating him heavily with the head of an ax, in the back and groin. The boy was nearly dead. These gentlemen seized the Chinaman, disarmed and bound him and while Dr. Avison attended to the wounded boy Mr. Gordon marched the Chinaman off and delivered him over to the police. We trust an example will be made of this man. It is about time that outsiders learn that a Korean life is worth as much as any other.

19031100

올리버 R. 에비슨, 세브란스 기념 병원, 한국 서울.
The Assembly Herald 9(5) (1903년 11월호), 513~516쪽

세브란스 기념 병원, 한국 서울.
O. R. 에비슨 박사

필자는 대한제국 병원(거창한 이름이지만 빈약한 시설)과 관련하여 한국에서 일정 기간 일을 한 후, 1899년 봄에 자신의 업무를 위한 개선된 설비의 필요성을 매우 강하게 느끼면서 안식년으로 미국으로 돌아왔다. 아내와 함께 그는 건축비에 대하여 건축가와 상담하도록 인도될 때까지 자주 기도의 주제로 삼았다. 건축가의 첫 번째 질문은 "얼마나 많은 돈을 투자할 수 있습니까?"이었다. 그는 아직 아무 것도 없지만 그 필요성은 확실하며, 실제로 필요할 때쯤 돈이 들어 올 것이라고 믿으면서 약 40명의 환자를 수용할 수 있는 계획을 세우고 싶다고 대답하지 않을 수 없었다. 건축사는 그에게 제안된 계획의 개요를 고려한 후 그는 약 1만 달러가 필요할 것이며, 계획과 시방서를 무료로 제공하는 첫 번째 기부를 제안하였다.

얼마 후 나는 선교본부의 실행위원들과 몇 가지 사업 문제에 대하여 상의하기 위해 뉴욕으로 소환되었고, 그들이 선교본부에 서울에 새로운 병원 기지를 지어 달라는 강력한 요청이 담긴 한국 선교부의 보고서를 방금 받았다는 것을 알게 되었다. 그리고 나는 개인적인 편지를 통하여 선교지에서는 완전히 효율적인 기지를 세우는데 1만에서 1만 5천 달러가 필요할 것이라고 생각한다는 것을 알게 되었다.

내가 한국을 떠나기 전에 그 주제에 대하여 언급한 적이 없었고 그것에 관하여 누구와도 연락을 한 적이 없었기 때문에 일련의 상황이 그 사업에 관한 우리의 생각에서 하나님이 우리를 인도하고 계시다는 내 확신을 뒷받침하는 증거라고 믿을 수밖에 없었다. 그리고 이 계획이 선교본부 임원들의 공감을 받았다는 것을 알았을 때 나는 그것이 이루어지리라는 확신을 마음속으로 느꼈다.

토론토로 돌아온 직후 나는 침모(針母)로 생계를 유지하고 있던 젊은 여자로부터 5달러의 현금을 첫 기부로 받았다. 그리고 이 선물에 포함된 그녀의 희생의 양을 생각하였을 때 나는 우리가 하나님의 사랑과 잃어버린 인류를 위한 그분의 크신 희생을 보여주기 위한 건축물을 지을 수 있는 훌륭한 토대를 받았다고 느꼈다.

1900년 봄에 나는 한국으로 돌아가 일을 다시 해야 했지만, 세계 선교회의는 나를 미국에 머물게 하였고 그곳에서 나는 하나님께서 병원 건립에 필요한 기금의 기부자로 선택하신 신사를 만났다. 그리고 그것을 가능하게 하는 수단은 너무 단순하고 너무 직접적이어서 나는 그것들에 대하여 놀라움과 행복감을 멈추지 않았다.

회의에서 내가 맡은 부분은 '의료 선교 사업에서의 우의'에 관한 글을 읽는 것이었으며, 회의가 끝날 때 서울에서의 사역에 관하여 나와 이야기를 나누고 싶어 하는 신사를 만나도록 호출되었다. 나는 그가 내 글의 주제에 관심을 표명하는 것을 듣고 기뻤고, 그와 서울에 있는 병원의 상태에 관한 짧은 대화를 나눈 후 그 도시에 병원을 짓는 데 비용이 얼마나 들 것인지 물은 사실에 놀랐다. 나는 그에게 약 1만 달러의 비용이 들 것으로 예상되는 계획을 세웠다고 말하였고, 우리는 며칠 안에 다시 만나야 한다고 이해하며 헤어졌다. 이 회의가 열렸고, 주제에 관한 논의가 다시 시작되었지만 그가 그때도 고려하고 있었다는 것을 나중에 알게 된 기부에 대해서는 언급이 없었다. 하지만 나는 그가 현대식 병원을 건립하려는 우리의 제안에 큰 관심을 보인 것에 깊은 인상을 받았고, 그가 적어도 우리에게 상당한 도움을 줄 것이라고 생각할 수 있었다. 이 확신은 너무 강해서 며칠 후 뉴욕 주 스키넥터디의 한 신사가 우리를 돕고 싶다고 말하면서 500달러를 제안하였을 때, 나는 그에게 나의 희망을 말해야 한다는 압박감을 느꼈다. 그는 그 문제의 결과에 대하여 많은 관심을 갖고 있었지만, 그의 기부는 어떤 경우에도 유효할 것이며 가장 필요한 곳이라면 어디든, 아마도 설비의 개선에 사용될 수 있다고 말하였다.

열흘 뒤 세인트루이스 총회에 참석하였을 때 홀시 박사가 공개 선교 집회에서 1만 달러의 기부가 이루어졌다고 발표하는 것을 들을 때까지 아무 것도 듣지 못하였다. 관대한 기부자는 오하이오 주 클리블랜드의 L. H. 세브란스 씨이다.

우리가 한국으로 돌아온 직후 미국 공사인 H. N. 알렌 박사는 왕에게 우리가 이 선물을 가지고 안식년을 마치고 돌아왔다고 알렸다. 왕은 한국인을 한 번도 본 적이 없는 한 미국 신사가 한국인의 복지에 많은 관심을 보인 것에 감사를 표하며, 그러한 좋은 일을 하는데 그 자신이 무엇인가 도와야 한다고 선언하고 그가 가장 잘 할 수 있는 것이 무엇인지 물었다. 알렌 박사는 새 건물을 위한 부지 기부를 제안하였고, 그는 이에 대하여 기꺼이 동의하고 후에 우리의 총무인 A. J. 브라운 박사, 언더우드 박사, 그리고 나를 접견하였을 때 내가 의료 사업에 대한 그의 관심에 감사를 표하자 부지를 기부하겠다는 자신의 약속을 반복하였다.

하지만 이곳에 있는 우리가 쉽게 이해할 수 있는 이유로 왕의 약속 이행은 어려워졌고, 부지가 없어 건물을 지을 수 없는 상태로 시간이 흘러갔으며, 절망에 빠진 우리는 고국의 선교본부에 부지 구입을 위한 기금을 요청하였고 다시 세브란스 씨가 우리를 도우러 와서 이 목적으로 5,000달러를 기부함으로써 총 기부액은 15,000달러가 되었다. 이 기부로 1902년 봄에 우리는 가장 중요한 성문이며, 현지인과 외국인이 드나드는 간선도로인 남대문 바깥에서 조금 떨어진 곳의 위치가 좋은 언덕 부지를 매입할 수 있었으며, 1902년 추수감사절에 정초석을 놓을 수 있을 만큼 충분하게 정지 작업을 진행하였다. 그날은 아름다웠고 우리는 이곳에 상주하는 모든 나라의 공사와 많은 한국인 고위 관리들을 포함한 한국인과 외국인이 모인 것으로 영예를 얻었다. 우리는 한국에서 의료 사역의 창시자이며 다년간 개인적으로 현 병원의 직접적인 전신인 병원에서 업무를 수행하였던 미국 공사 알렌 박사가 이 의식을 진행할 수 있게 되어 대단히 상서로웠다. 우리는 또한 첫 목회 선교사로 내한하여 이 땅에서 직접적인 전도 사역이 불가능하였던 당시 병원 업무에서 알렌 박사를 도우며 자신의 선교 사역을 시작하였으며, 그것을 필요로 하는 사람들에게 자비를 보여주는 것으로 실제적으로 기독교 정신을 보여줄 수 있었던 신학박사 언더우드 목사가 이 행사의 의장을 맡은 것도 감사했다.

병원은 우의의 정신으로 태어났는데, '우의'와 '연합'이라는 단어가 선교회의에서 들었던 최고의 단어이었다고 선언하였던 한 신사가 기부한 돈으로 건축되었고 의료 책임자가 자신이 실천할 수 있는 한까지 우의의 원칙의 확장을 온 마음을 다하여 믿는 사람이기에, 정초석을 놓는 것은 한국에서 사역을 하는 우리 선교부, 남장로교회 선교부, 북감리교회 선교부, 남감리교회 선교부 등 여러 선교부 사이에 존재하는 진정한 연합의 또 다른 표출임이 증명된 것을 기쁘게 생각한다.

글을 쓰고 있는 1903년 8월, 나는 지붕이 거의 마무리되고 내부에서 작업이 진행되고 있다는 점에서 건물이 거의 완공되었다고 보고할 수 있다. 나는 이때쯤이면 비계(飛階)가 내려져 건물이 완성되었을 때의 사진을 보낼 수 있기를 바랐다.

계획을 시작할 때 우리는 쓸 수 있는 돈으로 더 큰 건축물을 가질 것으로 예상하였지만 2년의 지연으로 인하여 재료비 및 노임이 너무 많이 올라 계획을 많이 축소할 수밖에 없게 되었고, 그래서 이 건물은 단지 약 80x40피트에 불과하게 되었다. 그것은 지하층과 2개 층으로 구성되며, 대부분 벽돌과 아연이 도금된 철제 지붕으로 이루어져 있다. 지하 천장은 높이가 약 9.5피트이고, 대기실, 상담실, 약방 및 검사실로 구성된 일반 진료소, 난방로 및 연료실, 주방 및 세탁실을 포함하고 있어 병원의 모든 더러운 작업은 이(지하) 층에 국한된다. 1층에는 의사실, 남자 내과 병동, 간호원실, 여자 병동, 욕실 및 기타 편의 시설이 있고, 2층에는 남자 외과 병동, 화장실과 소독실이 딸린 수술실, 욕실 및 특별 병동이 있다.

수술실은 16x16 피트이고, 천장의 높이는 14 피트이며, 북동쪽을 향한 대단히 큰 창문과 채광창이 있어 충분한 빛이 있고 그림자를 피할 수 있다. 수술실과 다른 부분의 모든 모서리는 쉽게 청소할 수 있도록 둥글게 처리되었으며, 모든 목공물은 먼지가 끼지 않도록 평평하고 매끄럽다.

각 층에는 간호원들이 필요한 특별한 음식을 준비하는 작은 주방이 있다. 각 주방은 소형 승강기에 의해 지하의 일반 주방과 연결되며, 그곳에서 준비된 음식이 위의 작은 주방으로 올려 보내져 병동으로 분배되어 하인들이 음식과 식기를 들고 오르내리는 양이 크게 감소된다.

몇 개의 특별 병동이 있어 우리는 부유한 한국인은 물론 외국인까지 입원시킬 수 있으며, 이 도시의 성장과 외국인 거주자 및 관광객의 유입으로 인하여 이것은 많은 병자들에게 혜택이 되고 병원의 수입원이 될 것이다.

건물 양쪽 끝의 전면 모서리에는 8각형의 탑이 있는데, 측면은 주로 유리로 되어 있어 하루 종일 직사광선에 노출되는 4개의 방이 있다. 이것이 우리의 일광실이며, 나는 많은 환자들을 치료하는 데 효과적인 도움이 될 것으로 기대하고 있다.

난방 계통은 온수로 이루어지며, 각 방에는 직접 방열을 위한 방열기가 있고 주요 방에는 간접적인 방열기도 있다.

환기는 일련의 연도(煙道)에 의해 이루어지는데, 각 방에는 나쁜 공기의 배출을 위해 지붕에서 나가는 분리된 연도가 있는 반면 신선한 공기는 실외에서 지하실에 놓인 상자들로 들어가는 관을 통해 들어오며, 공기의 흐름을 방으로 운반하는 벽 속의 연도와 연결되어 있다. 각 상자에는 신선한 공기가 병동으로 올라가기 전에 통과하는 온수 나선 배관이 있으므로 겨울에는 따뜻한 공기가 유입되고 문과 창문을 아무리 단단하게 닫더라도 순수한 공기의 지속적인 순환은 당연히 매우 중요한 고려 사항이다.

우리는 병원 근처에서 좋은 물 공급원을 얻었고 물은 풍차에 의해 다락방의 수조(水槽)로 끌어올려져 배관을 통하여 필요한 방으로 운반될 것이다.

세탁실 난로에는 목욕, 진료소 등에 온수를 공급하기 위한 물 끓이는 통을 설치할 예정이다.

이 설명에서 우리가 현대적인 병원을 갖게 될 것이라는 사실을 알게 될 것이며, 그것이 의학적으로 그리고 복음적으로도 그 결과로 우리의 성공 척도에서 상당한 발전을 의미할 것이라는 확신을 갖고 기대하고 있다.

이 건물은 약 40명의 환자를 수용할 것이다.

이에 더하여 우리는 격리 목적으로 별도의 건물을 세울 것이지만, 일시적인 준비가 필요한 심각한 전염병이 발생하지 않는 한, 아마도 충분할 4~5명의 환자만 수용할 수 있도록 계획할 것이다.

우리의 간호 직원은 2명의 훈련 받은 일본인 간호원으로 구성되어 있는데, 한 명은 남자 측을, 다른 한 명은 여자 측을 담당하며 이 중요한 업무를 위해 그들이 한국인을 훈련시키게 하는 것이 우리의 목표이다. 우리에게는 간호 과

FOUR PATIENTS (SURGICAL CASES) UNDER TREATMENT AT THE SEVERANCE MEMORIAL HOSPITAL IN SEOUL.

They are soldiers who were burnt and injured by the explosion of a cartridge being forced into a new American gun which they had not learned to handle properly.

그림 9. 서울 세브란스 병원에서 치료를 받고 있는 4명의 외과 환자. 그들은 작동법을 배우지 않은 새로운 미국 총의 탄약통이 폭발하여 부상을 입은 군인들이다.

정을 이수할 의도로 간호학 과정을 수강하고 있는 한 젊은 기혼 한국 여자가 있으며, 우리는 적합한 유형의 젊은 여자가 요청하는 대로 강습반에 추가할 것이다.

병원의 일은 모든 종류의 증례를 포함하지만 내과보다는 외과가 더 많다. 작년에 약 8,000명의 환자가 진료소에서 치료를 받았고, 동행한 친구들까지 포함하면 11,000명 이상이 되며, 약 240명이 병동에 입원하였다.

나는 우리 업무에 대하여 자세하게 설명하기에는 이 글이 이미 너무 길어 염려스럽지만, 지난 해 중에 한 번에 발생한 4예의 사진을 첨부한다. 같은 군에 속하는 다섯 번째 환자도 포함되어야 했지만 그는 너무 아파서 사진을 찍을 수 있는 입장에 있지 않았다. 그들은 왕의 생일을 맞아 거행한 축하 행사에서 예포를 발사하는 중에 예기치 않게 대포가 발사되어 부상을 입은 한국인 병졸들이다. 독자들이 볼 수 있듯이 신체 표면의 상당 부분이 부상을 입었고, 대부분은 폭발하는 화약으로 인한 심각한 화상이었지만, 그들 중 한 명은 팔이 너무 손상되어 절단이 필요하였다.

지난 해 서울에 거주하는 선교사들에게 의약품을 공급하고 병원과 진료소를 운영하는데 선교본부가 들였던 비용은 의약품, 붕대, 기구, 음식, 연료, 등촉, 세탁 및 하인을 포함하여 약 530달러이었으며, 비용의 나머지는 선교지에서 의료 업무의 직접적인 결과로서 얻었다.

지난 몇 년 동안의 경험에 비추어 새 병원에서 필요로 하는 것을 고려할 때 가장 효과적인 업무를 수행하려면 더 많은 식사를 제공하고 여러 방향에서 덜 절약해야 하며, 환자가 지불할 수 있는 것처럼 보일 때마다 지불을 계속 주장해야 한다는 결론을 내렸다. 나는 우리가 해야만 하는 것만큼 밀어붙이지 않으면 병원의 선한 영향력을 키울 수 있지 않을까 생각한다. 그러므로 나는 세브란스 기념 병원을 생명을 구하고 복음화 하는 기관으로써 철저하게 실효성 있는 기관이 되도록 하기 위해서는, 우리가 여기에서 얻을 수 있는 것과 함께 고국의 교회나 우리 사업의 친한 친구들로부터 1,500달러가 필요하다는 결론에 도달하였다.

Oliver R. Avison, Severance Memorial Hospital, Seoul, Korea.
The Assembly Herald 9(5) (Nov., 1903), pp. 513~516

Severance Memorial Hospital, Seoul, Korea.

By Dr. O. R. Avison

The writer, after a period of work in Korea in connection with the Imperial Korean Hospital (a big name but poor plant), returned to America on furlough in the spring of 1899 feeling very strongly the need of improved facilities for his work. Together with his wife he made it a subject of frequent prayer till he was led to consult an architect as to the probable cost of a building. The first question of the architect was, "How much money have you to put into it?" and he was compelled to answer that as yet he had none, but that the need was definite and he would like to have a plan drawn to accommodate about forty patients, trusting that the money would come by the time it was actually needed. After the architect had considered the outline of a plan suggested to him he said he. thought it would require about $10,000.00 and offered as a first contribution to present us with plans and specifications free of cost.

Shortly afterwards I was summoned to New York to consult with the executive officers of the Board on some matters of business and learned they had just received a report of the Annual Meeting of the Korean Mission containing a strong request to the Board for a new hospital plant in Seoul and I learned afterwards from private letters that the impression on the field was that from $10,000 to $15,000 would be needed to establish a thoroughly effective plant.

As the subject had not been broached before I left Korea and as I had not corresponded with any one about it I could but believe that the combination of circumstances was evidence in support of my own conviction that God was leading us in our thoughts concerning the enterprise and when I found that the project met with the sympathy of the Board officers I felt sure in my own mind that it would come to pass.

Soon after my return to Toronto I received my first contribution in cash, amounting to $5.00, the gift of a young lady who was supporting herself as a seamstress, and when I considered the amount of sacrifice for her that this gift involved I felt that we had received a splendid foundation on which to build a structure intended to illustrate the love of God and the great sacrifice made by Him for the lost human race.

In the spring of 1900 I should have returned to my work in Korea, but the Ecumenical Missionary Conference kept me in America and it was there I met the gentleman whom God had selected to be the donor of the funds needed for the erection of the hospital, and the means by which it was brought about were so simple and yet so direct that I have never ceased to be surprised and happy over them.

My part in the Conference was to read a paper on "Comity in Medical Mission Work," and at the close of that session I was summoned to meet a gentleman who wished to talk with me concerning the work in Seoul. I was pleased to hear him express his interest in the subject of my paper and was struck by the fact that after a brief conversation concerning the condition of the hospitals in Seoul he asked how much it would cost to build a hospital in that city. I told him we had drawn plans for one which it was expected would cost about $10,000 and we then parted with the understanding that we should meet again within a few days. This meeting took place and the subject was resumed, but no mention was made of the gift which I later learned he was even then contemplating. I however was impressed by the marked interest he had shown in our proposal to erect a modern hospital and could but think he would at least give us substantial help. Indeed so strong was this conviction that when a few days later a gentleman in Schenectady, N. Y., said he would like to help us and offered $500 towards it, I felt constrained to tell him of my hopes. He was much interested in what might be the outcome of the matter, but said his contribution should hold good in any case and could be used wherever it was most needed, perhaps in improving the equipment.

I heard nothing further until about ten days later when I went to the meeting of the General Assembly at St. Louis, when I heard Dr. Halsey announce in a public missionary meeting that the donation of $10,000 had been made. The generous donor is Mr. L. H. Severance, of Cleveland, O.

Shortly after our return to Korea our United States Minister, Dr. H. N. Allen, announced to His Majesty, the Emperor, that we had returned from our furlough bearing with us this gift and His Majesty expressed his gratitude that an American gentleman who had never seen the Korean people should manifest so much interest in their welfare, declaring that he must do something himself to help on such a good work and asking what he could best do. Dr. Allen suggested the donation of a site for the new buildings and to this he gave a ready assent and later on at an audience which he kindly accorded to our secretary, Dr. A. J. Brown, Dr. Underwood and myself, in reply to my expression of thanks for the interest he had manifested in the medical work, he reiterated his promise to donate the site.

However, for reasons which we here can readily appreciate, it became difficult for His Majesty to make the promise good and month after month passed without our being able to go on with the building for want of a site until in despair we sent an appeal home to the Board for funds with which to purchase land and again Mr. Severance came to our help and gave us $5,000 for this purpose, making a total gift of $15,000. This enabled us in the spring of 1902 to purchase a well located hill site a short distance outside of the South Gate of the city, which is the most important gate, being the main highway through which both Koreans and foreigners enter and leave the city, and on Thanksgiving Day of 1902, the foundations had advanced sufficiently to enable us to lay the cornerstone. The day was beautiful and we were honored by the presence of a great concourse of both Koreans and foreigners, including the representatives of all the nations which have resident Ministers here, as well as a number of high Korean officials. We were very fortunate in being able to have this ceremony performed by the American Minister, Dr. Allen, who was the founder of medical mission work in Korea and for several years personally carried on the work of the hospital of which this is to be the direct successor. We were also grateful to have as chairman of the occasion the Rev. Dr. Underwood, the first clerical missionary to come to Korea, who began his missionary labor by assisting Dr. Allen in the hospital work at a time when it was still impossible to do direct evangelistic work in this land, but quite possible to manifest Christianity practically by showing mercy to those in need of it.

As the hospital was born in the spirit of comity, was being built with money donated by a gentleman who declared that the words "comity" and "unity" were the best words he had heard at the Ecumenical Conference, and had for its medical superintendent one who believes with all his heart in extending the principle of comity as far as ever it can be practically done, it is gratifying that the laying of the cornerstone proved to be another exhibition of the real unity which exists between the several missions at work in Korea, different parts of the service being conducted by representatives of our own mission, of the Southern Presbyterian Mission, of the Methodist Episcopal Mission, and of the Southern Methodist Mission.

Writing now in August, 1903, I am able to report the building as nearing completion in that the roof is almost finished and work is being done on the inside. I had hoped that by this time the scaffolding would have been down so that I could send a photo of the building as it will be when completed.

When we began planning we expected to have a larger structure with the amount of money at our command, but the delay of two years saw such a great advance in the prices of both material and labor that we were compelled to cut down the plans very much, so that this building is only about 80x40 feet. It consists of a basement and two stories and is substantially built of brick with galvanized iron roof. The basement ceiling is about 9½ feet high and contains the public dispensary, consisting of waiting rooms, consultation room, drug rooms and laboratory, furnace and fuel rooms, kitchen and laundry, so that all the dirtier work of the hospital will be confined to this floor. The first floor contains the doctor's private office, male medical wards, nurses' room, women's wards, bath rooms and other conveniences and the second floor is taken up with men's surgical wards, operating room with attached wash room and sterilizing room, bath room and private wards.

The operating room is 16x16 feet, ceiling 14 feet high, has very large windows with a N. E. exposure and a skylight so that it has plenty of light, and shadows will be avoided. All corners, both of the operating room and of other parts, are rounded so that they can be easily kept clean and all woodwork is plain and smooth so as not to harbor dirt.

On each floor is a small diet kitchen where the nurses will prepare the special foods required, while each of these kitchens is connected by a dumb waiter with the general kitchen in the basement so that foods prepared there may be sent up to the diet kitchens for distribution to the wards and the great amount of tramping up and down of servants carrying food and di shes thereby done away with.

There are several private wards so that we shall be able to admit well-to-do Koreans and even foreigners, and with the growth of this city and the incoming of foreigners both resident and tourist, this will prove a boon to many a sick person and a source of revenue to the hospital.

At the front corner of each end of the building is an octagonal tower, the sides of which consist mainly of glass, giving us four rooms exposed all day long to direct sunlight. These are our sun-rooms and I expect them to prove effective aids in the cure of many of our patients.

The system of heating is by hot water, each room being supplied with a radiator for direct radiation and the principal rooms having a source of indirect radiation as well.

Ventilation is provided for by a series of flues, each room having a separate flue running out at the roof for the exit of foul air, while fresh air is admitted by pipes which run from outdoors into boxes placed in the basement and connected with flues in the walls which conduct the current of air into the rooms. Each of these boxes contains a coil of hot water piping over which the fresh air passes before it rises to the wards, so that in winter fresh warm air will be admitted and no matter how tightly they may shut the doors and windows there will be a constant circulation of pure air, which of course is a very important consideration.

We have obtained a good water supply close to the hospital and the water will be pumped by a windmill into a tank in the attic, from which it will be conveyed by pipes to the rooms in which it will be needed.

The laundry stove will have in it a water-back for the supply of hot water for baths, dispensary, etc.

It will be seen from this description that we are to have a modern hospital and we look forward with confidence that it will mean a considerable advance in our measure of success medically and as a result of that evangelistically also.

This building will accommodate about forty patients.

In addition to this we shall erect a separate building for isolation purposes, but it will be planned for only four or five patients which will probably be sufficient, unless at times of severe epidemics when temporary provisions will have to be made.

Our nursing staff consists of two trained Japanese nurses, one of whom takes charge of the men's side and the other of the women's and it is our object to have them train Koreans for this important work. We have one young married Korean woman who is taking a course in nursing with the intention of following it up with a medical course, and we will add to the class as soon as the right kind of young women offer.

The work of the hospital embraces all kinds of cases, more surgical however than medical. Last year about 8.000 patients were treated in the dispensary and if we include the friends who accompanied them the attendance would be placed at over 11,000 and about 240 were admitted to the wards.

I fear this article is already too long to permit a detailed description of any of our work, but I enclose a photo of four cases that were in at one time during the past year. A fifth one belonging to the same group should have been included, but he was too ill to be placed in a position for photographing. They are Korean soldiers who were injured by the unexpected discharge of a cannon while they were firing salutes on the occasion of the celebration of the Emperor's birthday. As you can see their injuries covered a good deal of body surface, being mostly severe bums from the exploding powder, although one of them had an arm so destroyed that it required amputation.

The cost to the Mission Board last year of running the hospital and dispensary, as well as supplying medicines to the missionaries resident in Seoul, was about $530 including cost of medicines, dressings, instruments, food, fuel, light, laundry and servants, the balance of the cost having been obtained almost all on the field as the direct outcome of the medical work.

In considering the needs of the new hospital in the light of the experience of the past years, I have concluded that to do the most effective work we ought to give a more liberal diet and economize less in several directions and while continuing to insist on payment whenever the patients appear to be able to pay. I think we might advance the good influence of the hospital by not pushing this quite as much as we have been compelled to do. I have therefore come to the conclusion that we require from the church at home or from some good friend of our work the sum of $1,500 to enable us, with what we can obtain here, to make the Severance Memorial Hospital, as a life-saving and evangelizing agency, a thoroughly effective institution.

19031200

편집자 논평.
The Korea Review (서울) 3(12) (1903년 12월호), 546~547쪽

(......) 남대문 밖에서는 참으로 변화가 있었다. 수백 채의 현지인 가옥이 철거되었고 길이가 0.5마일, 폭이 거의 ¼마일에 해당하는 계곡 전체가 6피트 또는 8피트 깊이로 채워져 경부선 철도의 역사 및 광장으로 사용될 것이다. 서북선에서 기관차 호루라기 소리를 듣게 되면 문제가 되는데, 그곳에서 일본인들이 장사를 한다는 것은 전혀 의심할 여지가 없다. 새로운 세브란스 기념 병원 건물은 대담한 부조로 눈에 띄고 멋진 구조로 삶의 더러운 측면이 아니라 박애주의를 대표하며 수세기 동안 기증자의 후의에 대한 적절한 기념비로 서 있을 것이다.

Editorial Comment.
The Korea Review (Seoul) 3(12) (Dec., 1903), pp. 546~547

(......) Outside the South gate there has been a transformation indeed. Hundreds of native houses have been demolished and the whole level of the valley for a space of half a mile long by nearly a quarter of a mile wide has been filled in to the depth of six or eight feet to be used as the terminal station and yards of the Seoul Fusan R. R. It is problematic when we shall hear the sound of a locomotive whistle on the Northwestern line but that the Japanese mean business there can be no doubt at all. The new Severance Memorial Hospital building stands out in bold relief and is a handsome structure, representing not the sordid side of life but the philanthropic and it will stand through the centuries as a fitting memorial to the generosity of the donor.

19031200

편집자 단신.
Woman's Work for Woman 18(12) (1903년 12월호), 272쪽

한국에는 간호원 같은 제도가 없기 때문에 서울의 에비슨 박사는 약 1년 전에 일본에 두 명의 일본인 여자가 자신을 돕도록 도와 줄 것을 요청하였다. 우리가 예상했던 대로 여학교 소녀로부터 응답이 왔다. 도쿄 적십자병원의 간호부장인 사토 양은 모교의 정신과 선교사 정신으로 한국에 지원하였고 동료와 함께 왕립병원에서 간호를 하고 있다. 이제 그들이 제공한 봉사의 가치에 대한 보고가 이루어지고 있으며, 특히 그 혜택은 한국 여자들에게 보인 본보기가 될 것이다. 사토 양은 최근 서울에서 계속 일을 하기 위하여 일본에서의 좋은 자리를 거절하였다.

Editorial Notes. *Woman's Work for Woman* 18(12) (Dec., 1903), p. 272

There being no such institution as Korean nurses, Dr. Avison of Seoul appealed to Japan about a year ago for two Japanese women to assist him. The response came, just as we should expect, from a Joshi Gakuin girl. Miss Sato, superintendent of nurses in the Red Cross Hospital, Tokyo, in the spirit of her *alma mater* and a missionary spirit, volunteered to go to Korea, and with an associate has since been nursing in the Royal Hospital. Report now comes of the value of the service they have rendered, and not least of its benefits will be the influence of their example upon Korean women. Miss Sato lately declined a fine position in Japan for the sake of continuing her work at Seoul.

한국 세브란스 병원. 예산. 미국 북장로교회 해외선교본부
실행이사회 회의록 (1903년 12월 21일)

한국 세브란스 병원. 예산. 세브란스 씨는 2,500달러를 지불하여 한국 서울
의 세브란스 병원의 예산을 만들었다.

Severance Hospital, Korea. Appropriation. *Minutes [of Executive*
Committee, PCUSA], 1837~1919 (Dec. 21st, 1903)

Severance Hospital, Korea. Appropriation. That an appropriation of $2,500 be
made for the Severance Hospital, Seoul, Korea, this amount having been paid in
by Mr. Severance.

새뮤얼 F. 무어(서울)가 아서 J. 브라운(미국 북장로교회 해외선교본부 총무)에게 보낸 편지 (1903년 12월 28일)

(중략)

어째서인지 에비슨 박사의 보고서가 오지 않았기 때문에 나는 그가 평소의 활력으로 병원에서 업무를 수행하고 있으며, 전체 업무가 진실한 기독교 정신이 스며드는 동안 에비슨 부인에 의하여 대단히 실질적으로 도움을 받고 있다고 말할 수밖에 없습니다.

(중략)

Samuel F. Moore (Seoul), Letter to Arthur J. Brown (Sec., BFM, PCUSA), (Dec. 28th, 1903)

(Omitted)

Dr. Avisons report for some reason has not come to me so I can only say that he is carrying on the work at the hospital with his usual vigor and is being assisted very materially by Mrs. Avison while the whole work is permeated by the true Christian spirit.

(Omitted)

제3장
1904년

1903년 10월 한국에 도착한 널 박사는 대구 지부로 의료 선교사로 배정되었다. 이 사실을 알게 된 세브란스 씨는 에비슨 박사와 함께 일을 할 다른 의사를 파송하기 위한 기금의 기부를 제의하였다. 선교본부는 1904년 2월 15일 이 제의를 승인하였고, 3월 제시 W. 허스트를 에비슨 박사와 함께 일을 할 의료 선교사로 임명하였다.

9월 23일 새로 지은 제중원인 세브란스 병원의 봉헌식이 열렸고, 10월 4일 새 병원에서 처음으로 시행한 수술은 이 병원의 사업이 '빛에 있게 하는' 의미인 백내장 적출술이었다. 정식 개원식은 11월 16일 거행되었다.

한편 2월 25일경 에비슨의 두 아들인 윌리엄 및 올리버가 미친 개에 물려 나가사키에서 치료를 받았다. 4월 14일에는 건축 중이던 덕수궁에서 화재가 일어났다. 인근에 있던 이탈리아 공사관 경비대는 화재 진압을 도왔고 고종으로부터 100엔을 하사받았는데, 그들은 이 돈을 에비슨에게 기증하였다. 에비슨은 이 돈으로 광견병 환자를 치료하는 파스퇴르 연구소를 설립하였다.

1895년 제중원에서 의학 교육을 재개하였던 에비슨은 세브란스 병원 개원 직전 김필순의 도움으로 두 번째로 그레이 해부학의 번역을 완료하였다.

Dr. Null, who arrived in Korea in October 1903, was assigned to Daegu Station. Upon learning of this, Mr. Severance offered to donate the funds to send another doctor to work with Dr. Avison. The Board approved the offer on February 15, 1904, and in March appointed Jesse W. Hirst as a medical missionary to work with Dr. Avison.

On September 23, the dedication ceremony of the Severance Hospital, newly built Jejoongwon, was held, and on October 4, the first operation performed at the new hospital was cataract extraction, which means that the hospital's business is "to be in the light." The official opening ceremony was held on November 16th.

Meanwhile, around February 25, Dr. Avison's two sons, William and Oliver, were bitten by a mad dog and received treatment in Nagasaki. On April 14, a fire broke out at Deoksugung Palace, which was under construction. A nearby Italian Legation guard helped put out the fire and was awarded 100 yen from King Gojong, which they donated to Dr. Avison. Dr. Avison used the money to set up the Pasteur Institute to treat rabies patients.

Dr. Avison, who resumed medical education at Jejungwon in 1895, completed the second translation of Gray's Anatomy with the help of Mr. Pil-soon Kim just before the opening of Severance Hospital.

올리버 R. 에비슨(서울)이 아서 J. 브라운(미국 북장로교회 해외선교본부 총무)에게 보낸 편지 (1904년 1월 20일)

서울,
1904년 1월 20일

신학박사 A. J. 브라운 목사,

　뉴욕 시 해외선교본부 총무

친애하는 브라운 박사님,

　우리 부부가 두 자녀를 미국의 학교에 보내야 할 때가 왔다는 것을 깨닫는 것은 자부심과 진심 어린 슬픔이 뒤섞인 느낌입니다. 로렌스는 16세이며, 레라는 14세입니다. 그들은 오하이오 주 우스터에 있는 것과 같은 예비 학교의 2학년으로 들어갈 준비를 하고 있으며, 우리는 로렌스를 더 이상 미루는 것이 도움이 되지 않을 것이라고 생각합니다. 우리는 따라서 그들의 미국 귀국을 즉시 허가하며, 우리가 그들을 단독으로 보낼 수 없기 때문에 적절한 사람들과 함께 보낼 수 있는 첫 번째 기회를 사용할 수 있도록 선교본부에 요청하는 바입니다.

　공식 요청은 현재 선교부에 돌리고 있으며, 모든 절차가 완료되는 대로 선교본부에 전달될 것이지만, 연중 이 계절에 돌리는 데 상당한 시간이 걸리고 투표가 찬성이 될 것이라는 확신을 갖고 그동안 우리가 이 문제를 선교본부에 제출하여 그들이 적절한 사람들과 갈 수 있는 기회를 이용할 수 있는 입장이 되도록 미리 요청하는 편지를 쓰고 있습니다. 제가 믿기에 선교부의 요청은 여행비를 위한 특별 예산이지만, 그들이 이번 회계연도 말 이전에 떠날 기회가 없을 것이기에 다음 회계연도가 시작되는 5월 1일 이후에 효력이 발생하는 예산을 작성하는 것으로 충분할 것입니다.

　그러나 그러한 예산이 이루어질 것임을 즉시 알려주실 수 있다면 우리는 그들의 여행을 위한 준비를 계속할 수 있는 입장에 있게 될 것입니다.

　우리의 현재 목적은 그들을 오하이오 주 우스터로 보내는 것입니다.

　우리는 일본과 러시아의 협상 결과를 조용히 기다리고 있습니다.

우리 부부는 브라운 박사님 부부께 안부를 전합니다.

안녕히 계세요.
O. R. 에비슨

Oliver R. Avison (Seoul),
Letter to Arthur J. Brown (Sec., BFM, PCUSA) (Jan. 20th, 1904)

Received
FEB 20 1904
Dr. Brown

Seoul,
Jan. 20th, 1904

Rev. A. J. Brown, D. D.,

    Secy. B. of F. M., New York

Dear Dr. Brown: -

It is with feeling of mingles pride and sincere sorrow that, Mrs. Avison and I realise that the time has come when we must send our two oldest children to America to School. Lawrence is 16 yrs. old & Lera is 14 and they are about ready for entrance into the second year of such a preparatory school as the one at Wooster, O., and we feel it will not do to keep Lawrence back any longer. We therefore ask the Board to give its permission to their return to America at once so that we may take advantage of the first opportunity for sending them with suitable company as we cannot of course send them alone.

A formal request is now being passed around the Mission & will be forwarded to the Board as soon as it has been all the way round but in the meantime, knowing it will take considerable time at this season of the year to get around and being certain that the vote will be an affirmative one I am writing you in advance to ask you to lay the matter before the Board so that we may be in a position to take advantage of the first opportunity that offers for their going in proper company. The request of the Mission is, I believe for a special appropriation to cover the expense of travel but I am now under the impression that there will be no opportunity for them to leave before the end of this fiscal year so that it will be sufficient for you to make an appropriation to take effect after the beginning of the coming fiscal year, May 1st.

But, if you can let us know right away that such an appropriation will be made we shall be in a position to go on with our preparation for their going.

Our present purpose is to send them to Wooster, Ohio.

We are quietly waiting to see the outcome of the negotiations between Japan & Russia.

Mrs. Avison joins me in kindest regard to yourself & Mrs. Brown.

Very sincerely,
O. R. Avison

아서 J. 브라운(미국 북장로교회 해외선교본부 총무)이
한국 선교부로 보낸 편지 (1904년 1월 20일)

(중략)

한국인에 관해서는, 그들은 아마도 아시아의 모든 사람들처럼 선교사들에게 충실할 것입니다. 그들은 선교사들이 그들의 친구라는 것을 알고 있습니다. 내가 서울에 체류하고 있을 때 황제가 나에게 직접 말하였듯이, 그는 몇 년 전 언더우드 및 에비슨 박사가 자신에게 해주었던 수고와, 또한 평양 사람들은 청일전쟁에서 선교사들이 자신들의 편에 섰던 것을 잊지 않았습니다.

(중략)

Arthur J. Brown (Sec., BFM, PCUSA),
Letter to the Korea Mission (Jan. 20th, 1904)

As for the Koreans, they are probably as loyal to the missionaries as any people in all Asia. They know that the missionaries are their friends. The Emperor, as he personally told me when I was in Seoul, has not forgotten the services rendered him by Drs. Underwood and Avison several years ago, nor have the people of Pyeng Yang forgotten how the missionaries stood by them in the war between Japan and China.

19040122

프레더릭 S. 밀러(서울)가 아서 J. 브라운(미국 북장로교회 해외선교본부 총무)에게 보낸 편지 (1904년 1월 22일)

(중략)

에비슨 박사가 사다리와 함께 넘어져 여러 개의 늑골이 부러지는 사고를 당한 것을 제외하고 지부의 건강은 양호하였습니다. 그는 일어나서 다시 일하고 있습니다.

(중략)

Frederick S. Miller (Seoul),
Letter to Arthur J. Brown (Sec., BFM, PCUSA) (Jan. 22nd, 1904)

(Omitted)

The health of the station has been good except for an accident Dr. Avison met, falling with a breaking stepladder & breaking several ribs. He is up & around again.

(Omitted)

19040200

각종 소식. *The Korea Review* (서울) 4(2) (1904년 2월호), 83쪽

우리는 O. R. 에비슨 박사의 막내 두 자녀가 나중에 대단히 의심스러운 상황에서 죽은 애완견에게 물렸다는 사실을 알게 되어 유감이었다. 개가 광견병에 걸렸었는지는 확실하지 않지만 에비슨 박사는 아이들을 데리고 나가사키에 있는 파스퇴르 연구소에서 치료를 받았다.

News Calendar. *The Korea Review* (Seoul) 4(2) (Feb., 1904), p. 83

We were sorry to learn that Dr. O. R. Avison's two youngest children were bitten by a pet dog which died later under very suspicious circumstances. It is not absolutely certain that the dog was rabid but Dr. Avison has taken the children, to Nagasaki to be treated at the Pasteur Institute there.

서울의 의료 선교사를 위한 L. H. 세브란스 씨와의 회의.
미국 북장로교회 해외선교본부 실행이사회 회의록 (1904년 2월 15일)

서울의 의료 선교사를 위한 L. H. 세브란스 씨와의 회의. 실행 협의회는 L. H. 세브란스 씨와의 회의를 보고하였는데, 세브란스 씨는 한국 선교부가 M. M. 널 박사를 대구에 배치시킬 필요가 있고 서울의 에비슨 박사가 도움을 받고 있지 않고 있음을 알게 되어, 다른 의료 선교사의 봉급을 책임지기로 제의하면서 선교본부가 에비슨 박사와 함께 일을 할 다른 의사를 파송하기를 간절히 바랐다. 선교본부는 실행 협의회에 가능한 한 조속히 그런 사람을 확보하라고 지시하였다.

Korea. Conference with L. H. Severance for Medical Missionary for Seoul. *Minutes [of Executive Committee, PCUSA], 1837~1919* (Feb. 15th, 1904)

Korea. Conference with L. H. Severance for Medical Missionary for Seoul. The Executive Council reported a Conference with Mr. L H. Severance in which Mr. Severance had dated that insomuch as the Korea Mission had found it necessary to place Dr. & Mrs. M. M. Null at Taiku, Dr. Avison at Seoul was not receiving the assistance that Mr. Severance had contemplated in offering to become responsible for the salary of another medical missionary, and that he greatly desired the Board to send out another physician to be associated with Dr. Avison. The Board instructed the Executie Council to secure such a man as soon as possible.

19040229

찰스 E. 샤프(서울)가 아서 J. 브라운(미국 북장로교회 해외선교본부 총무)에게 보낸 편지 (1904년 2월 29일)

(중략)

에비슨 박사의 어린 두 아이는 미친 개에 물렸고 치료를 받기 위하여 나가사키로 데려갔습니다. 그는 특별 허가를 받아 며칠 전에 일본 수송선을 타고 건너갔습니다.

(중략)

Charles E. Sharp (Seoul),
Letter to Arthur J. Brown (Sec., BFM, PCUSA) (Feb. 29th, 1904)

(Omitted)

Dr. Avison's two youngest children were bitten by a mad dog and he has taken them to Nagasaki for treatment. He secured special permission and crossed on a Japanese transport a few days ago.

(Omitted)

각종 소식. *The Korea Review* (서울) 4(3) (1904년 3월호), 122쪽

O. R. 에비슨 박사는 나가사키에서 광견병 바이러스를 공급 받아 파스퇴르 치료로 12명 이상의 환자를 치료할 준비가 되어 있다. 바이러스는 4월 10일 경까지 괜찮을 것이다. 미친 개에게 물린 사람들이 한 번에 치료될 수 있도록 이곳에 바이러스 배양을 마련하는 것이 그의 의도이다. 개에게 물린 의심스러운 사례가 있으면 즉시 상담하는 것이 좋다.

News Calendar. *The Korea Review* (Seoul) 4(3) (Mar., 1904), p. 122

Dr. O. R. Avison has received from Nagasaki a supply of the virus of rabies and is prepared to treat a dozen or more patients by the Pasteur treatment. The virus will be good until about April 10th. It is his intention to arrange for the culture of the virus here so that people bitten by mad dogs can be treated at once. If there are any suspicious cases of dog bite it would be well to consult him at once.

19040300

제임스 E. 애덤스(대구), 한국 서울에 있는 세브란스 병원과 관련하여 북장로교회 해외선교본부 한국 위원회의 담당 총무를 위한 기록 (1904년 3월)

접 수
1904년 3월 3일
브라운 박사

한국 서울에 있는 세브란스 병원과 관련하여 북장로교회 해외선교본부
한국 위원회의 담당 총무를 위한 기록

　　서울 병원의 두 번째 의사에 대한 문제는 새로운 문제가 아니라 몇 년 동안 선교본부와 한국 선교회에서 간간히 제기되어 왔습니다. 한국 선교회 또는 적어도 그 일부 회원들이 선교부에서 의료 업무의 입지를 과도하게 축소하고 업무의 이 부분을 너무 밀접하게 제한하는 경향이 있다는 인상이 존재할 가능성이 있습니다. 저는 선교지에서 그런 회원들은 만나지 못하였습니다. 그들이 존재한다면 확실히 소수에 불과합니다. 저는 그런 생각에 대하여 선교부의 어떤 공식적인 행동도 적절하게 해설될 수 없다고 확신합니다. 오히려 그 반대가 사실입니다. 선교부는 의료 선교를 철저하게 믿고 있습니다.

　　서울의 새 병원에 대한 선교부의 첫 번째 요청이 선교본부에서 호의적이었을 때 담당 의사는 안식년으로 미국에 있었습니다. 실제적으로 만장일치로 필요성을 인정하고 요청을 촉구하였습니다. 요청된 금액은 최종적으로 승인된 금액이었습니다. 선교부는 원하는 기관의 특징을 크지는 않지만 가장 철저하게 갖추어서 담당 의사가 최대한 많은 일을 할 수 있도록 모든 시설을 갖추는 것으로 정의하였습니다. 선교본부는 전체 업무의 공통된 목적에 가장 효과적으로 기여하는 것이 의료 부문에서 양보다 질이라는 것을 유지합니다. 저는 그 결과로 생긴 기관은 적어도 제가 생각하는 사명만큼 제게 필요한 기관이라고 말할 수 있습니다.

　　하지만 기증이 이루어지고 난 후 담당 의사는 선교지로 돌아왔습니다. 그것을 2인 병원으로 만들자는 문제가 나왔습니다. 담당 의사가 주장하였습니다. 선교부의 연례 회의에서 거의 반나절 동안 그에게 시간이 주어져, 그는 요청에 대한 이유를 설명하고 그 문제를 신중하게 고려할 수 있었습니다. 마지막에 그

문제는 실제적인 만장일치로 표결하였습니다. 선교부는 1인 병원이 될 것으로 결정하였습니다. 저는 두 가지 고려 사항이 우선하였던 것으로 기억합니다. 첫째, 이것은 선교부의 일부 업무에 불균형적인 발전을 제공할 것입니다. 둘째, 경상 지출이 매우 크게 증가할 것인데, 그 증가분은 저에게 이미 너무 적고 훨씬 더 긴급하게 필요한 선교부의 일반 수입에서 어느 정도 가져와야 합니다. 선교부의 이 조치는 정책 문제로 승인 혹은 비승인을 위하여 선교본부에 제출되었습니다. 선교본부는 그 조치를 승인하였으며, 그 이후 이러한 입장은 공식적인 조치로 인하여 취소된 적이 없었습니다.

그 후 1902년 봄 또는 여름에 선교본부는 두 번째 의사를 임명하였습니다. 그 문제에 대한 사전 정보도 없었고, 임명의 성격과 관련하여 오해하고 일을 하는 것에 대하여 서울 병원만의 진료가 아니라 필요에 따라 다른 지부에서 대체 의사로서 활동하도록 임명한다고 설명하였을 때, 선교부로부터 자발적이고 대단히 전반적인 항의가 들어 왔습니다. 선교부는 같은 만장일치로 연례 회의에서 임명을 감사하게 받아들이는 공식적인 조치를 취하였지만, 단순히 대체하는 것만으로도 새로운 사람의 (업무의) 두 배를 차지할 것이라고 지적하였습니다.

이러한 사실은 선교부가 처음부터 업무의 의료 부문을 가장 효과적으로 추구하기 위하여 가장 훌륭하고 가장 완비된 병원을 원하였던 것과 같은 만장일치로 일관된 입장이었음을 보여주기 위하여 인용되었으며, 완전한 자격을 갖춘 두 명의 의사를 가진 기관으로 승인되었습니다.

이러한 입장에 대하여 두 가지 이유가 제시되었습니다. 첫 번째, 의심할 여지없이 선교지에서 온 편지에서 충분히 다루어졌으므로 저는 두 번째에 박사님의 관심을 끌 것입니다. 임명과 관련된 경상비의 증가된 부담이 선교부의 통상적인 수입에서 차감되어야 한다는 것을 인정한다면, 그것은 단순히 주님의 사업에 있어서 활발한 업무 정책의 문제가 됩니다. 저는 그 병원의 설립자가 새로운 의사에게 급여를 제공할 것을 제안한 것을 이해합니다. 이것이 이 단계에서 관계된 유일한 비용이라면 우리 모두는 아니더라도 많은 사람들이 기뻐할 것입니다. 그러나 그것이 전부는 아닙니다. 새 사람은 집을 갖고 있습니다. 서울의 부지와 거주에 필요한 최근의 예산은 4,203.00달러입니다. 만일 원래 투자, 감각상각, 현재의 수리, 보험, 세금 등의 가격을 어림잡아보면 그것은 연간 10% 이상, 즉 선교부의 현재 수입에서 연간 425달러의 추가 항목이 될 것입니다. 저는 또한 지난 1년 동안의 병원 비용과 다음 해의 예상 비용을 주의 깊게 살펴보았습니다. 저는 인력의 증가와 함께 증가할 것으로 합리적으로 예상할 수 있는 항목을 살펴보았습니다. 저는 인력을 두 배로 늘리면 반이 증가한다고 가정하였고, 또한 수입도 절반이 증가한다고 가정하였습니다. 그리고 저는 이를 기반으로 하여 선교본부 예산의 368달러 인상이 필요해 질 것이라는 것을 알게 되었습니다. 즉, 언어 교사 및 기타 항목을 언급하지 않고 선교부에서 사용할 수 있는 지속적인 추가 총지출은 연간 금화 793달러입니다. 이것은 다른 형태의 업무를 위하여 선교부의 가용 수입에서 빼야 합니다. 한국 선교부가 처한 상황은 여러분이 잘 알고 있습니다. 그것은 그 성격상 독특하고 긴급합니다. 그것은 의료 업무와 관련이 없습니다. 주님께서 우리 손에 맡기신 것을 합당하게 취급하는 것이 한국 교회의 믿음을 받아들이고 조직하고 가르치고 전반적으로 공고히 하는 것입니다. 이는 선교지의 현재 인력이 처리할 수 있는 것 이상이며, 매년 선교본부의 예산은 선교지에서 필요하다고 생각하는 것보다 20~30%가 부족합니다.

우리가 이미 고통스러울 정도로 적은 이 수입에 대한 불필요한 침해를 경고하는 것으로 보는 것이 이상합니까? 특별한 선물이 그 자체로 바람직하더라도 선교 사업에서 중요하고 시급하다고 인정하는 점에서 이미 부족한 현재 선교부 수입의 상당 부분을 나누어야 하는 것을 포함한다면, 특별한 기부를 받는 것을 건전한 업무 정책에서 이탈하는 것 외에 달리 볼 수 있겠습니까?

이러한 사실을 고려할 때, 위원회의 심의에서 임명을 진행하는 것이 바람직하다고 판단되면 최종 결정을 하기 전에 한국 선교부의 사람들로부터 개인적인 의견 표명을 확보한 후에 임명을 진행하는 것이 바람직하다고 생각합니다.

저는 또한 관련된 조건이 해당 기관의 설립자에게 제시되어야 한다고 감히 제안하고 싶습니다. 아마도 그는 이미 풍성한 이 기부에 병원을 그가 원하는 모든 힘을 다하여 운영할 수 있게 하는 별도의 기부금을 추가해야 한다는 것이 명확하다는 것을 알 수 있을 것입니다.

삼가 제출합니다.
제임스. E. 애덤스

James E. Adams (Taiku), Memorial for Secretary in Charge of the Korea Committee of the Presby. Bd. of For. Missions. Relative to the Severance Hospital at Seoul, Korea (Mar., 1904)

Received
MAR 3 1904
Dr. Brown

Memorial for Secretary in Charge of the Korea Committee of the Presby. Bd. of For. Missions. Relative to the Severance Hospital at Seoul, Korea

The question of a second physician in the Seoul Hospital is not a new question but hs been before the Board & the Korea Mission from time to time for some years. It is possible that there is an impression existing that the Korea Mission or at least, some members of its, unduly minimize the place of medical work in Missions and are inclined to limit too closely this branch of the work. I have not met such members on the field. If they exist they surely are but a small minority. I am confident that no official action of the Mission can be properly construed on that light: rather the opposite is true. The Mission believes thoroughly in medical missions.

When the first request for a new hospital at Seoul was preferred by the Board by the Mission, the physician in charge was in America on furlough. With practical unanimity the necessity was acknowledged, and the request urged. The amount requested was about that which was ultimately granted. The Mission defined the character of the institution desired as, not large, but most thoroughly equipped, so that the physician in charge would have every facility for doing the very best work possible to the profusion; the Mission holding that it was quality rather than quantity in the medical arm, which contributes most effectively to the common end of the entire work. I may say that the institution which has resulted, is just about such a one to my need at least as the mission contemplated.

After the donation had been made, however, and the physician in charge was returned to the field. The question of making it a two man hospital was broached. The physician in charge advocated it. Almost an entire half days session of the

Annual Meeting of the Mission was accorded him that he might set forth the reasons for the request and that the matter might be carefully considered. At the end the question was put to the vote and again with practical unanimity. The Mission decided that it desired it to be a one man hospital. My remembrance is that two consideration prevailed. First, it would give a disproportionate development to this some of the Mission's work. Second, it would entail a very considerable increase in current expenses; which increase must be taken from the general income of the Mission, already too slender to me it far more pressing needs. This action of the Mission was forwarded to the Board for its approval or disapproval as a question of policy. The Board endorsed the acton, and this position has not since been vacated by any formal action.

Subsequently, in the Spring or Summer of 1902 the Board appointed a second physician. It was without any preliminary information of the matter that the Mission, and laboring under a misapprehension with regard to the character of the appointment, a spontaneous and quite general protest was returned from the Mission., when it was explained that the appointment was not exclusively for the Seoul Hospital but also to be a substitute physicians in the other stations as need demanded. The Mission with the same unanimity, took a formal action at its Annual Meeting gratefully acknowledging the appointment, but pointing out that the mere substituting would take the bulk of the new man's twice.

These facts are cited to show that the position of the Mission has been a consistent one from the beginning with the same unanimity that it has desired a good, most thoroughly equipped hospital for the most effectual pursuit of the medical arm of the work, so it has been approved to making it institution commanding the twice of two fully qualified physicians.

The two reasons for this position have been given. Passing by the first, what has doubtless been fully treated in letters from the field, I would draw your attention to the second. Granted that the increased load of current expenses, involved in the appointment, must be taken from the ordinary income of the Mission, it becomes simply a question of round business policy i the Lords work. I understand that the founder of the hospital proposes to furnish the salary for the new physicians. If this were the only expense involved in the step many, if not all of us, would rejoice in it. But it is not all. The new man have a house. The latest estimate of what is necessary for site and residence in Seoul is $4,203.00. If one make a conservative estimate of the value of he original investment, depreciation, current repairs, insurance, taxes, &c. it will not be less than 10% per annum - in other words an additional item of $425.00 per annum, from the current income of the Mission. I have also carefully gone over the expenses of the hospital in the past year and its estimates for the coming year. I have taken those items which might reasonably be expected to increase with an increase of force. I have assumed that doubling the force would increase them one half I have also assumed that doubling the force would also increase the receipts are the field one half. And I find that on the basis, it will necessitate an increase of the Boards appropriation of $368.00. In other words, not mentioning language teachers and other items, a total constant additional expenditure from the Missions available income of $793.00 (gold) per annum. This, it will be observed, must be subtracted from the Mission's available income for other forms of work. The condition prevailing in the Korea Mission are well known to you. It is peculiar and urgent in, its character. It is not along the line of Medical work. It is the proper handling of what is the Lord is putting in our hands, the receiving, organizing, instructing, and general solidification in the faith of the Korean church. It is more than the present force in the field can handle and every year the Boards appropriation falls from 20 to 30% short of what we on the field believe is necessary to it.

Is it strange that we view with alarm any unnecessary encroachments upon this income, already distressingly small. Can we look upon it otherwise than is a departure from a sound business policy to accept any special gifts, however desirable in themselves, if they involve a considerable division of the Missions present current income, already insufficient from the acknowledged vital and urgent point of the Mission works.

In view of these facts, I would suggest, that if after a consideration of them, in the mind of the committee it seems desirable to proceed with the appointment the committee secure an expression of personal opinion from the personal of the Korea Mission before taking final action.

I would also venture to suggest, that the conditions involved be laid before the founder of the institution. Possibly he may see his way clear to add to this already munificent gift, such a separate endowment as will make the hospital to run with the full force he desires, and yet not involve are increase of expense to the mission or the taking of funds from other department of the mission work for its support.

Respectfully submitted,
Jas. E. Adams

아서 J. 브라운(미국 북장로교회 해외선교본부 총무)이
한국 선교부로 보낸 편지 (1904년 3월 1일)

(중략)

O. R. 에비슨 박사는 1월 20일자로 자신이 승인될 수 있을 것으로 생각하는, 나이 든 두 아이의 귀국에 대하여 편지를 보냈는데,[90] 나는 시급함을 고려하여 선교본부의 회의를 기다리지 않고 감히 이 책임을 맡을 것입니다.

(중략)

Arthur J. Brown (Sec., BFM, PCUSA),
Letter to the Korea Mission (Mar. 1st, 1904)

(Omitted)

Dr. O. R. Avison, Jan. 20, regarding the return to this country of his two oldest children which he may regard as approved, for in the emergency I will venture to take this responsibility without waiting for a meeting of the Board.

(Omitted)

---

90) Oliver R. Avison (Seoul), Letter to Arthur J. Brown (Sec., BFM, PCUSA) (Jan. 20th, 1904)

아서 J. 브라운(미국 북장로교회 해외선교본부 총무)이
루이스 H. 세브란스(뉴욕)에게 보낸 편지 (1904년 3월 3일)

미국 북장로교회
해외선교본부
뉴욕 시 5 애버뉴 156

전보 주소
"Inculcate," 뉴욕
해외 선교 암호
‥‥‥
A. B. C. 암호 제4판

총무 사무실

매디슨 스퀘어 지부
사서함 제2호

1904년 3월 3일

L. H. 세브란스 씨,

월도프 - 애스토리아

뉴욕 시

친애하는 세브란스 씨,

귀하께서는 서울 병원에 대하여 호의적이고 이해력이 뛰어나며 관대한 관심을 보여주셨기에 우리는 귀하를 외부인이 아니라 우리 직원의 한 사람으로 여기고 있습니다. 우리는 선교본부의 구성원처럼 귀하와 함께 자유롭게 논의할 수 있다고 생각하고 있습니다. 저는 에비슨 박사가 최근 편지에서 이렇게 하였다는 사실에 귀하께서 얼마나 기뻐하였는지, 그리고 다른 의사의 문제를 귀하께 제시하는 그의 솔직함과 훌륭한 감각과 사업 능력을 나타낸 것에 귀하가 그를 존경하였다는 것을 기억합니다. 저는 따라서 최근에 한국 선교부 회원들로부터 받은 두 통의 편지에 대하여 논의할 수 있게 되어 용기가 백배함을 느끼고 있습니다. 아마도 저는 그것들에게서 자유롭게 발췌 인용하는 것이 좋을 것 같습니다.

1월 12일자로 한국 선교부의 서기인 R. H. 사이드보텀 목사는 다음과 같이 쓰고 있습니다.

친애하는 브라운 박사님,

지난 번 부산 지회 회의에서 박사님이 선교부로 보낸 최근 편지를 읽다가 1903년 11월 18일자 편지 9쪽 상단에 "사실을 말하자면, 올해 지출이 작년 지출보다 많아 진행 중인 업무에 대한 삭감은 전혀 없었고 증액 예산만 삭감되었기에 삭감에 대한 언급이 조금 의아합니다."라는 언급에 우리는 놀랐습니다.

이것은 의심할 여지없이 박사님의 관점에서는 사실이지만 우리의 관점에서는 대단히 사실이 아니므로, 선교부의 누군가가 박사님께 우리의 관점을 적어야 하지만, 선교부의 서기로서 제가 적절하지 않기에 몇 마디만 하도록 제안되었습니다. 하지만 제가 공식적인 자격으로 글을 쓰는 것이 아니라 단순히 선교부의 일원으로서 제 자신의 견해와 아마도 많은 동료들의 견해를 표현하는 것임을 이해해 주십시오.

작년에 비해 지출이 5% 증가하였다고 엘린우드 박사가 우리에게 썼고, 그래서 19,264.92엔과 20,227,20엔입니다.

그러나 제가 다루고 싶은 질문은 "이 5% 증가액은 어리로 갔습니까?"입니다. 선교본부는 아마도 모든 다른 분야의 업무에 들어갔다고 생각할 것입니다. 그렇지 않습니다. 약간의 산술이 이것을 보여줄 것입니다.

제VI급 의료 사업을 보겠습니다. 작년에 5,000엔의 예산을 만들었는데, 37.3%을 삭감한 후 3,139.02엔이 남았습니다. 올해에는 7,933엔의 예산을 만들었는데, 42.6%가 삭감된 후 4,573.55엔이 남게 되었으며, 실제 약 46%가 증가하였습니다. 이것이 5%의 증가가 사라진 급(級)이며 증가하지 않은 큰 액수입니다. 선교부는 전체적으로 이점이 없었고, 많은 돈을 삼켜 버린 한 부서일 뿐이었으며 그 중 일부는 다른 방식으로 사용되기를 원하였을 것입니다.

그러므로 박사님께 즉시 그 이유가 떠오를 것입니다. 선교부는 우리에게 큰 기관을 제공하고 여전히 우리를 의료계의 더 큰 일에 초대하는 고국 사람들의 후한 기부를 통하여 의료 분야의 확장 정책에 전념하도록 이끌었습니다. 우리는 선교부에서 많은 반대에 맞서 의료 사업을 추진하였으며, 저는 선교부가 의료 사업의 발전이 필연적으로 복음 전도, 교육 비용의 삭감을 동반할 것이라고 생각하였다면 반대가 훨씬 더 확고하였고 아마도 하루를 보냈을 것이라고 확신합니다. 의료진은 늘지 않고, 4년 전보다 더 많지는 않지만, 전도, 교육 인력이 급속도로 증가하면서 의료 사업에 들어가는 돈이 늘어나는 것을 발견하게 됩니다. 선교부 의료 위원회는 박사님이 갖고 계신 올해 보고서에서 의료비가 급격하고 불균형적으로 증가하는 것에 대하여 주의를 환기시키며, 저는 선교부가 가능하다면 중단을 선언할 것이라고 확신합니다. 그러나 선교부는 할 수 없습니다. 일부 병원 기지는 가동 중입니다. 그것들은 운영되어야 합니다. 선교부의 의무는 필요한 것을 요청함으로써 복음화 기금을 작게 만든다는 것을 알면서도 그들의 유지를 요청합니다. 우리 의사들은 똑같이 대우 받아야 합니다. 기지는 우리에게 주어졌으며, 서울의 것과 같이 일부는 선교부에서 은혜롭게 기부 받았습니다. 그 부지는 그 경비가 연간 2,000엔을 넘지 않는다는 조건으로 승인되었지만, 올해는 우리의 의지와 달리 선교부는 사업이 제대로 운영될 수 있도록 통계적 논리에 따라 거의 3,000엔을 요구하였고 나머지 자금을 지불할 수밖에 없었습니다. 우리는 의료 사업의 친구들의 후의로 하나님을 찬양하지만, 그들의 후의가 다른 것들을 축소하지 않기를 바라는 것은 지나친 일이 아닐 것입니다.

제가 선교본부가 재정을 우리에게 할당하는 방법에 대하여 제안하는 것은 거의 불가능하지만 다양한 부서가 각각 비례적으로 증가하는 방식으로 이루어지기를 진심으로 바라고 있습니다. 의료 업무가 다음 회계연도에 큰 폭의 인상을 요구하고 있기 때문에 이 논의는 이제 적절한 것입니다. 만일 이전과 같이 예산이 만들어지면 의료 사업은 모든 증가를 삼키고 다른 사업에서 일부 예산을 가져 갈 것입니다. 의료 기지에는 돈이 있어야 합니다. 우리는 이러한 기지의 기증자가 부분적으로 허용하는 것이 옳다고 생각하지 않습니다. 따라서 우리는 선교본부가 1904~5년을 위한 예산을 병원과 전도단이 각자 필요한 것을 얻을 수 있도록 하기를 간절히 바라고 있습니다.

저는 이제 박사님이 우리의 어려움을 아시리라 생각하며, 올해의 삭감은 진짜이었고 우리 모두가 매우 절실하게 느꼈던 것입니다.

박사님이 다음 해에 대한 예산을 처리하는 데 큰 지혜를 받고, 주님께서 우리 손에 더하신 일에 도움이 되도록 증가된 후한 금액이 지급되기를 바랍니다.

안녕히 계십시오.
(서명) R. H. 사이드보텀

위의 편지는 한국에서 전반적인 주제에 대하여 작성되었습니다. 현재 안식년으로 귀국해 있는 한국 선교부의 회원인 J. E. 애덤스 목사의 다음 편지는 에비슨 박사와 함께 일하기 위하여 다른 의사를 서울로 파송하려는 우리의 의도를 알게 된 후 어제 저에게 배달되었습니다.[91]

(중략)

귀하께서는 이 편지들에서 선교사들의 진정한 반대가 서울에 두 명의 의사

---

91) 이 책의 646~652쪽에 실려 있다. 이곳에서는 한글 번역은 생략하였지만, 영어 원문은 그대로 두었다.

를 두는 것에 대한 생각이 아니라 별도의 특별한 기부가 없다면 선교부의 다른 사업이 서울의 그 추가 사업을 지원하기 위하여 부담을 져야 한다는 사실에 대한 것임을 알게 될 것입니다. 만일 선교본부가 그 예산을 삭감한다면, 선교본부는 법률가의 판단에 따라 다른 업무에서 그만큼 뺄 것입니다. 의사 부부의 급여는 1,250달러입니다. 이 중 850달러는 남편의 급여로, 400달러는 아내의 급여로 계산하는 것이 관례입니다.

여자 선교회는 아내의 급여를 담당하여 문제는 의사 자신에 대하여 850달러로 감소하고, 793달러는 의사의 업무를 나타내는 추가 비용이어서 연간 총 1,643달러가 됩니다.

귀하께서 이미 그렇게 관대하게 기부를 하였는데 더 이상 주도록 요청하는 것은 무례한 일이며, 귀하의 후의와 지혜로 귀하께서 이 문제를 해결하지 않았다면 감히 귀하께 이런 식으로 문제를 제기해서는 안 된다는 것을 고백합니다. 그리고 우리가 귀하와 상의할 때까지 다른 사람과 이 문제를 처리하는 것은 공정하지 않을 것입니다.

안녕히 계십시오.
아서 J. 브라운

Arthur J. Brown (Sec., BFM, PCUSA),
Letter to Louis H. Severance (New York), (Mar. 3rd, 1904)

The Board of Foreign Missions
of the
Presbyterian Church in the U. S. A.

Cable Address:
"Inculcate," New York
Foreign Missions Code

A. B. C. Code, 4th Edition

156 Fifth Avenue
New York

Madison Square Branch
P. O. Box No. 2

Office of Secretary

March 3rd, 1904.

Mr. L. H. Severance,

Waldorf - Astoria,

New York.

My dear Mr. Severance:

You have shown such a sympathetic, a sympathetic, intelligent, and generous interest in the Hospital at Seoul, that we do not regard you as an outsider but as one of us. We feel that we can counsel with you as freely as with a member of the Board. I remember how gratified you were that Dr. Avison did this in his recent letter and that you respected him all the more for his manifestation of frankness and good sense and business capacity in laying before you the matter of another physician. I therefore feel emboldened in counseling with you regarding two letters that have been recently received from members of the Korea Mission. Perhaps I can do no better than to quote liberal extracts from them.

Under date of January 12, the Rev. R. H. Sidebotham, Secretary of the Mission writes: -

"Dear Dr. Brown:

At the last meeting of Fusan Station as we were reading your recent letters to the Mission, we were struck by the remarks at the top of page 9 of your letter of November 18, 1903, "To tell the truth, we are a little puzzled by the references to the cut inasmuch as your appropriation for this year is larger than appropriation for last year, so that there was no cut at all on the work in operation, but only a cut in the estimates for enlargement."

This being undoubtedly true from your point of view, and yet being very untrue form our point of view, it was suggested that someone in the Mission ought to write you of our point of view, and it was suggested that a few remarks from me, as I happen to the Mission Secretary might not be inappropriate. However, please understand that I am not writing in an official capacity, but simply as a member of the Mission, expressing my own views and perhaps those of many of my associates.

The increase in the appropriations over those of last year is 5% so Dr. Ellinwood wrote us, and so it is, Yen 19,264.92 against Yen 20,227.20.

But the question I desire to deal with is "Where has this 5% increase gone?" The Board probably thinks it has gone into the work in all its different phases. It has not. A little arithmetic will show this.

Turning to Class VI. Medical Work. Last year appropriated Yen 5000, which after the 37.3% out left 3139.02. This year there was appropriated Yen 7933, which after the 42.6% cut, left Yen 4573.55, a real increase of about 46%. This is the class into which the 5% increase has gone, and a great deal which was not increase. The mission has not as a whole been advantaged, only one department, which has swallowed up a great deal of money, some of which we might have preferred to see used in some other way.

The reason will therefore at once occur to you. The Mission has been led to commit itself to a policy of expansion along the medical lines through the generous gifts of people in the home land who have given us large institutions, and still keep on inviting us to larger things in the medical line. We have moved the medical work forward against a good deal of opposition in the Mission, and I feel sure the opposition would have been much more pronounced and perhaps would have carried the day, had the Mission thought that the development of the medical work would necessarily carry along with it the curtailing of evangelistic, educational, expenses. The medical staff does not grow, it is no bigger now than four years ago, but the evangelistic, educational staff increases rapidly, only to find the increase of monies goes into the medical work. The medical committee of the Mission, in its report for this year, which you have in your hands, calls attention to the rapidly and disproportionately growing expenses of the medical work, and I am sure the Mission would call a halt, if it possibly could. But the Mission cannot. Some hospital plants are up; They must be run; it is incumbent on the Mission to ask for their maintenance even tho it knows that by asking what is needed it makes the evangelizing funds small. Our physicians must be treated alike. Plants are given us, some, like the Seoul one, accepted with good grace by the Mission. That plant was approved on condition that its expenses should not exceed Yen 2000 a year, but this year against our will the Mission was compelled by the logic of statistics to ask nearly 3000 in order that the work may be properly run, and the other funds have to pay. We praise God for the munificence of the friends of the medical work, but it is not too much to wish, perhaps, that their munificence did not curtail other things.

It is hardly becoming in me to make suggestions as to the way in which the Board shall appropriate its finances to us, but I most heartily wish that it could be done in such a way that the various departments would each get a proportional increase. The discussion is now a pertinent one, for the medical work is asking for large increases for the next fiscal year. If the appropriations are made as before, the medical work will swallow all the increase and take some of the substance from the other work. The medical plants must have the money; we do not feel it would be right to the donors of these plants to let them be but partially used. We hope very earnestly therefore that the Board will make the appropriations for 1904-5 in such a way that the hospitals and the evangelistic corps may each get what they need.

I think now you see our difficulty, and that the cut for the year has been a real one, and one which we all felt very keenly.

Hoping that you may be given great wisdom in dealing with the appropriations for the coming year, and that you will be able to grant liberal sums with a liberal increase to help along the work which the Lord has multiplied on our hands,

I remain

Very cordially yours,
(signed) R. H. Sidebotham."

The above letter was written from Korea on the general subject. The following letter by the Rev. J. E. Adams, a member of the Korea Mission now in this country on furlough, was given to me yesterday after he had learned of our intention to send another physician to Seoul to take up the work with Dr. Avison from which Dr. Null was diverted by the illness of Dr. Johnston of Taiku. Mr. Adams who is one of our ablest and best men in the Mission writes:

"Memorial for the Secretary in Charge and The Korea Committee of the Presbyterian Board of Foreign Missions relative to the Severance Hospital at Seoul, Korea.

"The question of a second physician in the Seoul Hospital is not a new question but has been before the Board and the Korea Mission from time to time for some years. It is possible that there is an impression existing that the Korea Mission or at least, some members of it, unduly minimize the place of Medical work in Missions and are inclined to limit too closely this branch of the work. I have not met such members on the field. If they exist they surely are but a small minority. I am confident that no official action of the Mission can be properly construed in that light: rather the opposite is true. The Mission believes thoroughly in Medical Missions.

When the frist request for a new hospital at Seoul was preferred by the Board by the Mission, the physician in charge was in America on furlough. With practical unanimity the necessity was acknowledged, and the request urged. The amount requested was about that which was ultimately granted. The Mission defined the character of the institution desired as, not large, but most thoroughly equipped, so that the physician in charged would have every facility for doing the very best work possible to the profession; the Mission holding that it was quality rather than quantity in the medical arm which contributes most effectively to the common end of the entire work. I may say that the institution which has resulted, is just about such a one to my mind at least as the Mission contemplated.

After the donation had been made, however, and the physician in charge was returned to the field the question of making it a two man hospital was broached; The physician in charge advocated it. Almost an entire half day's session of the Annual Meeting of the Mission was accorded him that he might set forth the reasons for the request and that the matter might be carefully considered. At the end the question was put to the vote and again with practical unanimity the Mission decided that it desired it to be a one man hospital. My remembrance is that two considerations prevailed. First, it would give a disproportionate development to this arm of the Mission's work. Second: it would entail a very considerable increase in current expense; which increase must be taken from the general income of the Mission, already too slender to meet far more pressing needs.

Passing by the first, I would draw your attention to the second. Granted that the increased load of current expenses, involved in the appointment, must be taken from the ordinary income of the Mission, it becomes simply a question of sound business policy in the Lord's work. I understand that the founder of the hospital proposes to furnish the salary for the new physician. If this were the only expense involved in the step many, if not all of us, would rejoice in it. But it is not all. The new man must have a house. The latest estimate of what is necessary for site and residence in Seoul is $4250. If one make a conservative estimate of the value of the original investment, depreciation, current repairs, insurance, taxes, etc. it will not be less than 10% per annum- in other words an addition, item of $425. per annum., from the current income of the Mission. I have also carefully gone over the expense of the hospital in the past year and its estimates for the coming year. I have taken those items which might reasonably be expected to increase with an increase of force. I have assumed that doubling the force would increase them one half. I have also assumed that doubling the force would also increase the receipts on the field one half. And I find, that on this basis it will necessitate an increase of the Board's appropriations of $368. In other words, not mentioning language teachers and other items, a total constant additional expenditure from the Missions available income of $793. gold per annum. This, it will be observed, must be subtracted from the Missions's available income for other forms of work. The condition prevailing in the Korea Mission is well known to you. It is peculiar and urgent in its character. It is not along the line of Medical work. It is the proper handling of what the Lord is putting in our hands. - the receiving, organizing, instructing, and general solidification in the faith of the Korean Church. It is more than the present force on the field can handle and every year the Board's appropriation falls from 20 to 35% short of what we on the field believe is necessary to it.

Is it strange that we view with alarm any unnecessary encroachments upon this income, already distressingly small. Can we look upon it otherwise than as a departure from a sound business policy to accept any special gifts, however desirable in themselves, if they involve a considerable diversion of the Missions present current income, already insufficient, from the acknowledged vital and urgent point of the Mission work. ...

I would also suggest that the conditions involved be laid before the founder of the institution. Possibly he may see his way clear to add to his already munificent gift, such a separate endowment as will enable the hospital to run with the full force he desires, and yet not involve an increase of expense to the Mission or the taking of funds from other departments of the work for its support.

Respectfully submitted,
(signed) Jas. E. Adams"

You will note from these letters that the real objection on the part of the missionaries is not so much to the idea of having two physicians in Seoul as to the fact that the other work of the Mission will be taxed to support that extra work in Seoul unless it is covered by extra special gifts. If the Board made the appropriation cut of its treasury, the Board is in the judgment of the writers, simply deducting that much from the other work. The salary of a physician and his wife is $1,250. It is customary to count $850 of this as the husband's salary and $400 as the wife's.

A Woman's Society will take the wife's salary so that the question reduces itself to $850 for the physician himself and $793 is the additional cost which the work of the physician represents- a total of $1,643 a year.

It would be ungracious to ask you to give any more after you have already contributed so generously, and I confess that I should not venture to lay the matter before you in this way if it were not for the fact that by your munificence and wisdom you have earned the right to be consulted by us in matters relating to that hospital; and that it would not be fair for us to take up the case with anyone else until we have counseled with you.

Cordially yours,
Arthur J. Brown

O. R. 에비슨. 자녀들의 귀국. 미국 북장로교회 해외선교본부
실행이사회 회의록 (1904년 3월 7일)

O. R. 에비슨. 자녀들의 귀국. 한국 선교부의 O. R. 에비슨 박사의 두 자녀의 미국 귀국이 승인되었다.

O. R. Avison. Return of Children. *Minutes [of Executive*
Committee, PCUSA], 1837~1919 (Mar. 7th, 1904)

O. R Avison. Return of Children. The return to the United States of two children of Dr. O. R. Avison of the Korea Mission was approved.

아서 J. 브라운(미국 북장로교회 해외선교본부 총무)이
한국 선교부로 보낸 편지 (1904년 3월 11일)

(중략)

이번 달 7일자에서 이미 언급한 선교본부 회의에서 다음과 같은 추가 조치가 취해졌습니다.

"선교본부는 한국 선교부의 O. R. 에비슨 박사의 두 자녀인 로렌스와 레라의 귀국을 승인하였고, 필요한 이들의 여행 경비 예산을 투표로 결정하였다."

(중략)

Arthur J. Brown (Sec., BFM, PCUSA),
Letter to the Korea Mission (Mar. 11th, 1904)

(Omitted)

At the meeting of the Board already referred to on the 7th instant the following additional actions were taken:

"The Board approved the return to this country of Lawerence and Lera the two children of Dr. O. R. Avison of the Korea Mission, and the necessary appropriation for their travelling expenses was voted."

(Omitted)

회의록, 한국 선교부 서울 지부 (미국 북장로교회) 1891~1921
(1904년 3월 21일)

(중략)

평양에 편지를 쓰는 특별 위원회의 에비슨 박사는 보고를 하였고, 보고서는 채택되었다.

(중략)

에비슨 박사는 또한 나가사키 여행 경비 청구서를 제출하였고 지불이 승인되었으며, 서기는 필요한 경우 선교부 회람 편지를 보내도록 지시를 받았다.

(중략)

다음과 같은 주문이 통과되었다.

(......)   에비슨 박사   290   (......)

(중략)

(Omitted)

A special Comm. on letter to Pyeng Yang, Dr. Avison reported - the report was adopted.

(Omitted)

Dr. Avison also filed a bill of expense for trip to Nagasaki payment of which was authorized and Secy was instructed to send circular Mission letter if necessary.

(Omitted)

Orders as follows were passed.

(......)   Dr. Avison   290   (......)

(Omitted)

19040321

한국. 예산, 서울 병원. 미국 북장로교회 해외선교본부
실행이사회 회의록 (1904년 3월 21일)

한국. 예산, 서울 병원. 뉴욕 브루클린 라피예트 장로교회의 커일러 선교단에서 특별히 기부한 60달러가 서울 병원에 배정되었다.

Korea. Appropriation, Seoul Hospital. *Minutes [of Executive Committee, PCUSA], 1837~1919* (Mar. 21st, 1904)

Korea. Appropriation, Seoul Hospital. An appropriation of $60 specially given by the Cuyler Mission Band of the Lafayette Avenue Presbyterian Church, Brooklyn, N. Y. was made to the Seoul Hospital.

아서 J. 브라운(미국 북장로교회 해외선교본부 총무)이
제임스 S. 게일(서울)에게 보낸 편지 (1904년 4월 4일)

(중략)

　나는 요즈음 선교사에게 보내는 편지에서 좋은 말을 많이 하고 있고, 물론 여러분들도 보고 있습니다. 나는 에비슨 박사 부부에게 닥친 불안에 대하여 알게 되어 괴롭습니다. 그는 일본에서 나에게 편지를 썼습니다. 나는 그가 보내겠다고 말한 선교부 결정을 받는 즉시 이 문제를 선교본부에 제출할 것입니다.

(중략)

Arthur J. Brown (Sec., BFM, PCUSA),
Letter to James S. Gale (Seoul) (Apr. 4th, 1904)

(Omitted)

　I am saying a good many things in my missionary letters these days and of course, you are seeing them. I am distressed to learn of the anxiety that has come to Dr. and Mrs. Avison. He writes me from Japan. I shall bring the matter before the Board as soon as I get the Mission action which he stated would be sent.

(Omitted)

아서 J. 브라운(미국 북장로교회 해외선교본부 총무)이
한국 선교부로 보낸 편지 (1904년 4월 16일)

(중략)

서울에 있는 세브란스 병원의 고결한 기부자인 루이스 H. 세브란스 씨는 얼마 전 방문하여 널 박사 부부가 서울 지부가 아닌 다른 지부로 배정된 것과 관련하여 안타까운 마음을 표현하였으며, 나는 그에게 존슨 박사의 부재로 인하여 널 박사 부부가 대구로 가도록 하는 것이 필요하였을 뿐만 아니라 분명히 섭리이었다는 비상 상황을 설명하였습니다. 그는 그 필요성을 중심으로 인정하였고, 그들을 이용할 수 있었다는 것에 만족스러워 하였습니다. 그는 귀 선교부가 그들에게 대구로 가도록 요청한 것은 옳은 일이며, 가능하였던 유일한 일이었다고 생각하는 것 같았습니다. 그럼에도 불구하고 그는 한 명의 의사가 서울과 같은 도시에서 필요한 모든 업무를 수행할 수 없다고 강하게 확신하기 때문에 한국에서 다른 의사를 지원하는 그의 생각은 에비슨 박사의 조수를 두는 것이라고 말하였습니다. 그리고 그는 그러한 조수가 다른 곳의 긴급 상황에서 도움을 주는데 기꺼이 사용되기를 진심으로 원하였지만, 그러한 전용은 일시적이어야 하고 널 박사 부부가 서울 이외의 다른 곳에서 영구적으로 일을 할 것이라는 모든 징후가 있는 것처럼 보였기 때문에, 그는 그 선교사가 에비슨 박사의 조수가 되어야 한다는 조건 외에는 다른 선교사의 급여를 계속 지불할 수 없다고 말하면서 다른 사람의 파송을 원하였습니다.

우리는 그와 모든 문제에 대하여 이야기하였고, 나는 서울에 있는 두 번째 의사의 급여가 다른 사람이 주장하는 모든 비용을 충당하지 못하고, 그곳에 두 사람이 있는 것은 일의 증가 및 이에 수반되어 지출의 증가를 의미할 것이며, 선교부가 이미 적절하게 지원되지 않는 전도 사업에서 자금을 전용하여 매년 수 백 달러를 서울 병원에 사용하도록 하는 것은 정당하거나 적절하지 않다고 말하는 것이 정당하다고 느꼈습니다.

이 어려움은 이제 서울의 두 번째 의사의 추가 경비에 대한 추가 기금으로 해결되었습니다. 귀 선교부는 별도의 봉투에 넣어 발송할 제III급의 기금표에서 '임대 및 다른 경비' 항목에서 알 수 있을 것입니다. 그것은 다른 항목으로 사용하기 위하여 전용이 가능할 것인데, 귀 선교부는 이것이 다른 경비를 표시하는 가장 간단한 방법으로 보이기 때문에 다른 비용이 상당히 포함될 수 있다고 느낄 것입니다.

이러한 상황에서 우리는 그의 제안의 이점을 이용해야 한다고 느꼈습니다. 그것은 의심할 여지없이 필요한 시점에서 귀 선교부의 업무를 강화할 것이며, 다른 곳에서 업무를 조금도 줄이지 않고 귀 선교부가 얻을 수 있는 어떤 것도 빼앗지 않을 것입니다. 왜냐하면 우리가 이 은사를 사용하지 않으면 우리는 단순히 그것을 잃게 될 것이기 때문입니다. 따라서 널 박사 부부의 급여는 다른 동료에게 배정되었으며, 선교본부는 귀 선교부에 세브란스 씨의 추가된 기부금으로 제시 W. 허스트 박사를 임명 및 배정하였습니다.

(중략)

Arthur J. Brown (Sec., BFM, PCUSA), Letter to the Korea Mission (Apr. 16th, 1904)

(Omitted)

Mr. Lewis[92] H. Severance, the generous benefactor of the Severance Hospital at Seoul, called sometime ago to express his disturbance of mind regarding the assignment of Dr. and Mrs. Null to another station than Seoul, I explained to him the emergency which made it not only necessary but clearly providential to have Dr. and Mrs. Null go to Taiku on account of the absence of Dr. Johnson. He cordially recognized that need and was gratified that they were available. He seemed to think that you had done just the right thing and the only possible thing in asking them to go to Taiku. Nevertheless, he said that his idea in supporting another physician in Korea was to have an assistant for Dr. Avison, as he is strongly convinced that one physician can not carry on all the lines of work that are necessary in such a city as Seoul; and that while he was cordially willing that such an assistant should be used to help out in emergencies elsewhere, he felt that such diversion should be temporary, and as there appeared to be every indication

---

92) Louis

that Dr. and Mrs. Null would be permanently used by the Mission elsewhere than in Seoul, he wanted to send out another man stating that he could not continue paying the salary of another missionary excepting on the condition that that missionary was to be Dr. Avison's assistant.

We talked the whole question over with him and I felt justified in suggesting that the salary of a second physician in Seoul would not cover all the expense that another man would represent; that two men there would mean an increase of work which would carry with it an increase of expenditure: and that it would not be just or even proper for the Mission to divert money from its already inadequately supported evangelistic work in order to give several hundred dollars a year more to the Seoul Hospital.

This difficulty has now been met by an extra grant to you for the additional expense which a second physician at Seoul will represent. You will note this under the head of "rent and other expenses" in the grant sheet for Class III which I shall mail in a separate envelope. It will be available for transfer to cover such items as you may feel that other expenses may fairly involve as this appears to be the simplest why to indicate it.

In these circumstances we felt that we ought to take advantage of his offer. It would undoubtedly strengthen your work at a needed point and it would not in the slightest degree lesson work elsewhere or take anything that you would otherwise get, for if we did not use this gift we should simply lose it. Accordingly the salary of Dr. and Mrs. Null has been assigned to another friend and the Board has appointed and assigned to you under Mr. Severance's added gift Dr. John[93] W. Hirst.

(Omitted)

---

93) Jesse W. Hirst

호러스 G. 언더우드(서울)가 아서 J. 브라운(미국 북장로교회 해외선교본부 총무)에게 보낸 편지 (1904년 4월 18일)

(중략)

임 씨는 1년간 아팠고, 김 씨는 그에게 서울에 있는 자신의 집에 체류하면서 병원에서 치료를 받자고 요청하였습니다. 임 씨는 그렇게 하였고, 에비슨 박사의 조언에 따라 병원에 입원하여 여름의 대부분을 그곳에서 보냈습니다. 그가 배운 교훈과 그에게 베풀어진 친절도 그에게 도움이 되었습니다.

(중략)

Horace G. Underwood (Seoul),
Letter to Arthur J. Brown (Sec., BFM, PCUSA) (Apr. 18th, 1904)

(Omitted)

Yim had been sick for a year and Kim asked him to come up and stay at his house and seek treatment at the Hospital. He did so and at Dr. Avison's advice entered the Hospital and spent most of the summer there. The lessons he learned and the kindness shown him there were also helpful to him.

(Omitted)

에바 H. 필드(서울)가 아서 J. 브라운(미국 북장로교회 해외선교본부 총무)에게 보낸 편지 (1904년 4월 21일)

(중략)

우리는 6월 21일 샌프란시스코에 도착할 예정으로 '코리아' 호를 타고 갑니다. '우리'는 베스트 양, 로스 부인, 레라와 로렌스 에비슨, 헬렌 헐버트 (레라의 나이), 남장로교회의 잉골드 박사, 그리고 감리교회 선교부의 노블 씨 부부입니다.

(중략)

Eva H. Field (Seoul),
Letter to Arthur J. Brown (Sec., BFM, PCUSA) (Apr. 21st, 1904)

(Omitted)

We are coming on the Korea due to arrive in San Francisco June 21. "We" means Miss Best, Mrs. Ross, Lera & Lawrernce Avison, Helen Hulbert (Kecasage) Dr. Ingold of the Southern Pres. & Mr. & Mrs. Noble of he M. E. Mission.

(Omitted)

19040500

각종 소식. *The Korea Review* (서울) 4(5) (1904년 5월호), 220쪽

이번 달 19일에는 한국에서 꽤 많은 외국인들의 탈출이 일어났다. 아이들을 포함한 서울, 평양, 순천, 전주 등의 17명의 거주민들이 오사카 쇼센 라인의 우수한 소형 배인 다이레이 마루를 타고 미국으로 향하였다. 이들 일행은 로스 부인과 두 자녀, 도넘 씨 부부와 아이, 잉골드 박사, 베스트 양, 노블 목사 부부와 세 아이들, 레라 및 로렌스 에비슨 및 헬렌 헐버트로 구성되었다. 그들의 대부분은 6월 1일 요코하마에서 출행하는 '코리아' 호(號)를 타려 하고 있다. (......)

News Calendar. *The Korea Review* (Seoul) 4(5) (May, 1904), p. 220

On the 19th inst. quite an exodus of foreigners from Korea took place. Seventeen residents of Seoul, Pyengyang, Sun-ch'on, Chunju etc., including several children, sailed for America by the Dairei Maru an excellent little boat of the Osaka Shosen line. The party consisted of Mrs. Ross and two children, Mr. and Mrs. Donham and child, Miss Dr. Ingold, Miss Best, Rev. and Mrs. Noble and three children, Lera and Lawrence Avison and Helen Hulbert. Most of them are intending to catch the "Korea" sailing from Yokohama on June 1st. (......)

19040500
각종 소식. *The Korea Review* (서울) 4(5) (1904년 5월호), 221쪽

황제는 궁궐에 화재가 났을 때 그들의 호위병들을 보내 이를 도왔던 외국 공사관에 각각 100엔 씩의 선물을 보냈다. 이탈리아 공사는 그 돈을 파스퇴르 연구소의 설립에 사용하도록 에비슨 박사에게 선물하였다.

News Calendar. *The Korea Review* (Seoul) 4(5) (May, 1904), p. 221

The Emperor sent a gift of Yen 100 to each of the foreign Legations whose guards assisted at the time of the Palace fire. The Italian Minister presented the money to Dr. Avison to be used towards founding a Pasteur Institute.

[사진.] 1904년 5월 총회에 제출된 미국 북장로교회 해외선교본부
제67차 연례 보고서, 196쪽
[Photo.] *Sixty-seventh Annual Report of the BFM of the PCUSA.*
Presented to the General Assembly, May, 1904, p. 196

SEVERANCE HOSPITAL, IN COURSE
OF ERECTION.

DOCTOR AVISON AND HOSPITAL STAFF.   HOSPITAL EVANGELIST.

그림 10. 건축 중인 세브란스 병원(위 사진), 에비슨과 병원 직원(아래 왼쪽 사진), 병원 전도사
(아래 오른쪽 사진).

한국 선교부. 1904년 5월 총회에 제출된 미국 북장로교회 해외선교본부 제67차 연례 보고서, 197, 201~202, 202, 203쪽

197쪽

한국 선교부

서울: 서해안 근처의 수도(首都)로서 버지니아 주 리치몬드와 같은 위도에서 한강 옆에 위치해 있으며, 상업 항구인 제물포에서 내륙으로 25마일 떨어져 있고 철도로 연결되어 있다. 인구는 약 30만. 1884년 선교부가 시작됨. 선교사 - 신학박사 H. G. 언더우드 목사 부부, J. S. 게일 목사 부부, C. C. 빈튼 박사, S. F. 무어 목사 부부, F. S. 밀러 목사, O. R. 에비슨 박사 부부, C. E. 샤프 목사 부부, A. G. 웰본 목사 부부, E. H. 밀러 목사 부부, C. A. 클라크 목사 부부, C. C. 웸볼드 양, E. H. 필드 박사, M. B. 바렛 양, S. A. 도티 양, 메리 E. 브라운 양

(중략)

서울 지부

201~202쪽

지난 3년 동안 지부의 사업을 그렇게도 방해하였던 건축 업무 오히려 그들에게 피할 수 없었던 지연은 이제 다행스럽게도 거의 지난 것 같다. 신축 세브란스 병원이 완공을 앞두고 있다. 그것은 우리의 사역, 교회, 그리고 기증자에게 의미 있는 기관이 될 것이며, 우리는 한국인들의 영혼과 육체의 치유를 위한 영구적이고 강력한 요소가 될 것이라고 믿는다.

(......)

202쪽

의료. - (......) 에비슨 박사는 다음과 같이 보고하고 있다.

수행된 의료 업무의 양은 전년도보다 훨씬 많았으며, 진료소에서 치료

받은 환자의 수는 33⅓%가 증가한 것으로 나타났다. 진료소의 총 환자는 8,800명이며, 이 중 여자 환자는 ¼에 조금 못 미쳤다. 이들 외에 약 2천 명이 환자를 동반하였기에 총 거의 1만 1,000명이 진료소를 통하여 복음을 듣게 되었다. 병동 환자의 수는 235명으로 남자 환자는 ⅔가 조금 넘었다.

에비슨 박사는 작년에 고용한 일본인 간호원을 높이 평가하고 있다. 그들은 온화하고 순종적인 방식으로 환자들에게 많은 사랑을 받고 있다. 그들 중한 명인 사토 양은 지난 해에 200~300명의 간호원을 담당하는 도쿄 적십자 병원의 여자 감독으로 요청을 받았지만 현재 직위를 유지하기를 원하였다. 병원의 전도사는 귀중한 조수임을 입증하였으며, 그 업무는 만족스러운 방식으로 진행되고 있다.

일반적인 방법은 대기실에서 진료소 환자와 병동의 입원 환자에게 가르치고, 개별적으로 대화하고 읽을거리를 제공하는 방식이었다. 상당수가 그리스도에 대한 믿음을 고백하였다. 3명이 예비 신자로 받아들여졌다. (......)

203쪽

문헌. - (......) 에비슨 박사는 해부학과 약물학 무기질의 번역을 완료하였으며, 의학생들을 위한 무기 화학은 거의 완료되었다.

The Korea Mission.

Sixty-seventh Annual Report of the BFM of the PCUSA. Presented to the General Assembly, May, 1904, pp. 197, 201~202, 202, 203

The Korea Mission

Seoul: The capital, near the western coast, in the latitude of Richmond, Va., on the Han river and 25 miles overland from the port, Chemulpo, with which it is connected by railroad; population about 300,000; Mission begun in 1884. Missionaries - Rev. H. G. Underwood, D. D., and Mrs. Underwood, M. D., Rev. James S. Gale and Mrs. Gale, C. C. Vinton, M. D., Rev. S. F. Moore and Mrs. Moore, Rev. F. S. Miller, O. R. Avison, M. D., and Mrs. Avison, Rev. C. E. Sharp and Mrs. Sharp, Rev. A. G. Welbon and Mrs. Welbon, Rev. E. H. Miller and Mrs. Miller, Rev. C. A. Clark and Mrs. Clark, Miss C. C. Wambold, Miss E. H. Field, M. D., Miss M. B. Barrett, Miss S. A. Doty, Miss Mary E. Brown.

(Omitted)

Seoul Station.

pp. 201~202

The building operations - or rather the delays unavoidable to them - which have so hindered the work of the Station for the last three years, now, happily, seem to be almost past. The new Severance Hospital is nearing completion. It will be an institution worthy of the work, our church, and the donor; and we trust will stand as a permanent and potent factor for the healing of both the souls and the bodies of the Koreans.

(......)

p. 202

Medical. - (......) Dr. Avison reports:

The amount of medical work accomplished was much more than that of the year before, the dispensary showing an increase in the number of patients treated of 33 1-3 per cent. The total number of dispensary patients was 8800, a little less than one-fourth being female patients. In addition to these there accompanied the patients to the dispensary some two thousand persons, making a total of nearly eleven thousand who came within the hearing of the Gospel through the dispensary. The number of ward patients was 235, a little more than two-thirds being male.

Dr. Avison speaks highly of the Japanese nurses employed last year. They are much liked by the patients on account of their gentleness and obliging ways. One of them, Miss Sato, during the past year was called to the position of woman superintendent of the Tokio Red Cross Hospital, where she would have had two or three hundred nurses under her charge, but preferred to remain in her present position. The evangelist attached to the hospital has proved a valuable assistant, and the work has progressed in a satisfactory way.

The regular methods have been pursued in the way of teaching the dispensary patients in the waiting room, and the in-patients in the wards, both by preaching to them, talking to them individually and supplying them with reading matter. A considerable number have professed faith in Christ. Three have been received as catechumens. (......)

p. 203

Literary. - (......) Dr. Avison has completed an Anatomy and an Inorganic Materia Medica, and almost completed an Inorganic Chemistry for his medical students.

한국. 에비슨 박사 자녀들의 미국 여행을 위한 보조금 요청이 기각되다. 미국 북장로교회 해외선교본부 실행이사회 회의록 (1904년 5월 2일)

한국. 에비슨 박사 자녀들의 미국 여행을 위한 보조금 요청이 기각되다. 새 회계연도의 예상 수입이 정규 예산에 편성된 후, 선교본부는, 후에 전쟁의 긴급 상황으로 인하여 여자와 어린이를 다른 나라로 보내야 하는 경우를 제외 하고는 O. R. 에비슨 박사의 미국 귀국 여행 경비를 지불하기 위한 특별 지출 에 대한 선교부의 요청을 승인할 수 없었다. 선교본부는 에비슨 박사의 다른 두 자녀가 광견병에 걸린 개에게 물렸다는 사실을 깊은 공감으로 전해 들었 고, 그들을 나가사키에 있는 파스퇴르 연구소로 데려가는 비용의 절반에 해당 하는 150엔의 예산을 승인한다. (편지, R. H. 사이드보텀, 3월 24일, O. R. 에비 슨 박사, 1904년 3월 3일)

Korea. Request for Grant for Travel to U. S., Children of Dr. Avison Declined. *Minutes [of Executive Committee, PCUSA], 1837~1919* (May 2nd, 1904)

Korea. Request for Grant for Travel to U. S., Children of Dr. Avison Declined. The request having been received after the anticipated income for the new fiscal year had been pledged in the regular grants, the Board was unable to grant the request of the Mission for a special appropriaton to pay the traveling expenses of two children of Dr. O. R. Avison, to the United States, unless the later exigencies of the war should render it necessary to send woman and children out of the country. The Board heard with deep sympathy that two other children of Dr. Avison had been bitten by a rabid dog, and an appropriaton of 150 Yen, one-half of the expense of taking them to the Pasteur Institute at Nagasaki. (Letters, R. H. Sidebotham, March 24, Dr. O. R. Avison, March 3, 1904)

아서 J. 브라운(미국 북장로교회 해외선교본부 총무)이
한국 선교부로 보낸 편지 (1904년 5월 5일)

1904년 5월 5일

한국 선교부 귀중

친애하는 동료들,

　　이 달 2일의 선교본부 회의에서 나는 에비슨 부부의 두 자녀의 귀국 여행 경비를 충당하기 위한 특별 예산에 대한 귀 선교부의 요청이 담긴 사이드보텀 씨의 3월 24일자 편지를 제출하였습니다. 우리는 선교본부가 그 요청을 승인하기를 간절하게 원하였고, 귀 선교부는 잘 이해할 수 있습니다. 그러나 귀 선교부가 그 회람에 서명한 이후 의심할 여지없이 재정적 상황에 관한 긴 편지를 받았을 것입니다. 불행히도 그 편지의 예측은 너무도 사실임이 판명되었습니다. 선교본부는 4월 30일 약 4만 달러의 부채로 장부를 마감하였습니다. 더욱이 예산과 함께 보낸 편지에서 내가 설명하였듯이 선교본부는 올해의 전체 예상 수입을 이러한 예산에 포함시켰으며, 실제로 선교본부의 일부 구성원들이 생각하는 것보다 더 많게 예산을 편성하였습니다. 하지만 총액은 선교사들의 건강에 영향을 미치는 가장 심각한 비상사태를 제외하고는 특별한 지출이 이루어질 수 없다는 분명한 이해 하에 투표로 가결되었습니다. 에비슨 박사의 자녀들의 귀국 요청은 이 예산이 편성되어 선교지로 보내지기 전까지 접수되지 않았기 때문에 올해 재정 계획에 포함시킬 수 없었습니다. 모든 편지가 서울이 조용하다는 것을 나타내므로 우리는 전쟁 상황이 새로운 필요를 초래했다고 생각하지 않습니다. 물론 귀 선교부는 선교본부의 공식 조치에 따라 선교본부가 전쟁 상황에 따라 여자와 어린이들을 안전한 장소로 보내는 조치를 승인할 것이라는 점을 이해하고 있습니다.

　　우리는 에비슨 박사의 두 자녀(아마도 위에 언급된 두 자녀가 아닌 것으로 추정되는)가 미친 개에 물린 사실과 에비슨 박사가 300엔의 비용을 어떻게 충당해야 하는지에 대하여 당혹스러워한다는 사실을 알게 되었습니다. 지침서에 따르면 아동에 대한 특별 비용은 선교본부에 청구할 수 없지만 이는 특수한 경우로 여겨 자금 압박에도 불구하고 다음과 같은 조치를 취하였습니다.

새 회계연도의 예상 수입이 정규 예산에 포함되어 편성된 후 요청을 받았기 때문에, 나중에 전쟁의 긴급 상황으로 인하여 여자와 어린이를 다른 나라로 보내야 하는 경우가 아니라면 선교본부는 O. R. 에비슨 박사의 두 자녀의 미국 여행 경비를 지불하기 위한 한국 선교부의 특별 지출 요청을 승인할 수 없었다.

선교본부는 O. R. 에비슨 박사의 다른 두 자녀가 미친 개에 물렸다는 소식에 깊게 공감하였으며, 나가사키에 있는 파스퇴르 연구소로 데려가는 비용의 절반인 150엔이 투표로 결정되었다."

선교부의 모든 구성원이 계속해서 안전하게 있다는 사실을 알게 되어 안도감이 듭니다. 우리는 압록강에서의 지상전에서 러시아군이 결정적으로 패배한 것으로 보인다는 소식을 방금 들었습니다. 우리는 적대 행위의 현장이 북쪽까지 계속되어 어떤 식으로든 위험에 처하지 않기를 간절하게 바라고 있습니다.

안녕히 계세요.
아서 J. 브라운

Arthur J. Brown (Sec., BFM, PCUSA),
Letter to the Korea Mission (May 5th, 1904)

May 5th, 1904

To the Korea Mission

Dear Friends: -

At the meeting of the Board the 2nd inst. I presented Mr. Sidebotham's letter of March 24th communicating your request for a special appropriation to cover the travelling expenses to this country of two children of Dr. and Mrs. Avison. That we were eager to have the Board grant that request, you can well understand, but since you signed that circular letter, you have doubtless received my long letter regarding the financial situation. Unfortunately the forecasts of that letter have proved to be too true. The Board closed its books April 30th with a debt of about $40,000. Moreover as I explained in that letter accompanying the grants, the Board pledged the entire anticipated income of the year in these grants and indeed made those grants larger than some of the members of the Board deemed prudent. The sum was voted, however, in with the distinct understanding that no special appropriations could be made except in the most dire emergencies affecting the health of missionaries. As the request regarding the return to this country of Dr. Avison's children was not received until after these grants had been made out and sent to the field, it was not possible to include them in the financial plans for the year. As all letters indicate that Seoul is quiet, we do not suppose that the war conditions have developed any new necessity. Of course you understand that under the Board's formal action, the Board will approve such arrangements for sending women and children to places of safety as the war conditions may dictate.

We learned with deep sympathy that two of the children of Dr. Avison, presumably not the two referred to above, had been bitten by a abid dog, and that Dr. Avison is perplexed to know how the expense of 300 yen is to be met. Under the Manual, special expenses on account of children are not supposed to be chargeable to the Board, but this was felt to be a special case and therefore in spite of the pressure for funds, the following action was taken:

> "The request having been received after the anticipated income for the new fiscal year had been pledged in the regular grants, the Board was unable to grant the request of the Korea Mission for a special appropriation to pay the travelling expenses of two children of Dr. O. R. Avison to the United States unless the later exigencies of the war should render it necessary to send women and children out of the country.
>
> The Board heard with deep sympathy that two other children of Dr. O. R. Avison had been bitten by a rabid dog, and an appropriation was voted of 150 yen, one half of the expense of taking them to the Pasteur Institute at Nagasaki."

It is a relief to know that all the members of the Mission continue to be kept in safety. We have just heard of what appears to have been the decisive defeat of the Russians in a land battle at the Yalu River. We earnestly hope that the scene of hostilities will continue to be so far North that you will not be in any way jeopardized.

Affectionately yours,
Arthur J. Brown

한국. 세브란스 병원 예산. 미국 북장로교회 해외선교본부
실행이사회 회의록 (1904년 5월 16일)

한국. 세브란스 병원 예산. 한국 서울 세브란스 기념 병원을 위하여 3,100 달러의 예산이 책정되었는데, 이 금액은 이미 약속된 것으로 L. H. 세브란스 씨로부터 받은 것이다.

Korea. Severance Hospital Appropriation. *Minutes [of Executive Committee, PCUSA], 1837~1919* (May 16th, 1904)

Korea. Severance Hospital Appropriation. An appropriation of $3,100, was made for the Severance Memorial Hospital, Seoul, Korea, this amount having been received from Mr. L. H. Severance, toward pledges already made.

아서 J. 브라운(미국 북장로교회 해외선교본부 총무)이
한국 선교부로 보낸 편지 (1904년 5월 19일)

(중략)

나는 J. W. 허스트 박사가 서울의 에비슨 박사의 조수로 가는 데 관심을 두고 있는 관대한 친구가 선교본부와 선교부를 더욱 더 완전하게 보호하기 위하여 그의 기부를 5년 동안 계속하기로 확실하게 합의하였음을 발표하게 되어 기쁩니다. 그는 자신의 유언장에 이를 규정하였으며, 자신이 사망하는 경우 선교본부에 손실이 없도록 하였다고 말합니다. 그는 또한 허스트 박사의 한국으로의 여행 경비를 추가로 지불하여, 허스트 박사의 서울 배정이 귀 선교부 업무의 다른 부분이나 다른 곳의 업무에 사용할 수 있는 자금을 어떤 식으로든 사용하지 않을 것이라고 제안하고 있습니다.

(중략)

Arthur J. Brown (Sec., BFM, PCUSA),
Letter to the Korea Mission (May 19th, 1904)

(Omitted)

I am happy in announcing that the generous friend who is interested in the going of Dr. J. W. Hirst as Dr. Avison's assistant in Seoul has for the further and fuller protection of the Board and the Mission entered into a definite agreement to continue his gift for a period of five years and he states that he has made provision for it in his will, so that in the event of his death the Board will incur no loss. He also proposes to pay Dr. Hirst's travelling expenses to Korea in addition, so that Dr. Hirst's assignment to Seoul does not draw in any way whatever upon any funds that would be available for any other part of your work or for work elsewhere.

(Omitted)

캐서린 C. 웸볼드(서울)가 아서 J. 브라운(미국 북장로교회 해외선교본부 총무)에게 보낸 편지 (1904년 5월 27일)

(중략)

에비슨 박사는 우스터의 학교로 갔던 로렌스와 레라에게 잠시 작별 인사를 하였습니다. 그는 모든 의료 업무를 하는 것 외에도 병원과 새 사택 일을 정리하는 데 대단히 바빴습니다. 고든 씨는 최선을 다하지만 동양의 장인의 기이한 방식과는 어울리지 않습니다. 그는 선교사가 배우고 있는 것처럼 이교도의 마음이 어떻게 작동하는지 이해할 수 없습니다. 외국인 중 한 명인 서울에 있는 기독교 청년회의 총무인 질레트 씨는 얼마 전 발진티푸스에 걸렸습니다. 에비슨 박사가 의사이었으며, 환자는 잘 회복되었습니다.

몇 년 전 결혼하여 시골에 살던 도티 양의 여학생 한 명이 서울에 올라왔으며, 에비슨 박사가 맹장염 수술을 집도하였습니다. 그녀는 매우 건강하게 회복되고 있으며, 그녀와 함께 온 시어머니는 다른 환자들, 그리고 그들을 방문한 친구들에게 성경을 읽고 복음을 전하고 있습니다.

(중략)

필드 박사는 지칠 대로 지쳐 남쪽 여행을 마치고 돌아왔지만, 그녀는 한국인들과 외국인들 모두에게 큰 축복의 수단이었습니다. 그녀는 지금 안식년이 절실히 필요합니다. 그녀는 에비슨의 아이들과 헬렌 헐버트를 데려갔습니다. 부모들이 그들을 보내기를 기다리고 있었기 때문입니다. 그녀는 유능한 여자 사업가일 뿐 아니라 모두에게 너무도 친절하여 그녀가 아이들을 데려가는 것에 부모들이 대단히 감사해 하고 있습니다.

(중략)

Katherine C. Wambold (Seoul),
Letter to Arthur J. Brown (Sec., BFM, PCUSA) (May 27th, 1904)

(Omitted)

Dr. Avison has bid good-bye for a time to Lawrence and Lera who have gone to Wooster to school. He is very, very much occupied with getting the Hospital and his new residence in order, besides having all his medical work. Mr. Gordon does as well as he can, but he is not a match for the queer ways of the Oriental artisan - he cannot comprehend how the heathen's mind works, as the missionary, alas, learns. One of the foreigners, Mr. Gillett, Secretary of the Y. M. C. A. in Seoul, has just had typhus. Dr. Avison was the physician, and the patient has made a good recovery.

One of Miss Doty's school girls, who was married a few years ago, and went to the country to live, has come up to Seoul and Dr. Avison has performed an operation for appendicitis. She is making a very good recovery, and her mother-in-law, who came with her, reads the Bible and preaches the Gospel to the other patients and to any of their visiting friends.

(Omitted)

Dr. Field returned from her southern trip thoroughly worn out, but she had been the means of great blessing to Koreans and foreigners alike. She greatly needs her furlough at this time. She took the Avison children and Helen Hulbert with her, as the parents were waiting to send them. She is such a capable business woman as well as so kind to all that the parents are most thankful she is taking the children.

(Omitted)

19040600

윌리엄 M. 전킨, 군산에서. *The Missionary* 37 (1904년 6월호), 304쪽

(중략)

현지인들 사이에 많은 질병이 도처에 만연해 있고, 우리는 지속적으로 진료를 요청하고 있다. 학교에는 옻나무가 있고, 그 다음에는 옴이 있으며, 다음에 무엇을 기대해야할지 모른다. 내가 이 글을 쓰고 있는 동안 우리 교사 중 한 명의 아기가 죽어가고 있을 것이다. 아마도 의사가 즉각적으로 경감시켜 줄 것이다. 우리는 한국에서의 첫 겨울을 심각한 병에 걸리지 않고 보낼 수 있게 되어 대단히 감사해 하고 있다. 내 건강은 에비슨 박사가 내 목을 수술한 이후로 아주 좋아졌다. 이것은 한국에서의 두 번의 수술을 포함하여 세 번째이다.

William M. Junkin, From Kunsan. *The Missionary* 37 (June, 1904), p. 304

(중략)

There is much sickness everywhere among the natives, and we are having constant calls for medical service. School had poison oak, then scabies; don't know what to expect next. A baby of one of our teachers is probably dying as I write this. Probably a doctor could give instant relief. We are very thankful to have had our first winter in Korea free from serious sickness. My own health has been excellent, since Dr. Avison operated on my throat. This is the third time, including two operations in Korea.

19040603

리처드 H. 사이드보텀(부산)이 아서 J. 브라운(미국 북장로교회 해외선교본부 총무)에게 보낸 편지 (1904년 6월 3일)

<table>
<tr><td>접 수
1904년 7월 6일
브라운 박사</td><td>한국 부산,
1904년 6월 3일</td></tr>
</table>

신학박사 A. J. 브라운 목사,
    뉴욕 주 뉴욕 시

친애하는 브라운 박사님,

    작년에 한국 담당 총무로서의 업무 개시 편지에서 박사님은 우리 선교사들이 우리와 우리의 업무에 필수적인 사항에 대하여 선교본부의 조치나 정책에 대하여 불리한 비판을 자제하지 말고 자유롭게 이야기하기를 희망한다고 밝혔습니다. 따라서 저는 이 큰 지시를 받아야 하고, 박사님의 업무를 신뢰하면서 약간의 비판을 해야 하는 것을 유감스럽게 생각합니다. 특히 제 편지에 이어 편지가 뒤따르겠지만 제 편지가 그 주제에 대하여 먼저 박사님께 도착할 것이라는 것을 알고 있기 때문입니다. 미국 우편물이 먼저 부산에 도착하기 때문에 저의 우선순위가 보장되고, 저는 즉시 자리에 앉아 답장을 씁니다. 그러니 제발 제 편지가 너무 성급하고 가혹하다고 판단하시지 말고, 저의 비판을 너무 가혹하게 비난하기 전에 다른 사람들이 말할 때까지 기다리십시오.
    제가 알고 있는 선교부의 관점에서 주로 선교부 서기로서 글을 쓰는 것이 저의 의도입니다.
    토의 주제는, 서울 병원의 신임 의사입니다.
    한국 선교부는 처음부터 그러한 결정이 현명하지 못하다는 것을 확고하고 변경할 수 없게 확신해 왔으며, 여러 차례 서울 병원의 두 남의사에 대한 기록을 남겼습니다.
    1. 1900년 여름에 선교본부는 서울에 두 번째 의사를 파견할 것을 제안하였지만, 선교부의 여러 회원들의 항의로 그를 파송하지 않았습니다.
    2. 1900년 연례 회의에서 서울 병원 특별 위원회는 보고서를 제출하였고 채택되었습니다. "선교 사역자들이 더 절실하게 필요하다는 점을 고려하여, 선교

부에서는 서울 병원 의료진 이외의 다른 사역자들을 의료 기지에 임명하는 것을 고려하지 않는다."

3. 1901년 회의에서 이 문제가 다시 충분히 논의되고, 다시 회부되고, 다시 논의되었으며, 며칠 동안의 토의와 기도 후에 (10월 1일과 4일 선교부 회의 오전 모임의 폐회 회의록을 볼 것) "우리는 단 한 명의 의사를 세브란스 병원에 배정하고, 병원은 이 권고에 따라 건축하는 것을 추천한다."는 채택되었습니다.

4. 1902년 4월 8일 엘린우드 박사는 추가 의사와 관련하여 "현지인 교육을 위하여 주 업무는 서울에 있는 병원에서 해야 한다." 등 전날의 선교본부의 조치에 대하여 편지를 썼습니다.

즉시 선교부에서 새 의사를 반대하는 편지가 쏟아지기 시작하였고, 1902년 6월 18일 엘린우드 박사는 애덤스 씨의 편지에 대한 답장으로 그 문제를 다시 설명해야 한다고 느꼈습니다. 1902년 6월 20일 펜 씨는 항의에 대한 답장으로 그의 주요 업무는 안식년 중인 의사를 대신하는 것이라고 주장하고 있습니다. 이것은 엘린우드 박사가 말한 것과 다릅니다.

선교부가 1902년 만났을 때 그 문제가 다시 제기되었고, 선교부는 다음과 같이 채택하였습니다.

2. 오하이오 주의 세브란스 씨는 필요에 따라 우리의 다양한 지부에서 주로 대체 의사로 활동하되 그렇지 않을 때 세브란스 병원과 관련된 의료 사업에 배정될 의료 선교사를 지원하기로 제안함으로써 우리 선교부에 그의 자선을 더한 것에 비추어,

우리는 그의 후의와 우리의 사업에 대한 현명한 관심에 깊은 감사를 표하며,

우리는 선교본부의 이 제안에 따라 의사를 가능한 한 조속히 보내줄 것을 요청하지만, 우리의 5개 지부에서 이러한 대체 업무만으로 의사의 8년 기간 중에서 6년이 소모된다는 사실에 주의를 환기시키기로 결의한다.

이 조치는 "서울 병원에 두 번째 의사를 임명하는 것에 반대하는 많은 항의 편지"에 대하여 말한 펜 씨의 1902년 8월 6일자 또 다른 편지에 뒤이은 것이며, 홀시 박사 편지의 여러 쪽을 많이 인용하면서 선교본부의 태도를 언급하고 있습니다. 그러한 태도로 선교부는 동의하였지만, 세브란스 씨의 편지와 다른 사람들의 개인적인 조언은 선교본부가 한 사람을 대체 의사로 후원하려는 우리의 의도를 철저하게 파악하지 못하였다는 것을 나타내는 것 같습니다.

5. 1902년 선교부는 한 명의 의사만을 요청하였습니다. - "선교부를 위한 대

체 의사 한 명."

6. 1903년 선교부는 "새로운 지부를 위하여"라고 단 한 명의 의사를 요청하였습니다.

선교부의 태도는 내내 일관되었고, 지금도 그렇습니다. 우리는 서울 병원에 다른 의사를 원하지 않습니다. 우리는 모든 의로운 수단으로 그것을 반대하는 것이 우리의 의무라고 느끼고 있습니다. 우리는 서울 병원의 두 번째 의사는 선교본부가 상위 권한에 의해 우리에게 강제할 때만 올 것이라는 것을 선교본부가 분명히 알았으면 합니다.

제안된 의사에 대한 이러한 반대 이유에 대한 질문이 제기되면, 저는 선교부의 공식 통역사의 역할을 포기하고 제가 들은 이유와 저에게 호소하는 이유를 간단하게 기술해야 합니다.

1. 한 병원에 두 명의 의사가 있으면 누가 원장이냐는 우스꽝스러운 질문이 생깁니다. 실제 경험에 따르면 병원에는 책임자가 있어야 하며, 또한 선교 현장에서도 동등함이 필요하다는 것을 보여줍니다. 새로운 사람이 완전한 한 사람의 자리를 채울 수 있게 되는 즉시 심각한 오해로 작용할 가능성이 있는 상황입니다.

2. 병원은 1인 의사 병원으로 지어졌습니다.

3. 현재 의료 사업은 감당할 수 있는 수준을 넘어 우리의 전도 사업의 재정을 마비시키고 있습니다. 그것은 우리의 예산 증가를 모두 먹어치우고, 본질적인 문제가 되었습니다. 모든 새로운 의료는 재정적인 관점에서 복음주의의 후퇴를 의미합니다. 수치의 논리가 그것을 증명하였고, 다시 그렇게 할 것입니다. 물론 추가 비용은 세브란스 씨가 부담합니다. 그는 다른 사람들이 하는 것 이상으로 비용을 부담하지 않습니다. 선교본부가 정책을 변경하지 않는 한 그가 추가 자금을 제공한다고 해서 정기적으로 선교부에 추가로 자금이 오는 것이 보장되지는 않을 것입니다. 선교본부는 이러한 특별한 기부에 많은 관심을 기울일 수 있지만, 이곳의 지부는 영향을 받지 않습니다. 우리는 돈을 받지 못하는데, 예를 들면 부산의 교육, 의료 사업 및 전도 사업을 하는 친구들이 모든 것을 기부하였고 선교본부가 그 목적으로 금년에 예산 편성을 하였지만, 이 항목들을 54% 삭감하였을 때 기부는 어디에 있는 것입니까? 46%는 이곳의 어디엔가, 54%는 일반 재무에. 세브란스 씨의 추가된 기부는 과거의 전례에 따라 아마도 내년도 한국 선교부의 예산에 거의 영향을 미치지 않을 것입니다. 선교본부는 정책을 변경하지 않는 한 기부금을 의도한 대로 주지 않고, 세브란스 씨의 기부를 추가할 것입니다. 그러나 업무가 추가되고 우리는 이를 지원해야

하며, 교육이나 일부 순회 전도 혹은 조사를 줄이는 것 외에는 자원이 없을 것입니다. 우리는 올해 이 희생이 강요된 일을 하고 있으며, 더 많은 것에 대하여 항의해야 합니다.

4. 의료 사업은 교육 사업과 전도 사업에 비례하여 보상을 받지 못합니다. 지금 우리는 그에 비례하여 너무 많은 의료 업무를 수행하고 있습니다. 우리는 더 많은 사역자, 더 많은 돈, 더 많은 복음화에 대한 생각을 원합니다. 우리는 의료 문제가 요구하는 사역자, 돈, 생각을 감당할 수 없습니다. 우리는 우리의 소명, 즉 영혼의 치유에 충실해야 합니다.

저는 다른 사람들이 다음과 같이 표현한 제 의견을 여러 번 들었습니다. 즉 선교본부가 아무리 힘들어도, 선교본부가 필요하지도 않고 바람직하지 않은 것을 주고 싶어 하는 부자에게 "아니오"라고 대답하는 것이 어렵다는 것을 알고 있습니다. 저는 새로운 의사를 복수형으로 사용하는 것이 바람직하다고 생각하는데, 이는 도움이 아니라 우리의 업무에 심각한 피해를 주는 것으로 간주해야 합니다. 그는 우리의 재정을 차지하고 많은 문제를 일으킬 것이며, 그의 봉사가 아무리 훌륭하더라도 전도자들처럼 그리스도를 말하지 않을 것입니다.

저는 제 의견을 받아들이지 말고, 이 선교부의 소망을 생각하시고 정식 모임으로 모인 선교부에게 새 사람을 보내시기 전에 자신을 표명할 기회를 주시기를 간곡히 부탁드립니다. 우리의 마음을 알 때까지 그를 파송하는 것을 미루는 것이 현명하지 않겠습니까?

우리는 그것이 무엇이든 상관없이 선교본부의 결정에 따를 것이지만, 의견을 들을 수 있는 기회를 주시면 더 쉽게 따를 수 있을 것입니다.

(중략)

Richard H. Sidebotham (Fusan),
Letter to Arthur J. Brown (Sec., BFM, PCUSA) (June 3rd, 1904)

Received
JUL 6 1904
Dr. Brown

Fusan, Korea,

June 3, 1904

Rev. A. J. Brown, D. D.,

New York, N. Y.

Dear Dr. Brown: -

In your opening letter as Secretary for Korea last year, you expressed the hope that we missionaries would speak to you freely, not refraining from criticizing unfavorably the actions or policies of the Board on points which were vital to us and our work. I feel sorry to have to place myself therefore under these large instructions, and, trusting in your work, to criticize a little; especially so, as I know my letter will reach you first on the subject, tho I predict a small avalanche will follow my letter. My priority is assured because American mail reaches Fusan first, and I immediately sit down to answer. So kindly do not judge my letters too hastily as harsh, but wait until the others speak before condemning my criticism too harshly.

It is my intention to write primarily as Secretary of the Mission, from what I know to be the Mission's point of view.

The subject of the discussion is, the new physician for the Seoul Hospital.

The Korea Mission has been from the first firmly and unalterably convinced that such action would be unwise, and has several times put itself on record against two men for the Seoul Hospital.

1. In the summer of 1900 the Board proposed to send a second physician to Seoul, but on the representations of various members of the Mission he has not sent.

2. At Annual Meeting 1900, the Special Committee on Seoul Hospital presented a report which was adopted. "In view of the more urgent needs for evangelistic

workers, the mission does not contemplate the appointment of others than those than engaged in Seoul Hospital medical workers to the medical plant."

3. At the 1901 meeting, the issues were fully discussed, referred back, rediscussed, and after days of discussion and prayer (see minutes of Mission Meeting Oct. 1, and 4 close of morning session) "We recommend that but one physician be assigned to the Severance Hospital and that the hospital be built in accordance with this recommendation." which was adopted.

4. On April 8, 1902 Dr. Ellinwood wrote us of the Board's action of the previous day with reference to an additional physician; "his main work should be at he hospital in Seoul" "for education of natives," etc.

Immediately letters began to pour in from the Mission against the new physician, and on June 18, 1902 Dr. Ellinwood felt called on to restate the case in reply to a letter from Mr. Adams. Mr. Fenn, on June 20, 1902, in reply to protests, asserts his main work is to be as a substitute for physicians on furlough, which is not what Dr. Ellinwood had said.

When the Mission met in 1902 the question was up again, and the following was adopted by the Mission: -

> 2. Whereas, Mr. Severance of Ohio has added to his other benificencies to our Mission by offering to support a Missionary physician who shall act primarily as a substitute physician in our various stations as need may arise, and when not so employed be assigned medical work in connection with the Severance Hospital,
> Resolved, That we express our deep appreciation of his generosity and wise interest in our work, and
> Resolved, That we request the Board to send us the physician in accordance with this offer as soon as possible, but would call attention to the fact that such substituting work alone in our five stations will consume at least six years of the physician's eight year term of service.

This action followed another letter of Mr. Fenn's Aug. 6, 1902 in which he speaks of "many letters of protest against the appointment of a second physician to Seoul Hospital," and for several pages with large quotations from Dr. Halsey he states the attitude of the Board. With that attitude, as so stated, the Mission concurred, but letters from Mr. Severance and private advices from others seem to indicate the Board had not thoroughly caught our mean to support a man as a substitute physician primarily.

5. The Mission in 1902 asked for one physician only, "One substitute physician for the Mission."

6. In 1903 the Mission asked for one physician only, "For new station."

The Mission's attitude has been consistent throughout, and is still so. We do not want another physician for the Seoul Hospital. We feel it our duty to oppose it by every righteous means. We wish the Board to know clearly that a second physician for Seoul Hospital will come only as the Board by its superior authority imposes him on us.

When the question comes up, why this opposition to the proposed physician, I must drop the role of an official interpreter of the Mission as a Mission, and state simply the reasons I have heard and which appeal to me.

1. Two physician in one hospital will raise the abnoxious question of who is chief. Practical experience shows a hospital must have a head, and it also shows that on the mission field parity is necessary. The situation is one which will likely work itself into serious misunderstandings as soon as the new man gets able to fill a full man's place.

2. The hospital has been built as a one-man hospital.

3. Medical work is now sapping our evangelistic finances beyond the bearable point. It has eaten up all our increase in appropriations, and has gone into the substance. Every new medical feature means a backward move evangelistically from a financial standpoint. The logic of figures has proved it, and will again. Granted, Mr. Severance pays for the extra expense; he does no more than others are doing for expenses not extra. His giving extra money will not assure that much extra coming to the Mission regularly unless the Board changes its policy. The Board may care for these special gifts much, but the Stations here do not find themselves affected; we do not get the money, e. g. Friends of Fusan education and medical work and evangelistic work have subscribed all the Board appropriated this year for those purposes, but when the 54% cut gets on these items, where are the gifts? 46% here somewhere, 54% in the general treasury. Mr. Severance' added gift will probably, following past precedents, affect the Korea Mission's estimates and

appropriations for next year very little. The Board will not give what it intended to give, and then add Mr. Severance's gift, unless it changes its policy. Yet the work would be added and we would be expected to support it, and there would be no resource but to stop some education or some itnerating or to take off a helper. We are doing this sacrificed work this year, we must protest against still more of it.

4. Medical work does not pay for itself in the proportion that educational and evangelistic work does. We have too much medical work proportionally now. We want more workers, more money, more thought fo evangelization. We cannot afford the workers, the money, nor the thought which the medical problems call for. We must be true to our calling, the healing of souls.

I have many times heard my opinion expressed by others: - That, however hard it may be for the Board, - and we know it is hard the Board ought to say "No" to a rich man who desires to give something which is not needed or even desirable. A new physician we - I believe I use the plural advisedly - should regard not as a help but as a serious detriment to our work. He would set our finances, he would rouse up many a problem, and his services, however good, would not tell for Christ as those of an evangelist.

I would most earnestly ask you, not to take my opinion, but to think of this Mission's desires, and to tive the Mission, assembled in formal meeting, an opportunity to express itself before you send the new man. Would it not be wise to delay sending him until you know our mind?

We shall bend to the decision of the Board, no matter what it may be, but we might bend the easier if you give us a chance to be heard.

(Omitted)

19040605

메이 B. H. 헐버트(서울)가 헬렌 헐버트(미국)에게 보낸 편지
(1904년 6월 5일)

(중략)

에비슨 박사는 강가에서 그의 집을 마무리 짓고 있으며, 우리가 그곳으로 내려갈 가능성이 매우 높단다. 그들은 도저히 갈 수가 없단다. 에비슨 박사는 오늘 선교본부에서 올해 레라와 로렌스를 귀국시킬 돈을 줄 수 없다는 내용의 편지를 썼다고 내게 말하였다! 그들은 이미 브라운 박사에게서 반드시 돈을 줄 것이라고 들었고, 빈튼 박사도 그것을 주었지만, 나는 지금 그것이 어떻게 해결될지 모르지만 애들은 어쨌든 갔고 그래서 브라운 박사가 있다면 책임을 져야 하겠지.

(중략)

May B. H. Hulbert (Seoul),
Letter to Helen Hulbert (U. S. A.) (June 5th, 1904)

(Omitted)

Dr. Avison is having his house finished at the river and it is very possible that we shall go down there. They cannot possibly go. Dr. Avison told me today that the Board had written out that is could not give the money to send Lera and Lawrence home this year! They had already heard from Dr. Brown that the money was sure to be given and so Dr. Vinton gave it but now I don't know how they will fix it, but the youngsters have gone anyway so that is set the Dr. Brown will have to stand the blame if there is any.

(Omitted)

노먼 C. 화이트모어(선천)가 아서 J. 브라운(미국 북장로교회 해외선교본부 총무)에게 보낸 편지 (1904년 6월 28일)

(중략)

서울 병원에 다른 의사가 임명되었다는 소식은 평양, 부산 그리고 선천에서 들은 바에 따라 판단하여 조심스럽게 말하면 한국 선교부의 마음을 기쁨으로 채우지 못하였습니다. 우리가 그의 급여와 추가 경비에 대한 돈을 받지 않으면 우리가 그것을 전혀 받지 않을 것이라는 박사님의 말은 대단히 당연하지만, 솔직히 말하자면 그것은 제 생각에 대단히 근시안적입니다. 선교부는 거의 만장일치로 반대하였고 3~4표만이 찬성하였지만, 제가 기억할 수 있는 가장 완전한 토론 중의 하나를 마친 후 '2인' 병원이 있었던 다른 선교지에 대한 선교본부의 과거 경험을 보면 그 사업에 주님의 축복이 있기를 기대하기는 대단히 어렵습니다. 간단히 말해서 선교본부가 부유한 사람이 정책을 결정하고 거의 만장일치로 선교부에 반대하도록 허용한 사례의 하나로 일반적으로 말한다는 것을 알려드리고자 합니다. 서울 병원은 몇 년 동안 우리 연례 회의에서 문제의 근원이 되었고, 이제 이 선교본부의 마지막 결정으로 인하여 올해도 다시 긴 토론을 하게 되지 않을까 걱정됩니다. 저는 빠르게 성장하는 사업을 위하여 3년 동안 돈이 같은 금액일 때, 선교본부가 직원에 대한 가장 중요한 문제에 대하여 우리에게 실제적으로 통제를 허용하지 않는 기관에 대해서는 예산 비율을 선교부가 제한하게 되어야 한다고 생각합니다. 박사님은 왜 선교부가 재작년에 서울 병원에서 대체 의사와 보조 의사의 조합 계획을 묵인하지 않았는지 말할 수 있습니다. 당연하지만 서울 병원에서 의견 충돌을 일으킬 시간이 거의 없다는 것을 너무나 잘 알고 있었기 때문입니다. 만일 세브란스 씨가 자신이 정말로 그렇게 생각하는 것처럼 서울에 있는 병원을 위하여 자기 돈으로 가장 좋은 일을 하기를 원한다면, 공정한 생각을 가진 사람으로서, 저는 그가 문제에 대한 선교부의 거의 만장일치의 의견을 기꺼이 따를 것이라고 생각해야 하며, 선교부가 그가 문제와 불화의 근원이 될 것이라고 생각하는 사람을 강제로 들여보내지 않을 것이라고 생각해야 합니다. 더욱이, 선교본부의 현재 재정적 상황에 비추어 볼 때 에비슨 박사의 업무에 더 큰 도움이 되는 것은 그가 기관을 편안하고 적절하게 운영하기에 충분한 자금을 보유하는 것인데, 제가 이해하는 무엇인가는 올해 가능하지 않을 가능성이 매우 높습니다. 물론 우리 모두는 선교지에서 다른 사역자를 보게 되어 매우 기쁠 것이지만, 선교본부가 그를 좀 더 제한 없는 방식으로 파송하여 그가 언어를 습득하자마자 그는 선교부가 더 유리한 방식으로 이용할 수 있게 되기를 바라고 있습니다. 제 자신과 타인의 감정을 솔직하게 표현하는 것을 너그러이 용서해주었으면 하는 바람이 있지만, 가끔은 스스로에게 투덜거리기보다는 자신의 감정을 알리는 것이 적절하다고 생각합니다.

(중략)

Norman C. Whittemore (Syen Chun), Letter to Arthur J. Brown (Sec., BFM, PCUSA) (June 28th, 1904)

(Omitted)

The news re. the appointment of another doctor to the Seoul hospital, has, judging from what is heard from P. Yang, Fusan and a Syen Chyun, not filled the hearts of the Korea mission with joy, to put it very mildly. Your remark that if we didn't receive the money for his salary and extra expenses, we would not receive it at all, is a very natural, but to my mind, to put it frankly a very shortsighted way of looking at it. While the mission almost unanimously, opposed to it, only three or four votes in favor, and that after one of the fullest debates that I can remember, with the Board's past experience on other fields with "two men" hospitals, it seems to me pretty difficult to expect to have the Lord's blessing on the undertaking. In short to let you know what the commonly spoken of as a case, where the Board has allowed a wealthy man to determine its policy, and that in the face of an almost unanimously opposed mission. The Seoul hospital has for several years been a source trouble in our annual meetings, and now as a result of this last decision of the Board's, I am afraid it will cause a lengthy discussion again this year. For with only the same amount of money for three years for a rapidly growing work, I think that the Mission will be compelled to restrict the proportion which can be granted to an institution over which the Board practically allows us no control in the very most important question of its staff. You may say, why didn't the Mission acquiesce year before last in the plan for a combination substituting physician, and assistant doctor in the Seoul hospital. Certainly, but it was with the very clear knowledge that he would have little time to get into disagreements in the Seoul hospital. If Mr. Severance is really desirous of doing the best thing with his money for the hospital in Seoul as he certainly seems to be, then being a fair minded man, I should think that he would be willing to abide by the almost unanimous opinion of the mission on the question, and not force a man in, where the Mission considers he will only be a source of trouble and disagreement. Further more, what in the light of the Board's present straightened financial situation, would be really a great deal more help to Dr. Avison in his work, would be for him to have funds sufficient to run the institution comfortably, and moderately for the entire year, something, which I understand will very likely not be possible this year. We will of course all be very glad to see another worker on the field, but I do hope that it may be possible for the Board to send him out in a little more unrestricted way, so that as soon as he has acquired the language he can be used by the Mission in a way which it considers more advantageous. I hope you will pardon my frankness in expressing my own feelings and those of others, but at times I think the proper thing is to let ones feelings be known, instead of growling about it to one's self.

(Omitted)

케서린 웸볼드(서울), 1년 사역 보고서 (1904년 6월 30일)

(중략)

이번 봄에 저는 발진티푸스를 앓고 있는 에비슨 박사의 외국인 환자에게 간호를 제공할 기회가 있었습니다. 한국인에 대한 업무에 손실이 없도록 관리하였습니다. 이교도들은 신자들이 병자를 돌보도록 가르치는 종교의 진정성을 믿기 때문에 그것은 정말로 이득이었습니다.

(중략)

Katherine Wambold (Seoul), Report of Year's Work (June 30th, 1904)

(Omitted)

This spring I had an opportunity to help nurse one of Dr. Avison's foreign patients who had typhus. It was managed so that there was no loss to the Korean work. It was really a gain, for the heathen believe in the genuineness of a religion which teaches its believers to care for the ill.

(Omitted)

제니 B. 에비슨(서울), 1904년 7월 1일을 위한 O. R. 에비슨 부인의 보고서 (1904년 7월)[94]

1904년 7월 1일을 위한 O. R. 에비슨 부인의 보고서

우리의 작은 여름 별장은 수리 중이었기에 지난 7월과 8월에 우리는 어쩔수 없이 도시에 남을 수밖에 없었다. 7월 초에 나는 아파서 6~8주 동안 아무것도 할 수 없었지만 8월 말경에 레라의 도움으로 평양에서 열릴 연례 회의에 갈 준비를 할 수 있었다. 막내 두 명을 데리고 가기 위해서는 바느질을 해야 했고, 당연히 집에 남아 있어야 할 사람들을 위하여 집에 있는 일들을 준비해야 했다. 남장로교회 선교부의 스트래퍼 양은 우리가 없는 동안 우리 집에서 다른 아이들과 함께 대단히 친절하게 머물러 주었다.

우리가 돌아 왔을 때, 박사는 내가 목요일 강습반과 그것을 준비하는데 들이는 시간 대신 병원에서 더 많은 일을 하기를 원하였다.

나는 추가된 병원 일을 기꺼이 맡았지만 내 강습반을 중단하는 것은 대단히 섭섭했다. 나는 둘 다 하고 싶었지만 박사는 그것이 가사일 외에 나에게 너무 부담을 주지 않을까 걱정하였고, 그래서 나는 강습반을 김필순 어머니에게 넘겼다. 그 후 잠시 동안 필드 박사가 맡았고, 이어 쉴즈 양이 맡았다.

나는 일요일 오전 수업을 계속하였고 그것을 매우 즐겼다. 그 해에 이 반에서 10명이 세례를 받았다. 그들은 교회가 시작할 때부터 있었고 오랫동안 이 강습반에 속해 있었다.

병원에서 내가 하는 일은 매일 병동을 방문하여 잘 정돈되어 있는지, 병상이 적절하게 정돈되어 있는데, 필요할 때 리넨이 교체되어 있는지 확인하는 것이었다. 나는 그것을 쉽게 쓰지만, 오! 그렇게 더러운 환자들을 스스로 씻게 하거나 누군가에게 그들에게 그렇게 하게 하는 것이 얼마나 어려운 일인지! 그리고 병원복의 공급이 대단히 제한되어 있었기 때문에 그들은 병원에 올 때 입고 있던 옷을 입고 대부분의 시간을 침대에 누워있었다.

내가 옷과 침대 홑이불을 자유롭게 공급하고 있기 때문에 우리는 이 점에

---

94) 원문의 제목이 다소 모호하게 적혀있지만 1903~1904년 보고서이며, 내용의 대부분이 다음의 잡지에 실려 있다. Jennie B. Avison (Seoul), Report for 1903 to 1904. *The Korea Field* (Seoul) 12 (Aug., 1904), p. 177~180

서 올해 더 나아질 것이다. 내가 지금까지 만든 것은

홑이불 100장	베갯잇 60장
베개 25개	이불잇 25개
수건 48장	누비이불 32개

이외에 오래된 누비이불 및 요, 기타 오래된 아마포 물품 등 많은 것들을 수선하였다.

병원에서는 아주 흥미로운 사례들이 있었다.

한 명은 눈이 먼 노년의 여자이었는데, 복음을 들은 후 자신이 그 목적을 위하여 이곳으로 인도되었다고 믿었고, 자기 마을에는 신자가 없지만 믿고 싶다고 말하였다. 그녀의 손 중 하나는 허약해 있었는데, 그녀가 3살 때 천연두를 앓은 이후 계속되었다. 그것은 어린아이 손처럼 작았다. 그녀의 이야기에 따르면 그녀는 살아 있는 친척이 없었고 눈이 멀기 전까지 한 손으로 생계를 꾸렸다. 한 쪽 눈은 고칠 수 없었지만 의사는 다른 쪽 눈에서 백내장을 치료하여 시력을 되찾았다. 김 부인은 그녀에게 자신의 개종 경험을 이야기하였고, 그녀는 큰 관심을 보였다.

다른 예는 이곳에 오래 머물렀던 오 부인의 경우이었다. 그녀는 여러 번 수술을 받았고 완전히 치유되지는 않았지만 집으로 떠날 때 상당히 회복되어 있었다. 그녀는 신자가 되었고 읽기를 배웠으며, 성경의 내적인 가르침을 더 많이 배우고 싶어하였다. 그녀는 병원을 떠나기 전에 세례를 받았다. 불쌍한 여자인 그녀의 남편은 그녀를 버렸고, 부모와 형제들은 믿지 않았음으로 그녀는 여러 면에서 박해를 받을 뿐만 아니라 그릇된 일을 하려는 유혹을 받을 것이라는 사실을 알고 집에 가는 것을 두려워하였다. 그녀는 떠날 때 의사는 아버지와 같고 나는 어머니와 같다고 말하면서 아이처럼 울었다. 나는 그녀가 이교도의 집으로 갈 때 자신을 위하여 나에게 기도해 달라고 애원하는 모습에 기분이 나빴다. 나는 그녀가 그들 모두의 믿음의 수단이 될 것이라고 믿도록 그녀를 격려하였다.

얼마 전 발을 절단하였던 작은 여자가 다시 이곳에 있다. 그녀는 회복되어 집으로 돌아가 오랫동안 있었지만, 다시 목과 손에 병이 들었다. 그녀는 두 손가락을 잃어야 했다. 결핵 사례이다. 그녀는 믿는 것처럼 보이지만 읽기를 배우도록 여러 가지 방법을 시도하고 그녀에게 가르칠 사람도 제공하였지만 아직 배우지 못하였다.

교회의 여자들이 그녀를 위하여 의족 한 개를 사기 위하여 상당한 액수의 돈을 모았지만 돈이 아직 충분하지 않아 아직 구하지 못하였다. 그녀는 모든 모임에 참석한다. 그녀가 아직 집에 있는 동안 우리 여자 중 한 명인 신 씨는 그녀가 주일 집회에 참석하고 월요일 저녁 강의를 듣고 싶어 한다는 것을 알고 이곳에서 꽤 떨어진 그녀의 집으로 가서 그녀를 업고 와서 화요일까지 그녀의 식탁에서 그녀를 먹인 다음 집으로 데려갔다. 나는 그것이 신 씨에게 꽤 좋다고 생각하였다.

다리를 절단한 또 다른 여자는 여전히 병원에 입원해 있으며, 현재 신앙을 고백하고 읽기를 배우고 있다.

큰 여학생인 영이와 갑순이는 일 년 중 몇 달 동안 병원에서 보냈고, 우리가 그들을 환자로 입원시키는 것이 유감스러웠지만 나는 어디에서나 고통 속에서 그러한 인내와 조용히 복종하는 것을 본 적이 없기 때문에 그들이 우리와 함께 있는 동안 그들이 매우 잘했다고 확신한다. 노구리도 옥주도 잠시 함께하였고, 그들도 환난 속에서도 밝고 행복한 소녀들이었다.

다섯 살쯤 된 어린 아이 한 명이 수종(水腫)으로 부어오르고 추위로 마비되어 죽어가는 상태로 병원 문에 버려졌다. 우리는 그녀가 살 거라고 거의 기대하지 않았지만 그녀는 병원 안으로 안내되어 먹이고 보살핌을 받았다. 하지만 우유, 달걀, 국 등의 영향으로 조금씩 힘을 얻었고, 조금 움직일 수 있게 되었으며, (외모가 약간 늙어 뚱뚱한 여자 같았기 때문에) 다른 아이와 같지는 않았지만 우리에게는 매우 흥미로웠다. 우리는 그녀를 점점 더 사랑하게 되었고, 마침내 나는 매일 병동을 방문한 후 그녀를 등에 업고 집으로 데려가기 시작하였고 그곳에서 그녀에게 우리 식탁에서 푸짐한 저녁 식사를 먹였다. 그녀가 먹고 살이 찌고 점차 통통해지는 것을 보는 것은 기뻤다. 우리 아이들, 특히 로렌스는 그녀를 사랑하는 법을 배웠고 내가 그녀를 우리 식구로 입양하기를 원하였다. 점점 그녀는 내가 그녀를 위하여 내려가는 것을 기다리지 않았지만 깨끗한 옷을 입은 후에 저녁 식사를 하기 위해 제시간에 스스로 걸어오곤 하였다. 신 씨는 그녀가 스스로 숟가락 사용법을 익힐 때까지 매일 숟가락으로 먹였다. 그녀가 너무 뚱뚱해져서 더 이상 그녀를 환자로 인식할 수 없게 되자 우리는 그녀를 캠벨 부인의 학교로 전학시켰는데 그녀는 그곳에서 모두의 사랑을 받았다. 우리는 그녀에게 은혜라는 이름을 지어주었다.

남자들 사이에서도 흥미로운 사례가 매우 많았지만 병원의 남자 쪽에서 가장 관심이 있는 두 소년이 있었다. 한 명은 클라크 씨의 보고서에서 언급된 작은 아이이다. 그는 오래 전에 딱딱하고 무뚝뚝했던 거친 사람들로 이루어진 그 큰 병동에서 햇빛과도 같았다. 불쌍한 꼬마, 그는 큰 고통을 겪었다. 그러나 그는 항상 분명히 행복해 보였다. 그는 누워 "예수 사랑하심은"과 다른 아름다운 찬송가를 부르곤 했다. 그는 죽는 것을 두려워하지 않았다. 그는 마지막에 이르러 엄청나게 야위어 갔고 스스로를 위하여 많은 것을 할 수 없었지만 그는 조용히 있고 싶었고 그가 손이 닿은 곳에 필요한 것들을 가질 수 있는 바닥이 따뜻한 작은 방에 넣어 달라고 간청하였다. 몹시 추운 날씨이었고, 그를 위해서만 며칠 동안 방을 난방 해야 하는 것을 의미하였지만 나무가 너무 귀하고 자금이 부족하여 며칠 동안 그에게 제공되지 않았다. 그러나 그가 우리와 오래 함께할 수 없기 때문에 마침내 나는 그렇게 해야 한다고 생각하였다고 말하였다. 나는 그가 주변을 의식하지 못하는 듯 누워있는 옆에 전도인이 앉아 있던 마지막 날이 거의 다 된 어느 날 그의 방에 있었다. 나는 그가 자고 있느냐고 묻고 자기가 곧 죽을 것을 아느냐고 물었는데, 그는 듣고 "아니오, 그러면 하늘에 계신 아버지께 가까이 가겠습니다."라고 대답하였다. 그래도 그는 예쁜 그림책을 보는 것을 즐겼다. 그는 우리와 함께 머무는 동안 세례를 받았다.

지금 우리와 함께 있는 다른 작은 아이도 같은 문제인 고관절 질환을 앓고 있다. 그는 매우 허약하지만 매우 행복하다. 그는 이번 봄에 개종을 고백하였고 그의 얼굴은 이제 항상 밝다.

내가 시간이 없지 않다면 이 흥미로운 병원 사례를 차례로 이야기할 수도 있다.

레라는 우리 주일 학교의 어린 소녀반을 갖고 있었고, 그녀와 소녀반 아이들은 서로 사랑하였다. 그녀가 미국으로 떠나려 할 때 그들이 만든 작은 기념품을 가져 와서 눈이 눈물로 가득 찬 채 그녀에게 줄 때, 그녀가 팔로 차례로 안으면서 울지 말고 다시 볼 수 있도록 좋은 소녀가 되라고 말하는 것을 보는 것은 감동적이었다. 그녀는 그들과 여학생들, 그리고 매우 애착을 가졌던 우리 학교 여학생들을 위한 송별회를 가졌다. 레라가 그들과 함께 앉는 것을 좋아하였고 그녀도 그것을 즐겼다는 것을 알고 있기 때문에, 병원에 있을 때 많은 시간이 그 소녀들을 위해 더 밝게 만들어졌을 것이라고 나는 확신한다. 그들은 가능하면 함께 노래를 부르거나 바느질을 하였고, 때때로 그녀는 그들을 자신의 방으로 데려가 인형, 그림 등을 보여주었다. 그리고 그들은 그 대가로 그녀의 예쁜 소형 옷을 한국식으로 만들었다. 그녀가 떠난 후 그녀의 반은 병원의 여자 학생 조수인 자혜95)와 브라운 양이 맡았다.

연중 거의 매주 일요일에 윌버와 더글러스는 우리 병원 부지의 거리 소년 강습반을 만났고, 그들에게 주일 학교 그림 종이와 때로 전도지를 준 후에 그들을 교회 주일학교로 데려갔는데 그들 중 많은 사람들이 깨끗한 옷을 입고 다른 소년들처럼 보이며 정규 참석자가 되었다. 그들도 매주 일요일 거리에서 수백 장의 전도지를 나누어 주었다.

로렌스는 일반적으로 일요일 아침에 집에 머물렀고 우리가 아침 예배에 참석하는 동안 두 어린 소년을 돌보면서 그들에게 책을 읽어주고 이야기를 들려주었으며, 그래서 또 다른 매우 유용한 방법으로 일을 도왔다. 어린 소년들은 우리 모두와 마찬가지로 형을 매우 그리워한다.

나는 2월에 개최된 여자 강습반에 참가하는 특권을 누렸다. 나의 주제는 '그리스도의 삶'이었고 우리는 그의 탄생부터 승천까지 그를 따라가려 하였지만 너무 짧은 시간에 모든 것을 다 소화할 수 없었다. 우리는 주로 그의 출생, 소년기 및 청년기, 그의 제자들의 부름에 대하여 이야기하였으며, 하나님의 아들로서의 그의 능력을 보여 주기 위하여 더 중요한 몇 가지 기적을 다루었다. 나는 우리 모두는 막 시작된 전쟁 때문에 나라가 너무 혼란스러워 올 사람이 거의 없을 것이라고 생각했기 때문에 참석한 사람의 수와 수업에 보인 관심에 놀랐다고 생각한다. 수업은 우리 집에서 평소와 같이 약간의 사교 시간으로 마감되었으며, 몇몇 여자들이 가벼운 다과를 제공하기 위하여 합류하였다. 선교사들에게 닥친 가장 힘든 시련 중의 하나는 미국에서 학교에 가기 위하여 우리 아이들과의 이별이 우리에게 찾아온 것이다. 오랫동안 우리는 그것이 오고 있다는 것을 깨달았고, 그것이 다가오는 것이 두려웠지만 마침내 왔다. 하지만 과거의 모든 시련에서와 같이 하늘에 계신 아버지께서는 우리에게 그것을 견딜 수 있는 힘과 용기를 주셨고, 우리는 여전히 그 분을 신뢰하고 있으며 ___ ____ ____ ___, 모든 것이 그분의 ___와 우리의 영광을 위하여 최선이 되기를 바랄 뿐만 아니라 기대하는 것이다.

10명이 세례를 받았는데 그 중 2명은 ___ ___ ____ 1명은 병원 환자이었다. 지금 병원에는 3명의 예비 신자들이 있다.

---

95) 의학원(醫學員) 박자혜(朴慈惠)인데, 에비슨에게서 의학 교육을 받은 최초의 여학생이었다. 그녀에 대해서는 거의 알려진 바가 없지만 1907년경까지는 제중원에서 활동한 기록이 남아있다.

Jennie B. Avison (Seoul), Mrs. O. R. Avison's Report for July 1st 1904 to June 30 (July, 1904)

Mrs. O. R. Avison's Report for July 1st 1904 to June 30

Last July and August we were compelled to remain in the city, our little summer cottage being under repair. Early in July I was taken ill and for 6 or 8 weeks was unable to do much of anything, but toward the latter part of August was able with Lera's help to prepare for going to our Annual Meeting which was to be held in Pyeng Yang. As was to take the two youngest boys with me there was sewing to do done and of course things at home had to be left prepared for those who should remain at home. Miss Straeffer of the Southern Presbyterian Mission very kindly stayed with our other children in our house during our absence.

When we returned doctor wished me to take up more work in the hospital instead of my Thursday class and the time it took to prepare for it.

I was very willing to take up the extra hospital work but regretted very much having to stop my class; I wanted to do both but doctor I feared it would be too much in addition to my household cares so I turned the class over to Mrs. Kim Pil Soonie's mother. It was afterwards taken up for a short time by Dr. Field and after she left by Miss Shield.

I have kept up my Sunday morning class and enjoyed it very much. Ten were baptized from this class during the year. They had been in the church from its beginning and members of this class for a long time.

My work in the hospital has been to visit the wards every day and see that they were kept in order, the beds properly made and the linen changed when needed. As I write it how easy it sounds, but oh! My, such dirty patients and how difficult to get them to wash themselves or to get some one to do it for them! And as we had a very limited supply of hospital clothing they were in bed most of the time with the clothing on that they were wearing when they came into the hospital.

We shall be better off this year in this respect as I am making up liberal supplies of clothing as well as of bed linen. I have made so far

100	Sheets	60	Pillowslips
25	Phillowticks	25	Mattress ticks
48	Towels	32	Quilts

besides fixing over a great many old quilts, mattresses, and others of the old linen supplies.

There have been some very interesting cases in the hospital.

One was an old blind woman who after hearing the gospel said she believed she had been led here for that available purpose and she would like to believe although there were no believers in her village. One of her hands was withered and had been ever since she had had small pox at the age of 3 years. It had remained little like a child's. According to her story she had no living relatives and had earned her own living with her one hand until she had become blind. One eye was incurable but doctor removed cataract from the other so that she regained her sight. Mrs. Kim told her the experience of her own conversion and she was greatly interested.

Another case was that of Mrs. O who was here a long time. She was operated on several times and although not entirely cured was much better when she left to go home. She became a believer, learned to read and was very desirous to learn more of the inner teachings of the bible. She was baptized before she left the hospital. Poor woman, her husband had cast her away and as her parents and brothers did not believe she dreaded going home knowing that she would be persecuted in many ways as well as tempted to do wrong. She cried like a child when she left, saying doctor was like a father and I like a mother to her. I felt badly as she clung to me begging that I pray for her as she went to her heathen home. I encouraged her to believe that she would be the means of all of them believing.

We have the little woman in again who had her foot taken off here some time ago. She recovered from that and was back at her home for a long but is in again with a diseased neck and hand. She has had to lose two fingers. It is a tuberculous case. She appears to believe but has not yet learned to read although we have tried in many ways to encourage her to do so and provided some one to teach her too.

Quite a sum of money has been raised partly by the women of the church to buy a foot for her but we have not got it yet as the money is still insufficient. She attends all the meetings. While she was still at her home one of our women, Shin See, knowing she would like to come to the Sunday meetings and stay for the Monday evening lecture, went to her home, quite a distance from here, carried her in on her back fed her from her own table till Tuesday and then carried her back home. I thought that was pretty good for Shin See.

Another woman whose leg was amputated is still in the hospital and is now professing faith and learning to read.

Yongie and Kapchunie, two of the larger school girls, spent some months in the hospital during the year and while we were sorry to have them in as patients I feel sure they did much good while they were with us for I have seldom seen such patience and quiet submission in suffering displayed anywhere. No-gurie also and Ok-ju were with us for a time and they too were bright happy girls even in the midst of affliction.

One little child about five years old was left at the hospital gate in a supposedly dying condition, swollen with dropsy and numbed with cold. She was carried in and fed and cared for although we scarcely expected her to live. Little by little however she gained strength under the influence of milk, eggs, soup, &c, until she was able to move about a little, and although not like any other child (because she was like a little old wizened woman in appearance) became very interesting to us. We grew to love her and finally I began to carry her up to our house on my back after each days visit to the ward and there fed her a good liberal dinner from our table. It was delightful to see her eat and gain in flesh and gradually become plump. Our children, especially Lawrence, learned to love her and wanted me to adopt her as our own. By and by she didn't wait for me to go down for her but after donning her clean dress would walk up herself in time to get her dinner. Shin See fed her with a spoon each day until she learned to use the spoon herself. When she had got so fat that we could not longer recognize her as a patient we transferred her to Mrs. Campbell's school where she is the pet of all. We gave her the name of Unhyei which means Grace.

While we have had a great many interesting cases amongst the men two little boys interested me most on the male side of the hospital. One is the little fellow spoken of in Mr. Clark's report. He was like sunshine in that big ward of rough men who had long ago become hard and calloused. Poor little fellow, he was a great sufferer; but he was always apparently happy. He would lie and sing "Jesus loves me" and other beautiful hymns. He was not afraid to die. He grew terrible thin towards the last and could not do much for himself but he wanted to be quiet and begged to be put in a small room on a warm floor where he could have the things he needed within his reach. It was bitterly cold weather and meant heating a room specially for him alone so for some days it was not given him as wood was very dear and our funds short but finally I said I thought it should be done as he could not be with us much longer. I was in his room one day near the last when he lay seemingly unconscious of his surroundings but with the evangelist, sitting by his side. I asked if he was asleep and did he know he was soon to die and he heard and replied "Oh, no, I will be near my heavenly Father then". While still able to do so he enjoyed looking at the pretty picture books. He was baptized during his stay with us.

The other little fellow who is now with us is sick with the same trouble, hip joint disease. He is very weak but very happy. He professed conversion this spring and his face is now always bright.

There is not time or I might go on relating one after another of these interesting hospital cases.

Lera had a class of little girls in our Sunday School and the love between her and the class was mutual. It was touching to see how, when she was about to go away to America they brought to her the little keepsakes which they had made and gave them to her with their eyes filled with tears while she putting her arms around one after the other, bade them not to cry for her but to be good girls that she might see them again. She had a farewell party for them and the girls and for the girls in our school to when also she was very much attached. Many an hour was, I am sure, made brighter for those girls when they were in the hospital because Lera loved to go and sit with them and I know she enjoyed it too. When they were able they sang together or sewed together and sometimes she had them brought up to her room so that she might show them her dolls, pictures, &c.; and they in return made for her pretty miniature clothing in Korean style. After her departure her class was given to Miss Brown in conjunction with Cha-hyai, a female student-assistant in the hospital.

Almost every Sunday during the year Wilber and Douglas have met a class of street boys in our compound when they gave them Sunday School picture papers and sometime tracts and after wards took them down to the Church Sunday School where many of them have become regular attendants coming in cleaner clothes and looking like different boys. They also gave out several hundreds of tracts each Sunday on the streets.

Lawrence generally stayed at home on Sunday mornings and took care of our two little boys while we were at the morning service, reading to them and telling them stories, and so helping the work in another but very useful way. The little boys therefore miss their big brother very much, as do we all.

I had the privileges of taking part in the woman's class held in February. My subject was "The life of Christ" and we tried to follow him from his birth to his ascension but in so short a time could not take up all. We dwelt mainly upon his birth, boyhood and young manhood, the calling of his disciples and in order to show his power as the son of God, took up a few of the more important miracles. I think we were all surprised both at the number in attendance and the interest shown in the work of the class, because on account of the war which had just begun the country was in such a troubled state that we thought few if any would come or that their minds would be too much disturbed for study. The class was closed with the usual little social time at our house, several ladies joining to provide light refreshments. What is I suppose one of the hardest trials that ever come to missionaries came to us in the parting of our children from us to go to school in America. For a long time we had realized it was coming and dreaded its approach but it came at last. However as in every trial in our past experience our heavenly Father has given us strength & courage to bear it & we are still trusting him, & ____ _____ His _____ ____, not only hoping but expecting that all will be done that is best for His ____ & glory at our good.

Baptisms from class 10, two of whom __ my _____ ____ _____ one a hospital patient. There are 3 catechumens now in the hospital.

메이 B. H. 헐버트(한강)가
헬렌 헐버트(미국)에게 보낸 편지 (1904년 8월 14일)

한강, 1904년 8월 14일

사랑하는 헬렌에게,

　대단히 나른한 또 다른 한 주가 지나갔는데, 비로 시작해서 소나기가 계속 내렸단다. 우리는 벙커 씨 가족이 월요일에 도착하였다는 것을 들었기에 화요일에 2명의 노무자를 올려 보냈고, 점심 식사 후에 언더우드 부인과 나는 벙커 부인을 만나러 올라갔단다. 나는 그녀가 내게 준 너의 편지를 즐겼고, 샌프란시스코에 있는 동안 그녀가 너에 대하여 이야기 하는 것을 듣는 것이 얼마나 즐거웠던지. 내가 그곳에 있는 동안 에비슨 부인이 왔고, 우리는 모든 이야기를 했단다. 벙커 씨 부부를 다시 보니 너무 반가웠다.

　나는 벡 부인이 수요일에 올 것으로 예상하였고, 에비슨 부인과 가족들이 언더우드 부인에게 올 것이라고 예상하였지만 유감스럽게도 하루 종일 비가 퍼부었단다. 그 방문은 금요일까지 연기되었다. 벡 부인은 아파서 올 수 없었지만 우리는 언더우드 씨 부부 및 에비슨 박사 부부와 저녁을 먹었다. 우리 아이들, 에비슨 아이들 4명, 프레드 및 루비는 이곳에 올라와 함께 즐거운 저녁 식사를 하였단다.

(중략)

　어제 아빠는 체스터와 함께 걸어서 서울로 올라갔고, 체스터는 메리와 함께 보냈다. 불쌍한 소녀는 여름 내내 혼자 있었단다. 나는 그 애가 에비슨 가족과 함께 내려오기를 기대했었는데 어떤 이유로 오지 않았단다.

(중략)

May B. H. Hulbert (Han Kang),
Letter to Helen Hulbert (Hampden, Mass.) (Aug. 14th, 1904)

Han Kang, Aug. 14th, 1904

My dearest Helen: -

Another week hs rolled by it has been a very lazy one, it began with rain, shower after shower. We heard that the Bunkers had arrived Monday so Tuesday I sent up for two coolies and after lunch Mrs. Underwood & I went up to see Mrs. Bunker. I enjoyed your letter which she gave me and how I enjoyed hearing her tell of you while in San Francisco, Mrs. Avison came in while I was there and how we all did talk. It seemed so good to see Mrs. & Mrs. Bunker again.

I expected Mrs. Beck to come Wednesday & Mrs. Avison & family were to come to Mrs. U's but sad to say it poured all day long. The visit was postponed until Friday. Mrs. Beck was sick & could not come but we took dinner with Mr. & Mrs. U., Dr. & Mrs. Avison. All the children, ours, Avisons 4, Fred & Ruby had dinner together up here such fun as they had.

(Omitted)

Yesterday Chester with Papa walked up to Seoul, Chester spent the day with Mary. Poor little girl has been alone all summer. I expected her down with the Avisons but for some reason she did not come.

메리 B. 바렛(서울), 1903~4년도 개인 연례 보고서 (1904년 9월)

(중략)

학교에서의 수업

9월 하순부터 강의실 업무가 시작되어 다음과 같이 수업이 진행되었습니다. 게일 씨는 천문학을 주 4시간, 그리고 한국어, 교회, 그리고 영국사를, E. H. 밀러 씨는 거의 일 년 내내 고급 산술을 주 5시간 강의하였습니다. 신 부인은 다른 산술과 약간의 성경 수업을, 도티 양은 가장 진전된 성경 수업을, E. H. 밀러 부인은 지리를, 에비슨 박사는 화학을 매주 한 번 강의하였습니다. (......)

(중략)

Mary B. Barrett (Seoul),
Annual Personal Report for 1903~4 (Sept., 1904)

(Omitted)

Class room Work of the School.

Class room work began the latter part of September, instruction being given as follows;- Mr. Gale four hours a week in Astronomy, and in Korean, Church, and English History, Mr. E. H. Miller in five hours a week nearly the while year in advanced Arithmetic; - Mrs. Shin, the other Arithmetic, reading and some Bible work; Miss Doty three most advanced classes in Bible work; Mrs. E. H. Miller in geography; Dr. Avison one lessons, a week in Chemistry; (......)

(Omitted)

메리 E. 브라운, 1903~1904년 개인 보고서 (1904년 9월)

(중략)

레라 에비슨이 미국으로 떠난 이후로 나는 한국인 전도부인인 자혜의 도움을 받아 그녀가 담당하던 어린 소녀반의 책임을 맡았다. (......)

(중략)

Mary E. Brown, Personal Report, 1903~1904 (Sept., 1904)

(Omitted)

Since Lear Avison left for America I have had charge of her class of little girls, assisted by the Korean Bible woman, Cha Hai; (......)

(Omitted)

에드워드 H. 밀러(서울),
E. H. 밀러 목사의 1903~1904년 개인 보고서 (1904년 9월)

(중략)

산술의 초보자는 처음에 도티 양이 그녀의 산술책으로 가르쳤지만, 필드 박사의 책을 시작하면서 레널즈 부인에게 넘겨졌습니다. 토요일에 상급반 학생들은 병원으로 가서 에비슨 박사로부터 화학을 배웠습니다. (......)

(중략)

실업과의 기금이 바닥나기 전에 방학을 해야 하는 상황에서 지부가 정한 시간인 5월 31일 저녁에 학교의 첫 공식 방학식이 게일 씨 사택에서 있었는데, 학생들은 언더우드 박사, 에비슨 박사, 서 장로 그리고 게일 씨의 강연을 들었습니다. 그리하여 1904년 9월 29일에 개학하기로 예정된 남자 중학교 3학년은 방학을 하였습니다.

(중략)

Edward H. Miller (Seoul),
Personal Report of Rev. E. H. Miller, 1903~1904 (Sept., 1904)

(Omitted)

The beginners in Arithmetic were first taught by Miss Doty in her Mental Arithmetic but were transferred to Mrs. Reynolds on beginning Dr. Field's Volume. On Saturdays the advanced students went over to the Hospital and were taught Chemistry by Dr. Avison. (......)

(Omitted)

The funds for the Industrial Department having run out necessitated closing the school ere the time set by the station and the first formal closing exercises of the school were held at Mr. Gale's May 31 in the evening when the boys listened to addressed by Dr. Underwood, Dr. Avison Elder Saw and Mr. Gale. Thus the third year of the Intermediate School for boys closed with the date set for reopening on September 29, 1904.

(Omitted)

올리버 R. 에비슨(서울), 의료 사업. 1904년 9월 연례 회의에서 미국 북장로교회 한국 선교부에 제출한 서울 지부 연례 보고서 (1904년 9월), 35~38쪽

의료 사업

지난 연례 회의에서 배정된 업무는 언더우드 부인이 집과 모화관에서 진료를 하고, 에비슨 박사는 세브란스 기념 병원의 책임을 맡는 것이었다.

(중략)

에비슨 박사의 업무는 구 병원 건물에서 일반적으로 수행되었으며, 가능한 한 최대한의 활기로 새 병원 건축의 감독 업무를 수행하였다. 첫 몇 개월 동안 상당히 열정적으로 업무를 진행하였으며, 해부학, 화학 및 생리학을 정기적으로 강의하여 조수들이 업무에서 훨씬 더 효율적이고 관심을 갖게 되었고, 에비슨 박사가 대부분의 시간을 건축 업무에 할애해야 할 필요가 있었을 때 그들 스스로 대단히 훌륭하게 업무를 할 수 있게 되었다.

내년에 우리가 건물의 산만함에서 크게 벗어나 병원이 장려하는 세 영역인 의료, 전도 및 교육 분야에 의사가 온 시간을 할애할 수 있을 것이라는 사실이 크게 기쁘다.

영국 선교부 측에서 이 도시의 의료 사업을 영구적으로 폐쇄하여 발독 박사 부부가 출국함으로써 우리에게 서울의 의료에 대한 더 큰 책임이 넘겨졌고, 그래서 감리교회 여병원과 일본 종합병원을 제외하고는 우리 병원이 한국인 환자가 입원하는 유일한 곳이며, 일본인의 진료는 대부분 자기네 국적을 가진 사람들에 국한되어 있다.

영국 병원의 폐쇄는 의심할 여지없이 내년에 우리의 업무에 많은 것을 더하겠지만, 이렇게 강화 작업이 진행되고 있다는 것은 축하할 일이다. 영국 선교부는 반쯤 죽어가는 상태로 두 곳을 운영하는 것보다 한 곳에 집중하고 만족스럽게 운영하는 것이 낫다고 판단하였고, 그래서 그들은 자신들의 선교지를 갖고 있고 제물포의 병원을 재건하고 개선하고 있으며, 그것의 책임을 맡는 활동적인 기독 의사를 배치하였다.

에비슨 박사의 두 자녀가 미친 개에 물린 심각한 사고로 박사는 나가사키에 있는 파스퇴르 연구소를 방문하여 치료뿐만 아니라 바이러스 준비에 대한 모든 세부 사항을 견학할 기회를 가졌고, 그 결과 우리의 새 병원과 관련하여 연구소를 설립할 것을 제안하였다. 이 목적을 위하여 이탈리아 공사관 수비대가 100엔을 기부하였으며, (병원을) 이전한 후 최대한 빨리 업무를 시작할 것이다. 우리 기독교인 여자 한 명이 3월에 물려 박사는 나가사키에서 바이러스를 얻어 치료하였는데, 치료비 60엔 중 그녀의 아들이 10엔을 지불하였고 지부의 여러 구성원들이 잔액을 지불하였다.

우리 병원 사업의 전도 성과는 이전 시기보다 더 크거나 적어도 더 분명하였는데, 3명의 환자가 세례를 받았고 여러 명이 예비 신자로 받아들여진 반면, 많은 사람들이 개조하였다고 공언하였지만 우리의 규칙에 따라 예비 신자로 등록하기에는 너무 빨리 집으로 돌아갔다.

11월에 우리 병원의 일본인 간호원들은 전쟁의 위협 때문에 일본 정부에 의하여 소환되었고, 그로 인하여 우리 간호부서는 무질서한 상태가 되었고 여전히 고통을 받고 있다. 에비슨 부인은 다른 일의 대부분을 포기함으로써 이 부서를 맡을 수 있게 되었다. 간호는 할 수 없었지만 그녀는 거의 매일 병동을 방문하여 그들의 보살핌을 감독하고, 아마포 공급이 제대로 유지되고 있는지 확인하고, 세탁을 감독하고, 일을 질서 있게 유지하는 데 절대적으로 필요한 모든 작은 일을 하고 있다. 의사가 그렇게 병원을 많이 떠나 있는 동안 그녀의 도움이 없었다면 병원 업무는 혼란에 빠졌을 것이다. 이 외에도 그녀는 여자 입원 환자들의 마음에 끊임없는 영향력을 행사하였으며, 그들 중 많은 사람들이 그리스도를 알게 되는데 도움의 수단이 되었다. 한 해의 마지막 몇 달 동안 그녀는 한국 여자들의 도움을 받아, 종종 환자들을 이용하여 이불 32개, 시트 100장, 베개 및 베갯잇 50개, 잇 25개, 수건 50개 그리고, 하의 및 웃옷으로 이루어진 남자 옷 56벌 등을 포함하여 새 병원에서 사용할 많은 새 물품을 만들었다.

이 보고서가 선교부로 넘겨지기 전에 새 병원이 완공되고 업무가 진행되기를 우리는 바라고 있다. 지난 11월에 건축 공사를 순조롭게 하기 위하여 계약자로부터 그 일을 넘겨받는 것이 필요함을 알게 되었고, 그 이후 공사는 거의 전적으로 일용직 일꾼에 의해 수행되었다. 이 사실은 전쟁으로 인한 재료비와 인건비의 현저한 상승과 함께 완성된 건물의 비용을 다소 증가시켰지만, 글을 쓰는 시점에서 어느 정도인지는 알 수 없다. 새 건물은 업무에 필요한 바로 그런 것이라는 약속을 주고 있으며, 우리는 앞으로 그곳에서 기쁘게 일하기를 기대하고 있다.

올해 치료를 받은 환자의 수는 7,242명으로, 남자가 5,471명, 여자가 1,771 명이었다.

O. R. A.

Oliver R. Avison (Seoul), Medical Work. Annual Report of Seoul Station Presented to the Korea Mission of the Presbyterian Church in the United States of America at the Annual Meeting, September, 1904, at Seoul (Sept., 1904), pp. 35~38

Medical Work.

The assignments at last annual meeting were, - Mrs. Underwood to do medical work at her home and at Mohoakoan and Dr. Avison in charge of Severance Memorial Hospital.

(Omitted)

Dr. Avison's work has been carried on along the usual lines in the old hospital buildings with as much energy as could be spared from the work of supervising the new hospital building. During the first few months the work was carried on with much enthusiasm and regular instruction was given in Anatomy, Chemistry, and Physiology so that the assistants grew much more efficient and interested in the work and were able to do very good work by themselves when it became necessary for Dr. Avison to devote most of his time to the work of construction.

It is a matter for great rejoicing that the coming year will see us to great extent free from the distraction of building so that the doctor can give his whole time to the three branches of work which it is the province of the hospital to promote, medical, evangelistic and educational.

A greater degree of responsibility for the medical care of Seoul has fallen on us by reason of the permanent closing of medical work in the city on the part of the English Mission, resulting in the departure of Dr. and Mrs. Baldock so that outside of the Women's Hospital of the M. E. church and the general hospital of the Japanese, our's is the only place where Korean patients are admitted and the Japanese admit very few their work being confined largely to their own nationality.

Although the closing of the English hospital will doubtless add much to our work during the coming year it is a matter for congratulation that the work of consolidation is thus going on. The English Mission decided that it would be better to concentrate their efforts in one place and try to carry on one work in a satisfactory way rather than two in a semi-dying condition, so they are rebuilding and improving their hospital in Chemulpo where they have a field all to themselves and have placed an active Christian physician in charge of it.

A serious accident, the biting of two of Dr. Avison's children by a rabid dog, led to the doctor visiting the Pasteur Institute in Nagasaki where he had the opportunity of watching all the details not only of treatment but of preparation of the virus and as a result it is proposed to establish an Institute in connection with our new hospital. A donation of 100 yen was made towards this object by the Italian Legation Guard and as soon as possible after moving the work will be begun. One of our Christian women was bitten in March and the Doctor obtained virus from Nagasaki and gave the treatment here at a cost of 60 yen, of which her son paid 10 yen and various members of the Station supplied the balance.

The Evangelistic results of our hospital work have been greater or at least more manifest than in any former period, three patients having been baptized and several received as catechumens while many professed conversion but returned to their homes too soon to be enrolled as catechumens according to our rules of working.

In November our Japanese nurses were recalled by the Japanese Government on account of the threatening of war and our nursing department was thereby thrown into disorder from which it is still suffering. Mrs. Avison, by giving up the greater part of her other work, was enabled to take charge of this department. Although not able to do the nursing, she has visited the wards almost daily, superintending their care, seeing that the linen supply was kept in order, overseeing the laundry, and doing all those little things which are absolutely necessary to keep things in running order. Without her help during this time when the Doctor has been away from the hospital so much, the work would have fallen into confusion. In addition to these things she exercised a constant influence over the hearts of the women inmates and was a means of helping many of them to a knowledge of Christ. During the last few months of the year she has, with the help of some Korean women, very often using patients in the work, made up large quantities of new articles for use in the new hospital, including 32 quilts, 100 sheets, 50 pillow ticks and covers, 25 bed ticks, 50 towels, and 56 suits of clothes for men, consisting of pants and jackets.

Before this report is in the hands of. the Mission the new hospital will be completed and the work going on in it, we hope. In November last it was found necessary in order to secure good work to take it out of the hands of the contractor and after that time it was done almost entirely by day labor. This fact together with the marked rise in cost of both material and labor caused by the war has increased the cost of the finished building somewhat but it is not known at the time of writing to just what extent. The new building gives promise of being just what is needed for the work and we look forward with much pleasure to the coming years' work in it.

The total number treated in the dispensary during the year was 7,242, 5,471 being male and 1,771 being female.

O. R. A.

19040912

아서 J. 브라운(미국 북장로교회 해외선교본부 총무)이
윌리엄 L. 스왈렌(평양)에게 보낸 편지 (1904년 9월 12일)

(중략)

나는 귀하가 서울에 두 번째 의사를 임명하는 것에 대하여 쓴 편지를 주의 면밀하게 주목하였습니다. 하지만 귀하가 편지를 쓴 이후로 귀하의 두려움을 조금이나마 덜어줄 수 있는 주제에 대하여 선교부로 보내진 또 다른 편지를 보았을 것입니다. 또한 새 의사로 인한 추가 비용 때문에 선교부가 정규 예산에서 1달러도 전용할 필요가 없도록 예산에 추가 액수가 제공되었음을 알 수 있을 것입니다. 내가 귀하의 편지를 받았을 때 허스트 박사는 이미 한국으로 가는 중이었습니다. 그는 매우 영적인 생각을 가진 사람으로서 우리 모두에게 깊은 인상을 남겼습니다. 그는 노스필드에서 열린 학생 대회에서 두각을 나타내었고, 저는 선교부의 전도력에 결정적으로 추가된 화이팅을 이미 만났듯이 그를 알게 될 것이라고 생각합니다.

(중략)

Arthur J. Brown (Sec., BFM, PCUSA),
Letter to William L. Swallen (Pyeng Yang) (Sept 12th, 1904)

(Omitted)

I have noted with care what you write about the appointment of a second physician to Seoul. Since you wrote, however, you have doubtless seen another letter that was sent to the Mission on the subject which may relieve some of your fears. You will also note that in the grants an extra sum has been provided so that it will not be necessary for the Mission to divert one dollar from its regular grants on account of additional expenses due to the new physician. Dr. Hirst was already on his way to Korea when I received your letters. He impressed us all as a very spiritually minded man. He was prominent in the Student Conference at Northfield, and I think you will find him as you have already found Dr. Whiting, a decided addition to the evangelistic force of the Mission.

(Omitted)

19041000

숙녀들의 날.
The Korea Review (서울) 4(10) (1904년 10월호), 461쪽

숙녀들의 날

Review의 독자들의 편의를 위하여 서울의 여러 숙녀들이 (손님을) 접대하는 요일 목록을 확보하였다. 약간의 누락이 있을 수 있지만 이것들의 대부분은 이 숙녀들의 날을 갖고 있지 않거나 특별한 날이 없기 때문이다.

에비슨 부인   달의 마지막 주를 제외한 금요일

(중략)

Ladies' Days. The Korea Review (Seoul) 4(10) (Oct., 1904), p. 461

Ladies' Days

For the convenience of the readers of the Review we have secured a list of the days upon which the different ladies in Seoul receive. There may be a few omissions but most of these are because these ladies have no day or else no special day.

Mrs. Avison   Fridays, except last of the month

(Omitted)

19041000

올리버 R. 에비슨,
세브란스 병원. *Korea Review* 4 (1904년 10월호), 486~492쪽

세브란스 병원

현재의 세브란스 병원은 1884년 H. N. 알렌 박사가 왕의 후원 하에 설립한 한국 왕립병원의 직접적인 계승자이다. 몇 년 동안 그것은 왕의 지원을 받았지만 장로교회 선교부가 운영비를 부담한 1895년까지 그 기금은 점차 다른 목적으로 전용되었다. 당시 한국인을 위한 의료 사업은 장로교회, 감리교회, 영국 선교회로 나누어져 있었는데, 가장 저급한 기지 외에는 아무것도 없었다. 이러한 상황은 6년 가까이 진정한 한국의 왕립병원의 책임을 맡았던 에비슨 박사가 적절한 병원 시설이 필요하며, 또한 서울에 있는 많은 의사들을 열악한 건물, 열악한 장비 및 매우 불충분한 지원으로 모두 다른 병원에 배치하는 것은 매우 현명하지 못한 인력과 돈의 사용이라는 확고한 신념을 갖고 1899년 미국으로 귀국하였을 때까지 대두되었던 것이다.

그것은 1900년 봄에 뉴욕에서 개최된 위대한 선교 대회에서 자신에게 배정되었으며 자신의 생각과 대단히 유사하였던 주제인 "의료 선교에서의 우의"를 낭독하기 위하여 미국에 체류하는 동안 에비슨 박사의 책임이 되었다. 이 글에서 에비슨 박사는 위에서 언급한 서울의 상태, 즉 7개의 다른 병원과 진료소에서 떨어져 일을 하고 있는 7명의 의사, 그들 중 아무도 건물, 장비, 인력 또는 지원을 전혀 받지 못하고 있다는 것을 언급하였으며, 그는 좋은 병원에 배치된 절반의 의사가 서울의 의료 업무를 당시 많은 남자와 여자가 하는 것보다 더 쉽고 효율적이고 더 적은 비용으로 수행할 수 있다는 의견을 표명하였다. 그는 평범한 사업의 원칙인 우의가 선교 사업의 이러한 특징으로 확장되기를 주장하였으며, 서울에서 일하는 여러 선교부가 하나의 훌륭하고 설비가 잘 갖추어져 있으며 잘 지원되는 병원의 설립에 연합했으면 하는 희망을 표명하였다.

연설이 끝날 무렵 에비슨 박사는 회의에 참석한 오하이오 주 클리블랜드의 L. H. 세브란스 씨의 면담 요청을 받았다.

세브란스 씨는 논문에서 제시한 견해에 대하여 깊은 공감을 표하고, 서울에 병원을 건축하는데 드는 비용 문제를 거론하였다. 그는 미화 금화 1만 달러가 필요할 것이라고 들었다. 나중에 세브란스 씨는 뉴욕 장로교회 해외 선교본부와 논의하였고, 그 결과 그 목적을 위하여 1만 달러를 기부하겠다고 제안하였다. 에비슨 박사가 한국에 돌아왔을 때 도심 근처의 오래된 건물 자리에 새 병원을 지을 계획이었지만, 상황이 이를 막았다. 황제가 부지를 기증할 의사를 표명하였지만 그의 목적이 좌절되었고 부지가 없어 건물을 건축하는 길이 막혔다. 세브란스 씨에게 이 문제가 보고된 후, 그는 부지 구입을 위하여 5,000달러를 추가로 아낌없이 기부하였고, 이것으로 현대의 남대문 밖 아름다운 부지를 구입하였고 실제 공사는 1902년 여름에 시작되었다. 추수감사절 오후에 H. N. 알렌 주한 미국 공사가 외국인 공동체와 한국인 관리가 많이 참석한 가운데 정초석을 놓았다.

전쟁의 시작과 다른 원인 등이 예상 비용을 상당히 증가시켰지만 세브란스 씨는 여건을 이해하고 병원을 훌륭한 상태로 완공하고 장비를 갖추는데 필요한 금액을 아낌없이 지출하였고, 부속 건물이 완성되었을 때 최소한 미국 금화 2만 달러가 소비되었을 것이다.

하지만 그 결과 서울은 모든 종류의 사례를 현대적인 과학적 방법에 따라 치료할 수 있는 현대적인 병원을 갖게 되었다.

본관은 약 40x80피트 크기로 2층과 지하로 구성되어 있지만, 천장이 높고 채광과 마감이 잘 된 지하층은 건물에 또 다른 층을 제공해 준다.

지하에는 2개의 대기실, 상담실, 검사실 및 약국으로 구성된 공공 진료소가 있고, 이외에 의약품 창고, 난방로 및 석탄실, 주방과 현대식 건조실이 딸려 있는 세탁실이 있다. 1층에는 의사실, 방사선 장비를 즉시 추가할 수 있는 전기 설비가 되어 있는 방, 증기 목욕실, 관절 치료를 위한 건조한 뜨거운 공기 장치, 코와 인후 등의 치료를 위한 압축 공기 장치, 그리고 특수 형태의 장치, 남자용 3개의 내과 병동, 아마포 옷장, 남자용 욕실 및 화장실, 여자용 4개의 내과 병동, 아마포 옷장, 여자용 욕실 및 화장실, 그리고 일반 회의실 등이 있다.

2층은 전적으로 남자를 위한 외과 업무에 할애되어있으며, 이곳에는 수술자를 위한 세면실과 소독실이 딸려 있는 수술실이 위치해 있다. 이 방은 16x16 피트 크기이며, 높이가 14피트이고 북동쪽을 향해 있는 지붕은 거의 유리로 되어 있어 추가적인 많은 채광이 풍부한 반사 빛을 주어 어떠한 그림자도 수술자의 업무를 방해하지 않는다. 이 방은 흰색 에나멜로 처리된 강철 수술 기구와 물로 살균하는 장치를 갖추고 있으며 작업에 적합하게 되어 있다.

이 층에는 7개의 병동, 아마포 옷장, 욕실 및 화장실, 간호원실 그리고 소수술실, 그리고 1층과 같이 배식을 위하여 지하 주방과 소형 승강기로 통하는 규정식 조리실이 있다.

의사의 사무실은 통화관을 통하여 병원의 모든 부분과 소통을 하며, 개인 전화는 병원과 의사 사택을 연결한다.

외국인 환자의 편의를 위하여 병원과 시내 일반전화 계통을 연결하고자 한다.

벽과 천정을 비롯한 건물의 내부는 모두 부드러운 색상으로 칠하여 씻어내고 청결하게 유지할 수 있으며, 모든 구석을 둥글게 처리하여 먼지가 쌓이지 않도록 함으로써 청결함을 더하였다. 혼자 방을 사용하고 싶어 하는 사람들을 위하여 여러 개의 개인 병동이 설치되었으며, 외국인 환자가 사용하기에도 적합하다. 욕조, 화장실 및 세면대는 현대적인 방식으로 설비되어 있으며, 적절하게 배관이 되어 있고 온수와 냉수가 공급된다.

건물 전체는 온수 계통으로 가열되어 실내에 연기와 석탄 가루가 없으며 모든 실내가 동일한 온도로 유지될 수 있다.

전체적인 전기 조명도 병동이 더러운 기체로 오염되는 것을 방지하는 데 큰 도움이 된다.

환기는 잘 고려되었으며, 문 위에 배치된 광창(光窓)과 따뜻하고 신선한 공기를 병동으로 운반하고 오염된 공기를 내보내어 문과 창문이 단단히 닫혀 있어도 지속적으로 새로운 공기가 공급되고 눈에 띄는 외풍이 없게 만드는 유입 및 유출 연도(煙道) 계통이 마련되어 있다.

검사실에는 혈액, 소변, 대변, 가래 등의 검사를 위한 현대적인 장치가 설치되어 있다.

토끼우리가 설치되었으며, 완비된 파스퇴르 연구소가 곧 가동될 예정이어서, 광견병에 걸린 너무 안타까운 사람들이 파스퇴르 방법에 따라 신속한 치료를 받을 수 있다. 이런 종류의 많은 사고는 우리 가운데 그러한 기관의 필요성을 강조해 주고 있다.

전염병 환자의 수용을 위한 격리 건물의 건립 계획이 현재 진행되고 있다. 이것은 봄이 되자마자 건축될 것이다. 영안실, 창고 등 다른 부속 건물은 추가될 것이며, 본관 주변에 조수와 하인을 위한 여러 사택이 기지를 모든 면에서 완전하게 할 것이다.

모든 형태의 선교 사업은 일시적이어야 한다는 점을 염두에 두고 병원 업무라도 현지인 의사가 해야 하는 시대를 고대하며 소수의 청년들에게 체계적인 의학 교육을 하기 위하여 많은 노력을 기울였다. 그리고 이러한 노력은 의사가 특별한 언어 학습과 교과서 준비에 많은 시간을 할애하였음을 의미하였다. 한 사람이 계속해서 그 업무를 잘 하기에는 그 업무가 전체적으로 과중하다는 것을 알게 되었고, 다시 세브란스 씨가 자신의 마음과 지갑을 열어 자신의 비용으로 두 번째 의사인 J. W. 허스트 박사를 파송하여 에비슨 박사와 함께 일하도록 하였다. 그래서 이제 병원의 모든 부서가 더욱 활기차고 더 많은 관심을 가지고 수행될 수 있도록 하고, 한국의 젊은 남녀를 의사와 간호원으로 양성하는 것이 더 두드러진 특징을 형성하게 될 것이며, 동시에 한국어와 글로 된 일련의 의학 교과서가 출판될 것이다.

위생 원칙이 지속적으로 위반되는 국가에서 예상할 수 있듯이 결핵이 만연하여 치료를 요청하는 사람들 중 상당수가 이 질병으로 고통 받고 있다.

유럽과 미국에서 그 효과가 입증된 현대적인 결핵 치료에 적합한 천막이나 기타 건물을 건축하는 것이 담당 의사들의 희망이다.

막 건립된 건물은 30~35명 정도의 환자를 수용할 예정이지만, 필요에 따라 40개 정도의 병상을 놓을 수 있고, 격리병동에는 6개 정도의 병상이 있을 예정이다. 하루 평균 진료 환자 수는 약 50명, 혹은 1년에 1만 명 정도이지만 새 병원의 장점이 널리 알려지면서 더 많은 환자를 진료하게 될 것 같다.

이 업무를 잘 하기 위해서는 매년 상당한 금액의 지출이 필요한데, 의사의 급여를 제외하고 신중하게 7,500엔으로 추산한다.

이를 마련하기 위하여 다양한 출처에서 4,500엔의 추정 수입이 있어 연간 3,000엔의 적자가 남게 되며, 책임자들은 이 액수를 한국 내에서 얻기를 희망한다. 이것은 매년 기대되는 좋은 태양처럼 보이지만, 성공적인 외교관, 사업가 및 기타 사람들이 가난한 사람들과 고통 받는 사람들에게 그토록 많은 명확하고 유형적인 선(善)을 약속하는 자선 사업에 투입하는 것은 큰 액수가 아니다. 많은 지역 사회에서 기지의 비용과 전체 경상 지출은 지역 사회에서 제공되지만, 이곳 서울에서는 모든 것이 제공되며 대체적으로 현재 지출의 반 미만을 지역 사회에 요구하고 있다.

염두에 두이야 할 매우 중요한 점은 그 기지가 장로교회 해외 선교본부가 소유하고 관리하지만 그 업무의 범위에 있어서는 전적으로 비종파적이라는 것이다. 그것은 미국 기업에 의하여 건설되고 수행되고 있지만 그 혜택의 분배에 있어서는 전적으로 국가적 편견이 있다. 종교에 상관없이 또는 종교가 없거나 국적을 불문하고 환자가 입원하여 시설이 제공할 수 있는 최상의 대우를 받는다.

그리고 선교부와 병원 책임자들이 공언한 분명한 목표는 병원의 영향력 범위 안에 들어오는 모든 사람들에게 종교적 교육을 제공하고 가능한 한 그들에게 기독교를 지지하도록 영향을 주는 것이지만, 다른 어떤 강제도 사용하지 않고 모두에게 그리스도를 그들의 구세주로 제시하는 것 외에 설득하지 않으며 다른 교파의 신자들에게 장로교회를 지지하도록 영향을 미치려는 노력을 하지 않는다. 감리교회나 로마 가톨릭 신자가 병원에 입원하는 경우, 감리교회 목사나 로마 가톨릭 신부는 장로교회 목사와 마찬가지로 어떤 교단에서도 자유롭게 그들을 방문할 수 있다.

서울에 여러 교단의 병원이 존재하는 한, 지역의 재정적 지원을 받으려는 노력이 없었지만, 지금은 감리교회와 영국 교회가 일반 의료를 포기하면서(지금은 한국 여자들을 위하여 감리교회 여병원만 운영되고 있다.) 사업의 지원 일부를 사회 전반에서 기대하는 것이 좋을 것 같다.

일반 병동 환자의 1년 식비와 의약품 비용은 100엔으로 추산되며, 여러 사람들이 병상을 후원할 것을 제안하였는데 그들의 뜻에 따라 이름을 붙일 것이다.

10개의 병상으로 이루어지는 일반 외과 병동은 연간 1,000엔을 지불하거나 어떤 병상이든 100엔으로 지원될 수 있다.

그리고 1년에 300엔으로 지원이 가능한 병상이 3개 있는 병동이 여러 개 있다.

파스퇴르 연구소는 세브란스 병원의 직접적인 일부가 아니며, 지금까지 유일하게 기부된 것은 이탈리아 공사관 경비대가 토끼우리를 만드는데 사용하도록 기부한 100엔이다. 이 연구소를 적절하게 설립하려면 바이러스를 조작하는 기구와 저장 기구를 구입해야 한다. 작업은 가장 엄격한 소독 예방 조치 하에 수행되어야 하며 특수 기구가 필요하다. 그 비용은 아마 250엔 정도가 될 것이고, 누군가의 기부는 이로운 행위가 될 것이다.

이 외에도 접종된 토끼를 보관할 수 있는 약 12~16피트 크기의 방이 필요하며, 이를 설치하는 데는 약 100~125엔이 소요된다.

연구소가 이렇게 시작된 후 환자가 있건 없건 간에 신선한 바이러스의 공급을 지속적으로 유지해야 하며, 이로 인해 매달 많은 토끼를 소진시킬 필요가 있을 것이다. 나가사키 연구소에서는 매달 약 30마리의 토끼가 사용되는 것으로 계산된다. 따라서 토끼를 돌보고, 토끼가 건강하게 유지되는지 확인하며, 특히 접종된 토끼를 돌보는 데 거의 항상 한 명의 보조자가 필요하기 때문에 연구소의 유지비가 적지 않을 것이다. 아마도 매년 400~500엔이 연구소 유지에 필요할 것이며, 이것은 후의를 보여줄 좋은 기회가 될 것이다.

주식은 주당 50엔에 파스퇴르 연구소에서 제공되는데, 선불된 50엔에 대하여 기증자는 연구소에서 완전한 치료를 받거나 외국인이나 부유한 한국인 한 사람의 치료를 추천할 수 있게 되며, 치료비를 12.5엔으로 낮출 수 있는 가난한 한국인 4명의 치료를 위하여 사용할 수 있다.

치료는 21회의 접종으로 이루어지며 연속 21일 동안 진행된다.

후의를 잘 나타낼 수 있는 또 다른 방향은 어떤 명석한 의학생을 후원하는 것이다. 이것은 연간 100엔 정도의 비용으로 가능하다.

하지만 현재 가장 시급한 것은 아마도 병원의 병상 지원일 것이다. 서울이 연간 100엔으로 병상 중 적어도 20개를 담당하여 우리 가운데 있는 많은 병자들과 고통 받는 가난한 사람들의 치료와 구호에 제공할 수 있지 않을까?

병상 지지자들은 병상의 이름을 선택하고 병상 위에 놓을 수 있으며, 매년 병상에서 치료되는 사례에 대하여 보고서가 제공될 것이다.

O. R. 에비슨

Oliver R. Avison,
The Severance Hospital. *Korea Review* 4 (Oct., 1904), pp. 486~492

The Severance hospital.

The present Severance Hospital is the direct successor to the Royal Korean Hospital which was established by Dr. H. N. Allen in 1884. under the patronage of His Majesty the King. For some years it was supported by His Majesty but the fund were increasingly diverted to other purposes until 1895, - when the cost of the work was undertaken by the Presbyterian Mission. At that time the medical work for the Korean people was divided amongst the

Presbyterian, Methodist and English Church Missions, none of whom had anything but the most inferior plants. This condition of things obtained up to 1899 when Dr. Avison who had been for nearly 6 years in charge of true Royal Korean Hospital returned to America on furlough with the great need for a proper hospital plant weighing heavily on his mind and also in the firm conviction that it was a very unwise use of men and money to place so many physicians in Seoul in so many different hospitals all with poor buildings, poor equipment, insufficient manning and very inadequate support.

It fell to Dr. Avison's lot while in America to read a paper before the great Ecumenical Missionary Conference in New York in the Spring of 1900, the subject assigned him being one which lav very close to his thought viz: "Comity in Medical Missions." Dr. Avison in this paper referred to the conditions in Seoul mentioned above, viz: Seven physicians working separated in seven different hospitals and dispensaries, none of them having either buildings, equipment, manning or support at all commensurate with their needs, and he expressed the opinion that half the number of physicians placed in one good hospital could do the medical work of Seoul with greater ease and efficiency and at less actual cost than was then done by so many men and women. He pled for the extension of the plain business principle of comity into this feature of the Missionary enterprise, expressing the hope that the various Missions at work in Seoul might unite in the establishment and support of one good, well equipped and well supported hospital.

At the close of his address Dr. Avison was summoned to meet Mr. L. H. Severance, of Cleveland, Ohio, who was present at the meeting.

Mr. Severance expressed his cordial agreement with the views set forth in the paper and introduced the question of the cost of erecting a hospital in Seoul. He was told that $10,000 U. S. gold would probably be required. Later on Mr. Severance conferred with the Presbyterian Board of Foreign Missions in New York on the subject and as an outcome offered to donate $10,000 for the purpose. When Dr. Avison returned to Korea he expected to erect the new hospital on the site of the old building near the center of the city, but circumstances prevented this. His Majesty the Emperor had expressed his intention of donating a site but his purpose was frustrated and the want of a site blocked the way for the erection of the building. The matter having been reported to Mr. Severance he generously donated another $5,000 gold for the purchase of a site, and with this the present beautiful site outside the South Gate was bought and the work actually begun in the summer of 1902, the corner stone being laid on the afternoon of Thanksgiving Day by His Excellency, Dr. H. N. Allen, U. S. Minister, in the presence of a large gathering of the foreign community and Korean officials.

The opening of the war and other causes contributed to increase the actual cost very materially above the estimated cost, but Mr. Severance realised the conditions and generously allowed the expenditure of the amount necessary to complete and equip the hospital in good shape, and by the time the adjunct buildings are completed at least $20,000 U. S. gold will have been spent.

The result is, however, that Seoul has now a modern hospital in which all kinds of cases can be treated in accordance with modern scientific methods.

The main building is about 40 by 80 ft., consists of two stories and a basement, but the basement having high ceilings and being well lighted and well finished practically adds another story to the building.

The basement contains the public dispensary, consisting of two waiting rooms, a consultation room, a laboratory and a pharmacy; a store room for medicines; furnace and coal room; kitchen and laundry with a modern drying room attached to the laundry. The first floor contains physician's office with a room off it supplied with electrical apparatus to which an X-ray outfit will be at once added, steam bath cabinet, dry hot air apparatus for the treatment of joints, compressed air apparatus for the treatment of nose, throat, etc., and other special forms of apparatus, three medical wards for men, linen closet, bath room and W. C. for men, four wards for women with linen closet, bath room and W. C. for women, and a general meeting room.

The second floor is entirely devoted to surgical work for men, and here is located the operating room with wash room for the operators and sterilising room opening off it. This room is 16 by 16 ft. with ceiling 14 ft. high, the exposure is N. E. and that side is almost all glass which in addition to a large skylight gives good reflected light, no shadows interfering with the work of the operators. This room is fitted up with white enamelled steel operating furniture and water-sterilizing apparatus, and is well adapted for the work to be done in it.

This floor has seven wards, linen closet, bath room and W. C., nurse's room and minor operating room, and like the first floor has a diet kitchen which communicates with the basement kitchen by means of a dumb-waiter, for the distribution of food.

The physician's office communicates by means of speaking tube with all parts of the building, while a private telephone connects the hospital with the doctor's residence.

For the convenience of foreign patients it is intended to connect the hospital with the general telephone system of the city.

The whole interior of the building, including walls and ceilings, is painted in mild colors so that it can be washed and kept clean, and this feature of cleanliness is also facilitated by the rounding of all corners so as to prevent the lodgment of dust. Several private wards have been fitted up for the accommodation of those who wish to have a room to themselves and, these are suitable also for the use of foreign patients. The baths, W. C.'s and wash-basins are all fitted up in a modern way and properly plumbed and supplied with hot and cold water.

The entire building is heated by a hot water system, so that neither smoke, coal dust hor ashes are present in the rooms, and an equable temperature can be kept m all parts.

Electric lighting throughout is a great help, too, in preventing the contamination of the wards with foul gases.

Ventilation has been well thought out and arranged for both by transoms placed over the doors and by a system of incoming and outgoing flues by which warm ecl fresh air is introduced into the wards and the fouled air carried off so that the air of the wards is being constantly renewed even though doors and windows are closely shut, and that without noticeable drafts.

The laboratory is fitted up with modern apparatus for the examination of blood, urine, feces, sputum, etc.

A rabbit pen has been fitted up and a fully equipped Pasteur Institute will soon be in operation, so that those who are so unfortunate as to be bitten by a rabid dog may get prompt treatment according to the Pasteur method. The many accidents of this kind which have happened emphasize the great need of such an institution in our midst.

Plans are now out for the erection of an Isolation building for the reception of contagious diseases. This will be built as soon as Spring opens. Other adjunct buildings such as mortuary storehouse etc. are to be added; and several houses for assistants and servants grouped around the main buildings combine to make a plant complete in almost every particular.

Keeping in mind the fact that all forms of mission work must be only temporary and looking forward to the time when even hospital work must be done by native physicians, a strong effort has been made to give systematic medical instruction to a small number of young men, and this effort has meant special language study on the part of the doctor and much time spent in the preparation of text-books. The task altogether was found to heavy for one man to continue to do, and do it well, and again Mr. Severance opened his heart and purse and at his own expense sent out a second physician, Dr. J. W. Hirst to be associated with Dr. Avison in the work so that now all departments of the hospital can be carried on with greater vigor and more care and the training of Korean young men and women as physicians and nurses will form a more prominent feature, while at the same time a series of medical text-books in the native language and script will result.

As might be expected in a country where the principles of sanitation are so constantly violated tuberculosis is rampant, a large proportion of those who apply for treatment being sufferers from some form of this disease.

It is the hope of those in charge to erect a tent or other building suitable for the modem treatment of tuberculosis, which has proven so effective in Europe and America.

The building which has just been erected is planned to accommodate about 30 to 35 patients, but beds can be placed for 40 in case of need, and the isolation ward will have beds for about 6. The number of patients treated daily averages about 50, or about 10,000 in a year, but it is likely that a larger number will be treated at the new hospital as its advantages become more widely known.

To do this work well will mean the expenditure yearly of a considerable sum of money, a careful estimate putting this sum at Yen 7,500.00 exclusive of physician's salaries.

Towards meeting this there is an estimated income from various sources of say Yen 4,500.00 leaving a deficit of Yen 3,000.00 per year, and this sum those in charge hope to obtain from within the bounds of Korea. This looks like a goodly sun to expect yearly, but it is not a large sum for the successful diplomats, the business men and others to put into a benevolent work which promises so much definite and tangible good to the poor and suffering people who are so numerous. In many communities the cost of plant and the entire current expenditure is being given by the community, but here in Seoul everything has been supplied and less than half of the current expenditure is being asked from the community at large.

A very important point to be borne in mind is that while the plant is owned and managed by the Presbyterian Board of Foreign Missions yet it is entirely undenominational in the scope of its work, and while it has been built and is being carried on largely by American enterprise it is entirely with but national bias in the distribution of its benefits. The sick of any religion or no religion and those of any nationality are admitted and given the best treatment its facilities will afford.

And while it is the avowed and definite aim of the Mission and those in charge to give religious instruction to all who come within its sphere of influence and so far as possible to influence them in favor of Christianity yet no compulsion is used and no persuasion other than the presentation to all of Christ as their Savior, and no effort is made to influence Christians of other denominations in favor of Presbyterianism. In the case, of Methodists or Roman Catholics becoming patients in the hospital, the Methodist pastor or the Roman Catholic priest is as free to visit them as are the Presbyterian pastors, and so with any denomination whatsoever.

So long as there were several denominational hospitals in Seoul no effort was made to obtain local financial support, but now that the Methodist and, English Churches have given up their general medical work (only the Methodist women's hospital being now carried on on behalf of Korean women) it is felt that a part of the support of the work may well be looked for from the general community.

The cost of food and medicines for a general ward patient for a year is estimated at Yen 100, and several persons have already offered to support beds to be named as they may direct.

The general surgical ward of ten beds could be supported by the payment of Yen 1,000 per year, or any bed unit for Yen 100.

Then there are several wards with three beds in each which could be supported with 300 yen per year.

The Pasteur Institute is not directly part of the Severance Hospital, the only donation thus far being that of Yen 100 by the guard of the Italian Legation, which was used in the erection of the rabbit pen. To properly establish this Institute will require the purchase of the apparatus for the manipulation of the virus and its storage. The work must be carried on under the strictest antiseptic precautions, and special apparatus is required. The cost of this will probably be about Yen 250, and the donation of this by some one would be a beneficent act.

Further than this a room about 12~16 feet is needed in which to keep the inoculated rabbits, and the erection of this will cost about Yen 100 to 125.

After the Institute has been thus started, whether there are patients or not the supply of fresh virus must be kept up constantly, and this will necessitate the using up of a large number of rabbits each month. It is calculated that at the Nagasaki Institute about 30 rabbits are used each month. The cost of maintaining the Institute therefore will not be small, as it will require almost all the time of one assistant to look after the rabbits, see that they are kept healthy, and especially watch over and care for those that have been inoculated. The sum of Yen 400 to 500 yearly will probably be needed for the upkeep of the Institute, and this offers a good opportunity for an exhibition of generosity.

Stock is offered in the Pasteur Institute at Yen 50 per share, and for each Yen 50 advanced the donor will be entitled to a full treatment at the Institute or to command the treatment of one other person, the same being a foreigner or well-to-do Korean, or to send for treatment four Koreans of the poor class for whom the cost of treatment will be reduced to Yen 12.50.

The treatment consists of 21 inoculations, and covers a period of 21 consecutive days.

Another direction in which generosity may be well placed is in the support of some bright young man as a medical student. This can be done at a cost of about Yen 100 per year.

Probably, however, the most urgent need at the present time is the support of beds in the hospital. Can Seoul not take up at least 20 of these at Yen 100 each per year and thus provide for the cure and relief of many of the sick and suffering poor in our midst?

Supporters of beds may choose a name for their beds and have them placed over them and each year a report will be rendered of the cases treated in them.

O. R. Avison.

회의록, 한국 선교부 서울 지부 (미국 북장로교회) 1891~1921
(1904년 10월 4일)

(중략)

동의에 의하여 언더우드, 에비슨 및 빈튼 박사가 지부를 대신하여 구(舊) 병원의 양도 업무를 다루는 위원회에 임명되었다.

(중략)

마찬가지로 의료 위원회가 의료 사업에 참여하고 있는 모든 사람들인 에비슨, 빈튼, 허스트 박사, 언더우드 부인 및 쉴즈 양에 대한 투표가 이루어졌다. 에비슨 박사, F. S. 밀러 씨, E. H. 밀러 씨가 자산 위원회에 선출되었다.

(중략)

구 병원 양도 위원회 권한에 관한 회람 동의가 잠정 가결되었으며, 그 내용은 다음과 같다.

"(조선) 정부가 1894년 체결된 협정에 따라 '제중원'의 부동산을 다시 소유하겠다는 의사를 우리에게 알렸기 때문에, 우리는 거래와 관련하여 정부로부터 받을 자금 중에서 5,500엔을 중앙교회를 위한 부지 구입에 지불할 수 있도록 선교본부에 요청하기로 건의한다."

"우리의 곤당골 부동산의 경계가 어느 정도 불분명하고 그러한 상황에서 부동산에 대하여 명확하게 말할 수 없기에, 지부는 자산 위원회에 가능한 한 빨리 경계를 조정하도록 지시하기로 결의하였다. 혹은 대안으로 이봉래와의 논쟁 조정은 제중원 협상 위원회에 해결할 권한을 주고 위임하기로 결의하였다."

대안이 통과되었다.

우리는 제중원 부동산에 관하여 정부와의 협상을 위임 받은 위원회가 선교부와 선교본부가 사전에 지부에 준 허가에 따라 곤당골 부동산의 양도 혹은 매각을 수행할 권한을 부여 받은 것으로 이해하고 있는 것으로 결의하였다.

Minutes, Seoul Station, Korea, 1891~1921 (PCUSA) (Oct. 4th, 1904)

(Omitted)

On motion Drs. Underwood, Avison and Vinton were made a Committee to act on behalf of the Station in the Old Hospital transfer.

(Omitted)

Likewise for all engaged in medical work as the medical Committee the ballot was cast for Drs. Avison, Vinton, Hirst, Mrs. Underwood, Miss Shields.

Dr. Avison, Mr. F. S. Miller and Mr. E. H. Miller were elected as Property Committee.

(Omitted)

Circular motions relative to powers of the Old Hospital transfer Committee were passed ad interim, they are as follows.

"Since the Government have informed us of their intention to resume possession of the "Government Hospital" property, in accordance with the agreement entered into in 1894; be it resolved that we request the Board, out of the funds to be received from the Government in connection with the transaction to allow (5,500 Yen) Five thousand and five hundred yen to be paid for the purchase of a site for the Central Church."

"In as much as the boundary of our Kon Dong Kol property is somewhat indeterminate at a certain point; and as it is impossible to a clear tells of the property under such circumstances; resolved that the Station instruct its Property Committee to effect an adjustment of the boundary as speedily as possible; or as an alternation that the adjustment of the controversy with Yi

Pong Nai be committed to the Committee on the Govt Hosp. negotiation with power to settle it."

Alternative carried.

Resolved that we understand the Committee to whom has been committed the negotiation with the Government concerning the Government Hospital Property to be also empowered to effect a transfer or sale of the Kon Dong Kol property in accordance with permission previously given the Station by the Mission and the Board.

Copy certified by E. H. Miller
Secretary

제시 W. 허스트(서울)가 아서 J. 브라운(미국 북장로교회 해외선교본부 총무)에게 보낸 편지 (1904년 10월 7일)

접 수
1904년 11월 15일
브라운 박사

한국 서울,
1904년 10월 7일

신학박사 아서 J. 브라운 목사,
　뉴욕 주 뉴욕 시 5 애버뉴 156

친애하는 브라운 박사님,

　저는 마침내 한국에 도착하였고, 에비슨 박사의 가족과 잘 정착하였습니다.
(중략)

　9월 23일 서울 세브란스 병원의 봉헌 예배가 있었습니다.
　오후 5시에 하객들이 (한국인에게) 정말 위풍당당한 이 건물 앞 광장에 모였습니다. 뒤에서 결코 알 수 없는 건축의 많은 짐을 져야했던 에비슨 부인은 계단을 올라갔고 은 열쇠를 넣은 후 아낌없는 박수와 적지 않은 기쁨의 눈물을 흘리는 가운데, 우리는 하나님의 축복 아래 고통 받는 수많은 인간들에게 위안을 가져다 줄 수 있는 문을 열었습니다!
　사용한 열쇠는 기념품으로 세브란스 씨에게 보낼 것입니다.
　정문에서 행렬은 현관을 지나 주 계단을 올라갔으며, 여러 지점의 꽃 장식을 지나 2층 서쪽 끝을 완전히 가로지르는 큰 병동에 도달하였습니다. 그곳에는 자리가 마련되어 있었고, 남서쪽 모퉁이의 일광욕실은 연자가 연설하는 곳으로 사용되었습니다. 주빈석은 '성조기'로 적절하게 장식되었습니다.
　행사는 그 장엄하고 오래된 찬송가인 '주 예수 이름 높이어'로 시작하였으며, 이보다 더 적절한 것은 없었습니다.
　휘트모어 씨가 기도를 드렸습니다. 애덤스 씨는 선별한 성경을 낭독하였습니다. 그런 다음 에비슨 박사는 건물의 건축으로 이어진 사건과 공사가 완료된 기간과 관련된 몇 가지 사건을 요약하였습니다. 마펫 씨와 다음으로 언더우드 박사는 하나님께 감사하고 미래에 대한 희망을 표현하는 짧은 축사를 하였습니다.

남장로교회의 W. M. 전킨 목사는 한국에서 모든 자매 교회의 선의와 따뜻한 협력을 표현하였습니다.

그런 다음 에비슨 박사는 건물을 건축하는 실제 공사와 매 전환기마다 발행하였던 많은 어려움에 대하여 다음과 같이 말하였습니다. 우리와 전혀 다른 이상과 습관을 가진 동양인 노동자로 미국식 건물을 건축하는 것이 얼마나 힘들었을까요? 고든 씨와 그 자신은 모든 배관을 자신들의 손으로 교체해야 했고, 다른 사실들도 있습니다. 그런 다음 하객들은 건물을 방문하여 모든 모퉁이와 틈을 점검하도록 초대되었습니다. 참석한 의사들은 스스로 안내 위원회를 조직하여 건물의 모든 복잡한 사항을 설명하였습니다. 건물은 그 위에 아낌없이 쏟아진 찬사를 충분히 정당화하고 있으며, 에비슨 박사는 그렇게 많은 어려움 속에서도 그 자리를 굳건히 하기 위하여 들인 오랜 인내와 노력에 대하여 너무 높이 평가해도 지나치지 않습니다.

일꾼들의 지연 때문에 이전 작업이 더디게 진행되었습니다. 선교부 모임도 우리 시간의 많은 부분을 차지하였습니다. 5명의 환자만이 옛 병원에서 이송되었고, 나머지는 완치되거나 회복된 상태로 퇴원하였습니다. 진료소 업무가 이곳에서 시작되었습니다.

우리의 첫 수술은 10월 4일 진행되었습니다. 첫 수술은 백내장 적출이었고, 이 병원의 사업이 '빛에 있게 하는' 수술로 시작되어야 한다는 것은 섭리적인 것 같습니다.

(중략)

Jesse W. Hirst (Seoul),
Letter to Arthur J. Brown (Sec., BFM, PCUSA) (Oct. 7th, 1904)

Received
NOV 15 1904
Dr. Brown

Seoul, Korea,
Oct. 7th, 1904

Rev. Dr. Arthur J. Brown: -

156 Fifth Ave., New York, N. Y.

My dear Doctor Brown: -

I am at last in Korea, am nicely settled with the family of Dr. Avison.

(Omitted)

On the 23rd of Sept were held the Dedicatory services of the Severance Hospital at Seoul.

At 5 p. m. the guests assembled on the terrace in front of this truly imposing (for Korea) building. Mrs. Avison, who has had to bear, in retirement, many of the burdens ofo erection which never can be known, ascended the steps, inserted the silver key, and, amid generous applause and not a few tears of joy, opened the door which, under God's blessing, we fondly hope will bring comfort to thousands of suffering mortals!

The key used will be sent to Mr. Severance as a souvenir.

From the main entrance the procession passed along the hall and up the main stairway, past floral decorations at several points of vantage, and so reached the large ward which extends entirely across the west end of the second floor. Seats had been provided there, and the sun room at the south west corner was uses as a speaker's alcove. The leading table was fitly draped with the "Stars and Stripes."

The exercises were opened by that grand old hymn "All Hail the Power of Jesus' Name," than which nothing could have been more fitting.

Prayer was offered by Mr. Whittemore. A Bible selection was read by Mr. Adams. Dr. Avison then gave a summary of the events which led to the erection of the buildings, and some incidents connected with the years during which the work had been accomplished. Mr. Moffett and then Dr. Underwood made short addresses voicing our thankfulness to God and our hopes for the future.

The Rev. W. M. Junkin of the Southern Presby. Mission voiced the good will and hearty cooperation by all the sister churches in Korea.

Dr. Avison then told something of the actual work of building the structure and the many difficulties arising at every turn: How hard it was to erect an American building with oriental laborers who's ideals and habits are so totally different from our own; of the fact that Mr. Gordon and himself had been compelled to replace all the plumbing with their own hands, and may other facts. The guests were then invited to visit the building and inspect every corner and crevice. The doctors present constituted themselves a committee of escort and explained all the intricacies of the building. The building fully justifies all the praise lavished upon it, and Dr. Avison cannot be too highly honored for the long-suffering patience and hard work expended in securing its erection under so many difficulties.

The work of moving in was slow, owing to delays of workmen. The mission meeting too occupied very much of our time. Five patients only were transferred from the old hospital, the others had been sent home cured or improved. The dispensary work was begun here.

Our first operative clinic was held Oct. 4th. The first operation was a cataract extraction, and it would seem to have been a providential arrangement that the work of this hospital should be thus inaugurated by an operation for "letting in the light."

(Omitted)

회의록, 한국 선교부 서울 지부 (미국 북장로교회) 1891~1921
(1904년 10월 13일)

(중략)

빈튼 박사가 기도를 인도하고, 어제 회의록을 낭독하며 교육 위원회의 보고서 제1항, 제1절에 대한 토의가 재개되었다. 투표에 의하여 건의가 통과되었다. 웰본 씨와 샤프 씨는 반대를 기록하였다.

에비슨 박사의 견해가 낭독되었으며, 회의록에 포함시키도록 지시되었다. 웰본 씨는 그러한 입장에 반대하였다. 그것은 다음과 같았다.

"오늘 아침 회의에 참석하기 어려워서 중학교 교사 임용에 대하여 다음과 같은 의견을 표명하고자 합니다. 나는 그것이 지부의 의무이며, 그 교육 위원회는 선교부가 결정한 업무 및 사역자의 결정에 따라 업무와 임명을 수행합니다. 이 임무를 수행하지 못하거나 거부하는 책임은 _____에 있어야 합니다. 따라서 나는 교육 위원회의 보고서 채택에 찬성투표를 하고 싶습니다." 서명 O. R. 에비슨

(중략)

(Omitted)

Dr. Vinton led in prayer, and the minutes of yesterday's meeting being read, the discussion of Section 1, clause 1 of the Educational Comm's report was resumed. On vote the recommendation was passed. Messrs Welbon and Sharp recording their votes in the negative.

Dr. Avison's statement of opinion being read, it was ordered entered on the minutes. Mr. Welbon objecting to such entry. It was a follows.

"Finding it difficult to attend the meeting this morning I desire to express the following opinion re the appointments for teaching in the Intermediate School. I think it is the duty of the Station, it is its Educational Committee to arrange the work and appointments in accordance with the appointments of work and workers decided upon in the Mission the responsibility for failing to do the work or declining to do so must rest with the _____. I desire therefore to vote in favor of adopting the report of the Educational Committee." signed O. R. Avison

(Omitted)

메리 E. 바렛(서울)이 아서 J. 브라운(미국 북장로교회 해외선교본부 총무)에게 보낸 편지 (1904년 10월 22일)

(중략)

소녀 숙소에서 건강상의 이유로 몇 가지 필요한 보고가 이루어지고 있으며, E. H. 밀러 씨가 그들을 감독하고 있습니다. 저는 우리가 소녀들을 위하여 더 많은 위생 설비를 갖추어야 하는 언덕 꼭대기 바로 위에 그런 아름다운 장소가 있을 때 우리가 이곳 언덕 아래에 훨씬 더 오래 머물지 않아도 되기를 바랍니다. 이번 달에 우리 소녀들 중 한 명이 결핵으로 사망하였습니다. 그녀는 이곳을 떠나기 전에 몇 달 동안 학교에 다니지 않았고 병에 걸렸으며, 16명 중 한 명이 아닌 다른 소녀는 서서히 병으로 곪아가고 있습니다. 그녀는 1년 반 이상 결핵과 다른 병으로 아팠습니다. 에비슨 박사는 1년 전인 작년 6월 그녀를 수술하였고, 작년 가을에 그녀는 훨씬 나아진 것 같았지만 겨울이나 봄에 결핵이 발병하여 현재는 짧은 기간만 버틸 수 있습니다. 물론 그녀는 다른 소녀들로부터 격리되어 있습니다.

(중략)

Mary E. Barrett (Seoul),
Letter to Arthur J. Brown (Sec., BFM, PCUSA) (Oct. 22nd, 1904)

(Omitted)

Some necessary reports are taking place in the girls quarters for health reasons and Mr. E. H. Miller is superintending them. I do so hope we shall not have to stay down here under the hill much longer when we have such a beautiful site just above us on top of the hill where we should have so much more sanitary arrangements for the girls. One of our girls died of tuberculosis this month; tho' she had not been in the school for some months she had the disease before she left here, and another who is not one of the sixteen, is slowly wearing away with it. She has been sick with that and other things for over a year and a half. Dr. Avison operated on her a year ago last June, and last fall she seemed be much better but tuberculosis set in, in the winter or spring and now she can last only a short time. Of course she is isolated from the other girls.

(Omitted)

19041023

호머 B. 헐버트(서울)가 헬렌 헐버트(미국)에게 보낸 편지
(1904년 10월 23일)

(중략)

클라크 부인이 많이 아팠다는 것을 너는 알고 있다. 그녀는 거의 항상 정신이 없었고, 마지막 수단으로 에비슨 박사는 그녀에게 최면을 걸었고 그녀에게 많은 도움이 되었단다. 우리는 그녀가 곧 회복되기를 바라고 있지만, 그녀가 미국으로 가야 할 수도 있단다.

(중략)

일전에 크리쳇은 해주에서 자신이 아파서 의사가 필요하다는 전보를 보냈단다. 에비슨 박사는 갈 수 없었고, 그의 새 조수인 허스트 박사가 서둘러 갔단다. 바로 다음날 크리쳇 씨는 걸어가다 결국 괜찮아져서 의사가 필요하지 않다고 말했단다. 그동안 허스트 박사는 어디에 있었던 것이지? (나중에) 나는 위의 내용을 쓴 후에 교회에서 허스트 박사를 만났단다. 그는 배를 타고 갔고 힘들지 않았다고 하더라.

(중략)

Homer B. Hulbert (Seoul),
Letter to Helen Hulbert (U. S. A.) (Oct. 23rd, 1904)

(Omitted)

You know that Mrs. Clark has been very sick. She was out of her mind nearly all the time and as a last resource Dr. Avison hypnotized her and it has done her a lot of good. We are hoping that she wil get well soon but she may have to go to America.

(Omitted)

The other day Mr. Critchet telegraphed from Haiju saying that he was sick and needed a doctor. Dr. Avison could not go, so Dr. Hirst, his new assistant, went post haste. The very next day in walks Mr. Critchet to say that it turned out all right after all and he did not need the doctor. Mean while where is Dr. Hirst? (later) I met Dr. Hirst at church yesterday after writing the above. He went by boat and did not have a hard time.

(Omitted)

19041100

한국에서 온 편지.

The Assembly Herald 10(11) (1904년 11월호), 751쪽

최근 한국을 방문한 샌프란시스코의 사업가 H. E. 보스트윅 씨는 다음과 같은 편지를 썼다.

우리의 친애하는 에비슨 박사가 저에게 친절하게 호의를 보인 서울의 거의 완공된 새 장로교회 병원을 철저하게 '살펴봄'으로써 고무되어 왔습니다. 그리고 저는 그것이 '훌륭하건' 혹은 다른 것이건 '광경'에 따라 그것이 얼마나 기쁘고 놀라웠는지 말씀드리며, 저는 모든 준비가 완벽하고 부족함이 없는 것 같습니다! 고국에 있는 누구도 이곳에서 성취된 그러한 사업이 무엇을 의미하는지 이해할 수 없습니다! 여러분은 땅에 있었고 필요한 것을 알고 있으며 결과에 기뻐할 것입니다!

전쟁에 관한 한 황제로부터 아래까지의 한국인들의 무관심은 경이입니다! 결과는 그들에게 별 차이가 없는 것 같습니다. 어쨌든 한국으로서의 한국은 끝났고, 물론 우리는 왕국이 일본의 지배를 받기를 희망합니다. 그러나 아아! 그러면 완벽하지 않을 것입니다. 저의 최대의 동정을 한국민에게, 저의 최대의 경멸은 지배층에게 전합니다. 저는 평범한 평신도일 뿐이며, 그런 관점에서 사물을 보고 있고 물론 저의 견해는 아무런 가치가 없습니다. 저는 서울에서 사업가로 활동하는 아들과 몇 달을 보내고 있습니다. 저는 저보다 더 친절한 우리 형제들과 매일 가깝고 유쾌하게 접촉하고 있으며, 영혼을 위한 그들의 끊임없고 신실한 사업의 흐름에 대하여 무엇인가를 배우고 있습니다. 저는 단지 고국의 우리 교회에 있는 모든 불신자들이 보고 믿을 수 있는 동일한 기회가 주어질 수 있기를 바랄 뿐입니다!

Letters from Korea.
The Assembly Herald 10(11) (Nov., 1904), p. 751

Mr. H. E. Bostwick, a business man of San Francisco, who recently visited Korea, writes:

I have just come from the inspiration of a thorough "look see" through our almost completed new Presbyterian Hospital at Seoul, which our dear Dr. Avison has kindly favored me with. And I obey a "vision," be it "heavenly" or otherwise, to tell you how delighted, as well as amazed, I am at its perfection of arrangements with, it seems to me nothing lacking! No one at home can comprehend what such an enterprise accomplished *out here* means! You have been on the ground and know the needs, and will rejoice at the results!

The indifference of the Koreans - from Emperor down - as far as the war is concerned, is a marvel! The results seem to make no difference to them. Korea as Korea is finished, in any event, and, of course we hope, the kingdom will come under the control of Japan. But alas! it will not be perfect then. My utmost sympathy goes out to the Korean *people*, my utmost contempt for the ruling classes. I am only a plain layman, and seeing things from that standpoint, and of course my views are of no value. I am spending a few months with my son, a business man in Seoul. I come daily in close and pleasant touch with our brethren, who are more than kind to me, and am learning something of the under current of their unceasing and faithful work for souls. I only wish I could give all the *unbelievers* in our churches at home the same opportunity for *seeing* and *believing!*

19041100

서울의 한국인 여자 강습반.
Woman's Work for Woman 19(11) (1904년 11월호), 243쪽

(중략)

내가 여자들에게 그들이 사랑하는 성경 구절을 암송하라고 요청하였을 때, 누군가 데보라의 노래를 예상하였을지도 모르는 이 여자는 몸을 앞으로 숙이며 빛나는 얼굴로 이렇게 말하였다. "너희는 마음에 근심하지 말라 내 아버지 집에 거할 곳이 많도다."[96] 그 후 나는 그녀가 믿었던 하나님의 축복으로 그녀의 딸이 "죽은 자 가운데서 다시 살아났고," 아름다운 사내아이가 할머니의 품에 안겼을 때, 그녀의 마음이 최근에 얼마나 아프고 '고통스러웠는지', 그리고 구름이 걷혔다는 것을 알게 되었다. 그 사건은 그녀의 감사함과 아량, 그리고 노련함을 보여주었다. 그녀는 남편을 도보로 약 17마일을 보내어 에비슨 박사에게 도움을 청하였다. 그는 자신이 가는 대신 에바 필드 박사가 가도록 조치하였다. 남편은 그의 하찮은 남자적 판단을 신뢰하지 않고, 감히 원래의 지시를 따르지 않고 여의사의 진료를 받는 것이 안전한지에 대하여 아내와 상의하기 위하여 터벅터벅 집으로 돌아갔다. 그녀의 동의를 얻은 그는 세 번째로 서울로 가는 길을 가로질러 자정에 도착하였고, 모든 것이 잘 마무리 되었다. 이 유능한 여자는 백정 계급에 속하며, 13명의 자녀를 두고 있고, 아시아에서 사람의 최고 통치에 대한 의심할 여지없는 예외의 목록에 하나로 포함된다. 성경 강습반의 대부분의 성원은 유순한 유형이었고, 의심할 여지없이 완전한 아내의 복종에는 못 미쳤다.

(중략)

---

96) 요한복음 14:1~2

A Class of Korean Women at Seoul.

Woman's Work for Woman 19(11) (Nov., 1904), p. 243

(Omitted)

When I asked the women to recite Scripture verses which they loved, this woman, from whom one might have expected the song of Deborah, leaned forward and with glowing face repeated: "Let not your heart be troubled. In my Father's house are many mansions." Afterward I learned how her heart had lately been sore "'troubled" and the clouds had lifted when, with the blessing of God in whom she believed, her daughter had been "restored as one from the dead" and a fine baby boy had been laid in his grandmother's arms. The incident had illustrated her gratitude and generosity, and also her masterfulness. The woman dispatched her husband a journey of about seventeen miles, on foot, to beg the services of Dr. Avison, who, instead of going himself, directed the man to take Dr. Eva Field out to their home. The husband, not trusting to his puny masculine judgment, nor daring to vary from original instructions, trudged back home to consult his wife as to the safety of employing a woman physician. Her consent obtained, for the third time he traversed the road to Seoul, arriving at midnight, and all had ended well. This able woman is of the butcher class, has thirteen children, and counts one in the list of undoubted exceptions to the supreme rule of man in Asia. Most members of the Bible Class were a gentler type and doubtless incapable of less than complete wifely submission.

(Omitted)

19041100

호러스 G. 언더우드, 1904년 11월 16일 수요일 세브란스 병원의 개원.
The Korea Review (서울) (1904년 11월호), 494~496쪽

날씨와 다른 모든 것이 합해져 서울에 세브란스 병원으로 알려진 새 병원이 개원하게 된 것은 상서로운 일이었다. 서울의 외국인 공동체와 여러 한국인 관리들이 병원의 역사에 대하여 듣기 위하여 위층의 큰 방에 모였으며, 이제 완성된 건물을 둘러보았다.

이 나라에서 처음부터 의료 사업의 시작과 매우 밀접한 관련이 있으며, 1884년 그의 기술로 의료를 위하여 문을 활짝 열었던 주한 미국 공사인 H. N. 알렌 박사는 오후에 연설을 하였는데, 한국의 의료에서 필요한 것을 심도 있게 지적하였고, 열악한 시설에 필요한 것을 공급하기 위한 시도가 어떻게 이루어졌는지 보여주었으며, 더 열악한 시설임에도 진료를 하면서 얻은 주목할 만한 성공에 대하여 언급하였고, 미국 오하이오 주 클리블랜드에 거주하는 루이스 H. 세브란스 씨의 친절과 후의로 조달된 멋진 기지에 대하여 외국인 공동체와 서울 시민들, 그리고 에비슨 박사에게 진심으로 축하의 말을 전하였다. 외부의 윤치호 각하는 참석한 한국인들에게 몇 마디 짧은 연설을 한 후, 독특한 방식으로 서양 의술이 한국에서 할 수 있는 일에 대하여 언급하였다. 그리고 그날 대중에게 개원한 완비된 시설에 대하여 외국인 거주자, 특히 장로교회 선교부에 자신의 나라의 이름으로 감사를 표하였다. 뒤이어 에비슨 박사는 현재 병원을 위한 계획의 발전의 역사를 간결하게 설명하고 서울에 완벽한 설비를 제공한 기증자의 후의를 더 상세하게 말하였다.

이어 일행들은 병원 주위를 둘러보았는데, 비교적 작지만 완벽한 시설을 갖춘 병원이 마련되었음을 알 수 있었다. 일본의 한 고위 관리는 일본에 더 큰 기관이 있지만 막 개원한 이 병원보다 더 나은 시설은 없다고 언급하였다고 한다.

서울이나 한국을 한 번도 본 적이 없는 한 외부인의 후의는 이 도시의 사람들이 병자, 부자 그리고 가난한 사람들 모두를 위하여 의과학과 외과 분야의 최고 및 최신 연구의 이점을 확보할 수 있는 수단을 우리의 문 앞에 가져왔다. 이곳 동양에 있는 우리가 이 땅의 고통 받는 사람들을 공감하고 동정할 수 있지만, 그러한 기관을 제공하는 것은 절대적으로 우리의 능력 밖이었을 것이다. 그것은 이제 우리에게 주어졌으며, 우리가 할 수 있는 최소한의 일은 그것을 운영하기 위한 수단을 제공하는 데 우리의 몫을 감당하는 것이 될 것이다.

입원실에는 40여 개의 병상이 있으며, 에비슨 박사는 일 년에 한 병상에 한 환자를 유지하는데 100엔이 든다고 우리에게 말하였다. 따라서 여기에 투자된 100엔은 아마도 매년 평균 8~10명의 한국인에게 건강과 원기를 줄 것이다. 몇몇 사람이 이것을 고려한 뒤 한 병상에 연간 유지비를 지원하기로 제안하고 있다. 나는 서울에서 최소한 40명의 사람이 그렇게 기꺼이 병상을 제공할 수 있어야 한다고 생각하며, 그 병상에는 바람직하다면 기부자의 이름을 붙일 수 있다. 매년 1만 명 이상의 환자가 치료를 받는 진료소는 많은 환자들에게 무료로 약을 제공해야 하기 때문에 비용을 감당할 수 없을 것이다. 병상 기부에 관심이 없는 사람들이 서울의 아픈 사람들을 돕기 위하여 무엇인가 할 수 있는 방법이 있다.

이 기관은 미국에 있는 기독교인 신사의 후의를 통하여 제공되었고, 이 모임에서 말하였듯이 그는 장로교회 선교부의 보살핌 하에 맡겨졌지만 모든 국적, 모든 계층, 모든 신조, 모든 종교를 돌보기 위한 것이며, 따라서 동료 인간에 대한 관심을 마음에 품고 있는 모든 사람들에게 가장 좋은 인상을 줄 것이다. 문명의 이점을 가진 우리들에게 특별히 주변의 고통을 경감시키는 데 우리의 몫을 감당할 책임이 있지 않은가? 그리고 이 기관은 우리에게도 같은 일을 할 수 있는 기회를 제공하지 않는가? 우리의 편안한 집에서는 이 땅의 현지인들의 상태를 볼 기회가 많지 않다. 그러나 우리 중 누구라도 의사가 없었더라면 인체 해부학에 대하여 완전히 무지한 이른바 의사가 조잡하게 시행하는 침술과 뜸에 의존해야 했다면 어땠을지 쉽게 상상할 수 있을 것이다. 이들이 준비해서 주는 역겹고 더러우며 악취가 나는 약을 먹고 나면 환자에게 거의 희망이 남지 않는다.

한 미국인 신사가 지구의 반대편에서 이 나라의 궁핍하고 고통 받는 사람들에게 사랑과 자비의 팔을 내밀 때, 우리는 하나님의 섭리가 우리에게 그토록 아낌없이 베풀어 준 것이 극히 일부라도 주는 것에 방해를 받는 것을 용납할 수 없으며, 그러므로 나사로처럼 우리 문 앞에 누워 있는 사람들에게 우리 식탁에서 부스러기 몇 개라도 주어야 할 것이다.

Horace G. Underwood, Opening of the Severance Memorial Hospital, Wednesday, November 16th, 1904.
The Korea Review (Seoul) (Nov., 1904), pp. 494~496

The weather and everything else combined to make the opening of the new Hospital in Seoul, known as the Severance Memorial Hospital, an auspicious event. The foreign community of Seoul, together with several of the native Korean officials, gathered in the large upstairs room, to hear something of the history of the Hospital; and also to be shown over the now completed building.

Dr. H. N. Allen, the United States Minister, whose name has from the start been so intimately associated with the beginnings of medical work in this land, and whose skill in 1884 opened a wide door for medicine and surgery, made the address of the afternoon, and pointed out dearly the need that exists in Korea for medicine and surgery; showed how an attempt had been made to supply the need with the poor facilities at hand; touched upon the notable success that had attended work with even poorer facilities; and heartily congratulated Dr. Avison, the foreign community and the citizens of Seoul, on the magnificent plant that had been procured through the kindness and generosity of Mr. Louis H. Severance, of Cleveland, Ohio, U. S. A. His Excellency, Youn Chi Ho, of the Foreign Office, after addressing a few words to the Koreans, who were present, in his inimitable way, referred to what foreign medicine might do in Korea; and, in the name of his country, thanked the foreign residents, and especially the Presbyterian Mission, for the fully equipped institution that was thrown open to the public on that day. Dr. Avison followed, giving in a concise way, the history of the development of the plans for the present Hospital and enlarged upon the generosity of the donor in providing such a complete outfit for Seoul.

The company were then escorted round the Hospital, and soon saw there had been provided a comparatively small but perfectly equipped Hospital. It was said that one of Japan's leading officials had remarked that there were larger institutions in Japan but none better equipped than the one just opened.

The generosity of an outsider, one who has never seen Seoul or Korea, has brought to our doors the means by which the people of this city can secure for their sick, rich and poor alike, the advantages of the best and latest researches in medical science and surgery. Much as we who are out here in the East may sympathize with and pity the sufferers of this land, it would have been absolutely beyond our reach to provide such an institution. It has now been bestowed upon us, and the least that we can do will be to take our share in furnishing the means for the running of the same.

In the hospital department there are some forty odd beds, and Doctor Avison told us that one hundred yen would pay for the keep of a patient in one bed throughout the year. Thus one hundred yen invested here, will, in all probability, give health and strength to an average of from eight to ten Koreans each year. Several have taken this into consideration and are purposing to provide the yearly sustenance for one bed; and, I should think that in Seoul, at least forty persons ought to be found who would be willing thus to endow a bed, which can then he named after the donor, if so desired. The dispensary department where some 10,000 or more patients are treated every year cannot possibly pay its expenses, as necessarily a large number of the patients have to be provided with medicine free. Here is a way in which those who do not care to endow a bed can do something to help support the sick in Seoul.

While the institution has been provided through the generosity of a Christian gentleman in America, and has been placed by him under the care of the Presbyterian Board of Mission, as was said at this gathering, it is intended to care for all nationalities, all classes, all creeds, all religions, and as such commends itself most heartily to all those who have the interest of their fellow man at heart. Is there not a responsibility resting especially upon those of us who have had the advantages of civilization to take our share in the alleviation of the suffering around us; and does not this institution offer us opportunity of doing the same? In our comfortable homes we do not have much chance of seeing the condition of the natives of this land: but any of us can easily imagine what it would be, had we no physicians, and had we to rely upon poor quackery with its acupuncture and blistering, crudely administered by so-called doctors who are entirely ignorant of human anatomy. After the obnoxious, filthy and foul decoctions that these people prepare and administer, very little hope remains for the patient.

When an American gentleman reaches out arms of love and mercy from the other side of the globe to the destitute and suffering of this nation, we cannot afford to allow ourselves to be hindered from giving at least a little of what Providence has so bountifully given us; and, thereby, offer a few crumbs from our table to those who, like Lazarus, lie at our doors.

19041100

새 병원. *The Korea Review* (서울) (1904년 11월호), 496~499쪽

새 병원

자선 기부의 이상적인 형태는 기부자가 그가 기부하는 개인과 개인적으로 접촉하는 개인적인 것이다. 셰익스피어는 자비가 주는 사람과 받는 사람을 축복하기 때문에 두 배의 축복을 받는다고 말하였다. 그러나 간접적으로 혹은 대리인을 통하여 제공된 도움은 반사된 선의의 힘의 절반의 일부를 잃는다.

그리고 모든 사람이 자신의 자비를 개인적으로 분배하는 일에 상당한 정도로 참여하는 것은 명백하게 불가능하다. 현명한 기부는 받는 사람의 상황과 필요를 잘 살펴보아야 하며, 단순히 돈을 건네주는 것보다 훨씬 더 많은 시간이 걸린다. 그러므로 대다수의 사람들은 상황을 아는 것이 사업이고 이러한 이유로 자금을 가장 가치 있게 사용할 수 있는 사람들의 손에 자신의 돈을 맡기는 것이 더 현명하다고 생각한다. 또한 이것은 기부자를 단순히 귀찮게 하지 않고, 그의 개인적인 조사와 마음에 들지 않는 환경과의 접촉을 덜어주기 위하여 수행되는 것도 아니다. 많은 사람들은 실제로 그들의 친절이 종종 이끌어내는 감사와 사랑의 표현을 두려워하며, 단순히 양심을 살리기보다는 오른손이 하는 일을 왼손에게 숨기기 위하여 다른 사람을 통하여 자신의 돈을 기부하고 있다.

극도로 빈곤하고 상당한 도덕적 제약이 없어 가난한 사람들이 부유한 사람들의 관대함을 이용하려는 유혹에 대단히 취약하게 만드는 이와 같은 나라에서 득(得)보다 실(失)이 많지 않게 기부할 수 있는가는 큰 문제이다. 언어에 대한 무지는 개인적으로 일을 할 수 없게 만들지만, 올바른 감정을 가진 사람 중에 분명히 존재하는 고통을 덜어주기 위하여 무엇인가를 하지 않고 해마다 기꺼이 계속하고자 하는 사람은 없다.

일반적으로 무료 병원만큼 모든 사람의 마음을 사로잡는 대상은 없다고 말할 수 있다. 그 질문의 독특한 종교적 측면에 의하여 움직이는 사람들에게 그것은 육체의 질병에 특별한 관심을 기울인 예수 그리스도의 개인적인 일의 연속을 나타낸다. 단순히 인도주의적인 동기에 의해 움직이는 사람들에게 그것은 고통 받는 인류를 돕기 위한 가장 확실하고 진정한 수단으로 생각되어야 한다. 돈이 잘못 사용되거나 도움이 필요하지 않은 사람들을 도울 위험이 가장 적다. 아픈 사람은 분명히 생계를 꾸릴 수 없다. 그리고 한국인 천 명 중 한 명도 일시적인 장애가 있는 경우 지원받을 수 있는 가용 자금이 없다는 사실을 우리들 중 누가 모르는가?

세브란스 병원은 서울 또는 그 인근 지역에서 유일하게 철저하게 조직되고 제대로 갖추어진 설비를 갖춘 기관이다. 건물은 부채가 없고 의료진의 급여가 보장되므로 기부하는 모든 금액은 고통을 덜어주는 데 직접 사용된다. 넓은 안목을 가진 사람은 연료, 조명 및 사무실 비용과 같은 부수적인 목적을 위하여 기부되는 돈도 환자를 돌보는 데 직접적으로 기부되는 돈 못지않게 진정으로 유용하다는 것을 인식할 것이지만, 이 경우에는 이와 같은 약간의 반대마저 없다. 투자된 모든 금액은 환자가 실제 필요로 하는 것을 제공하는데 직접 사용된다. 외국인 공동체의 일부 구성원은 이미 연간 약 100엔의 비교적 적은 비용으로 이 병원 병동의 개별 병상을 지원하는 것이 적절한 것으로 생각하였으며, 이와 같은 공동체에서 그러한 보증을 40개 확보하는 것은 그리 어렵지 않은 문제인 것 같다.

한 사람이 자신의 이름을 딴 병원을 지을 때 그는 병원에 기금을 기부해야 한다고 주장한다면, 우리는 세브란스 씨가 이미 실질적으로 35,000엔에 해당하는 금액을 기관에 기부하였음을 기억해야 하며, 그가 매년 기부하는 금액의 최소 추정액은 위 금액의 5%로 계산된다. 그렇다면 세브란스 씨는 기관의 운영비에 대하여 합리적으로 예상할 수 있는 모든 조치를 취한 것으로 보인다. 그러나 그러한 사업이 그것이 위치해 있는 사람들의 적극적인 재정적 지원을 받는다면 직접적이고 반사적으로 지역 사회에 더 큰 영향력을 행사해야 한다는 것이 사실이 아닌가? 재물이 있는 곳에 마음도 있다. 당신이 이 사업에 약간의 재물을 투자한다면, 이 사람들의 육체적인 고통이 당신의 상상을 초월한다는 것을 기억하고 그들에 대한 도덕적 의무를 충실히 하도록 도와주는 데 도움이 될 것이다.

부유한 한국인들이 이 모든 일을 외국인들의 돈으로 하는 것을 꺼리고 일에 대한 몫을 요구할 것이라고 믿을만한 충분한 이유가 있다. 이미 서울 기독교 청년회에서 한국인 기금으로 세브란스 병원에 병상을 기부하려는 시도가 있었다. 일전에 외부협판 윤치호 씨는 기독교 청년회 방에서 강력하게 호소하였고, 즉각적인 반응이 있었다. 한 사람이 100달러를 약속하였고, 다른 사람은 더 적은 금액을 약속하여 필요한 금액을 모금하였다.

우리는 이 문제를 외국인 공동체의 주목을 위하여 제시하고 싶으며, 이것이 한국인에 대한 공감을 표명할 수 있는 가장 좋고 안전한 수단이 아닌지 각자 스스로 해결하기를 촉구한다. 공감이 없는 사람에게는 어떤 호소도 헛된 것이지만 우리는 우리 사회에 그런 사람이 있다고 믿지 않는다. 우리 중 많은 사람들이 한국 정부로부터 매달 급여를 받고 있는데, 이 액수의 일부가 한국의 고통을 직접적으로 구제하는 데 사용되는 것이 매우 적절하지 않을까?

The New Hospital. *The Korea Review* (Seoul) (Nov., 1904), pp. 496~499

The New Hospital

The ideal form of philanthropic giving is the personal kind, where the giver comes into personal contact with the individual to whom he gives. Shakespeare says that mercy is twice blessed because it blesses him who gives and him who receives. But aid that is given at second hand or through an agent loses at least a portion of the reflex half of its beneficent power.

And yet it is manifestly impossible for all people to engage to any considerable extent in the work of personal distribution of their benefactions. Wise giving requires a careful examination of the condition and needs of the recipient, and such examination takes far more time than the mere handing over of the money. The great majority of people, therefore, find it wiser to put their money into the hands of those whose business it is to learn the conditions and who for this reason can make the most worthy disposal of the funds. Nor is this always done simply to save bother and relieve the donor of the onus of personal investigation and contact with uncongenial surroundings. Many people are actually afraid of the expressions of thankfulness and love which their kindness often elicits and give their money through others rather to hide from their left hand what the right hand does than to salve the conscience merely.

In such a land as this, where extreme poverty and lack of any considerable moral restraints render poor people very susceptible to the temptation to impose upon the generosity of the well-to-do, it is a great question how to give without doing more harm than good. Ignorance of the language makes it impossible to do the work personally and yet there is no man of right feeling who is willing to go on year after year without doing something to relieve the suffering which evidently exists.

In a general way it may be said that there is no object which appeals to all men so commonly as a free hospital. To those who are actuated by the distinctively religious side of the question it represents a continuation of the personal work of Jesus Christ who paid special attention to bodily ailments. To those who are actuated simply by humanitarian motives it must appear as the most definite and genuine of mediums through which to aid suffering humanity. There is the least possible danger of money being misapplied or of helping people that do not need help. A sick man is manifestly unable to earn a living; and who of us does not know that not one Korean in a thousand has any available funds to fall back upon in case of temporary disability?

The Severance Hospital is the only thoroughly organized and properly equipped institution of the kind in Seoul or its vicinity. The building is free of debt, the salaries of its medical staff are guaranteed and therefore every cent which you give will be used directly in the relieving of suffering. The man of broad views will recognize that money given even for a subsidiary purpose such as fuel, lights and office expenses is as genuinely useful as that given directly in the care of the sick, but in this case even such a slight objection as this is wanting. Every dollar invested is applied directly to the providing of the actual wants of the patients. Some members of the foreign community have already seen fit to assume the support of individual beds in the wards of this hospital at the comparatively trifling expense of about one hundred yen a year and it would seem to be a matter of little difficulty to secure forty such guarantees from among a community such as this.

If it be objected that when a man builds a hospital to be called after his name he should also endow it, we must remember that Mr. Severance has already practically endowed the institution with the equivalent of Yen 35,000, for the sum which he annually donates amounts at a minimum estimate to the interest on the above sum, reckoned at five per cent. It would seem, then, that Mr. Severance has done all that could reasonably be expected toward the running expenses of the institution. But is it not true that such an enterprise must exert a greater influence over the community both direct and reflex if it engages the active financial support of the people among whom it is placed? Where the treasure is, there the heart is also, and if you have a little treasure invested in this enterprise it will do something toward helping you to remember that the physical sufferings of this people are beyond your wildest imagination and thus keep you true to your moral obligations to them.

There is every reason to believe that well-to-do Koreans will be unwilling to have all this work done with foreign money and will demand a share in the work. Already an attempt has been made in the Seoul Young Men's Christian Association to endow a bed in the Severance Hospital, with Korean funds. Mr. T. H. Yun, Vice-minister of Foreign Affairs made a telling appeal at the Y. M. C. A. rooms the other night and there was an instant response One man pledged $100 and others smaller sums, so that the required amount was raised.

We wish to bring this matter very plainly before the attention of the foreign community and urge that each individual settle with himself the question whether this is not the very best and safest medium through which to give expression to his sympathy for the Koreans. To the man without sympathy any appeal is vain but we do not believe there exists such a person in our community. Many of us are receiving a monthly stipend from the Korean government and is it not eminently fitting that a moiety of this sum should revert to the direct relief of Korean suffering?

19041100
편집자 논평. *The Korea Review* (서울) (1904년 11월호), 508쪽

*Review*의 이번 호는 당연히 '병원 판'이라고 부를 수 있다. 우리는 새로운 세브란스 병원의 시작에 대하여 충분히 설명하였고, 이 사업의 가치와 일반적으로 이 기관의 지원에 결집하는 서울 및 한국에 거주하는 외국인의 의무에 대하여 다양한 사람들의 견해를 추가하였다. 대중에게 찬사를 보내기에 더 이상 말이 필요 없고, 우리는 호소에 아낌없는 반응이 있을 것이라고 확신한다. 기사가 보도된 이후로 우리는 병원 근처에 있는 두 명의 한국인 상인이 침대 중 하나에 대한 지원을 보증하는 데 합류하였다는 것을 알게 되었다.

Editorial Comment. *The Korea Review* (Seoul) (Nov., 1904), p. 508

This number of the *Review* may properly be called the Hospital Edition. We have given a full account of the beginnings of the new Severance Hospital and have added some words by different people as to the value of this work and the duty of foreigners in Seoul and Korea generally to rally to the support of this institution. It needs no other words to commend it to the public, and we feel sure that there will be a generous response to the appeal. Since the articles were in press we have learned that two Korean merchants in the vicinity of the hospital joined in guaranteeing the support of one of the beds.

[세브란시 병원(남대문 밖 새로 지은 제중원) 낙성연 초청장]
(1904년 11월 16일)

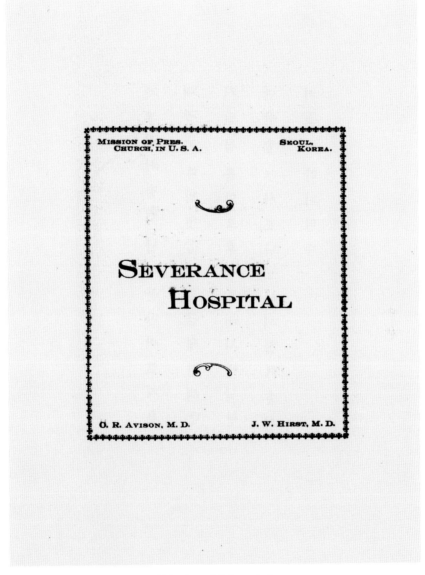

그림 11. 세브란스 병원 낙성연 초청장. 한국교회사연구소 소장.

[Invitation Card for Inauguration of Severance Hospital (Newly built
Jejoongwon outside South Gate) (Nov. 16th, 1904)

세부란씨병원(남대문밧새로지은
졔즁원)다되엿삽기로금월양력동
지달십륙일오후새로네시에낙셩
연을 ᄒ겟사오니오셔셔참례ᄒ시
기를바라나이다

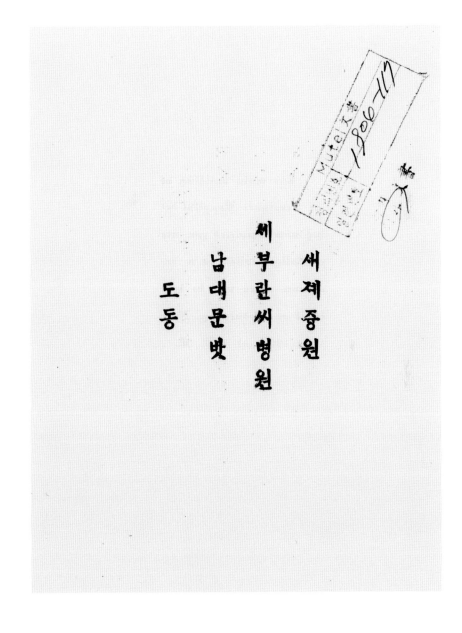

새계즁원

셰부란씨병원

남대문밧

도동

The main building of
the Severance Hospital be-
ing now completed you are
cordially invited to a re-
ception which will be held
in it on Wednesday, Nov.
16th, 1904, at 4 P. M.

그림 12. 세브란스 병원. 동은의학박물관 소장.

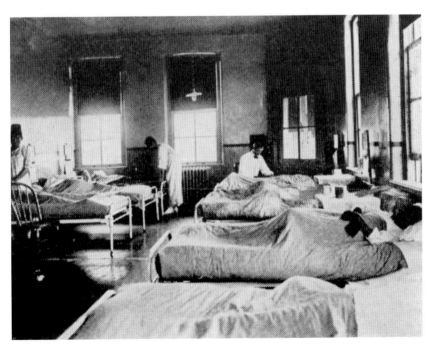

그림 13. 2층의 남자 외과 병동. 오른쪽 뒤에 허스트 박사가 있다.

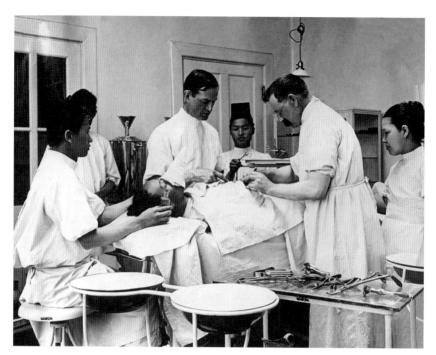

그림 14. 세브란스 병원의 수술실. 동은의학박물관 소장.

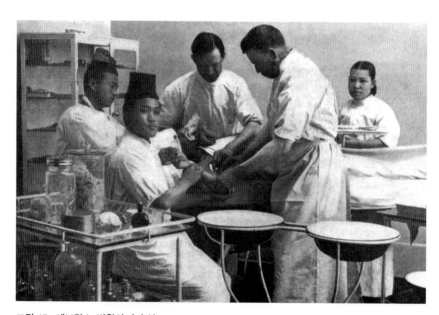

그림 15. 세브란스 병원의 수술실.

19041117

올리버 R. 에비슨(서울)이 호러스 N. 알렌
(주한 미국 공사)에게 보낸 편지 (1904년 11월 17일)

미국 북장로교회 선교부   한국 서울

세브란스 병원

O. R. 에비슨, 의학박사   J. W. 허스트, 의학박사

접수
1905년 1월 6일
브라운 박사

1904년 11월 17일

친애하는 알렌 박사님,

저는 박사님이 우리의 접대가 성공적이었다고 느끼셨다니 기쁩니다. 저 자신도 그랬다고 생각하며, 박사님이 맡아준 부분에 대하여 그렇게 하지 않을 수 없었습니다. 저는 박사님의 축사에서 제가 성취하려고 노력한 것을 더 강조하지 않았다고 박사님의 마음에 가지고 있는 모든 유감을 떨쳐 버리실 것이라고 믿고 있습니다. 저는 박사님이 그런 일에 대하여 충분히 이야기하였고 박사님이 기억하는 것보다 더 많이 말하였다고 생각합니다. 우리 모두는 박사님의 축사를 즐겼고, 박사님의 과거 이야기는 우리의 현재 설비를 뚜렷하게 개선하도록 기여하였습니다. 저는 누가 무슨 말을 하던 그가 자리에 앉았을 때 항상 중요한 몇 가지를 말하지 않고 남겨둔 것 같다고 느낀다고 생각합니다. 여하튼 그것은 지난 봄 제 자신의 경험이었습니다. 제안하지 않은 말을 하고, 하고 싶은 말은 빼먹었습니다. 저는 시간을 들이지 않고 기부를 요청하는 것이 가장 좋다고 생각하였습니다. 하보 양은 저에게 와서 한 달에 10엔을 제안하였고, 다른 사람들은 무언가를 할 의향이 있다고 말하였으며, 한 사람은 개인 병실을 유지하는 비용을 물었습니다. 저는 상당한 금액이 기부될 것으로 기대하고 있습니다.

어제 저는 브라운 씨를 방문하였고, 제가 그곳에 있는 동안 조던 씨가 왔고 우리는 그 문제에 대하여 대단히 자유롭게 이야기하였는데, 브라운 씨는 이 주제에 많은 관심을 보였습니다. 그 자신도 한국 정부가 지원에 기여해야 한다고 제안하였고, 조던 씨도 진심으로 찬성하였기에, 저는 그들이 이 의견을 실현하기 위한 어떤 계획에 도움이 될 것이라고 확신하고 있습니다. 그들은 제가 그것에 대하여 박사님과 상의할 것을 제안하였습니다. 저는 브라운 씨와

또 다른 회의를 주선하였고, 그는 자신이 할 수 있는 모든 것을 기꺼이 돕겠다고 말하였습니다.

독일 공사는 어제 저녁 보다 더 자세히 알고 싶어 분쉬 박사와 함께 병원을 방문할 수 있는지 물었습니다. 후즈 소령은 모든 부분에 큰 관심을 보였고, 제가 원하는 칭찬과 사업에 대한 칭찬을 하였습니다. 그의 마음이 그렇게 되면 쉽게 도울 수 있습니다.

오늘 일본 부영사가 저를 방문하였고, 그들이 진고개에 좋은 병원을 지을 예정인데 그들의 거류민회 의장과 위생 기술자를 데리고 병원을 둘러 볼 수 있는지 문의하였고, 그들은 이 병원을 '전형적인' 병원으로 생각하고 있었습니다.

제 생각에는 우리가 귀하가 제안한 것과 같은 권한을 양보할 수 없다면, 그러한 조직을 제안하는 것은 오히려 미묘한 문제가 될 것이며 물론 그러한 권한의 처분을 조정하는 것은 어려울 것입니다. 저는 귀하와 함께 병상의 지원을 맡거나 다른 방식으로 기여하고자 하는 사람들에게 단순히 기회를 주는 것이 더 나을 수 있다고 생각합니다. 저는 명확하고 간단한 글을 만들어 공동체의 모든 사람들에게 보낼 것입니다. 저는 박사님이 요청한 병원에 대한 설명을 동봉할 것입니다.

많은 관심에 감사드립니다.

안녕히 계십시오.
O. R. 에비슨

Oliver R. Avison (Seoul),
Letter to Horace N. Allen (U. S. Legation, Seoul) (Nov. 17th, 1904)

Mission of Pres. Church in U. S. A.   Seoul, Korea

Severance Hospital

O. R. Avison, M. D.   J. W. Hirst, M. D.

Nov. 17th, 1904

Dear Dr. Allen: -

I am glad you felt that our reception was a success. I think myself that it was and I am very much obliged to you for the part you took in it. I trust you will dismiss all regrets from your mind that you did not in your remarks emphasize more what I have tried to accomplish. I think you spoke quite enough on that line and said more about me than you remember. We all enjoyed your remarks and your story of the past served to bring more into relief the marked improvement in our present resources. I think no matter what one says he always feels when he sits down that perhaps he has left unsaid some important things. At any rate that was my own experience last Spring. I said some things I had not proposed saying & left out some things I intended to say. I thought it best not to take time then to ask for subscriptions. Miss Harbaugh came to me & offered 10.00 yen per month & others spoke of their intention to do something, one person asking the cost of maintaining a private ward. I am hopeful that a fair amount may be subscribed.

Yesterday I called on Mr. Brown & while I was there Mr. Jordan came in & we talked the matter over quite freely, Mr. Brown showing much interest in the subject. He himself suggested that the Korean government should contribute to its support and Mr. Jordan heartily seconded the idea so that I am sure they will assist in some plan to try to bring this about. They suggested that I confer with you about it. I have arranged with Mr. Brown for another conference & he says he will gladly help all he can.

The German Minister asked if he might visit the hospital in company with Dr.

Wunsch as he wanted to see it more thoroughly than he could do last evening. Major Hughes showed great interest in every part & gave it all the praise I could want, commending the work, etc., etc. He can help easily if his mind takes that turn.

Today the Japanese Vice-Consul called on me and asked if he might bring the President of their Municipal Council and their Sanitary Engineer to inspect the hospital as they were going to build a good hospital in Chinkokai and they thought this was a "typical" hospital.

I think, myself, that unless we could yield up to a committee some powers such as you suggest it would be rather a delicate matter to propose such an organization & of course it would be difficult to arrange such disposition of powers & I feel with you it may be better to simply give an opportunity for those who wish to help to contribute either by taking up the support of a bed or in any other way they may prefer. I will draw up a clear & brief statement & submit it to everyone in the community. I will enclose in this a description of the hospital such as you ask for.

Thanking you for your kind interest,

Very sincerely,
O. R. Avison

호러스 N. 알렌(주한 미국 공사)이 존 헤이(미합중국 국무부 장관)에게
보낸 공문 제828호 (1904년 11월 21일)

제828호

미합중국 공사관

한국 서울, 1904년 11월 21일

호러스 N. 알렌 씨가 국무부 장관께

- 주제 -

서울의 세브란스 기념 병원

- 개요 -

오하이오 주 클리블랜드의 L. H. 세브란스 씨가 제공한 자선 기관인 '세브란스 기념 병원'의 정초석을 놓은 것을 보고한 1902년 11월 28일자 공문 542호와 관련된 것임. 기관의 (건축) 완료를 보고함. 개원식에는 서울에 있는 대부분의 외국 공사를 비롯한 대표들이 참석하였음. 뉴욕 시 5 애버뉴 156에 있는 미국 북장로교회 선교본부의 통제 하에 있음.

기관의 규모와 관리자 및 후원자의 의도에 대해 보고서를 동봉함. 인구 30만 명의 이 도시를 위한 실질적으로 유일한 종합 병원이며, 한국인들에 대한 미국인의 자선적 의료를 보여주는 증거임.

제828호

미합중국 공사관

한국 서울, 1904년 11월 21일

존 헤이 각하,
미합중국 워싱턴 국무부 장관

안녕하십니까,

    저의 1902년 11월 28일자 공문 제542호에서 저는 오하이오 주 클리블랜드의 L. H. 세브란스 씨가 제공한 자선 기관인 서울 세브란스 기념 병원의 정초석을 놓는 일에 대하여 알려드렸습니다. 저는 이제 이 기관이 완공되어 활발하게 운영되고 있음을 알려드리고자 합니다. 공식 개원식은 이번 달 16일에 건물에서 거행되었습니다. 이 개원식에는 서울에 거주하는 대부분의 외교 사절과 한국인 관리들이 대거 참석하였습니다.

    이 기관은 뉴욕 시 5 애버뉴 156에 있는 장로교회 선교본부의 통제 하에 있습니다.

    이곳의 위생 상태를 보고하기 위하여 서울로 파견된 일본인 관리는 일본에 더 큰 병원이 있지만 이만큼 완벽하고 최신식인 병원은 없다고 보고하였습니다.

    저는 이 기관과 그 규모, 그리고 운영자 및 후원자들의 의도에 대한 짧은 보고서를 동봉하여 전달하게 되어 영광입니다.

    이것은 인구가 30만 명인 이 도시에서 사실상 유일한 종합 병원입니다. 그것은 한국인들에 대한 미국인들의 자선 의도를 보여주는 훌륭한 증거입니다.

    안녕히 계십시오.
    호러스 N. 알렌

    첨부
    서울 세브란스 기념 병원에 대한 보고서

Horace N. Allen (U. S. Minister to Korea), Despatch to John Hay (Sec. of State, Washington, D. C.) (Nov. 21st, 1904)

No. 828

Legation of the United States of America

Seoul, Korea, November 21sh, 1904

Mr. Horace N. Allen to the
Secretary of State

- Subject -

Severance Memorial Hospital in Seoul

- Synopsis -

Refers to his No. 542 of November 28, 1902, reporting the laying of the comer stone of the "Severance Memorial Hospital", a charitable institution provided by Mr. L. H. Severance of Cleveland Ohio. Reports the completion of the institution. It's opening attended by representative gathering, including most of foreign Ministers in Seoul. Under the control of the Presbyterian Mission Board of 156 Fifth Avenue, New York City.

Enclose report on scope of institution and intention of it's managers and supporters. Practically only general hospital for this city of 300,000 population, and testimonial to the charitable intentions of Americans toward this people.

No. 828

Legation of the United States of America

Seoul, Korea, November 21, 1904

To the Honorable
John Hay,

Secretary of State,
Washington, U. S. A.

Sir: -

In my No. 542 of November 28, 1902, I advised you of the laying of the corner stone of the Severance Memorial Hospital in Seoul, - a charitable institution provided for by Mr. L. H. Severance of Cleveland Ohio. I have now to inform you that this institution has been completed and is in active operation, a formal opening having been held in the building on the 16th instant. This opening was attended by most of the foreign ministers resident in Seoul as well as by quite a representative gathering of foreigners and Korean officials.

This institution is under the control of the Presbyterian Mission Board of 156 Fifth Avenue, New York City.

A Japanese official sent to Seoul to report upon the sanitary conditions here, is reported as having stated that while Japan has larger hospitals, they have none so complete and up to date as this one.

I have the honor to hand you enclosed a short report upon the institution and its scope and the intentions of its managers and supporters.

This is practically the only general hospital for this city with its three hundred thousand population. It is a fine testimonial to the charitable intentions of Americans toward this people.

I have the honor to be,
Sir: -
Your obedient servant,
Horace N Allen

Enclosure.

Report on Severance Memorial Hospital, Seoul

메이 B. H. 헐버트(서울)가 헬렌 헐버트
(매사추세츠 주 햄든)에게 보낸 편지 (1904년 11월 21일)

(중략)

너는 아빠가 두 마리의 거위를 잡았다는 이야기를 알고 있지. 나는 지난 목요일[97] 저녁에 그 중 한 마리를 먹었는데, 맛있었단다. 모리스 씨 부부, 에비슨 박사 부부, 허스트 박사, 스크랜턴 부인, 어거스타 그리고 스웨어러 부인 등이 손님이었어.

(중략)

수요일에는 에비슨 박사가 그의 병원을 개원하였고,[98] 알렌 박사, 윤치호 씨, 에비슨 박사가 연설을 한 후에 사람들이 모두 병원을 둘러보았어. 엄청나게 많은 차, 커피 및 다과가 접대되었단다. (......)

May B. H. Hulbert (Seoul), Letter to Helen Hulbert (Hampden, Mass.)
(Nov. 21st, 1904)

(Omitted)

You know Papa killed too geese well I gave a dinner last Thursday evening we ate one of the geese, it was fine. Mr. & Mrs. Morris, Dr. & Mrs. Avison, Dr. Hirst, Mrs. Scranton, Augusta & Mrs. Swearer were the guests.

(Omitted)

Wednesday Dr. Avison had his hospital opening & Dr. Allen made a speak - Mr. Yun Chi Ho & Dr. Avison & then the people went all thru the building - tea, coffee & cake in great abundance. (......)

---

97) 11월 17일이다.
98) 11월 16일이다.

19041123

호러스 N. 알렌(주한 미국 공사)이 아서 J. 브라운(미국 북장로 교회 해외선교본부 총무)에게 보낸 편지 (1904년 11월 23일)

미합중국 공사관

접 수
1905년 1월 6일
브라운 박사

한국 서울,
1904년 11월 23일

아서 J. 브라운 박사,
　뉴욕 시 5 애버뉴 156

친애하는 브라운 박사님,

　　나는 국무부에 세브란스 기념 병원에 대한 보고서를 보내고 있으며, 에비슨 박사의 편지와 함께 보고서 사본을 동봉합니다. 박사님은 이 서신에서 우리가 한국 정부로부터 약간의 지원을 얻으려고 노력하고 있음을 아실 수 있을 것입니다. 나는 에비슨 박사가 일본, 영국 및 기타 공사, 그리고 총세무사인 브라운 씨를 직접 방문하여 세관으로부터 매달 예산을 확보하기 위하여 그들의 지원을 받을 것을 제안하였습니다.

　　한국인들은 어쩐지 어린애 같아서 장난감에 곧 싫증을 냅니다. 그들은 이제 한동안 병원을 가지고 있었고, (이제) 그러한 일에 열정을 쏟는 것이 어렵지만 나는 우리가 성공하기를 바라고 있습니다.

　　나는 박사님이 이렇게 믿을 수 있는 기관, 유능한 에비슨 및 허스트 박사를 책임자로 가지고 있고, 세브란스 씨와 같이 마음이 넓은 지지자들을 가지고 있는 것을 축하드리며, 그들의 행동을 평가할 수 있다면 이 정부로부터 진심 어린 인정을 받을 것입니다.

　　안부를 전합니다.

　　안녕히 계세요.
　　호러스 N. 알렌

8월 30일자 내 편지에 대한 박사님의 답장에 감사드립니다.
피터스 씨에 관한 편지를 동봉합니다.

Horace N. Allen (U. S. Minister to Korea),
Letter to Arthur J. Brown (Sec., BFM, PCUSA) (Nov. 23rd, 1904)

Legation of the United States
of America

Seoul, Korea,
November 23, 1904

Dr. Arthur J. Brown,
    156 Fifth Avenue, New York City

Dear Dr. Brown,

I am sending to the State Department a report upon Severance Memorial Hospital, and enclose a copy for yourself, together with a letter from Dr. Avison. You will see from this letter that we are trying to get some assistance from the Korean Government towards the upkeep of the institution. I suggested that Dr. Avison personally visit the Japanese, British and other ministers, and Mr. Brown, the Commissioner of Customs, and get their support in an attempt I wish to make to secure a monthly appropriation from the Customs.

The Koreans are somewhat like children and soon tire of their playthings. They have had hospitals now for some time and it is hard to work up enthusiasm for such things but I hope we may succeed.

I congratulate you upon having such a creditable institution and two such capable men at the head of it as Drs. Avison and Hirst, and that you have such liberal minded backers as Mr Severance, whose act would receive cordial acknowledgement from this Government were it capable of appreciating such acts.

I am, with kindest regards,

Yours sincerely,
Horace N. Allen

Thanks for your reply to my letter of August 30.
I enclose letter re Mr. Pieters.

19041100

호러스 N. 알렌(주한 미국 공사),
한국 서울의 세브란스 병원 (1904년 11월)

한국 서울의 세브란스 병원

전체 계획은 다음과 같이 구성될 것이다.

40x80피트인 본관은 지하와 2층으로 구성된다. 지하는 천장이 높고 마감이 잘 되어 있으며, 환자를 위한 2개의 대기실, 검사실이 딸려 있는 상담실, 조제실, 저장실, 난방실, 석탄실, 주방 및 세탁실이 있다.

1층에는 전기 및 특별 기구실이 딸린 의사실, 남자 내과 병동, 여자 병동, 2개의 욕실, 규정식 조리실 및 간호원실이 있다.

2층에는 남자 외과 병동, 부속실이 있는 수술실, 욕실, 규정식 조리실과 간호원실이 있다.

건물의 수용인원은 30명의 환자이지만 필요한 경우 40명을 수용할 수 있다. 건물에는 적절하게 배관이 된 욕실, 세면대 및 현대적 화장실과 함께 온수 및 냉수가 공급되며, 모든 병동은 특수한 굴뚝이 있는 배출구와 들어오기 전에 따뜻해지는 신선한 공기 유입구를 통하여 환기가 된다. 온수 계통은 건물의 모든 부분을 난방한다. 조명은 전기회사의 일반 계통에서 얻은 전기에 의해 이루어진다. 모든 구석은 먼지를 쉽게 제거할 수 있도록 둥글게 처리되었으며, 모든 벽과 천장은 페인트칠이 되어 있고 닦아 낼 수 있다.

지하 1층과 1층으로 구성될 격리 건물이 건축 중에 있다. 그것은 세 면을 둘러쌀 베란다를 제외하고 약 25x40피트가 될 것입니다. 그것은 2개의 침대가 있는 3개의 병동으로 구성되며, 각 병동에는 간호원실 2개와 욕실 2개가 있다. 보조 건물은 하인 및 조수를 위한 주택, 창고 등으로 구성된다.

파스퇴르 연구소가 시작되었으며, 곧 운영이 될 것이다. 이를 위하여 광견병 바이러스 생산을 위한 토끼를 사육할 수 있는 대형 토끼우리가 마련되었다.

결핵의 현대적 치료를 위하여 천막 또는 기타 적절한 구조를 만드는 것이 제안되었다. 장비에는 현대식 무균 수술 설비 및 기구, 병동용 포름알데히드 훈증기, 관절 질환용 고온 건조 공기 기구, 압축 공기, 코와 목 진료를 위한 분무기, 전기 기구, 방사선 기구 등이 포함된다.

현미경, 혈색소 측정을 위한 원심분리기, 세균 배양기 등이 구비된 검사실을 통하여 현대의 과학적 방법에 따라 진단 업무를 수행할 수 있다.

2명의 의사가 의료진을 구성하는데, 1893년부터 이 기관과 인연을 맺어온 O. R. 에비슨 박사와 올해 이 의료진으로 합류한 J. W. 허스트 박사이다. 여러 다른 시기에 미국에서 훈련 받은 간호원들이 병원과 연관이 있었지만 현재 간호는 전적으로 의사가 직접 감독하는 한국인에 의해 수행된다. 현지인 간호원의 교육이 업무의 두드러진 특징이 될 초기에 간호과를 유능한 간호원의 관리 하에 두려고 하였다.

모든 종류의 내과 및 외과 업무는 옛 건물에서 수행되는데, 진료소 환자의 수는 매년 7천에서 1만 건이며, 병동에서 치료받은 것은 연간 약 250건이다. 현재 전망은 이 숫자가 새로운 조건에서 크게 증가하고 수행된 업무의 특성이 훨씬 더 좋아질 것이라는 것이다.

이 업무의 두드러진 특징은 조수로서 현대 의학의 원리와 실습을 체계적으로 가르치는 소수의 현지인 학생들이다. 교육은 모두 한국어로 진행되며, 담당 의사의 다양한 업무가 허용하는 한 빠르게 교재를 준비하고 있다.

전체 계획의 비용은 미국 금화 약 2만 달러인데, 이 모두는 오하이오 주 클리블랜드의 L. H. 세브란스 씨가 기부한 것이다. 현재의 비용은 미국 북장로교회 해외선교본부의 자금, 환자들로부터 받은 수입, 외국인 환자 치료를 위하여 의사가 받은 진료비, 기관의 친구들의 자발적인 기부로 충당된다. 이것이 새 건물에서의 첫 해이기 때문에 연간 지출이 얼마나 될지는 아직 알 수 없다.

모든 국적의 환자들이 병동에 입원하지만, 훨씬 더 많은 부분은 너무 가난해서 아무 것도 지불할 수 없거나 치료비의 일부만 지불할 수 있는 중층과 하층의 한국인으로 구성되어 있어 업무는 대체로 순전히 자선적인 것이다.

병원은 미국 북장로교회 선교부가 직접 관리하며, 한국에서 그들의 선교 사업의 특징 중의 하나이다.

Horace N. Allen (U. S. Minister to Korea), The Severance Hospital in Seoul, Korea (Nov., 1904)

The Severance Hospital in Seoul, Korea.

The complete plan will consist of: -

The Main building, 40 by 80 feet, consisting of basement and two stories. The basement has high ceiling and is well finished and contains two waiting rooms for patients, a consultation room with laboratory off it, a dispensing room, a store room, furnace room, coal room, kitchen and laundry.

The first story contains Physicians office with electrical and special apparatus room off it, medical ward for men, ward for women, two bathrooms, diet kitchen and nurses room.

The second story contains men's surgical ward and operating room with adjunct rooms, bath room, diet kitchen and nurses room.

The accommodation of the building is for 30 patients but 40 can be received in case of need. The building is supplied with water system, hot and cold, with properly plumbed bathrooms, washbasins and modem water-closet and every ward is ventilated by means of an outlet with special flues and an inlet of fresh air which is wanned before admission. A hot water system heats all parts of the building. The lighting is done by electricity obtained from the general system of the Electric Company. All comers are rounded so as to make it easier to get rid of dust, and all walls and ceilings are painted and washable.

An isolation building is now under way which will consist of basement and one story. It will be about 25 by 40 feet exclusive of verandahs which will encircle three sides. It will have 3 wards of 2 beds, each with 2 nurses rooms and 2 bath rooms.

Accessory buildings consist of houses for servants and assistants, store houses, etc.

A Pasteur Institute has been begun and will soon be in running order. To this end a large rabbit pen has been provided in which to breed rabbits for the production of the rabietic virus.

It is proposed to establish a tent or other suitable structure for the modem treatment of tuberculosis. The equipment includes modem aseptic operating appliances and instruments, formaldehyde fumigating apparatus for the wards, hot dry air apparatus for joint diseases, compressed air, nebulizer for nose and throat work, electrical appliances, x-ray apparatus, etc., etc.

A laboratory equipped with microscopes, centrifugal apparatus for determination of hemoglobin, haemocytometer apparatus for examination, bacteriological incubator, etc. enables the work of diagnosis to be carried on in accordance with modem scientific methods.

Two physicians constituting the medical staff, Doctor O. R. Avison, who has been connected with the institution since 1893, and Doctor J. W. Hirst, who has joined this staff this year. At different times American trained nurses have been connected with the hospital but at present the nursing is done entirely by Koreans directly superintended by the physicians. It is intended to have the nursing department placed under the care of a competent trained nurse at an early date when the training of native nurses will be a prominent feature of the work.

All kinds of medical and surgical work are undertaken in the old buildings - the dispensary cases numbered 7 to 10 thousand yearly and the number treated in the wards was about 250 per year. The present prospects are that this number will be greatly increased under the new conditions and the character of the work done will certainly be much better.

A prominent feature of the work is a small class of native students who are being used as assistants and taught systematically the principles and practice of modem medicine. The teaching is all done in the Korean language and textbooks are being prepared as rapidly as the varied duties of the physician in charge will permit.

The cost of the complete plan will be about $20,000 U. S. gold, all of which was donated by Mr. L. H. Severance of Cleveland, Ohio. The current expenses are met by a grant from the Treasury of the Board of Foreign Missions of the Presbyterian Church in the U. S. A., by receipts from certain of the patients, by the professional fees received by the physicians for the treatment of foreign patients and by the voluntary contributions of friends of the institution. As this is the first year of work in the new buildings it is not yet known what the annual expenditure will be.

Patients of all nationalities are received into the wards but by far the greater proportion is made up of Koreans of the middle and lower classes who are either too poor to pay anything or can pay only a small part of the cost of their treatment so that the work is very largely a purely benevolent one.

The hospital is directly under the care of the Mission of the Presbyterian Church in the U. S. A., being one feature of their Mission work in Korea.

호러스 G. 언더우드(서울)가 호러스 N. 알렌
(주한 미국 공사)에게 보낸 편지 (1904년 11월 26일)

한국 서울, 1904년 11월 26일

H. N. 알렌 박사,
　　주한 미국 공사,
　　한국 서울

친애하는 알렌 박사님,

　　박사님의 26일자 편지를 방금 받았으며, 제 생각에 이봉래는 일들이 다소 뒤섞인 것 같습니다. 그 부동산은 병원 부동산이 아니라 도심에 있는 오래된 무어의 부동산입니다. 그는 합의를 할 때 우리에게 그것은 폐하가 아니라 자신이 개인적으로 관여하고 있으며, 그것은 자신이 개인적으로 구매한 것이라고 말하였습니다. 그는 그 문제가 비밀로 유지되기를 원하였고, 저는 그에게 증서가 미국 공사관에 등록되어 있으므로 증서를 그에게 넘기기 전에 반드시 그곳에 가야 한다고 말하였습니다. 그런 다음 그는 돈을 전달하고 증서를 받기 위하여 시간을 정하여 공사관에서 저를 만나겠다고 말하였습니다.

　　병원 부동산은 이봉래가 박사님을 보고 있는 것과 관련이 없지만, 아마도 박사님은 수치를 갖고 싶어 할 것이므로 저는 그것들을 동봉된 종이에 보냅니다. 선교부가 이 두 가지 문제를 모두 협상할 위원회에 저를 임명하였기 때문에 저의 이름이 그 문제와 관련이 있다고 생각하고 사실 저를 선교부의 부동산 중개인이라고 불러야 한다고 생각합니다.

　　안녕히 계십시오.
　　H. G. 언더우드

병원 부지에 들어간 비용을 받기 위한 금액의 항목

에비슨 박사 사택	8,500.00엔
하인 처소	260.00
우물	300.00
	9,060.00엔
제이콥슨 기념 사택	8,500.00엔
하인 처소	520.00
부지	10,000.00
	19,020.00엔
한옥 수리	2,000.00엔
책방	150.00
큰 방 수리	44.90
최근 수리	15.00
	2,209.90
총계	30,289.90엔

Horace G. Underwood (Seoul),
Letter to Horace N. Allen (U. S. Minister to Korea) (Nov. 26th, 1904)

Seoul, Korea, November 26th, 1904

Dr. H. N. Allen,
   U. S. Minister to Korea,
   Seoul, Korea

Dear Dr. Allen: -

Yours of the 26th just to hand and Yi Pong Nai has, I think, got things slightly mixed. The property is not the hospital property, but the old Moore property in the center of the city. He told us when making arrangements that it was not His Majesty, that he was personally attending to the matter and that it was a private purchase on his own part. He desired that the matter be kept secret and I told him that as the deeds were registered at the United States Legation, he would certainly have to go there before the deeds were turned over to him. He then stated that he would engage a time and meet me at the Legation for the purpose of handing over the money and receiving the deeds.

While the hospital property does not enter into that concerning which Yi Pong Nai is seeing you, perhaps you would like to have the figures and so I send them on an enclose sheet. I suppose my name was connected with the affair because the mission appointed me a Committee to negotiate both these matters and in fact I think I ought to be called the real estate agent of the Mission.

Yours sincerely,
H. G. Underwood

Items of Monies to be Received to Reimburse Expenditures on Hospital Site.

Dr. Avison's House	¥ 8,500.00
Servants' Quarters,	260.00
Well,	300.00
	¥ 9,060.00
Jacobson Memorial House,	¥ 8,500.00
Servants' Quarters,	520.00
Site,	10,000.00
	¥19,020.00
Repairs on Korean Buildings	¥ 2,000.00
Book Room,	150.00
Fixing Large Room,	44.90
Recent Repairs,	15.00
	2,209.90
Grand Total,	¥30,289.90

19041200

각종 소식.
The Korea Review (서울) 4(12) (1904년 12월호), 560쪽

서울 기독교 청년회 방에서 새로운 세브란스 기념 병원을 위한 윤치호 씨의 호소를 듣고 있던 한 한국인이 일어나 자신은 기독교 청년회의 회원이 아니고 지방에서 막 올라왔지만, 자신은 다른 나라 사람들이 한국인을 돕기 위하여 그렇게 많은 돈을 이곳에 보내도록 허용할 수 없다고 생각하였다고 언급하였다. 그 후 그는 기금에 100달러를 기부하였다.

News Calendar.
The Korea Review (Seoul) 4(12) (Dec., 1904), p. 560

A Korean, who was listening to the appeal for the new Severance Memorial Hospital which Mr. T. H. Yun made at the Seoul Y. M. C A. rooms, arose and stated that though he was not a member of the Y. M. C. A. and was only just in from the country, he could not think of allowing people in other lands to send such large sums of money here to help Koreans without doing something himself. He thereupon subscribed one hundred dollars toward the fund.

한국. 세브란스 병원 예산. 미국 북장로교회 해외선교본부 실행이사회 회의록 (1904년 12월 19일)

한국. 세브란스 병원 예산. 한국 서울의 세브란스 병원의 계정에서 현재까지의 지출 잔액을 충당하기 위하여 L. H. 세브란스 씨로부터 받은 3,370.78달러의 예산 승인이 의결되었다.

Korea. Severance Hospital Appropriation. *Minutes [of Executive Committee, PCUSA], 1837~1919* (Dec. 19th, 1904)

Korea. Severance Hospital Appropriation. An appropriation of $3,370.78 was voted to cover balance of disbursements to date, on account of the Severance Hospital, Seoul, Korea, received from Mr. L. H. Severance.

19041223

해외 선교 사역. 작은 왕국 한국에서 많은 것이 성취되다. 서울의 새 병원[99)

The Parsons Daily Sun (캔자스 주 파슨스) (1904년 12월 23일), 3쪽

해외 선교 사역.
작은 왕국 한국에서 많은 것이 성취되다. 서울의 새 병원

방금 한국 서울에 새 병원 건물이 봉헌되었는데, 그 경비는 오하이오 주 클리블랜드의 L. H. 세브란스 씨가 부담하였으며 세브란스 기념 병원으로 알려지게 되었다. 그것은 한국 도시에 많은 의료 선교사들을 갖고 있는 장로교회 해외선교본부의 지시하에 운영될 것이다. 이상과 습관이 우리와 너무 다른 그 나라의 노동자들과 함께 미국식 건축물을 짓는 것은 극히 어렵기 때문에 많은 어려움을 겪으면서 이 건물이 건축되었다. 이것의 예는 건물의 모든 배관이 개인적으로 O. R. 에비슨 박사와 선교부의 다른 사역자 중 한 명에 의해 설치되었다는 사실에서 찾을 수 있다. 대부분의 측면에서 새 건물은 이 나라에 건설된 현대적인 병원의 추세를 따른 것이며, 자질구레한 모든 것은 장로교회 선교사들의 공이고, 그 건축을 가능하게 한 것은 자비로운 세브란스 씨이다. 병원과 관련하여 흥미로운 사실은 지금은 주한 미국 공사이지만 장로교회 선교사로서 1884년 일본군과 중국군 사이의 전투에서 부상을 당한 저명한 한국인들에 대한 외과적 수술의 성공을 통하여 한국에서 선교본부의 의료 사업의 토대를 놓았던 H. N. 알렌 님에 의해 지난 해 추수감사절에 정초석을 놓았던 일이다. 당시 알렌 박사의 눈에 띄는 성공은 지역 사회, 특히 왕에게 깊은 인상을 주었으며, 그는 정부가 제공한 병원의 책임자가 되었다. 그 건물에서 시행되었던 장로교회의 의료 사업은 새 병원으로 이전되었다. 10월 4일 새 건물에서 시행된 첫 번째 수술은 백내장 적출이었는데, 사역자 중 한 사역자는 그것을 새 선교병원에서 중요한 첫 일로 특별히 적합한 '빛에 있게 하는' 수술이라고 특징짓고 있다.[100)

---

99) 이 기사는 다음 신문에도 실렸다. New Hospital in Corea. *Statesman Journal* (Salem, Ore.) (Dec. 25th, 1904), p. 6; New Hospital in Corea. *Champaign Daily New* (Chamapign, Ill.) (Dec. 25th, 1904), p. 4; Western Influence in the Orient. *Dayton Daily News* (Dayton, Oh.) (Dec. 26th, 1904), p. 4; *The Topeka Daily Herald* (Topeka, Kansa) (Dec. 31st, 1904), p. 12

100) Jesse W. Hirst (Seoul), Letter to Arthur J. Brown (Sec., BFM, PCUSA) (Oct. 7th, 1904)

The Foreign Mission Work. Much Being Accomplished in the
Little Kingdom of Korea - New Hospital at Seoul.
The Parsons Daily Sun (Parsons, Kansas) (Dec. 23rd, 1904), p. 3

The Foreign Mission Work.
Much Being Accomplished in the Little Kingdom of Korea.
New Hospital at Seoul.

There has just been dedicated at Seoul, Korea, a new hospital building, the cost of which was defrayed by Mr. L. H. Severance of Cleveland, O., and which is to be known as the Severance Memorial Hospital. It is to be conducted under the direction of the Presbyterian Board of Foreign Mission, which has a number of medical missionaries stations in the Korean City. The building was erected in the face of a great many difficulties, as it is extremely hard to build an American structure with the laborers of that country, whose ideals and habits are so totally different from ours. As an instance of this is found in the fact that all the plumbing in the building harl to be replaced personally by Dr. O. R. Avison, and one of the other workers of the mission. In most respects the new building follows the lines of modern hospitals constructed in this country and it is a credit to the Presbyterian missionaries, who carried out its details and to Mr. Severance, whose benevolence made the building possible. An interesting fact in connection with the hospital is that its comer stone was laid a year ago last Thanksgiving day by Hon. H. N. Allen, now minister to Korea, but the one who, as a Presbyterian missionary laid the foundations of the medical work of the Board in Korea by the successful performance of surgical operations upon prominent Koreans, who were wounded, in 1884, in the conflict between the Chinese and Japanese garrisons. Dr. Allen's marked success at that time made such an impression up on the community and especially upon the King, that he was placed in charge of a hospital furnished by the government. It is from the building thus supplied that the Presbyterian medical work is moved to the new hospital. The first operation was performed in the new building on October 4th, and was for the extraction of cataract, one of the workers characterizing it as especially appropriate that the first important work of a new missionary hospital should be and operation for "Letting in the Light."

아서 J. 브라운(미국 북장로교회 해외선교본부 총무)이
메리 B. 바렛(서울)에게 보낸 편지 (1904년 12월 24일)

(중략)

피터스 부인에 대하여 귀하가 전해준 소식이 나를 심각하게 불안하게 하였지만, 나는 귀하의 건강에 문제가 있는 점에 대하여 매우 유감스럽습니다. 선교본부가 이미 피터스 씨에게 아내를 서울에 남겨 두고 귀화 서류를 작성하기 위하여 샌프란시스코로 여행을 가라고 편지를 썼기 때문에, 즉시 에비슨 박사에게 편지를 써서 피터스 부인의 건강이 그녀를 서울에 남을 수 있게 할지 여부의 문제에 대하여 전문적으로 다루어주도록 요청해야 할 것 같았습니다.

(중략)

Arthur J. Brown (Sec., BFM, PCUSA),
Letter to Mary B. Barrett (Seoul) (Dec. 24th, 1904)

(Omitted)

I am very sorry that you are having some trouble with your health, while your information regarding Mrs. Pieters causes me serious anxiety. As the Board had already written Mr. Pieters to leave his wife in Seoul and take a journey to San Francisco to complete his naturalization papers, it seemed necessary to write at once to Dr. Avison and ask him to take up professionally the question whether Mrs. Pieter's health will permit her to remain at Seoul.

(Omitted)

19041224

아서 J. 브라운(미국 북장로교회 해외선교본부 총무)이
올리버 R. 에비슨(서울)에게 보낸 편지 (1904년 12월 24일)

1904년 12월 24일

O. R. 에비슨 박사,
　　한국 서울

친애하는 에비슨 박사님,

　　우리는 피터스 부인이 결핵에 걸렸다는 보고를 듣고 마음이 아팠습니다. 이 슬픈 사실은 최근 피터스 씨에게 아내를 서울에 남겨 두고 귀화 서류를 작성하기 위하여 즉시 샌프란시스코로 갔다가 한국으로 돌아와 선교 사업을 해 달라고 요청한 선교본부의 결정에 영향을 미칠 수 있다는 생각이 즉시 듭니다. 자연스럽게 질문이 생깁니다. 피터스 부인의 건강이 너무 심각해져서 한국에 남을 수 있다는 희망을 허용치 않게 되고 있는가? 만일 그렇다면 두 사람 모두 이 나라로 영구히 귀국하는 것이 바람직할 것입니다. 피터스 부인의 건강으로 인하여 얼마 후에 미국으로 귀국할 가능성이 높다면 그가 샌프란시스코로 여행을 하는데 막대한 비용을 지출하는 것이 가장 비효율적일 것입니다.

　　이 문제는 어제 아침 실행위원회에서 논의되었으며, 박사님의 공식 판단에 맡기기로 하였습니다.

　　박사님은 기꺼이 그 문제를 즉시 다루어 조언해 주시겠습니까? 만일 박사님의 판단으로 피터스 부인이 미국으로 귀국해야 한다면, 박사님은 당연히 즉시 선교부로 알려 피터스 부인이 남편과 함께 돌아올 수 있도록 해야 하며, 통상적인 방식으로 선교본부에 사실을 증명할 수 있습니다. 하지만 만일 박사님이 피터스 부인이 정규 선교사 사역을 합리적으로 기대할 수 있다고 생각한다면, 피터스 씨는 원래 세웠던 샌프란시스코 여행 계획을 실행할 수 있습니다.

　　나는 박사님이 이 문제를 맡는 것이 거북하지 않을 것이라고 믿고 있지만, 만일 거북하다면 박사님의 권한으로써 이 편지를 보여줄 수 있습니다.

　　우리는 피터스 부부에게 깊은 동정을 표하며 그녀의 상태가 그렇게 심각하지 않기를 간절히 바라고 기도드립니다.

우리는 새 병원의 개원에 대하여 박사님께 진심으로 축하드립니다. 우리는 봉헌식에 대하여 출판하기를 열망합니다.

에비슨 부인과 아이들에게 진심으로 안부를 전합니다.

안녕히 계세요.

아서 J. 브라운

Arthur J. Brown (Sec., BFM, PCUSA),
Letter to Oliver R. Avison (Seoul) (Dec. 24th, 1904)

Dec. 24th, 1904

Dr. O. R. Avison,
    Seoul, Korea

My dear Dr. Avison: -

We are disturbed by a report that Mrs. Pieters has developed tuberculosis. It occurs to us at once that this sad fact may have a bearing upon the Board's action of recent date requesting Mr. Pieters to leave his wife in Seoul and to go at once to San Francisco to complete his naturalization papers, and then to return to Korea for missionary work. The question naturally arises - Is Mrs. Pieters' health becoming so seriously impaired as to forbid the hope that she will be able to remain in Korea? If so perhaps it would advisable for them both to return to this country permanently. It would certainly be most inexpedient for him to incur the heavy expense of a found trip to San Francisco if it is probable that Mrs. Pieters' health would compel their return to America a little later.

The matter was discussed in the Executive Council yesterday morning and it was agreed to leave it to your official judgement.

Will you kindly take up the matter at once and advise me? If in your judgement Mrs. Pieters will have to return to America, you will of course inform the Station immediately so as to have Mrs. Pieters return with her husband, and the facts can be certified to the Board in the usual way. If however, you believe that Mrs. Pieters can reasonably look forward to a permanent missionary service, Mr. Pieters can carry out the plan originally made for his trip to San Francisco.

I trust that you will have no embarrassment in talking the matter up, but if any develops, you may show this letter as your authority.

We deeply sympathize with Mr. and Mrs. Pieters, and most earnestly hope and pray that her condition may not prove to be so serious.

We heartily congratulate you on the opening of the new hospital. We are eager to publish an account of the dedication.

With cordial remembrances to Mrs. Avison and the children.

I am, as ever.

Affectionately yours,
Arthur J. Brown

올리버 R. 에비슨 지음, 박형우 편역, 올리버 R. 에비슨이
지켜본 근대 한국 42년 1893~1935. 상
(서울: 청년의사, 2010), 250~255, 283~286, 291~299쪽

250~255쪽
광견병 예방 접종의 시작

러일전쟁이 진행되고 있는 중에 내 가정을 근심스럽게 만든 사건이 일어났다. 우리의 어린 두 아이가 미친개에게 물린 것이었다. 그 애들은 당시 7살과 8살이었다.[101] 문제를 일으킨 작은 폭스테리어는 애들이 상당히 사랑하였던 놀이 친구이었다.

평상시처럼 장난치고 있었을 때 여느 때와 달리 개가 으르렁거리자 애들은 크게 놀랐다. 애들은 이상한 분위기에서 벗어나기 위하여 개를 껴안으려 시도하였다. 하지만 개는 애들의 손을 물어뜯은 후 도망가 숨었다. 상당히 불안해진 애들은 이것을 엄마에게 이야기하였고 그녀는 나를 찾았다.

물린 상처를 치료한 후 나는 개를 찾으러 나갔다. 개는 자신이 무엇인가 잘못하였음을 알아채고 지하실로 뛰어 들어가 숨어 버렸다. 내가 개를 달래서 나오게 하려고 하였다. 하지만 눈이 충혈된 개는 뛰어 나가 길로 달아났다. 이 행동은 너무 이상하였기에 개가 광견병에 걸리지 않았을까 하는 의심이 생겼다. 그래서 다른 사람들을 불러 개를 따라갔다. 개는 다른 선교사들의 집이 있는 곳으로 도망가서 한 집의 지하실로 들어갔다. 개는 분명히 미쳐 있었다. 우리는 개 근처까지 물을 부어 그곳에 가두었다. 다음 날 아침 개는 죽어 있었다. 우리의 그 개가 광견병에 걸렸을 것이라는 진단이 확실하다는 느낌을 갖고 그 개를 물었을 다른 개를 찾았으나 발견할 수 없었다.

당시 한국에는 광견병을 치료하는 바이러스가 없었다. 그래서 일본 공사 하야시를 방문해 상의한 결과 일본 나가사키의 의학교 및 병원에서 치료제를 얻을 수 있다는 사실을 알게 되었다.

그러나 어떻게 애들을 그곳으로 데려갈 수 있을 것인가? 일본과 한국을 운항하는 모든 여객선과 화물선은 일본 군대와 해군 당국에 의해 통제되고 있

---

101) 5남 윌리엄과 6남 올리버이며, 모두 서울에서 출생하였다.

었다. 그리고 러시아와 전쟁 중이었기 때문에 수송선으로 개조되어 있어 아이들을 대한해협을 가로 질러 일본으로 데리고 갈 뾰족한 방법이 없었다. 하는 수 없이 친분이 있는 일본 공사에게 호소하였다. 그는 상당히 걱정을 해주었다. 하지만 즉각적인 답변을 하지는 않았다. 대신 미소를 지으며 자신이 우리를 도울 수 있을 것이라고 말하였다.

그는 육군 수송선이 다음 날 제물포에서 나가사키까지 항해하기로 예정되어 있다고 말하면서 항구의 책임 해군 장교에게 나와 아이들을 그 배에 태우도록 요청하는 쪽지를 주겠다고 하였다. 그는 즉시 쪽지를 써주었다. 다음 날 정시에 현장에서 대기하기 위하여 그날 밤 서둘러 쪽지를 지참하고 애들과 함께 제물포로 내려갔다. 나는 쪽지를 그들에게 보여 주었다. 그들은 이미 내가 갈 것이라는 내용의 전보를 하야시 공사로부터 받은 상태이었다. 그들은 나를 환대하였다. 제 시간에 승선할 수 있게 준비하라는 이야기를 듣고 나니 안심이 되었다.

이틀이 되지 않아 우리는 나가사키에 도착하였다. 모든 배의 보급품이 배급제로 되어 있어 해군 당국에 보고할 의무가 있었다. 그래서 수송선의 장교는 우리가 먹은 음식에 대한 경비를 청구하였다. 하지만 뱃삯은 받지 않았다.

나는 즉시 병원으로 달려가 치료를 시작해 달라고 요청하였다. 그날 첫 치료가 시작되었다. 당연히 나는 그들의 기술을 면밀하게 관찰하였고 많은 질문을 하였다. 며칠 후 나는 그들에게 가능한 첫 배로 돌아가고 싶은데 아직 18일이나 되는 나머지 기간 동안 사용할 수 있는 충분한 양의 바이러스를 공급해 줄 수 있는가를 문의해 보았다. 그들은 그렇게 하겠다고 대답하였다.

나는 더 나아가 한국으로 돌아가 광견병 예방 치료를 소개하고 내 경우에서와 같이 막대한 경비와 시간을 허비하지 않도록 바이러스를 준비하는 방법을 가르쳐 줄 수 없는가 물어 보았다. 분명히 그들은 이러한 요청에 대해 판단을 할 시간이 필요하였다. 다음 날 그들은 내가 필요한 장비를 구입하고 바이러스를 준비하는 법을 배울 시간을 낸다면 가르쳐줄 수 있다고 말하였다.

나는 바이러스를 준비하는 방법을 배운 후 어떻게 집으로 돌아가야 할지 방법을 찾기 시작하였다. 마침 다음 주 일요일에 런던 타임즈의 기자단이 임대한 일본 배를 타고 많은 수의 종군 특파원들과 함께 제물포로 항해한다는 것을 알게 되었다. 나는 이 영국인을 찾아가 내 사정을 설명하였다. 그는 즉시 관심을 보였다. 그날 항해하기로 예정되어 있으니 기구를 갖고 애들과 함께 가능한 한 빨리 승선하라고 하였다. 나에게 얼마나 위안이 되었던지!

집으로 향하는 여정 중에 매일 투여해야 하는 바이러스 주사는 분명 아이들에게 고통스러운 것이었다. 하지만 내가 치료할 때마다 '아야'하는 말 이외에 어떤 말도 하지 않으면 약간의 용돈을 주겠다고 약속하였다. 그러자 아이들은 갑자기 용감해져 입을 꽉 다물고 참아 용돈을 받았다.

아이들을 치료하는 것을 보는 것은 승선한 사람들에게 큰 흥미꺼리를 제공하였다. 치료를 위해서는 물을 끓여야 했다. 시험관은 완전히 멸균해야 했다. 피하 주사기는 살균 처리하고 주사를 놓을 소년의 등 피부는 청결하게 해야 했다.

제 시간에 우리는 서울에 도착하였다. 해야 할 것 이상을 성취하였기 때문에 상당히 기분이 좋았다. 다행히 애들에게서 개에 물린 것에 의한 어떠한 증상도 나타나지 않았다.

새로운 광견병 예방 접종과(Pasteur Department)를 설립하는 일에 직면한 나는 설치뿐 아니라 이후에도 유지하는데 많은 시간이 소요되고 상당한 경비가 필요하다는 것을 알게 되었다. 하지만 그 일을 하기 위한 돈이 없었다. 우리 모두는 예방 접종과를 만들어야 한다고 느꼈지만 특별한 방도가 없었다.

그때 예기치 못한 일이 일어나 문제가 해결되었다.

러일전쟁 때문에 이탈리아 해군의 호위병이 이탈리아의 국익과 거주민을 보호하기 위하여 서울에 파견돼 고종이 거주하는 궁전 근처에 위치한 이탈리아 영사관에 주둔하고 있었다. 어느 날 밤 궁전 건물 중 하나에서 화재가 발생하여 이탈리아 해군이 진화하는데 도움을 주었다. 다음 날 고종은 화재 진화를 도왔던 사람들에게 주는 것이라며 지휘관에게 돈을 하사하였다.102) 이탈리아 군인은 그런 하사금을 받는 것을 금지하는 규칙이 있었다. 그렇기에 지휘관은 그 돈을 받을 수 없다고 말하였다. 하지만 고종은 지휘관에게 그것을 돌려받지 않겠으니 사람들에게 기쁨을 줄 수 있도록 사용하라고 요청하였다. 광견병 예방을 위한 사업에 큰 관심을 가지고 있던 지휘관은 우리 병원이 광견병 예방 접종과를 설치하려 하고 있다는 것을 알고 나를 방문해 그 돈을 이 사업을 위해 사용해 달라고 기부하였다.

이렇게 우리는 광견병 예방 접종과를 시작할 기금을 확보하게 되었던 것이다. 그것은 우연이었던가? 혹 하나님의 특별한 섭리였던가? 그렇지 않으면

---

102) 1904년 4월 14일에 일어난 경운궁(덕수궁) 화재를 말하며, 중화전 등이 전소되었다. 당시 이탈리아 공사관은 정동이 아니라 중구 서소문동(대한항공 건물 자리)에 위치해 있었다.

무엇이란 말인가? 어쨌건 그것은 우리의 필요에 대한 응답이었다. 따라서 감사하는 마음으로 우리는 일에 착수하였다.

우선 매일 최소한 한 마리를 죽일 수 있게 토끼를 사육하기 시작하였다. 강한 용량의 바이러스를 토끼에 주사하고 날짜를 표시한 꼬리표를 달았다. 다음 날에는 다른 토끼를 비슷하게 처치하고 첫 번째 토끼는 죽여 최상의 강도를 가진 바이러스를 포함하고 있는 척수를 적출하여 날짜와 함께 1번이라고 표식을 붙였다. 다음 날에는 또 다른 토끼를 죽였다. 모두 21마리의 토끼가 사용될 때까지 이와 같은 일을 반복하였다. 21개의 병이 준비가 되었을 때 치료할 환자가 없으면 1번 라벨이 붙은 병의 척수는 버리고 다음 병에 1번 라벨을 붙여야 했다.

이 이론에 의하면 바이러스의 강도는 건조에 의해 약해진다. 염화칼슘이 매일 수분을 점차 흡수하면서 21일이 되면 바이러스가 약해져 사람의 건강에는 어떠한 해를 끼치지 않고 이에 대한 약간의 저항력을 갖게 된다. 다음 날 2번째 병이 사용된다. 21일째에는 아무런 위험 없이 가장 강한 바이러스를 투여할 수 있게 된다. 이렇게 얻어진 환자의 저항력은 감염된 바이러스가 광견병을 일으키기 전에 이를 파괴시킬 수 있게 되는 것이다.

독자들은 건조에 의해 바이러스의 강도가 감소하는 이론에 근거해 매일 한 마리의 토끼를 죽이고 병 하나에 담긴 내용물인 척수를 버림으로써 항상 구비되어 있는 다양한 강도의 바이러스를 공급할 수 있다는 것을 알 수 있을 것이다. 우리는 한국에 설치된 통감부의 위생과가 바이러스를 준비하고 이를 필요로 하는 모든 사람들에게 무료로 공급하겠다고 발표할 때[103]까지 이 사업을 계속하였다. 이후 우리는 이 특수한 사업을 중단하였다. 우리에게 오는 환자 치료를 위하여 필요한 바이러스는 통감부가 운영하는 시험소로부터 공급받았다.

우리는 통감부에서 공급받은 바이러스가 효과적임을 확인한 후 그것을 사용하였다. 바이러스를 얻기 위해 우리가 해야 했던 것은 정식으로 인증된, 믿을 수 있는 심부름꾼을 담당 관리에게 보내 필요한 바이러스의 공급을 요청하는 것뿐이었다. 우리들은 바이러스를 즉시 받을 수 있었다. 이 호의에 우리는 진심으로 감사드린다.

---

103) 1909년 5월 내부 위생국 시험과는 광견병 예방 바이러스를 제조하여 대한의원에 공급하였다. 獸類咬傷의 醫藥. 황성신문 (1910년 5월 28일), 2쪽

조선으로 돌아오다

1900년 가을 우리 부부는 우리들의 소망과 기도에 대한 이 행운의 결실을 얻은 것에 매우 행복한 기분으로 조선을 향해 떠났다. 그 동안 고종은 미국 공사관을 통하여 이미 체결된 조약에 따라 그 날로부터 1년 안에 선교부로부터 제중원의 소유물을 돌려받겠다고 알렸다. 따라서 우리는 즉시 새로운 병원 부지를 찾아야 했다.

하지만 성탄절과 새해 사이에 나는 발진티푸스를 앓았다. 내가 회복할 즈음 고종은 미국 신사가 새 병원의 건립을 위해 돈을 기부하였다는 소식을 듣고 매우 기뻐하였다. 그리고 병원 대지를 제공하고 싶다는 전갈을 보냈다.[104] 고종은 자신의 재무 담당관[105]에게 내가 장소를 고르는 것을 돕도록 지시를 하였다고 알렸다. 이것은 적절한 장소를 찾기만 하면 이를 용이하게 확보할 수 있다는 것을 의미하는 것이었기에 고종에게 감사해하였다. 그러나 아! 아! 우리의 희망이여! 왕의 사자(使者)는 외국인을 반대하는 사람이었다. 그래서 함께 상당 시간을 들여 병원 대지를 찾았다. 하지만 우리가 어느 장소를 요구하든 그는 항상 반대하였다.

결국 우리는 한 곳을 찾아 구입할 수밖에 없었다. 조속한 시일 안에 병원이 건립되기를 원하였던 세브란스 씨는 대지의 확보가 상당히 지연되는 것을 싫어하였다. 그는 나에게 5천 달러 수표를 보내면서 지체 없이 장소를 구입하라고 요청하였다. 이 수표를 보내면서 그는 "이제 병원 건립은 에비슨 박사 당신에게 달려 있소. 당신이 필요로 하는 대지에 대해 탐탁하게 생각하지 않는 고문관에 매어 있는 왕에게 더 이상 기대하지 마시오. 서두르시오!"

그 수표로 여태껏 본 중에서 가장 마음에 들었던 남대문 바로 바깥에서 철도역 바로 길 건너편의 장소를 구입하였다. 우리들은 환호성을 질렀다. 병원 설립 계획을 이미 갖고 있었던 우리가 할 일은 이제 건축가를 찾아 공사를 시작하는 것뿐이었다. 그러나 '생쥐와 인간이 짠 최상의 계획들은 종종 어긋나게 마련이었다.'

장로교회 선교사들 중 상당수의 동료들은 선교 사업에 대해 대부분의 의료와 교육 선교사들과는 다른 생각을 갖고 있었다. 내가 안식년으로 미국에

---

104) 에비슨이 발진티푸스에 걸려 회복될 즈음인 1901년 2~3월경 병원 부지를 제공하겠다는 내용을 담은 고종의 친서가 에비슨에게 도착하였다.
105) 조선 후기에 왕실의 재산인 전토(田土), 미포(米布), 전화(錢貨)를 관리하던 내장원경 이용익(李容翊, 1854~1907)을 말한다.

있을 때 선교부는 병원의 건립을 위하여 1만 달러를 모금하는 것을 허용하였다. 하지만 이들 선교사들은 내가 기금을 기부 받자 자신들 생각에 한국에서 아직 전혀 고려되지 않은 이런 훌륭한 병원이 세워지면 한국인이 기독교 정신에 대해 잘못된 개념을 갖게 될 것을 걱정하며 불안해하였다.

그들은 나에게 고든이 작성한 설계도(장식이 전혀 없는 단순한 건물을 위한) 대로 건축하지 말 것이며, 건축에 그렇게 많은 돈을 사용하지 말도록 요구하였다. 그들은 순진한 한국인 개종자들이 기독교가 정신적 발달 보다는 자선을 행하는 단체라는 개념을 가질까 두려워하였던 것이다.

그들은 이러한 염려를 담은 편지를 뉴욕의 선교부로 보냈다. 그들은 자신들이 두려워하는 모종의 위험에 대한 안전장치로서 기부금의 반을 전도 사업에 사용할 수 있게 해주고 나머지 5천 달러만을 병원 건립에 사용하도록 요청하였다. 이 일이 있기 바로 전에 나는 발진티푸스로 앓아누웠고 회복하기 전까지 이 사실을 알지 못하였다.

이 반대는 병원이 건립될 서울지부의 동료 선교사들이 아니라 북쪽의 평양 선교사들에 의해 제기된 것이었다. 선교부는 그렇게 쉽게 그들의 요청에 동의하여 5천 달러를 선교 사업에 쓰도록 허락하였다. 그 이면을 살펴보니 그동안 한국 담당 총무였던 엘린우드 박사가 사망하여[106] 이전 일을 전혀 모르는 새로운 사람이 업무를 승계하였고, 새로운 총무의 협조로 선교부는 기금을 나누는 것을 투표로 결정한 후[107] 이 사실을 서울지부에 통보하였던 것이다.

아직 침대에 누워있던 내가 활동하기에 너무 쇠약하였다. 때문에 서울 지부의 회원들은 이 불행한 상황에 대한 논의를 위해 내 침실에 모였다. 그들은 지부의 모든 회원들이 연서를 작성해 뉴욕의 선교부에 항의하는 편지를 보내고 서울지부의 회원들이 어떻게 느끼는가 알게 하기 위하여 세브란스 씨에게 복사본을 보내기로 의결하였다.

선교부의 이 조처를 알게 된 세브란스 씨는 즉시 선교부를 방문하여 그들이 자신의 선물을 왜 멋대로 처리하게 되었는지 물었다. 총무는 한국에서 전도 사업에도 재정적 도움이 필요하며 적당한 병원을 건립하는데 5천 달러면 충분하다는 요청이 있어 그렇게 결정된 것이라고 설명하였다.

"좋습니다." 세브란스 씨가 말하였다. "선교부는 알아야 합니다. 내가 병원을 건립하려는데 5천 달러가 그 목적에 충분하다고 생각되면 내 선물은 5천 달러일 것입니다. 이 선물 중 전도 사업을 위한 것은 아무것도 없습니다. 나는

---

106) 엘린우드의 사망이 아니라 선교본부 총무직 은퇴 때문이었다.
107) 북장로교회 선교부는 1901년 3월 이 건을 승인하였다.

전도 사업을 믿으며 이를 위해서도 기부하겠습니다. 하지만 지금 나는 병원 건축을 위해 기부한 것입니다."

이것이 적절한 경로를 통해 선교부에 보고되었다. 주지하는 바와 같이 선교부의 결정에 큰 영향을 미쳤다.

291~299쪽
세브란스병원의 건축

(중략)

그런 논의가 진행되는 중에 나는 병원을 짓기 시작할 다른 장소를 물색하고 있었다. 그때 남대문 바깥에서 동쪽으로 뻗어 있는 빈 언덕을 발견하였다. 이전의 어느 부지보다 더 마음에 들었다. 병원 건립의 시작이 늦어진 것에 대해 나는 세브란스 씨와 여러 번 편지를 주고받았다. 병원 건립이 늦어지자 그는 불안해하였으며, 병원 부지를 주겠다는 고종의 약속을 묵살하라고 요구하면서 병원 부지를 사라며 다시 5천 달러를 보냈다. 나는 나중에 선택한 이 부지를 구입하였다.

이미 땅문서를 받았을 때 철도회사가 병원 부지 앞길의 바로 건너편에 기차역을 짓겠다며 내가 방금 구입한 땅을 구입하고 싶어 한다는 소식을 듣게 되었다. 그들은 내가 지불한 것 보다 더 많은 돈을 주겠다고 하였다. 나는 그 것을 포기하고 싶지 않았다. 그 당시 그들은 언덕의 기슭에 약간의 땅을 구입하였다. 그러나 정거장을 짓기 위해서는 너무 작음을 알고 그 땅을 우리에게 팔았다. 당초 구입한 부지가 너무 작다고 생각했었던 나는 그 땅을 확보하게 되어 매우 기뻤다. 결국 우리는 고종이나 그의 대리인인 이용익에게 의존하지 않고 병원을 짓기에 충분한 9에이커 이상의 땅을 구입하였다. 부지의 가치는 시간이 흐르면서 상승하여 내가 1만 5천 달러에 산 것이 최근 거의 100만 달러를 호가하고 있다. 이 작은 시작 중에서 건물과 설비는 수십만 달러를 호가할 정도로 발전하였다.

우리는 고든의 급료와 경비를 누가 대 주었는가에 대하여 결코 들은 바가 없었다. 하지만 일부 독자들은 그의 이름을 거론하는데 그리 어렵지 않을 것으로 생각한다. 병원 자체를 기증한 사람 말고 누구이겠는가?

이제 믿을 수 있는 건축업자를 구해 건축을 시작하는 일만 남았다. 우리는 중국인 청부업자인 해리 장(Harry Chang)을 선택하였다. 그는 한때 미국 공사관에 고용되었던 충직한 사람으로, 그곳에서 영어 회화를 배웠다. 후에 그는 외국인 주택과 관련된 업자와 일하면서 건축물 매매도 배웠다. 모든 일에 익숙하게 되었다. 우리는 그가 정직하며 어떤 계약이든 지킬 것임을 알았다. 그가 전혀 경험을 하지 못한 현대식 난방 장치, 환기 계통, 상수도와 하수도를 제외한 모든 부분의 일을 맡겼다. 그가 하지 못하는 일들은 우리 자신들이 해결해야 했다.

장 씨가 준비로 바쁜 동안 건축가가 도착하여 책임을 맡았기에 우리는 모든 것이 순조롭게 진행되리라는 것을 알았다. 우리는 필요한 모든 도구와 함께 수입해야 할 모든 재료를 주문하였고 제시간에 모든 것이 도착되었다.

이때가 1903년이었다. 일본과 러시아 사이에 전쟁이 일어날 가능성이 있다는 소문이 무성하였다.108) 이 소문은 1904년에 최고에 달했다. 이에 따라 자재 가격이 폭등하자 해리 장은 면담을 요청하였다.109) 그는 계약을 맺었던 자재의 구입 가격을 보여주면서 나중에 그가 실제 지불해야 했던 가격과 비교하였다. 만일 우리가 오른 가격으로 건축을 완성하라고 강제로 다그친다면 손실로 인해 파산할 것이 거의 확실하지만 그래도 원한다면 일을 계속 하겠다고 말하였다. 우리는 그것이 공정하지 않다고 느꼈다. 그래서 계약을 해지하고 새 가격을 제시하라고 요청하였다. 하지만 그는 미래가 불확실하기에 일을 전부 포기하는 것이 낫겠다고 답하였다. 우리는 그것에 동의하고 일용직 일꾼을 고용하여 건축을 끝낼 수밖에 없었다.

나는 즉시 이 일을 세브란스 씨에게 보고하면서 경비가 더 늘어나도 병원 건축을 계속하기를 원할 것으로 믿고 건축을 진행하겠다고 말하였다. 나는 기부금을 반으로 줄이자는 문제가 대두되었을 때, 세브란스 씨가 내가 제시하였던 금액이었기에 1만 달러를 기부하는 것일 뿐 경비가 5천 달러이건 1만 달러이건 혹은 1만 5천 달러이건 훌륭한 병원을 원한다고 선교부에 말한 것을 알고 있기 때문이라고 덧붙였다. 나는 그에게 병원을 적절하게 짓는데 1만 달러 이상이 돈이 더 필요한데 현재로서는 총액을 이야기할 수 없다고 말하였다. 이에 대해 그는 즉시 훌륭한 건물을 원하며 우리가 해왔던 것처럼 계속 진행하라는 회신을 보냈다. 그래서 건축은 계속 진행되었다.

한국어로 의학 교과서를 편찬하는데 나를 도왔던 의학생 중 한 명110)이

---

108) 전쟁에 관한 소문이 돌면서 1903년 11월 제중원에 일을 하던 일본인 간호원 2명이 일본 정부에 의해 소환당하는 등 정세가 매우 불안정해졌다.

109) 1903년 11월의 어느 날이었다. Annual Report of Seoul Station Presented to the Korea Mission of the Presbyterian Church in the United States of America at its Annual Meeting September 1904 at Seoul

110) 첫 졸업생의 한 명인 김필순(金弼淳)이다.

고든 씨의 통역으로 활동하였다. 난방과 배관 계통의 설치 이전까지 특별한 어려움 없이 모든 일이 순조롭게 진행되었다. 당시 한국에는 난방과 배관 계통의 설치에 관해 어떠한 지식도 가진 사람이 없었다. 그래서 고든, 김(金) 군과 내가 이 일을 해야만 하였다. 낮에는 거의 1마일 떨어진 옛 병원(구리개)에서 몇 시간 동안 일을 해야 하였다. 하지만 나는 다른 두 사람과 함께 배관 설치 작업을 해야만 하였다.

우선 모든 하수가 잘 빠져 지하실에 습기가 전혀 차지 않도록 바닥 밑에 타일로 만든 하수구를 설치하였다. 어느 파이프가 잘못 기울거나 연결부가 잘못 접합되지 않도록 도랑을 파게 하였다. 그리고 후에 설계도에 따라 모든 파이프를 설치하였다. 우리들이 직접 연결부를 접합하였다. 그 다음에 목욕탕에서 내려가는 모든 파이프를 설치하였다. 구경이 4인치인 이 철제 파이프는 납땜으로 연결부를 막아야 했다. 우리들 중 누구도 이런 일을 해본 적이 없었다. 하지만 건축가는 당연하게도 그 방법을 이해하고 있었다. 그래서 때문에 몇 번의 시도 끝에 우리는 배관공이 만든 것처럼 매끈하지는 않았지만 연결부를 안전하게 접합할 수 있게 되었다. 수도 도관의 배치와 온수난방 계통의 설치는 모든 도관을 필요한 길이만큼 절단하고 이것들을 붙여 누수가 없도록 해야 했다. 우리에게 쉬운 일이 아니었다. 결국 작업은 끝났다. 이렇게 한국 최초의 진정한 외국식 건물이 탄생되었다.

이 본관 건물이 완성되었을 때 우리는 전염병 환자를 위한 분리된 병동이 필요하였고 세브란스 씨에게 다시 지원을 요청하였다. 이에 대해서도 그는 필요한 돈을 즉시 보내주었다.

모든 공사가 끝났을 때 우리는 원래의 1만 달러 대신 2만 5천 달러를 사용하였다. 하지만 세브란스 씨는 만족해하였다. 우리는 결국 위치와 상관없이 병원이라면 구비해야할 모든 것들을 준비하였다. 구리개의 구(舊) 병원에서 사용한 모든 것에 대하여 고종이 지불한 돈으로 외국인 의사와 간호원, 그리고 한국인 조수와 하인을 위한 숙소를 건립하였다.111)

새 병원은 다양한 국적의 많은 축하객들이 참석한 가운데 봉헌되었다.112)

다른 곳에서 언급한 것처럼 첫 입원 환자는 성홍열을 앓는 두 소아이었다.

---

111) 구리개 제중원을 반환하며 조선 정부로부터 받은 보상금으로 에비슨의 집을 포함한 3개의 숙소, 사랑채, 책방, 하인 처소, 거리 예배당과 대기실을 건축하였다. Annual Report of Seoul Station Presented to the Korea Mission of the Presbyterian Church in the United States of America at its Annual Meeting, September 1904 at Seoul.

112) 1904년 9월 23일 오후 5시에 봉헌식이 개최되었다. 고든은 병원 개원을 보지 못하고 1904년 7월 하순 고향 토론토로 돌아갔다.

이런 환자를 입원시키기 위한 특별 병동이 아직 준비되지 않았기에 당연히 일반 환자를 입원시키기 전에 본관 건물에 입원시켰다. 후에 일반 환자를 입원시키기 위하여 완전히 소독을 해야만 하였다. 이것은 한국인들이 필요로 하는 것이 가장 좋은 것이라는 우리의 원칙을 잘 보여준 좋은 예이었다.

새 병원 건물의 첫 외국인 거주자

새 병원을 개원한 직후 로이 K. 스미스(Roy K. Smith) 박사 부부가 재령에서 활동하기 위하여 내한하였다. 그곳에는 살 집이 아직 준비되어 있지 않았다. 그래서 잠시 서울에 체류하면서 언어를 배우도록 조치되었다. 하지만 서울에도 그들이 살 집은 준비되어 있지 않았다. 당시 서울에는 많은 선교사들이 거주하고 있었다. 때문에 그들은 분명히 어떤 집이건 체류할 수 있었다. 하지만 세브란스 병원에는 아직 사용하고 있지 않은 방들이 있었다. 스미스 박사 부부는 얼마 동안 병실에서 생활하였다.

스미스 박사는 언어를 학습하는 기간 동안에 검사실에서 일을 하였다. 자신이 이 분야의 특별 과정을 거쳤고 약간의 기구를 갖고 왔기 때문이었다. 따라서 우리는 설비를 갖추기 전에 진단을 위해 검사실을 가동할 수 있었다.

스미스 박사 부부는 1941년 현재 아직도 조선에 살고 있다. 얼마 전 나는 스미스 부인의 편지를 받았다. 그녀는 그 당시의 초기 생활을 언급하였다. 그때 자신들은 매우 힘든 시간을 가진 것 같이 생각되었지만 돌이켜보면 자신들의 인생에서 가장 행복한 시기의 하나였다고 회고하였다.

Oliver R. Avison, Edited by Hyoung W. Park,

Memoires of Life in Korea (Seoul: The Korean Doctors' Weekly, 2012),

pp. 133~136, 153~155, 158~161

pp. 250~255

Beginning of Pasteur Treatment

While the Russia-Japan war was in progress an event occurred that gravely affected my family and me. Our two youngest children of that time were bitten by a rabid dog. They were then seven and eight years of age and the dog, a small foxterrior, was their own much-loved playmate.

They were frolicking with him as usual one day when he snarled at them, a thing so unlike him that they were greatly surprised. They tried to fondle him out of this strange mood but he snapped at their hands and, having bitten both of them, ran away and hid. Much disturbed, they told their mother of this and she called me.

After treating the bites, I set out to find the dog. He had run into the cellar as though to hide after doing what he knew to be wrong. When I tried to coax him out I noticed his eyes were red and he ran past me and away into the street. This conduct was so unusual that my suspicion as to his ailment was aroused and, calling others, we set out to follow him. He ran to another group of missionary homes and into the basement of one of them. He was evidently mad so we decided to put water within his reach and shut him in. Next morning he was dead.

Feeling sure of our diagnosis we made a search for any other dog that might have bitten him but none was found.

There was no pasteur virus in Korea but on a visit to the Japanese Minister we learned that such treatment were being given at the Medical School and Hospital in Nagasaki, Japan - but how were we to get the boys over there? All the passenger and cargo boats that had been running between Japan and Korea had been taken over by the Japanese military and naval authorities and converted into troop and supply ships for Japan was then at war with Russia so there was apparently no way of taking them across the straits to Japan. We appealed to Mr. Hayashi, our friendly Japanese Minister for help. He was much concerned but made no immediate answer. Then he smilingly said he thought he could help us.

An army transport was due to sail the next day from Chemulpo to Nagasaki, he said, and he would give me a note to the chief Naval Officer of the port asking him to give my boys and me passage on it. He wrote the note at once and with it I took the lads that night to the port so as to make sure of being on the spot in time next morning, I presented the letter and was glad to learn they had received a telegram from Minister Hayashi telling them to expect me. I was therefore hospitably received and instructed to be ready at a certain time to go aboard.

Within two days we were in Nagasaki. The ship officers would accept no money for our passage except a small sum to cover the cost of our food which they said was required by the naval authorities as all the ship's supplies were rationed and had to be accounted for.

I went at once to the hospital and was told treatment could be begun right away and the first was given the same day. Of course I watched their technique closely and asked many questions. After a few days I asked whether they could provide me with enough virus for the remaining days of the treatment - about eighteen yet - so that I could go back on the first boat on which passage could be obtained. Yes, they could do that. Then I went a step further. Could they not teach me the method of preparing the virus so that when I returned to Korea I could introduce this treatment there and save the great expense and loss of time that came with such a trip as I had taken. Apparently this request raised a problem for they took time to consider it. The next day, however, they said it could be done if I would purchase the necessary equipment and take time to watch them prepare the virus.

I did this and then set out in search of some way to get back home. Learning that a number of foreign war correspondents were soon to sail for Chemulpo on a Japanese vessel that had been chartered by a representative of the London Times, I sought the Englishman out and told him my story. He was interested at once and told me to get my boys and apparatus on board as soon as possible as they were to sail that day. What a relief it was to me!

The virus injections which I gave the boys each day naturally gave them pain but when I promised them a certain amount of money for each treatment if they refrained from saying anything but "ouch!" they suddenly became brave and earned their pennies with lips held tight. These treatments were watched by everyone aboard with the greatest interest. Water had to be boiled, test tubes disinfected, hypodermic syringes antisepticized and the place of injection on the boys' backs thoroughly cleansed. In due time we reached home and, because we had accomplished all I set out to do and even more. I was very happy over it. I am happy to say that the boys never showed any ill symptoms from the bites.

Facing the job of establishing a Pasteur department of our own I soon found it was going to take a lot of my time and a considerable sum of money to set it up and still more to keep it going and we had no money for the job. We all felt the job must be undertaken but how?

The unexpected happened just as it generally does when a great need exists.

Because of Russia-Japanese war a guard of Italian marines had been stationed in Seoul to protect Italian residents and Italian interests and they were billeted at the Italian Consulate near the palace where, his Majesty was in residence. One night a palace building took f ire and the marines helped to quell it so the next day the King sent a present of money to the officer of the guard to be given to the men who had been so helpful. The officer said he could not accept it as an Italian Army regulation forbade soldiers receiving any such gratitude. The King would not have it returned to him but asked the officer to use it in some way that would give pleasure to the men. It appeared that the officer, was much interested in Pasteur's work on the prevention of rabbies and, learning that our hospital was about to open a Pasteur Department, he called on me and offered us this money to keep us do it - and there we were with a fund to at least make a beginning. An accident, was it? or a special intervention of Providence? or what? Anyway it just answered our need so we proceeded with thankful hearts. First we must begin to raise rabbits as at least one must be killed every day.

A strong dose of the virus must be injected into a rabbit which was then tagged with a date and next day another must be similarly treated and the frist one killed and its spinal cord which contained virus of the highest potentiality extracted and labeled No. 1 with the date. Next day another rabbit must be killed and similarly disposed of until 21 animals had been used. Then the spinal cord in Bottle No. 1 must be thrown away unless there was a patient to be treated and another be labeled No. 1.

The theory is that the strength of the virus is weakened by the drying process; the Calcium Chloride absorbing moisture more and more each day, the virus at the end of 21 days becomes so weakened that it can be injected into a patient without any evil result on his health while it sets up a degree of resistance to the virus. Next day bottle No. 2 is used and so on until in 21 days the strongest virus in the series can be given without danger. Such a degree of resistance has been built up that before the virus of the original can react in producing rabies the resistance of the patient can destroy it.

You can see the theory of decreasing strength of the virus by drying makes it necessary to destroy one rabbit every day and throw away the contents of one bottle every day so that there will always be on hand a full supply of virus of ranging strengths. We kept of this work until the Japanese Medical Department in Korea announced it had established a Pasteur Laboratory and was prepared to supply the virus, free of cost, to all who might need it. We then brought our special work to a close and depended on the government laboratory for a supply for any case that might be brought to us for treatment.

We found the government's virus effective and thereafter always used it. All we had to do was to send a reliable and duly authorized messenger to the proper official and a sufficient supply for a given case was immediately sent to us. For this courtesy we were duly grateful.

pp. 153~155

Return to Korea

That autumn Mrs. Avison and I left for Korea feeling very happy at this fortunate outcome of our wishes and prayers. In the meantime the king of Korea had notified the Mission through the American Legation that, in accordance with the agreement already described, he would in a year from that date, resume possession of the property of the Chay Joong Won, the Royal Korean Hospital, so we had to set out at once on a search for a new site.

Between Christmas and New Year I fell ill with typhus fever and just when I was convalescing the King sent word that he was greatly pleased at hearing that an American gentleman had donated money for the erection of a new hospital and, in view of that he would like to contribute the site for it. He said he had ordered his financier to accompany me and help me in the choosing of it. We appreciated this for it would make it easier for us to secure it after it had been found. But alas for our hopes! Ultimately we had to find one for ourselves and buy it too, for the king's messenger, a man of great influence, was opposed to things foreign and, though he spent much time with us in the search, he always objected to whatever place we asked for.

Mr. Severance became disgusted at so much delay and sent me a check for $5,000.00 with which to buy a site without further waiting, for he was anxious to get the project completed, In sending this check, he said, "Now, Dr. Avison, it is up to you. Do not wait any longer on the King for he seems to be tied up to advisers who do not want you to get what you need. Hurry up!"

That check cheered us wonderfully, for it enabled us to secure the best site we had yet found, just outside the Great South Gate and directly across the street from the main railroad station. Having the plans ready, all we had now to do was to find a builder and make a start. So we thought, but "the best laid plans o'mice and men gang oft agley. (=go often agley)"

A considerable group of our fellow Presbyterian Missionaries had a different idea of missionary work from that held by most of the medical and educational folks and, although the mission had asked that I be allowed, while I was in America, to secure $10,000.00 for a hospital, this group became alarmed when I got it, fearing such a fine hospital as they thought it would build, the finest as yet proposed for any branch of work in Korea, would give the Koreans a wrong idea of Christianity.

They wrote me begging me not to build it according to the plan Mr. Gordon had drawn (which was not at all decorative though correct architecturally) and not to spend so much money in erecting it. They feared "the simple Korean converts would get the idea that Christianity was a philanthropic institution rather than a spiritual development."

They wrote to the Board in New York urging this fear on them and asking them to divide the money, allowing half of it to be used in the evangelistic work, leaving only $5,000.00 for the erection of the hospital, an arrangement that they thought would safeguard the mission work against the danger they feared. Just previous to these events I had taken sick with typhus fever and did not learn of them until I was convalescent.

Those objections were not raised by my fellow workers in Seoul Station where the hospital was to be built, but by a group in the city of Pyong Yang in the North. The Board, glad to get $5,000.00 so easily for evangelistic work, agreed to their request, In the meantime, the Secretary of Korea, Dr. Ellinwood, had died and been succeeded by a new man who "knew not Joseph" and, with his concurrence, the Board voted to divide the fund and duly informed Seoul Station of the fact.

While I was still in bed, too weak to leave it, the members of Seoul Station met in my bedroom to discuss this unfortunate situation. They decided to write a letter of protest to the Board in New York signed by every member of the Station and to send a copy to Mr. Severance to let him know just how Seoul Station members felt.

When Mr. Severance learned of this action of the Board he went at once to them and asked why they had taken this liberty with a gift he had made. The secretary explained that it had been done at the request of the Mission which felt that the evangelistic work needed financial help and that in its opinion $5,000.00 would be sufficient to build the type of hospital that would be suitable for Korea.

"All right," said Mr. Severance, "the Mission should know. But as we are at

this time building a hospital and $5,000.00 is thought to be enough for that purpose my gift will be $5,000.00. There will be nothing of this gift left for evangelistic work. I believe in the evangelistic work and give freely toward it but just now we are building a hospital."

This was reported to the Mission in due course and as you will see it had a great effect on the Board's thinking.

pp. 158~161

Erection of Severance Hospital

(Omitted)

While those discussions were in progress I had been looking for another site on which to begin building the hospital as already related, I found a vacant hill outside the South Gate that seemed even more suitable than my former choice. Several letters had passed between Mr. Severance and me concerning the delay in getting started. He had grown restless and had sent me a letter urging me to forget the King's promise to give us a site and enclosing $5,000.00 with which to purchase one and with it I bought this latter site. The deeds for it had just been obtained when I heard that the railway company was about to erect its main station directly across the street and that they had expected to purchase the land which I had just bought. They offered me more money than I had paid for it but I was unwilling to give it up. They then purchased some other fields at the foot of the hill but when they found these too small for their purpose, they sold them to us. I was glad to secure them as I realized our site was going to be too small. In the end we secured over nine acres, quite enough for our institution, without depending on either the King or his agent Mr. Yi. The value of the plot increased as time went by so that what I bought for $15,000 was recently valued at almost $1,000,000. Out of this small beginning a plant was developed which cost several hundreds of thousands of dollars.

We were never told the name of the donor of Mr. Gordon's salary and expenses but some of us thought it would not be difficult to name him - who but the giver of the hospital itself?

We had now only to find a reliable builder and get the work started. We chose a Chinese contractor, Harry Chang, who at one time had been a trusted servant at the American Legation where he had learned to speak English. Later he had also learned the building trade by working with contractors for foreign houses and familiarizing himself with all parts of the work. We knew him to be honest and that he would abide by any contract he made and we arranged with him to do all parts of the work except the installation of the modern heating plant, the ventilating system, the water supply and the disposal of sewage, with none of which he had had any experience. These would have to be done by ourselves.

While Chang was busy with the preliminaries, the architect arrived and assumed responsibility so we knew that all would be properly done. He worked out all the orders for the materials that would have to be imported together with all the necessary tools and in due time all came to hand.

By that time it was already 1903 and there was much talk of a possible war between Japan and Russia. This culminated in 1904. Prices of materials then soared and our contractor asked for a consultation with me. He showed me the purchasing price that had enabled him to contract at the rate he had given me and compared them with the prices he had had to pay of late. His loss would almost ruin him if we compelled him to complete the building at those still rising prices but, he said, he would go on with the work if we insisted on it. Feeling that would not be fair, we released him from his contract and asked him to give us a new price. He said the future was so uncertain that he would prefer to give up the job altogether. We agreed to that and undertook to complete it ourselves by day labor.

I immediately reported these things to Mr. Severance and told him we were proceeding on the belief that he would want the work to go on even at the increased cost. I said I understood that he had told the Board, when the question of cutting his donation in half was being considered, that his contribution had been $10,000.00 because Dr. Avison had suggested this amount to him but that he wanted a good hospital, whatever it cost, $5,000.00, $10,000.00, or $15,000.00 I had now to tell him it would cost considerably more than $10,000.00 to build it properly but that I could not name the exact sum. His answer came promptly - "he wanted a good building and was glad we had proceeded as we had done." So the work went on.

One of our medical students who had assisted me in the compiling of textbooks in the Korean language acted as Mr. Gordon's interpreter and all went on without special difficulty until we came to the installation of the heating and plumbing systems. As there was no one in Korea who had any knowledge of such things, Mr. Gordon, Mr. Kim and I had to do this work ourselves. Though I had to spend several hours a day at the old hospital, nearly a mile away, I managed to do a lot of the installation work with the other two men.

The first part of this work was to lay a tile sewer under the floor of the basement so as to insure the free disposal of all sewage and a completely dry basement, It would not do to have either wrong slanting of any of the drains or poorly cemented joints so, having had the trenches dug for us, we laid all the pipes according to the plans and cemented the joints with our own hands. Then all the down pipes from the bathrooms had to be installed. These four inch iron pipes had to be tamped at their joints with solder. None of us had ever done such work but the architect, of course, understood the method so, after a few trials, we were able to make the joints safe even though they were not as smooth as a plumber would have made them. The distribution of the water pipes and the installation of the hot water heating system were not easy tasks for us for we had to cut all the pipes to their required lengths, thread them and make them leak-proof. But at last the work was finished and Korea had its first really foreign hospital building.

When this main building had been completed we still needed separate accomodations for contagious cases and another call on Mr. Severance was made. To this also he responded promptly by sending the money needed.

When all had been completed we had spend $25,000.00 instead of the original $10,000.00 but Mr. Severance was pleased and we felt we were at last prepared to do the kind of work we knew ought to be done in a hospital wherever it might be located.

Residences for the foreign doctors and nurses and some Korean homes for assistants and servants were erected with the money we received from the King in payment for all we had spent on the old hospital.

The new plant was dedicated in the presence of a large gathering of well wishers of many nationalities.

As related elsewhere the f irst patients admitted were two children with scarlet fever and as the special building for such cases was not then ready for use, they were accommodated in a part of the main building which of course had to be thoroughly disinfected before it was open to the general public. This was a fair example of our policy that nothing was too good in a case, of need.

First Foreign Occupants of the New Hospital Building

Soon after opening the new hospital building in Seoul, Dr. Roy K. Smith and his wife came to Korea to work in Chairyung. As no house was ready for them there, it was proposed that they remain in Seoul for a time and study the language. There was no vacant house in Seoul either. But as many missionaries lived in Seoul surely they could be accommodated in some home. There were some as yet unoccupied rooms in Severance Hospital. What about them? Dr. and Mrs. Smith lived in them for some time.

In the intervals between language study periods, Dr. Smith worked in the laboratory as he had taken a special course in that work and had brought some apparatus with him. Thus began the method of laboratory diagnosis which we had not before been able to install.

Dr. and Mrs. Smith are still living in Korea (1941) and not long ago I had a letter from her in which she referred to that early experience. At that time it seemed to them they were having a very hard time but in retrospect she considered it one of the happiest periods of their lives.

20100000

올리버 R. 에비슨 지음, 박형우 편역, 올리버 R. 에비슨이 지켜본
근대 한국 42년 1893~1935. 하
(서울: 청년의사, 2010), 84~87, 92~93, 452쪽

대한민국의 첫 대통령 이승만

(중략)

84~87쪽

이승만의 투옥

어느 날 오후 이승만, 그리고 같은 성을 가진 내 한글 선생이 급히 집으로 찾아와 한 선교사의 선생인 이 씨를 구속하라는 방이 붙었다는 소식을 들었다고 하였다.[113] 둘 모두가 선교사의 선생이라는 그 설명에 부합되었기 때문에 자세한 사항을 파악할 겨를도 없이 최소한 잠시라도 보호를 받기 위하여 내게 왔던 것이다. 오후에 친구들로부터 이 방의 수배자는 젊은이라는 전갈을 받은 내 선생은 집으로 돌아갔다.

그들이 우리에게 온 것은 한국 혹은 일본 순사가 해당국을 대표하는 공사의 서면 동의 없이 외국인 소유의 집으로 들어가는 것을 막는 치외법권이 유효하였기 때문이었다. 그들은 최소한 사법 기관이 본격적으로 처리할 수 있을 때까지 자신들은 안전하며, 그것이 상당한 시간이 걸릴 것이라는 것을 알고 있었다. 물론 우리는 그 상황에서 친구인 그들을 보호하는 것을 거절할 수 없었다. 더구나 그들의 죄목은 우리의 관점에서 범죄가 아니었다.

그러나 우리는 이승만을 집에 오래 머물게 할 수 없었다. 때문에 그의 안

---

113) 배재학당에서 이승만은 일본의 침략에 반대하는 독립 운동에 적극적으로 참여하였다. 1895년 11월말 춘생문 사건의 주모자 이충구와의 관계로 순검이 그를 체포하려 하자 황해도 평산의 누나 집에서 3개월 동안 피신하였다. 이승만은 1896년 5월 서재필로부터 서양 학문을 배웠으며, 11월 30일 협성회를 결성하고 서기, 회장을 맡았다. 1897년 7월 8일 배재학당의 방학 예식에서 학생 대표로 유창한 영어 연설을 함으로써 참석한 정부 고관과 주한 외교 사절들로부터 최대의 찬사를 받았다. 1898년 1월 협성회 회보를 발간하고 주필을 맡은 이래 매일신문의 사장과 주필, 제국신문의 편집과 논설을 담당하였다. 그는 독립협회가 주최한 만민공동회에 가장 적극적으로 나선 활발한 연설가였다. 그는 역적으로 몰려 일본으로 망명한 박영효를 불러 진상을 규명해 무죄인 경우 다시 등용해야한다는 운동에 앞장섰다. 12월 23일 고종이 만민공동회를 해체하려 하자 미국인 의사 해리 셔먼(Harry Sherman)의 집으로 피신하였다가 1899년 1월 9일 체포되었다. 그는 1월 30일 탈옥하였다가 체포되었으며, 민영환의 감형 주선으로 1904년 8월 9일 석방되었다.

전을 위해 무슨 조치를 취해야할 지를 생각해야 했다. 대화를 나눈 끝에 그가 몇몇 친구들과 함께 멀리 떨어진 지방으로 내려가 체류하는 것이 좋겠다고 결정하였다. 그래서 우리는 유모로부터 필요한 옷을 빌려 그에게 여자처럼 입혔고 여성용 가마를 불러 모든 일들이 잠잠해 질 정도로 충분히 오래 동안 멀리 가서 체류하라는 강력한 권고와 함께 서울 밖으로 내보냈다. 당연히 우리는 행선지를 모르는 것이 더 나을 것 같아 그가 어느 곳으로 가는지 물어보지 않았다.

하지만 이승만 같은 사람은 자신의 감정을 쉽게 억누르지 못하였다. 두 주일114)이 지나지 않아 그는 서울로 돌아와 위험을 무릅쓰고 심지어 내 집을 방문하였다. 우리는 그를 꾸짖었으나 소용이 없었다. 그의 영혼은 심하게 요동치고 있었다.

그는 곧 체포돼 감옥으로 보내졌으나 탈출을 시도하였다. 어쨌건 그는 리볼버 권총을 구하였고 자신을 다시 체포하려는 순사를 총으로 위협하였다. 그들은 그를 제압하여 다시 수감시켰다. 그의 죄는 경찰에게 발포하려는 시도로 중대한 것이었다. 그는 신속하게 재판을 받아 사형이 선고되었고 독방에 투옥되어 집행을 기다리게 되었다.

그러나 사형 집행 명령이 없이 하루하루가 지나갔다. 또 그의 정신을 파괴시키기 위해 매일 칼을 씌웠다. 칼115)은 모든 문명국에서는 이제 과거의 유물이 되었지만, 한때 심지어 영국과 미국에서도 자주 사용되었던 것이다. 만일 매사추세츠의 청교도나 영국 존 버니언116)의 이야기를 읽는다면 영국의 버니언과 뉴잉글랜드의 마녀에게 자신의 주장을 철회하거나 고백하도록 하기 위해 칼을 채웠다는 것을 기억할 것이다.

제멋대로 구는 어려운 죄수에게 이 기구를 사용하면 빠르게 항복할지 모른다고 생각할 수 있다. 그러나 이승만은 매일 몇 시간 씩 칼에 채워졌지만 졸도하지 않고 그것을 참을 수 있었기에 겁먹지 않았다. 심지어 이것이 그를 인생의 목표에서 벗어나게 하지도 않았다.

하루는 은밀한 사자를 통해 내게 영어 성경을 보내 달라는 요청을 하였다.

---

114) 이 부분은 이승만이 3개월 동안 피신하였다는 일반적인 기록과 다르다.
115) 칼은 조선 시대에 감옥에서 사용되었던 기구를 말한다. 나무 널판 가운데에 목둘레만큼의 구멍을 뚫어 죄수의 목에 씌웠다. 칼의 길이는 5자 5치였고, 무게는 죄질에 따라 15~25근이었다. 이것은 유사한 나무 형틀인 손에 채우는 수갑, 발에 채우는 차꼬와 한 벌로 되어 있었다.
116) 존 버니언(John Bunyan, 1628~1688)은 영국의 종교 작가 겸 전도사로 17세에 청교도의 내전에 종군하면서 급진적인 프로테스탄트의 여러 파 사람들과 접하였다. 이후 그는 전통적인 교회의 체제를 부인하고 개인을 위하여 존재하는 신의 은총에 의지하겠다고 결심하였다. 그는 무면허로 설교하였다는 이유로 체포되어 1660년부터 12년 동안 감옥 생활을 하였다.

곧 영어 사전도 요청하였다.

(중략)

92~93쪽

이승만의 도미

1897년부터 죄수 생활을 했던 이승만은 1904년 8월 9일 7년 만에 석방되었다. 그러나 한국의 변혁에 대한 열의가 아직 분명하였던 그가 한국에 남아 있으면 다시 시끄러운 일에 연루될 것을 두려워했기에 친구들과 무슨 일을 해야 하는가를 화두로 매우 심각하게 토의하였다. 모두들 그가 더 효과적으로 일을 할 수 있게 할 공부를 더 하기 위해 미국으로 즉시 가도록 하자는데 의견을 모았다.

이승만은 미국에 가기 싫어하였다. 그나마 그의 아들과 함께 간다는 조건으로 결국 승낙하였다.117) 소년은 오래지 않아 미국에서 디프테리아에 걸려 죽었다.

그가 감옥에 수감되어 7년 동안 떨어져 있은 후 다시 아내 및 가족과 이별하게 된 것이었다. 동시에 아마도 평생 다시 보지 못할 나이든 아버지와의 이별이었다. 이런 시련은 1894년 그가 자신의 인생을 자신 조국의 정부를 개혁하는데 헌신하겠다는 그의 목표를 수행하겠다고 고집하는 것에 대해 내가 경고하였던 많은 것 중의 하나였다. 그는 1904년 11월 4일 18쪽의 소개 편지를 갖고 서울을 떠났다.118) 게일 목사의 소개장은 이승만이 한국의 외국인에게서 받고 있는 평가를 잘 보여준다. 그의 동포에 대한 애정은 나이가 들어 동포들이 그에게 준 명예로 잘 알 수 있다.

452쪽

왕과 다리를 잃은 소년

어느 날 오후 거리의 부랑아임에 분명한 작고 매우 더러운 소년이 전차에

---

117) 이승만은 1891년 결혼한 박 씨(1875~?)와의 사이에서 1896년 출생한 봉수(鳳秀)가 있었다. 봉수는 후에 박용만이 미국으로 데리고 왔는데, 1906년 2월 26일 필라델피아에서 사망하였다.

118) 1904년 8월 석방된 이승만은 10월 15일 남대문 상동교회의 상동 청년 학원 교장직에 취임하였으나 곧 사임하고 미국으로 갔다. 당초 민영환과 한규설은 이승만을 주미 공사로 임명하도록 권하였으나, 일본이 반대하였다. 고종은 민영환과 한규설을 믿지 못해 궁녀를 보내 이승만과 접촉을 시도하였으나 이승만이 단호히 거절하였다. 결국 민영환 등은 이승만에게 사신(私信)을 주었고, 11월 4일 고종의 밀사 자격으로 한국의 독립 보전에 대한 미국의 지원을 호소하기 위해 학생의 신분으로 하와이로 이민 가는 사람들과 함께 배의 3등실을 타고 한국을 떠났다.

치인 후 병원으로 후송되었다. 진찰해 보니 생명을 구하기 위해서는 대퇴의 높은 부위에서 다리를 절단해야 한다는 판단이 내려졌다. 즉시 수술 준비를 시작하였다. 마침 나는 그 시간에 궁궐을 방문하기로 돼 있었기 때문에 내 유능한 동료에게 환자를 부탁하였다.119)

궁궐에서 대화를 하던 말미에 왕은 부상당한 소년에 관해 질문을 해 나는 놀랐다. 왕이 그 일을 어떻게 알았는가 물어보자 모든 그런 일들이 전화로 그에게 보고된다고 설명해주었다. 그리고 보고에 의하면 소년이 병원으로 이송되었다고 언급되어 있었다고 한다. 내가 궁궐로 오기 전에 그 환자를 보았는지, 만일 그렇다면 그 녀석은 몇 살이며 어느 정도 심하게 다쳤는지 물었다.

나는 부친 옆에 서 있었던 어린 왕자의 머리 위에 손을 올려놓고 말하였다. "너무 상태가 심해 다리를 잃을 것입니다." 왕의 얼굴은 창백해졌다. 그리고 내게 그 소년의 생명을 구하기 위해 가능한 모든 조치를 취해달라고 요청하였다. 또한 병원에서 퇴원할 때가 되면 경비를 지원할 테니 그에게 의족을 마련해주기를 희망하였다.

소년은 순조롭게 회복되었고 의족을 구해 맞춰주었다. 내가 그를 궁궐로 데리고 와서 마땅히 개인적으로 감사를 받는 것이 어떨지 제안하자 왕은 이를 쾌히 승낙하였다. 궁궐에서 왕이 안부를 묻자 소년은 몹시 감격했으며 "고맙습네다."라는 말 이외에는 아무 말도 할 수 없었다. 왕은 지극히 만족스럽고 행복해 보였다.

---

119) 제시 W. 허스트를 말한다.

Oliver R. Avison, Edited by Hyoung W. Park, *Memoires of Life in Korea* (Seoul: The Korean Doctors' Weekly, 2012), pp. 259~260, 264, 301

First President of the Republic of Korea

(Omitted)

pp. 259~260

Imprisonment of Mr. Rhee

One afternoon Mr. Rhee and my own language teacher of the same name came hurriedly to my home saying they had heard a notice was being posted asking for the arrest of a Mr. Rhee, a teacher of one of the missionaries. Neither of them waited to learn particulars but, as both answered to the description, both came to us for at least temporary protection. During the afternoon word was received from their friends that it was the younger man, the subject of this story, who was wanted and so my teacher returned to his home.

They came to us for protection because of the system of extraterritoriality then in force which precluded the property of a foreigner from being entered by a Korean or Japanese policeman without the written permission of the Minister representing that foreigner's country. They knew they would be safe with us at least until the machinery of the law could be set to work and that might take considerable time. Of course, under the circumstances, we could not refuse to shelter them for they were our friends and, from our point of view, were not criminals.

However, as we could not expect to keep Rhee in our home very long, we had to consider what steps to take for his safety, In conference with him it was decided that he should go far into country to stay with some friends. So we dressed him up as a Korean woman, borrowing necessary clothing from our Korean amah, called a woman's sedan chair and, before day break, sent him out of the city with the strict injunction to stay away long enough to let things blow over. Of course we made no enquiry as to where he was going as it was better that we should be ignorant of his whereabouts.

Men like Rhee, however, are not easily kept down and, within two weeks, he returned to Seoul and even ventured to call at our home. We scolded him but without avail - his whole soul was in the movement.

Within a short time he was arrested and jailed but managed to escape. In some way he had obtained a revolver and, when the police attempted to rearrest him, threatened them with it. They overcame him and soon had him in prison again and this time the charge against him was the serious one of having attempted to shoot a policeman. He was speedily tried, condemned to death and put in the death cell to await execution.

Day after day passed without the order for his execution corning and every day he was put in the stocks in an effort to break his spirit. Stocks are now a thing of the past in all civilized countries but at one time even in England and America they were frequently used. If you have read the story of the Pilgrims in Massachusetts or of Bunyan in England you will remember that Bunyan in England and the supposed witches in New England were put into the stocks in an effort to get them to recant or confess.

One can see that unruly prisoners might be quickly reduced to submission by the use of these contraptions but although Rhee was placed in the stocks every day for as many hours as he could endure it without fainting he remained uncowed - even this did not make him swerve from his life's purpose.

One day a request came to me through a confidential messenger to send him an English Bible and this was soon afterwards followed by a request for a dictionary.

p. 264~

Mr. Rhee's Visit to America

Rhee was in prison seven years, 1897 to 1904, and after his discharge August 9, 1904, the question of what he should do was discussed very seriously by his friends because his zeal for Korea's reformation was still manifest and it was feared he would get into trouble again if he would remain in the country. All united in an urgent plea to him to go at once to America for further study which might enable him to do even more effective work.

He was loath to do this but, in the end, consented though he insisted on taking his son with him. Unfortunately the boy before long succumbed to an attack of diphtheria in America.

It meant, however, another long separation from his wife and family immediately after a seven year break in his home life while in prison and also a separation from his aged parents whom he would probably never see again. Those hardships were among the many of which I had warned him, away back in 1894, if he persisted in carrying out his purpose to devote his life to the reformation of the government of his country. He left Seoul November 4, 1904, carrying with him eighteen letters of introduction. That of Rev. Dr. J. S. Gale will serve to show the esteem in which Mr. Rhee was held by the foreign group in Korea. The affection of his own countrymen was shown by the honors they bestowed on him in after years.

p. 301

The Emperor and the Boy Who Lost His Leg

One afternoon a small and very dirty boy, evidently a street gamin, was brought to the hospital after having been run over by a street car. Examination made it plain that a high amputation of the thigh would be needed to save his life and preparations for that were at once started, I was due to visit the palace at that hour so I left the case in the hands of my competent colleagues.

At the end of conference with my royal patient, he surprised me by making enquiries about the injured boy and, when I asked him how he knew about the matter, he explained that all such things were reported to him over the phone. He said the report mentioned that the boy had been taken to the hospital. Had I seen the case before I came to the palace and if so, how old was the lad, and was he seriously hurt?

The young prince was standing by his father's side so, putting my hand just over the boy's head I said, "He is just so big, and he will lose his leg." The Emperor's face became pale and he asked me to have everything possible done to save the boy's life. He also said that when the time for discharging the patient from the hospital came he wished us to obtain an artificial leg for him for which he, the King, would pay.

The boy made a good recovery and when the leg had been obtained and fitted on him I suggested to His Majesty that he be brought to the palace so that he could see the lad and receive in person the thanks he was due. His Majesty consented and, while the boy was overwhelmed when the King spoke to him and could say nothing but "Ko-map-sim-nai-ta,"[120] His Majesty looked pleased and happy.

---

120) "I am grateful to your Majesty."

1902년 1월 2일   '우두론'이 그리스도 신문에 게재됨

    3월 4일   프레더릭 S. 밀러 부인을 수술함

        17일   서울지부, 동현교회가 병원의 일부를 사용하자는 요
                청을 허가함

    4월 4일   루이스 H. 세브란스 씨, 서울의 병원 부지 구입비 5
                천 달러와 추가 의사 한 명을 5년 동안 지원하겠다
                고 제의함

    4월 7일   선교본부, 세브란스 씨의 제의를 수락함
                  추가 의사로 폴 토드가 임명됨

    4월 8일   세브란스 씨, 성곽 외부의 부지를 선호한다는 견해
                를 피력함

    4월 21일   서울지부, 김필순 부인을 에비슨 박사의 여자 조사
                로 고용하도록 허가함

    4월 22일   알렌 공사, 조선 정부에 구리개 병원 부지에 새 병
                원을 건축하는 것을 허락할 것을 촉구함

    5월 17일   제임스 E. 애덤스, 서울에 추가 의사를 임명하는 것
                에 반대하는 편지를 엘린우드에게 보냄

    5월 22일   J. 헌터 웰즈, 평양의 선교사들, 추가 의사 임명에
                반대하는 편지를 보냄

    5월 23일   노면 C. 휘트모어, 추가 의사 임명에 반대하는 편지
                를 보냄

    6월 초   남대문 밖에 병원 부지를 확보함

    6월 30일   에비슨, 구리개 제중원의 연례 보고서에서 병원 명
                칭을 세브란스 기념 병원으로 사용함

	7월	북한 지방에서 콜레라가 유행함
	7월 16일	에비슨이 고용한 2명의 일본인 간호원이 업무를 시작함
	7월 27일	헨리 B. 고든이 베이징에서 돌아옴
	8월 3일	조선 정부, 콜레라 방역을 위한 임시 위생원을 조직함
	8월 초순	남대문 밖의 부지에서 병원 건축을 착공함
	8일	병원 부지의 정지 작업이 시작됨
	17일	에비슨에게 부지를 매각한 손흥춘이 체포되어 수감됨
	18일	부지의 정지 작업을 하던 이준익이 체포되어 수감됨
	19일	고든 패독 주한 미국 총영사, 구입한 병원 부지에 대한 새로운 증서를 발행하여 줄 것을 조선 정부에 요청함
	9월 22일	조선 정부, 경부철도 경성 정차장 부지가 확정되었으며, 토지 매매가 금지됨을 통보함
	9월	에비슨, 화학, 해부학, 약물학 및 약학 교과서를 번역 중임
	11월 13일	서울 지부, 세브란스 기념 병원의 정초식 행사를 결정함
	11월 24일	한성 판윤, 병원 부지의 일부가 경부선 역 부지 내에 위치하기에 부동산 증서를 발행할 수 없다고 통보함
	11월 27일	세브란스 병원의 정초식이 거행됨
1903년	3월	에비슨, 콜레라가 유행하는 한성감옥에 약품을 공급함
	3월 6일	에비슨, 전차 사고로 소년 한 명이 부상을 당함
	3월 17일	선교사 월터 V. 존슨이 천연두로 사망함
	4월 11일	에비슨, 부동산 증서를 받았음을 패독 총영사에게 알림
	4월 23일	엘린우드, 매리온 M. 널과 넬 B. 존슨에게 한국 선교부의 추가 의사로 임명하였음을 통보함
	5월 3일	에비슨의 두 아들인 윌버와 더글러스가 즈푸의 학교로 출발함
	6월 13일	에비슨, 프레더릭 S. 밀러 부인을 수술함
	6월 17일	프레더릭 S. 밀러 부인이 사망함

6월 27일	선교본부, 루이스 H. 세브란스 씨로부터 서울 병원을 위하여 5천 달러를 받음	
8월	병원 건물의 지붕이 거의 마무리되고 내부 작업이 진행되고 있음	
11월	일본 정부, 일본인 간호원들을 소환함	
	에비슨, 병원 공사를 해리 장으로부터 넘겨받음	

6월 27일   선교본부, 루이스 H. 세브란스 씨로부터 서울 병원을 위하여 5천 달러를 받음

8월   병원 건물의 지붕이 거의 마무리되고 내부 작업이 진행되고 있음

11월   일본 정부, 일본인 간호원들을 소환함

에비슨, 병원 공사를 해리 장으로부터 넘겨받음

1904년 1월   에비슨, 사다리와 함께 넘어져 여러 개의 늑골이 골절됨

2월 8일   러일전쟁이 시작됨

2월 15일   선교본부, 세브란스 씨의 제의로 에비슨 박사와 함께 일을 할 다른 의사를 확보하도록 조치함

2월 25일경   에비슨, 미친 개 물린 두 아들인 윌리엄 및 올리버와 함께 나가사키로 감

3월 7일   선교본부, 에비슨 박사를 돕도록 제시 W. 허스트 박사를 임명함. 에비슨의 두 자녀인 레라와 로렌스의 미국 귀국을 승인함

4월 14일   덕수궁에서 화재가 일어남

4월   이탈리아 공사관 경비대가 기부한 100엔으로 파스퇴르 연구소가 설립됨

5월 16일   선교본부, 세브란스 씨로부터 받은 3,100달러를 세브란스 병원의 예산으로 책정함

5월 19일   레라와 로렌스, 미국으로 떠남

7월 하순   건축가 고든이 캐나다로 귀국함

9월   김필순, 그레이 해부학의 2차 번역을 완료함

9월 13일   제시 W. 허스트, 한국에 도착함

9월 23일   세브란스 병원의 봉헌 예배를 드림

10월 4일   세브란스 병원에서 첫 수술인 백내장 적출이 시행됨

11월 16일   세브란스 병원이 개원함

1. 각종 공문서

[대한제국] 관보 *Official Gazette (of Korean Empire)*
구한국 외교문서 미안(美案) [*Diplomatic Documents of Korea with United States*]
구한국 외교문서 미원안(美原案) [*Original Diplomatic Documents of Korea with United States*]

2. 미국 북장로교회 관련 문서

Annual Report of the Board of Foreign Mission of the Presbyterian Church in the U. S. A. Presented to the General Assembly
Korea. *Presbyterian Church in the U. S. A., Board of Foreign Missions, Correspondence and Reports, 1833~1911*
Minutes [of Executive Committee, PCUSA], 1837~1919
Minutes, Seoul Station, Korea, 1891~1921 (PCUSA)

3. 선교 관련 잡지 및 신문

그리스도 신문(서울) *The Christian New* (Seoul)
황성신문(서울) *Hwangseong Shinmun* (Newspaper)
The Korea Field (Seoul)
The Missionary
Woman's Work for Woman

4. 기타 자료

Brown, Arthur J., *Report of a Visitation of the Korea Mission of the Presbyterian Board of Foreign Missions* (New York: The Board of Foreign Missions of the Presbyterian Church in the U. S. A., 1902)

Ewy, Priscilla W., *Arthur Goes to Korea. The Early Life of Garner Welbon and his First Years as Missionary to Korea, 1900~1902* (Colorado Springs, 2008)

Hulbert, Homer B. Papers (Independence Hall, Korea)

Moffett Korea Collection (Princeton Theological Seminary)

The Korean Review (Seoul)

The Parsons Daily Sun (Parsons, Kan.)

상우(尙友) 박형우(朴瀅雨) | 편역자

　연세대학교 의과대학을 졸업하고, 모교에서 인체해부학(발생학)을 전공하여 1985년 의학박사의 학위를 취득하였다. 1992년 4월부터 2년 6개월 동안 미국 워싱턴 주 시애틀의 워싱턴 대학교 소아과학교실(Dr. Thomas H. Shepard)에서 발생학과 기형학 분야의 연수를 받았고, 관련 외국 전문 학술지에 다수의 연구 논문을 발표하고 귀국하였다.

　1996년 2월 연세대학교 의과대학에 신설된 의사학과의 초대 과장을 겸임하며 한국의 서양의학 도입사 및 북한 의학사에 대하여 연구하였다. 1999년 11월에는 재개관한 연세대학교 의과대학 동은의학박물관의 관장에 임명되어 한국의 서양의학과 관련된 주요 자료의 수집에 노력하였다. 2009년 4월 대한의사학회 회장을 역임하였다.

　최근에는 한국의 초기 의료선교의 역사에 대한 연구를 진행하여, 알렌, 헤론, 언더우드 및 에비슨의 내한 과정에 관한 논문을 발표하였다. 이를 바탕으로 주로 초기 의료 선교사들과 관련된 다수의 자료집을 발간하였으며, 2021년 8월 정년 후에는 상우연구소 소장으로 연구를 계속하고 있다.

　박형우는 이러한 초기 선교사들에 대한 연구 업적으로 2017년 1월 연세대학교 의과대학 총동창회의 해정상을 수상하였고, 2018년 9월 남대문 교회가 수여하는 제1회 알렌 기념상을 수상하였다.